儒脉

——中国儒家学派史

韦力 —— 作品

中国出版集团　现代出版社

图书在版编目（CIP）数据

儒脉：中国儒家学派史 / 韦力著. -- 北京：现代出版社，2023.5
ISBN 978-7-5231-0224-4

Ⅰ.①儒… Ⅱ.①韦… Ⅲ.①儒家－哲学学派－研究－中国 Ⅳ.① B222.05

中国国家版本馆CIP数据核字（2023）第 046724 号

儒脉：中国儒家学派史

| 作　　者：韦　力
| 策　　划：任　超
| 责任编辑：张　霆　张　瑾
| 出版发行：现代出版社
| 通信地址：北京市安定门外安华里 504 号
| 邮政编码：100011
| 电　　话：010-64267325　64245264（传真）
| 网　　址：www.1980xd.com
| 印　　刷：北京飞帆印刷有限公司

| 开　　本：710mm×1000mm　1/16
| 印　　张：40　　　　　　　　字　　数：676 千
| 版　　次：2023 年 5 月第 1 版　印　　次：2023 年 5 月第 1 次印刷
| 书　　号：ISBN 978-7-5231-0224-4
| 定　　价：128.00 元

版权所有，翻印必究；未经许可，不得转载

序言

本书通过疏理学派的方式来讲述儒学史，以时代为经，学派重要人物为纬，从儒学的开创为始，首先简述儒家的核心概念，继而讲述其递变环节，希望通过这样的讲述，能够使读者对儒家史有概念性的了解。

孔子曾对子夏说"女为君子儒，无为小人儒"，说明早在孔子之前就已经有了儒者。东汉许慎在《说文解字》中称："儒，柔也，术士之称"，早期的术士乃是巫的一种，后来从巫中分化出来，渐渐演变为从事宗教活动及文化教育的儒士。《周礼·大宰》称："儒，以道教民。"可见儒者的主要事务是教化人民。

尽管儒者早已存在，但是有了孔子后，才确立了儒家的整体概念和思想框架，因此，后世将孔子视为儒家的创始人，故冯友兰在《中国哲学史》中说："孔子不是儒之创始者，但乃是儒家之创始者。"

在孔子所处的时代，王室衰微，礼崩乐坏，并且学在官府，孔子在民间招收弟子，有教无类，将文化传播到了民间，这个行为对社会风气产生巨大影响，与此同时，孔子整理和修订六经，使之成为儒家学派的核心经典。孔子以入世的态度来教化弟子，其观念被后世所继承。柳诒徵在《中国文化史》中说："孔子者，中国文化之中心也，无孔子则中国无文化，自孔子以前之中国文化，赖孔子而传；自孔子以后之中国文化，赖孔子而开。"梁漱溟在《梁漱溟自述》中说："中国有五千年的文化，孔子是接受古代文化，又影响着他之后中国文化的。这种影响，中国历史上的任何一个古人都不能与孔子相比。他生活在前两千五百年和后两千五百年的中间，他本人是承前启后的。"钱穆在《孔子传》中有着同样的论述："孔子为中国历史上第一大圣人。在孔子以前，中国历史文化当已有两千五百年以上之积累，而孔子集其大成。在孔子以后，中国历史文化又复有两千五百年以上之演进，而孔子开其新统。在此五千多年，中国历史进程之指示，中国文化理想之建立，具有最深影响最大贡献者，殆无人堪与孔子相比伦。"

孔子认为，春秋时期的礼崩乐坏乃是由于人们不遵从礼制，所以他强调要克己复礼，同时他认为，"仁"是人类的最高追求目标："克己复礼为仁，一日克己复礼，天下归仁焉。"可见礼与仁乃是儒家的核心思想。

孔子去世后，他的弟子们继续弘扬老师的思想。孔子弟子三千，通六艺者七十二人，这些人构成了中国最具影响力的学派——儒家学派。到战国时期，该学派在诸子百家中已经成为两大流派之一，韩非子说："世之显学，儒、墨也。"当时只有孔子创建的儒家和墨翟创建的墨家能够并称于世。

孔子在教授弟子时因材施教，使得大多数弟子只传承了孔子思想的一个侧面，同时，孔子的思想也在不断地发展完成中，其在教授弟子时，早年与晚年有所不同，致使他的弟子在一些观念上各有侧重。至战国时期，儒家分成八个大派别，这是儒家的第一次分派。此八派之中，对后世影响最深的是孟氏之儒和孙氏之儒，前者弘扬了孔子的仁学，强调心性和内圣；后者发展了孔子的礼学，强调礼法与外王。孟氏之儒的开创者是孟轲，他的学派被后世称为"性善派"；孙氏之儒的开创者是荀况，他的学派的主体观被后世称为"性恶派"。

现当代学者对孔门派别的划分与古人略有不同，姜广辉在《郭店楚简与〈子思子〉》一文中将子游、子思、孟子一系称为"弘道派"，认为该派的特点是："在早期儒家之中，这一派人民性、主体性、抗议精神最强，是早期儒家的嫡系和中坚。"他把曾子一派归为"践履派"，认为该派特点是："重孝道的践履，其基点在家庭父子关系上。这一派所讲的孝道是广义的。"同时他认为，子夏一系属"传经派"，子张一系属"表现派"。

现代学者还有另一种分法：认为曾子开创了"主内派"，其思想倾向是重仁、内省、明心见性，由孝治推衍为德之教化，孟子属于主内派，该派被视为儒家正统；子夏开创了"主外派"，这一派的思想倾向是重礼、博学，从宇宙本体推天及人，重视政治参与，发展法治思想，这一派在先秦时期的代表人物是荀子。

从先秦到现代，按照重要历史节点及学术观，学界对于儒学有原始儒学、汉唐经学、魏晋玄学、宋明理学、清代朴学和现代新儒学之分，在每个时期，又分出许多学派，这种现况正说明了儒学的开放性，本书就是以此为框架，来讲述各个阶段重要的学术特点以及重要的学派。一个学派的成立，需要有宗师和门徒，以及基本一致的思想理念，但在发展演变过程中，因为各种原因，某些派别也会发生裂变。梁启超认为一个大学派成立后会出现三种现象：注解、分裂和修正。注解就是对经典的注疏，分裂则是"一大学派，内容既然丰富，解释个个不同，有几种解释就可以发生几种派别。往往一大师的门下，分裂为无数几家。这也是应有现象之一。"（《两千五百年儒学变迁概略》）修正则是对本门派的观念加以补充。

秦王朝用法家言排斥儒家，儒家经典遭到严重破坏。汉朝建立后重视儒家，因为汉室起于草莽，需要利用儒家的伦理思想体系来稳定社会，经过一些大儒的努力，使得儒学在汉朝取得了独尊的统治地位。在朝廷的一系列措施下，很多因战乱而散失的经典再现人间，人们为了整理这些经典，以及阐释这些经典，逐渐形成了不同的派别。自此，儒学走入了经学时代。

秦朝时，秦始皇和李斯认为天下已成为一家，各家学说没有存在的必要，儒家也在被禁之列，儒家经典遭到了第一次大破坏。到西汉时，儒家的核心经典《诗》《书》《礼》《易》《乐》《春秋》六经中，《乐经》已经失传，古文经学家认为《乐经》焚于秦火，今文经学家认为"乐"本无经，乐在《诗》《礼》之中。

六经原本是多家供奉的经典，至西汉时成为儒家专学。对于如何解释六经，儒家形成了两大派别：重视师徒间口口相传的今文经学派和重视古典文献研究、解读的古文经学派。

在《诗经》方面，申培公传鲁《诗》，辕固生传齐《诗》，燕人韩婴传韩《诗》，三者属于今文《诗》学，鲁人毛亨所传则为古文《诗》学。

《春秋》的传授分为三大流派，公羊高传《公羊传》，榖梁赤传《榖梁传》，左丘明传《左传》，此即《春秋》三传，前两者属于今文经学，后者属于古文经学。古文经学派与今文经学派对儒家核心经典的解读有着极大的不同，这两派的斗争从西汉一直延续到了民国时期，可谓是中国儒学史上影响最为深远的两大学术派别。

汉代是儒学第一次大放异彩的时代，经过董仲舒的努力，至汉武帝时出现了罢黜百家，独尊儒术的局面，儒学成为官学。对于儒家经典的研究，也达到了前所未有的高度。

魏晋时期玄学盛行，玄学乃是儒、道思想结合的产物，儒学的玄学化使得经学衰落。玄学家王弼在《周易略例》中提出"得象而忘言""得意而忘象",以此确定"意"的重要性,认为可以将"言"与"意"分开来看,其结果使得传统注经方式得以改变,不再局限于用儒家观点来解读儒家传统思想,而是给注经者以充分发挥想象的空间。王弼改变了被经学家视为金科玉律的"注不破经"观念,这是经学思想的第一次被解放。

帝王祭孔始自汉高祖刘邦,其经过鲁地时"以太牢祠孔子"。南北朝时期,南北各政权为了证明自己的正统传承地位,纷纷建起孔庙,寻访孔子后裔。隋朝统一南北后,大力发展儒学,寻觅孔门后裔加以褒奖。

唐朝建国之初,高祖李渊看到隋末儒学衰微,强调应当"敦本息末,崇尚儒宗",下令在国子学立周公庙、孔子庙各一所,同时褒奖孔子及其后人。唐太宗在贞观二年(628)"诏停周公为先圣,始立孔子庙堂于国学,稽式旧典,以仲尼为先圣,颜子为先师,两边俎豆干戚之容,始备于兹矣"(吴兢《贞观政要》),由此使得孔子得到了独尊的地位。贞观十三年(639),唐太宗又下诏尊孔子为宣父,并在兖州为孔子修庙。

但是,唐王朝采取的策略是儒、释、道三家平衡。因为唐朝李姓,故尊道家创始人老子李耳为始祖,唐太宗下诏令道士、女冠在僧尼之前,此举引起了佛教界的不满。为了平息争论,唐太宗于贞观十五年(641)亲临长安弘福寺,向僧人做了相关解释。

唐高宗时,李治改变了其父唐太宗封孔子为圣的做法,下令黜孔子为先师,以此降低孔子在庙堂祭祀上的地位。此举遭到了以长孙无忌为首的朝臣的反对,唐高宗只能收回成命,仍尊孔子为先圣,并亲到曲阜祭孔。这种局面说明儒家思想此时已经成为朝廷的主体思想,即使皇帝有不同想法,也难以撼动儒家的地位。

到了开元二十七年(739),唐玄宗在诏书中明确称"弘我王化,在乎儒术",因为儒家思想"能立天下之大本,成天下之大经,美政教,移风俗"。孔子由是被封为文宣王。至此,孔子终于由素王被追封为实王。

唐太宗时期,李世民诏令中书侍郎颜师古等考订《五经》,又诏国子祭酒孔颖达撰定《五经》义疏,并定名为《五经正义》,令天下读书人传习。《五经正义》的颁行,改变了东汉以来儒家经说纷乱的局面,使得对经书的注解义疏得到统一,儒家核心经典有了标准定本,由此解决了"儒学多门,章句繁杂"的问题。皮锡瑞在《经学历史》中说:"以经学论,未有统一若此之大且久者。"

但任何事有其利必有其弊，对于经典解读的统一，不免使得天下学者在思想上有了禁锢。刘师培在《国学发微》中指出了此种弊端："学术定于一尊，使说经之儒不复发挥新义，眯天下之目，锢天下之聪。欲使天下士民奉为圭臬，非是则黜为异端，不可谓非学术之专制矣。"

《五经正义》的修撰，更多的是注重儒家特有的实践功用，忽视了儒家内圣的传统精神。而唐朝采取儒、佛、道三教并重的政策，至中唐时道教空前兴盛，他们借鉴儒、佛两家理念，从义理和人生哲学方面来倡导"性命双修"，以此融合儒家忠君孝亲的纲常伦理，以便达到治国理政的需求，与此同时，道家又吸收佛教的思辨哲学和心性修养理论，使得道教理论可以与儒、佛两家相抗衡。此时的佛教已经完成了中国化，佛教自有的理论系统远比儒、道两家要完善，这种状况使得儒家受到空前的压力，正如刘禹锡在《袁州萍乡县杨岐山故广禅师碑》中所言："然则儒以中道御群生，罕言性命，故世衰而寝息。佛以大悲救诸苦，广启因业，故劫浊而益尊。"

唐朝后期，儒学大家韩愈挺身而出，反对唐宪宗遣使往凤翔迎佛骨入禁中，写出了著名的《谏迎佛骨表》来历数佛教的各种危害，并为此险遭杀身之祸。为与佛、道两家抗衡，韩愈写出了极具名气的《原道》一文，由此构建了从商汤、周文王、周武王、周公、孔子、孟子一脉相传的儒家道统，以此来与佛教的法统相抗衡，努力重建人们对于儒家的信仰。

韩愈注意到了儒家钻研经典的弊端，重拾儒家传统的心性学说，倡导"性三品论"，以此接续董仲舒对人性问题进行的探讨。其实韩愈在反佛的同时，也借鉴了佛教的修心理论，他的道统说、修心说均借鉴了佛教的概念与方法。其弟子李翱在儒家性命之学方面更进一步，写出了《复性书》，对儒家心性论做了进一步的阐发与拓展，同时吸收了佛家的见性成佛观念，借鉴佛教禅宗的人人皆可成佛理念，提出了"性情二元论"，由此把儒家修心理论向前推了一大步，把儒学引向了义理思辨的道路。

进入宋代，宋儒正是受韩愈和李翱思想的影响，创造出了理学、道学观念，使得儒家理论研究成果呈现了百家齐现的局面。北宋时期以疑古为开端，宋儒另辟蹊径，力图超越汉唐，他们崇尚简易，不再重视汉唐传注之学，而是弃传求经，通过研究经文本身，直接探求圣人本意。他们以六经注我的态度重新诠释儒家核心经典，构建出一套以心性论为基础的义理之学。

宋儒的这种思想，使得儒家派别呈爆发式增长，在北宋时期，出现了荆公新学、温公朔学、元公濂学、横渠关学、苏氏蜀学、尧夫数学、二程洛学等一系列有着巨大影响力的学派。其中程颢、程颐所创造的洛学最能发扬光大，经过程门四先生的递传，到朱熹那里，产生出宏大的理学思想。与此同时，又出现了湖湘学派、金华学派、永嘉学派、永康学派，这些派别均有独特的个性与观念，并且均能统一在儒学的思想范畴内。如此丰富多彩的思想，是以往儒学史上未曾出现过的。

到南宋时期，儒学基本分为两大派别：朱氏理学与陆氏心学。这两大派别在宋代儒学界引起巨大波澜，经过一段时间的演变，朱熹所开创的理学成为官学，他的理学著作成为科举考试的定本，其影响力一直延续到民国时期。朱熹与陆九渊的思想分别被概括为"道问学"与"尊德性"，但他们都讲求寻觅圣人之道和圣人之意。朱熹主张应当立足于文本去系统理解圣人之意，他在《答吕子约》中说："大凡读书，须是虚心以求本文之意为先。若不得本文之意，即是任意穿凿。"在他看来，圣人之道就在经典之中。

朱熹的观点本自程颐，程颐曾言："圣人之道，传诸经学者，必以经为本。"（《为家君作试汉州学策问三首》）程颐认为古学为一，今学为三：文章之学，训诂之学，儒者之学。在他看来："能文者谓之文士，谈经者泥为讲师，惟知道者乃儒学也。"（《二程遗书》）在他看来，能够吟诗作赋、训诂章句都不算儒者，真正的儒者应当以探求圣人之道为目标。朱熹也强调这个概念："凡读书，须看上下文意是如何，不可泥着一字。"（《朱子语类》）读经典就是要贯通上下文意予以理解，不要再一字一句解读，也就是用自己的思想去发挥和理解圣人思想。因为每个人对经典解读的不同，致使产生了不同的思想，由此也形成了不同的派别，这正是宋代理学派别林立的原因。

儒家对如何解读"曾点之乐"存在分歧，陈来先生在《宋明理学》中说："宋明理学中围绕着这一问题有两种不同意见：一派是周濂溪、程明道开始的洒落派，另一派是程伊川与朱子代表的敬畏派。前一派主张寻孔颜之乐，有与点之意，求洒落胸次；后一派则主张敬畏恐惧，常切提撕，注重整齐严肃。"可见对于儒家经典观念的不同解读，就能形成不同的流派。

陆九渊的"尊德性"更多的是强调心性修养，反对把大量精力用在研读经典上。陆九渊自称其思想是"因读《孟子》而自得之"（《语录下》），王阳明也认为："陆氏之学，孟氏之学也。"（王阳明《象山文集序》）陆九渊的重要哲学思想比如"存心""养心""求放心"，都是本自孟子，他认为孟子去世后，儒家道统失传了，至二程方接上这个道统，但他觉得二程的接续只是"草创阶段"，他们"未为光明"儒家真传，而正是陆九渊本人要承担起接续儒脉的责任"到今日若不大段光明，更干当甚事？"(《语录下》)为此，他提出了"心即理"的儒学观念。其实陆九渊的观念也受佛教影响，唐代禅师大照慧光曾称："心是道，心是理，则是心外无理，理外无心。"(《大乘开心显性顿悟真宗论》)

至明代中期，王阳明发展和宏大了心学思想，认为"圣人之学，心学也"。为此，后世将他与陆九渊并称为"陆王心学"。该学派在明代中期后影响巨大，成为那个时代的主流学说之一。阳明时代，朱学乃是整个学术界的主体，因为朱学是科举考试的经义标准，有着学术独尊的地位。但一套学说到达了理论极限，就成为学术发展的内在阻力，朱子把"理"置于至高无上的地位，极大地压制了人的个性。陆九渊注意到朱学把"心"与"理"做两分法，同时也把"知"与"行"分为二，虽然对此提出了批评，但没有提出解决办法。后来王阳明提出了"心即理""致良知""知行合一"等重要理念，使得一些观念得到了整合，而他的弟子和门徒对王阳明所提出的一些理念又有着不同的解读，由此而产生了许许多多的派别。

到了明末，王门后学的束书不观、空谈心性极大地败坏了社会风气，东林党人努力改变这种局面，但已无力回天。明王朝灭亡的原因是各种情况的叠加，但还是有不少人认为这是读书人空谈误国所致。早在明中后期，杨慎就批评程朱理学"学而无用"，认为该学派否定汉唐人对儒家经典的解读，由此而陷入了师心自用的境地。明末清初，一些重要的思想家痛定思痛，总结明朝灭亡的原因，由此而产生了顾炎武、黄宗羲、王夫之等几位大儒，他们以实学的方法来强调经世致用。

黄宗羲批评当时的一些儒者"假其名以欺世"，这些人"一旦有大夫之忧，当报国之日，则蒙然张口，如坐云雾。世道以是潦倒泥腐，遂使尚论者以为立功建业，别是法门，而非儒者之所与也。余于吴君为之三叹"(黄宗羲《赠编修弁玉吴君墓志铭》)。顾炎武反对空疏之学，力倡经世致用，用修己治人的实学来取代明心见性之空言，他将当时理学的清谈与魏晋时期的玄学清谈之风来做比较："孰知今日之清谈，有甚于前代者。昔之清谈谈老庄，今之清谈谈孔孟，未得其精而已遗其粗，未究其本而先辞其末。"(《日知录》)王夫之抨击阳明后学："废实学，崇空疏，蔑规矩，恣狂荡，以无善无恶尽心意知之用，而趋入于无忌惮之域。"(《礼记章句》)

在批评的同时，清初大儒也提出了建设性意见，顾炎武说："君子之为学，以明道也，以救世也。"(《与人书》)黄宗羲提出："道无定体，学贵适用,奈何今之人执一以为道,使学道与事功判为两途。"(《姜定庵先生小传》)在他看来,只有能救国家之急的学者方是真儒。顾炎武本人身体力行,以博学于文的态度,广泛涉猎经学、史学、音韵学、金石、考古、农兵、财赋、典制和舆地等领域,并且取得丰硕成果,由此开清代朴学风气。

乾嘉以降,考据学大为兴盛,此学又称为朴学,或者径称为乾嘉学派。该派所取得的成就堪称中国封建社会又一大学术高峰。这些学者延续了顾炎武等人开创的实学,汪中说:"古学之兴也,顾氏始开其端。"(凌廷堪《汪容甫墓志铭》)但是他们对实学家的观念有所修订,转通为专,由实转朴。对于清学的特点,王国维在《沈乙庵先生七十寿序》中总结说:"国初之学大,乾嘉之学精,道咸以降之学新。"可见乾嘉学派以精专为第一大特点。

乾嘉学派分为吴派和皖派两大阵营,先有吴派,后有皖派。梁启超在《中国近三百年学术史》中指出吴派的领军人物是惠栋,该派"以信古为标志",属于纯汉学,皖派则以戴震为中心,"以求是为标志",被称为考证学。这两派阵容都很强大,他们在音韵、训诂、典籍、校勘、辨伪、辑佚等方面取得了空前成果,在金石、地理、天文、历法、数学、典章制度的研究方面均有深入研究。乾嘉学派的治学特点是"无信不征""实是求是"。

嘉道时期,常州出现了以庄存与、庄述祖、刘逢禄、宋翔凤为核心的一批学者,他们重点研究今文经学,其学术观在当时产生重要影响。章太炎说:"清初诸人讲经治汉学,尚无今古文之争。自今文家以今文排斥古文,遂有古文家以古文排斥今文来相对抗。"(《清代学术之系统》)可见朴学被今文经学家视为古文经学,而他们以今文经学家自居。常州学派主要研究《春秋》,认为《春秋》三传中只有《公羊传》才是《春秋》的正解,为此常州学派又被称为"今文公羊学派"或者"常州公羊学派"。

常州学派的崛起缘于考证学的弊端,章学诚批评朴学家"征实太多,发挥太少,有如桑蚕食叶而不能抽丝"(《与汪龙庄书》)。认为朴学家只是钻故纸堆,将学问做得支离烦琐,他们不能从研读历史典籍的过程中产生出伟大的思想,而今文经学在解读经典方面有很多发挥的余地。对于常州学派的传承,钱穆在《中国近三百年学术史》中说:"常州之学,起于庄氏,立于刘、宋,而变于龚、魏,然言夫常州学之精神,则必以龚氏为眉目焉。"魏源和龚自珍试图用常州学派的解经方式来解决社会所面临的现实问题,鸦片战争打开了国门,也刺痛了儒者之心,使他们意识到乾嘉朴学为学问而学问的研究方式无法解决社会问题。在魏源看来,乾嘉朴学乃是"锢天下聪明知慧使尽出于无用之一途"(《武进李申耆先生传》),因为这些学者"无一事可效诸民物"(《默觚》)。龚自珍则认为乾嘉学派的名物训诂乃是"琐碎饾饤"之学。

常州学派在发挥微言大义方面有其独特的优势,但在研究方法上却存在着许多弊端,因为他们的解经方式存在臆断和牵强的问题。同时,古文经学与今文经学两派互相批评,给彼此的声誉都造成了一定影响,致使理学派有再度复兴的迹象。早在明末清初,一些有识之士看到了王学末流所产生的弊端,他们开始回归程朱,即使是像顾炎武、王夫之这样的大儒也曾受到程朱学派影响。

康、雍、乾三朝,朝廷御纂诸经,虽然秉持汉宋兼采的态度,却是以程朱之学为正学,为此出现了一批名臣兼名儒的人物,比如汤斌、李光地、魏裔介、魏象枢等。尽管也有一些人只是挂着程朱正学的招牌,内里非是,但程朱理念还是成为那时的官方思想。

乾嘉朴学的崛起,致使宋学派在此阶段几乎销声匿迹。鸦片战争爆发后,中国社会矛盾日益激化,并爆发了影响深远的太平天国运动。太平天国建都南京,占领江南地区,而这一带正是乾嘉朴学最兴盛之地。太平天国出于统一思想的需求,大量烧毁儒家经典,洪秀全认为"凡一切孔孟诸子百家妖书邪说"必须要"尽行焚除,皆不准买卖藏读"。(黄再兴《诏书盖玺颁行论》)此举引起了儒学人士的竭力反抗。以曾国藩为首的湘军本持儒家思想,认为太平军的烧书之举"乃开辟以来名教之奇变,孔子、孟子所痛哭于九泉!"(《讨粤匪檄》)由此出现了一批如唐鉴、倭仁、曾国藩这样的经世理学家,经过他们的大力提倡,程朱理学在咸同年间再放异彩。

时至晚清,发生了维新变法运动,为了做相应的理论铺垫,康有为发挥常州今文经学派的疑古传统,站在今文经学派的角度,全面否定古文经学派,写出了引起巨大争议的《新学伪经考》和《孔子改制考》。他在前一部书中宣称两千多年来人们奉为经典的儒家核心著作并非孔子所作,而是出于刘歆的伪造。连其弟子梁启超都认为康有为此举动摇了整个思想界,为此章太炎等人站在古文经学的立场,对康有为的所言进行了全面批驳。但后来当章太炎明白了康有为此说的目的之后,便没有再对康的思想深批下去。

民国时期,西学渐渐成为教育的主体,致使一些有识之士感觉到民族文化危机日益加深,为此,他们采取新的研究方法来重新诠释儒学思想。经过他们的大力呼吁,渐渐形成了新的学派,此学派被称为"现代新儒派"。学界将该派分为三个发展阶段，其中第一阶段从20世纪20年代到1949年，代表人物为梁漱溟、熊十力、冯友兰、贺麟等人。梁漱溟被视为"现代新儒派"开山人物，他撰写了《东西文化及其哲学》一书，此书第一次把中国文化纳入世界文化框架内进行平等讨论。他认为世界上存在中、西、印三大思想体系，三者的根本精神各有特点：西方文化意欲向前，中国文化意欲自为调和持中，印度文化意欲反身向后。梁漱溟认为三者之间没有高下优劣，但以孔子为代表的中国文化所本持的人生态度是最合理的，在他看来"世界未来文化就是中国文化的复兴"。

熊十力努力重建中国儒学本体论，认为应当融合中学、西学，但依然强调应该以"中学为体，西学为用"。冯友兰则提出了新理学观念，他用西方新实在论的观点来诠释和重构程朱理学，强调应当以内圣取外王，以此塑造完美人格。贺麟以黑格尔哲学观来融汇陆王新学理论，由此创建新心学体系，在他看来，"西哲东哲，心同理同"，试图创造出"以西洋之正宗哲学发挥中国之正宗哲学"。（《儒家思想的新开展》）牟宗三则发明了自我坎陷说，以此来本持传统儒家的内圣心性之学，来开出现代新外王。

总之，现代新儒家既有固守传统的一面，也有适应新时代的一面，他们选择性地吸收和改造西学哲学观，通过援西入儒，来健全和完善儒学思想的逻辑观。

本书中所谈到的学派，并非中国历史上出现过的所有儒家学派，限于篇幅，也限于个人学力，只能重点讲述儒家重要学派以及有特点的学派。有些学派在前人的研究专著中已有定名，故而凡查到出处者都会引入文中，但也有一些重要学派，学界并没有以"学派"称呼之，但他们在儒家学派史中仍属于不可或缺的一环，故也会写入本书中。本书在讲述一些学派时，尽量摘取有关该派主体思想的引文，有些学派宗主思想宏大，本文无法一一讲述，只能选择性地选取一个角度予以论述。这种讲述方法必有不妥之处，希望得到方家指教及宽宥，于此表示诚挚的感谢。

2022年7月29日
韦力书于芷兰斋

目录

第一章　儒学的产生及相关概念

一、儒、儒家、儒学 /002

二、儒家创始人 /003

三、儒家主体思想 /005

四、儒家核心概念 /008

五、初期分化：儒分为八 /026

六、曾子学派：以孝为本 /029

七、思孟学派：子思，强调中庸 /032

八、孟子：性善论 /037

九、荀子：性恶论 /042

第二章　儒学定于一尊的时代

一、尊儒时代背景及原因 /048

二、礼制的确定者：叔孙通 /050

三、经学的先声：陆贾 /052

四、从儒道之争到独尊儒术 /055

五、经学的两大流派：今文经学与古文经学 /059

六、汉代古文经学的四次抗争 /063

七、汉末今文经学的反击 /068

八、郑玄遍注群经，会通今古文 /073

第三章　魏晋玄学下的儒学

一、三国时代的儒学 /080

二、王学郑学之争 /083

三、易学的象数派与义理派 /088

四、南朝经学派与北朝经学派的异同 /091

五、南朝经学派名家 /093

六、北朝经学派名家 /096

第四章　隋唐时期的注疏之学

一、南北两派儒学的统一 /100

二、河汾学派 /103

三、以音释义，训义兼辩 /107

四、钦命诸儒共修《五经正义》 /110

五、刊刻九经《石经》，平议《孝经》派别 /113

六、盛唐三贤创新《春秋》学派 /116

七、韩愈重立儒统 /118

八、李翱：强调复性，开宋代理学之先河 /121

九、晚唐五代儒学 /123

第五章　宋代新儒学——理学

一、范仲淹与宋初三先生 /127

二、荆公新学 /131

三、温公朔学 /135

四、元公濂学 /140

五、横渠关学 /145

六、苏氏蜀学 /149

七、尧夫数学 /155

八、二程洛学 /159

九、程门四先生 /165

十、道南学派 /174

十一、湖湘学派 /179

十二、金华学派：经史并重，传承中原文献之学 /186

十三、永嘉学派 /193

十四、永康学派：王霸义利之辩 /206

第六章　朱陆异同：理学与心学的顶峰

一、晦庵闽学：朱熹，性即理 /211

二、象山心学：陆九渊，心即理 /218

三、勉斋学派：传承儒学道统 /225

四、沧州学派：播朱学于世间 /231

五、西山学派：使理与数灿然于天地间 /235

六、九峰学派：数尽万物之则，尽天下之理 /244

七、清江学派：与朱熹同撰《小学》 /249

八、北溪学派：心为太极 /252

九、木钟学派：朱子传《诗》《易》弟子，以理解经 /257

十、鹤山学派：通过实践明心致知 /260

十一、潜庵学派：以朱子说解《诗经》 /264

十二、巽斋学派 /268

十三、深宁学派：汉宋并采，研经究史 /276

十四、东发学派：四明之学宗朱氏者东发为最 /284

十五、真氏西山学派：泛滥释老心学，归本朱子 /287

十六、北山学派 /294

十七、陆学在浙江的传播 /298

十八、宝峰学派：私淑慈湖，以心理政 /306

第七章　金元：儒学的衰落与衍圣公的确立

一、赵秉文：金朝斯文主盟 /311

二、道统的北传 /312

三、鲁斋学派：传理学于元廷 /316

四、静修学派：刘因，圣贤，我也；我，圣贤也 /320

五、草庐学派：吴澄，内主敬尊德性，外格物而致知 /324

第八章　明初的朱学与陆学

一、曹端：月映万川，开明代理学之先 /330

二、河东学派：以关闽诸子为法绳，以古圣贤为归宿 /332

三、崇仁学派：南方朱学大宗，兼采陆学 /335

四、余干学派：以主忠信为先，以求放心为要 /337

五、江门学派：奠基明代心学，静中养出端倪 /340

六、甘泉学派：心与事应，天理自现 /344

七、三原学派 /348

第九章　阳明心学及其主要流派

一、悟道及悟理　/358

二、浙中学派　/366

三、江右学派　/383

四、泰州学派　/412

五、纠正王学观念之偏　/442

第十章　清初儒学：继承与反思

一、以崇儒重道为国策　/462

二、心学余波　/465

三、朱学的承继　/477

四、反击理学，倡导实学　/487

第十一章　汉代经学的复兴：古文经学与今文经学

一、惠栋：开创吴派，一尊汉儒　/509

二、吴派嫡传名家　/511

三、戴震：开创皖派，以考据达义理　/519

四、东原著名弟子　/524

五、常州学派：今文经学崛起　/538

六、以今文经学论政　/544

七、章黄学派：古文经学的反击　/559

第十二章　晚清理学

一、艮峰学派：以居敬穷理来日新其德　/569

二、湘乡学派：重礼，事功　/572

三、养知学派：质疑经典释读，提倡事功理财　/577

四、葵园学派：趋重考证，编校典籍　/582

第十三章　现代新儒家学派

一、梁漱溟：开创"新孔学"，析文化三路向　/589

二、熊十力：体用不二，倡导大同　/594

三、冯友兰：以逻辑分析方式创建新理学　/601

四、贺麟：以西哲观释儒，创建新心学　/606

五、牟宗三：创良知自我坎陷说，倡三统并建　/612

六、钱穆：天人合一观　/617

第一章 儒学的产生及相关概念

一、儒、儒家、儒学

关于"儒"字的本义,汉许慎在《说文解字》中称:"儒,柔也,术士之称。从人,需声。"胡适在《说儒》中根据许慎的说法予以引申:"儒是柔懦之人,不但指那蓬衣博带的文绉绉的样子,还指七国遗民忍辱负重的柔道人生观。"胡适同时认为:"这些人都靠他们的礼教知识为衣食之端,他们都是殷民族的祖先教的教士,行的是殷礼,穿的是殷衣冠。"

胡适认为,儒出现在殷商时代。郭沫若不同意胡适的说法,在《驳〈说儒〉》中提出了自己的观点:"儒应当本来是'邹鲁之士缙绅先生'们的专号。那在孔子以前已经是有的,但是是春秋时代的历史的产物,是西周的奴隶制逐渐崩溃中所产生出来的成果。"

对于儒的身份,胡适认为"儒是一个古宗教的教师",这些殷人的教士是在六七百年中"渐渐变成了绝大多数人民的教师。他们的职业还是治丧、相礼、教学"。(《说儒》)

殷周时代属于社会未发达期,人们崇尚鬼神,《左传·成公十三年》载"国之大事在祀与戎",可见对那时的国家而言,最重要的事情仅有两件:一是祭祀鬼神,二是战争。在祭祀鬼神的活动中,主持祭祀、进行占卜之人被称为"巫"或"巫师",当时无论是占卜问天,还是问鬼神,这项工作都要交给巫来操作,因此,巫成了连通人与鬼神的角色,他们可以解释鬼神的旨意,替鬼神传言,而国家的重要大事,包括战争、政治活动等,都由巫的所言来作重要参考,可见他们在社会上有着极为尊崇的地位。

随着时代的推移,巫逐渐转变成儒士。对于这种说法,很多学者予以反对,认为未能找到两者之间过渡的证据。1975年第4期《四川大学学报》刊发了徐中舒所撰《甲骨文中所见的儒》,该文称:"儒在殷商时代就已经存在了,甲骨文中作'需'字,即原始的'儒'字。"徐中舒引用了几篇甲骨文中"需"字的不同写法,而后称:"整个字象以水冲洗沐浴濡身之形",同时解释称:"古人还不能制造大盆洗澡,只能用水罐顶冲洗,如今日的淋浴。"所以徐先生觉得,其中一个甲骨字正像人在沐浴时,水自头顶冲洗而下之形。

徐中舒说:"从而、从耎、从需的这些字,大都包含有柔、软的意思。"

这正是许慎对"儒"字的解释。但许慎说，儒是"需"声，徐中舒则进一步将其解释为象形。既然如此，儒为什么要洗澡呢？《礼记·儒行》载"儒有澡身而浴德"，其意乃是用道德来清洗身上的污垢。《孟子·离娄下》载："孟子曰：西子蒙不洁，则人皆掩鼻而过之。虽有恶人，斋戒沐浴，则可以祀上帝。"其意乃是说，即使是美人，如果污浊不堪，人们也会掩鼻而过；一个相貌丑陋的人，如果斋戒沐浴，依然有资格祭祀上天。

可见沐浴和斋戒乃是祭祀者表达诚敬的必需步骤，巫则是上天与人之间的使者，其在主持祭祀仪式之前，定当沐浴。所以徐中舒认为："需在甲骨中象沐浴濡身，濡应是儒字的本意。"他又发现"子需"二字在甲骨文中多次出现，于是认定"子需"即商代的儒，"儒这种行业在殷商时就有了"，由此而印证了胡适的判断。

汉初，人们称儒为"儒者"。司马迁在《太史公自序》中说"儒者博而寡要"，陈战国在《先秦儒学史》中认为："太史公所说的'儒者'，实为'儒家'之意。"其理由是司马迁在《自序》中把阴阳、儒、墨、名、法、道德并列称述，并把"名"称为"名家"，把"法"称为"法家"，把"道德"称为"道家"。"那么他所说的'儒'当然就是'儒家'了。"

就流传至今的史料来看，明确地将"儒"称为"儒家"的是《汉书·艺文志》："儒家者流，盖出于司徒之官……"儒家的思想观念及主张就是儒学，研究和叙述它的发展过程及思想流变就是儒学史。儒学在发展过程中产生了许多不同的流派，将这些流派的独特观念综而述之，以历史为脉络汇讲在一起，就是儒家学派史。

二、儒家创始人

孔子被视为儒家的创始人。然如前所言，在孔子之前，已经有了儒的概念。《论语·雍也》载："子谓子夏曰：'女为君子儒，无为小人儒！'"

孔子的这句话大多会被翻译成：你要做高尚的儒者，不要做以儒为业的小人。这段话表明，在孔子时代，儒家已经有了高下之分，同时也说明了孔子不是儒的创始人，否则的话，他不会将自己所创的派别分为君子与小人两个体系。但是，儒家有了孔子，才得以正式成为一种思想学派。因此，王博在《中国儒学史》中开篇即称："儒家的产生，当然是以孔子为标志。"

孔子名丘，字仲尼，远祖为殷之贵族。到孔子时代，其家已是贫民阶层，他自称："吾少也贱，故多能鄙事。"（《论语·子罕》）对于孔子年轻时从事过的工作，《孟子·万章下》载："孔子尝为委吏矣，曰会计当而已矣；尝为乘田矣，曰牛羊茁壮长而已矣。"孔子做过管仓库的小吏，还看管过牛羊，但这些低下的职业不能磨灭他努力向上之心，孔子自称："吾十有五而志于学，三十而立，四十而不惑，五十而知天命，六十而耳顺，七十而从心所欲，不逾矩。"（《论语·为政》）

可见孔子在十五岁的时候就立志于学习，此后他以十年为一个阶段，直到晚年达到了在规矩之内的随心所欲。对于孔子所说的"三十而立"，后世有不同的解读，大多认为其意乃是三十岁时能自立于世，还有一种解读认为是"立于礼"。

大约在三十多岁时，孔子开始讲学，由此他被视为中国第一位办私学的人，他在这方面的成绩巨大，按传统说法，他一生培养出弟子三千人，其中成绩优异者有七十二人。大约从五十一岁开始，他在鲁国任中都宰，此后又升为大司寇，"年五十六，由大司寇行摄相事"（《史记·孔子世家》）。

根据司马迁的记载，孔子在主持朝政的三个月内，使鲁国实现了路不拾遗，社会秩序井然，形成了良好的世风，但因他和鲁国当政者季桓子的政见不合，最终弃官而走，之后游历列国，推行自己的政治主张。钱穆在《先秦诸子系年》中说："孔子自定公十三年春去鲁，至哀公十一年而归，前后十四年，而所仕惟卫、陈两国，所过惟曹宋郑蔡。"孔子未能实现自己的政治抱负，在周游列国十四年后，于六十八岁时返回鲁国，晚年的孔子废寝忘食，把所有精力用在整理古代文献方面。在周游列国的过程中，孔子传播了自己的思想，使得儒学概念根植于社会，同时也培养出了弟子，使得儒学观传延于后世，与此同时，孔子重视文献、整理文献的观念也被后世儒家所继承。

三、儒家主体思想

对于儒家的整体概念，《汉书·艺文志》称："儒家者流，盖出于司徒之官。助人君，顺阴阳，明教化者也。游文于六经之中，留意于仁义之际。祖述尧、舜，宪章文、武，宗师仲尼，以重其言，于道最为高。"

《汉书·艺文志》的立场是从官学出发，以此认定诸子之学皆出于某王官，其认为，儒家是出于古代的司徒之官，他们的职责是帮助国君顺应自然，宣传教化。儒家以"六经"为核心经典，故而特别在意仁义观念，他们将道统追溯到尧舜时代，同时恪守周文王、周武王时代的礼法，儒家以孔子为宗师，奉孔子所言为圭臬，故《汉书·艺文志》认为，在那时的各个学派中，以儒学为最高。

关于儒家的立身之本，钱穆在《古史辨》第四册序言中说："儒为术士，即通习六艺之士，古人以礼乐射御书数为六艺，通习六艺，即得进身贵族，为之冢宰小相，称陪臣焉，孔子然，其弟子亦无不然。儒者乃当时社会生活一流品。"

自孔子创出儒学品牌后，儒家思想成为影响中国最大的流派，同时也是中国古代的主流意识，表现出的整体姿态是积极入世，这个特点在《论语》中多有记载，最著名的一条是《微子篇》中的"长沮、桀溺耦而耕"。

长沮和桀溺是两位隐者，经常一起耕田。孔子周游列国，由陈国前往蔡国时，被一条大河挡住了去路，孔子命弟子子路向隐者打听哪里有渡口，长沮没有直接回答，反问子路车上坐的人是谁，当得知是孔丘后，回答说："孔丘是知道渡口的人。"这显然是双关语。子路无奈，转问桀溺，桀溺问明子路的身份后，说了一句著名的话："滔滔者，天下皆是也，而谁以易之？且而与其从辟人之士也，岂若从辟世之士哉？"

桀溺说，而今天下纷乱异常，礼崩乐坏，这种状况有如滔滔大水弥漫天下，所到之处都是如此，你们想和谁去改变这种现状呢？接着他又跟子路说，你与其跟着躲避人的人，还不如跟着躲避整个社会的人呢！说完之后，他也没有回答子路所问，而是继续耕种。

子路无奈，回来把刚才的事报告给孔子。孔子听到后，颇为怅惘，叹息说："鸟兽不可与同群，吾非斯人之徒与而谁与？天下有道，丘不与易也。"

孔子感叹说，人不能跟鸟兽长居在一起，我不同世人在一起，又能跟谁在一起呢？假如天下安定，我也就不参与社会的变革了。

确如两位隐者所言，他们所处的时代已然礼崩乐坏，面对这污浊的人世，两位隐者采取了躲避的态度，他们不想把自己的智慧贡献于社会，只是希望与这个社会隔绝，离群索居地生活，这就是桀溺所说的避世。孔子也知道社会问题，但他没有彻底放弃，他带着弟子周游列国，希望能找到实现自己社会理想的地方。在两位隐者看来，孔子的这种心态是在躲避不能实现理想的君主，这种做法属于避人。

孔子的治世理想显然难以实现，但他没有灰心，离开一个国家后，又抱着新的希望抵达另一个国家，希望能够遇到一位好的君主来支持他实现理想。孔子的这个希望在隐者看来，是不可能实现的。

类似于这样的对话，在《论语》中还有几处。《微子篇》在长沮桀溺之后，第二段是"荷蓧丈人"，这个故事也是发生在周游列国的途中。某天子路掉队了，遇到一位扛着农具的老人，子路向老人请问，有没有看见自己的老师孔子，老人说，你们这些人四体不勤、五谷不分，谁知道哪个是你的老师。说完继续锄草。

但是老人说完这段话后，不仅让子路留宿家中，还杀鸡做饭来招待子路。第二天子路赶上了老师，把昨天的事告诉了老师。孔子立即说，这是一位隐士，并且让子路返回去探望老人。子路遵师命返回原处时，那位老人已经走了，于是子路站在那里发了一段著名的感慨："不仕无义。长幼之节不可废也，君臣之义如之何其废之？欲洁其身而乱大伦。君子之仕也，行其义也。道之不行，已知之矣。"

从这段话看来，子路虽然奉老师之命去探望老人，但并不赞同老人的处世之道。在他看来，有知识有智慧的人，如果不去从政来治理社会，就属于不义，长幼之间的礼节不可废弃，同样，君臣之间的名分怎么能废弃呢？只想洁身自好，却乱了君臣间的伦理关系。君子之所以要从政为官，就是为了实行君臣之义。当然，子路也说，他知道在现实情况下这种理想是难以推行的，这正表明了孔子与其弟子在乱世中，以知其不可为而为之的姿态，继续推行着自己的主张。他们不想为了个人的名节而避世，哪怕被人取笑，也不放弃自己的理念，这就是人们所说的入世。

其实孔子并不反对乱世中的隐者，他把避世之人称为贤者，夸赞伯夷、叔齐这类逸民"不降其志，不辱其身"，正符合孔子所说的"天下有道则见，无道则隐"的处世哲学。孔子在其失意时，也会发出"道不行，乘桴浮于海"的感慨。然就总体来说，儒学的主体思想依然是"治世"，归隐只是治世思想的补充，所以儒家从总体而言，是反对逃世的，他们认为只有与人共世，努力地改造社会才能体现人生的价值。

儒家有着怎样的入世思想呢？《论语·公冶长》中有一段孔子与两位弟子的对话，孔子让他们说出各自的志向，子路说："愿车马衣裘，与朋友共，敝之而无憾。"子路说愿意把自己的马车和名贵的皮衣，拿来与朋友们分享，即使自己的这些贵重物品被用坏了，也没有怨言。颜渊的回答则是，他希望不夸奖自己的长处，也不表白自己的功劳。子路转问老师的理想是什么，孔子说："老者安之，朋友信之，少者怀之。"

孔子的这句话正表达了儒家的入世观。他希望经过自己的努力，能让老年人过得安康舒适，能使朋友们相互信任，能让孩子们得到关爱养护。总之，孔子最关心的事情，是帮助人们，安顿他们的生命，可见他有着关爱人的大情怀，由此表达了人的使命和责任。

孔子是著名的教育家，他的教育方式是有教无类，主体思想则是鼓励弟子学而有成后去从政，以此实现关爱人类的使命。孔门高足子夏曾说："学而优则仕。"（《论语·子张》）在子夏看来，学习好了之后才可以去做官。孔子明确地告诫弟子："诵诗三百，授之以政，不达；使于四方，不能专对；虽多，亦奚以为？"（《论语·子路》）在孔子看来，熟读经典之人，如果去从政做官却不会处理政务，派他当外交使节又不会办理相关交涉，这样的人读书再多有什么用呢？对此黄宗羲总结说："古者儒墨诸家，其所著书，大者以治天下，小者以为民用，盖未有空言无事实者。"（《余姚县重修儒学记》）

从总体而言，儒家的入世思想自孔子之后，始终被后世儒者本持。人们所熟知的范仲淹名句："居庙堂之高则忧其民，处江湖之远则忧其君"，以及"先天下之忧而忧，后天下之乐而乐"，正是儒家入世思想的精彩表达。

四、儒家核心概念

入世思想乃是儒家的整体处世姿态，他们有着这样的世界观，乃是由多个理念作为理论支撑。下面将分别讲到几个主要的儒家理念。

1. 崇礼

春秋末年是礼崩乐坏的时代，这种状况激发了孔子想要恢复周礼的使命感。古代的礼不仅仅有周礼，为什么孔子只想恢复周礼呢？《论语·八佾》载："子曰：'夏礼，吾能言之，杞不足征也；殷礼，吾能言之，宋不足征也。文献不足故也。足，则吾能征之矣。'"孔子说，夏朝的礼，我能说出来，但是夏朝的后代杞国现在实行的礼仪，却不足以作为考证的依据；殷代的礼，我能说出来，但是殷的后代宋国现在实行的礼仪，也不足以作为考证的依据。这是因为相关史料太少，熟悉夏礼和殷礼的贤人也不多。如果资料以及了解夏礼、殷礼的人足够多的话，我就能通过它们，将这两朝的礼仪再现。

由此说明，在孔子时代，夏礼和商礼已经残缺不全，唯有周礼尚且完整，同时夏礼和商礼的一部分又保存于周礼中，所以孔子提倡周礼，其实是包含了对三代之礼的敬意。《论语·为政》载有子张问老师是否能够知道今后十世的礼仪制度，孔子回答说，商朝继承了夏朝的礼制，所减少和增加的部分是可以了解到的，周朝又继承了商朝的礼制，其增减部分也可以了解到，后世如果继承周朝的礼制，估计其内容也是据周礼做一些增减，按这种思路推论，即使再传一百代，也大致能够了解到。

由此可以了解到，孔子对周礼充满了敬意。他明确地说："周监于二代，郁郁乎文哉，吾从周。"孔子说，周朝的礼制是借鉴夏、商两代发展起来的，这多么丰富哇，我要遵从周代的一切制度。孔子为了实现自己的理想，甚至在某些状况下可以变通自己的主张。《论语·阳货》记载了一个小故事，公山弗扰占据费邑叛乱，然后召请孔子，孔子想应召而去，子路闻讯很不高兴，对老师说，没地方可去也就算了，何必要去叛臣公山氏那里呢？孔子辩解说，他既然派人来请我，难道是只看重我的名声吗？"如有用我者，吾其为东周乎？"如果他真的重用我，我有可能在东方振兴周礼呢！

孔子为什么如此重视礼呢？《论语·季氏》有如下一段话："天下有道，

则礼乐征伐自天子出；天下无道，则礼乐征伐自诸侯出。自诸侯出，盖十世希不失矣；自大夫出，五世希不失矣；陪臣执国命，三世希不失矣。天下有道，则政不在大夫；天下有道，则庶人不议。"

孔子认为，有道的天下无论规制礼乐还是军事征伐，都是由天子来做决定；天下无道时则由诸侯来做决定，但由诸侯来做决定时，他们大概递传不到十世，就会丧失政权；如果由大夫来做决定，传五代而不丧失政权的，就很少了；由大夫的家臣来掌握国家的命运，政权传不了三代。所以孔子称，天下有道，国家政权就不会落在大夫手里，同时黎民百姓也不会议论朝政。

孔子认为制定礼乐、征伐天下这样的大事，只能由天子来决断，如果大权旁落，由诸侯、大臣来行其事，天下就会大乱，所以他的主体思想就是强调中央集权制。因此，孔子提倡周礼的真实目的，就是想恢复天子一统天下的社会，而他所处的春秋时代，已经是天下无道的局面。《汉书·艺文志》称："礼自孔子时而不具。"孔子奔走于天下，其努力的目标就是想要改变这种局面，而其主要目的就是想要恢复周礼。

2. 正名

在礼崩乐坏的时代，如何发挥礼的作用，孔子认为就是正名。所谓正名，就是根据周礼来确定人的身份和地位。

当年卫灵公不喜欢他的太子蒯聩，于是蒯聩逃亡到国外。卫灵公驾崩后，蒯聩的儿子卫辄继承了君位，此事令蒯聩很生气，九年后借晋国的军队杀回卫国，想要从儿子手里夺回君位，遭到了卫辄军队的抵抗。当时孔子正在卫国，子路也在卫国为官，两人各有立场，为此事产生了争执。

子路问老师：假如卫国国君等待着您去治理国家，您认为应当先做哪件事？孔子回答了一句著名的话："必也正名乎！"他认为首先要做的事就是正名分。子路不同意老师的看法，认为有这个必要吗？并且唐突地称老师的想法太过迂腐。孔子很生气，骂子路说："野哉！由也！"意思是子路你太粗野鲁莽了！君子对自己不知道的事情总要抱着存疑的态度吧。接着孔子说了一段被后世广泛引用的话："名不正则言不顺，言不顺则事不成。事不成则礼乐不兴，礼乐不兴则刑罚不中，刑罚不中则民无所措手足。"

孔子认为如果名分不正，言语就不顺，言语不顺事情就办不成，事情办不成，国家的礼乐制度就无法建立起来，如果建立不起来，刑罚的执行也不会恰当，如果刑罚不恰当，人民就会手足无措。所以他认为，确定名分是首要的问题。

在孔子看来，社会上的每个人都有自己的名分，而名是根据周礼规定出来的，因为周礼中对伦和职的规定，就是人们的"名"。蒯聩和卫辄争夺君位，其本质就是名分不清，所以孔子主张要按照周礼的规定来正名。凡是符合周礼规定的，就是"名正"，由此而具有合法性；不符合周礼规定的，就是"名不正"，就不具有合法性。而具有合法性的君主，才能向全国发布命令，这就是孔子说的"言顺"。只有言顺，周礼才能得到维护，百姓方有所遵从，社会也就实现了安定。

对于这样的观念，《论语·颜渊》中有明确表达："齐景公问政于孔子。孔子对曰：'君君，臣臣，父父，子子。'公曰：'善哉！信如君不君，臣不臣，父不父，子不子，虽有粟，吾得而食诸？'"

鲁昭公末年，孔子到齐国时，正赶上齐大夫陈氏权势日重。齐景公爱奢侈，施重刑，不立太子，且不听晏婴的劝谏，朝政颇为混乱。当齐景公向孔子问政时，孔子说出了"君君，臣臣，父父，子子"。孔子认为，如果想治理好国家，君要像君的样子，臣要像臣的样子，同样，父要像父，子要像子。孔子的回答得到了齐景公的赞赏，但他并没有真正按照孔子所言予以实行，致使齐国终被陈氏篡夺。

显然，孔子的回答是有针对性的。他想通过正君臣父子之名，来强调社会上每一个人都应当按名分来确定自己的角色，从而恢复和巩固贵贱尊卑之序。虽然他只谈到了君臣父子，实际却是以举例的方式来说明社会上一切人之间的关系，都应当纳入礼的秩序中来。

3. 依仁

仁与礼有着直接关系。《论语·颜渊》载颜渊向孔子请教什么是仁。孔子说："克己复礼为仁。一日克己复礼，天下归仁焉。为仁由己，而由人乎哉？"孔子认为，克制自己，使言行符合礼，就是仁。有一天做到了克制自己、符合礼制，天下人就赞许你是仁人了。因此，实行仁，在自己而不在别人。颜渊进一步问：仁有哪些具体体现呢？孔子说："非礼勿视，非礼勿听，非礼勿言，非礼勿动。"不符合礼的事情，不看、不听、不说、不做，这就是著名的"四勿"。

孔子认为"仁"是最高的道德，因此后世将"仁"视为其思想核心。正如《吕氏春秋·不二》所说："孔子贵仁。"王博在《中国儒学史》中说：

"在对礼之本的反省中,仁的发现就成为了儒学思想史上最大的事件。"《论语·八佾》载:"人而不仁,如礼何?人而不仁,如乐何?"这句话可以理解为:做人如果没有仁德,怎么对待礼仪制度呢?做人如果没有仁德,怎么对待音乐呢?由此说明,仁是礼和乐的基础。

"仁"的概念不是孔子发明的,《国语》中多有关于仁的记载,比如:"为仁者,爱亲之谓仁;为国者,利国之谓仁。"可见,春秋时的人们认为,仁主要是爱亲和利国。孔子对前人已有的"仁"的概念进行了系统的梳理和深化,由此而形成完整的理论。所以郭沫若在《十批判书·孔墨的批判》中说:"'仁'是春秋时代的新名词,我们在春秋以前的真正古书里找不出这个字,在金文甲骨文里也找不出这个字。这个字不必是孔子所创造的,但他特别强调了它是事实。"

王博在其专著中统计出,《论语》中"仁"字出现了一百一十次,而在《诗经》和《尚书》中,这个字总共才出现了七次。孔子为什么这么重视仁,这与当时的社会环境有重要关系。春秋时期奴隶制走向崩溃,封建制逐渐形成,社会矛盾尖锐。《史记·太史公自序》记载,那个时代"弑君三十六,亡国五十二,诸侯奔走不得保其社稷者不可胜数"。像孔子这样的知识分子开始重视人的生存价值和生存权问题,例如《论语·乡党》载:"厩焚,子退朝。曰:'伤人乎?'不问马。"马棚失火了,孔子退朝后赶快去了解情况,询问这场火灾是否伤了人,并不关心伤了多少匹马。由此体现了对人的尊重。

关于"仁"字的本义,许慎在《说文解字》中说:"仁,亲也。从人二。""人二"指的是两个人,说明"仁"是指人与人之间的关系。孔子对"仁"字有多种解释,流传最广的一种是他回答樊迟问仁时所说的"爱人",后来孟子把这句话总结为"仁者爱人"。可见,仁是爱别人,而不是爱自己,处理好重要的关系,就是仁,这种关系包括君臣、父子、夫妇、兄弟、朋友等。

当然,"爱人"只是"仁"之一种。孔子在回答不同的弟子问仁时,会给出不同的答案。比如颜渊问仁,孔子的回答是:"克己复礼为仁,一日克己复礼,天下归仁焉。"仲弓问仁时,孔子的答案是:"出门如见大宾,使民如承大祭。己所不欲,勿施于人。在邦无怨,在家无怨。"(《论语·颜渊》)

孔子告诉冉雍:出门办事要如同接见贵宾那样郑重,给人民安排工作时,要如同举行重大的祭祀活动,自己不愿承受的事,不要强加给别人,无论是为国家办事还是处理家事，都没有怨恨，做到这些就是仁了。司马牛问仁时，孔子的回答更简洁明了："仁者，其言也讱。"也就是说，仁人说话都很谨慎。

对于"仁"所包含的具体内容，《论语·阳货》载子张问仁时，孔子的回答是能够实行恭、宽、信、敏、惠就是仁了，他还解释了为什么："恭则不侮，宽则得众，信则人任焉，敏则有功，惠则足以使人。"恭敬庄重就不会受到辱慢，宽厚就能获得他人的拥护，守信就能得到别人的任用，勤敏就能获得成功，慈惠就能很好地安排他人工作，而这五者都是指人与人之间的关系。

"仁"除了注重人与人之间的关系之外，还注重如何处理这些关系。《论语·雍也》载子贡问老师：如果有人广泛地给人民许多好处，这算不算仁？孔子明确地回答："何事于仁，必也圣乎！"在孔子看来，能够做到这一点，何止是仁人，甚至已经达到了圣人的境界，因为尧舜做到这点都不容易，故孔子说："夫仁者，己欲立而立人，己欲达而达人。能近取譬，可谓仁之方也已。"作为仁人，自己想立身，就要帮助别人立身，自己想通达，必须帮助别人通达；做任何事情都要将心比心、推己及人，这就是实行仁的方法。

余外，孔子对"仁"还有其他的解读，为什么他要有不同的说法呢？这当然本自孔子的因材施教，因为其弟子性格各不相同，孔子正是根据每位弟子的不同特点，然后做出相应的解释。

以上的回答都是如何做到"仁"的，对于如何看待"仁"，孔子也有他的说法。比如他说："刚毅木讷，近仁。"（《论语·子路》）他认为刚强不屈、果敢坚毅、憨厚朴实、言语谨慎的人，就接近仁了。所以与之相反者，就离仁很远："巧言令色，鲜矣仁。"（《论语·学而》）孔子讨厌花言巧语，还做出一副和气善良表情的人，认为这样的人离"仁"很远。对此冯友兰的解读是："'刚毅木讷'的人和'巧言令色'的人，成为鲜明的对比。前者是以自己为主，凭着自己的真性情、真情实感做事的老老实实的人。后者是以别人为主，做事说话，专以讨别人喜欢的虚伪的人。"（《中国哲学史新编》）

在孔子看来，要成为一个仁人，首先要本质忠厚，这种品质称为"直"。如何理解"直"，每个人有不同的看法，《论语·子路》载有如下一段话："叶公语孔子曰：'吾党有直躬者，其父攘羊，而子证之。'孔子曰：'吾党之直者异于是。父为子隐，子为父隐，直在其中矣。'"叶公对孔子说，他的家乡有个人很正直，因为此人的父亲偷了羊，这个人就去告发了父亲。但孔子不这么理解，他跟叶公说，鲁国的正直跟您说的不同，如果儿子有问题，父亲会帮着儿子隐瞒，同样，儿子也会为父亲隐瞒，而我觉得正直的品质就包含在其中了。

对于孔子的这段回答，后世多有异议，不少人认为，隐瞒事实属于不诚实，不能称为"直"，而叶公举出的例子才叫大义灭亲。其实叶公所说的"直"与孔子所说的"直"不是同一个标准。叶公的"直"是指客观事实，孔子的"直"是指情感真实，因为孔子重视"仁"的本义，也就是人与人之间的关系。所以朱熹认为："父子相隐，天理人情之至也。故不求为直，而直在其中。"（《论语集注》）

在孔子的观念中，父子关系最为重要，父子之情要重于外在的事实，所以儿子维护父亲是优先选择。由这个故事可以引出儒家的另一个重要观念：孝悌。

4. 孝悌

赵岐在《孟子章句》中说："尧服，衣服不逾礼也；尧言，仁义之言；尧行，孝悌之行。"故人们将孝悌的起源追溯到尧舜时期，到周文王时代，孝悌概念得以继承，而把孝悌系统化则始于孔子。

《论语·学而》第二章为："有子曰：'其为人也孝弟，而好犯上者，鲜矣；不好犯上，而好作乱者，未之有也。君子务本，本立而道生。孝弟也者，其为仁之本与！'"有子就是孔子的弟子有若，他这段话讲的是孝悌的重要性。古时"弟"通"悌"，意思是弟弟敬重兄长，"孝"则是儿子敬事父母。有子说，孝顺父母、敬重兄长的人，很少会冒犯长辈和上级，这样的人也很少会犯上作乱；君子要致力于根本，根本确立了，无论治国还是做人，自然没问题，所以说，孝悌是仁的根本。

孝悌是指父子、兄弟之间的关系，犯上乃是君臣之间的关系，因此孝悌乃是不犯上作乱的前提，故而父子关系乃是君臣关系的基础。可见父子关系是"为仁之本"。由父子关系向外延伸，逐渐扩展亲疏关系，由此而将父子之爱赋予最高的地位。基于这种观念，孔子在与叶公讨论"直"时，说出了自己的理解，因为在孔子这里，"直"是"仁"的基础，而孝悌是仁的根本。

不过，后世儒家对此有着不同看法，《论语集注》中记载有人问二程：如果说孝悌是仁之本，那么做到孝悌就达到仁的境界了吗？二程回答说："非也。谓行仁自孝弟始，孝弟是仁之一事。谓之行仁之本则可，谓是仁之本则不可。"二程认为，可以说孝悌是行"仁"之本，但不能说孝悌是"仁"之本，因为"仁"指的是人的德行，孝悌只是它的行为表现。对此，后世学者也多有争论，原因是对"为仁之本"的"为"字有两种解读：一种认为"为"是动词，可以解读为"做"；另一种认为此字是介词，可以解读为"是"。虽然理解不同，但都可看出孝悌的重要性。

　　相比较而言，孝重于悌，故《论语》中所谈大多是孝，其重点是讲述何为"孝"。《论语·学而》篇载："子曰：'父在，观其志；父没，观其行。三年无改于父之道，可谓孝矣。'"观察一个人是否做到了孝，就要看他父亲在世时，此人的志向如何；其父去世后，则看他的行为怎么样，如果他三年都不改变父亲所坚持的原则，就算做到了孝。孔子所说的三年，乃是按照周礼的规定，父亲死后，儿子要守孝三年。可见，孝的前提是要符合周礼。

　　由此可以看出，孝与礼的密切关系，《论语·为政》载孟懿子问孝，孔子仅回答了两个字："无违。"也就是不违背周礼。后来孔子又向樊迟转述了他的回答，樊迟问孔子，如何解释"无违"二字。孔子告诉他："生，事之以礼；死，葬之以礼，祭之以礼。"父母在世时，要按照周礼来侍奉他们，父母去世后，要按照周礼为他们举办丧事，今后也要按照周礼来祭祀他们。

　　大多数人认为，所谓"孝"就是供养父母的吃喝，但孔子认为，仅做到这一点是不够的。孔子在回答子游问孝时说："今之孝者，是谓能养。至于犬马，皆能有养。不敬，何以别乎？"可见，在孔子那个时代，大多数人都认为，能够奉养父母就是孝顺了，而孔子觉得这与人们养狗养马没区别，只有诚心孝敬，才是区别。如何才算诚心呢？当子夏问孝时，孔子回答说："色难。有事，弟子服其劳，有酒食，先生馔，曾是以为孝乎？"（《论语·为政》）孔子认为，对父母和颜悦色是最难做到的，因为人跟人长期相处，难免有各种各样的矛盾，始终如一地敬爱父母，这不容易做到，如果供养父母酒饭，却给父母难看的脸色，这就算不上孝。因此，孔子所说的孝有两个要点，一是养之以敬，二是事之以礼。由爱支撑起礼，爱成了礼的基础。

　　孝的理论规范就是孝道，对于孝道，第一种表现就是赡养父母，通过赡养来报答父母的养育之恩。《论语·里仁》载："父母之年，不可不知也。一则以喜，一则以惧。"作为子女，必须要记住父母的年龄，一方面是为父母的健康长寿感到高兴，另一方面也担忧父母的衰老。该篇又有"父母在，不远游，游必有方"的名言，这是要求子女尽赡养之义务，时刻要为父母的生活着想，如果必须外出的话，首先要把父母的生活安顿好。

孝道的第二种表现则是孝敬。正如上面所言，赡养父母不但要有物质上的供养，还要让父母有精神上的满足。《孟子·万章》中称："孝子之至，莫大乎尊亲。"这种概念经过儒家层层加码，后来甚至发展到了对父母的孝敬毫无原则地顺从地步，但其实早期儒家并没有这么极端化。《论语·里仁》中说："事父母几谏，见志不从，又敬不违。劳而不怨。"意思是侍奉父母时，假如他们有什么不对的地方，要予以委婉地劝说。虽然此书也称，如果父母不愿意听从意见，也应当予以恭敬地服从，但至少说明，父母做事有不妥之时，应予以劝谏。

曾子传承了孔子的孝道。他开创了儒家的"孝治派"，提出过"以孝治国"的观念，但即使如此，他也认为子女有劝谏父母的必要。《礼记·曾子事父母》载："父母之行，若中道则从，若不中道则谏。"

关于孝、悌之间的关系，曾子称："孝子善事君，悌弟善事长，君子一孝一悌，可谓知终矣。"如前所言，孝是指父子关系，悌是兄弟关系，孝是敬事父母，悌是顺从兄长。《孟子·滕文公下》又称："于此有焉：入则孝，出则悌。"由此说明，"悌"不限于家族内部关系，在社会上也要讲悌，这就是说，在社会上要尊重年纪比自己大的人。

孔子提倡孝悌文化，其目的是将这种关系道德化，由此而起到稳定社会的作用。虽然这仅是伦理关系，不是一种宗教，却对中国人的社会关系影响深远，正如孟子所言："亲亲，仁也，敬长，义也，无他，达之天下也。"（《孟子·尽心上》）

5. 忠恕

忠恕是孔子仁学的核心概念。某天，孔子跟曾参说："吾道一以贯之。"曾子说，是这样的。孔子离开后，有的门人问曾子，老师说的话是什么意思？曾子回答说："夫子之道，忠恕而已矣。"（《论语·里仁》）孔子说，他所主张的"道"，是将一个根本的宗旨贯彻到底。曾子认为，老师所说的一以贯之的道，就是忠恕。

对于"忠恕"一词的概念，朱熹的解释是："尽己之谓忠，推己之谓恕。"尽自己的心就是忠，由己及人就是恕。在《论语》中，"忠"和"恕"同时出现的地方较少，这两个字大多单独出现。比如，曾子所说的"三省吾身"的第一省，就是"为人谋而不忠乎"。作为一个君子，每天要反省自己在给别人出主意时是否做到了忠诚。

在孔子的观念中,"忠"是"仁"的一部分。当樊迟问仁时,孔子告诉他:"居处恭,执事敬,与人忠。"(《论语·子路》)孔子认为,在家能恭敬规矩,出外办事认真谨慎,对人忠实诚恳,这就是"仁",他同时强调,即使到了夷狄之地,这三种德行也不能放弃。

对于"忠"字的本义,许慎《说文解字》的解释是:"敬也。从心,中声。"段玉裁在注中进一步说:"尽心曰忠。"孔子很重视忠,《论语》中称"子以四教:文、行、忠、信。""忠"是孔子的四大教学内容之一。

既然"忠"有这么高的重要性,如何能让人做到呢?季康子向孔子请教,"如何使人民对我尊敬,对我忠诚?"孔子告诉他:"临之以庄,则敬;孝慈,则忠。"只要你以庄重的态度来对待人民,人民也就会尊敬你,你倡导对父母孝顺,对民众慈爱,他们就会忠于你。孔子的解释方式是继承了殷、周的"忠君"思想,同时又有所发展,臣子要做到"臣事君以忠",但是君臣关系不是单方面的绝对服从,因为还有"君使臣以礼",君主需要礼贤下士,才能使臣以忠报君,臣与君是相互尊重、相互信任的关系。

忠不仅仅是下对上的关系,朋友间、同事间也要讲忠。子张跟孔子说:楚国的子文三次担任宰相之职,没有表现出高兴的样子,三次被罢免,也没有怨恨之色,并且每次被免职时,他都将手中的公务完整地交给接任者,您觉得这个人怎么样?孔子说,他够得上"忠"了。子张又接着问,子文够得上"仁"吗?孔子说不清楚。从这段对话来看,"忠"虽然是"仁"的组成部分,但不能视为等同于"仁",因为"忠"与"恕"相连,才是相对完整的概念。

对于"恕"的本义,《说文解字》中称:"恕,仁也。从心,如声。"可见,践行恕,就是仁,恕是仁的内容。关于"恕"的重要性,可由孔子回答子贡的所问得知。子贡问:"有一言而可以终身行之者乎?"有没有一个字可以作为终身奉行的准则?孔子回答说:"其'恕'乎。己所不欲,勿施于人。"孔子认为,如果只选一个字的话,那就是"恕"字了,同时他强调自己不愿意的事情,就不要强加给别人。(《论语·卫灵公》)

"己所不欲,勿施于人"到今天仍然是一句常用语,可见这句话深入人心。孔子也喜欢这句话,所以他在《颜渊》篇里又说了一次。冉雍向老师请教什么是"仁",孔子告诉他:"出门如见大宾,使民如承大祭。己所不欲,勿施于人。"由此可见,"仁"和"恕"的内在关系:"恕"是实现"仁"的途径。因此有人说,"求仁必自恕始"(李元度《读大学》)。此乃把"仁"

与"恕"作为因果关系,而曾国藩直言"仁即恕也"(曾国藩《曾文正公杂著》)。

关于"忠"和"恕"的关系,朱熹解释得很明确:"有忠而后恕,独言恕,则忠在其中。若不能恕,则其无忠可知。恕是忠之发处,若无忠,便自做恕不出。"(《朱子语类》)关于"仁"与"忠恕"的关系,程子说:"以己及物,仁也;推己及物,恕也。"(《河南程氏遗书》)冯友兰在《新世训》中解释得更直接:"孔子的仁,它的主要内容是'爱人'。忠是'己欲立而立人,己欲达而达人',恕是'己所不欲,勿施于人',忠恕是实行仁的方法。"

吴东杰在《忠恕之道普世化之探究》中进一步解释说:"'仁'本是处理'我'与'他人'关系时的一种最高境界和道德标准,而'忠''恕'则是'仁'的实践方式,也是'仁'的基础,无'忠恕'则无'仁',有'忠恕'则有成'仁'的可能,故'夫子之道,忠恕而已矣'。"

到如今儒家的忠恕之道已然成为普世价值观,被视为人类的伦理底线。方琳在《先秦儒家人生修养论》的第五章写道:"1993年,世界宗教大会在美国芝加哥召开,大会发表了《走向全球伦理宣言》,宣言认为:若人类没有一种伦理方面的基本共识,人类迟早会走向混乱或面对专制的威胁,若没有全球伦理,就不可能有美好的全球秩序。大会通过了两条伦理学黄金律,其中一条是儒家的'己所不欲,勿施于人',另一条是人道原则,即把人当作人而不是物,即使敌人也要承认他是人。杜维明先生认为,后一条可翻译为'己欲立而立人,己欲达而达人'。"

6. 贵和

《论语·学而》载有子说:"礼之用,和为贵。"可见对于"礼"的应用,"和"是最重要的。这里的"和"字可以解释为和谐。有子接着解释说,古代贤王治理国家的方式可贵之处就在于此,无论大小事,都要依循"和"的原则,同时他强调,要用"礼"来调节和约束"和"。由此讲明了"和"与"礼"的重要关系。

"和"的概念早在殷商时期就已存在,此字的原意是指声音相应,后来演化出和谐、和睦、和平、祥和、中和等意。孔子说:"君子和而不同,小人同而不和。"他强调君子要讲求和谐而不盲目附和他人,小人会附和别人,但内心却没有和谐友善的态度。

关于"和"的应用,《左传》记载了孔子评价郑国子产与太叔施政风格不同："政宽则民慢，慢则纠之以猛。猛则民残，残则施之以宽。宽以济猛；猛以济宽，政是以和。"

当年子产实行严厉的政策，太叔执政后改为宽柔政策，导致很多盗贼聚集，太叔后悔自己之前的政策，于是发兵攻击盗贼，将他们全部消灭。孔子听到这件事后感慨地说，政策宽厚民众就会怠慢，怠慢之后又用刚猛的政策来纠正，但刚猛政策又会伤害民众，看来只有用宽柔来调和严厉，用严厉来调和宽柔，才能达到一个"和"字。

孔子的这种观念被称为"中和"。孔子说："礼乎礼，夫礼，所以制中也。"（《礼记·仲尼燕居》）孔子认为礼是用来规定什么才是适中的。郑玄在《礼记注》中说："过与不及，言敏钝不同，俱违礼也。"可见"中"乃恰当之意。超过和不及都不算"中"，并且属于违礼。朱熹在《论语集注》中说："道以中庸为至，贤智之过虽若胜于愚不肖之不及，然其失中则一也。"其所解与郑玄所说相同，因为过与不及都会影响事物的性质。故《论语·尧曰》引用尧的所言："允执其中"，尧告诫舜，要诚实恰当地保持执守中正之道。

故而，孔子所强调的"执中"，就是"执两用中"。这种观念被称为"中庸之道"。

7. 中庸

由君子小人之辨，产生了中庸问题。《中庸》称："仲尼曰：'君子中庸，小人反中庸。君子之中庸也，君子而时中；小人之反中庸也，小人而无忌惮也。'"这里的"中"是指中正，即不偏不倚，无过无不及之意。"庸"有两种解释：一是不改变，二是平常。所谓平常，就是人们的日常人伦。

孔子将"中"和"庸"结合在一起，形成了一个新的哲学概念。徐复观在《从性到命——〈中庸〉的性命思想》中说："'中'与'庸'连为一词，其所表现的特殊意义，我以为是'庸'而不是'中'；因为'中'的观念虽然重要，但这是传统的观念，容易了解。和'中'连在一起的'庸'的观念，却是赋予了一种新内容、新意义。"他认为，"庸"是把"平常"和"用"连在了一起，以此形成新内容，但是坏的行为、引起冲突的行为，不是中庸。

关于中庸的价值，孔子说："中庸之为德也，其至矣乎！民鲜久矣。"（《论语·雍也》）孔子视中庸为德的最高境界。但他感慨，社会上的人已经缺乏这种道德很久了。

对于"中庸"一词，朱熹在《中庸章句集注》中称："中者，不偏不倚，无过不及之名，庸，平常也。"这句话仍然在说，超过和不及都不是中庸，可见，"中庸之道"实际上不是依"中"而行的用"中"之道，乃是以"中"为原则求得事物的内在和谐方式。

《论语·子罕》载："吾有知乎哉？无知也。有鄙夫问于我，空空如也。我叩其两端而竭焉。"孔子说，我有知识吗？其实没有。有乡下人问我一些问题，我完全不知怎么回答，可是当我仔细了解那些问题的正反两方面后，就有了答案。这句话中的"叩其两端"就是"执中"的意思。

所谓执中，就是掌握事物的度。比如子贡问怎样对待朋友，孔子告诉他："忠告而善道之，不可则止，毋自辱焉。"（《论语·颜渊》）孔子认为要忠诚地劝告朋友，委婉而恰当地开导对方，如果对方不听从，那就不要再说下去，否则就是自取其辱。由此说明，与朋友交往要有度，不可太过亲昵，也不能过于疏远。中庸用在交往上，讲求的是适度。所以李泽厚在《论语今读》中说："'中庸'者，实用理性也，它着重在平常的生活实践中建立起人间正道和不朽理则。"

8. 天命

古人所说的"天"究竟指什么，从不同角度而言各有所指，比如天包括自然之天、神灵之天、道德之天等。那么，孔子所说的"天命"是指哪一种呢，换句话说，他相不相信天命呢？孔子在《论语》的最后一章中说："不知命，无以为君子也。"此处虽然只有一个"命"字，但后世一律将其解读为不懂天命，就无法做君子。由此说明，孔子对于天命的重视。

《论语》中有多章谈到天命，从中可以看出孔子所说的"天"有着不同的含义。比如《八佾》篇："王孙贾问曰：'与其媚于奥，宁媚于灶。何谓也？'子曰：'不然。获罪于天，无所祷也。'"

王孙贾是卫灵公时卫国的大夫，掌有实权。某天他跟孔子说：人们都说与其奉承奥神，还不如奉承灶神，这句话是什么意思？孔子回答他说，不是这样，如果得罪了天，向谁祈祷都没用。"奥"本指室内的西南角，这里指西南角的神。古代的尊长居于西南，因此奥神的地位要比灶神高一些。但是，灶神的地位虽低，却可以通天，所以人们才说"宁媚于灶"，在祭祀时首先要奉承灶神。

王孙贾问孔子这个问题，其实另有所指。按照何晏在《论语集解》中引孔安国的说法："奥，内也，以喻近臣。灶，以喻执政。贾，执政者，欲使孔子求昵之，微以世俗之言感动之也。"皇侃《论语义疏》也有类似的解释。所谓"近臣"应当暗指南子，她是"奥"，"灶"则是王孙贾自喻。虽然他的地位比不上南子，但他是执政者，其言外之意，孔子来到卫国应当求媚于自己，而不是南子。

孔子当然明白王孙贾此语的含意，所以才给出了那样的回答。对于孔子的反驳，孔安国在注中说："天以喻君。孔子拒之曰：'如获罪于天，无所祷于众神'。"邢昺《论语注疏》也认为："天，以喻君。"孔子的意思是说，他能否为时所用，在于君命，所以不管是近臣还是执政者，他都不会去求媚，这就像得罪了上天，再去求众神是没用的。然而，"天"是谁，孔子没说，但他认为天是不可欺的。

孔子在《论语·子罕》的一章中也表达了这个意思。某天，孔子得了重病，子路派他的弟子去做孔子的家臣，以便料理后事。后来孔子的病有所好转，而后感慨说："久矣哉，由之行诈也！无臣而为有臣。吾谁欺，欺天乎？"孔子并没有家臣，子路却要做出孔子有家臣的样子。孔子感慨子路的所为，说这是想让我欺骗谁呢？想让我欺骗天吗？

对此刘宝楠在《论语正义》中解释说："夫子仕鲁为司寇，是大夫也。今子路尊荣夫子，欲用大夫丧葬之礼，故使门人为臣助治之，有臣死于臣手，礼也。"孔子生病时已经不是大夫了，而他曾经是大夫，大夫会有家臣，所以子路在孔子生病期间，让自己的弟子去行家臣之礼。但孔子觉得自己已去位，不应当再有家臣，这样做是违礼的，所以他要责怪子路。对此朱熹在《论语集注》中认为："人而欺天，莫大之罪，引以自归，其责子路深矣。"在孔子看来，违礼就是欺天，可见天在他心中是至高无上的。

在孔子看来，某些时刻，天的力量无所不在。当年孔子离开曹国，带着弟子前往宋国途中，在一棵大树下习礼，宋司马桓魋想杀孔子，他的手下撼动那棵大树，孔子只好带着弟子离去。弟子建议跑快一点儿，孔子却说："天生德于予，桓魋其如予何？"这句话的意思是，上天赋德予我，桓魋能把我怎么样！其言外之意是有上天保佑我，谁也不能拿我怎么样。

《论语·子罕》中记载了孔子在匡地被围时说的一段话："文王既没，文不在兹乎？天之将丧斯文也，后死者不得与于斯文也；天之未丧斯文也，匡人其如予何？"孔子的意思是：自从周文王去世后，文明礼乐不都保存在我这里了吗？如果上天要灭掉文明礼乐的话，就不会让我来掌握这些，既然让我掌握了这些，就说明上天是不会使我灭亡的，如果上天不想使我灭亡，匡人又能拿我怎么样。

以上两段都是孔子遇到危险时说的话，那么孔子是不是真的认为有个上帝在保护着他呢。李泽厚在《论语今读》中认为孔子说的上天保护"其实这不过是一句普通壮胆的话罢了"，他否定前人，引此来说明孔子负有某种神秘使命，或者具有某种神秘圣性。

那么孔子是否真的相信有一个上帝呢？《论语·阳货》载孔子某天说，他不想说话了，子贡问，如果您不说话了，那怎么向弟子传授思想呢？孔子说："天何言哉？四时行焉，百物生焉。天何言哉？"天何尝说话呢？四季不照样变化吗？各种生命照样发育成长。何晏在《论语集解》中分析孔子此语："言之为益少，故欲无言。"邢昺在《论语注疏》中也持这种说法。刘宝楠在《论语正义》中的解释是："夫子本以身教，恐弟子徒以言求之，故欲无言，以发弟子之悟也。"

对于"天何言哉"，冯友兰在《关于孔子研究的几个问题》中认为孔子"只是说'天'不言，并不是说'天'是不言的物质的东西，说'天'不言，证明它是'能言而不言'"，所以冯友兰的结论是："因此在《论语》里，没有'天'字不是'上帝'或'精神的最高存在'的意思。"

因为有天，所以涉及鬼神，孔子是否相信鬼神呢？文献中没有明确记载，但可由他说的一些话来做相应推论。比如"祭如在，祭神如神在"，很多人对此话有争论：孔子如果不信鬼神，那为什么要祭祀鬼神，这里的"如"字反映了孔子对是否有鬼神存在持怀疑态度，因为"如"字大多被解释为好像在那里，其言外之意是并不在那里。

樊迟问怎样才能做到"智"，孔子回答了一句著名的话："敬鬼神而远之。"其实这句话本自《礼记·表记》。很多人据此认为，孔子其实不信鬼神，但他身处当时的环境，也不能断然否定之。比如《论语·先进》载："季路问事鬼神。子曰：'未能事人，焉能事鬼？'曰：'敢问死。'曰：'未知生，焉知死？'"子路问怎样侍奉鬼神，孔子不正面回答，他跟子路说，活人的事情还没有弄好，还说什么侍奉鬼神。子路又问死是怎么回事，孔子说生的道理还没弄明白，怎么搞清死后的事？

对于这类问题，孔子都不正面回答。正如《论语·述而》所载："子不语怪力乱神。"可见他只是不谈论。对于这句话，郭豫适在《儒教是宗教吗》中说："儒教和孔子却不主张有神论。"既然如此，孔子为什么不明说没有鬼神呢？刘向在《说苑·辨物》中记载子贡向孔子请教死人有没有知觉的问题，孔子的回答是："吾欲言死者有知也，恐孝子顺孙妨生以送死也。欲言无知，恐不孝子孙弃不葬也。"

这句话的意思就是，如果说死人有知觉的话，他担心孝子贤孙们阻止活人去给死人送葬，如果说死人没有知觉的话，又担心不孝子孙随意将死人抛弃而不为他下葬。对此冯友兰评价说："《说苑》的这段记载，也说明了孔丘为什么对于鬼神问题采取模棱两可、含糊其词、回避问题的态度。"(《孔丘对于古代宗教生活的反思》) 冯友兰认为，这类的问题不是理论问题，而是现实问题，所以孔子在回答这类问题的时候，考虑的是现实意义和影响。

与"天"相匹配的词是"命"。关于"命"，《论语》中有多章相关记载，每处的含义略有区别。比如《雍也》篇中："有颜回者好学，不迁怒，不贰过，不幸短命死矣！"这里的"命"就是指自然生命。该篇中另载有冉耕得了恶疾，孔子前去探望，隔着窗户握着冉耕的手感叹说："亡之，命也夫！"此处的"命"指的是命运。

司马牛感叹于别人都有兄弟，只有他没有，子夏引用古语说："死生有命，富贵在天。"死生为命中注定，富贵由天来安排，有些事情是人决定不了的，虽然人力可以改变一些现况，但却不是万能的，由此说明了人力的有限。《论语·宪问》记载，公伯寮跟季孙说了子路的坏话，子服景伯把此事转告给了孔子，说季孙氏被公伯寮迷惑住了，他很想除掉公伯寮。孔子回答说："道之将行也与，命也；道之将废也与，命也。公伯寮其如命何？"

孔子说，我的道能够得到实行，是天命，我的道不能实行，也是天命，公伯寮能拿天命如何呢？孔子说，道之行废不是人的力量所能决定的。他这么说虽然有替公伯寮开脱的意味，但同时也包含了孔子对现实的看法。所以他跟子贡说："不怨天，不尤人。下学而上达，知我者其天乎！"他认为自己所做的一切，上天会知道的，因为只有天了解他。

在那个时代，"天"往往和"命"结合成"天命"一词来使用。《论语·季氏》载："君子有三畏：畏天命、畏大人、畏圣人之言。小人不知天命而不畏也，狎大人，侮圣人之言。"君子有三敬畏，首先是敬畏天命，然小人却没有这三畏，可见，君子才会敬天命。大人代表着居高位之人，也就是世俗的权力，圣人则象征着人间的智慧。三者相比，以天命为最高。以此显现着人力的有限。

9. 经典

孔子说："志于道，据于德，依于仁，游于艺。"这里"艺"指的就是经典，而重视经典正是儒家的特点之一。关于"经"字的原意，《说文解字》称"织从（纵）丝也"，是指织物的纵线，与纬相对。早期文献中，重要典籍都可称为"经"，比如，道家有《道德经》，墨家的《墨子》分为《经上》《经下》篇，医家有《黄帝内经》。《国语·吴语》载"建旌提鼓，挟经秉枹"，韦昭注曰"经，兵书也"，可见古代的兵书也称"经"，甚至描写地理风土的书《山海经》也称为"经"。

那时儒家的重要典籍也称为"经"。《庄子·天运》记载了孔子对老聃说的话："丘治《诗》《书》《礼》《乐》《易》《春秋》六经，自以为久矣。"可见，最晚到战国中期，儒家已经有了"六经"之说。

关于"六经"的作者，从汉代直到民国，有着长达两千年的争论。按照司马迁的说法，"六经"都和孔子有关系。大多数人主张"六经"在孔子之前就已经存在，孔子只是对它们进行了编辑整理，这就是他说的"述而不作，信而好古"。其实，当年老子回答孔子的所问时，也说过："夫六经，先王之陈迹也。"尽管老子见孔子的这段记载是否确有其事，至今尚有争论，但既然这件事记载在《庄子》中，说明在那个时代已有这种说法。

但是庄子属于老庄学派，他们赞赏"六经"，至少说明那时还没有把"六经"视为儒家一派的专典。故蒋伯潜在《十三经概论》中认为"六经"是"古代道术之总汇，非儒家所得而私之也"。

西汉时期，因为"孝武初立，卓然罢黜百家，表章六经"（班固《汉书》），儒家地位骤然上升，成为诸子百家中地位最为受尊崇的一家，随着罢黜百家政策的推行，儒家又成为统治阶级唯一推崇的一家，于是"六经"的地位也大为提高，从此，"经"成为几种特定儒家经典的专用名词。扬雄在《法言·学行》中称："书与经同而世不尚，治之可乎！"此时儒家的重要典籍称为"经"，除此之外的就称为"书"了。

既然"经"有这么高的地位，那么它的撰者绝非凡人。晋张华在《博物志》中说："圣人著作曰经，贤者著述曰传。"清皮锡瑞在《经学历史》中说"经学开辟时代，断自孔子删定六经为始"，可见孔子与"六经"有极大的关系。

古人所说的"六经"乃是指《诗》《书》《礼》《易》《乐》《春秋》。"易"即《周易》，原为卜筮书。但孔子研读《周易》不是从卜筮角度，而是着眼于该书的社会应用价值。《论语·述而》载："子曰：加我数年，五十以学《易》，可以无大过矣。"可见他研究《易经》，更多的是提高个人的修养。

"书"指《书经》，又称《尚书》，其内容是记载上古时期的官方文告。到孔子时代，《尚书》已有所散佚，孔子予以编定，《史记·孔子世家》称："孔子之时，周室微而礼乐废，《诗》《书》缺，追迹三代之礼，序《书传》，上纪唐虞之际，下至秦缪，编次其事。"

"诗"指《诗经》，收录的是周初到春秋中叶的诗作。孔子很推崇《诗经》，《论语·为政》记载他评价《诗经》："诗三百，一言以蔽之，曰思无邪。"孔子尤为看重《诗经》的教化作用。《论语·子路》载："诵诗三百，授之以政，不达，使于四方，不能专对，虽多，亦奚以为！"孔子认为，如果一个人把《诗经》背得滚瓜烂熟，但是派他去从政做官，他不会处理政务，让他当外交使节，也不能独立处理外事，那么他把这些诗背得这么熟，有什么用呢？

按照历史传说，孔子将《诗经》原本的三千多首诗，删得只剩下十分之一，也就是今天能够见到的三百零五篇。但这个说法被不少学者否定。然而孔子的确整理过《诗经》，《论语·子罕》载："子曰：'吾自卫反鲁，然后乐正，《雅》《颂》各得其所。'"

"礼"分为《仪礼》《礼记》《周礼》，三者合称为"三礼"。孔子尊崇周礼，重视礼教，"三礼"都与他有关系。

"六经"中的《乐经》到西汉时失传了。有人认为那时其实并不存在《乐》书，存在的只是演奏的乐曲。孔子很重视乐，比如他在听闻韶乐后称"三月不知肉味"，他还说过："兴于诗，立于礼，成于乐。"（《论语·泰伯》）从这些说法可知，他应该也整理过《乐经》。

《春秋》原本是古代史籍的通称，墨子说："吾见百国春秋。"《国语·晋语》载："羊舌肸习于《春秋》。"肸为晋大夫，在孔子之前，故其所读《春秋》断不是孔子所编订的那部。但孔子确实写过一部名为《春秋》的书，《孟子·滕文公下》载："世衰道微，邪说暴行有作，臣弑其君者有之，子弑其父者有之。孔子惧，作《春秋》。"面对礼崩乐坏的时代，孔子无法改变现实，他想通过记载一段鲁国的历史，来表达自己的政治观，孔子著《春秋》，其目的是想改变社会道德体系每况愈下的局面。

但这种事情原本应当由天子来做，孔子著《春秋》乃是不得已而为之，所以《孟子·滕文公下》记下了当时孔子的心态："《春秋》天子之事也，是故孔子曰：'知我者，其惟《春秋》乎；罪我者，其惟《春秋》乎。'"在孟子看来，《春秋》一书的确起到了巨大作用，故而又说："孔子成《春秋》而乱臣贼子惧。"

从编纂的角度来说，孔子跟"六经"的关系，前五经可以称为"编"，唯《春秋》可以称为"纂"。司马迁在《太史公自序》中对《春秋》一书给予了极高的评价："夫《春秋》，上明三王之道，下辨人事之纪，别嫌疑，明是非，定犹豫，善善恶恶，贤贤贱不肖，存亡国，继绝世，补敝起废，王道之大者也。"所以司马迁认为："故《春秋》者，礼义之大宗也。"

对于"六经"的各自作用，司马迁在《太史公自序》中有精辟概述："《乐》乐所以立，故长于和；《春秋》辨是非，故长于治人。是故《礼》以节人，《乐》以发和，《书》以道事，《诗》以达意，《易》以道化，《春秋》以道义。"

关于孔子整理"六经"的基本原则，范文澜在《中国通史》中称："（孔子）整理六经有三个准绳：一个是'述而不作'，保持原来的文辞；一个是'不语怪、力、乱、神'（《论语·述而篇》)，删去芜杂妄诞的篇章；一个是'攻（治）乎异端（杂学），斯害也已'（《为政篇》)，排斥一切反中庸之道的议论。"

自孔子之后，儒家极其重视"六经"，随着时代的递延，儒家经典也在陆续增加，逐渐有了"七经""九经""十经""十二经""十三经"，而后"十三经"成为儒家核心经典，后世儒家学习研究这些经典，儒家之学由此也被称为"经学"。周予同在《"经""经学""经学史"》中说："所谓'经学'，一般说来，就是历代封建地主阶级知识分子和官僚对上述'经典'（按：指《十三经》）著述的阐发和议论。"

这些经典在传承过程中产生了不少的异本，传本不同，解读方式不同，由此又产生了不同的派别，于是有了古文经学和今文经学之分。因此可以说，一部中国经学史，实质就是中国儒学史。

五、初期分化：儒分为八

孔子去世后，其弟子各自讲学，相互间阐述的重点略有区别，由此而形成不同的派别。关于儒家演变出了哪些派别，以《韩非子·显学》中的说法最具影响力："世之显学，儒、墨也。儒之所至，孔丘也。墨之所至，墨翟也。自孔子之死也，有子张之儒，有子思之儒，有颜氏之儒，有孟氏之儒，有漆雕氏之儒，有仲良氏之儒，有孙氏之儒，有乐正氏之儒。自墨子之死也，有相里氏之墨，有相夫氏之墨，有邓陵氏之墨。故孔、墨之后，儒分为八，墨离为三，取舍相反不同，而皆自谓真孔、墨，孔、墨不可复生，将谁使定世之学乎？"

韩非是战国末期人物，虽然他被后世视为法家，但他却是儒学正传荀况的弟子，故其所言受到后世重视。他说自己所处的时代只有儒学和墨子之学为显学，他明确地说，孔子和墨翟之后，弟子们形成了不同的派别，儒家分为八派，墨家分为三派，每一派都称自己得到了本派祖师真传。韩非的这段话被后世广泛引用，于是有了"儒分为八"之说。

《孟子·滕文公上》载："昔者孔子没，三年之外，门人治任将归，入揖于子贡，相向而哭，皆失声，然后归。子贡反，筑室于场，独居三年，然后归。他日，子夏、子张、子游以有若似圣人，欲以所事孔子事之，强曾子。曾子曰：'不可。江汉以濯之，秋阳以暴之，皓皓乎不可尚已。'"孔子去世后，弟子们为老师守孝三年，准备各自离去，他们向子贡道别，相向痛哭一番后就各奔东西了。子贡在老师墓前盖了一间房屋，又独自多守了三年孝，然后才离去。过了一段时间，弟子们想念老师，子夏、子张、子游因为有若长得像老师，打算像侍奉老师那样来礼待有若。这三位弟子要求曾子也这么做，但曾子没有同意，他说没人能比得上老师。

后世对这段话的理解颇有差异，比如司马迁在《史记》中称："有若状似孔子。"是说有若在长相上跟老师很像，所以弟子们打算由他来扮孔子。但孟子所说的却是"有若似圣人"，这句话可以有两解：一种是可能有若真的长得像孔子，另一种是有若在见解上的确得到了孔子真传，为此受到其他弟子的尊敬，但曾子不认可有若的思想，对此提出了反对意见。可见弟子们在观念上存在分歧。

孔子当年教导弟子时，采取的是因材施教的方式，有时一个问题会由不同的弟子来问，他都会根据学生的气质秉性做出不同的回答，再加上每个弟子在悟性方面各有长短，所以孔子的回答也会深浅不一。孔子去世后，这些弟子根据自己的理解来宣传和发扬儒学之道，各自的讲法也会有所差异。尽管各派各自认为，他们的所传才是儒学正道，但儒门中人有不同的看法，比如在韩非之前，他的老师荀况就对一些儒学门派提出过批评。

《荀子·非十二子》中称："略法先王而不知其统，然而犹材剧志大，闻见杂博。案往旧造说，谓之五行，甚僻违而无类，幽隐而无说，闭约而无解。案饰其辞而祇敬之曰：'此真先君子之言也。'子思唱之，孟轲和之，世俗之沟犹瞀儒，嚾嚾然不知其所非也，遂受而传之，以为仲尼、子游为兹厚于后世。是则子思、孟轲之罪也。"

荀子所谓"非十二子"，乃是以他所谈到的十二家观念为非，他在《非十二子》中首先说，这些人"饰邪说，文奸言，以枭乱天下"，所以荀子要对他们一一提出批评。比如批评墨家时，认为他们"不知壹天下，建国家之权称"，也就是不懂得统一天下、建立礼制的重要性。

荀子批评法家，"尚法而无法"，他说法家崇尚法制，却不以礼法为法，轻视贤能，而自以为法，整日讲述法律条文，却脱离实际，这种做法不能用来治理国家。然而法家"其言之成理，足以欺惑愚众"。荀子批评法家，说得似乎有根有据，很有条理，所以他们能欺骗和愚弄百姓。之后荀子又批评了名家的代表人物惠施、邓析。

荀子的这些批评都可以理解，因为他们都属于不同的思想派别，各以己为是，他派为非，然而奇怪的是，荀子本身是儒家，却把儒家列入所非的"十二子"之一。前面引用的那段话中，荀子重点批评了子思和孟轲，指责这一派只是粗略地效法先王，看上去才能很多，志向远大，其实不是这么回事，因为这些人的学说貌似来自前人，却没有纲领，其观念也不容易理解，同时这些人很会修饰自己的文辞，自称这种学说本自孔子，很多人不了解他们言辞中的错误，以为这种学说真是孔子和子游的学说，于是受到世人推崇。

但是，《非十二子》中还有一段话高度夸赞了孔子和子弓，认为这两位"是圣人之不得势者也"，也就是没有得到实际权力的圣人。最后荀子说了这样一段话："今夫仁人也，将何务哉？上则法舜、禹之制，下则法仲尼、子弓之义，以务息十二子之说。如是则天下之害除，仁人之事毕，圣王之迹著矣。"荀子认为，当今的仁人应当上则效法舜、禹的制度，下则效法孔子和子弓的礼义，以此来消灭"十二子"的学说，这样就能消除天下的祸害，完成仁人的事业，彰显圣王的功绩。

从以上的论述来看，荀子高度夸赞儒学，他将孔子与子弓并称，在他看来，子弓才是得孔子正传的弟子，并且子弓能将孔子学说发扬光大，否则他不会将弟子与老师并称。荀子严厉地批评了子思和孟子，由此说明荀子不认为子思和孟子一派得孔子真传。由此表明，荀子所传的儒学乃是视孔子和子弓为自己的师承，他在《非相》篇中说："盖帝尧长，帝舜短；文王长，周公短；仲尼长，子弓短。"将孔子、子弓与儒家高度夸赞的尧舜、文王周公相提并论，可见他认为这才是儒家正脉。

荀子在《儒效》篇中又说："通则一天下，穷则独立贵名，天不能死，地不能埋，桀、跖之世不能污，非大儒莫之能立，仲尼、子弓是也。"在荀子看来，真正的大儒显达时能够协调天下，不得志时能保持名节，上天不能使他们死亡，大地也不能将他们灭亡，即使是处在夏桀和盗跖那样的乱世，也不能玷污到他们，而孔子和子弓就是这样的大儒。

至少在荀子时代，还没有"儒分为八"之说，除了对思孟学派提出批评外，荀子还批评了其他两派："弟佗其冠，神禫其词，禹行而舜趋，是子张氏之贱儒也。正其衣冠，齐其颜色，嗛然而终日不言，是子夏氏之贱儒也。偷儒惮事，无廉耻而耆饮食，必曰君子固不用力，是子游氏之贱儒也。"

荀子把子张氏之儒称为贱儒，形容这一派儒家歪戴着帽子，不修边幅，说话平淡无味，却又装出像舜、禹走路的样子。荀子说子夏一派也是贱儒，这些人虽然衣冠整齐，神情严肃，但是永不满足，嘴上却不肯说出来。同时他认为子游氏也是贱儒，这一派的人既懒惰又胆小怕事，却非说君子本来就不应当干活儿。

韩非子所说的儒家八派中，荀子分别批判了其中的三派，对于其他几派，后世有不同看法。郭沫若在《儒家八派的批判》中，把荀子在《非十二子》中谈到的儒家各派与韩非子所说的"儒分为八"进行融合，认为法家出自子夏，子夏是韩非的宗师，所以韩非在"儒分为八"中不提子夏是正常的。然孟子却说"昔者窃闻之：子夏、子游、子张皆有圣人之一体，冉牛、闵子、颜渊则具体而微。"可见孟子认为，子夏是得孔子真传的弟子之一，这正是他与荀子观点不同之处。

韩非子所说的"儒分为八"并没有确指儒家分为了八派，但郭沫若据此提出了"儒家八派"的概念。有的学者认为，不能简单地认定儒学分成了"八派"，因为韩非子所列的"八人"除了子张为较为明确的一派外，余外七人都有争议，尤其"儒分为八"中的孙氏之儒，后世学者认为指的是荀子，后人为避汉宣帝刘询之讳，将荀子称为"孙卿"，因为"荀"与"孙"二字古音相同。但是荀子是韩非子的老师，韩非不可能持批判态度来把老师列为八家之一。陈奇猷在《韩非子新校注》中就提出这个问题："盖本篇为诋儒者，谅韩非不致诋毁其师。"

但是马宗霍在《中国经学史》中说："窃谓《韩非》叙八儒承孔子之死而起，虽曰某氏之儒，或指在某氏之门者而言，未必即是本人。而所谓某氏者，似应皆指孔子之徒。"因此说，"某氏之儒"指的是孔子弟子的后学，并非实指某人。

孔子的弟子性格及才智各有不同，《论语·先进》载："柴也愚，参也鲁，师也辟，由也喭。"这段话直译则为：高柴愚笨，曾参迟钝，颛孙师偏激，仲由莽撞。这几位都是孔子的高徒，这句评语当然不能概括他们的品质，只是指出他们在性格上的差异，那么，孔子在教导这些弟子时，会根据每人的特点因材施教，正如孔子所说："中人以上，可以语上也；中人以下，不可以语上也。"（《论语·雍也》）

对待才智在中等水平以上的人，可以讲高深的知识，对于才智在中等水平以下的人，就不能这么讲。所以孔子弟子三千，也仅有七十二贤。即使是这七十二贤，他们从老师那里接收到的知识，以及他们传导给门人的知识，也不尽相同。故钱穆在《孔子弟子通考》中说："虽同列孔子之门，而前后风尚已有不同。由、求、予、赐志在从政，游、夏、有、曾乃攻文学，前辈则致力于事功，后辈则研精于礼乐。"

六、曾子学派：以孝为本

曾子，名参，字子舆，是孔子著名的弟子之一，后世尊其为宗圣，列为配享孔庙的四配之一，其地位仅次于复圣颜渊。他在孔门中的地位是在历史的长河中一步一步升迁的：唐高宗总章元年（668）赠封太子少保；唐睿宗太极元年（712）加赠太子太保，配享孔庙；唐玄宗开元八年（720）旌入十哲；宋度宗咸淳三年（1267）升为四配。但是唐代韩愈在谈到儒家道统时没有将曾子列入，宋儒却极其重视曾子，朱熹认为孔子最贤的弟子颜回早逝，故只有曾参得孔子真传，朱熹常将此二人并提："教人之妙，亦犹是也，若孔子之于颜、曾是已。""盖孔门自颜子以下，颖悟莫若子贡；自曾子以下，笃实无若子夏。"（《四书章句集注》）

朱熹推崇曾子，原因是曾子与四书有密切关系，在他看来，四书乃是五经之精华，《大学》又是四书的根脚。朱子认为《大学》分为经、传两部分："'经'一章，盖孔子之言，而曾子述之；其'传'十章，则曾子之意而门人记之也。"（《大学章句》）

曾子最主要的观念是孝，提出"忠者，其孝之本与"，由此将孝与忠联系在了一起。阮元认为曾子的忠乃是一以贯之："事亲、事君、事长、交友皆贵忠。"（《曾子注释》）更重要的是，《论语·学而》载有他的所言："吾日三省吾身：为人谋而不忠乎？与朋友交而不信乎？传不习乎？"

曾子为什么要强调忠？《论语·里仁》载："子曰：'参乎，吾道一以贯之。'曾子曰：'唯。'子出，门人问曰：'何谓也？'曾子曰：'夫子之道，忠恕而已矣。'"对于何为忠？朱熹在《四书章句集注》中的解释是："尽己之谓忠，推己之谓恕。"《朱子语类》中载有他更通俗的解读："尽时须是十分尽得，方是尽。若七分尽得，三分未尽，也不是忠。"

对于孝，曾子提出了大孝、中孝、小孝之说，《礼记·祭义》载："曾子曰：'孝有三：大孝尊亲，其次弗辱，其下能养。'"如何区分这三种孝，曾子的解释是："孝有三：小孝用力，中孝用劳，大孝不匮。思慈爱忘劳，可谓用力矣。尊仁安义，可谓用劳矣。博施备物，可谓不匮矣。"

对于三者的区别，唐孔颖达在《礼记正义》中的解读是："'大孝尊亲'，圣人为天子者也。尊亲，严父配天也。'其次弗辱'，谓贤人为诸侯及卿大夫、士。'其下能养'，谓庶人也。"

曾子所言被后世总结为孝有三：尊亲、不辱、能养。天子、诸侯、卿大夫、士、庶之人的孝都有高下大小之分，天子之孝为不匮之孝，诸侯、卿大夫、士之孝为用劳之孝，庶人之孝为用力之孝。

对于"大孝尊亲，其次不辱，其下能养"的观念，公明仪曾向曾子请教："夫子可谓孝乎？"曾子的回答是："是何言与？是何言与？君子之所为孝者，先意承志，谕父母于道。参直养者也，安能为孝乎？"（《礼记·祭义》）曾子认为只是供养父母还算不上孝，君子所称道的孝乃是在父母的意念还没有发出的时候，就已经提前揣摩到了，而后按照父母的意向去办事。曾子自谦地说，他只是勉强不让父母受饥饿，哪里算得上孝。

对于哪些行为属于不孝，曾子又说了这样一番话："身者，亲之遗体也。行亲之遗体，敢不敬乎？故居处不庄，非孝也；事君不忠，非孝也；莅官不敬，非孝也；朋友不信，非孝也；战陈无勇，非孝也。五者不遂，灾及乎身，敢不敬乎？故烹熟鲜（一作膻）香，尝而进之，非孝也，养也。"（《曾子大孝》）

身体是父母给的，所以行动时处处要表现出敬来，在闲居时不恭敬就不是孝，事君不尽忠不是孝，为官作宰不尽心尽力不是孝，和朋友相处不讲忠信不是孝，战场杀敌不勇敢也不是孝。那么什么是孝呢？曾子说："君子之所谓孝者，国人皆称愿焉，曰：'幸哉！有子如此！'所谓孝也。民之本教曰孝，其行之曰养。养，可能也；敬，为难。敬，可能也；安，为难。安，可能也；久，为难。久，可能也；卒，为难。父母既殁，慎行其身，不遗父母恶名，可谓能终也。"（《曾子大孝》）

可见能够做到仁义忠信礼每样完善，才是真正的孝。孝子也必然会有好的口碑，让人们羡慕那一家有如此至孝的儿子，能够光耀门庭的人才是孝子。但是做到真正的孝不容易，要想做到真正的孝子，就要长久地坚持自己的孝行。

曾子为什么如此强调孝的作用呢？他认为："夫孝者，天下之大经也。夫孝置之而塞于天地，衡之而衡于四海，施诸后世而无朝夕，推而放诸东海而准，推而放诸西海而准，推而放诸南海而准，推而放诸北海而准。诗云：'自西自东，自南自北，无思不服。'此之谓也。"（《曾子大孝》）

曾子认为孝才是天下最大的经，可以放之四海而皆准，阮元在《曾子注释·叙录》中高度夸赞了曾子的观点："百世学者皆取法孔子矣，然去孔子渐远者，其言亦渐异。子思、孟子近孔子而言不异，犹非亲受业于孔子者也。然则七十子亲受业于孔子，其言之无异于孔子而独存者，惟《曾子十篇》乎？曾子修身慎行，忠实不欺，而大端本乎孝，孔子以曾子为能通孝道，故授之业，作《孝经》。今读《事父母》以上四篇，实与《孝经》相表里焉。"

魏源是系统研究曾子学派的第一人，他认为《曾子十篇》乃是曾子门人记曾子之书，魏源同时认为《大学》乃出自曾子，而《孝经》是孔子特授曾子之书。对于孔子传《孝经》给曾子，魏源认为意义深远："抑又考古今言孝者，推舜为大孝，武王、周公为达孝，曾子为至孝。然曾子得曾皙以为之父，春风沂水，舞雩咏归，同为圣人之徒，各由狂狷以造于中行，其天伦所遇之境盖过于舜，而几同于达孝之周公。《孝经》严父配天之谊，惟夫子以韦布享王祀，上及先世，足以当之，而曾子亦其邻几者也。"（魏源《孝经集传叙》）

吕思勉在《先秦学术概论》中在孔子与孟子、荀子之间加入曾子一节，因为他认为："孔门诸子，达者甚多。然其书多不传于后。其有传而又最见儒家之精神者，曾子也。"

杨宽在《战国史》中认为对后世影响较大的儒家派别中有曾子学派，因为子思和乐正子春都是曾子弟子，《大学》《中庸》为曾子一派的重要经典，《大学》讲述的就是忠恕之道，子思是曾子的弟子，因此《中庸》强调的就是修身和忠恕之道。《中庸》推孔子为至圣，对树立儒家道统起到重要作用。

七、思孟学派：子思，强调中庸

思孟学派是子思和孟轲共同形成的一个较有影响力的儒家学派，对于该派的特点，《非十二子》中称："略法先王而不知其统，犹然而材剧志大，闻见杂博。案往旧造说，谓之五行，甚僻违而无类，幽隐而无说，闭约而无解，案饰其辞而祗敬之，曰：'此真先君子之言也。'子思唱之，孟轲和之，世俗之沟犹瞀儒，嚾嚾然不知其所非也，遂受而传之，以为仲尼、子游为兹厚于后世。是则子思、孟轲之罪也。"

荀子的这段话描述了思孟学派的特点：粗略地效法先王却不了解纲领实质，但又表现出一副自大而见识多广的样子，他们按照古代的传闻，编出一种叫五行的新学说，这种学说不合礼法，内容晦涩难以理解，但这些人却毕恭毕敬地说这才是先君子的言论。该学派由子思倡导，孟轲应和，世上的俗儒人云亦云，不知其错，反而接受了他们的学说，认为这是孔子和子弓的正传，于是很看重这些言论。荀子批评说，这正是子思和孟子的错误所在。

荀子没有说他批评的五行具体指哪五行，章太炎和侯外庐认为这五行指金、木、水、火、土，郭沫若认为是指仁、义、礼、智、诚，谭介甫认为五行就是后世的五伦，即父子、君臣、夫妇、长幼、朋友。1973年，马王堆帛书《五行》出土，庞朴经过仔细研究，认为帛书《五行》就是久佚的思孟学派著作，由此证明了荀子所批的思孟五行乃是指仁、义、礼、智、圣。荀子为什么要批判思孟学派的五行说呢？庞朴的解释是："荀子批评思孟将这些范畴从'往旧'的道德、政治以至认识论的诸范畴中摘取出来，不顾'类'之不同，并列而谓之'五行'，赋予它们以'幽隐'的内容，构筑它们成'闭约'的体系"（庞朴《思孟五行新考》）。有人对此做了进一步的解读，比如廖名春在《思孟五行说新解》中称："荀子所批判的思孟五行并不是单纯指仁义礼智圣本身，而是指仁义礼智圣这五种德行出于人性的性善说。"

因为思孟学派本持性善说，而荀子反对这种观点，所以对五行说提出了批判。还有一个重要原因：那时儒家已分为八个大门派，相互之间都在标榜自己得孔子真传，以此诋毁对方不是真传。荀子的这段话也表达了这种倾向，他对该派批评如此严重，恰好说明了思孟学派在当时儒家各派中有着较大影响力。

当然荀子批判的不只是思孟学派，此篇名为《非十二子》，证明了他以其中十二子为非，但是《韩诗外传》卷四中所录"十二子"却没有子思和孟子。宋人王应麟在《困学纪闻》中提出："荀卿《非十二子》，《韩诗外传》引之，止云十子，而无子思、孟子。愚谓荀卿非子思、孟子，盖其门人如韩非、李斯之流托其师说，以毁圣贤，当以《韩诗》为正。"

清儒谢墉在《荀子校释》、王先谦在《荀子集解》中引他人之说也持这种观点，认为子思、孟子乃后人附益，现代学者王蘧常在《诸子学派要诠》中反对王应麟等人的观点，当代学者则大多认为《非十二子》中的所载无误，因为《韩非子·显学》中载："自孔子之死也，有子张之儒，有子思之儒，有颜氏之儒，有孟氏之儒，……"可见当时已经有了子思之儒和孟氏之儒，但是这里所说的子思和孟氏究竟为何人，后世也有不同见解。

首先是因为先秦人物中名叫"子思"的不止一位，孔子弟子原宪字子思，《论语》中多载有他的事迹。孔子弟子燕伋也字子思，孔子之孙孔伋同样字子思，荀子所说的子思究竟是指哪一位呢？

马宗霍在《中国经学史》中认为应当是原宪："若子思，则《群辅录》谓其'居环堵之室，荜门圭窦，瓮牖绳枢，并日而食，以道自居'，是盖指原宪也。宪亦字子思，司马迁以原宪、季次并称，谓'死而已四百年，而弟子志之不倦'，则八儒之子思，其为原宪无疑。伋乃孔子之孙，行辈不相接。"马宗霍的依据是原宪十分贫穷，《群辅录》和《孔子家语》所载相类似，但问题是《盐铁论·贫富》中亦载："原宪、孔伋，当世被饥寒之患，颜回屡空至于穷巷。当此之时，迫于窟穴，拘于缊袍，虽欲假财信奸佞，亦不能也。"这里说原宪和孔伋都很贫穷，所以说以贫穷来判断荀子所说的子思就是原宪，不是必然性依据，故马宗霍的证据不足以否定"孔伋说"。为此，大多数学者仍然认为荀子所说的子思指的是孔伋。《史记·孔子世家》载："孔子生鲤，字伯鱼。伯鱼年五十，先孔子死。伯鱼生伋，字子思。年六十二。尝困于宋。子思作《中庸》。"

子思在儒家道统中有着承前启后的重要地位，韩愈《原道》称："尧以是传之舜，舜以是传之禹，禹以是传之汤，汤以是传之文、武、周公，文、武、周公传之孔子，孔子传之孟轲，轲之死，不得其传也。"这段话中没有提到子思，按照韩愈的说法，似乎孟子直接孔子，但实际上两人之间隔着几代，孟轲不可能见过孔子。为此，韩愈在《送王秀才序》中补充说："孟轲师子思，子思之学，盖出曾子。自孔子没，群弟子莫不有书，独孟轲氏之传得其宗。"

韩愈称孟轲是子思的弟子，子思是曾子的弟子，曾子是孔子的弟子，经过这样的递传，就说明孟子乃是得孔子正传。韩愈的弟子李翱也持这种说法，在《复性书》中称："子思，仲尼之孙，得其祖之道，述《中庸》四十七篇，以传于孟轲。轲曰：'我四十不动心。'轲之门人，达者公孙丑、万章之徒，盖传之矣。遭秦灭书，《中庸》之不焚者一篇存焉。于是此道废缺。"

李翱继续梳理、增补儒家道统，他首先认为子思得其祖孔子正传，写出《中庸》四十七篇，而后将该书传给孟子，孟子又将《中庸》传给了他的门人公孙丑、万章等人。由此说明《中庸》一书在儒学道统中的重要传承地位。到了宋代，朱熹在《四书章句集解》中也强调了《中庸》的传承及该书的重要价值："《中庸》何为而作也？子思子忧道学之失其传而作也。……及曾氏之再传，而复得夫子之孙子思，则去圣远而异端起矣。子思惧夫愈久而愈失其真也，于是推本尧、舜以来相传之意，质以平日所闻父师之言，更互演绎，作为此书，以诏后之学者。"

孔子的儿子孔鲤在五十岁时先孔子而逝，那时子思尚年幼，于是有几年子思跟随祖父孔子生活学习，大概在子思十几岁时，孔子去世了，子思又问学于曾子，子思是否拜曾子为师，史料没有明确记载，但大多数人认为曾子是子思的老师。章太炎在《征信论》中对曾子与子思的师徒关系提出了质疑，钱穆后来在《先秦诸子系年》中也支持章太炎的观点。

但是孟子说过这样一句话："曾子、子思同道。曾子，师也，父兄也；子思，臣也，微也。曾子、子思易地则皆然。"（《孟子·离娄下》）此语似乎说明了曾子与子思是师徒关系，故后世大多认可这种关系。

儒家经典《中庸》被视为子思的作品，东汉郑玄说："《中庸》者，……孔子之孙子思作之，以昭圣祖之德。"（唐孔颖达《礼记正义》引郑玄《礼记目录》）

关于《中庸》的篇目问题，司马迁和郑玄都未曾提及，此事最早见载于《孔丛子·居卫》："子思既免，曰：'文王厄于牖里作《周易》，祖君屈于陈、蔡作《春秋》，吾困于宋，可无作乎？'于是，撰《中庸》之书四十九篇。"然而《孔丛子》一书素来被视为伪书，故所载的史料不被学者所重，但蒙文通在《古学甄微》中却认为："《孔丛子》述子思言行，每与他书征《子思子》者相合，明有所据。"

关于《孔丛子》一书的作者，《隋书·经籍志》《旧唐书·经籍志》《新唐书·艺文志》皆题为孔鲋撰，孔鲋为孔子的八世孙。《孔丛子》记述了孔子、孔伋、六世孙孔穿、七世孙孔谦、八世孙孔鲋的嘉言懿行，其内容应当有所本，因此不能将书中的内容全部否定。

《中庸》原本是《礼记》中的第三十一篇，《汉书·艺文志》著录"《中庸说》二篇"，颜师古在注中说："今《礼记》中有《中庸》一篇，亦非本礼经，盖此之流。"颜师古的意思是《中庸说》不是对礼经的发挥，而是对《中庸》的解说。可见《中庸说》乃是今日所知最早的解说《中庸》的著作。

在唐代之前，虽然有学者研究过《中庸》，但没有对它引起高度重视。到唐代，李翱对《中庸》推崇备至，由此引起了宋儒的重视。周敦颐在《通书》中对《中庸》中的"诚"多有发挥，后来朱熹把《中庸》从《礼记》中抽了出来，对《中庸》进行详细解说，成《中庸章句》，而后将其与《大学章句》《论语章句》《孟子章句》共同组成《四书章句》，从此使得《中庸》成为诸子之后几百年士子科考的必读书。

在宋代以前，学者们基本认为《中庸》的作者是子思，至宋代时，渐渐兴起疑古之风，首先是欧阳修，他在《问进士策》中认为《中庸》"其说有异乎圣人者"，而后引用了《论语·为政》中的所载："吾十有五而志于学，三十而立，四十而不惑，五十而知天命，六十而耳顺，七十而从心所欲，不逾矩。"

欧阳修说孔子从十五岁就有志于学，而后十年一个台阶来做知识积淀，孔子是圣人，依然需要通过学习才能有所成，但是《中庸》却说："自诚明谓之性，自明诚谓之教。"欧阳修对这句话的解读是："自诚明，生而知之也；自明诚，学而知之也。若孔子者，可谓学而知之者，孔子必须学，则《中庸》所谓自诚而明、不学而知之者，谁可以当之欤？"

欧阳修认为孔子主张学而知之，《中庸》却主张不学而知之，子思是孔子的嫡孙，他怎么能表达与孔子完全相反的观点呢？所以欧阳修推论《中庸》的作者不是子思。此后宋人叶适、陈善以及清人袁枚、崔述均持这种观点，崔述《洙泗考信余录》还在语言风格上做了对比："孔子、孟子之言，皆平实切于日用，无高深广远之言。《中庸》独探赜索隐，欲极微妙之致，与孔、孟之言皆不类。"崔述又接着比较了《论语》《孟子》《中庸》在行文上的差异："《论语》之文简而明，《孟子》之文曲而尽。《论语》者，有子、曾子门人所记，正与子思同时，何以《中庸》之文，独繁而晦。上去《论语》绝远，下犹不逮《孟子》？"

尽管学界有着这样的怀疑，但有人认为《中庸》中至少有部分内容出自子思，宋人王柏在《古中庸跋》中提到他在《汉书·艺文志》里看到的《中庸说》两篇，他猛然觉得此书中著录的《中庸说》很可能就是《中庸》，认为后世所看到的《中庸》其实是古本《中庸》和《中庸说》的杂糅本，这是戴圣将两书混在了一起。王柏的意思是说，今日所见《中庸》至少有一部分出自子思之手。日本学者武内义雄也持类似观点，他在《子思子考》中说："余推测《中庸》之首章与下半，乃韩非、始皇之倾，是子思学派之人所敷演之部分，非子思原始的部分。"

武内义雄甚至分析出了其中的哪一部分出自子思："《中庸》此等部分，恐即由《中庸说》所搀入者。从而《中庸》之原始的部分，想是由第二章'仲尼曰'起，至第十九章为止。"

子思的《中庸》基本秉持孔子的观点，比如，《中庸》第四章云："子曰：道之不行也，我知之矣，知者过之，愚者不及也。道之不明也，我知之矣，贤者过之，不肖者不及也。人莫不饮食也，鲜能知味也。"根据此观点，《中庸》总结出"知者过之，愚者不及"以及"贤者过之，不肖者不及"等观点，以此来说明何为中庸。中庸重在"用中"。《中庸》引孔子言："舜其大知也与！舜好问而好察迩言，隐恶而扬善，执其两端，用其中于民，其斯以为舜乎！"执其两端而用其中，这就是最恰当的状态。

子思的中庸也有与孔子观念不完全符合的地方，比如《中庸》载："君子依乎中庸，遁世不见知而不悔，唯圣者能之。"这已经有了"遁世"倾向，与孔子的进取精神不相符。

《中庸》的另一个重要概念是"诚"。《中庸》第二十章称："诚者，天之道也；诚之者，人之道也。诚者，不勉而中，不思而得，从容中道，圣人也。诚之者，择善而固执之者也。"此章内容在《孟子·离娄上》也有载，应是《孟子》本自《中庸》。《中庸》用"诚"把天道和人道联系了起来，同时也对两者做出了区分，"诚"又分为"天道之诚"和"人道之诚"，第一次将"诚"提高到了儒家道统体系的核心地位。

八、孟子：性善论

孟子，名轲，是继孔子之后儒学史上的第二位大师。在儒学道统中，他被誉为"亚圣"，也就是仅次于孔子之意，而孔子被誉为"至圣"。后世将儒学称为"孔孟之道"，从这个角度来说，他已经接近了与孔子同样重要的地位。冯友兰在《中国哲学史》中说："盖孔子开以讲学为职业之风气，其弟子及以后儒者，多以讲学为职业。所谓'大者为卿相师傅，小者友教士大夫'也。然能'以学显于当世'者，则推孟子荀卿。二人实孔子后儒家大师也。孔子在中国历史中之地位，如苏格拉底之在西洋历史，孟子在中国历史中之地位，如柏拉图之在西洋历史，其气象之高明亢爽亦似之；荀子在中国历史中之地位，如亚里士多德之在西洋历史，其气象之笃实沉博亦似之。"

在儒学史上，孟子与荀子并称"孟荀"，原本两人的地位不相上下，但随着社会思潮的演变，到唐代时，孟子的地位远在荀子之上，这种观念首先是由韩愈在《原道》中提出的："斯吾所谓道也，非向所谓老与佛之道也。尧以是传之舜，舜以是传之禹，禹以是传之汤，汤以是传之文、武、周公，文、武、周公传之孔子，孔子传之孟轲。轲之死，不得其传焉。"

韩愈认为，道家和佛家各有其道，儒家同样有其道，而儒家之道的传承从尧舜禹一直传到了孔子，孔子传给了孟轲，孟子故去后，此道在唐之前未得正传。韩愈的这段表述被后世广泛引用，视这段话为儒家之道统。原本并称的"孟荀"至此只有孟而无荀，对此韩愈在这段话后特意解释说："荀与扬也，择焉而不精，语焉而不详。"韩愈将荀子与扬雄放在一起，认为这二人的儒学观念不醇正。

其实孟子没有见过孔子，按他自己的说法是私淑于孔子。《孟子·离娄下》中称："予未得为孔子徒也，予私淑诸人也。"如何理解"诸人"二字，学界有不同看法。但大多数学者把"诸人"理解为孔子。

司马迁在《史记·孟子荀卿列传》中说："孟轲，邹人也。受业子思之门人。"子思是孔子的孙子，而孟轲是子思弟子的弟子，从这个角度来说，他至少跟孔子隔着四代。虽然没有直接受教于孔子，但他对儒学的推动起到了巨大作用。

孟子生活在战国中期，这时的社会风貌已与孔子生活的春秋末期有了较大变化。春秋时期，周天子在名义上还是天下的共主，诸侯中的霸主还会以尊王的名义向其他诸侯发号命令。从名义上来说，天下还是统一的。到战国时期，各大诸侯国的国君分别称王，周天子已无实权，天下处于分裂状态。

在这种状况下，各诸侯国都想一统天下，社会上出现了许多思想家，他们各自提出立国方案，其中法家观念受到各诸侯国的重视，因为法家主张富国强兵，以武力霸天下。另外，墨子、杨朱、许行等各自学说，都给儒家带来巨大压力，此时的儒家已分化出不同的派别，相互间也有争斗。正是在这种状况下，孟子高举儒学大旗，像孔子那样周游列国，到处宣传儒家思想，最终使得儒家不但能够与其他各家分庭抗礼，还成为那个时期的显学之一。

无论是语言风格还是行为处事，孟子远比孔子张扬，程颐评价他说："孟子有些英气。"（朱熹《四书章句集注》）他傲视天下，独对孔子心悦诚服，孔子被后世称为"至圣先师"，祭祀孔子的文庙主建筑被称为"大成殿"，这些都是本自孟子所言"孔子之谓集大成"一语。

孟子有很多方面效仿孔子，比如他也带领弟子周游列国，其阵势远比孔子大得多，旅行过程中"后车数十乘，从者数百人"。他见过的国君有齐威王、齐宣王、梁惠王、梁襄王、宋偃王、滕文公、邹穆公等，虽然这些国君并没有接受或者完全接受他的观念，但他会抓住一切机会来宣传儒家思想。他曾受到滕文公的信任，在滕国实行仁政，可惜滕国太小，夹在大国之中，使得该国无法施行儒家观念。梁惠王也对儒家思想很感兴趣，但因其亡故，使得孟子无法实现自己的理想。

孟子有着强烈的使命感，曾言："夫天未欲平治天下也；如欲平治天下，当今之世，舍我其谁也！"（《孟子·公孙丑下》）孟子说，上天大概不想让天下太平吧，要是想的话，到如今这个时代，除了我还有谁能做得到呢？！这就是成语"舍我其谁"的出处。

从语言风格来说，孟子也与孔子不同，孔子说话言简意赅，一语中的，而孟子讲起话来滔滔不绝、环环相扣，甚至给人咄咄逼人之感。比如，人们熟知的那段："鱼，我所欲也；熊掌，亦我所欲也。二者不可得兼，舍鱼而取熊掌者也。生，亦我所欲也；义，亦我所欲也。二者不可得兼，舍生而取义者也。生亦我所欲，所欲有甚于生者，故不为苟得也；死亦我所恶，所恶有甚于死者，故患有所不辟也……"（《孟子·告子上》）

即使在君主面前，孟子也敢展现出自己的大无畏勇气，《离娄下》中有一段话经常被人引用："孟子告齐宣王曰：'君之视臣如手足，则臣视君如腹心；君之视臣如犬马，则臣视君如国人；君之视臣如土芥，则臣视君如寇仇。'"孟子当着齐宣王的面明确地说，如果君主看待臣属如手足，那么臣属就会视君主如心腹；如果君主把臣属看成犬马，那么臣属也会看君主如常人；假如君主看待臣属如草芥，那么臣属看到君主就会如同看到强盗和仇敌。

孟子甚至说："君有大过则谏，反覆之而不听，则易位。"（《孟子·万章下》）当时齐宣王问到王室宗族的卿大夫时，孟子说，如果君王有重大过错，他们应当予以劝阻，如果反复劝阻君王还是不听，他们就应当改立君王。如此直率的话，让齐宣王当场就变了脸色。

孟子到各国都是去宣传孔子的仁政思想，孟子说，即使像离娄那样视力极好之人，像公输班那样的能工巧匠，"不以规矩，不能成方圆"，他们若不使用圆规曲尺，也不能准确地画出方形和圆形，这就是"无规矩不成方圆"一语之源。孟子接着举例说，即使有师旷那样的耳力，如果他不使用六律，也不能校正五音。做完这个比喻，孟子得出的结论是："尧、舜之道，不以仁政，不能平治天下。"就算尧、舜有极高超的治国之道，如果他们不施行仁政，同样不能把天下治理好。什么是仁政呢？孟子说乃是"先王之道也"。

孟子在他那个时代，从行为上而言，是在努力地回击异端对儒家的打压，《孟子·滕文公下》载："圣王不作，诸侯放恣，处士横议，杨朱、墨翟之言盈天下。天下之言，不归杨，则归墨。杨氏为我，是无君也；墨氏兼爱，是无父也。无父无君，是禽兽也。"在孟子看来，他所处的时代仁义之道衰微，荒谬邪说盛行，诸侯无所忌惮，尤其杨朱和墨翟的学说充斥天下，以至于这两派成为社会上的主要思潮。杨朱强调绝对自我，这是否定对君上尽忠，墨翟一派主张天下同仁，不分亲疏，这是否定对父母尽孝，他们目无君上和父母，与禽兽无异。所以孟子认为："杨墨之道不息，孔子之道不著。"

孟子用近乎咒骂的语言来排斥杨墨，其实那个时代各个派别之间都是这样指斥其他学派的。《墨子》一书中有《非儒》一篇，对孔子的评价几乎全是贬斥之语。在孟子看来，墨家的主要思想"兼爱"是儒家观念所不能接受的，因为兼爱使得自己的父亲和他人的父亲没有区别，这样自己父亲的特殊性就被取消了。以他的观念来说，这就是"二本"。但是，孟子强调"天之生物也，使之一本"(《孟子·滕文公上》)。杨朱一派强调的是"杨子取为我，拔一毛而利天下，不为也"(《孟子·尽心上》)。这种极度自我的观念，就会导致无君，只注重个人价值而排斥社会责任和义务，这也是儒家观念所不能接受的。

孟子的另一类对手则是许行。许行属于农家派，强调贤者与民同耕，但孟子认为，天下之事"有大人之事，有小人之事"，也就是说，社会上有体力劳动者，也要有脑力劳动者。这就是孟子所说的"或劳心，或劳力"，但相比较而言，"劳心者治人，劳力者治于人；治于人者食人，治人者食于人"，孟子觉得，这才是"天下之通义也"。(《孟子·滕文公上》)

从理论建设角度而言，孔子的最大贡献是强调了良心和心之本善。良心是指心之善良的本质。《孟子·告子上》曰："虽存乎人者，岂无仁义之心哉？其所以放其良心者，亦犹斧斤之于木也。"孟子以牛山上的树木为比喻，讲述这些树木日日夜夜地生长，放牧的牛羊吃掉树木之后，人们看到山光秃秃的模样，这不是山的本来面目，这是斧头砍伐的结果。

这是"良心"一词在典籍中的最早出现。关于该词的含义，朱熹解释说："良心者，本然之善心。即所谓仁义之心也。"可见良心就是仁义之心。对于两者的关系，《孟子·告子上》中的解释是："仁，人心也。义，人路也。舍其路而弗由，放其心而不知求，哀哉！人有鸡犬放，则知求之；有放心而不知求。学问之道无他，求其放心而已矣。"

孟子认为，"仁"就是指人的心，"义"乃是人的路，舍去了路不去走，丢失的心也不去找，这是多么可悲啊！人们在丢失鸡和狗时，都会去寻找，却不去寻找丢失了的心。所谓的学问，其实就是找回丢失的心罢了。这段话的意思是从性善的角度出发，认为教育和学习的根本目的，就是要恢复人的本来的善心。宋代理学家对孟子的这段话极其重视，程颢说："圣贤千言万语，只是欲人将已放之心约之。"孟子直接把"仁"解释为人心。当代学者王博在《中国儒学史·先秦卷》中说："'仁，人心也'说法的意义，在于把儒家所追求的核心价值直接地规定为人心的本质。"

那么人心的本质包括哪些呢？孟子认为："恻隐之心，人皆有之；羞恶之心，人皆有之；恭敬之心，人皆有之；是非之心，人皆有之。"在孟子看来，这四种心属于人皆有之的，这就是性善论的基础概念，同时孟子又将这四心与儒家所讲求的核心价值"仁义礼智"一一对应："恻隐之心，仁也；羞恶之心，义也；恭敬之心，礼也；是非之心，智也。仁义礼智，非由外铄我也，我固有之也。"（《孟子·告子上》）孟子认为，仁义礼智不是从外在得来的，而是人天生就具有的，只是大多数人没有明白这个道理罢了。

如何证明这一点呢？他举出了如下的例子："所以谓人皆有不忍人之心者，今人乍见孺子将入于井，皆有怵惕恻隐之心，非所以内交于孺子之父母也，非所以要誉于乡党朋友也，非恶其声而然也。"（《孟子·公孙丑上》）孟子在这段话的前面首先给出了结论："人皆有不忍人之心"，接着讲到，当一个人突然间看到小孩子在井边玩耍，就要掉入井中之时，他瞬间就会有惊惧的同情心，这个人的惊恐之心并不是为了想要和孩子的父母搞好关系，也不是为了在邻里之间博得好名声，同样也不是因为厌恶孩子的哭叫声，那说明什么呢？说明他的善心就是天然所具有的。

正因如此，孟子得出如下结论："由是观之，无恻隐之心，非人也；无羞恶之心，非人也；无辞让之心，非人也；无是非之心，非人也。恻隐之心，仁之端也；羞恶之心，义之端也；辞让之心，礼之端也；是非之心，智之端也。人之有是四端也，犹其有四体也。"（《孟子·公孙丑上》）

孟子的结论是没有同情心的人、没有羞耻感的人、没有谦让之心的人，以及没有是非感的人，都不能算是人，因为人天然具有此四心。同情心是仁的发端，羞耻之心是义的发端，谦让之心是礼的发端，是非之心是智的发端，人人具有这四端，就像人人有四肢一样。这就是著名的"四端说"。孟子称："人之所以异于禽兽者几希，庶民去之，君子存之。"(《孟子·离娄下》)也就是说人与动物的本质区别很小，那么人之为人的本质是什么呢？就是人具有四端，而禽兽不具有。

对于性善论的进一步阐述，在《孟子》一书中表现为他与告子的辩论，告子认为："性犹湍水也，决诸东方则东流，决诸西方则西流。人性之无分于善不善也，犹水之无分于东西也。"告子认为，人的本性犹如流动的水，东方决口了就向东方流，西方决口了就向西方流，所以人的本性就如同水没有固定的方向，没有善与不善的分别。但孟子反驳他说："水信无分于东西，无分于上下乎？人性之善也，犹水之就下也。人无有不善，水无有不下。"孟子首先承认，水的流动确实如告子所言，但他同时说，水的流动还有上流、下流之分，人性本善，就犹如水向下流，所有的水都向下流，所以所有的人都具备天然的善。在孟子看来，人的不善是因为人性受到了逼迫的结果，所以不善绝非本性。

孟子的性善论得到了后世儒家的大力弘扬，正如几百年来流传的《三字经》，起首一句就是"人之初，性本善"，这种观念可谓影响深远。

九、荀子：性恶论

在汉代以前，儒家真正的传承人除了孟子，还有荀子，所以司马迁将二人一并写入《孟子荀卿列传》。司马迁说自孔子去世后，"孟子荀卿之列，咸尊夫子之业而润色之，以学显于当世。"同时，《史记·吕不韦列传》中又称："如荀卿之徒，著书布天下。"说明在西汉初年，荀子还有着相当大的影响力，直到唐代，韩愈列出的道统中，方去掉荀子独剩孟子。但若以政治成就来论，荀子似乎在孟子之上，他培养出的弟子李斯担任过秦国的丞相。但是他本人没有这么幸运，没能身居高位亲自实现自己的主张，而是退居兰陵，著书立说，以此来伸张儒家思想，反击异端学说。

荀子身处战国时期，那个时期各派都会伸张自己的学说，对此荀子一一予以批驳，他在《非十二子》中起首即言："假今之世，饰邪说，文奸言，以枭乱天下，矞宇嵬琐，使天下混然不知是非治乱之所存者，有人矣。"荀子说，有很多人在粉饰自己的异端学说，扰乱天下，利用虚伪夸张的卑劣手段，使天下人不能分辨是与非、治与乱，所以他要一一揭示这些人的嘴脸。他所批驳的十二位著名学人分属于墨家、道家、名家、法家，同时也包括儒家中的不同派别，甚至批驳了子思和孟子。

荀子学说的主要特色是天人之分。孔子罕言天道，从子思开始注意天道问题，孟子接续了子思的观念，认为"诚者天之道也，思诚者人之道也"（《孟子·离娄上》），诚是天的准则，追求诚是做人的准则。荀子的观念则与之相反，认为天跟价值、秩序、道德都无关，天是自然的存在，无意志，也无义理。在这方面他所说的最著名的一段话是："天行有常，不为尧存，不为桀亡。应之以治则吉，应之以乱则凶。"（《荀子·天论》）

荀子说，天道有自己的运行法则，它不因为尧的仁而存在，也不因为桀的残暴而消亡，用合理的措施来应对天，就是吉利，否则的话就是不吉利。荀子是想说清楚天道与人道是两个体系，各有各的职责，孟子则把天道德化。荀子将天与道作了两分法，这是中国思想史上的重要突破，为此他受到了宋儒的批判。

在荀子之前，人们把很多问题归为上天的旨意，以此为借口对人所做的事情不负责。荀子觉得人可以对天灾不负责，但人的不作为，就是人的责任。他在《天论》中说："雩而雨，何也？曰：无何也，犹不雩而雨也。日月食而救之，天旱而雩，卜筮然后决大事，非以为得求也，以文之也。故君子以为文，而百姓以为神。以为文则吉，以为神则凶也。"

儒家特别重视祭祀，有着各种各样的祭祀活动，其中也包括对天的祭祀，那么祭天到底有没有用呢？有人说，祭神求雨而下了雨，这不正说明祭祀是有用的吗？荀子却认为这没什么，就如同没有举行祈雨仪式而天下雨一样。人们往往在日食月食时举行仪式来求救，在天旱时祭神求雨，通过占卜来决定国家大事，这么做并不是因为通过祈求能够达成心愿，而是通过仪式可以表达对老百姓的关切。君子知道这只是一种仪式而已，但老百姓却以为这是神灵，然而，顺从人情做些文饰是无害的，如果真认为有神灵，那就凶险了。

可见祭祀只是一种做给人看的仪式，并不能使上天给予多大的帮助，但荀子仍然认为,举行这种仪式是有价值的,其所谓的价值,就是荀子最看重的礼。在荀子那里,礼乃是"道德之极"(《劝学》),同样也是"人道之极"(《礼论》)。

对于礼的重要性,荀子《非相》中首先提出问题:"人之所以为人者,何已也?"人之所以为人,究竟怎样分辨呢?荀子的回答是:"人之所以为人者,何已也?曰:以其有辨也。饥而欲食,寒而欲暖,劳而欲息,好利而恶害,是人之所生而有也,是无待而然者也,是禹、桀之所同也。"因为人能辨别上下贵贱长幼亲疏各种秩序,这就是儒家所说的礼,礼是无处不在的,就如同人饿了想吃、冷了想暖、累了想休息一样,喜欢得到好处而讨厌各种不利,这是人天生就有,不需要学习就具备的本性,也是大禹和夏桀都有的本性。人与动物的区别,也是因为人懂得秩序,懂得礼。所以荀子强调"人道莫不有辨",也就是人类社会的根本就在于有各种等级的区别。他进一步说:"辨莫大于分,分莫大于礼。"

孟子的思想核心是仁义,荀子则是以礼义来取代仁义。对于礼的起源,《荀子·礼论》篇称:"礼起于何也?曰:人生而有欲,欲而不得,则不能无求;求而无度量分界,则不能不争;争则乱,乱则穷。先王恶其乱也,故制礼义以分之,以养人之欲,给人之求,使欲必不穷乎物,物必不屈于欲,两者相持而长,是礼之所起也。"

礼兴起的原因是什么呢?是因为人生来就有欲望,欲望得不到满足,于是就去追求,而人的追求如果没有限度就会产生争夺,争夺就会产生混乱,混乱就导致无法收拾的局面,过去的圣王厌恶出现这样的混乱局面,所以通过制定礼仪来区分等级,以此来调节人的欲望。如果没有这样的调节,社会财物就会被欲望耗尽,所以满足部分欲望,抑制另一部分欲望,这就是产生礼的原因。故而,礼起到了平衡社会关系的作用,同时也起到了满足人们合理需求的作用。按照荀子的话来说,"故礼者,养也"(《荀子·礼论》)。

就人性而言,荀子的观点跟孟子相反,他主张性恶论。《荀子·正名》首先谈到了何为性:"散名之在人者:生之所以然者谓之性。性之和所生,精合感应,不事而自然谓之性。"人本身有各种属性,生下来就如此的,叫作天性,天性是阴阳之气相合而产生,精是与外物接触后相互感应的结果,所以不经过人为加工,自然而然就叫作本性。他以此来强调,性是生命中天然的一面,而不是生命的全体。

《荀子·性恶》明确提出了:"人之性恶,其善者伪也。"荀子断言人性是恶的,而人性表现出来的善并不是本性,接着他举出了如下例子:"今人之性,生而有好利焉,顺是,故争夺生而辞让亡焉;生而有疾恶焉,顺是,故残贼生而忠信亡焉;生而有耳目之欲,有好声色焉,顺是,故淫乱生而礼义文理亡焉。然则从人之性,顺人之情,必出于争夺,合于犯分乱理而归于暴。故必将有师法之化,礼义之道,然后出于辞让,合于文理,而归于治。"

在荀子看来,人天生就喜好利益,如果顺应这个天性,就会出现争抢,谦让就会因此而消失;人生来就有嫉妒憎恨之心,如果顺着这种本性,就会产生残杀陷害的行为,于是忠诚、讲信用的美德就消失了;人生下来就喜欢耳目之欲,如果顺应这种本性,就会产生淫乱,礼法也就消失了。所以说,放纵人的本性、顺从人的情感,就一定会产生争夺,会出现违背等级、名分,甚至导致暴乱。所以说,人必须要有老师的教导,要有法度的教化,要有礼仪的引导,然后才能使人变得谦逊,合乎礼法,从而使社会得以安定。

如何来证明这种判断呢?荀子举出了这样的例子:"今人之性,饥而欲饱,寒而欲暖,劳而欲休,此人之情性也。"(《荀子·性恶》)人的本性是饿了就想吃饭、冷了就想穿暖、累了就想休息,但现实的状况是一个人饿了,他看到父亲兄长而不敢先吃,这是因为要谦让;尽管累了,但看到父亲兄长,却不敢要求休息,这是因为要有所代劳。所以荀子认为,儿子对父亲谦让、弟弟对哥哥谦让,等等,这种做法"皆反于性而悖于情也"。也就是说,这么做是违背人的本性的,所以其结论是:"然则人之性恶明矣,其善者伪也。"由此说明了人的本性是恶的,他们显现出的善良行为,是人为的,这种行为是后天形成的,而非先天具有,这是社会教育的结果。

针对孟子提出的"性善论",荀子直接展开了多层次的批判。《荀子·性恶》载:"孟子曰:'人之性善。'曰:是不然。凡古今天下之所谓善者,正理平治也;所谓恶者,偏险悖乱也。是善恶之分也已。今诚以人之性固正理平治邪,则有恶用圣王、恶用礼义矣哉?虽有圣王礼义,将曷加于正理平治也哉?今不然,人之性恶。故古者圣人以人之性恶,以为偏险而不正、悖乱而不治,故为之立君上之势以临之,明礼义以化之,起法正以治之,重刑罚以禁之,使天下皆出于治、合于善也。是圣王之治而礼义之化也。"

孟子提出,人的本性是善的,荀子明确地说,这种说法是不对的,凡是古往今来,天下人所说的善,就是合乎法度,遵守秩序的,所说的恶,就是偏邪阴险,悖道作乱的。这就是所说的善与恶的分别。如果真认为人的本性天生就是合乎法度、遵守秩序的,那么就用不着出现圣王,也用不着礼义了。因为在人性善的观念下，没必要有圣王和礼义。但现实情况并非如此，因为人的本性是恶的，古时的圣人认识到了这一点，所以他们要设立君主的权威来统治社会，通过倡导礼义来教导人们，制定法度来治理人们，加重刑罚来防止人们犯法，这样才使得天下安定有序，让人行为善良。所以说，这是圣王治理和礼义教化的结果。因此，荀子认为："凡礼义者，是生于圣人之伪，非故生于人之性也。"(《荀子·性恶》)

按照荀子的理解，孟子认为性善是天生所具有的，如果是这样的话，既然每个人已经是生而为善的了，那么圣人和礼义还有存在的必要吗？其言外之意，礼义和法度存在的必要性和正义性，只有在人性恶的前提下才能够成立。荀子认为，性善的主张会削弱圣王和礼义的必要性。所以他认为："今孟子曰人之性善，无辨合符验，坐而言之，起而不可设，张而不可施行。岂不过甚矣哉！"(《荀子·性恶》)

荀子认为，孟子的人性本善说不能得到检验，也无法得到推广实行，因为人性本善，就去掉了圣王、取消了礼义，而本性恶才是赞同圣王与推广礼义，因此说，人的教养是后天礼义教育的结果。《荀子·劝学》中有这样一段最为人熟知的比喻："蓬生麻中，不扶而直；白沙在涅，与之俱黑。兰槐之根是为芷，其渐之滫，君子不近，庶人不服。其质非不美也，所渐者然也。故君子居必择乡，游必就士，所以防邪辟而近中正也。"

蓬草天生长得弯弯曲曲，随风滚动，但如果它长在麻丛中，根本不用扶持它，自然就能长得笔直，这是因为，如果它长不直的话，就见不到阳光活不下去。如果将一把白色的沙子扔在污泥中，自然也看不到一点白色，芳香的白芷如果泡在了臭水里，即使是君子也不愿意接近，普通人更不愿意佩戴，这并不是它本质不好，而是因为它被脏水浸泡的结果。因此，君子居住一定要选择友好的邻居，出游在外一定要亲近有品学之人，以此来防止沾染邪恶的东西。荀子列出这些比喻，就是想说明，不论好的习惯还是坏的习惯，都是后天影响的结果。

他的这些观念不被后世儒家所接受，他所提出的性恶论受到了广泛的批判，致使他在儒学上的地位要比孟子弱得多。而实际上，他的一些观念对后世儒学有着重要启迪，郭沫若在《十批判书》中称："汉武以后学术思想虽统于一尊，儒家成为百家的总汇，而荀子实开其先河。"甚至，谭嗣同在《仁学》中说出这样的话："二千年来之政，秦政也，皆大盗也；二千年来之学，荀学也，皆乡愿也。"

第二章 儒学定于一尊的时代

一、尊儒时代背景及原因

自孔子创立儒学后,到战国时期,经过孟子与荀子的大力弘扬,儒学成为那个时代与墨家相并提的两大显学之一。虽然这种学说在社会上有很大的影响力,但一直没有得到诸侯国的实际支持,孔子和孟子周游列国去宣传儒家主张,均未成功。各个诸侯国大多采用了法家观念,任用法家人物,比如魏、楚、韩等国。后来的秦国则采用了商鞅的法制思想,实行了土地私有制、中央集权郡县制等,从而使秦国走上了富强之路,为秦始皇统一中国奠定了基础。

此后秦始皇灭掉六国,统一四海,建立了大秦帝国。按照他的设想:"朕为始皇帝。后世以计数,二世三世至于万世,传之无穷。"(《史记·秦始皇本纪》)秦统一全国,成为第一个皇帝,故而称"始皇"。他想将这个皇位一代代地传下去,让其后人万世为君,但他没想到的是,统一中国后的大秦只存在了十几年,仅传了二世就彻底崩溃。

刘邦建立汉朝后,西汉早期的几位皇帝除了解决当务之急,大多会考虑不可一世的秦帝国在这么短的时间内就土崩瓦解的原因。他们注意到先秦时代战乱十分频繁,各个诸侯国为了生存,必须实行富国强兵的政策,经过一系列的兼并,形成战国七雄,他们看到了武力的有效性,所以那时可以称为尚武时代。

汉朝建立后,面临多个问题,从内政方面来说,要解决地方诸侯与中央的关系。战国时期,秦国通过设立郡县制,废除了地方诸侯的特权,以此形成中央集权,但高度集权的模式有利有弊,利的一面是全国统一,弊的一面是地方政府缺乏对突发事件的应变能力。这也是秦帝国迅速灭亡的重要原因。刘邦也有分封之举,当时有同姓王和异姓王,后来他意识到这些新的诸侯有抗衡中央的危险,于是又将异姓王一一铲除,到文帝时期,同姓王又形成新的威胁,这是需要汉廷处理的问题之一。

在传统观念中,皇与王都要有显贵的出身,但是刘邦出身于平民,他无法从血统上来证明以汉代秦的法统性,他需要一种学说来证明刘姓取得皇权的必然性,恰好儒家的观念基本符合他的这些需求,因此从汉初朝廷推崇儒家,其一是为了安定社会,其二是为了捋顺传承。

就儒家的整体观念而言，他们推崇中央集权，同时讲求宗法制度，而中国封建社会恰好是典型的宗法制体系，虽然由秦至汉实行的都是郡县制，但宗法家族制在社会上仍然延续。儒家的宗法制度以嫡庶之分为中心，强调宗族等级，维护宗法家长专制。这些观念都是汉王朝所需要的。

儒家的基本思想可分为仁和礼两大体系，孟子学派偏重仁，荀子学派偏重礼。孔子的弟子有若说："孝弟也者，其为仁之本与！"（《论语·学而》）而"孝弟"则是指孝顺父母、尊重兄长，为此可以说儒家思想是建立在以血缘为纽带的宗法制度之上的，由宗法家族观念推到社会道德，由治家推到治国，由孝父推到忠君。儒家的礼学则强调"君君、臣臣、父父、子子"的等级秩序。《礼记·曲礼》中说："夫礼者，所以定亲疏，决嫌疑，别同异，明是非也。"可见礼在社会上有多么重大的作用。在中央集权时代，这种观念最容易体现出皇帝至高无上的权威。

但是，儒家也担心皇帝对权力的滥用，所以必须让皇帝也有所敬畏，于是又创造出一个至高无上的天来约束皇权。董仲舒在《春秋繁露》中说："以人随君，以君随天。"臣民必须遵从君主，君主则听命于天。从表面上看，这是对君权的一种约束，但实际上又等于承认君权神授，因为"天子"就是天之子。因此，儒家观念可以完善的解释朝代更迭的合法性，以及皇权的相对绝对性。

相比较而言，春秋战国时期的其他各家学派不具备这些实用性。例如，与儒家相并称的墨家，他们主张兼爱贵利，否定贵贱亲疏的等级秩序，这种观念不利于建立统治阶级的权威性，法家可以使诸侯国变得强大，适合于创业而不适合于守成。汉儒对秦之败做过系统分析，比如，贾谊在《过秦论》中说："仁义不施，攻守之势异也。"这句话点中了秦朝的要害，因为秦王朝夺取政权后没有改变策略，继续使用暴力作为唯一统治手段，不懂得文武之道一张一弛。

贾谊在《过秦论》中称："夫并兼者高诈力，安定者贵顺权，此言取与守不同术也。秦离战国而王天下，其道不易，其政不改，是其所以取之守之者异也。"兼并他国，当然要重视计谋和实力，但安定国家则要懂得顺势权变，因此贾谊说，攻取和守成需要不同的政策，秦国用它的实力灭掉六国，但是统一中国后，却没有改变那种只适合于攻而不适合于守的策略，这就是秦帝国灭亡的原因。西汉早期的学者总结了秦亡的原因，认为只有儒家之术最利于现实统治，那时的社会风气盛行黄老之术，而儒家顺时因变，将一些观念融合进儒家体系中,再讲述给皇帝听,这些观念恰好符合了帝王思想,由此使得儒家受到了空前的重视。之后儒家又想办法打击异端,使得儒家成为唯一立于汉朝的思想体系。自那时起,一直到今天,儒家一直是中国最主要的社会思想体系。

二、礼制的确定者:叔孙通

叔孙通本是秦朝的待诏博士,在秦二世时升为博士,此后又追随项羽,接着投降刘邦。刘邦不认同叔孙通的儒者身份,但叔孙通很懂得变通,《史记·叔孙通传》载:"叔孙通儒服,汉王憎之;乃变其服,服短衣,楚制,汉王喜。"叔孙通身穿儒服,刘邦看到了很讨厌,但叔孙通并不作解释,立即换成了短衣,为此刘邦很高兴。他的变通令其弟子都接受不了,但叔孙通坚信自己的变通是对的,后来他受到刘邦重用,最重要的原因就是他为汉朝建立了礼制制度。

《史记·叔孙通传》记载了这样一段事:汉高帝五年(前202),刘邦已经平定天下,各位诸侯在定陶共同推举汉王刘邦为皇帝,由叔孙通负责拟定登基仪式,刘邦讨厌秦朝的那些严苛繁复的礼仪,下令全部取消,只让叔孙通拟定一些简单易行的礼仪,但刘邦没想到的是,"群臣饮酒争功,醉或妄呼,拔剑击柱,高帝患之"。

因为去除掉了繁文缛节,群臣可以在朝廷上饮酒作乐,同时争论谁的功劳更大,他们喝醉后狂呼乱叫,有的人还拔出剑来砍向庭中的大树。刘邦没想到会出现这样的情形,但这又是他自己提出的登基方式,所以他除了头痛,也没有什么办法。叔孙通看到这种局面后,借机跟刘邦说了一句名言:"夫儒者难与进取,可与守成。"

叔孙通觉得推广儒家观念的机会来了,他跟刘邦说,儒生很难跟着您去南征北战,但他们可以帮着您守卫住战果。所以他提出,应当征召一些鲁地的儒生，跟自己的弟子们一起制定朝廷上的礼仪。刘邦担心叔孙通制定出的礼仪又像以往那样烦琐难行，叔孙通回答刘邦说："五帝异乐，三王不同礼。"五帝时期有不同的乐礼，三王时期也有不同的礼节，因此他认为："礼者，因时世人情为之节文者也。故夏、殷、周之礼所因损益可知者，谓不相复也。"礼，是按照当时的社会情况制定出来的法则，所以夏商周三代的礼节有所沿袭，但也有所增加。也就是说，不同朝代的礼仪是不相同的。叔孙通说，他当然愿意省略掉古代礼仪中的繁复之处，但也会结合秦朝的礼仪，制定出一套新的礼仪。最终刘邦同意了叔孙通的建议。

汉高帝七年（前200），长乐宫建成了。各诸侯王和朝廷大臣一起来朝拜皇帝，参加岁首大典。整个仪式都是按照叔孙通的规定来完成的：在天刚亮时，司仪开始主持礼仪，引导诸侯百官依次进入殿门，廷中排列着战车，骑兵和步兵各有方阵，他们举着各种旗帜，那种阵势威武庄严，在司仪的传呼下，所有官员各入其位，文武官员分列两侧，而后皇帝乘坐龙辇从宫殿内出来，在礼仪官的引导下，各诸侯根据自己的品位，依次向皇帝施礼道贺，"自诸侯王以下莫不振恐肃敬"。

朝拜大礼完毕后，接着举行酒宴大礼，诸侯和百官坐在大殿上都敛声屏气，按照尊卑向皇帝祝颂敬酒，酒过九巡后，司仪官宣布宴会结束，而后由监察官执行礼仪法规，凡是不符合礼仪规定的人一律带走，以至于整个宴会过程中"无敢谨哗失礼者"。这个结果令刘邦十分高兴："吾乃今日知为皇帝之贵也。"他高兴地说，今天终于知道当皇帝的尊贵了，于是授给叔孙通太常的官职，同时赏赐他黄金五百斤。叔孙通出来后，把赏金分赐给各位儒生，这些儒生也高兴地说："叔孙生诚圣人也！"因为这些儒生觉得他"知当世之要务"。

可见，叔孙通以他的变通之术，使得登基不久的汉高祖体会到了儒家之礼给他带来的权威感，虽然刘邦并不熟知儒家的整套思想，但是他通过实践接纳了儒家之礼，由此为后来的几位皇帝全面接受和推广儒家观念奠定了基础。

三、经学的先声：陆贾

陆贾是楚国人，楚汉相争时，他追随刘邦，因能言善辩，深得刘邦赏识，被誉为"有口辩士"。刘邦平定中原后，赵佗已在南越称王，刘邦派陆贾前往南越，经陆贾的一番说服，最终南越归顺汉朝。除了这些功勋外，陆贾对儒学的最大贡献，是在汉初就构建出儒学的基本理论框架，他被视为汉代第一位力倡儒学的思想家。

《史记》载有这样一个故事：当年陆贾跟刘邦说话时，时时引用《诗经》和《尚书》，刘邦很讨厌这种说话方式，骂他说："乃公居马上而得之，安事《诗》《书》！"我的天下是靠骑马打仗得来的，用不着这些诗书。陆贾回复了一句很著名的话："居马上得之，宁可以马上治之乎？"骑马打仗可以得天下，难道也可以用这种方式治理天下吗？接着陆贾向汉高祖讲述历史，他说商朝的汤王、周朝的武王都是逆上造反得天下，但他们得天下后采取了怀柔政策，文武并用，这才是长治久安的办法，当年吴王夫差、秦始皇等人都因穷兵黩武而导致灭国。"秦任刑法不变，卒灭赵氏。乡使秦已并天下，行仁义，法先圣，陛下安得而有之？"陆贾说，假如秦国吞并六国后，效法先圣，推行仁义，陛下您怎么能拥有天下呢？

刘邦听后颇不高兴，但他觉得陆贾说的也有道理，于是命陆贾写一本书，专门讲述古代国家成败之事。陆贾受命后，写出了十二篇文章，他每上奏一篇，都得到高祖的夸赞，身边的人看皇帝喜欢，他们也山呼万岁，这部书被命名为《新语》。

《新语》总结了秦亡汉兴的原因。陆贾在开篇即引用《传》中所言"天生万物，以地养之，圣人成之"，以此说明圣人乃上天所造，至于圣人的行为，他用儒家观念作如下解释："于是先圣乃仰观天文，俯察地理，图画乾坤，以定人道，民始开悟，知有父子之亲，君臣之义，夫妇之别，长幼之序。于是百官立，王道乃生。"

古代圣人上观天文，下察地理，筹划乾坤，以定治理之术，经过教化，使人民得以开悟，懂得了父子之亲、君臣之义、夫妇之别、长幼之序，而后设立百官来管理天下，由此而产生了王道。就人性而言，绝大多数人都喜欢轻易得利，而不愿意从事艰难之事，"于是皋陶乃立狱制罪，县赏设罚，异是非，明好恶，检奸邪，消佚乱"。因此皋陶设立惩罚制度，以此让百姓懂得哪些是应当做的，哪些是不可以做的，接下来的一步则为："民知畏法，而无礼义；于是中圣乃设辟雍庠序之教，以正上下之仪，明父子之礼，君臣之义，使强不凌弱，众不暴寡，弃贪鄙之心，兴清洁之行。"

人们开始敬畏法，但却不懂得礼义。陆贾说"中圣"设立学校，以此教化人民，后世认为，他在前面所说的"先圣"指的是三皇五帝，"中圣"则是指周公，因为周公制定了礼乐，完善了教化体系。但是随着时代的发展，出现了本弱末强的局面，诸侯实力远超周天子，这就是春秋时期的礼崩乐坏时代，陆贾说："礼义不行，纲纪不立，后世衰废，于是后圣乃定五经，明六艺，承天统地，穷事察微，原情立本，以绪人伦。"

在这个时代，出现了"后圣"，他删定五经六艺，将道德体系融入文本中，以此为后世做出规范，这位"后圣"显然就是指的孔子。陆贾于此强调了五经的重要性，由此开启了中国经学史的先声。

陆贾身处秦汉之间，他的一些观念必然受到时代影响，以后世观之，他所弘扬的儒学并不纯粹。至于他的师承，余嘉锡说他可能受教于浮丘伯，而浮丘伯是荀子的弟子。因此，胡适认为，陆贾的思想更接近于法家或者杂家，还有人认为他是道家。但是陆贾在《新语》中对商鞅进行了批判，而商鞅是秦朝治术的奠基人，他认为商鞅的功利主义思想破坏了秦国的道德伦理基础，虽然秦国兼并六国统一天下，但因为没有实行仁义之道，最终败亡。"蹴六国，兼天下，求得矣；然不知反廉耻之节，仁义之厚，信并兼之法，遂进取之业，凡十三岁而社稷为墟。不知守成之数，得之之术也，悲夫！"

秦统一六国后，没有意识到恢复礼义廉耻的重要性，所以存世仅十三年就败亡了。陆贾以此得出结论：如果汉朝不推行礼治，而继续实行严酷的法治，那将跟秦朝同一个下场。

关于经学的概念，其作为一个词组首现于《汉书·儿宽传》："(宽)见上，语经学。"早在春秋之时，已然有了六经，只是没有被总结为"经学"一词。例如《庄子·天运》载："孔子谓老聃曰：丘治《诗》《书》《礼》《乐》《易》《春秋》六经，自以为久矣。"《庄子·天下》对六经的不同作用作了简要说明："《诗》以道志，《书》以道事，《礼》以道行，《乐》以道和，《易》以道阴阳，《春秋》以道名分。"

关于六经在那个时代属于哪一家的经典，庄子继续说道："其数散于天下而设于中国者，百家之学时或称而道之。"由此说明，六经原本不是儒家专有

第二章 儒学定于一尊的时代   053

经典，因为百家之学都会研习六经，这是各个学派公认的经典。但庄子也承认："邹鲁之士、缙绅先生多能明之。"也就是那时山东的学士对六经最为熟悉，解释得也最为分明。由此也间接地说明了，儒家对六经的重视。按照《史记·孔子世家》等文献记载，儒家创始人孔子与六经有着密切关系，有的说孔子删定六经，还有人直接说，六经都是孔子撰写的，这些说法争论已久。

但无论哪种说法，没人否认孔子与六经的密切关系。自孔子之后，儒家虽分为各派，但均视六经为圭臬。清学者汪中在《荀卿子通论》中说："盖自七十子之徒既没，汉诸儒未兴，中更战国、暴秦之乱，六艺之传赖以不绝者，荀卿也。周公作之，孔子述之，荀卿子传之，其揆一也。"汪中称，孔子的七十二高徒离世之后，在战国时期以及秦国战乱时期，六经或隐或现，命悬一线，但因为有荀子在，故而不绝如缕。他同时说，六经乃周公所作、孔子所述、荀子所传。

秦始皇统一天下后，丞相李斯认为，既然天下已定为一家，就用不着存在那么多的学说。他尤其指出，儒家仅凭六艺之学来蛊惑人心，当在禁止之列。《史记·秦始皇本纪》载李斯所言："臣请史官非秦记皆烧之。非博士官所职，天下敢有藏《诗》、《书》、百家语者，悉诣守、尉杂烧之。有敢偶语《诗》《书》者弃市。以古非今者族。吏见知不举者与同罪。令下三十日不烧，黥为城旦。所不去者，医药卜筮种树之书。若欲有学法令，以吏为师。"

李斯请求秦始皇下令，让史官把非秦朝的典籍都烧掉，如果不是博士官而暗地里收藏《诗经》《尚书》及诸子百家之书的人，必须把这些书搜出来，送到官府焚毁，如果有人聚集在一起讨论和提及《诗经》《尚书》，就将其押到市上斩首，凡是推崇古代，借古讽今的，就诛杀全族，官吏有知情不报者，以同罪论。此令下达三十天后，仍然不烧书的人，就要刺字发配边疆，去修长城四年。但是有关实用之书，包括医书、算卦以及农学类的书不必销毁，如果有人想学法令，就必须到官府里去向官吏学习。

秦始皇同意了李斯的请求，于是有了历史上极具名气的焚书坑儒，儒家经典大多毁于秦火。但是，还是有人冒着生命危险把六经藏了起来，不过《乐经》还是失传了。当年保护六经之人基本上都是儒生，因此说，五经是由儒生传承下来的。故而后世解释五经时，也是以儒家学说为准。进入汉代后，因为朝廷重视儒学，五经陆续出现在民间，而经学的解释都是出自儒家，所以从汉代开始，经学进入了儒家独专的时代。而五经也成为儒家的核心经典。同时，从汉代开始，儒学又被称为经学。

四、从儒道之争到独尊儒术

从战国中期开始,黄老之学大盛于世,其影响力不在儒家之下。《史记·老子韩非列传》中称:"世之学老子者则绌儒学,儒学亦绌老子。道不同不相为谋,岂谓是邪?"儒道两家相互攻忤,大有平分秋色之意,这种状态一直延续到了西汉初年。汉初采用黄老之政,其原因乃是用老子无为之治来反驳秦朝的苛刑峻法,另一个目的则是让社会休养生息,虽然汉初维持着较低的税率,但由于放开了地方经济,使得国库迅速充盈。

随着时间的推移,皇朝宗室及诸侯王、外戚的势力迅速膨胀,由此而削弱了皇权,北方的匈奴也时常入侵,皇帝意识到必须改变无为而治的黄老思想,文帝到景帝间开始逐步削弱同姓王的权力。

景帝中元三年(前147),《诗》学齐派大师辕固生与黄老派重要人物黄生当庭论辩"汤武受命"问题。《史记·儒林列传》载有二人对话,黄生说:"汤武非受命,乃弑也。"其称汤王和武王并不是秉承天命继承皇位,而是弑君篡位。辕固生反驳说:"不然。夫桀纣虐乱,天下之心皆归汤武,汤武与天下之心而诛桀纣,桀纣之民不为之使而归汤武,汤武不得已而立,非受命为何?"

辕固生称那是因为夏桀和商纣残暴昏庸,天下人心都归顺商汤周武,而商汤周武是为了顺应天下人的心愿,才杀死桀纣,汤武是不得已才登天子位,这就是秉承天命。黄生反驳说,帽子虽破,却一定要戴在头上,鞋子虽新,也必定是穿在脚下,这就是上下有别的道理,桀纣虽然无道,但他们是君主,汤武虽然圣明,却是臣下,君主有了过错,臣子不直言劝谏,去纠正他,保护君主的权威,反而借其过错诛杀天子,并取代他的地位,这难道不是弑君篡位吗?

辕固回答黄生说:"必若所云,是高帝代秦即天子之位,非邪?"这句话的意思是,如果一定要按你的说法来断是非,岂不是说高皇帝取代秦朝即天子位也是错的?两人的争辩让景帝很为难,如果他认为黄生是正确的,那就等于承认刘邦是弑君篡位,如果认同辕固生所言,就等于承认汉朝今后也会被别人所取代,于是只好说了几句和稀泥的话,就此平息了争论。但自那之后,再没有学者胆敢争论汤武是受命于天,还是篡夺君权。

汉武帝继位时年仅十六岁，未到亲政年龄，朝政由其祖母窦太后和母亲王太后临朝称制。《史记·外戚世家》载："窦太后好黄帝、老子言。"于是"（景）帝及太子、诸窦不得不读《黄帝》《老子》，尊其术。"窦太后听到辕固生与黄生在庭上的辩论后，很不高兴，她招来辕固生，问他认为《老子》这部书怎么样？辕固生知道窦太后喜黄老之术，但是他性格耿直，直接回了一句："此是家人言耳。"意思是，这不过是普通人家的言论罢了。窦太后闻言大怒，说《老子》总比你们儒家的那些书要好吧，然后当场下令让辕固生去跟野猪搏斗，幸亏景帝给了辕固生一把利剑，让他将野猪刺死，得以保命。太后没办法，只好放过了辕固生。

汉武帝继位后，想通过儒家来制衡黄老道家，于是任命儒家学者卫绾为丞相，同时提拔其他儒家学者，推行有为之治。建元元年（前140），他下诏"举贤良方正直言极谏之士"，但是各地推举来的贤良中，有不少是"治申、商、韩非、苏秦、张仪之言"者，丞相卫绾觉得这不是他想要的儒士，认为如果这些人在朝中任职，将会"乱国政"，所以提出"请皆罢"，得到了汉武帝的批准。卫绾的上奏被后世视为第一次罢黜百家。

接着汉武帝任命外戚窦婴为丞相，田蚡为太尉，两人均好儒术，反感黄老之术，他们推举了儒生赵绾为御史大夫、王臧为郎中令，派使者接来《鲁诗》学者申培公，而申培公是赵、王二人的老师。汉武帝同时下令各诸侯王一律返回封地，不得居住于京城，以此来防止这些人干政。

这些举措使得窦太后十分恼怒，借机发动宫廷政变，将赵绾、王臧罢官，赵、王先后自杀。窦太后同时还罢免了窦婴、田蚡，这些举措使得汉武帝尊崇儒家的愿望落空。四年之后，窦太后去世，在其去世仅六天的时候，汉武帝就罢免了窦太后任命的丞相和御史大夫，接着任命窦婴为丞相，转年五月，汉武帝采纳公羊学大师董仲舒的建议："卓然罢黜百家，表彰六经。"（《汉书·武帝纪》）定儒学于一尊。

汉武帝的态度使得儒家学者意识到这是极重要的机会，公孙弘向皇帝提出建议，说夏商周三代的做法是"乡里有教"，所谓的"教"，近似于学校，三代的学校分别是"夏曰校，殷曰序，周曰庠"，设立学校的目的是"劝善也"，所以他建议汉朝也开办官学，"治礼次治掌故，以文学礼义为官，迁留滞"，同时提出具体办法："请选择其秩比二百石以上，及吏百石通一艺以上，补左右内史、大行卒史；比百石已下，补郡太守卒史：皆各二人，边郡一人。"（《史记·儒林列传》）

公孙弘的建议对后世影响极大，因为此后的官吏升迁必须要精通儒家经典，这种做法使得五经博士的地位空前提高，同时儒家经典从民间思想变成了朝廷官员的晋升阶梯。汉武帝采纳了这种建议，于建元五年（前136）设立五经博士，同时逐渐将其他博士罢黜，使得儒学成为国家意识形态。

朝廷独尊儒家，与董仲舒有重要关系，其为西汉早期最著名的儒学大师。班固在《汉书·五行志》中说："汉兴，承秦灭学之后，景武之世，董仲舒治《公羊春秋》，始推阴阳，为儒者宗。"后世称董仲舒为"一代儒宗"，即本于此。

冯友兰在《中国哲学史》中将中国哲学与西洋哲学的分歧作了对比，认为相同的是都分为上古、中古、近古三个时期，同时明确称："在中国哲学史中，自董仲舒至康有为，皆中古哲学。"又称："自孔子至淮南王为子学时代，自董仲舒至康有为为经学时代。"尽管他的分法没有得到全部学者的认可，但也足以说明，董仲舒在中国经学史上的地位。

汉景帝时，董仲舒为博士。汉武帝继位后，下诏策问贤良文学之士，董仲舒上"天人三策"，策中首先批评了法家和黄老思想，认为武帝应当对民众予以教化，"夫万民之从利也，如水之走下，不以教化提防之，不能止也"。在董仲舒看来，人的趋利性就如同水向低处流，只有经过教化才能像建造大堤那样，阻止水向下流。这种观念显然是本自荀子，董仲舒指出："古之王者明于此，是故南面而治天下，莫不以教化为大务。"（《汉书·董仲舒传》）但是秦朝却强化法制，在董仲舒看来，德治成本低，效果更大，而汉初继承秦制，沿袭法治，结果却出现了"法出而奸生，令下而诈起"的局面，所以朝廷必须把思路转到以德治国的策略上来。

董仲舒的经学观念首先是"奉天法古"。对于天，他有独特的解释，其所著《春秋繁露·官制象天》中称："何谓天之端？曰：天有十端，十端而止已。天为一端，地为一端，阴为一端，阳为一端，火为一端，金为一端，木为一端，水为一端，土为一端，人为一端，凡十端而毕，天之数也。"他认为天道有十个组成部分，分别是天、地、阴、阳、水、火、木、金、土和人。把人与自然合而为一来论之，这就是"天人合一"说，故而"天人关系"是董仲舒思想的核心内容之一，在他看来，虽然人是"十端"之一，但人在天地万物间具有最高的位置，"天地之精所以生物者，莫贵于人。人受命乎天也，故超然有以倚"（《春秋繁露·人副天数》）。

为什么人能在天地万物中处于最高位置呢，《人副天数》中讲述了人的身体与天数的关系："成人之身，故小节三百六十六，副日数也；大节十二分，副月数也；内有五藏，副五行数也；外有四肢，副四时数也；乍视乍瞑，副昼夜也；乍刚乍柔，副冬夏也；乍哀乍乐，副阴阳也。"董仲舒认为，人的身体有366节骨，正好符合一年的天数；其中有大骨12节，正好符合一年的月数；人有五脏，符合五行之数；人有四肢，符合四季；人有睁眼闭眼，符合昼与夜；人有时刚有时柔，符合严冬与酷夏；人有时哀有时乐，符合阴与阳。经过这些对比，他想说明的是："观人之体一，何高物之甚，而类于天也。"

董仲舒想要说明，人与天是如此之对应，所以人不是普通的生物，其想得出的结论是"唯人独能为仁义"，而这一点恰好是"行有伦理，副天地也"。其做法乃是把自然规律与伦理法则混为一谈，同时把天地万物所有的一切都看成是上天有意的安排。

董仲舒在"奉天法古"的概念中加入了灾异说，认为"国家将有失道之败，而天乃先出灾害以谴告之，不知自省，又出怪异以警惧之，尚不知变，而伤败乃至"（《汉书·董仲舒传》），上天用灾难来谴告国家失道，如果仍不自省，上天又用怪异来警告天子，如果仍然不改，必会出伤败。董仲舒的整体概念是给汉朝的存在提供神学依据，确定其在历史传承中的正统地位，同时又担心皇权无限，故以灾异论来约束皇权。

董仲舒的另一大观念是"春秋大一统"，董仲舒专修春秋公羊学，而《公羊传》重点谈到的就是抑臣尊君，他在《春秋繁露·王道》中说："有天子在，诸侯不得专地，不得专封，不得专执；天子之大夫不得舞天子之乐，不得致天子之赋，不得适天子之贵。"

他通过阐发《春秋》微言大义的方式，为汉王朝加强中央集权统治提供理论依据，这也正是儒学成为西汉官学的主要原因。在董仲舒看来，孔子所修的《春秋》绝非一部简单的史书，这部书包含了孔子的全部思想，他认为："《春秋》大一统者，天地之常经，古今之通谊也。"但是，西汉时期的状况是每师各教其观念，使得观点各异，百家各有各自的主张，为此他提出："臣愚以为诸不在六艺之科、孔子之术者，皆绝其道，勿使并进。"这就是他提出"罢黜百家"的理由，认为只有这样才能"邪辟之说灭息，然后统纪可一而法度可明，民知所从矣"。（《汉书·董仲舒传》）

只有消灭掉其他各家学说，只推崇儒家观念，才能让政治清明，百姓归顺。董仲舒为此提出的具体做法则是"三纲五常"。"三纲五常"乃是宋代之后儒家学说的重要内容，可视为儒家思想的集中体现，而"三纲"和"五常"这两个概念都确定于董仲舒。

关于三纲，本自董仲舒在《春秋繁露·基义》中的所言："天为君而覆露之，地为臣而持载之，阳为夫而生之，阴为妇而助之；春为父而生之，夏为子而养之；秋为死而棺之，冬为痛而丧之。王道之三纲，可求于天。"董仲舒将天喻之为君，地视之为臣，夫为阳，妇为阴，然后配之以春夏秋冬，他将封建社会的君臣、父子、夫妇之间的伦理关系视为"三纲"，这就是通常所说的君为臣纲、父为子纲、夫为妻纲。

"五常"概念本自董仲舒在对策中所言："夫仁义礼智信五常之道，王者所当修饬也；五者修饬，故受天之佑，而享鬼神之灵，德施于方外，延及群生也。""五常"被后世写作仁、义、礼、智、信。孔子的道德观念主要是讲仁，另外他还强调忠、恕、敬、孝、悌、礼、智、勇等。孟子首次将仁、义并称，同时把仁、义、礼、智列为人的四种善端。荀子也重仁、义，重点在于讲礼。只有到了董仲舒，才将"四端"加上信，成为仁、义、礼、智、信的"五常"。

对于三纲五常的重要性，朱熹认为："三纲五常，亘古亘今不可易。"(《朱子语类》)永嘉学派的陈傅良认为："自古及今，天地无不位之理，万物无不育之理，则三纲五常无绝灭之理。"(《宋元学案·止斋学案》)只要天地运行，万物不灭，三纲五常就永远存在，可见董仲舒的观念对后世影响至深。

五、经学的两大流派：今文经学与古文经学

今文经学与古文经学分别来源于今文经和古文经，这两种经从表面来说是文字的区别，实质则是解读方式的区别。古代的六经原本是用不同文字所书写。经过秦始皇统一文字后，到了汉代，通行的字体是隶书。秦火之后，汉初六经的不同传本陆续出现在世间，其中《乐》经消亡了，其他的经也有所残

缺，于是经学家将留存于世的其他五经，用通行的隶书誊抄下来，另外在此前有一些经是靠师徒间以口授传承，而非文本，到此时也用隶书文字记录下来。因为这些文本都是用当时通行的隶书书写，故而这些经书被称为"今文经"。

武帝建元五年（前136）兴建太学，设置五经博士，此后宣帝时复置五经十二博士，元帝时设十三博士，所有各家所传习的五经都是今文经。

其实在当时，这些儒家经典只是被称为"经"，因为陆续发现了比这些经书更早的文本，而那些文本不是以隶书书写，所以对于汉初的人来说，那些文字属于古文，故而那些经被称为"古文经"，与之相对的，以当时字体书写的经就被称为"今文经"。

所谓"古文"，许慎在《〈说文解字〉序》中解释说："及宣王太史籀著大篆十五篇，与古文或异。至孔子书六经，左丘明述《春秋传》，皆以古文，厥意可得而说。"许慎在序中先解释了汉字的起源，接着谈到孔子所书的六经以及《春秋左氏传》都是用古文写的，秦始皇统一天下后，李斯提议统一文字，于是根据太史籀所创的大篆，用省笔的方式，创造出了一种字体小篆。当秦始皇焚书坑儒时，古文经的传承被断绝了，汉兴，社会通行隶书和草书，后来鲁恭王为了扩大宅院，拆掉了孔子的院墙，从夹墙中发现了用古文字书写的《礼记》《尚书》《春秋》《论语》《孝经》。另外，张苍献上了《春秋左氏传》，同时一些地方也出土了商周鼎彝，上面的铭文跟前面出土的几部书一样，都是用古文写成的。

许慎这段话的要点，不但讲述了文字史跟文本史之间的关系，更重要的是说明了孔子与古文经的关系。许慎为东汉时期人，他推崇古文经，但在西汉时期，几乎是今文经一统天下，正如清末今文经学家皮锡瑞所说："经学至汉武始昌明，而汉武时之经学为最纯正。"（《经学历史》）

皮锡瑞认为纯正的经学是今文经学，当然，他是站在今文经学的角度来看待古文经的，他在其专著《经学历史》中把两者的关系给出了自己的定义。比如，他首先说："两汉经学有今古文之分。"这是点明了古文经学与今文经学的出现时代，接着他说："今古文所以分，其先由于文字之异。"由此说明，今文与古文最初的区别是文字的不同，因为"今文者，今所谓隶书，世所传熹平《石经》及孔庙等处汉碑是也。古文者，今所谓籀书，世所传岐阳石鼓及《说文》所载古文是也"。

皮锡瑞明确地说，今文就是隶书，流传于后世的熹平《石经》以及孔庙等处的汉碑就是用的这种字体。但是他把古文等同于籀书，认为流传于后世的十个石鼓上的文字就是籀书,以今人的观点看,石鼓文的字体今日称为"大籀"。对于这两种文字的应用情况,皮锡瑞说:"隶书,汉世通行,故当时谓之今文,犹今人立于楷书,人人尽识者也。籀书汉世已不通行,故当时谓之古文,犹今人之于籀隶,不能人人尽识者也。"

皮锡瑞在此作了形象的比喻,他说汉代通行的隶书,就如同清末时的楷书,只要识字的人都能认识,但是籀书在汉代不通行,就如同清末时的很多人不认识篆书一样,所以人们将这种文字视为古文。他接着说,人们能识字,才能教学,因此汉朝所立的十三博士,都是今文经学家,当古文经学还没有形成一门学问时,人们也不会去区分今文经学和古文经学。所以他说,后世把齐、鲁、韩三家之《诗》称为今文诗,把《公羊传》称为今文春秋,这些都是后世的称呼,在当时并没有这种叫法。

关于古文经成为显学的时间,皮锡瑞在《经学历史》中说:"至刘歆始增置《古文尚书》《毛诗》《周官》《左氏春秋》。既立官学,必创说解。后汉卫宏、贾逵、马融又递为增补,以行于世,遂与今文分道扬镳。"可见刘歆对于古文经学的推广起到了至关重要的作用,在他的努力下,古文经学也成为官学。但皮锡瑞说,古文经学为了与今文经学有区分,所以他们创造了一种自己的解经观点,到东汉时又出现了多位古文经学大家,他们继续完善古文经观点,到汉末时期,古文经风行天下,而古文经学家与今文经学家因为解经观点的不同,而形成了两大体系。

如前所言,皮锡瑞是今文经学家,他的所言当然是站在今文经学立场。王国维虽然不是古文经学家,但他的主体观点属于此派,他写过一篇《战国时秦用籀文六国用古文说》,认为秦文就是籀文,然司马迁称"秦拨去古文",扬雄说"秦划灭古文",似乎是秦朝灭掉了古文。但王国维说"秦灭古文,史无明文",如果一定要说秦灭古文的话,那么就是秦统一了文字和焚书这两件事。

王国维同时说,当年的六经主要流行于齐鲁之地,赵、魏之国也有流行,但很少流传到秦国,这些书就是秦人所焚的书,而其文字乃是秦国之外的六国文字,即人们所说的古文。从整体而言,王国维首先否定了许慎把古文简单等同于孔子定六经时所书的字体,同时批驳了皮锡瑞把伏生所献之书的字体理解为籀书的观点。王国维在《汉时古文诸经有转写本说》中称:"夫今文学家诸经,当秦汉之际,其著于竹帛者,固无非古文。"在他看来,所谓今文经,乃是秦汉之际书写而成的,就内容而言,其实都是古文经。"然至文景之世,已全易为今文",只是到了文景之时,将古文经的内容用今文来书写,如果一定要将这两者区分出来的话,那只能是字体上的不同,"于是鲁国与河间所得者,遂专有古文之名矣"。于是,从孔壁所出以及河间王所献的古体字经书,就被称为古文经了。

古文经的出现,跟汉初的大环境有直接关系。惠帝四年(前191),朝廷下令废除秦朝的《挟书律》,民间私人拥有藏书不再是一种罪,于是珍藏于民间的一些经书纷纷现世。《史记·儒林列传》记载有秦朝下令焚书时,博士伏生将《尚书》藏在了墙壁中,入汉后,伏生从墙壁中找出的《尚书》,已经被损坏了数十篇,但仍存二十九篇,此属古文经。另外,前面提到的张苍献《春秋左氏传》,汉景帝时鲁恭王从孔子宅壁中发掘出的那批经书,均属古文经。武帝时,皇帝下令向民间征书,到西汉末年时内府里征集来的书堆积如山,刘向、刘歆父子在宫内整理这些典籍,在其中发现了一些古文经。

古文经与今文经除了字体上不同,在内容上也有差异。比如,伏生所传授的今文《尚书》共二十九篇,而古文《尚书》多出十六篇,另外古文《尚书》还有一篇孔子序,合在一起共四十六篇。高堂生所传的今文《仪礼》共十七篇,从孔子壁所得《礼古经》为五十六篇,其中十七篇与今文《仪礼》相同,多出来的三十九篇被称为《逸礼》,为今文所无。古文《礼经》中还有一部《周礼》,此书又名《周官》,而今文经中无此书。

关于《周礼》一书的来源,《隋书·经籍志》载:"而汉时有李氏得《周官》,《周官》盖周公所制官政之法,上于河间献王,独阙《冬官》一篇,献王购以千金不得,遂取《考工记》以补其处,合成六篇,奏之。至王莽时,刘歆始置博士,以行于世。"刘歆认为,《周官》的作者是周公,因其居摄时,作六典之职,所以文书又称《周礼》,然此说遭到了今文博士的反对。东汉时,今文家何休认为《周礼》乃是战国阴谋之书。

《春秋》一书分为三种解经方式,分别是《春秋左氏传》《春秋穀梁传》《春秋公羊传》,《左传》为古文经学所提倡,后两者为今文经学所尊奉。《公羊》和《穀梁》两传中,所载内容上起鲁隐公元年(前722),下至鲁哀公十四年(前481),而《左传》到鲁哀公十六年(前479),比《春秋》原经多两年。

在汉代时,《论语》有三个系统:《古论》《齐论》和《鲁论》。《古论》出自孔壁,为古文经,共二十一篇。《齐论》为二十二篇,比《鲁论》多出《问玉》《知道》两篇。余外,三者在文字的多少上也有区别。东汉末年,郑玄根据《鲁论》考《齐论》和《古论》,同时为《论语》作注。

古文经与今文经除字体、篇目多少外，第三个争论点则是六经的排序问题。今文经学家认为，六经皆孔子所作，是孔子思想的整体表现，并且孔子把许多的微言大义融入六经中，孔子用六经来传授弟子，其传授顺序是：《诗》《书》《礼》《乐》《易》《春秋》，是由易到难的排列顺序。古文经学家则认为，六经乃是上古三代文化典章制度，应该按照六经产生年代的早晚来排序：因为《易》为伏羲所画，所以应该排在第一位；《尚书》中最早的是《尧典》，故应该排在六经的第二位；《诗经》中最早的是《商颂》，故排在第三位；《仪》与《乐》是周公所制，故排在第四和第五位；《春秋》是鲁国史，为孔子所修改，故排在第六位。

今文经学家与古文经学家的第四个争论焦点则是古文经的真伪问题。今文经学家认为，古文经来源不明，没有师承，并且改乱旧章，有作伪痕迹，故而属于异端之学。他们认为今文经都出自孔子，递传顺序清晰，只有今文经才是真经。而古文经学家则认为，今文经经过秦火的摧残，已经残缺不全，它们靠口口相传，难知其真，而古文经则为先秦旧典。

对于孔子的态度，今文经学家认为，孔子是一位感天而生的圣人，不在帝王之位，却具帝王之德，所以今文经学家尊孔子为素王。古文经学家则认为孔子是三代文献的保存者和整理者，所以他们视孔子为古代文化继往开来的先圣。

在解经方式上，今文经学家注重微言大义，后来发展为章句义理之学。古文经学家注重对经文文本的疏通、校正，以及对典章制度的阐释，逐渐发展为名物训诂之学。两个学派的争论从汉代开始，直到清末，持续两千年之久。

六、汉代古文经学的四次抗争

西汉时期，今文经学为官学，古文经学为在野之学，古文经学与今文经学的抗争始自刘向、刘歆父子整理内府所藏。刘向原本喜欢《春秋榖梁传》，同时也喜好《左传》，王充在《论衡》中说刘向："玩弄《左氏》，童仆妻子皆呻吟之。"刘向之子刘歆则酷爱《左传》,《汉书·刘歆传》载:"以为左丘明好恶与圣人同,亲见夫子,而《公羊》《穀梁》在七十子后,传闻之与亲见之,其详略不同。"

《论语·公冶长》载有孔子所言:"巧言、令色、足恭,左丘明耻之,丘亦耻之,匿怨而友其人,左丘明耻之,丘亦耻之。"于是后世认为,左丘明与孔子是同时代人,刘歆基于这个判断,认为左丘明见过孔子,那么他为《春秋》所作的注释应当更为准确,而公羊高和穀梁赤出生在孔子弟子之后,他们不可能见过孔子,如此说来,《左传》的作者是亲自见过孔子,而《公羊传》和《穀梁传》两书的作者只是通过传闻来解经,那么《左传》应该高于《公羊》和《穀梁》。

基于这种认识,刘歆向父亲问难,刘向用《春秋穀梁传》的观点予以反驳,但却没有说服儿子。或许是这个原因,使得刘歆对《左传》更有信心,他对《左传》一书作了整理,在父亲去世后,于哀帝建平元年(前6)向朝廷提议,将《左传》、《毛诗》、《逸礼》和古文《尚书》立为官学,由此而引起了今、古文经学的第一次争论。哀帝下令,命刘歆与五经博士论辩,当时那些今文博士不肯与之辩论,后来刘歆数次见丞相孔光,希望《左传》能够立于学官,但孔光没有给予帮助。于是刘歆等人便写出了《移让太常博士书》,这篇文章被后人视作较为完整的讲述汉代经学的重要文献。

此文从上古三代讲起,之后谈到孔子"忧道之不行",于是周游列国,十四年后返回鲁国,修订六经。秦朝烧六经、杀儒士,"设挟书之法,行是古之罪",于是儒学衰落。汉代兴起后,叔孙通定礼仪,然当时市面上只能见到《易》经,因为此属占卜之书,不在秦朝焚书范围之内。后来朝廷废除了挟书之律,六经逐渐面世,之后"立于学官,为置博士",但那时的博士"一人不能独尽其经",因为那时所传的经"书缺简脱",残缺不全。

鲁恭王坏孔子宅,发现了古文经,而后孔安国又将其献给朝廷,可惜因为各种原因,古文经未能推广开来,刘歆重点讲述《左传》一书"皆古文旧书",并且内容多过其他经典,只可惜"臧于秘府,伏而未发",这种状况令君子痛惜。接下来,刘歆开始批评今文经学家解经方式之陋:"往者缀学之士不思废绝之阙,苟因陋就寡,分文析字,烦言碎辞,学者罢老且不能究其一艺。信口说而背传记,是末师而非往古。"

刘歆批评今文经学家解经方式太过烦琐,有些学者一生不能通研一经,并且他们的解经方式是靠口口相传的背诵,这种方式在刘歆看来绝非古法。

可惜的是，古文经未能立于学官，但刘歆认为："夫礼失求之于野，古文不犹愈于野乎？"在刘歆看来，古文经才是真正的经典，然其地位却是在野，这正是他大为不平之处，也是他撰写《移让太常博士书》的重要原因。

这篇文章流传出来之后，遭到了很多今文经学家的怨恨，光禄大夫龚胜向哀帝提出"乞骸骨"，以此作为要挟。哀帝虽然有心偏袒刘歆，但是阻力太大。刘歆担心为此遭到不测，于是主动提出出外为官，支持刘歆的王龚和房凤也离京到地方去任职。这场纷争的结果是今文经学派取得了胜利。

王莽主政时期，古文经学得到重视。汉平帝时，《左传》《毛诗》《逸礼》、古文《尚书》立于学官，王莽建立新朝，封刘歆为国师，古文经学受到空前重视，然到东汉初期，光武帝今、古文经并举，不偏不废，由此引起第二次纷争。

建武二年（26），尚书令韩歆上书光武帝，打算将《费氏易》和《左传》立博士，皇帝下诏让众臣讨论此事。这次讨论反响不大，而后光武帝任命范升为议郎，范升通梁丘《易》和《老子》，后迁博士。建武四年（28）正月，光武帝令范升在南宫云台召集公卿博士讨论今古文，范升提出《左传》不祖述孔子的《春秋》，乃是左丘明的作品，所以反对将此立于学官。韩歆与太中大夫许淑与之辩难，这场辩论直到中午也没辩出结果，就此结束。

而后，范升上书进一步强调他的观点，认为立于学官的今文经学方为正统，而《费氏易》《左传》之类的古文经都属于异端，如果将异端立于学官，风气一开，后期请立将接踵而来，将会引起混乱。同时他认为，《费氏易》和《左传》渊源不明，传承无师法，更何况《左传》还有十四件事有问题："五经之本自孔子始，谨奏《左氏》之失凡十四事。"

光武帝看过范升的奏章后，下诏让博士论辩，当时精通《左传》的陈元以处士身份"诣阙上疏"，来反驳范升的观点。陈元首先强调左丘明是孔子的弟子，而公羊高和穀梁赤未得孔子亲炙，接下来他一一驳斥范升的观点，其主要观点与刘歆相类似，他说自己："诵孔氏之正道，理丘明之宿冤。"（《后汉书·陈元传》）也就是说，他一定要替左丘明辩诬，让人们知道，《左氏春秋》才是《春秋》一书的正解。为此他在文末发誓说："若辞不合经，事不稽古，退就重诛，虽死之日，生之年也。"

陈元认为，他得到了经、传合一的正传，如果自己说的有问题，甘愿受死。光武帝看到陈元的书后，再次下诏让众臣评议，于是范升与陈元当面辩难。光武帝观览了两人的辩论之文后，可能觉得陈元的更有道理，于是"帝

第二章　儒学定于一尊的时代　065

卒立《左氏》学，太常选博士四人，元为第一"(《后汉书·陈元传》)。《左传》终于成了官学，太常给皇帝报上《左传》博士的四个人选，排在第一的就是陈元。光武帝看到名单后，认为陈元"新忿争"，出于平衡，选择了排在第二的李封为博士，而没有任用陈元。

即便如此，《左传》立为学官之事还是让今文经学官员大感不满，他们数次在朝廷上争论此事。然此后不久，李封病逝了，于是光武帝就取消了立于学官的《左传》。这次争论在经学史上颇为重要，因为西汉末年的今古经学文之争，有很多原因是出于利禄，而此次争论则转变为学术道统之争。古文经学家所看重的《左传》立于学官虽然时间短暂，却堪称标志性胜利，尽管终被取消，但也说明古文经学已经有了与今文经学分庭抗礼的力量。

今古文经学的第三次争论，乃是由汉章帝发起。章帝喜好古文经，继位后"降意儒术，特好古文《尚书》《左氏传》"。建初元年（76），章帝召古文经学家贾逵到白虎观讲经。贾逵在年轻时就已熟读《左传》以及五经，他的讲述令章帝很满意，此后章帝任命贾逵写一篇论述《左传》长于《公羊》和《穀梁》的文章，于是贾逵写了一篇奏章来详细论述《左传》之妙。贾逵指出，《左传》有三十事最为重要，因为它关涉到了"君臣之正义，父子之纪纲"。章帝看后很满意，"赐布五百匹，衣一袭，令逵自选《公羊》严、颜诸生高才者二十人，教以《左氏》"。（《后汉书·贾逵传》）

可见，那时《左传》虽然没有立博士，但是太学已经开设了《左传》课程，更为重要的是，皇帝让贾逵从《公羊》学的高才生中，挑选二十人来学习《左传》，这是古文经学取得的一次重大胜利，并由此开了东汉太学教授古文经学的先例。

此后贾逵再接再厉，他向皇帝说，"古文《尚书》与经传《尔雅》诂训相应"，皇帝令他详细考证，贾逵将他研究古文《尚书》的成果厘为三卷，呈给章帝，章帝表扬了他，又命他将《齐诗》《鲁诗》《韩诗》与古文经学家所喜爱的《毛诗》进行比较，由此而说明汉章帝心向古文经，他通过贾逵来表达自己的主张。在皇帝的支持下，建初八年（83），"乃诏诸儒各选高才生受《左氏》、《穀梁春秋》、古文《尚书》、《毛诗》"。（《后汉书·贾逵传》）于是此四经得以通行天下。

虽然古文经学取得了重大胜利，但是皇帝在诏书中没有明确点出是否立古文经传博士，同时仍有今文经学家与之抗争。当时有位博览群书的李育，虽然也喜欢《左传》，但理解得并不透彻，建初四年（79），章帝召开了白虎观会议，李育以《公羊传》来与贾逵论辩。

白虎观会议是经学史上的一个重要事件。建初四年，贾逵、班固等人上表，认为在狱中的杨终对《春秋》极有研究，希望能将其释放，杨终同时也上表自辩，终于得以出狱，用为议郎，不久，他上书章帝，"宣帝博征群儒，论定五经于石渠阁。方今天下少事，学者得成其业，而章句之徒，破坏大体。宜如石渠故事，永为后世则"（《后汉书·杨终传》）。章帝同意了杨终的建议，下诏要召开经学研讨会，于是太常、大夫、博士、议郎、郎官及诸生汇集于白虎观，"讲议五经同异"。

此次会议的背景乃是从汉武帝尊儒到光武崇儒的近两百年间，经学章句繁复不堪，比如桓谭在《新论·正经篇》中称，讲学大夫秦近在解说《尚书·尧典》时，仅篇名"尧典"二字就解释出了"至十余万言"，在解释"曰若稽古"时，又用了"二三万言"。这样的解经方式已然成为所有人头疼的事，故章帝下令予以简省。参加白虎观会议之人可考者有十三位，其中包括章帝本人，但是他没有亲临现场，而是让人将讨论结果记录下来，呈报给他，再由他作出评判。这就是《后汉书·章帝记》中所说的"帝亲称制临决"。

从学术观念看，章帝本人对今古文经都较为熟悉，但偏爱古文经。另外，章帝的兄弟西平王刘羡也是十三人之一。属于古文经派的主要人物是贾谊的九世孙贾逵和校书郎班固，今文经派的学者有研究《春秋》的杨终，讲习鲁《诗》的鲁恭和魏应，精通欧阳《尚书》的丁鸿和桓郁，长于《公羊传》的李育和善解《严氏春秋》的楼望。另外，还有一位淳于恭，此人精通《老子》，不属于今古各派，可能是这个原因，皇帝命他作会议记录，命魏应负责传达皇帝提出的各种问题。

这次会议的时间较长，《后汉书·儒林传》称："考详同异，连月乃罢。"这次会议确定了许多重要的概念和定义，根据这次会议记录，皇帝命班固撰写了《白虎通德论》一书，此书简称《白虎通》，是经学史上的名著。该书记录了那次开会的要点，比如天、地、人的关系问题，《白虎通·天地》篇中说："天者，何也？天之为言镇也，居高理下，为人镇也。地者，元气之所生，万物之祖也。地者，易也，万物怀任，交易变化。"

这里的"镇"通"正"，天是正的化身，居高临下，为人之正。地是元气所生，万物之祖。既然天有至高无上的权力，那么天子是什么呢？《白虎通·爵》篇称："天子者，爵称也。爵所以称天子何？王者父天母地，为天之子也。"天子就是天之子,他以天为父,以地为母,同时规定了天子与王的区别:"德合天地者称帝,仁义合者称王,别优劣也。"那么,天子为什么又称为皇帝呢?《白虎通·号》篇的解释是:"帝者天号,王者五行之称也。"关于皇,该篇的解释是:"皇,君也,美也,大也,天人之总,美大之称也。"

白虎通会议还确定了一些其他的儒学概念,比如,何为"三纲六纪",如何做到教化纲常等一系列问题。在这次会议上,李育以《公羊传》义数难贾逵,两人往返论辩,章帝没有给出古文经胜还是今文经胜的结论,从总体来看,白虎通会议是为皇权张目,但这次会议更重要的是确定了天人关系,融合了汉代的今、古文经学,甚至包括谶纬、黄老之学,等等。

今古文经学的第四次争论则是在汉末灵帝时期,何休与郑玄展开了一场大论战,最终由郑玄取胜,郑玄代表古文经学,故而这次争论是古文经学的胜利。但是郑玄虽然以古文经为宗,却兼涉今文经,甚至研究谶纬之学,是东汉后期通学派的代表,所以郑玄的成就又代表着今古文经学的进一步融合。

七、汉末今文经学的反击

汉末最有名的今文经学家是何休,《后汉书·儒林传》载其"为人质朴讷口,而雅有心思,精研六经,世儒无及者",相对而言,六经中他最精通的是《公羊传》。何休在朝中是太傅陈蕃的属下,陈蕃谋诛宦官失败后,何休受到牵连,被禁锢十几年,他在狱中将所有心思都用在研究《公羊传》上,"作《春秋公羊传解诂》,覃思不窥门,十有七年",此书成为何休的代表作。此外,他与其师羊弼追述白虎观会议上李育与贾逵的论辩之意,写出了《公羊墨守》《左氏膏肓》《穀梁废疾》,以此来与服虔、郑玄进行论战,遗憾的是,这三部书均失传了,流传至今者仅有《春秋公羊传解诂》。

何休师承羊弼,他对汉末解经情形的混乱甚为不满,在《解诂》序中说，为《春秋》作传之书并非一部，但是有些解释"多非常异义可怪之论"，并且解经之文数量十分庞大，以至"是以讲诵师言，至于百万，犹有不解"，这种状况令人发笑，致使像贾逵这样的古文经学家认为"《公羊》可夺，《左氏》可兴"，古文经学家甚至认为今文经学家是"俗儒"，由此说明了今文经学的衰落。

为此，何休觉得应该奋起反击，他要发扬光大公羊学，以此来重振今文经学。何休的办法是重新确定公羊学的一些概念，他撰写《春秋文谥例》，首先提出了后世今文经学家最为看重的"三科九旨"概念。对于何为"三科九旨"，唐代徐彦在《春秋公羊传注疏》中总结说："何氏之意，以为三科九旨正是一物。若总言之，谓之三科。科者，段也。若析而言之，谓之九旨。旨者，意也。言三个科段之内，有此九种之意。"

按照徐彦的理解，"三科"就是三大段，也就是三个概念，每一大段中又包含三种概念，合在一起就是"九旨"。那么何休所说的"三科"是什么呢？徐彦引用何休在《文谥例》中所言："三科九旨者，新周，故宋，以《春秋》当新王。"徐彦认为，这句话就是"一科三旨"。何休又说："所见异辞，所闻异辞，所传闻异辞"，这就是第二个"一科三旨"。何休又称："内其国而外诸夏，内诸夏而外夷狄"，这又是"一科三旨"。将此三者合在一起，正好是"三科九旨"。

后人对于"三科九旨"也有其他解读，徐彦在《疏》中谈到了他人转引宋氏在《春秋说》中的所言："三科者，一曰张三世，二曰存三统，三曰异外内，是三科也。九旨者，一曰时，二曰月，三曰日，四曰王，五曰天王，六曰天子，七曰讥，八曰贬，九曰绝。时与日月，详略之旨也；王与天王、天子，是录远近亲疏之旨也；讥与贬、绝，则轻重之旨也。"

那么，哪种说法是正确的呢？徐彦的回答是："《春秋》之内，具斯二种理，故宋氏又有此说，贤者择之。"如此说来，这两种解读方式都不算错，乃是从不同的角度来阐释《春秋》义理。其实这些观念已经出现在董仲舒的《春秋繁露》中，只是何休将其作了系统性归纳，成为后世今文经学所本持的核心理论。关于"三科九旨"，下面分而解之：

第一科三旨为"新周，故宋，以《春秋》当新王"。关于何为"新周"，后世有两种解读，一是说"新"通"亲"，故而"新周"就是"亲周"，这种解读方式以《史记·孔子世家》中的所言为据："据鲁，亲周，故殷。"按照司马贞在《史记索隐》中的推测，孔子作《春秋》时，周王室已经衰弱，但孔子想告诉世人，周天子依然是天下宗主，所以他要表现出亲周的姿态。对"新周"的另一种解读则是本自清中期公羊学家孔广森，他认为"新周"是地理概念，因为周平王东迁之后，原本住在王城，后来周敬王避难迁到了成周，所以孔广森认为，成周就是新周。无论哪种解释，都说明孔子以周天子为正统。

关于"故宋"乃是指宋国是殷商之后，故宋就是把宋国当成故人来对待，因为宋国在周朝的诸侯国中地位特殊，其爵位最高，周初时被周天子封为"公爵"，为五爵中的最高品位。能有这样的特殊地位，源于周公旦辅佐周成王平定"三监之乱"，所以周天子封商纣王的兄长微子启在商朝的旧都建立宋国，并且被允许保留殷商正朔，周天子以客礼待之。因此宋国乃殷商正脉。

"一科三旨"中的第三旨是"以《春秋》当新王"。前面的两旨谈了商和周，按照历史传承顺序，周之后应当是秦，但是今文经学家不承认秦，他们认为周之后就是《春秋》中记载的鲁国，以此说明孔子乃是"新王"，但是孔子没有做过诸侯王，那么就以他所写的《春秋》来代新朝，所以今文经学家称孔子为"素王"。

这种解释就是今文经学家所说的"王鲁"，也就是孔子以鲁国为正朔。但问题是，司马迁在《史记·孔子世家》中说，孔子作《春秋》是"据鲁，亲周，故殷"。关于"据"字，司马贞的解释是："言夫子修《春秋》，以鲁为主，故云据鲁"，并无以鲁为王之意。故"王鲁"的概念有可能是董仲舒或者何休发明的。董仲舒在《春秋繁露·三代改制质文》中明确地说"王鲁尚黑，绌夏，亲周，故宋"。

然而《公羊传》中并无"王鲁"二字，董仲舒的观念本自何处呢？当代学者陈思林在《〈春秋〉和〈公羊传〉的关系》一文中认为："王鲁必由误读'主鲁'而来。"古人在传抄过程中，有可能将"主"字少写了一个点，写成了"王"字，于是就被今文经学家解释出了微言大义。那么"主鲁"是何意呢？也就是孔子修《春秋》以鲁为主。

由此可见，何休所说的第一科三旨，乃是指历史的传承正脉，其主要是想得出这样的结论：孔子所作的《春秋》乃是寓意着继承了商、周两代的正传，由此而把孔子视为承前启后的王。

"三科九旨"中的第二科三旨是"所见异辞，所闻异辞，所传闻异辞"。此语本自《公羊传》在注释"隐公元年"末《春秋》原文"公子益师卒"时说的一句话："何以不日？远也。所见异辞，所闻异辞，所传闻异辞。"这段注释说，《春秋》原文中没有记载公子益师去世的具体日期，原因是那个年代久远，孔子不知道具体的日期。由此公羊高推论出孔子在作《春秋》时包含着"见、闻、传闻"三个不同的时段。何休认为，公羊高的这段话十分重要，为此用了大段文字来对此进行解诂。

于是何休在《解诂》中把《春秋》所记载的鲁国十二个国君分为三段，他认为"所见"指的是昭公、定公和哀公，这是孔子所亲见或是他父亲时的事情；"所闻"指的是文公、宣公、成公和襄公，记载的是孔子祖父时期所发生的事情；"传闻"记载的是隐公、桓公、庄公、闵公和僖公的史实，此乃孔子的高祖和曾祖时期所发生的事情。由此表达出孔子作《春秋》时，把他经历的事情写得最详细，把他听闻到的事情记载得略简，而把他从传闻那里得到的资料记载得最略，因为越远的历史越不容易说清楚。

为什么把《春秋》分为三段，就包含着微言大义呢？因为何休把所传闻之世认为是"衰乱世"，所闻之世是"升平世"，所见之世则是"太平世"，由此展现出社会的发展规律是由乱到治的过程。但问题是，孔子在他处的时代，并没有何休说的那么好，这正如《孟子·滕文公下》中所言："世衰道微，邪说暴行有作，臣弑其君者有之，子弑其父者有之。孔子惧，作《春秋》。"孔子作《春秋》的原因正是世道混乱，哪里来的太平世呢？

把春秋时期分为三等十二世，是董仲舒提出的观念，何休在解诂时作了更为具体的解读。对于何为"异辞"，何休的解释是"见恩有厚薄，义有深浅"，"异辞"就是不同的说法。何休说，在所见世，"大夫卒，有罪无罪，皆日录之"，此乃是称大夫去世时，不管他是否有罪，孔子在《春秋》中都会注出其去世的日期，比如"丙申，季孙隐如卒"。在所闻世，"大夫卒，无罪者日录，有罪者不日，略之"。到所传闻世，"大夫卒，有罪无罪皆不日，略之也"。在此何休举出了"公子益师卒"之例。

孔子为什么要这么做？何休在《解诂》中于每一例前都作了解释，其总体意思是说孔子因为君臣恩义的深浅来作出不同的说法，这就是所说的"异辞"。关于异辞的基本规律，《公羊传·定公元年》称"定、哀多微辞，主人习其读而问其传，则未知己之有罪焉尔"，其意是说孔子生活在定公、哀公时代，所以《春秋》中记载这个时段的内容语多隐讳，即使是书中记载的当事人读到这段文字，也不会看出其中记载了自己的罪行。这不是惯常说的曲笔，但问题是，如果《春秋》真像公羊高说的那样，连当事人都看不出来

《春秋》中的词句包含着对自己的贬斥之意，那么其他人如何能读出孔子的微言大义呢？

第三科三旨为"内其国而外诸夏，内诸夏而外夷狄"。这个观念本自传统的"以夏变夷"，如何来解释这个观念，可由《春秋·成公十五年》的一段记载为例："冬，十有一月，叔孙侨如会晋士燮、齐高无咎、宋华元、卫孙林父、郑公子鲰、邾娄人会吴于钟离。"

这段话是说，成公十五年（前576）冬十一月，鲁国大夫叔孙侨如与晋国大夫士燮、齐国大夫高无咎、宋国大夫华元、卫国大夫孙林父、郑国公子鲰、邾娄国人在钟离与吴国人开会，从表面看，这段话乃是一段历史史实的简单记载，包含了时间、地点和人物，但公羊家觉得，此事没那么简单。《公羊传》中自问自答地讲道："曷为殊会吴？外吴也。曷为外也？春秋内其国而外诸夏，内诸夏而外夷狄。王者欲一乎天下，曷为以外内之辞言之？言自近者始也。"

为什么《春秋》经上特别要说与吴国人开会呢？

因为是把吴国人当作外国人看待的意思。

为什么要把吴国人当外国人来看待呢？

因为春秋时期把周朝封立的各诸侯国作为内，而把诸夏作为外。当把诸夏作为内时，就要把夷狄作为外。

既然周天子想一统天下，为什么还要分内外呢？

这是因为分出内外是以表示由近及远的意思。

何休对于《公羊传》的这段解释也有他的理解，他认为，所说的"内其国"就是把鲁国视为都城，那么，华夏的其他诸侯也就是所说的"诸夏"，就是视为外土，为政者要先正都城，都城正，才能正诸夏，诸夏正，才能正夷狄，只有这样才能一统天下，再无远近之分。在春秋时代，中原诸侯常把吴国视作夷狄，因为吴国人断发文身，与中原人风俗不同，所以孔子在《春秋》经上才会那样写。

因此说，第三科三旨所强调的问题乃是指要以内诸夏的方式去同化夷狄，这里的"外"字不再是防，而是内化之后的外化。在外化的过程中，夷狄与诸夏均与中原融为一体，由此而进入太平世。

除此之外，何休还发明了不少观念，类似于"张三世"，以及"通三统""讥二名"等。发明一些观念后，以自己的理解来作设问与答问，这就是公羊家的特色，对于这种解经方式的利弊，周予同在为皮锡瑞《经学历史》所写的再版序中，将古文经与今文经作了对比性的总结："简明些说，就是今文经学以孔子为政治家，以《六经》为孔子致治之说，所以偏重于'微言大义'，其特色为功利的，而其流弊为狂妄。古文经学以孔子为史学家，以《六经》为孔子整理古代史料之书，所以偏重于'名物训诂'，其特色为考证的，而其流弊为烦琐。"

八、郑玄遍注群经，会通今古文

郑玄是中国经学史上十分重要的人物，王嘉在《拾遗记》中说"郑玄为经神"，这种赞誉可谓到达了极致。对于郑玄在经学史上的重要性，皮锡瑞在《经学历史》中这样总结："郑君康成，以博闻强识之才，兼高节卓行之美，著书满家，从学盈万。当时莫不仰望，称伊、雒以东，淮、汉以北，康成一人而已。咸言先儒多阙，郑氏道备，自来经师未有若郑君之盛者也。"史应勇在《郑玄通学及郑王之争研究》中则说："经过两汉各家经说认真的整合，两汉经学在郑玄这里走向了'小统一'，因此郑玄被称为两汉经学的集大成者。"

郑玄在十三岁时就已经研究五经，同时对术数很内行，竟然能够通过观察刮风来预言什么时候会发生火灾；二十一岁时，他就已经遍览群书，成为饱学之士。后来他拜第五元先和张恭祖为师学习经学，而那时的马融已经是名满天下的大师，所以他又拜马融为师。

郑玄学成之后返家，以授徒为生，因为他的学问很好，所以弟子达到了"数百千人"，但很快他就受到了"党锢之祸"的牵连，好在此时马融已经去世，郑玄也已经离开，所以这次的"党锢之祸"对郑玄影响不大。可是，这场风波平息后仅隔了一年，就又起了第二次"党祸"，这一次把郑玄牵连了进去，而郑玄受牵连的原因，按照郑珍在《郑学录·传注》中所言，是"孙嵩等四十余人，当并是密之门生故吏"。

看来郑玄是受到了弟子的牵连。郑玄弟子众多，而第二次"党祸"所抓之人有四十多位都是他的弟子，为此郑玄也被关进了监狱，这一关就是十四年，直到后来爆发了"黄金之乱"，他才被释放出来。郑玄出狱后，把全部精力都用在了著述方面，《玄别传》称："后遇党锢，隐居著述，凡百余万言。大将军何进辟玄，乃缝掖相见。玄长八尺余，须眉美秀，姿容甚伟。进待以宾礼，授以几杖。玄多所匡正，不用而退。袁绍辟玄，及去，饯之城东，欲玄必醉。会者三百余人，皆离席奉觞，自旦及莫，度玄饮三百余杯，而温克之容，终日无怠。献帝在许都，征为大司农，行至元城，卒。"

郑玄写了上百万字的著作，在他的那个时代，这个著述量十分庞大，为此他还受到了军界的尊重。由这段描述可知，郑玄仪表堂堂，很受袁绍等军阀的看重。郑玄要离开袁绍时，袁却想把郑灌醉，在送行会上，袁请了三百多人一一给郑玄敬酒，这场酒会从早开到晚，郑玄喝了三百多杯酒却依然不醉，可见这位郑玄不仅学问好，酒量也堪称天下第一。

郑玄在努力著述的过程中，曾跟今文经学家何休有过一场著名的论战，《后汉书·郑玄传》中称："时任城何休好公羊学，遂著《公羊墨守》《左氏膏肓》《穀梁废疾》；玄乃发《墨守》，针《膏肓》，起《废疾》。休见而叹曰：'康成入吾室，操吾矛，以伐我乎！'"

对于郑玄在学术史上的成就，《朱子语类》载有朱熹对他的评语："郑康成是个好人，考礼名数大有功，事事都理会得。如汉《律令》亦皆有注，尽有许多精力。东汉诸儒煞好。卢植也好。康成也可谓大儒。"朱子的这段话说得很直白，他说郑玄是个好人，尤其对礼学贡献最大，而清代的钱大昕则在《仪礼管见序》中说："'三礼'之有郑注，所谓悬诸日月不刊之书也。"

对于郑玄的学术观，刘师培给予了这样的总结："惟康成说经，集今古文说之大成，不守一先生之言，以实事求是为指归，与汉儒之抱残守缺者迥然不同。故康成之书，皆以师学代官学者也。"（《刘师培史学论著选集》）

可见，郑玄的学术观乃是融会古文经学和今文经学，而这段论述正说明了郑玄的学术观所在。郑玄为什么要做这样的融会呢？《后汉书·郑玄传》中说："汉兴，诸儒颇修艺文，及东京，学者亦各名家。而守文之徒，滞固所禀，异端纷纭，互相诡激，遂令经有数家，家有数说，章句多者或乃百余万言，学徒劳而少功，后生疑而莫正。郑玄括囊大典，网罗众家，删裁繁诬，刊改漏失，自是学者略知所归。王父豫章君每考先儒经训，而长于玄，常以为仲尼之门不能过也。及传授生徒，并专以郑氏家法云。"

在郑玄的时代，因为经学观点的不同，每一门派都在强调自己的观点，这种强调方式其实不利于经学的弘扬，于是郑玄就以古文经学为基础，而后融入今文经学的观点，以此来达到学术兼容。周予同先生对郑玄的举措有着如下解读："在郑氏的本意，或以为今古文相攻击如仇雠，是经学的不幸现象；为息事宁人计，于是自恃博学，参互各说，以成一家之言；所以虽用古文学为宗，也兼采今文学。而当时学者，一则苦于今古文学家法的烦琐，一则震于郑氏经术的渊博，所以翕然宗从。但这样一来，郑学盛行而古今文的家法完全混乱了。"（周予同《经今古文学》）

郑玄虽然遍注群经，但其著作流传至今者仅有两部，杨天宇在《郑玄三礼注研究》中称："郑玄的著述大部分都散佚了，但仍有《三礼注》和《毛诗笺》完好地保留到今天，成为今人研究《三礼》和《毛诗》以及考证古史所不可不读的重要文献。郑玄堪称是中国文化史上的一位伟人，一位学术巨匠。"

《三礼》乃是《周礼》《仪礼》《礼记》三书的并称，最早将这三书并称者正是郑玄，范晔在《后汉书·儒林列传下》中称："中兴，郑众传《周官经》，后马融作《周官传》，授郑玄，玄作《周官注》。玄本习《小戴礼》，后以古经校之，取其义长者，故为郑氏学。玄又注小戴所传《礼记》四十九篇，通为《三礼》焉。"

这段话讲到了《三礼》之名，而这段文字中没有《仪礼》，是因为在汉代还没有"仪礼"这种称呼。许抗生、聂保平、聂清所著《中国儒学史·两汉卷》中说："按照范晔的意思，由于郑玄既融通了'三礼'，又融通了今古文礼，故'三礼'之名之学，实际上自郑玄始。"

可见，郑玄对于《三礼》的形成贡献很大。对于他在礼学方面的贡献，黄侃在《礼学略说》中予以了这样的解读："董景道说经，《三礼》之义，皆遵郑氏；著《礼通论》，非驳诸儒，演广郑旨。此由郑学精博贯通，亦缘郑氏以前，未有兼注《三礼》者（黄侃自注：以《周礼》、《仪礼》、小戴《礼记》为《三礼》，亦自郑始。《隋书·经籍志》：《三礼目录》一卷，郑玄撰），故舍郑无所宗也。……今惟郑康成注，孤行百代。说《仪礼》者，仅马季长注《丧服》经传一篇，至全注十七篇，亦自郑氏始。……然后之言小戴者，皆传郑氏。郑又考正礼图，存古遗制；是《三礼》之学，萃于北海。故《大戴记》，郑所未注，则若存若亡，八十五篇，遂残其半矣。由晋及唐，诸经所主，或有不同；至于《诗》共宗毛，《礼》同遵郑。"

郑玄对于礼学有着怎样开创性的贡献呢？张舜徽先生对此有着系统的研究，他在《郑学丛著·郑学经注例释》中，把郑玄注经的体例总结为十八种：沿用旧诂不标出处例、宗主旧注不为苟同例、循文立训例、订正衍讹例、诠次章句例、旁稽博证例、声训例、改读例、改字例、征古例、证今例、发凡例、阙疑例、考文例、尊经例、信纬例、注语详赡例、注语互异例。可见郑玄在礼学研究上是何等之精深。

正因如此，清代陈奂认为，郑玄虽然遍注群经，但最高成就还是在于礼学，而台湾学者李云光在《三礼郑氏学发凡》中说："后人所读《三礼》之书，是郑氏所校定者也；所赖以解《三礼》者，亦不能外郑氏之注释也。然则，学礼而不从郑氏，岂非欲入室而不由户乎！"

如前所言，流传至今的郑玄著作除了《三礼》之外，就是《毛诗笺》。对于《毛诗》的解读，从汉代开始分为齐、鲁、韩、毛四大家，前三家属于今文经学，《毛诗》属于古文经学。在流传的过程中，前三家基本失传，唯有《毛诗》流传至今，因此今日得见的《诗经》，基本是古文经学观念的解读。

但是，郑玄把很多今文经学观念融入古文经学之中，他所作的《毛诗笺》也是如此，正如陈奂在《郑氏笺考证》中称："笺中有用三家申毛者，有用三家改毛者，例不外此二端。"郑玄在整理《诗经》时，应用了很多方法，他的这些方法被视为早期的校勘学，段玉裁在为臧琳所作的《经义杂记序》中说："校书何昉乎？昉于孔子、子夏。自孔、卜而后，成帝时，刘向、任宏、尹咸、李柱国各显所能。向卒，歆终其业。于是有雠有校，有竹有素，盖綦详焉。而千古之大业，未有盛于郑康成者也。"

段玉裁讲到了校勘学的起源，他认为校勘学创始于孔子和子夏，到了汉代则有刘向、刘歆等人，但是在这方面真正做出大贡献的人，则非郑玄莫属。而管锡华在《校勘学》中也称："私家校书，虽从孔子始，但至东汉末为止，成就较大而可参考的则是东汉的郑玄。"

郑玄在校勘古书时，不但融会了古文经学和今文经学，同时兼用了"死校法"和"意校法"，也就是说，当他觉得古书中某个字不对时，就会径直将其改为正确的字。他的这种做法受到了后世的批评，比如，欧阳修就在《诗本义》中指责郑玄的这种校书方法。郑玄在《毛诗笺》中把"绿"字改为"褖"，欧阳修认为郑玄改错了："先儒所以不取郑氏于《诗》改字者，以谓六经有所不通，当阙之以俟知者。若改字以就己说，则何人不能为说？何字不可改也？况毛义甚明，无烦改字也，当从毛。"

从实际情况看，郑玄有些字改得确实不对，但总体而言，他的大多数修改被后世认为是正确的，尤为重要的是，他的这种做法给后世引发了一种校勘的新思路，王引之在《经义述闻序》中说："诂训之指，存乎声音，字之声同、声近者，经传往往假借。学者以声求义，破其假借之字而读以本字，则涣然冰释；如其假借之字而强为之解，则诘鞫为病矣。故毛公《诗》传多易假借之字而训以本字，已开改读之先。至康成笺《诗》注《礼》，屡云谋读为某，而假借之例大明。后人或病康成破字者，不知古字之多假借也。"

王引之在这里替郑玄辩护，认为郑玄通过假借字来恢复古书的原本面貌，这种做法最为难得。更为重要的是，《齐诗》《鲁诗》《韩诗》大多失传了，郑玄的《毛诗笺》中引用了不少他们的观点，使得后世要想研究三家诗，可以借鉴他的《毛诗笺》，因此冯浩菲在《毛诗训诂研究》中总结道："《郑笺》中所体现的不是一家之说，而是诸家说的比稽融会。由此言之，与其说三家因《笺》而尽废，不如说借《笺》附《毛》而仍其绪。"

第二章 魏晋玄学下的儒学

魏晋时期学者最看重的经典主要有《老子》《庄子》《周易》，这三种经典当时被称为"三玄"，《颜氏家训·勉学》称："洎于梁世，兹风复阐。《庄》《老》《周易》，总谓三玄。"

"玄"的概念源于老子《道德经》中所言："玄之又玄，众妙之门。"对于该字的含义，王弼在《老子指略》中说："玄，谓之深者也。"苏辙在《老子解》中称："凡远而无所至极者，其色必玄，故《老子》常以玄寄极也。"由此而产生了"玄远"之学，此概念又称为"玄理"。故"三玄"之意，乃谓：这三部经典都包含着非常深奥的学问。魏晋学者重点研究这三部经典，故有"玄学"之名。

然而，三部书的性质并不相同，《易》属于儒家经典，《老子》和《庄子》属于道家经典，那时的玄学家对于儒家经典的注释，是以道家思想为出发点，他们试图调和儒、道两家，以此来适应魏晋时期的社会风气。因此，相对于两汉经学来说，魏晋玄学属于一种新的理论形态。

对于魏晋玄学的分期，冯友兰在《中国哲学史新编》中将其分为三个阶段："第一阶段是贵无论，第二阶段是裴𬱟的崇有论，第三阶段是郭象的无无论。就玄学说，贵无论是肯定，裴𬱟的崇有论是否定，郭象的无无论是否定之否定。"

对于魏晋玄学的整体概念，汤一介在《论魏晋玄风》中总结说："魏晋玄学是指魏晋时期以老庄思想为骨架，企图调和儒、道，会通'自然'与'名教'的一种特定的哲学思潮，它所讨论的中心为本末有无问题，即用思辨的方法来讨论有关天地万物存在的根据的问题，也就是说表现为远离'世务'和'事物'的形而上本体论的问题。"

一、三国时代的儒学

建安元年（196），曹操迎汉献帝于许昌，挟天子以令诸侯，之后逐渐统一北方，因为忙于征战，故无暇顾及社会治理。建安二十五年（220），曹操

留下遗令,其中一条为:"天下尚未安定,未得遵古也。"(《三国志》)

曹操的这句话,并没有否定遵古的重要性,只是说天下还没有统一,来不及着手文治,其实哪怕有暂时的安定,他也懂得儒学对政权稳定的重要性。比如建安八年(203),他击败袁绍占领邺城后,自领冀州牧,北方局势稍为安定时,他就下了《修学令》,令中称:"郡国各修文学,县满五百户置校官,选其乡之俊造而教学之,庶几先王之道不废,而有以益天下。"

曹操去世后,其子曹丕登帝位,是为魏文帝,于黄初元年(220)开始恢复太学,命修复熹平石经,次年下诏修复孔庙,诏令中谈到孔子"修素王之事,因鲁史而制《春秋》",认为孔子是"命世之大圣,亿载之师表",但是天下大乱,孔庙破败,所以要予以修复,同时任命孔子后裔孔羡为宗圣侯,食邑百户,专用来奉祀孔子。

黄初三年(222),曹丕又下诏"其令郡国所选,勿拘老幼,儒通经术,吏达文法,到皆试用"(《三国志·魏书·文帝纪》)。黄初五年(224),颁布五经课试法,同时设置《春秋》《穀梁》博士。

黄初五年,魏文帝驾崩,曹叡继位,是为魏明帝,继位的第二年即下诏以经学取士,认为"尊儒贵学,王教之本也",如果不是儒官,则"将何以宣明圣道",因此"申敕郡国,贡士以经学为先"。两年后,明帝再次下诏:"兵乱以来,经学废绝,后生进趣,不由典谟。岂训导未洽,将进用者不以德显乎?其郎吏学通一经,才任牧民,博士课试,擢其高第者,亟用;其浮华不务道本者,罢退之。"(《资治通鉴·魏纪》)

在皇帝的主导下,社会上出现了一些研经之士,不少人前往洛阳求学,至魏明帝青龙年间,太学生已超千人。魏明帝驾崩后,齐王曹芳继位,改元正始,因其继位时年仅七八岁,故由曹爽和司马懿共同辅政,朝政逐渐由司马氏左右。魏末诸帝皆好儒学,高贵乡公曹髦屡幸太学,与诸生探讨经义,这些均可体现出曹魏政权对儒家的重视。

刘备在四川建立蜀汉政权后,便置儒林校尉、典学校尉、劝学从事等官。《三国志·蜀书》载:"(尹默)从司马德操、宋仲子等受古学。皆通诸经史,又专精于《左氏春秋》",因此,"先主定益州,领牧,以为劝学从事"。尹默与同乡李譔共同拜司马徽、宋忠为师,同时李譔"又从默讲论义理,五经、诸子,无不该览"。《三国志》载其"著古文《易》《尚书》《毛诗》《三礼》《左氏传》《太玄指归》,皆依准贾、马,异于郑玄"。

第三章　魏晋玄学下的儒学

可见李譔精研古文，其经学观点是以贾逵、马融为归，并不喜好郑玄融合今古。孟光也是这样的经学观念。孟光在汉灵帝时是讲部吏，后因董卓之乱入蜀，刘焉父子待之以宾客礼，《三国志》载孟光"博物识古，无书不览，尤锐意三史，长于汉家旧典。好公羊《春秋》而讥呵左氏"，可见其属于今文经学家，也不喜欢郑玄的古文经学。

建兴元年（223）后主刘禅继位，蜀汉丞相诸葛亮任命谯周为劝学从事。谯周是西南名儒，其父专研《尚书》，兼通诸经，谯周亦精研六经，著有《论语注》《五经然否论》等著作。

黄龙元年（229），孙权称帝。东吴三大儒陆绩、虞翻、韦昭皆受到孙吴政权的礼遇。陆绩与张昭、张纮、秦松为孙策的座上宾，某天四人坐在一起纵谈天下事，二张与秦松认为天下动荡之时应当用武治，陆绩听到后大声反对："昔管夷吾相齐桓公，九合诸侯，一匡天下，不用兵车"，接着引用了孔子所言："远人不服，则修文德以来之。"陆绩还批评他们："今论者不务道德怀取之术，而唯尚武，绩虽童蒙，窃所未安也。"（《三国志·吴书》）

由此可见，陆绩认为治理天下应该用文治而非武治，他精研《礼》与《易》，可惜天不假年，三十二岁就去世了。

虞翻早年担任王朗的功曹，后来投奔孙策，入仕东吴。其性格耿直，为此得罪孙权，被贬到交州，然而他"虽处罪放，而讲学不倦，门徒常数百人"（《三国志·吴书》）。

韦昭为东吴通儒，孙权继位时，命他根据古义改立东吴礼乐，制《铙歌》十二曲，"是时吴亦使韦昭制十二曲名，以述功德受命"（《晋书》）。孙亮继位后，升韦昭为太史令，命其与儒生共撰《吴书》。孙休继位，任命韦昭为中书郎，命其以刘向故事来校定群书。韦昭在任太子中庶子时，写出了《博弈论》，以儒道戒太子，他在文中称："今世之人多不务经术，好玩博弈"，而这种技艺无论玩得多么精熟，都"技非六艺，用非经国"，所以他认为这种行为"考之于道艺，则非孔氏之门也"。韦昭说，如果世人把玩耍之心、赌博之心用在诗书上，这才是颜回、闵子骞之志。

二、王学郑学之争

郑玄是东汉末年最著名的经学家,兼通今文经、古文经,集两汉经学之大成,且弟子众多,其所开创的经学学派被誉为"郑学"。三国时期,有不少的经学家纷纷与之立异,以此来突出自己的经学观点,比如前面讲到的尹默、李譔、虞翻等。虞翻曾言:"玄所注五经,违义尤甚者百六十七事,不可不正。行乎学校,传乎将来,臣窃耻之。"(《三国志·吴书·虞翻传》)

虞翻与孔融关系密切,他写出《易注》后出示给孔融,孔融大为夸赞,可见孔融也不满意郑学,孔融在《与诸卿书》中说:"郑康成多臆说,人见其名学为有所出也。证案大较,要在《五经》、四部书,如非此文近为妄矣。"《颜氏家训·勉学篇》载:"吾初入邺,与博陵崔文彦交游。尝说王粲集中难郑玄《尚书》事。"由此可知,王粲也反对郑玄的经学观。

在反郑学的阵营中,最不遗余力反郑学,且经学颇有成就者是王肃,他的经学观念被称为"王学"。王肃出身于经学世家,其父王朗以通经入仕,是著名的经学大师。王朗早年师从太尉杨赐,因通晓经籍,被拜为郎中,建安元年王朗率军抵御孙策时被擒,后被曹操征辟,曹魏建立后,王朗任司空,曹叡时任司徒,其位列三公,被封为兰陵侯,太和二年(228)去世后,由其子王肃袭爵。关于王朗的经学著作,《三国志》本传中载:"朗著《易》《春秋》《孝经》《周官》传,奏议论记,咸传于世。"

王肃十八岁时跟随宋忠学习《太玄》,在政治观念上,王肃依附于司马氏,其女王元姬嫁给了司马昭,故其能以国丈身份来推行自己的经学思想。但是正因为有这样一层关系,后世认为王肃作注的《孔子家语》是一部伪书,认为王学初期势力难与郑学抗衡,于是王肃就伪造古书来证明自己的观点。

王肃伪造《孔子家语》的说法一直广为流传。何孟春认为《孔子家语》的孔安国序疑为王肃伪作,清儒多袭此说。崔述认为,即使《孔子家语》之序为王肃伪造,也未必是王肃亲自所为,有可能是王肃之徒所作,而后托名于王肃。

但是,《汉书·艺文志》载"《孔子家语》二十七卷",颜师古却说"非今所有《家语》也"。可见,原本的《孔子家语》已失传,今日所见者乃是十卷本，计四十四篇，王肃注。王注本被称为"今本《孔子家语》"。今本《孔子家语》有孔子第二十四世孙孔安国所写后序，其中称："既而诸弟子各自记其所问焉，与《论语》《孝经》并时。弟子取其正实而切事者，别出为《论语》，其余则都集录之，名曰《孔子家语》。"

按此说法，《论语》和《孔子家语》都是孔门弟子记录的孔子言行，后世弟子将这些言行辑出《论语》一书，剩余的部分就汇成了《孔子家语》。但是，《论语》流传甚广，在王肃之前，却没有人听说过还有一部《孔子家语》，这部书是怎么来的呢？孔安国在后序中又讲到传抄下来的《孔子家语》后来流传到了荀子那里，而后被荀子带入秦国，献给了秦昭王，秦始皇时李斯焚书，因《孔子家语》"与诸子同列，故不见灭"。刘邦灭秦后得到该书，吕后专权时为其所得，后诸吕被诛，《孔子家语》流散出来。

既然《孔子家语》流传甚稀，王肃又是如何得到该书的呢？按他为该书所写序言中的说法，他是从孔子的二十二世孙孔猛手中得到的该书，而孔猛是他的弟子。王肃发现《孔子家语》中所谈到的孔子思想与自己的观点有"重规叠矩"处，所以要为此书作注。

而后王肃以《孔子家语》为利器，来驳斥郑玄的观点，同时又写了篇《圣证论》，多处引用《孔子家语》中的所言，以驳斥郑玄，由此使得人们开始怀疑今本《孔子家语》很可能是王肃伪造的。《通典》卷九十一引司马昭言："《家语》之言，固所未信。"

正式提出今本《孔子家语》是王肃伪造者，乃是宋代的王柏，其在《家语考》中称："今之《家语》十卷，凡四十有四篇，意王肃杂取《左传》、《国语》、荀、孟、二戴之绪余，混乱精粗，割裂前后，织而成之，托以安国之名。"自此之后，有很多人采用此说，以证后世流传的《孔子家语》为王肃伪造。清乾隆年间所修《四库全书总目提要》也持这种观点。清代多位学者通过各种角度考证，来证明今本《孔子家语》之伪，比如，范家相撰有《家语证伪》、孙志祖撰有《家语疏证》。

但也有人认为此书不伪。比如朱熹说："其书虽多疵，然非肃所作。"（《朱子语类》）清代陈士珂撰《孔子家语疏证》认为，《孔子家语》渊源有自，非王肃伪作。但这些说法一直不占主流，直到近些年出土了新文献，学界才对这种观念有所更正。比如，河北定州八角廊出土的汉简、安徽阜阳的汉墓简牍，以及上海博物馆所藏战国楚简的陆续公布，使得人们开始重新考量今本《孔子家语》的真伪问题。因为有可能今本《孔子家语》中的文献与

《左传》《国语》《说苑》等书所用史源相同。

王肃的国丈身份确实给他带来了不少帮助,他得到了司马氏的扶持。当年高贵乡公曹髦在政治上不甘沦为司马氏的傀儡,甘露元年(256),曹髦亲临太学,与博士辩论经书,他当然知道王肃在政治上与司马氏为一体,因此在经学论辩时有意用郑学观点来驳难王肃的观点。当时朝中不少博士都依附于司马氏,他们以王肃经学观念来驳斥郑学观念。在探讨到《尚书》时,曹髦问众博士:"郑玄曰:'稽古同天,言尧同于天也。'王肃云:'尧顺考古道而行之。'二义不同,何者为是?"(《三国志·魏书》)

曹髦直接点出郑玄与王肃在解释上的不同,问众人孰是孰非,博士庾峻回答说:"先儒所执,各有乖异,臣不足以定之。然《洪范》称'三人占,从二人之言'。贾、马及肃皆以为'顺考古道',以《洪范》言之,肃义为长。"庾峻回答得很婉转,他说前儒在解经观点上均有差异,以他本人的学识,不敢定谁对谁错,但是他引用了《洪范》中的所言,如果请三个人算卦的话,应当相信其中相同的两人,以往贾逵、马融和王肃所解的这句话相同,以此来论,王肃所解应当高于郑玄。

曹髦听完庾峻的话后反驳说:"仲尼言:'唯天为大,唯尧则之。'尧之大美,在乎则天,顺考古道,非其至也。今发篇开义以明圣德,而舍其大,更称其细,岂作者之意邪?"庾峻只好说:"臣奉遵师说,未喻大义,至于折中,裁之圣思。"转天,曹髦仍然举出王肃的话来问庾峻,两人还是一番对答,庾峻不敢力争,只好回答说:"非臣愚见所能逮及。"

由此可见,此时的经学争论已然超出了学术范畴,体现出的是曹魏集团和司马氏集团的政治斗争。嘉平六年(254)大将军司马师废黜齐王曹芳后,拥立曹髦为帝,年号正元。《汉晋春秋》载,魏帝曹髦在位时,大将军司马昭专权,图谋篡夺帝位,曹髦用"司马昭之心,路人所知也"来形容其野心,成语"司马昭之心,路人皆知"即本自此。甘露五年(260),曹髦亲自讨伐司马昭,为太子舍人成济所弑,年仅十九岁。

此后司马昭立曹奂为帝。景元四年(263)司马昭派兵灭掉蜀汉,受封晋公,转年晋爵晋王。咸熙二年(265)司马昭病逝,其子司马炎代魏称帝,建立晋朝,追封司马昭为皇帝,谥号文帝。自此之后,王学占据了经学的主导地位,大行于西晋之初。

关于王肃的经学观,《隋书·经籍志》中先谈到了东汉末年时的社会风气:"王莽好符命,光武以图谶兴,遂盛行于世。汉时,又诏东平王苍正五经章句,皆命从谶。"在这种风气影响下,"言五经者,皆凭谶为说"。那时只有孔安国、贾逵等人反对这种做法,认为以纬书来解经是篡乱经典,他们凭借鲁壁所出遗书以及河间献王所献之古文经,来推广古学。但经过他们的努力,古文经学仍未能在社会上广泛流传,而"魏代王肃,推引古学,以难其义。王弼、杜预,从而明之,自是古学稍立"。

古人将谶纬之书称为"纬书",乃是与经书相对而言。纬书在东汉时成为显学,郑玄解经时不仅会用到纬书,还专门撰有《易纬注》《尚书纬注》《诗纬注》《礼纬注》等。王肃力排谶纬,故不遗余力地批判郑学,写出了《尚书驳议》《毛诗义驳》《毛诗问难》《毛诗奏事》,以此难郑,同时借《孔子家语》来驳斥郑玄,他在《家语》序中仿孟子句式自称:"予岂好难哉?予不得已也。"因为"圣人之门,方壅不通,孔氏之路,枳棘充焉,岂得不开而辟之哉!若无由者,亦非予之罪也"。

在王肃看来,那时的儒学界思想混乱,他要挺身而出,捍卫纯正的孔子思想,如果不这么做,他将是孔门罪人。其所指乃是称郑玄之学扰乱了儒门正传。他要挽狂澜于既倒,使纯正的儒学发扬光大,面对"伊、洛以东,淮、汉以北,康成一人而已"的局面,他要奋起攻击之,经过其不懈努力,再加上皇权的支持,王肃果然达到了目的。

关于王肃的经学观,《隋书·经籍志》中称其推引古学,使得古文经学稍明,那么王肃确实持古文经学观吗?皮锡瑞在《经学历史》中说:"郑学出而汉学衰,王肃出而郑学亦衰。"郑玄乃东汉经学之集大成者,但凡谈及经学必提到郑玄,然在其之后经学渐渐少有人问津,到魏晋时,王肃出,使得郑学衰落下来。

皮锡瑞同时指出,王肃喜好贾逵、马融之学,最不喜郑学。其实王肃在年轻时学的正是郑学,王肃在《孔子家语序》中称:"郑氏学,行五十载矣。自肃成童,始志于学,而学郑氏学矣。"只是他后来读书渐广,发现了郑玄解经的问题:"然寻文责实,考其上下,义理不安,违错者多,是以夺而易之。"

那么,王肃的经学观究竟是怎样的呢?皮锡瑞也有此问:"肃善贾、马而不好郑,殆以贾、马专主古文,而郑又附益以今文乎?"难道是王肃因为喜好古文而郑玄兼容今古文,而令其起而攻之吗?看来情况并非如此,因为"王肃之学,亦兼通今、古文"。皮锡瑞举出了王肃父亲王朗拜杨赐为师,而杨赐家传欧阳《尚书》之事,洪亮吉在《传经表》中将王肃列为伏生的第十七传弟子,伏生为今文经学家,因此王肃也曾学习今文经学。如此说来,王肃是攻击郑玄今古文经学杂糅,而称自己所传是古文经学。

但是,王肃的经学观并不纯正,皮锡瑞说他:"或以今文说驳郑之古文,或以古文说驳郑之今文。"可见他在攻击郑玄时,使用的办法就是凡是对方说的就都是错的。这就是为了反驳而反驳。故高明在为李振兴所撰《王肃之经学》的序言中称:"是其学本自郑氏入,而又操戈以攻郑氏。"这种做法使得支持郑学的人大为不满,又反过来群起而攻之,于是就有了王学、郑学之争。

因为王肃跟晋皇室的特殊关系,使得王学得以推广,高明在序中称:"晋承魏阼,以王氏为椒房之亲,对肃学尤为崇重。晋初郊庙之礼,悉用肃说;而孔晁之于《书》《礼》,孙毓之于《诗》,咸党王氏,推波助澜,其势益张,王学至是,几夺郑学之席矣。"

虽然出现了门派之争,但王肃对经学也确实有贡献,李振兴在其专著中称"王氏之学,广矣、大矣",这是就王肃的经学成就而言,因为他遍注《周易》《尚书》《毛诗》《三礼》《左传》《论语》《孝经》。王肃的注经方式具有其独特性,张岂之在其主编的《中国儒学思想史》中提出:"(王肃)在经学衰微时代,引进了道家思想,把儒家的名教与道家的无为相互融合,建立了一种新的思想体系的雏形。"

张岂之在这里用了"雏形"二字,以此说明王肃开创了以道解经的先河,只是在他那里还没有形成一种思潮。对于王肃的解经方式,何晏在《论语集解》中概括说:"近故司空陈群、太常王肃、博士周生烈皆为'义说'。"可见"义说"乃是王肃解经的主要方式之一。

"义说"也称"义解"。两汉经学大多注重字句训诂,王肃虽然在注经时也会重视训诂,但已经开始以阐述思想的方式来做相应的解读。为何会出现这种解经方式?这当然与汉末以来的烦琐的章句解经令人生厌有直接关系。徐幹《中论·治学》中称:"凡学者大义为先,物名为后,大义举而物名从之。然鄙儒之博学也,务于物名,详于器械,考于诂训,摘其章句,而不能统其大义之所极,以获先王之心。此无异乎女史诵诗,内竖传令也。"

在徐幹看来,那时的儒生大多把精力用在了考证字句方面,以此来炫博,这是一种鄙儒,因为他们没有真正读懂圣人的微言大义。而王肃属于承前启后式的人物,他一边重视训诂,一边探求文字背后所包含的思想,因此,王肃的解经方式是从两汉的"训解"向魏晋的"义解"在做过渡,此乃魏晋经学最主要特点。所以日本学者本田成之在《中国经学史》中认为，王肃对解经之学有着开创性的贡献："三国时代，大体不过是追随前、后汉诸儒的，学问虽少，但经学不能说是全衰。特别如王肃、何晏、王弼那样的例外，在某种意味上是不为两汉所因的，宁说对于六朝以后的学问思想界开一新方向的人物。"

皮锡瑞则在《经学历史》中说："两汉经学极盛，而前汉末出一刘歆，后汉末生一王肃，为经学之大蠹。"皮锡瑞对刘歆、王肃的大力抨击，恰好说明了这两个人物是经学历史上的两个重要转折点。

三、易学的象数派与义理派

儒学玄学化的趋势早在两汉已有萌芽。晋常璩《华阳国志》载："严遵，字君平，成都人也。雅性澹泊，学业加妙，专精大《易》，耽于《老》《庄》。常卜筮于市……日阅得百钱，则闭肆下帘，授《老》《庄》，著《指归》，为道书之宗。"西汉末年，严遵已精研《老子》《庄子》，为此被人视为"三玄"始祖。

魏晋时期，玄学代表人物之一何晏依照《道经》和《德经》的体例，将《老子》一书改为《道论》和《德论》，他在《道论》中探讨了有和无的问题："有之为有，恃无以生；事而为事，由无以成。夫道之而无语，名之而无名，视之而无形，听之而无声，则道之全焉。故能昭音响而出气物，包形神而章光影；玄以之黑，素以之白，矩以之方，规以之圆，圆方得形而此无形，白黑得名而此无名也。"

在何晏看来，一切都产生于无，故而他的《道论》就是"无论"。也有人将其称为"贵无"，他所探讨的中心问题是有无之辨，或者说体现了他的"以无为本"的理论原则。在何晏看来，"有"是依靠"无"而生成的，"事"也是依靠"无"来完成的，这正如《老子》第四十章所言："天下万物生于有，有生于无。"作为儒生，有这样的观念，十分罕见。

何晏的这种思想乃是受到王弼影响,《世说新语·文学》载:"何平叔注《老子》,始成,诣王辅嗣。见王注精奇,乃神伏曰:'若斯人,可与论天人之际矣!'因以所注为《道》《德》二论。"

何晏写了本《老子注》,拿给王弼看,王弼又把自己所著给何看,何认为王著更精,于是果断放弃了自己的《老子注》,而后写出了《道论》和《德论》。

关于王弼的学术底色,汤用彤在《读〈人物志〉》中认为他是"外崇孔教,内实道家,为一纯粹之玄学家"。对于王弼在经学史上的贡献,李中华在《中国儒学史·魏晋南北朝卷》中先将王肃与郑玄作了比较,认为王肃经学的显著特点是摈弃谶纬,推引古学,删繁就简,引申义理,援道入儒。接着李中华谈到王弼经学是按照王肃的路子走下来,只是比王肃走得更远,王肃未能建立一种新的思想体系,王弼则是坚持儒、道融合会通,将这种思想由"渐靡"而至"顿变"。

汉代易学以象数派最为发达,当时著名的派别有孟氏易、施氏易、京氏易、梁丘易等,都属于今文易学派。孟喜提出四正卦、十二月卦说、卦气说,京房在孟喜的卦气说基础上提出了八宫卦说、飞伏说、五行说和纳甲说,后来虞翻又在京房纳甲说的基础上提出了卦变说、旁通说、互体说、半象说。东汉以及之后的一个时期,古文经学兴起,今文经学渐衰,古文经学家解易不出象数之学,注重义理发挥,这方面的代表作品就是王弼的《周易注》和《周易略例》,这两部书反对象数学,开玄学解易之先河,故王弼被视为易学义理派的开创者。因此,李中华谈到王弼经学时,认为《周易注》和《论语释疑》为其代表著作:"实现了由象数向义理的转变,开创了以老庄说易的先河。"虽然王弼仅活到了二十四岁,但是他的这些著作显有创新性,"尤其他开创了一代玄风,成为魏晋玄学的创始者",所以李中华将王弼视为"名烁古今的经学大家"。

王弼的《周易注》只为《易经》中的六十四卦作注,没有给《易传》作注,故其注仅为六卷,再加上《周易略例》一卷,合计七卷。晋人韩康伯又为《易传》作注三卷,合在一起即为十卷本的《周易注》。汉代象数派易学把《周易》中的阴阳卦气视为解读天下一切的内在密码,还有一派认为《周易》乃是占筮工具,通过对爻象的解读来预测吉凶福祸。对于这种解读方式的局限性,余敦康在《何晏王弼玄学新探》中说:"汉代象数派的易学不仅破坏了《周易》原有的逻辑结构,作了花样翻新的排列,而且歪曲了《周易》的性质,使它的哲学思想屈从于神学的支配。"

第三章 魏晋玄学下的儒学 089

与传统解易方式不同，王弼解易不谈象数而专谈玄旨，对于这种解经方式，汤用彤在《王弼大衍义略释》中给出了很高的评价："立论极精，扫除象数之支离，而对于后世之易学并有至深之影响，诚中华思想史上之一大事因缘也。"

由此可见，在玄学思想方面，王弼比何晏走得更远，或者说更为彻底。《三国志·魏书》卷二十八《钟会传》引何劭《王弼传》中称何晏"以为圣人无喜怒哀乐，其论甚精，钟会等述之，弼与不同，以为'圣人茂于人者神明也，同于人者五情'"。

何晏认为，圣人不会有情，为此也没有喜怒哀乐，王弼反对这种说法，认为圣人跟普通人一样有喜怒哀乐，也就是圣人也有五情。在王弼看来，五情是人的天然禀赋，是自然之本性，只是圣人的智慧高于凡人，这是凡人后天学不到的。同时王弼认为，五情同智慧一样，是自然存在的，因此圣人不可能无情，圣人高于凡人之处，乃是圣人能够看到现象背后的"无"，而常人只能看到表面的"有"。

王弼在《周易注》中称"圣人之情，应物而不累于物"，可见圣人在遇到问题时，与常人一样也会表现出喜怒哀乐，圣人超于常人处，是他们善于调节自己的情绪，不会沉湎于事物本身，任由自己的感情发散，但是一般人看不到圣人在这方面的超常之处，"以其无累，便谓不复应物，失之多矣"。显然，这句话是批评何晏的"圣人无情论"。

王弼独特的解易方式对后世产生巨大影响。《隋书·经籍志》称："至隋，王（弼）注盛行，郑学浸微，今殆绝矣。"到隋代时，王弼的《周易注》盛行天下，使得少有人再留意郑玄之注，对于其如此大的影响力，唐孔颖达在《周易正义序》中说："唯魏世王辅嗣之注，独冠古今。"能得到如此高的评价，是因为王弼的《周易注》一出，其他注本皆废。

对于王弼的解易方式，后世有赞赏也有批评。比如，宋陈振孙在《直斋书录解题》中称："自汉以来，言《易》者多溺于占象之学。至弼始一切扫去，畅以义理，于是天下后世宗之，余家尽废。"这段话是针对王弼解易的重大影响力而给出的评语，陈振孙又接着说道："然弼好老氏，魏晋谈玄，自弼辈倡之。《易》有圣人之道四焉，去三存一，于道阙矣。况其所谓辞者，又杂异端之说乎？范宁谓其罪深于桀、纣，诚有以也。"

对于王弼解《易》之弊，后世多有论述。宋刘克庄也认为："至王辅嗣出，始研寻经旨，一扫汉学。"但是，王弼解经亦有很大的弊端："然其弊，流而为玄虚矣。"

四、南朝经学派与北朝经学派的异同

魏正始年间，何晏、王弼祖述玄虚，提出"以贵无为本"的观念，此后玄学大兴，致使少有人再对六经作深入研读。进入西晋后，玄风更盛，《晋书·帝纪》称："学者以老、庄为宗而黜六经，谈者以虚荡为辩而贱名检，行身者以放浊为通而狭节信，进仕者以苟得为贵而鄙居正，当官者以望空为高而笑勤恪。"

西晋元康时玄学风气最盛，《晋书·应詹传》称："元康以来，贱经尚道，以玄虚宏放为夷达，以儒术清俭为鄙俗。"这种观念影响了社会，以至于"永嘉之弊，未必不由此也"。可见永嘉之乱也与社会上的谈玄之风有内在关系，后世所说的玄谈误国正是指此类问题。

进入东晋，玄风更炽，东晋皇帝也想恢复经学，比如，晋成帝咸康三年（337），朝廷商议立国学，从天下征集生徒，然未承想："而世尚庄老，莫肯用心儒训。"（《宋书·礼一》）面对如此世风，有些儒生站出来开始反对玄学，提倡经学。比如《晋书·裴頠传》载："頠深患时俗放荡，不尊儒术，何晏、阮籍素有高名于世，口谈浮虚，不遵礼法，尸禄耽宠，仕不事事。"于是裴頠写出了《崇有论》来反击玄风。

两晋之后，中国南方和北方处于分裂状态，南方称为南朝，承自东晋，先后递延为宋、齐、梁、陈四朝，均以建康（今南京）为都，四朝均为汉族建立。北朝承自十六国，由鲜卑族建立，分为北魏、东魏、西魏、北齐和北周五朝，北魏分裂为东魏和西魏，北齐取代了东魏，北周取代了西魏。公元581年，北周静帝禅让于丞相杨坚，杨坚定国号为"隋"，后隋军南下灭陈朝，统一全国，结束了自西晋末年以来近三百年的分裂局面。在隋朝之前的那个时段，被统称为南北朝时期。

因为南北朝长期对峙，造成了南朝与北朝在学风上的明显差异，然就总体而言，南北朝经学续接魏晋，其注经范围有同源性，南北朝的经学家共习《毛诗》，三《礼》皆宗郑注，《公羊传》皆尊何休注，《穀梁传》皆尊麋信与范宁注。南北朝只是对《周易》《尚书》《左传》的注者各有所宗，但南北观点并不对立。对此马宗霍在《中国经学史》中指出："南北经学，虽趣尚互殊，然诸儒治经之法，则大抵相同。盖汉人治经，以本经为主，所为传注，皆以解经。"到南北朝时,两汉以来流行的传注体少有人问津,而经注兼明的义疏体开始流行。故马宗霍认为:"名为经学,实即注学。于是传注之体日微,义疏之体日起矣。"

对于南朝和北朝在经学上的差异,焦桂美在其专著《南北朝经学史》中将两者的不同总结为六点,其第一点乃是指经学家受玄佛影响不同:"简单地说,南北朝经学家都受到佛教影响,南朝佛教之外又染玄风,北朝则几乎没有受到玄学浸染。但即使同受佛教影响,南北朝也表现得不尽相同:南朝重视佛教义理对经学的渗透,而北朝则在训诂上寻求儒佛二者的契合点。"

对于南朝和北朝经学研究孰优孰劣的问题,皮锡瑞《经学历史》的观点是:"而北学反胜于南者,由于北人俗尚朴纯,未染清言之风,浮华之习,故能专宗郑、服,不为伪孔、王、杜所惑。此北学所以纯正胜南也。"在他看来,北朝经学胜于南朝,原因是北人尚朴而南人浮华。但是,质朴就一定胜于浮华吗?皮锡瑞又说了这样一句公道话:"北人笃守汉学,本近质朴;而南人善谈名理,增饰华词,表里可观,雅俗共赏。"

就注经特点而论,南朝人不拘一家一校,北朝人则严守一家之学,从传承性而言,北朝更为正统。对于南朝和北朝的区别,前人早有留意,比如《世说新语·文学》载:"褚季野语孙安国,云:'北人学问,渊综广博。'孙答曰:'南人学问,清通简要。'支道林闻之曰:'圣贤固所忘言。自中人以还,北人看书,如显处视月;南人学问,如牖中窥日。'"

褚季野和孙安国、支道林谈论的主要是南北学风的差异,三人都认为北人以渊博见长,但是却博而不精,南人以清通为上,却精而不博。对于支道林所用的形容词的含义,余嘉锡在《世说新语笺疏》中认为:"此言北人博而不精,南人精而不博。"《隋书·儒林传序》中称:"大抵南人约简,得其英华,北学深芜,穷其枝叶。考其终始,要其会归,其立身成名,殊方同致矣。"

然清代学者梁玉绳有不同看法,其以《家训·书证篇》为例,来说明南朝与北朝各自有经学体系。陈登原在《国史旧闻》中分别引用了焦循和梁玉绳的不同说法,之后点出:"一曰北方儒学隆盛,二曰南方经说可据。"之后陈登原以他的理解来解读《世说新语》所载支道林评语的含义。比如其称:"有五经极熟之人,有补缀石经之政,有枝叶深芜之学。"陈登原认为,这就是显处观月,其含义乃是说人数很多,同样这也就是焦循所说的"盛"。

接下来陈登原又解释何为牖中窥日:"有清通简要之学,有疑及何晏之人,有专门名家之人。"其含义乃是说程度较深,这就是梁玉绳说的"盛"。接下来陈登原亮出了自己的观点:"然则谓北朝儒学最隆,以数量言之,未为失也;谓经学南学可据,以程度言之,亦未为失也。"

什么原因造成了南朝和北朝经学风气的不同呢?马宗霍认为,这与南北方的风土人情差异有直接关系:"要之,南方水土和柔,兼被清谈之风,其学多华;北方山川深厚,笃守重迟之俗,其学多朴。华故俀生新意,朴故率由旧章,以是为分,庶几得其大齐。"(马宗霍《中国经学史》)因此,马宗霍认为,如果一定要说南朝是魏晋之学,北朝是汉学,这种观点"见失之固"。

五、南朝经学派名家

南朝有宋、齐、梁、陈四朝,学界一般将宋、齐与梁、陈作为两个阶段来述说。对于宋齐经学状况,唐姚思廉在《梁书·儒林传序》中称,国家初开,无暇顾及儒术,以至于"乡里莫或开馆,公卿罕通经术,朝廷大儒,独学而弗肯养众,后生孤陋,拥经而无所讲习,三德六艺,其废久矣"。

此后李延寿在《南史·儒林传序》中承袭了姚思廉的说法,到清代时,焦循认为,宋与齐不能为儒林立传,此正是儒学衰微的表征。皮锡瑞在《经学历史》中也持这种观点:"南朝以文学自矜,而不重经术,宋齐及陈,皆无足观。"但是,皮锡瑞同时指出,南朝四朝中,仅有梁武帝重视儒术。焦桂美赞成这个观点,她在《南北朝经学史》中说:"南朝经学于梁最盛,梁武帝于此贡献最大,自为共识。"但是,焦桂美认为,不能因此而抹杀宋、齐经学之成就。

为什么后世大多对宋、齐经学评价很低呢?焦桂美认为这出于主观倾向,她讲到了姚思廉的《梁书》虽然完成于唐,但实际上是绍续其父姚察旧史而成。姚察曾是梁武帝的旧臣,梁亡后入陈,但姚察对梁朝感情深厚,

"姚氏父子对宋齐经学评价不足,或有意凸显梁武帝朝经学之盛"。

宋、齐均为寒族,乃是凭借武力夺取政权,他们上台后重视传统,来维护其统治,比如宋武帝永初三年(422),刘裕下诏"便宜博延胄子,陶奖童蒙,选备儒官,弘振国学"。可见其有弘大国学之愿,然刘裕于此年去世,其愿望未能实现。

文帝继承父志,同样倡导国学,于元嘉十五年(438)设立儒学馆,聘请雷次宗掌之,转年命丹阳尹何尚之立玄学,著作佐郎何承天立史学,司徒参军谢元立文学,这就是在后世颇具名气的儒、玄、史、文四学。元嘉十九年(442)正月,宋文帝下诏立国子学,转年国子学得立。以上都可说明南朝宋对儒学的重视。可惜文帝之后,宋室转衰,此后的孝武帝、前废帝及明帝期间,皇室骨肉相残,宫廷内乱,致使儒学衰落。

如前所言,南朝以梁朝儒学最盛,梁武帝在位四十六年,是南朝帝王在位最久者,他在登基后,即天监四年(505)下诏开五馆,建立国学,置五经博士各一人。他在诏书中称:"自今九流常选,年未三十,不通一经,不得解褐;若有才同甘、颜,勿限年次。"(《梁书·武帝本纪》)梁武帝将儒学与做官紧密地联系在一起,三十岁以下之人如果不通一经,则无做官资格,除非此人像春秋时鲁国的颜回、战国时秦国的甘罗那样,方不在此限。

梁武帝不限士庶,通过经学来选拔人才,这种做法冲击了魏晋以来长期形成的门阀士族制度,这种用人政策影响深远,并且成为隋唐开科取士的先声。梁武帝本人身体力行,除下令编撰《通史》六百卷外,还亲自撰有《周易讲疏》《春秋答问》《尚书大义》《孔子正言》等儒学著作,在他的影响下,其子孙萧统、萧纲、萧大临等皆能通经。

陈于公元557年取代梁,至589年被隋所灭,计三十二年,立五帝。陈朝在经学方面少有作为。

在南朝经学史上,对后世有影响力者有两位:雷次宗和皇侃。雷次宗在年少时曾入庐山拜慧远为师,学习《三礼》和《毛诗》。当然,他也会跟慧远学习佛理,故其被后世列入"东林寺十八高贤"之一,对净土宗的发展起到过重要作用。

元嘉十五年(438),雷次宗被征至京师,开馆于鸡笼山,生徒百十余人。朝廷立儒、玄、史、文四学,由雷次宗掌儒学,他一度返回庐山,又被宋文帝下旨征回京师,在钟山为其建招隐馆,命雷次宗为皇太子和诸王讲授《丧服》。

雷次宗是从慧远那里学得《丧服》之旨。《高僧传·慧远传》载:"远内通佛理,外善群书,夫预学徒莫不依拟。时远讲《丧服经》,雷次宗、宗炳等并执卷承旨。次宗后别著《义疏》,首称'雷氏'。宗炳因寄书嘲之曰:'昔与足下,共于释和尚间面受此义,今便题卷首称雷氏乎?'"

慧远虽然是僧人,却兼通儒学,他讲授《丧服》时,雷次宗和宗炳在旁边侍奉听讲,此后雷次宗根据慧远的讲述,撰写了《丧服义疏》,并署上自己的名字,宗炳见到后写信嘲讽他的署名。这段记载至少说明,雷次宗对《丧服》确实有所研究。为此,皮锡瑞在《经学历史》中说:"南学之可称者,惟晋、宋间诸儒善说礼服。"这里说的"礼服"乃是指《仪礼》中的《丧服》,在皮锡瑞看来,对于《丧服》的研究,乃是南朝经学的最高成就。

那么,南朝中研究《丧服》者谁的成就最高呢?皮锡瑞接着说道:"宋初雷次宗最著,与郑君齐名,有雷、郑之称。"就整体而言,雷次宗的经学成就远远不能与经神郑玄相并提,皮锡瑞所说的"齐名",乃是专指对于《丧服》的研究,因为郑玄对《丧服》也多有研究,《隋书·经籍志》载有"《丧服经传》一卷,郑玄注"及"《丧服谱》一卷,郑玄注",《旧唐书》则著录有"《丧服纪》一卷,郑玄注"及"《丧服变除》一卷,郑玄撰",等等。

皇侃是南朝梁著名的经学家,他是青州刺史皇象的九世孙,年少好学,拜贺玚为师。《梁书·儒林传》说皇侃:"尤明《三礼》《孝经》《论语》。"他著有《礼记讲疏》《论语义疏》《礼记义疏》《丧服问答目》《孝经义疏》等经学著作,流传后世者有《论语义疏》一部。

关于何为"义疏",马宗霍在《中国经学史》中称:"缘义疏之兴,初盖由于讲论。两汉之时,已有讲经之例。"这里讲的是义疏的起源。而后马宗霍谈到魏晋时期尚玄谈风气,同时说:"而讲经之风益盛。南北朝崇佛教,敷坐说法,本彼宗风,从而效之。又有升座说经之例,初凭口耳之传,继有竹帛之著,而义疏成矣。"

可见,义疏体例的形成跟玄谈和佛教有密切关系。《梁书·皇侃传》称其:"性至孝,常日限诵《孝经》二十遍,以拟《观世音经》。"在皇侃这里,佛经几乎与儒典有着同等地位。以至于孔颖达对义疏一体有着贬斥态度:"其江南义疏十有余家。皆辞尚虚玄,义多浮诞。……若论住内住外之空,就能就所之说,斯乃义涉于释氏,非为教于孔门也。"

义疏一体有其时代性。汉代经学家解经,乃是以经文为本,所作传与注均为解释经文。南北朝时的经学家,则是以经注为本,他们引用一人或多人的注释来作阐释,故其解经的目的是让人读懂古人的注和传,于是就产生了讲疏和义疏。周一良认为，讲疏和义疏也有区别，他以《隋志·经籍志》《旧唐志·经籍志》《新唐书·艺文志》分别著录了皇侃的《礼记讲疏》和《礼记义疏》，来说明两疏有别："盖讲疏为门人笔记，义疏则侃自执笔。"由此可知，《论语义疏》乃是皇侃亲笔所撰。

《论语义疏》至宋陈振孙《直斋书录解题》之后不再著录，直到清康熙朱彝尊著《经义考》时亦不见著录，说明此书失传了。乾隆年间，此书从日本回流我国，引起学界关注，孙志祖等人认为此书确是皇侃真本，陈澧则认为"不尽真也"（《东塾读书记》），江藩认为该书为伪造。但大多数当今学者认为此书为真。

皇侃的《论语义疏》乃是《论语》学史上保存完整的最早的一部义疏体例著作，其作疏方式可由《学而》篇为例，其首先说《论语》是此书总名，《学而》为第一篇别目，"中间讲说，多分为科段矣"。这一句是解篇名，而后他解释《论语》为什么要把《学而》一篇排在最前面："此书既遍该众典，以教一切，故以《学而》为先也。"在皇侃看来，《学而》排在《论语》的第一篇具有深意，以此说明书中每一篇的排列位置都不是随意的。而后他又解释了其他篇章的排列原因，可见他更在意的是文字背后所包含的意义。

总体来说，《论语义疏》是以魏何晏《集解》为本，而后广泛采集前人之著，故该书能够博采众说，不主一家。元马端临在《文献通考》中评价此书："引事虽时诡异，而援证精博，为后学所宗。"该书引用诸家之注，超过四十家，所引原书大多失传，因此该书也受到后世辑佚家的重视，清马国翰就从该书中辑出多家之注。

六、北朝经学派名家

北朝从北魏开始，就迅速地实行民族汉化，过程中虽有波折，但大趋势一直如此。魏道武帝拓跋珪在建国之初就重视儒学，《魏书·儒林传序》载：

"太祖初定中原，虽日不暇给，始建都邑，便以经术为先。立太学，置五经博士，生员千有余人。天兴二年春，增国子太学生员至三千。"

对于如何复兴儒学，拓跋珪能听从儒生的建议，《魏书·李先传》记载拓跋珪问定州大中正李先："天下何书最善，可以益人神智？"李先回答他："唯有经书。"于是太祖有了收集天下儒学著作的想法，此后不久，"经籍稍集"。

魏明元帝时，朝廷改国子学为中书学，立教授博士。魏太武帝始光三年（426）二月，另起太学于城东，祀孔子，以颜渊陪祀。太武帝太平真君五年（444）正月下诏："自顷以来，军国多事，未宣文教，非所以整齐风俗，示轨则于天下也。今制自王公以下至于卿士，其子息皆诣太学。"（《魏书·世祖纪》）

北魏孝文帝亲政后，将汉化推向高潮。北魏立国时，就将尊崇儒教定为国策，提出了要复兴汉魏以来的经学。对于他们所强调的经学，《魏书·儒林传序》中说："汉世郑玄并为众经注解，服虔、何休各有所说。玄《易》《书》《诗》《礼》《论语》《孝经》，虔《左氏春秋》，休《公羊传》，大行于河北。"

北魏推行的是汉魏经学，其所讲乃是郑玄、服虔、何休的代表性作品。魏初的经学名家有常爽，他对五经及诸子百家均有研究，著有《六经略注》，曾在温水以西设置学馆，门徒达七百多人。刘献之在解经方式上也有一定独创性，《魏书》本传中说他："六艺之文，虽不悉注，然所标宗旨，颇异旧义。"刘献之撰有《三礼大义》、《三传略例》及《注毛诗序义》。

随着孝文帝改革的成功，北朝经学达到极盛阶段，《魏书·高祖孝文纪》中称孝文帝："雅好读书，手不释卷。《五经》之义，览之便讲，学不师受，探其精奥。史传百家，无不该涉。善谈《庄》《老》，尤精释义。"皇帝雅爱儒学，天下为之风靡。

北周宇文氏乃是鲜卑化的匈奴，宇文氏原本是北魏属民，宇文泰在西魏时期重用汉人苏绰，在西魏大统十一年（545）命苏绰根据《尚书·周书》作《大诰》。武帝宇文邕继承父志，继续推崇儒学，在天和元年（566）"五月庚辰，帝御正武殿，集群臣，亲讲《礼记》"。在天和三年（568）八月，于大德殿"集百僚及沙门、道士等，亲讲《礼记》"（《北周书·武帝纪》）。

苏绰未能完成皇帝的布置而卒，继之者乃是范阳涿人卢辩。《北史·卢辩传》载："初，太祖欲行《周官》。命苏绰专掌其事。未几而绰卒，乃令辩成之。于是依《周礼》建六官,革汉、魏之法。以魏恭帝三年,始命行之。六卿之外,置太师、太傅、太保各一人,是曰三孤。时未建东宫,其太子官员,改创未毕。寻又改典命为大司礼,置中大夫。"

周文帝时,卢辩为太子少保,领国子祭酒。苏绰去世后,卢辩根据《周礼》来建立官制。卢去世于北周明帝时期,谥献,配食文帝庙庭。隋开皇初年,以卢辩为前代大儒,追封为沈国公。

两汉时期,《大戴礼记》与《小戴礼记》并传,郑玄为《小戴礼记》作注,立于学官,于是《小戴礼记》广泛流传,而少有人习《大戴礼记》。卢辩认为《大戴礼记》没有解诂,为此撰写了《大戴礼记注》。此书对《大戴礼记》的流传起到了重要作用,因为在清代之前,为《大戴礼记》作注者仅卢辩一人。清代经学家研究《大戴礼记》均以卢辩注为基础,孔广森就是以卢辩注为基础,作出了《大戴礼记补注》。余外,阮元、戴震、卢文弨等都是根据卢辩注来对《大戴礼记》做整理和研究。

北朝还有一部重要的经学著作,那就是徐彦的《公羊传疏》。徐彦生平事迹无考。他的这部著作乃是儒学核心经典《十三经注疏》中唯一一部作者时代不能确认的"疏"。宋《崇文总目》、陈振孙《直斋书录解题》及清《四库全书总目》认为徐彦可能是唐人,但是更多的学者认为他是北朝人,持此论者有清代的严可均、洪颐煊、阮元、王鸣盛、皮锡瑞等,他们各自列出了自己的推论,其中阮元在《十三经校勘记》中以六条证据来说明《公羊传疏》绝非唐人所作。现代学者赵伯雄也主张徐彦为北朝人,他在专著《春秋学史》中做了详细研究。

徐彦的《公羊传疏》乃是以何休的《公羊解诂》为本,何休在作注时引用了很多文献,却大多未注出处,并且将自撰注文与所引注文混在一起,徐彦细加辨别,将他注与何休注区分出来,此乃《公羊传疏》最重要的贡献。

在文字训诂方面,徐彦对何休注做了进一步的解释,比如,《春秋》原经中提到隐公元年:"惠公者何?隐之考也。"何休在注中说:"生称父,死称考,入庙称祢。"何注直接给出结论,徐彦则是征引多种文献来分别指出何注说法的出处。比如"生称父",徐彦说:"即下《曲礼》云'生曰父'是也。《广雅》云'父者,矩也',以法度威严于子,言能与子作规矩,故谓之父。"对于"考"字,徐彦同样引经据典予以解释。

除此之外,北朝较具名气的经学著作还有苏宽的《春秋左传义疏》、贾思同等撰的《春秋传驳》、熊安生的《礼记义疏》,等等。

第四章 隋唐时期的注疏之学

公元581年，北周静帝禅让于丞相杨坚，杨坚建立隋朝，后世称其为文帝。隋开皇九年（589），隋军攻打陈朝，俘获陈后主陈叔宝，至此隋统一全国，结束了自西晋永嘉之乱以来，近三百年的分裂局面。公元618年，宇文化及等人发动兵变，杀死隋炀帝，李渊逼迫隋恭帝杨侑禅让，建立唐朝。隋朝至此灭亡，总计存在了三十七年。

隋朝国祚虽短，却对中国历史影响深远，其不但奠定了大唐盛世的基础，同时建立了一系列被后世所继承的制度，最为重要者，隋朝废除了九品中正制和辟举制，天下所有官员均由朝廷任命，选士不再由州郡举荐，也不经中正评定，而是由朝廷通过公开考试的方式甄选。《旧唐书·杨绾传》载："近炀帝始置进士科，当时犹试策而已。"将试策与进士科联系在一起，通过考试来选拔人才，这就是科举制度的雏形。

一、南北两派儒学的统一

魏晋时期，五胡乱华，汉人被迫南迁，由此形成了南北各自独立的政权。隋朝代周，乃是汉人政权，从情感上南人容易接受，再加上隋军攻下陈朝后，陈后主及王公大臣全部迁于长安。大业二年（606），隋炀帝纳后主第六女婳为贵人，对其极为宠爱，因此召陈氏子弟回到京师，随才叙用，于是陈氏子弟并为守宰，遍于天下。基于以上的原因，使得南人将梁、陈文化引入隋朝。

大业元年（605），皇帝任命南人许善心为礼部侍郎，朝廷开始大规模整理典籍。《北史·许善心传》载："时秘藏图籍，尚多淆乱。善心效阮孝绪《七录》，更制《七林》，各为总叙，冠于篇首，又于部录之下明作者之意，区分类例焉。又奏追李文博、陆从典等学者十许人，正定经史错谬。"

隋朝统一后，文帝征召四方儒生，以期统一南北经学。《隋书·马光传》载："开皇初，高祖征山东义学之士，光与张仲让、孔笼、窦士荣、张黑奴、刘祖仁等俱至，并授太学博士，时人号为'六儒'。"此六儒均为北方儒生。《旧唐书·儒学·徐文远传》载："大业初，礼部侍郎许善心举文远与包恺、褚徽、陆德明、鲁达为学官，遂擢授文远国子博士，恺等并为太学博士。时人称文远之《左氏》、褚徽之《礼》、鲁达之《诗》、陆德明之《易》，皆为一时之最。"此则为南方儒生。

对于当时南北儒生齐聚朝廷的盛况，《隋书·儒林传序》中写道："齐、鲁、赵、魏，学者尤多，负笈追师，不远千里，讲诵之声，道路不绝。中州儒雅之盛，自汉魏以来，一时而已。"但到了文帝晚年，他不再喜欢儒术，而是"专尚刑名"，此时仅存国子学一所，弟子七十二人。

隋炀帝继位后，再次重视儒学，《隋书·儒林传序》称："炀帝继位，复开庠序，国子、郡县之学，盛于开皇之初。征辟儒生，远近毕至，使相与讲论得失于东都之下，纳言定其差次，一以闻奏焉。于时旧儒多已凋亡，二刘拔萃出类，学通南北，博极今古，后生钻仰，莫之能测。所制诸经义疏，搢绅咸师宗之。"

此处"二刘"乃是指刘焯和刘炫。刘焯是信都昌亭人，年少之时与河间刘炫结友，共同拜刘轨思为师，学习《诗》学。《北齐书》称其"说《诗》甚精"。于天统年间任过国子博士。后来刘焯又跟广平郭懋学习《左传》，跟阜城熊安生学《礼》，但皆不卒业而去。后来二刘听闻武强刘智海家有很多儒家经典，他们前往就读，达十年之久，由此而被选为州博士。

大约在隋开皇二年（582），刘焯"举秀才，射策甲科"。隋代的秀才与后世的秀才区别很大，清赵翼在《陔馀丛考》中说"晋世始有秀才之举"，"至隋时，秀才之举益重"。赵翼举出了《杜正玄传》中的所载："开皇中，海内举秀才，杜正元一人。"以及"隋世，天下举秀才不十人"。整个隋代三十余年，能考取秀才者不足十人，而刘焯为其一，可见其知识是何等渊博。

隋初，刘焯前往京城，与左仆射杨素、吏部尚书牛弘等人论辩，众人皆叹服其精博。开皇六年（586），朝廷将洛阳石经运至京师，因字面磨损，于是皇帝下令二刘考订石经，后因遭人诽谤，刘焯除名为民，回到家乡授徒。但是，他的儒学成就为后世所肯定。《北史·儒林传论》中称："至若刘焯，德冠缙绅，数穷天象，既精且博，洞究幽微，钩深致远，源流不测。数百年来，斯一人而已。"

刘焯撰有《五经述议》，《隋书》和《北史》均提及此事，然《隋书·经籍志》没有著录。《旧唐书》著录刘焯有《尚书义疏》二十卷，《新唐书》则

第四章 隋唐时期的注疏之学　101

称此书为三十卷，该书已佚。清马国翰《玉函山房辑佚书》从《尚书正义》中辑录出六段，命名为《尚书刘氏义疏》。但是因为二刘儒学观点相同，其中四段可以确定出自刘焯，另外两段是二刘共同研究。

对于二刘的经学成就，唐孔颖达在《尚书正义序》中说："但古文经虽然早出，晚始得行，其辞富而备，其义弘而雅，故复而不厌，久而愈亮，江左学者，咸悉祖焉。近至隋初，始流河朔，其为正义者，蔡大宝、巢猗、费甝、顾彪、刘焯、刘炫等。其诸公旨趣多或因循，怙释注文，义皆浅略，惟刘焯、刘炫最为详雅。"

但是孔颖达也指出了刘焯解经的弊端，"然焯乃织综经文，穿凿孔穴，诡其新见，异彼前儒，非险而更为险，无义而更生义"。在孔颖达看来："窃以古人言诰，惟在达情，虽复时或取象，不必辞皆有意。若其言必托数，经悉对文，斯乃鼓怒浪于平流，震惊飙于静树，使教者烦而多惑，学者劳而少功。过犹不及，良为此也。"孔颖达接着谈到刘炫与刘焯的不同："炫嫌焯之烦杂，就而删焉。"对于刘炫的这种做法，孔颖达认为也有弊端："虽复微稍省要，又好改张前义，义更太略，辞又过华，虽为文笔之善，乃非开奖之路。义既无义，文又非文，欲使后生，若为领袖，此乃炫之所失，未为得也。"

刘炫是全能型的经学家，他入隋朝时，吏部尚书韦世康曾经问其有何能耐，刘炫回答说："《周礼》《礼记》《毛诗》《尚书》《公羊》《左传》《孝经》《论语》，孔、郑、王、何、服、杜等注，凡十三家，虽义有精粗，并堪讲授；《周易》《仪礼》《穀梁》用功差少；史子文集，嘉言美事，咸诵于心；天文律历，穷核微妙。至于公私文翰，未尝假手。"（《隋书·儒林·刘炫传》）

清陈熙晋所作《河间刘氏书目考》列出刘炫的著述有《尚书述义》二十卷、《毛诗述义》四十卷等几十种，但这些著作基本亡佚。马国翰《玉函山房辑佚书》中辑出《春秋述义》一百四十六条，《春秋规过》一百七十四条，《孝经述义》二十二条等。对于刘炫如此的高产，陈熙晋在《春秋左氏传述义拾遗叙》中夸赞说："窃谓集两汉之大成者康成也，集六朝之大成者光伯也。"光伯乃刘炫之字。在陈熙晋看来，刘炫的经学成就不在郑玄之下。

然后世称刘炫无行，这种说法出自《隋书》本传："伪造书百余卷，题为《连山易》《鲁史记》等，录上送官，取赏而去。后有人讼之，经赦免死，坐除名。"朝廷征书，刘炫伪造了上百卷的儒家经典献上，后来被人发觉，被处死刑，之后又得到赦免。对于这段公案，后世多有争论，但大多数学者认为不可能。比如，陈启智在《中国儒学史·隋唐卷》中称，刘炫在仓促中不可能伪造出一百多卷经典，更何况那时他已经有了大名，且公务繁忙，既无动机也无时间去伪造这么大量的古书。更何况本传中称其："少以聪敏见称，与信都刘焯闭户读书，十年不出。炫眸子精明，视日不眩，强记默识，莫与为俦。左画方，右画圆，口诵，目数，耳听，五事同举，无有遗失。"如此聪明绝顶之人，应该不为宵小之事。

对于二刘的成就，本田成之在《中国经学史》中说："南朝因老庄之玄学流行，《易》王弼、《尚书》伪孔传、《左传》杜预注极其流行，以达意而简明的为贵；但北朝以郑玄的学问为主，主张考故实和制度，故一切都是致密而朴实的研究方法。然到了隋刘焯、刘炫，取两方之长所，而欲使其折中的。"

二、河汾学派

河汾学派的创始人是王通，王通去世后门人私谥其为"文中子"。然由于《隋书》中无王通传，《唐书》中亦未为其补传，关于他的生平事迹大多本自《中说》一书，而此书中的所言很难找到其他书予以佐证，故使后世怀疑《中说》是一部伪书，进而怀疑历史上是否真有王通其人。

最早怀疑王通其人者应是北宋初年的宋咸。明焦竑《焦氏笔乘》卷二《文中子》谓："宋咸作《驳中说》，谓文中子乃后人所假托，实无其人。"但是宋咸著作已失传，不清楚其原话是怎样说的。晁公武《郡斋读书志》卷二著录"文中子《中说》十卷"，然后在按语中说："隋王通之门人共集其师之语为是书。通行事于史无考焉。隋唐通录称其有秽行，为史臣所削。今观《中说》其迹往往僭圣人模拟窜窃，有深可怪笑者。独贞观时诸将相若房、杜、李、魏、二温、王、陈皆其门人。予尝以此为疑。及见关朗、李德林、薛道衡事，然后知其皆妄也。"

第四章　隋唐时期的注疏之学　103

晁公武称，《中说》一书乃是王通的门人共同集老师之语而成，可见《中说》颇似《论语》，但晁公武也点出，正史中没有记载王通的事迹，他怀疑其事迹有可能被史臣删除。王通在《中说》中的很多口吻是模仿孔子，同时《中说·关朗篇》列房玄龄、魏徵、杜如晦、窦威、陈叔达、王珪等唐初名臣都是王通的弟子，这正是令晁公武起疑的另一个原因。

如果这些名臣真的是王通的弟子，那么正史中应该为其单独立传，既然没有，就难免令人怀疑。比如，南宋王明清在《挥麈前录》中记载："文中子王通，隋末大儒，欧阳文忠公（欧阳修）、宋景文（宋祁）修《唐书》，房（玄龄）、杜（如晦）传中略不及姓名，或云其书阮逸所撰，未必有其人。"

余嘉锡《四库提要辨证》在引述司马光《文中子补传》后称："温公（司马光）虽为通作传而表彰之，而疑《中说》者，实莫先于温公。"司马光在《文中子补传评》中说："凝与福畤辈依并时事，从而附益之也，何则？其所称朋友门人，皆隋、唐之际将相名臣，如苏威、杨素、贺若弼、李德林、李靖、窦威、房玄龄、杜如晦、王珪、魏徵、陈叔达、薛收之徒，考诸旧史，无一人语及通名者。《隋史》唐初为也，亦未尝载其名于儒林隐逸之间，岂诸公皆忘师弃旧之人乎？何独其家以为名世之圣人，而外人皆莫之知也。"

王通的朋友和门人大多是隋、唐之际的将相名臣，这么多重要人物均没有提到王通之名，《隋史》也是如此，以至于让司马光感叹，难道这些大人物都是如此忘师弃旧？王通的弟子们均将老师视为像孔子那样的圣人，为什么外人却很少知之呢？此后洪迈也怀疑这一点，在《容斋随笔》中称："王氏《中说》所载门人，多贞观时知名卿相，而无一人能振师之道者，故议者往往致疑。"

但是司马光在提出这些疑问后也试图解释，他认为王通未能在《隋书》中立传的原因，有可能是王通之弟王凝与当时朝廷最有权势的长孙无忌交恶有关。当年魏徵负责编纂《隋书》，他对长孙家族有所忌惮，所以未为王通立传。但是司马光同时说，即使真是如此，也不应该不为其师立传。出于这样的想法，所以司马光写了《文中子补传评》。对此余嘉锡评价说："然温公虽疑其记载不实，却深信隋时实有王通其人，而唐时实有《中说》其书，盖真能平心以察是非者矣。"

虽然正史中没有为王通立传，但也有些别的史料提到过他，比如，《旧唐书》卷一六三、《新唐书》卷一六四《王质传》、陆龟蒙《笠泽丛书》卷乙

《送豆卢处士谒宋丞相序》、司空图《一鸣集》卷五《文中子碑》、《唐文粹》卷九九《负苓者传》、《王无功集》，等等，均提到了王通之名。其中《旧唐书·王绩传》中称："兄通，字仲淹，隋大业中名儒，号文中子，自有传。"从这段话可知，王通本自有传，但出于各种原因，该传没有收入正史，以致引起后世怀疑。

初唐四杰之一的王勃是王通之孙，《旧唐书·王勃传》中谈到王勃的先世时称："祖通，隋蜀郡司户书佐。大业末年，弃官归，以著书讲学为业。依《春秋》体例，自获麟后，历秦、汉至于后魏，著纪年之书，谓之《元经》。又依《孔子家语》、扬雄《法言》例，为客主对答之说，号曰《中说》。皆为儒士所称。义宁元年卒，门人薛收等相与议谥曰文中子。二子：福畤，福郊。"

这段记载谈到了王通的官职、著作、卒年、门人给他的私谥，以及两个儿子的名字，看上去是一篇完整的传记，然却混入了王勃传中。故陈启智在其专著《中国儒学史·隋唐卷》中怀疑这段传文就是从原来所拟的王通传中直接移录而来，未及改撰而成，同时指出《旧唐书》中此例甚多，还提到余嘉锡怀疑可能是刘昫编订《旧唐书》时，以为王通是隋时人，不得已而删掉了这篇传记。

正是这些原因，有人主张史上确有其人。故王明清《挥麈前录》中提出疑问后，又称："然唐李习之尝有《读文中子》，而刘禹锡作《王华卿墓铭序》，载其家世、行事甚详，云'门多伟人'，则与书所言合矣，何疑之有？又皮日休有《文中子碑》，见于《文粹》。"

检皮日休所撰《文中子碑》原文，文中果真对王通大为赞赏："文中子王氏，讳通，字仲淹，生于陈、隋之世，以乱世不仕，退于汾晋，序述《六经》，敷为《中说》，以行教于门人。夫仲尼删《诗》《书》，定《礼》《乐》，赞《易》道，修《春秋》；先生则有《礼论》二十五篇、《续诗》三百六十篇、《元经》三十一篇、《易赞》七十篇。"

但怀疑之声直到民国年间仍未停息，梁启超在《中国历史研究法》一书中就说："有虚构伪事而自著书以实之者。此类事在史中殊不多觏。其最著之一例，则隋末有妄人曰王通者，自比孔子，而将一时将相若贺若弼、李密、房玄龄、魏徵、李勣等，皆攀认为其门弟子，乃自作或假手于其子弟以作所谓《文中子》者，历叙通与诸人问答语，一若实有其事。此种病狂之人、妖诞之书，实人类所罕见。而千年来所谓'河汾道统'者，竟深入大多数俗儒脑中，变为真史迹矣。"

当今学者对王通的研究更为深入，大多数人肯定历史上有其人也有其书，并且王通所创造的河汾学派在历史上确实有一定的影响力。按照杜淹在《文中子世家》中所载，王通曾拜见过隋文帝："仁寿三年，文中子盖冠矣！慨然有济苍生之心，遂西游长安，见隋文帝。帝坐太极殿，召而见之，因奏太平之策十有二焉。推帝皇之道，杂王霸之略，稽之于今，验之于古，恢恢乎若运天下于掌上矣！帝大悦曰：'得生几晚矣，天以生赐朕也。'下其议于公卿，公卿不悦。时文帝方有萧墙之衅，文中子知谋之不用也，作《东征》之歌而归。"

王通在很多方面都效仿孔子，他也像孔子那样有着入世救苍生之心，于是隋朝建立后，特意到长安拜见隋文帝，奏献《太平十二策》，此举颇似董仲舒奏《天人三策》。他的宏论令隋文帝龙颜大悦，但是一些公卿大臣认为其观点太过迂阔，王通知道朝廷不能应用自己的思想，于是作歌离去。《太平十二策》的原文没有流传下来，但从《中说》中能了解大概："董常曰：'子之十二策，奚禀也？'子曰：'有天道焉，有地道焉，有人道焉，此其禀也。'"

弟子董常问《太平十二策》都讲了些什么，王通说，其主旨是天道、地道与人道。这又与《天人三策》相仿。文中子很看中自己的十二策，其称如果朝廷真的用了他的方针，他就用不着再续《六经》了。董常问他为什么这样说，王通回答道："仰以观天文，俯以察地理，中以建人极，吾暇矣哉。其有不言之教，行而与万物息矣。"

《中说》一书所载王通答弟子问，均标为"子曰"，可见他的弟子确实将其视为孔子再生。但是孔子述而不作，修订整理六经，王通则续六经，其志向在孔子之上矣。

王通从长安东归后，用九年时间写出《续六经》，这六部书分别是《续诗》《续书》《礼论》《赞易》《乐论》《元经》。可见王通所续的，确实是儒家核心经典《诗》《书》《礼》《易》《乐》《春秋》，但他的这六部书除了《元经》之外都已失传了，即使是留下来的《元经》，后世不少学者也认为是伪作。

王通为什么要续六经，《中说·礼乐篇》载："吾续《书》以存汉晋之实，续《诗》以辨六代之俗，修《元经》以断南北之疑，赞《易》道以申先师之旨，正《礼》《乐》以旌后王之失，如斯而已矣。"

王通在《续诗》中表达了他对《诗经》的看法："可以讽，可以达，可以荡，可以独处；出则悌，入则孝；多见治乱之情。"这段话的前几句显系效仿孔子所说的："诗，可以兴，可以观，可以群，可以怨。"后几句则本自《学而》篇的："弟子入则孝，出则弟，谨而信，泛爱众。"王通解其他五经也是如此做法。难怪朱熹说他："文中子他当时为伊、周事业，见道不行，急急地要做孔子。他要学伊、周，其志甚不卑……但不能胜其好高自大欲速之心，反有所累。"（《朱子语类》）

朱熹对王通的评价确实有道理，因为在很多方面王通以孔子自居，其弟子亦是如此看待。比如，王通的弟弟王绩在《游北山赋》的小注中称："吾兄通，字仲淹。生于隋末，守道不仕。大业中隐居此溪，续孔氏《六经》近百卷。门人弟子相趋成市。故溪今号王孔子之溪也。"弟子门人把王通称为"王孔子"，可见其自视之高。

对于王通的思想以及他所开创的河汾学派，冯天瑜、彭池、邓建华编著的《中国学术流变》中称："隋承三百年战乱之后，重新统一中国。魏晋南北朝儒学'师说纷纭，无所取正'的乱局稍有改观，而南北经学泾渭两分的格局亦悄然生变。王通以儒为主，杂取老、释思想，并力倡儒、释、道'三教合之'说，其弟子'河汾门下'相与呼应，儒学一统苗头初显。"

三、以音释义，训义兼辩

陆德明是南朝至唐之间的著名训诂学家。据《旧唐书·陆德明传》载：他在年少时受学于南朝大儒周弘正、张讥，博览群书，善言玄理，陈后主为太子时，集名儒入讲承光殿，国子祭酒徐孝克与众人论辩，众人皆避其锋，陆德明始弱冠，独起而驳之，得众人赞叹。陈亡，归于乡里，潜心著述。隋大业元年（605），炀帝征陆德明为秘书学士，推举人是许善心。

隋末，王世充于洛阳称帝，任命陆德明为儿子王玄恕的老师，遣其子前往陆家行束脩之礼，陆德明避而不见。及王世充卒，唐太宗征德明为秦府文学馆十八学士之一，还命大画家阎立本在凌烟阁为十八学士画像，同时命褚亮作《像赞》，其中谈陆德明时，称："经术为贵，玄风可师，励学非远，通儒在兹。"可见陆德明在当时已有"通儒"之誉。对于陆德明的经学成就，《旧唐书·徐文远传》则载："时人称文远之《左传》、褚徽之《礼》、鲁（世）达之《诗》、陆德明之《易》，皆为一时之最。"

陆德明有多部经学著作传世，名气最大的是《经典释文》三十卷，此书乃是为先秦十四部经典作文字注音，但又并不止于此。该书另有释义，兼及辨析异文，被称为六朝音注之大成。唐张参在《五经文字·序例》中称："陆氏释文，自南徂北，遍通众家之学，分析音训，特为详举。"

陆德明为什么要写这样一部作品，他在本书的自序中称："癸卯之岁，承乏上庠，循省旧音，苦其太简，况微言久绝，大义愈乖，攻乎异端，竞生穿凿。"陆德明在整理先秦经典时，看到有些注音太过简单，一些释义也错漏百出，于是在闲暇之时"研精六籍，采摭九流，搜访异同，校之《苍》《雅》，辄撰集五典、《孝经》、《论语》及《老》、《庄》、《尔雅》等音，合为三帙三十卷，号曰《经典释文》"。对于本书的编纂方式，陆德明接着写道："古今并录，括其枢要，经注毕详，训义兼辩，质而不野，繁而非芜。示传一家之学，用贻后嗣。"

陆德明说，他撰写《经典释文》始于癸卯年，如果按照以前一癸卯算，当是陈后主至德元年（583），但宋李焘、清桂馥认为，此癸卯当为下一个，即贞观十七年（643），四库馆臣则认为："考癸卯为陈后主至德元年，岂德明年甫弱冠，即能如是淹博耶？"所以馆臣们猜测陆德明是多年后追纪从那时草创此书。但钱大昕经过考证，认为至德癸卯时陆德明已年近而立。余外还有不同的争论。

《经典释文》一书首为《序录》，提纲挈领地介绍了每一部经典的受授源流，正文则依次为:《周易音义》一卷、《古文尚书音义》二卷、《毛诗音义》三卷、《周礼音义》二卷、《仪礼音义》一卷、《礼记音义》四卷、《春秋左氏音义》六卷、《春秋公羊音义》一卷、《春秋穀梁音义》一卷、《孝经音义》一卷、《论语音义》一卷、《老子音义》一卷、《庄子音义》三卷、《尔雅音义》二卷。

陆德明所选的经典以儒学为主，有十二部，另外又选了道家的《老子》和《庄子》，后世儒家质疑他为什么不选《孟子》，其实这是超越时代的想法，因为魏晋尚玄学，早年陆德明身处陈朝，当时玄风仍炽，这也是他选《老》《庄》的原因。而《孟子》是入宋后才得到儒家重视。

对于作者为什么要这样排列，后世学者也多有论述。其实陆德明在该书《序录·次第篇》中作过解释："五经六籍，圣人设教，训诱机要，宁有短长。然时有浇淳，随病投药，不相沿袭，岂无先后？所以次第，互有不同。如《礼记·经解》之说，以《诗》为首；《七略》《艺文志》所记，用《易》居前；阮孝绪《七录》亦同此次；而王俭《七志》，《孝经》为初。原其后前，义各有旨。今欲以著述早晚，经义总别，以成次第。出之如左。"

按照陆德明的说法，他是按照这些经典面世的先后来作顺序，并且举出了前人著录的方式，然后一一解释了这十四部经典的传授源流，虽然用语简洁，却像是一部经学简史。比如，他谈到《周易》时说："虽文起周代，而卦肇伏羲，既处名教之初，故《易》为七经之首。《周礼》有'三易'，《连山》久亡，《归藏》不行于世，故不详录。"这段话解释了《周易》的起源，按其说法，虽然名为《周易》，文成于周代，但创始年代可以追溯到伏羲，正因其时代最为久远，所以陆德明将此排在《经典释文》之首。而后他又讲到了易分三支，以及存亡情况。

《春秋》为什么要排在"三礼"之后呢？这是因为"三礼"为周公所制，《春秋》为孔子所作，而孔子晚于周公。为什么《孝经》要排在《春秋》之后呢？陆德明的解释是："《孝经》虽与《春秋》俱是夫子述作，然《春秋》周公垂训，史书旧章。《孝经》专是夫子之意，故宜在《春秋》之后。《七志》以《孝经》居《易》之首，今所不同。"

《孝经》之后是《论语》，因为《论语》是孔子的"门徒所记，故次《孝经》"。但是《老子》为何要排在《论语》之后呢？陆德明当然知道老聃要早于孔子的门徒，而他给出的理由是："虽人不在末，而众家皆以为子书，在经典之后，故次于《论语》。"陆德明认为，《老子》虽然早出，但它毕竟不属于经书，而类归子部，所以排在了《论语》之后。《庄子》也是子书，庄周的时代要晚于老聃，故此书排在《老子》之后。但是《尔雅》却排在了《庄子》之后，陆德明说，此书虽为周公所作，但却有后人的增补，它是解释经典的书，所以要排在末尾。

可见，陆德明排列这些书，有着完整的思路，虽然他将儒、道一并排列，但儒在前，道在后，这样既体现出了当时学界的主体思潮，也表达了他对各种经典的看法。

就儒家经典而言,"三礼"他选的是郑玄注,《左传》用杜预注,《公羊传》用何休解诂,《穀梁传》用范宁注,《孝经》用郑玄注,《论语》用何晏集解,《尔雅》用郭璞注。虽然这些注家既有古文经学家也有今文经学家,但大体以古文为主,因此从经学史的角度来看,陆德明观点基本属于古文经学观。

《经典释文》的注释方式,是先从书名注起,然后标注章节,再摘录前人的注释,并且用反切或直音法标出读音。他不仅给原文注音,同时也为注注音,比如《周易·乾卦》,他先解释"周"字:"代名也,周,至也,遍也,备也。今名书,义取周普。"这里的"周"是朝代名,而此字的原义是指完备。对于书名中的"周"字,陆德明借用了郑玄的解释:"易道周普,无所不备。"

对于书名中的"易"字,陆德明先以反切法解释了读音"盈只反",然后说"易"才是此经的正名。那么"易"为何意呢?他引用了虞翻在《参同契》中的所言:"字从日月。"这是说"易"字的写法上为"日",下为"月",该说法本自《周易·系辞》:"阴阳之义配日月。"因为日属阳,月属阴。

陆德明在本书中收录了大量汉魏六朝诸家的注音和训诂,这些原书大多失传了,正是赖《经典释文》才得以保存部分内容,此乃该书的价值所在。故《四库全书总目提要》评价此书说:"所采汉、魏六朝音切凡二百三十余家,又兼载诸儒之训诂,证各本之异同。后来得以考见古义者,注疏以外,惟赖此书之存,真所谓残膏剩馥,沾溉无穷者也。"

四、钦命诸儒共修《五经正义》

《五经正义》是唐太宗钦定的"国家项目",首次奉诏的编纂者有六人,排在前面的是颜师古,其次为孔颖达。学界大多认为《五经正义》实由孔颖达主纂,但是颁布《五经定本》之后,颜师古向太宗提议修纂义疏,为此《五经正义》他列名于前。唐太宗命诸臣编纂《五经正义》乃是源于他认为经籍去圣久远，文字多有讹谬，且儒学多门，章句繁杂，故下诏令孔颖达、颜师古等撰定五经义训。《旧唐书·儒学传》载："诏国子祭酒孔颖达与诸儒撰定《五经》义疏，凡一百七十卷，名曰《五经正义》，令天下传习。"

孔颖达是孔子第三十二世孙，从小受家族影响，心向儒学，且博闻强识，《旧唐书》本传称其："八岁就学，日诵千余言。及长，尤明《左氏传》《郑氏尚书》《王氏易》《毛诗》《礼记》，兼善算历，解属文。同郡刘焯名重海内，颖达造其门，焯初不之礼，颖达请质疑滞，多出其意表，焯改容敬之。颖达固辞归，焯固留，不可。还家，以教授为务。"

孔颖达曾去拜刘焯为师，刘焯弟子众多，起初没有留意到孔颖达有超人之慧，后来发现他的所问往往超出寻常弟子，于是对他刮目相看。隋大业初年，孔颖达举明经，授河内郡博士。当时隋炀帝征诸郡儒官集于东都，令国子秘书学士与他们论难，孔颖达的回答最为精彩，《旧唐书》载："而先辈宿儒耻为之屈，潜遣刺客图之。礼部尚书杨玄感舍之于家，由是获免。补太学助教。"提问的人都是一些儒学前辈，他们觉得这位年轻人的光芒太刺眼，于是派刺客去暗杀他，礼部尚书杨玄感知道此事后，将孔颖达带回自己家以此免祸。事情过去后，孔颖达升为了太学助教。

杨玄感对孔颖达有恩，但是此后杨玄感起兵，孔颖达并没有跟随。王世充在洛阳起兵时，任命孔颖达为太常博士。唐太宗平定洛阳后，任命他为秦王府文学馆学士。唐武德九年（626），擢授国子博士。太宗继位后，关心政务，孔颖达多次进言。太宗曾问他《论语》中的"以能问于不能，以多问于寡，有若无，实若虚"是什么意思，孔颖达借机展开论述了儒学中心思想，所言深得太宗赞许。贞观十一年（637），他与众位朝臣修订《五礼》，书成后得赐物三百段。

颜师古乃是齐朝黄门侍郎颜之推的孙子，史载其绍续家学，遵循祖训，博览群书。唐贞观年间，他与魏徵等共同纂修《隋书》。贞观四年（630），唐太宗命颜师古等人考订五经，颜师古利用秘书省所藏图籍，加以细心校勘。《旧唐书》载其："辄引晋、宋以来古今本，随言晓答，援据详明，皆出其意表，诸儒莫不叹服。"他用了两年多的时间编出《五经定本》，书成之后献给皇帝，太宗"颁其所定之书于天下，令学者习焉"。

可以说，《五经定本》成了《五经正义》的基础，这两部书都有着特殊价值。《五经正义》编纂完成后，颁布天下，成为学子们的必读之书。但有人指出该书仍有错讹，唐高宗永徽二年（651），皇帝下令让中书门下与国子三馆博士、弘文馆学士等共同考证，两年之后修订完成，而后"颁孔颖达《五经正义》于天下，每年明经令依此考试"（《旧唐书·高宗本纪》）。

此事意义重大，正是《五经正义》的产生，使得科举考试第一次有了标准课本。皮锡瑞在《经学历史》中说："永徽四年，颁孔颖达《五经正义》于天下，每年明经，依此考试。自唐至宋，明经取士，皆遵此本。夫汉帝称制临决，尚未定为全书；博士分门授徒，亦非止一家数；以经学论，未有统一若此之大且久者。"

《五经正义》从贞观十一年（637）开始编写，中间经过两次修订，到永徽四年（653）最终编订，历时十五年，若从贞观四年（630）太宗决定统一经学，诏令颜师古编订《五经定本》算起，这项重要的文化工程长达二十四年。对于此次修订经学著作的重要意义，范文澜主编的《中国通史》评价说："唐太宗令孔颖达撰《五经正义》，颜师古定《五经定本》，对儒学的影响，与汉武帝'罢黜百家独尊儒学'有同样重大的意义。"

为什么《五经正义》能得到如此高的评价，吴雁南等主编的《中国经学史》谈到了五经的每一部的修订人，比如《周易正义》十四卷乃是由孔颖达、颜师古等九人奉诏撰，四门博士苏德融、赵弘智复审。《尚书正义》二十卷是由孔颖达等人奉诏撰，长孙无忌等二十九人刊定。余外的《毛诗正义》四十卷、《春秋正义》三十六卷等都有孔颖达的参与，并且都是出自多人之手。可以说，《五经正义》乃是集体智慧的结晶。

但《五经正义》也有问题存在，后世诟病的主要是"疏不驳注"，此又称为"疏不破注"，意思是指选定某一注本为底本，对此进行疏读，那么疏读就要维护原注，不可以径自改变原注。但问题是，若原注有误，则疏只能为其标注或解释。但任何事都有其两面性，因为疏不破注也保证了注文的原貌，更何况孔颖达等人在编写《五经正义》前，对选择哪个底本做过慎重考量。比如《周易正义》选择的是王弼注，对于选择的理由，孔颖达在序中称："传《易》者，西都则有丁、孟、京、田，东都则有荀、刘、马、郑，大体更相祖述，非有绝伦，唯魏世王辅嗣之注，独冠古今，所以江左诸儒并传其学，河北学者罕能及之。"

余外，《尚书正义》以孔安国注为本，《毛诗正义》和《礼记正义》均以郑玄注为本，《左传》以杜预《集解》为本。可以说，《五经正义》所选底本都是那个时代的最佳底本。不过，后世对孔安国注的古文《尚书》也提出了批评，这涉及该书的真伪问题，但这个问题的争论始自宋朝，非唐人可知。

对于《五经正义》的优点,吴雁南等在专著中总结出三条。一是以南学为本,兼取南北之长,形成了南学、北学共存的体系。唐朝前期统治者在思想文化方面采取兼容并包的政策,《五经正义》在这一点上体现得很充分。二是对繁杂冗蔓的章句予以淘汰和省简,这正如《周易正义序》中所言:"去其华而取其实,欲使信而有征,其文简,其理约,寡而制众,变而能通。"《五经正义》实现了这个目标,为士子研读经学提供了简明的文本;三是在义疏中对义理也有取舍。

五、刊刻九经《石经》,平议《孝经》派别

《五经正义》颁布后,成为"明经"考试的定本。唐开元八年(720),国子司业李元瓘建议明经考试增加《周礼》《仪礼》《公羊传》《穀梁传》:"三《礼》、三《传》及《毛诗》《尚书》《周易》等,并圣贤微旨,生徒教业,必事资经远,则斯道不坠。今明经所习,务在出身,咸以《礼记》文少,人皆竞读。《周礼》,经邦之轨则;《仪礼》,庄敬之楷模,《公羊》《穀梁》,历代崇习。今两监及州县以独学无友,四经殆绝,事资训诱,不可因循。其学生请停各量配作业,并贡人参试之日,凡习《周礼》《仪礼》《公羊》《穀梁》,并请帖十通五,许其入第。以此开劝,即望四海均习,九经该备。"(杜预《通典·选举》)

皇帝同意了李元瓘的建议,于是明经考试从五经增加到了九经,新增的四经中《周礼》和《仪礼》用贾公彦疏,《公羊传》用徐彦疏,《穀梁传》用杨士勋疏。这九部书被后世合称为"唐人九经疏"。

贞观年间,贾公彦以太学博士参与孔颖达主持的《礼记正义》编纂工作,他曾师从隋唐之际的名儒张士衡学礼,《旧唐书·儒学传》称:"士衡既礼学为优,当时受其业擅名于时者,唯贾公彦为最焉。"可见张士衡最擅长礼学,他在这方面的传人以贾公彦为最。

贾公彦精研三礼，《旧唐书·经籍志》载其撰有《周礼疏》五十卷、《仪礼疏》五十卷、《礼记疏》八十卷，前两部书选入《十三经注疏》中，唯《礼记疏》失传，宋以后书目未见载。唐太宗下令修撰《五经正义》时，贾公彦参加了《礼记正义》的修撰，以此推论，其自撰的《礼记疏》先于官修的《礼记正义》，后因《五经正义》的颁布，致使《礼记疏》渐渐湮没。

对于贾疏的价值，多世均有褒奖，晁公武在《郡斋读书志》中说："世称其发挥郑学，最为详明。"《四库全书总目》评价与此相类："公彦之疏，亦极博该，足以发挥郑学"，同时转引《朱子语类》所录朱熹评语："五经疏中，《周礼疏》最好。"不过，阮元在《惠半农先生礼说序》中，还是对贾疏指出了不足之处："十三经义疏，《周礼》可谓详善矣。贾公彦所疏者，半用六朝礼例，于礼、乐、军、赋诸大端皆能引据明赡。所考证者多在九经诸纬，而于诸子百家之单词精义，以及文字之假借，音读之异同，汉制之存亡，汉注之奥义，皆未能疏证发明之。"

杨士勋事迹正史未见记载，孔颖达在《左传正义序》中说："谨与朝请大夫国子博士臣谷那律，故四门博士臣杨士勋、四门博士臣朱长才等，对共参定。"后世学者据此认为杨士勋是唐初贞观时人，曾任四门博士。潘重规认为杨士勋是刘炫的弟子，其理论依据是《春秋穀梁传疏》中的一段话，杨士勋在疏文中提及"先师所说不同"，以及"故先师刘炫难之云"。但有不少学者不同意这种推论，因为杨士勋的疏文中还有一句"故刘以传误解之"，如果刘炫是杨士勋的老师，其不应当如此称呼，因此这里的"先师"是对前代经师的尊称，并非具体指某一人。

通过孔颖达所载，可以得知杨士勋参与了《五经正义》中《春秋正义》的编纂，他的著作除了《春秋穀梁传疏》外，根据《宋史·艺文志》所载，还撰有《春秋公穀考异》五卷，此书已佚。对于他所撰的《春秋穀梁传疏》，后世评价较高。阮元在该书的《校勘记序》中说："唐杨士勋《疏》，分肌擘理，为《穀梁》学者未有能过之者也。"四库馆臣对杨疏的评价没有这么高，认为"不及颖达书之赅洽"，但馆臣又能客观地为其解释说："然诸儒言《左传》者多，言《公》《穀》者少，既乏凭籍之资，又《左传》成于众手，此书出于一人，复鲜佐助之力，详略殊观，固其宜也。"在历史流传过程中，研究《春秋》的学者大多重视《左传》，故关于《左传》的研究资料较多，而研究《公羊传》和《穀梁传》的人少，资料也不多，在这种情况下，杨士勋能写出《春秋穀梁传疏》，给后世研究《穀梁传》提供了很有价值的史料。

唐朝中期以前，朝廷的文治思想是儒、佛、道并用，武则天时期佛教发展到顶峰，安史之乱后经学衰微，唐代宗时礼部侍郎杨绾提出改革考试制度，建议取消进士、明经科目，只设立孝廉一科，以经义和策问为考试内容。唐文宗继位后，力图中兴，《册府元龟》载："唐文宗在御，储精经籍，有意复古。"宰相郑覃奏请："经籍刊缪，博士浅陋不能正，建言愿与巨学鸿生共力雠刊，准汉旧事，镂石太学，示万世法。"诏可。（《新唐书》）

于是开始刊刻九经于石壁，至唐开成二年（837）冬十月完成，此石立于长安务本坊国子监讲论堂内，直到今天仍然立在西安碑林里。《开成石经》总计刊刻了十二部儒家经典，分别是：《周易》《尚书》《诗经》《周礼》《仪礼》《礼记》《左传》《公羊传》《穀梁传》《论语》《孝经》《尔雅》，其中《孝经》用的是唐明皇注本。流传后世的十三经中，唯有《孝经》为帝王所注。

唐初不重《孝经》，原因是唐太宗逼迫父亲退位，杀死兄长，发动玄武门之变，显系违背《孝经》宗旨。武则天称帝，破坏了父系制，同样是封建宗法制度的破坏者。后来李隆基消灭韦氏集团，使得李氏重新掌权，为防故事重演，故李隆基亲自到太学宣讲《孝经》。

《孝经》也有今古文经之争。唐玄宗开元七年（719），玄宗下令群儒讨论《孝经》，此为玄宗时期整理《孝经》之发端。经过一番争论，玄宗决定以今文《孝经》为本进行整理，而后亲自作注，用三年时间完成了《孝经注》。《唐会要》载："（天宝）二年五月二十二日，上重注《孝经》，亦颁于天下。"《唐大诏令集》所载《亲祭九宫坛大赦天下敕》开篇即称："自古圣人，皆以孝理；五帝之本，百行莫先。移于国而为忠，长于长而为顺，永言要道，宝在人弘。自今已后，令天下家藏《孝经》一本，精勤诵习。乡学之中，倍增教授，郡县官史，明申劝课。"

在唐玄宗看来，孝道乃儒家至理，自五帝以来通行于天下，所以他要弘扬这个传统，为此下令天下每家都要藏一部《孝经》，每人都要认真研习，地方官吏也要劝人读《孝经》，行孝道。与此同时，他还亲自书写《孝经》，命臣属刊刻上石，立于太学。此碑至今仍立在西安碑林内。

因为学者们对《孝经》有不同的解读，为此也产生了不同的学派，周予同在《〈孝经〉升格及传本》中称："《孝经》学派问题，可分为'汉学'与'宋学'两大派，而汉学又可分为今文与古文两派。"该文谈到汉代经学时说："西汉时，传今文的有长孙氏、江公、后苍、翼奉、张禹五家。东汉时，有郑注出现，或以为郑玄所注，如晋荀昶所说。唐刘知幾设十二验以为非玄作。宋王应麟以为郑玄孙小同所撰。清丁晏《孝经征文》，更力攻《古文孝经》及孔《传》是伪书。严可均辑《孝经》郑注，皮锡瑞撰《孝经郑注疏》，都从事郑学的恢复。汉代传《古文孝经》的，相传为孔安国。然其说殊不可信。隋代得古文本，至唐时未被朝廷采用，孔《传》因而渐亡。"对于宋代《孝经》学派，该文称："宋儒对于《孝经》，以改窜经文为特点。朱熹信《古文孝经》，撰《孝经刊误》，分为经一章，传十四章，删改旧文二百二十三字。元吴澄又信《今文孝经》，撰《孝经章句》，仿朱熹的《刊误》方法，分为经一章，传十二章。"

六、盛唐三贤创新《春秋》学派

唐大历、贞元年间，出现了新《春秋》学派，该派"舍传求经"，开辟了解经新思路，此学派有三位代表人物：啖助、赵匡和陆淳。啖、赵二人的著作已失传，唯有陆淳的《春秋啖赵集传纂例》《春秋集传辨疑》《春秋集传微旨》传世。陆淳在他的著作中多有引用啖助、赵匡的观点，后世乃是从这些书中来疏理啖、赵的春秋学思想。

啖助首先是揣测孔子修《春秋》的用意，对此研究《春秋》三传的学者各有各的解读。以啖助的理解，推崇《左传》者认为孔子修《春秋》是为了"考其行事而正其典礼，以上遵周公之遗制，下以明将来之法"；推崇《公羊》的学者认为"将以黜周王鲁，变周之文，从先代之质"；推崇《穀梁》学者的理解则为"明黜陟，著劝戒，成天下之事业，定天下之邪正，使夫善人劝焉，淫人惧焉"。（陆淳《春秋啖赵集传纂例》）总之，在啖助看来，《左传》的着眼点在于典章制度，《公羊》和《穀梁》偏重于善恶褒贬，他认为《春秋》三传的说法都"未达乎《春秋》之大宗"，那么，孔子作《春秋》的深刻含义是什么呢？啖助认为，孔子的真实目的是"救时之弊，革礼之薄"。（陆淳《春秋宗指议》）

何以见得是如此呢？啖助的解释是："夏政忠，忠之弊野，殷人承之以敬；敬之弊鬼，周人承之以文；文之弊僿。救僿莫若以忠，复当从夏政。"（《春秋宗指议》）啖助认为，夏崇尚忠，商崇尚敬，周崇尚文，到春秋时期出现了礼崩乐坏的局面，所以孔子作《春秋》是"以权辅正，以诚断礼"。孔子乃是用夏政来救周之失，所以啖助认为《春秋》一书乃是以夏为本，不全守周典。

赵匡的部分观点与啖助相同，但较啖助更为强调《春秋》的褒贬大义，在他看来《春秋》是为了"尊王室，正陵僭，举三纲，提五常，彰善瘅恶，不失纤芥，如斯而已"（《春秋啖赵集传纂例》）。赵匡认为，《春秋》中的"例"和"体"蕴含着褒贬之意，"故褒贬之指在乎例"。但是赵匡不赞同啖助的"变周"之说，认为《周礼》本身没有弊端，是人们不遵奉礼，才有了问题，所以《春秋》是在变乱的时代维护周礼。

陆淳不同意赵匡的观点，在《春秋集传微旨序》中说："是生人已来未有臻斯理也，岂但拨乱反正，使乱臣贼子知惧而已乎？"在陆淳看来，如果把《春秋》理解为防乱之药，就贬低了孔子的思想。他认为，孔子思想高于礼，甚至在思想上高于天子。啖助和赵匡没有批评周天子的言论，而陆淳却有所批评。

三位学者都对《左传》《公羊传》《穀梁传》提出了批评，在啖助看来："惜乎微言久绝，通儒不作，遗文所存，三传而已。"孔子的真言已不见流传，后世只能通过《春秋》三传去理解孔子思想。但是"传已互失经指，注又不尽传意，《春秋》之义，几乎泯灭"（《春秋啖赵集传纂例》）。他认为为《春秋》所作的传已经失去了孔子思想的原旨，而为传作的注，更是离主旨甚远，但真正的智者还是能通过原经来了解孔子思想，可惜这样的人太少了。

以啖助的理解，"故《春秋》之文，简易如天地焉。其理著明，如日月焉"。《春秋》一书写得极其简约，却又极其明白，该书所包含的道理有如日月般明了，遗憾的是："但先儒各守一传，不肯相通，互相弹射，仇雠不若，诡辞迂说，附会本学，鳞杂米聚，难见易滞，益令后人不识宗本，因注迷经，因疏迷注，党于所习。"（《春秋啖赵集传纂例》）

人们难以读懂《春秋》中的精髓，原因就是"因注迷经，因疏迷注"，问题都是出在经和注的烦琐解释上，所以啖助提出，应当"剪除荆棘，平易道路"，才能使推崇儒家思想的人真正走上康庄大道。

赵匡也认为《春秋》"辞简义隐"，反对把《春秋》看作史书。陆淳继

第四章　隋唐时期的注疏之学　117

承和发展了啖助的观点，认为"《春秋》之文至简，故字皆有义"。总之，盛唐三贤认为要舍弃前人的传与注，直接从经文中探求大义，虽然那时《五经正义》已经颁布，经学表面归于一统，但还没有克服烦琐的经注，在三贤看来，尽管"三传所记，本皆不谬"，但更重要的还是探其本源，这正如啖助所言："此经，《春秋》也；此传，《春秋》传也。非传《春秋》之言，理自不能录耳，非谓其不善也。且历代史籍，善言多矣，岂可尽入《春秋》乎？"(《春秋啖赵集传纂例》)

两汉以来，儒家经学始终以章句训诂为主要形式，义理淹没在训诂之中，三贤开创的新《春秋》学派对后儒影响颇大，尤其是宋儒继承了三贤的治学传统，他们弃传就经，以经求经，来寻求《春秋》大义。邵雍称："《春秋》三传而外，陆淳、啖助可以兼治。"(邵雍《皇极经世》)元吴澄则夸赞三贤说："唐啖助、赵匡、陆淳三子，始能信经驳传，以圣人书法纂而为例，得其义者十七八，自汉以来，未闻或之先。"(皮锡瑞《经学通论》引吴澄言)

但也有人对三贤的解经方式提出批评，《新唐书·啖助传》评价说："啖助在唐，名治《春秋》，摭诎三家，不本所承，自用名学，凭私臆决，尊之曰'孔子意也'，赵、陆从而唱之，遂显于时。呜呼！孔子没乃数千年，助所推著果其意乎？其未可必也。"啖助等人批评《春秋》三传，认为三传未尊孔子本意，那么孔子到啖助的时代已经过了一千多年，他们怎么能不借助三传直接了解孔子的思想呢？在主修《新唐书》的人看来，这种做法只会让人穿凿诡辩，凭己之意随便来解经，而这正是三贤之弊。

七、韩愈重立儒统

唐世儒、释、道三教并行，并且有多位帝王崇佛佞道。唐沈亚之《移佛记》写到唐初时称："自佛行中国已来，国人为缁衣之学多，几与儒等。"到了沈亚之的时代，则"今世则儒道少衰，不能与之等矣"。沈亚之是韩愈的门生，他所讲述的时代佛教独盛，儒、道两家已不能与之比肩，面对这种危机，韩愈挺身而出，构建出了新的儒学体系。

在韩愈看来："释老之害过于杨、墨。"他想到了孟子与其他学派的一些论战，于是想要效仿孟子，重新举起儒家大旗，与他教宣战："韩愈之贤不及孟子，孟子不能救之于未亡之前，而韩愈乃欲全之于已坏之后。呜呼！其亦不量其力且见其身之危，莫之救以死也！虽然，使其道由愈而粗传，虽灭死万万无恨！"（韩愈《与孟尚书书》）

在儒学衰亡时刻，韩愈冒死也要与释、道两家抗争，他说自己虽然比不上孟子之贤，但是在振危继绝方面不输于前者。韩愈反击释、道两家的方式，乃是建立儒家的道统，他的道统观主要体现在《原道》一文中，对于儒家之区别于佛、道，韩愈在该文中指出："斯吾所谓道也，非向所谓老与佛之道也。尧以是传之舜，舜以是传之禹，禹以是传之汤，汤以是传之文、武、周公，文、武、周公传之孔子，孔子传之孟轲。轲之死，不得其传焉。荀与扬也，择焉而不精，语焉而不详。由周公而上，上而为君，故其事行；由周公而下，下而为臣，故其说长。"

韩愈首先明确他所说的"道"，不同于道家之道、佛家之道，他强调的是儒家之道统，而其所言道统从尧、舜讲起，一路传到了孟子那里，他认为孟子故去后，儒家道统没有传承下来，因为荀况和扬雄掺杂了其他的思想，已然不是纯粹的儒家正统思想了。

事实上，在真实的历史中，韩愈列出的这些儒家道统中的人物在时间上并不能形成完整的衔接，且不说尧舜之代微茫信息难求证，即使是孔子与孟子之间也不能直接交棒，韩愈之所以这样排列，更多的是想创立儒家道统来与佛、道两家抗争，因为那两家的传承体系比较完整。也许是出于大行不顾细谨，韩愈以不可辩驳的语气列出了孟子之前的道统框架。

韩愈强烈的使命感源于异教的社会影响力。《原道》中写道："周道衰，孔子没，火于秦，黄老于汉，佛于晋、魏、梁、隋之间，其言道德仁义者，不入于杨，则归于墨；不入于老，则归于佛。入于彼，必出于此，入者主之，出者奴之；入者附之，出者污之。噫！后之人其欲闻仁义道德之说，孰从而听之？"起初，儒家主要是与杨朱、墨翟等派抗争，之后则是与释、老进行抗争，信奉释、老者，则不信奉儒家，这种入主出奴的状态使得少有人尊奉儒家思想，更何况释、道两家分别以自己的道统来贬低儒家。比如道家说"孔子，吾师之弟子也"，佛家亦称"孔子，吾师之弟子也"，如果任由他们说下去，儒家传人就真的以为自己所尊奉的学派比不上他家，这正是韩愈要建立儒家道统的原因所在："甚矣，人之好怪也！不求其端，不讯其末，惟怪之欲闻。"

在韩愈看来，佛教传入中国乃是乱华，他在《赠译经僧》一诗中说："万里休言道路赊，有谁教汝度流沙？只今中国方多事，不用无端更乱华。"韩愈站在儒家的立场，认为佛教是夷狄之法，不合中华民族传统。他在《论佛骨表》中说："夫佛本夷狄之人，与中国言语不通，衣服殊制，口不言先王之法言，身不服先王之法服，不知君臣之义，父子之情。"

这种说法乃是为了别内外，以此说明中外风俗不同，引入外俗在中国会水土不服。道教乃是中国的本土教派，但是韩愈同样对道教提出了批判，他在《进士策问》中称："今之说者，有神仙不死之道，不食粟，不衣帛，薄仁义以为不足为，是诚何道邪？"

其实佛、老也讲道德，比如著名的《道德经》，但韩愈强调儒家所说的"道"，与佛、老的"道"不是一回事："凡吾所谓道德云者，合仁与义言之也，天下之公言也；老子之所谓道德云者，去仁与义言之也，一人之私言也。"（《原道》）

儒家是以仁义为道，此乃儒家道统的本质特征，孔子强调仁与礼，孟子将仁、义连用，由此构成了儒家思想核心。韩愈认为，儒家的道德有普世价值，而老子所言的道德乃是一己之私。

《原道》中对传统儒学观念作了如下解读："博爱之谓仁，行而宜之之谓义，由是而之焉之谓道，足乎己无待于外之谓德。仁与义为定名，道与德为虚位。"程颐对韩愈的这句话给出了"此言却好"的评价。朱熹多处评价《原道》，认为"其言虽不精，然皆实，大纲是"。同时他认为这个大纲"退之却见得大纲，有七八分见识。如《原道》中说得仁义道德煞好"（《朱子语类》）。

韩愈在此提出了何为"道"，但并未拈出"道统"二字。到朱熹那里方多次提到"道统"，例如《四书章句集注》中称："《中庸》何为而作也？子思子忧道学之失其传而作也。盖自上古圣神继天立极，而道统之传有自来矣。"韩愈的观点对宋儒有着启迪之功，所以他被视为大唐之际尊儒第一人。

韩愈对儒学的贡献，后世多有肯定，苏轼在《潮州韩文公庙碑》中称："自东汉以来，道丧文弊，异端并起。历唐贞观、开元之盛，辅以房、杜、姚、宋而不能救。独韩文公起布衣，谈笑而麾之，天下靡然从公，复归于正，盖三百年于此矣。文起八代之衰，而道济天下之溺，忠犯人主之怒，而勇夺三军之帅。此岂非参天地、关盛衰,浩然而独存者乎?"

这段话成为后世评价韩愈时最常引用之语。不过在这段话里,苏轼主要是从古文运动旗手的角度来肯定韩愈,重点不在哲学思想性。但是,朱熹始终承认韩愈为重振儒学做出的重大贡献。钱穆在《中国近三百年学术史》中对于韩愈在儒学史上的贡献,有着如下评价:"韩氏论学虽疏,然其排释老而返之儒,昌言师道,确立道统,则皆宋儒之所滥觞也。"

八、李翱:强调复性,开宋代理学之先河

李翱师从韩愈学习古文,并且娶韩愈侄女为妻,故二人关系密切,后世把李翱视为与韩愈共同发起古文运动的人。二人合著了《论语笔解》,故该书中的某些论点也表达了李翱的思想。

在主体观念上,李翱与韩愈相同,但是在具体方式上,他有所变通,比如他同样批判佛、老,但他同时吸收佛、老思想中的有价值成分。在反佛方面,他撰有《去佛斋》,文中称:"佛法之染流于中国也,六百余年矣。始于汉,浸淫于魏、晋、宋之间,而澜漫于梁萧氏,遵奉之以及于兹。盖后汉氏无辨而排之者,遂使夷狄之术,行于中华,故吉凶之礼谬乱,其不尽为戎礼也无几矣。"

李翱同样强调佛教为"夷狄之术",指出佛教不织而衣,不耕而食,这些信徒"安居不作,役物以养己",其结果是侵占了他人的生活资源,"推是而冻馁者几何人可知矣"。对于佛教理念,李翱在文中称:"佛法之所言者,列御寇、庄周所言详矣。"以此说明,佛家理念并无先见之明,老庄也有同样的观点。在李翱看来,君臣父子之道乃是从伏羲到仲尼,百代圣人不改之真理,所以他认为:"以夷狄之风而变乎诸夏,祸之大者也。"

李翱对佛教的认识,源于他与一些僧人的交往,《宋高僧传》中就载有他与僧人交往的公案,他在维护儒教的同时,也不免受佛、道思想影响。李

翱的儒学观念集中体现在《复性书》中,当代学者认为,这部书体现了他的诚本论、性善论、性情论、致知论等六个方面。总体而言,《复性书》是以"诚"为本体,强调"惟天下至诚,为能尽其性"。

"诚"本自《大学》与《中庸》。《中庸》中提出"天命之谓性,率性之谓道",此乃极具名气的哲学问题,以此说明人与物的本性都是上天赐予的。《中庸》进一步谈到了诚:"诚者,天之道也。"同时又说:"诚之者,人之道也。"由此可知,李翱的性本体论,是本自《大学》与《中庸》,但作了进一步的探讨。

孟子说:"尽其心者,知其性也。知其性,则知天矣。"李翱继承了孟子的心性论,把"善"确定为人之本性,认为善为人性本然具足,并在此基础上进一步认为:"此非自外得者也,能尽其性而已矣。"(《复性书》)

在心性论方面,李翱受到了佛教教理的影响,佛教认为人人皆有佛性,李翱则将"诚"认为是宇宙万物的本体,认为人的本性是纯然至善,所以人人皆有圣人之性。但是他却反对圣人有情,为此提出了情邪论,这又不同于传统观念。

李翱说:"圣人者,岂其无情耶?圣人者,寂然不动,不往而到,不言而神,不耀而光,制作参乎天地,变化合乎阴阳,虽有情也,未尝有情也。"为什么圣人无情呢?在李翱看来"情者,性之邪也","情者,妄也,邪也"。情是这么不好的东西,但凡人却沉溺于邪情而不自觉,所以凡人不能尽性成圣。要想达到尽性成圣,就只能去情复性,因为"情不作,性斯充矣"(《复性书》)。

对于李翱的灭情复性说,后儒多有批判,比如《朱子语类》载:"李翱复性则是,云'灭情以复性'则非,情如何可灭!此乃释氏之说,陷于其中不自知。"朱熹赞同李翱的复性说,但反对他以灭情来复性,因为情不可能灭,朱熹同时认为李翱的灭情说是受到了佛教影响而不自知。

但是李翱对《大学》《中庸》《孟子》三书的重视,给宋儒以极大启迪。在宋代,四书地位俨然有超五经之势,李翱可谓肇其端。吴雁南等主编的《中国经学史》中称:"李翱的《复性书》以《中庸》《易传》为纲,并充分吸收佛教的理论,以儒统佛,援佛入儒,重建和复兴了儒学的心性理论,开启了宋代理学的先河。"同时说,李翱"提高了《孟子》《大学》和《中庸》在儒家经典中的地位,这对于宋代《四书》的形成并凌驾于五经之上,也开启了先河"。

九、晚唐五代儒学

唐末时期社会动荡，五代十国上承晚唐，战火纷飞，五代乃是指梁、唐、晋、汉、周，为了区别历史上的朝代，后人论述这五代时，均在其朝前加一个"后"字。五代仅五十四年，却出现了八姓十三位君王，且五位开国之君中，有三位是沙陀族胡人：后唐李存勖、后晋石敬瑭及后汉刘知远。在这种大环境下，儒学难以受到重视。但这个时期也有与儒学相关的举措，马端临在《文献通考·五代科目总记》中称："三礼、三传、学究、明经诸科，唐虽有之，然每科所取甚少。而五代自晋、汉以来，明经诸科中选者，动以百人计。盖帖书、墨义，承平之时，士鄙其学而不习，国家亦贱其科而不取，故惟以攻诗赋、中进士举者为贵。丧乱以来，文学废坠，为士者往往从事乎帖诵之末习，而举笔能文者固罕见之，国家亦姑以是为士子进取之途，故其所取反数倍于盛唐之时也。"

有如此热闹的科考，却并没有出现儒学大师，这源于当时的读书人大多通过科考来为官，少有人认真研究儒学理念，对此欧阳修感慨说："呜呼甚哉！自开平讫于显德，终始五十三年，而天下五代。士之不幸而生其时，欲全其节而不二者，固鲜矣。于此之时，责士以死与必去，则天下为无士矣。然其习俗，遂以苟生不去为当然。至于儒者，以仁义忠信为学，享人之禄，任人之国者，不顾其存亡，皆恬然以苟生为得，非徒不知愧，而反以其得为荣者，可胜数哉！"（《新五代史·死事传序》）

然晚唐时期也有一些文士强调儒家观念，比如皮日休对承继道统的韩愈给予了很高的赞誉，认为以韩愈的贡献足以配享太学，其在《请韩文公配享太学书》中写道："仲尼之道，否于周秦而昏于汉魏，息于晋宋而郁于陈隋，遇于吾唐，万世之愤，一朝而释。"在他看来："古者杨、墨塞路，孟子辞而辟之，廓如也。"这是在说孟子的贡献，接着他又说道："千世之后，独有一昌黎先生。"（皮日休《原化》）所以他认为，韩愈对儒学的贡献不在孟子之下。

皮日休的儒学观念有其独特性，比如在他的道统体系中，加入了王通和荀子，他将王通的著作与孔子删定六经相并提，又谈到孟子有门人公孙丑、万章等，而王通有薛收、李靖、魏徵等大名家："孟子之门人，郁郁于乱世，先生之门人，赫赫于盛时。"（皮日休《文中子碑》）其言外之意，王通在传承儒学上的贡献比孟子还要大。

皮日休推崇王通的原因，乃是他自认为是王通的传人。"后先生二百五十余岁，生曰皮日休，嗜先生道，业先生文。"（《文中子碑》）可见皮日休推崇王通乃是将其视为儒学正统传人，而他本人接续王通，以此把自己也纳入了道统传人。这种做法很有可能是效仿韩愈，韩愈曾在《重答张籍书》中写道："天不欲使兹人有知乎？则吾之命不可期；如使兹人有知乎，非我其谁哉？其行道，其为书，其化今，其传后，必有在矣。"在气势上，皮日休与韩愈很相似。

皮日休对提高孟子的地位也起到了重要作用，清赵翼在《陔馀丛考》中说："宋人之尊孟子，其端发于杨绾、韩愈，其说畅于日休也。"

第五章

宋代新儒学——理学

北宋时期，儒学呈现出全新面貌，其解经体系与前代有较大区别，为此，后世称其为新儒学。该体系是以"理"作为宇宙的最高本体，并且把"理"作为哲学思辨的最高范畴，以儒学伦理法制为核心，并且融合佛、道思想的精粹，为了与北宋之前的原始儒学作出区分，故而被称为"新儒学"。到了清代考据学兴盛，该学派主要推崇汉儒，故而又被称为"汉学"，汉学攻击宋代理学家空疏解经之弊，将宋代新儒学称为"宋学"。邓广铭在《略谈宋学》中说："宋学是汉学的对立物，是汉学引起的一种反动。"

从治学方法来说，汉儒治经是从章句训诂入手，以此达到通经的目的。宋儒摆脱章句的束缚，从经的要旨、义理入手，来理解经典的含义，故宋学的本质是义理之学，而汉学的本质是章句之学，但两者都是以通经为目的。从方法论角度来看，汉学是微观方法论，宋学则属于宏观方法论。

到南宋时期，宋学仍然在快速发展中，这个阶段经常被称为"道学"，而其本质实为理学中的一派。从理念上来说，道学乃是将理学观念系统化、条理化，所以道学也被称为"理学"。自此之后，理学成为中国人文的主体思维，其思想体系对中国人文形成巨大影响。

关于理学与其他儒学的区分，二程有如下说法："古之学者一，今之学者三，异端不与焉。一曰文章之学，二曰训诂之学，三曰儒者之学。欲趋道，舍儒者之学不可。"（《二程遗书》卷八十八）在理学家看来，文章之学和训诂之学都不算正统的儒学，何以作出这样的判定呢，二程的解释是："文章则华靡其词，新奇其意，取悦人耳目而已；经术则解释辞训，较先儒短长、立异说以为己工而已。如是之学，果可至于道乎？"（《为家君作试汉州学策问》）

北宋新儒学的产生，与当时的社会政治环境有直接关系。北宋立国前的五代时期，社会剧烈动荡，连年的征战使百姓苦不堪言。钱穆在《国史大纲》中说："民生其间，直是中国有史以来未有之惨境。"后周大将赵匡胤在陈桥驿黄袍加身，登上皇位，其登基后需要解决的两大问题：一是平定天下统一中国，二是解决军政和内政。他的总体方针是以文官政治取代武官专政。建隆三年（962），赵匡胤对侍臣说："朕欲武臣尽读书，以通治道，何如？"（《宋史·太祖本纪》）此后他大力发展文治事业，确定了"宰相需用读书人"的总体方略。

正是这种方略，使得宋朝成为中国文化史上的璀璨明珠。宋人朱熹在《楚辞集注》中明确地称："国朝文明之盛，前世莫及。"陈寅恪在《宋史职官志考证》中说:"华夏民族之文化,历数千载之演进,造极于赵宋之世。"陈寅恪的学生邓广铭乃是宋史专家,他在《谈谈有关宋史研究的几个问题》中给出的总结更为明确:"宋代是我国封建社会发展的最高阶段。两宋期内的物质文明和精神文明所达到的高度,在中国整个封建社会历史时期之内,可以说是空前绝后的。"

正因为有如此雄厚的物质基础和文化基础,方使得宋学极其灿烂,成为继两汉经学之后,中国儒学史上的又一大高峰。宋学的产生意义深远,钱穆在《宋明理学概述》中指出:"中国历史应该以战国至秦为一大变,战国结束了古代,秦汉开创了中世。应该以唐末五代至宋为又一大变,唐末五代结束了中世,宋开创了近代。"这段话讲述的虽然是历史分期,但学术分期同样如此。

因为两宋儒学家璨若群星,难以一一述及,故本章选择学术并称及著名学派重点论述之。

一、范仲淹与宋初三先生

宋初三先生乃是指胡瑗、孙复和石介。三先生能为世人所识均与范仲淹有直接关系。朱熹在《三朝名臣言行录》中说:"文正公门下多延贤士,如胡瑗、孙复、石介、李觏之徒,与公从游,昼夜肄业……"

就整体来论,范仲淹可谓宋代最大的伯乐,因为他重视教育,且慧眼识人,再加上胸怀宽阔,选拔和造就了一大批儒家人才。钱穆在《宋明理学概述》中说:"宋学最先姿态,是偏重在教育的一种师道运动。"此语用在范仲淹身上最为恰当,他被视为北宋新儒学思潮的重要开创者之一。汤承业在《范仲淹研究》中甚至给出了这样的评语:"范仲淹不独为宋代学术开山之祖,又是宋儒理学渊源之祖。"

范仲淹有着极其强烈的使命感,认为国家兴盛需要培养大量人才,同时又有很强的人格魅力，能够吸引很多有志之士聚集在他的身边，《范文正公年谱》载其在天府书院讲学时，"四方从学者辐辏，其后以文学有声名于场屋、朝廷者，多其所教也"。

李觏聚众讲学，从学者常数百人，范仲淹激赏其才，将李觏所著的《礼论》《易论》等经学著作进呈给朝廷，朝廷授李觏"将仕郎试大学助教"。李觏研究《周礼》的成就对后来的王安石产生重大影响。关学的开创者张载在年轻时喜谈兵，准备联络一些人攻取洮西之地，为此上书范仲淹，范很赏识张载的气度，同时劝张载说："儒者自有名教可乐，何事于兵！"（《宋史·道学传》）同时教张载如何读《中庸》，引导张载走上了儒学之路。黄宗羲撰、全祖望增补的《宋元学案》中说："高平（范仲淹）一生粹然无疵，而导横渠以入圣人之室，尤为有功。"

传统儒学史著作谈到宋学时，必提宋初三先生，认为他们对宋学有开创之功，正如钱穆在《中国近三百年学术史》中说："言宋学之兴，必推本于安定（胡瑗）、泰山（孙复），盖至是而师道立，学者兴，乃为宋学先河。"虽然他们有开创之功，却不能忘记引路人范仲淹，故钱穆继续说道："安定、泰山、徂徕三人，既先后游希文门。"希文，即范仲淹之字。

当年胡瑗在吴中一带开门授徒，范仲淹很欣赏他，延聘为府学教授，并让自己的儿子拜他为师。景祐初年，朝廷更正雅乐，范仲淹推举了胡瑗，胡瑗以白衣身份至崇政殿，后得以授官。庆历四年（1044），朝廷建立太学，范仲淹建议太学在教学方面用胡瑗所创的"苏湖教法"，致使胡瑗的教育方式在全国推行，胡瑗也因此被誉为宋代第一教育家。

胡瑗的苏湖教法乃是设"经义"和"治事"两斋，将学生按资质分科教学，有的钻研六经，有的"各治一事，又兼摄一事"。胡瑗一生著述甚丰，然大多已亡佚，留存至今者主要是由其弟子倪天隐记录和整理的《周易口义》。该书对北宋易学风气产生过重要影响，《邵氏闻见录》载有程子《与谢湜书》称："读《易》当先观王弼、胡瑗、王安石三家。"

范仲淹在应天府书院掌教时，有秀才孙复来拜访，范仲淹赠给孙复钱一千，转年孙复又来拜见他，他又赠钱一千，同时授以孙复《春秋》一部，孙复废寝忘食努力研读，成为《春秋》研究大家。范仲淹在苏州创州学时，请孙复来讲学，后来又推荐孙复为国子监直讲，于太学任教。

在孙复看来，当时很多人为了科举而读书，这种读法不能体察圣人之道，"复窃尝观于今之士人，能尽知舜、禹、文、武、周公、孔子之道者，鲜矣"(《寄范天章书一》)。出现这种情况的原因是"唐之制，专以辞赋取人"，孙复认为应当改变这种局面，让世人更多地去体味六经之旨，同时也不要读诸子的六经之注文，应当直接读原经。

孙复的观念在社会上产生了较大影响，清孙葆田在《重刻孙明复小集序》中称："当宋时谈经者墨守注疏，有记诵而无心得。有志之士，若欧阳氏、二苏氏、王氏、二程氏，各出新意以解经，蕲以矫学究专已守残之陋，而先生实倡之。"在孙葆田看来，欧阳修、苏轼、苏辙、王安石、程颢、程颐他们在经学上都有自己的创见，北宋儒学大家的整体特点是侧重义理，不重训诂，以矫前儒的抱残守缺之陋，开创风气之人就是孙复。

孙复受韩愈影响，排斥佛老，他在《儒辱》一文中说："噫！儒者之辱，始于战国，杨朱、墨翟乱之于前，申不害、韩非杂之于后，汉魏而下，则又甚焉。佛老之徒，横乎中国。"面对这种背弃礼法的局面，孙复号召："儒者不以仁义礼乐为心则已，若以为心，则得不鸣鼓而攻之乎？"

孙复的高足石介也受范仲淹影响，他的儒学理念被视为宋代义理之学的先声。石介受孙复影响也竭力排斥佛老，撰有《怪说》三篇，上篇专斥佛老。对于何为"怪"，石介一一解释之。比如天、地、人三才各有常道，如果违反常道就是怪。对于其他的"怪"，石介又说："髡发左衽，不士不农，不工不商，为夷者半中国，可怪也"；"忘而祖，废而祭，去事夷狄之鬼，可怪也"；"老观、佛寺遍满天下，可怪也"。显然这是在批判佛老，他认为这种状况使得"周公、孔子之道，孟轲、扬雄之文，危若缀旒之几绝"（石介《与士建中秀才书》）。

如何改变这种局面呢？石介认为应当"各人其人，各俗其俗，各教其教，各礼其礼，各衣服其衣服，各居庐其居庐，四夷处四夷，中国处中国，各不相乱，如斯而已矣。则中国，中国也；四夷，四夷也"（《中国论》）。石介主张把佛、老二教逐出中国，因为二教法乱中国已久，可谓罪莫大焉，如果不能将其赶走，就当以诛之，其态度极为坚决。

孙复也强调儒家的道统谱系，他将道统渊源上溯到了远古的伏羲："其道基于伏羲，渐于神农，著于黄帝、尧、舜，章于禹、汤、文、武、周公。"（《上孔给事书》）其弟子石介也持这种观点，在《尊韩》中说："噫！伏羲氏、神农氏、黄帝氏、少昊氏、颛顼氏、高辛氏、唐尧氏、虞舜氏、禹、汤、文、武、周公、孔子者，十有四圣人，孔子为圣人之至。噫！孟轲氏、荀况氏、扬雄氏、王通氏、韩愈氏，五贤人，吏部为贤人而卓。"

宋初三先生虽然没有形成完整的理论，但他们的开创之功为后世所肯定。侯外庐、邱汉生、张岂之主编的《宋明理学史》中评价说："宋代的理学由胡瑗、孙复、石介而始倡，至周敦颐、张载、二程而发展，至朱熹、张栻而完成。因此，'宋初三先生'胡、孙、石之功就被说成是'上承洙泗，下启闽洛'，这是符合历史实际的。"

对于范仲淹的引导之功，苏轼在《文正公赞》中说："有宋文明之运，实自公始。"范仲淹并没有研究经学的专著，四库馆臣提要称："仲淹人品事业卓绝一时，本不借文章以传。"但他的经学观点仍然散见于一些文章中。比如他认为"博识之士，当于六经之中，专师圣人之意"（《与欧静书》）。在他看来，六经各有其重要性，"圣人法度之言，存乎《书》；安危之机，存乎《易》；得失之鉴，存乎《诗》；是非之辨，存乎《春秋》；天下之制，存乎《礼》；万物之情，存乎《乐》"（《上时相议制举书》）。可见，他强调尊经，认为只有研读经典才能培养出"使斯人之徒辅成王道"。

总体而言，范仲淹最擅长研究《易》，《宋史》本传中称其："泛通六经，长于《易》。学者多从质问，为执经讲解，亡所倦。"范仲淹撰有《易义》，主张解《易》要"随义而发"，不重注疏，乃是以义理说《易》，强调"经以明道，文以通理"。他在《易兼三材赋》中称："昔者有圣人之生，建《大易》之旨。观天之道，察地之纪。取人于斯，成卦于彼。将以尽变化云为之义，将以存洁静精微之理。"此语的后段即有"义"和"理"字。他的解经方式被胡瑗、孙复、石介、李觏等人发扬光大，从而形成了"庆历易学"。

在范仲淹看来，《易》兼三才，天人合一"，可以以此来创建和谐社会。他的着眼点更多的是通过研读经典来培养经世致用之才。南宋潜说友在《吴郡建祠奉安文正公讲义》中称："公之所以深服乎人心而莫间于今古者，只是就仁义上立脚，做了天地间第一等人而已。"范仲淹不仅使自己成为天地间第一等人，还培养了很好的尚儒风气，正如他在《上时相议制举书》中说："善国者莫先育才，育才之方莫先劝学。"在育才与劝学方面，范仲淹的确起到了巨大的作用，钱穆在《中国近三百年学术史》中说："宋代士大夫矫厉尚风节，既自希文启之。"

北宋时期像范仲淹那样伯乐级的人物还有欧阳修，曾巩、王安石、三苏等一流的人物都是通过欧阳修的揄扬而为世人所知，从此名扬天下，所以他也是一位有着深远影响的宗师级人物。

欧阳修是当时古文运动的领袖，他的道统思想主要表现在"文统"论中，主张"文与道俱"。这种思想本自韩愈，欧阳修在《答张秀才第二书》中称："君子之于学也，务为道。为道必求知古。知古明道，而后履之以身，施之于事，而又见于文章而发之，以信后世。"对于其所称的"道"，欧阳修的解释是："其道，周公、孔子、孟轲之徒常履而行之者是也，其文章则六经所载，至今而取信者是也。"

唐中晚期，孟子在儒学道统中的地位大为提高，这与韩愈的提倡有重要关系，到了宋代欧阳修更加强调这一点，认为"孔子之后唯孟轲最知道"（《答张秀才第二书》）。这种提倡使得儒家由"周孔之道"渐渐转化为"孔孟之道"。钱穆在《朱子学提纲》中说："自宋以下，始以孔孟并称，与汉唐儒之并称周公孔子者，大异其趣。此乃中国儒学传统及整个学术思想史上一绝大转变。"

二、荆公新学

该学派乃是王安石所创，他在任宰相期间主持了熙宁变法，故其学术体系被称为"新学"。苏轼在《王安石赠太傅敕》中写道："具官王安石，少学孔孟，晚师瞿聃。网罗六艺之遗文，断以己意；糠秕百家之陈迹，作新斯人。"新学的主要特性与他主持的变法理论有一定关联。

王安石在年轻时就博览群书，其在《答曾子固书》中称："然世之不见全经久矣，读经而已，则不足以知经。故某自百家诸子之书至于《难经》、《素问》、《本草》、诸小说，无所不读；农夫女工，无所不问，然后于经为能知其大体而无疑。"在百家经典杂出的时代，儒家经典的重要性被削弱，但是若以经谈经，不能博识百家之学，就不能明白儒家大体。王安石晚年对佛老有了较大兴趣，甚至引用佛老观念来解儒家经典。

对于儒学观念，王安石有着自己的解读。对于儒学传承谱系，他将源头追溯到了伏羲那里，在《夫子贤于尧舜》中称："昔者，道发乎伏羲而成乎尧舜，继而大之于禹汤文武。此数人者，皆居天子之位而使天下之道寖明寖备者也。而又有在下而继之者焉，伊尹、伯夷、柳下惠、孔子是也。"接着他引用了孟子所言"孔子集大成者"，然后给出题目的结论："盖言集诸圣人之事而大成万世之法耳。此其所以贤于尧舜也。"所以王安石认为："万世莫不尊亲者，孔子也。"（《答韩求仁书》）

在该谱系中，王安石没有提到周公，但这并不等于他不重视周公，因为他撰写过一篇《周公论》，认为周公是"为政于天下"的圣人，他也没有将荀子和韩愈列入道统内，原因是"尊荀卿以为大儒而继孟子者，吾不信矣"。

在王安石看来，韩愈对儒学的贡献不足以承继孟子，他认为韩愈："时乎杨、墨已不然者，孟轲氏而已。时乎释、老已不然者，韩愈氏而已。如孟、韩者，可谓术素修而志素定也，不以时胜道也，惜也不得志于君，使真儒之效不白于当世，然其于众人也卓矣。"（《送孙正之序》）在这里，王安石将韩愈与孟子并提，孟子辟杨墨，韩愈辟佛老，所以王安石认为孟、韩对儒学功劳很大，可惜没有得到最高层的支持，使其观念实施于天下。但是，王安石仍然觉得韩愈"不知道德"，也就是对儒学没有理论贡献，这是他没有将韩愈列入道统的原因。

王安石也没有把扬雄列入道统，但他认为扬雄对儒学贡献很大，其在《答龚深父书》中称："扬雄者，自孟轲以来未有及之者，但后世士大夫多不能深考之尔。"后世学者对扬雄多有批评，主要原因是扬曾当过王莽的大夫，而儒家最忌大节有亏。同时，韩愈认为扬雄虽然是圣人之徒，但学术"大纯而小疵"，为此儒家对其不甚重视。王安石却不同，他在《答龚深父书》中认为扬雄仕莽"合于孔子无不可之义，奈何欲非之乎"。从儒学传承角度来说，"自秦、汉已来，儒者唯扬雄为知言，然尚恨有所未尽。今学士大夫往往不足以知雄，则其于圣人之经，宜其有所未尽"（《答吴孝宗书》）。所以，他觉得："孟扬之道未尝不同，二子之说非有异也。"（《扬孟》）

在王安石看来，孟子和扬子在儒学观念上没什么不同，人们却褒孟贬扬，这种做法不对，所以他要作《扬孟》一文，以此来说明扬雄乃是孟子之后的道统继承者。

通过这些论述可以看出，王安石对一些历史人物的评价是有变化的。儒家关注人性的探讨，王安石在这方面也有多篇论述，但是他的人性论也是在逐渐变化中，比如他早年作的《性论》认为性是纯善无恶的，赞同孟子的性善论。他又在《荀卿论》中反对荀子的性恶论："荀卿以为人之性恶，则岂非所谓祸仁义者哉？顾孟子之生，不在荀卿之后焉尔。使孟子出其后，则辞而辟之矣。"在王安石看来，如果孟子生在荀子之后，孟子必然会批判荀子的观点。因为他认为，荀子既然说人性是善是后天所得，以此推论，人的恻隐之心也不是天然所具有的，如果人有恻隐之心，那就不能说善是后天人为的。

王安石后来改变了这种观点，又认为人性是有善有恶的，他所作的《性情》一文称："性情一也。世有论者曰'性善情恶'，是徒识性情之名，而不知性情之实也。喜、怒、哀、乐、好、恶、欲，未发于外而存于心，性也；喜、怒、哀、乐、好、恶、欲，发于外而见于行，情也。性者，情之本，情者，性之用，故吾曰：'性情一也。'"在这段话中，王安石所说的"世有论者"应该是指李翱在《复性书》中的所言。在李翱看来，情是性的表现，性是情的根源，性和情是对立的，因为性是善的根源，而情是恶的根源。王安石反对这种说法，认为情和性并非对立，因为性是内而情是外，性是体而情是用，所以性和情是一体的、共存的，无性则无情。

这七者，就是所谓的七情。王安石说，人生而具有七情，七情接触外物必有所动，"动而当于理，则圣也、贤也，不当于理，则小人也"。人若动了七情，但合于理，就是圣贤，不合于理，就是小人。所以，他不同于孟、荀、扬、韩等人的性情观。

王安石晚年吸收了佛家心性论的观念，其人性观又转变为无善无恶。他在《原性》中表达了这种观念："夫太极者，五行之所由生，而五行非太极也。性者，五常之太极也，而五常不可以谓之性。"太极缔造了五行，但太极不等同于五行，同样，人性缔造了五常，但五常不等同于人性。王安石的这段话是针对韩愈所言的，因为韩愈认为五常谓之性，同时"天下之性，恶焉而已矣"。王安石不认同这种观点。韩愈还说过"性之品三，而其所以为性五"。所谓三，指的是上智、中人、下愚，五者乃是指五常。对此王安石的观点是："夫仁、义、礼、智、信，孰而可谓不善也？"（《性说》）

为了支持自己的变法行动，王安石的儒学著作中会提出一些相关的观点，比如他在天道观中把君权提到了天的高度，认为"人君代天而理物"，同时他结合老庄观念，来印证自己的观点。他在《老子注》中称："王者，人道之极也。人道极，则至于天道矣。"王安石的所言有其现实意义，他有感于唐末五代朝廷更迭礼制混乱的局面，在《周礼新义》中特别强调君权的至高无上："无道揆，无法守，而枋移与小人，则何法之能立，何令之能行？何治之能听？"皇帝一旦失去了权力，就无法驾驭群臣，权柄也会被小人所窃取，其结果就是国家混乱。所以他强调"法当自王出"。

熙宁年间，王安石在神宗支持下开始了引起极大轰动的变法运动，运动遭到了以司马光为首的反对派抗争，由此引发了天命论和天人感应说。司马光认为"天者，万物之父也"，以及"违天之命者，天得而刑之；顺天之命者，天得而赏之"（《士则》）。同时认为"智愚勇怯，贵贱贫富。天之分也。君明臣忠，父慈子孝，人之分也。僭天之分，必有天灾，失人之分，必有人殃"（《迂书》）。

针对司马光的攻击，王安石毫不退缩，"天变不足畏，祖宗不足法，人言不足恤"（《宋史·王安石传》）。为了给变法找出理论依据，熙宁六年（1073）三月，王安石亲自提举经义局，于此着手理论创新，重新解释《诗经》《尚书》和《周礼》等书，王安石不仅亲撰《周官新义》，还让其子王雱和吕惠卿等人共同撰写《尚书义》和《诗经义》，此三书合称《三经新义》。

《三经新义》以教科书的形式颁行于各地及学校，其目的是统一经术，统一解经思想，晁公武在《郡斋读书志》中称，当时士子参加科举考试都是遵照《三经新义》的概念，否则的话"或少违异，辄不中程"，其结果"由是独行于世者六十年"。该书的刊行标志着荆公新学正式形成，并且使得荆公新学成为北宋时期具有统治地位的意识形态。

关于《三经新义》的整体概念，宋王应麟在《困学纪闻》中说："自汉儒至于庆历间，谈经者守训诂而不凿，《七经小传》出而稍尚新奇矣。至《三经新义》行，视汉儒之学若土梗。"清钱大昕《十驾斋养新录》在谈到宋儒经学时，认为正是王安石导致了宋代学风的败坏："其后王安石以意说经，诋毁先儒，略无忌惮。而轻薄之徒，闻风效尤，竞为诡异之解。"然当时王安石位极人臣，更多的人将王安石父子捧得极高，钱大昕在《王安石狂妄》条中提及："王安石与子雱皆以经术进，当时颂美者多以为周、孔，或曰孔、孟。"文中举出了太学正范镗献诗："文章只孔子，术业两周公。"王安石闻之大喜："此人知我父子。"（见李壁注王诗）余外，钱大昕还有几处引文，而后评价说："安石非独得罪于宋朝，实得罪于名教，岂可以其小有才而末减其狂惑丧心之大恶哉？"

但是，荆公新学在当时社会上的确产生了很大影响，比如朱熹说："王氏《新经》尽有好处，盖其极平生心力，岂无见得著处？"（《朱子语类》）

王安石为什么只选《诗经》《尚书》《周礼》作为教科书？他对此各有解释，比如他在《诗义序》中说："《诗》上通乎道德，下止乎礼义。考其言之文，君子以兴焉。循其道之序，圣人以成焉。"王安石看重的是《诗经》的教化功能，以此端正人们的思想。至于他选《周礼》的原因，他在《答吴孝宗书》中说："乃如某之学，则惟《诗》《礼》足以相解，以其理同故也。"在他看来，《诗》与《礼》的理念是相通的，同时《诗》与《书》也是相通的。

《周礼》乃是周朝的典章制度，在王安石看来，《周礼》一书，"皆先王之法言德行治天下之意，其材亦可为天下国家之用"（《上仁宗皇帝言事书》）。除了教化意义外，王安石还看重《周礼》中的理财概念："一部《周礼》，理财居其半。"（《答曾公立书》）他实行变法的一个重要着眼点，就是重新分配财富。对于《尚书》的价值，他在《虔州学记》中说："先王之道德，出于性命之理，而性命之理，出于人心。《诗》《书》能循而达之，非能夺其所有而予之以其所无也。"

可见，王安石编撰《三经新义》的重要目的是统一天下思想，以此服务于他所推行的新政。郭绍虞在《中国文学批评史》中说过这样一段话："古文家、道学家和政治家一样的宗经，但是古文家于经中求其文，道学家于经中求其道，而政治家则于经中求其用。"此言第三点用在王安石身上最为恰当。

随着变法的失败，他的儒学理念也为人所诟病，一度风行天下的《三经新义》也逐渐无人问津。但是，荆公学派在当时的确有过重要影响，王安石的弟子兼女婿蔡卞对老师的思想贡献给予了很高的评价："宋兴，文物盛矣，然不知道德性命之理。安石奋乎百世之下，追尧舜三代，通乎昼夜阴阳所不能测而入于神。初著《杂说》数万言，世谓其言与孟轲相上下。于是天下之士，始原道德之意，窥性命之端。"（晁公武《郡斋读书后志》）

三、温公朔学

司马光，字君实，去世后追赠温国公，故后世称其为司马温公。他与同时代的儒学家观念略有差异，他更为推崇荀子和扬雄。早年他在太常礼院任职时,就与同人上《乞印行荀子扬子法言状》,他在此状中称:"臣等伏以战国以降,百家蜂午,先王之道,荒塞不通。独荀卿、扬雄排攘众流,张大正术,使后世学者坦知去从。"

在司马光等人看来,战国诸子百家群星璀璨,各逞其说,致使儒家思想受到排挤,此后只有荀子和扬雄与各家论战,才使得儒家观念再次流行天下,这正是他们看重这两位前儒之故。对于扬雄的重要性,司马光在《集注〈法言〉序》中说到了韩愈评价荀子处在孟子和扬雄之间,又说"荀与扬,大醇而小疵",司马光则认为此三人都是大贤,因为他们都讲求六经,以孔子为师:"孟子好《诗》《书》,荀子好《礼》,扬子好《易》。"以时代论,扬雄比另两位生得晚,所以他能吸收孟子和荀子之长,"潜心以求道之极致,至于白首,然后著书,故其所得为多,后之立言者,莫能加也"。

扬雄下苦功一生研究儒典,并且做出了不小的贡献,为什么韩愈说他大醇而小疵呢?司马光的看法是:"虽未能无小疵,然其所潜最深矣,恐文公所云,亦未可以为定论也。"可见他不同意韩愈的看法。在司马光看来,这三位大贤在文风上各有特点:"孟子之文直而显,荀子之文富而丽,扬子之文简而奥。"正因为扬雄的文章有简奥难懂的特点,后人未能读出其精髓,所以"学者多以为诸子而忽之"。

在司马光看来,孔子之后能够继承其遗志、弘扬儒学,功劳最大的人物非扬雄莫属,他在《说玄》中感慨说:"呜呼!扬子云真大儒者邪!孔子既没,知圣人之道者,非子云而谁?孟与荀殆不足拟,况其余乎!"司马光觉得,扬雄的功劳超过了孟子与荀子,其他人更不足论,因为《太玄》一书,"昭则极于人,幽则尽于神,大则包宇宙,细则入毛发。合天地人之道以为一,刮其根本,示人所出,胎育万物而兼为之母,若地履之而不可穷也,若海挹之而不可竭也"。司马光甚至说,如果孔子再生,看到《太玄》一书,"必释然而笑,以为得己之心矣"。

正因为对扬雄如此看重,所以司马光分别为扬雄的《太玄经》和《扬子法言》作了集注,并且效仿《太玄》写了《潜虚》一书,该书由虚、气、体、性、名、行、命七个部分组成,这七个部分的排列有着逻辑顺序关系:"万物祖于虚,生于气,气以成体,体以受性,性以辨名,名以立行,行以俟命。是故虚者,物之府也;气者,生之户也;体者,质之具也;性者,神之赋也;名者,事之分也;行者,人之务也;命者,时之遇也。"

在司马光看来,世界万物的本源是"虚",由"虚"而形成了"气",于是有了万物的开端。关于"虚"和"气"有什么区别，后世学者对此有不同看法。有人认为"虚"和"气"是一致的，都代表世间物质的起源，故而将司马光的哲学思想定义为"气本论"。但张立文在《司马光的〈潜虚〉之学的价值》中认为，"虚"也是存在的，只是它是隐潜的，而不是显性的，"虚"的体现是"气"，以此将"虚"和"气"的关系比喻成本质和现象的关系。

对于扬雄观念的推崇，司马光还撰有《善恶混辨》一文，对孟子的性善论和荀子的性恶论都有批评，但较为认可扬雄的性善恶混论。该文首先称："孟子以为人性善，其不善者，外物诱之也。荀子以为人性恶，其善者，圣人教之也。是皆得其偏，而遗其大体也。"

司马光认为，无论孟子的性善论还是荀子的性恶论，都有其偏颇处，因为真正的人性乃是"善与恶必兼有之"，所以他觉得"是故虽圣人不能无恶，虽愚人不能无善"，既然圣人有恶，愚人有善，那么如何区分圣人和愚人呢？他的看法是："善至多而恶至少，则为圣人；恶至多而善至少，则为愚人；善恶相半，则为中人。"

根据每人所具有善恶比例的多少，司马光将人分为三类：善多恶少者为圣人，恶多善少者为愚人，其余的则为中人。根据这种认定，司马光认为，孟子不懂得"暴慢贪惑亦出乎性也"，荀子不懂得"慈爱羞愧之心亦生而有也"。在他看来，扬雄的观点两者兼有之，"扬子兼之矣"，这就是他赞同扬雄性善恶混论的原因。

司马光观念的另一个特殊之处则是怀疑《孟子》一书的真伪，这一点应当是为了反对王安石，因为王安石素重《孟子》。为此司马光写了《疑孟》，该文指出了《孟子》一书中可疑之言十一处。他对《孟子》的怀疑应该是受到了李觏的影响，孟子回答梁惠王之问时，曾说"王何必言利"，针对这句话，李觏反驳说："人非利不生，曷为不可言？欲可言乎？曰：欲者人之情，曷为不可言？言而不以礼，是贪与淫，罪矣。不贪不淫而曰不可言，无乃贼人之生，反人之情，世俗之不喜儒以此。"（李觏《杂文·原文》）

在李觏看来，人无利则难以生存，为什么不可说利呢？言利不等于贪，儒家一定将利视为阿堵物，而不正言之，这正是世俗人讨厌儒家之处。对于孟子为什么要说那句话，李觏认为是"激也"，因为"焉有仁义而不利者乎"。这就是有名的义利之辨。同时李觏还有王霸之辨。虽然《荀子》《孟子》等书中都说圣人之徒不言霸，但李觏却在《春秋》《论语》中找到了一些孔子言霸之处，所以他认为"仲尼亟言之，其徒虽不道，无歉也"（《常语上》）。

李觏将孔子与其弟子分而论之，以此说明孔子不反对霸道。李觏认为霸道很重要，乃是强国之路，只是儒生不明白其中的道理。俗儒以王道为仁义，以霸道为功利，这与王霸之意相去甚远，所以李觏认为，"吾以为孟子者，五霸之罪人也。五霸率诸侯事天子，苟有人性者，必知其逆顺耳矣。孟子当周显王时，其后尚百年而秦并之。呜呼！忍人焉，其视周室如无有也"（《常语》）。

李觏直斥孟子是春秋五霸的罪人，因为五霸都想独立称霸天下，不把周天子放在眼里，而孟子却支持五霸，这等于说孟子也视周天子为无物。司马光正是根据李觏的观点，来告诫王安石施政不要太功利："光虽未甚晓《孟子》，至于义利之说，殊为明白，介甫或更有他解，亦恐似用心太过也。"（《与王介甫第二书》）

关于司马光，《司马温公行状》载其："七岁闻讲《左氏春秋》，大爱之，退为家人讲，即了其大义。自是手不释书，至不知饥渴寒暑。"他自幼喜好《左传》，如饥似渴地研读，到十五岁时就无书不通。因为受到《左传》影响，他撰写了一代宏著《资治通鉴》："臣今所述，止欲叙国家之兴衰，著生民之休戚，使观者自择其善恶得失，以为劝戒，非若《春秋》立褒贬之法，拨乱世反诸正也。"（《资治通鉴》卷六十九《汉中王即皇帝位论》）可见，他编写该书的目的是以史为鉴，尽管他自称不像《春秋》那样文字背后蕴含着褒贬，显然这是他的谦词，因为《资治通鉴》同样是以儒家价值观和道德规范来作为标准，他在《资治通鉴》中常有"臣光曰"这样的评语，这显然是在效仿《左氏春秋》。

司马光在《资治通鉴》内指出，人君要首重以礼治国："臣闻天子之职莫大于礼，礼莫大于分，分莫大于名。何谓礼？纪、纲是也；何谓分？君、臣是也；何谓名？公、侯、卿、大夫也。夫以四海之广，兆民之众，受制于一人，虽有绝伦之力，高世之智，莫不奔走而服役者，岂非以礼为之纪纲哉？"

司马光认为，天子最重要的职责就是维护礼制，礼制最重要的作用就是区分尊卑上下，因此，礼是从上到下的贯彻，才能使社会得到安定。对于这样的体系，司马光进一步解释说："是故天子统三公，三公率诸侯，诸侯制卿大夫，卿大夫治士庶人。贵以临贱，贱以承贵。上之使下，犹心腹之运手足，根本之制支叶；下之事上，犹手足之卫心腹，支叶之庇本根，然后能上下相保而国家治安。"社会制度有着如此重要性，因此天子重礼，就能起到纲举目张的作用，所以他给出了这样的结论："故曰天子之职莫大于礼也。"（《资治通鉴·周纪一》）

司马光的主体哲学观被归纳为"中和说"。中和观念本自《中庸》，司马光非常重视该书，是宋儒中最早推崇《中庸》并为之作注释者，其著有《中庸广义》一卷，另外还写有《中和论》一文。他在此文中直接点明"中和"之意："《中庸》曰：'喜怒哀乐之未发谓之中，发而皆中节谓之和。'君子之心，于喜怒哀乐之未发，未始不存乎中，故谓之中庸。庸，常也，以中为常也。及其既发，必制之以中，则无不中节。中节则和矣。是中、和，一物也；养之为中，发之为和。"司马光将"庸"解释为"常"，以此取恒常之意，他认为"中"贯穿了已发和未发，当喜怒哀乐未发之时，存于心中，当喜怒哀乐已发之后，制于心中，所以"中"贯穿了已发和未发。对于"中和"的重要性，司马光说："故曰：中者，天下之大本也；和者，天下之达道也。智者知此者也，仁者守此者也，礼者履此者也，……合而言之，谓之道。"

可见，"中和"就是道。既然中和有着这么高的重要性，故司马光在与朋友通信讨论学问时，时常会提到。比如他在皇祐四年（1052）给范景仁的回信中写道："夫中者，天地之所以立也。在《易》为太极，在《书》为皇极，在《礼》为中庸，其德大矣，至矣，无以尚矣。上焉治天下，下焉修一身，舍是莫之能矣。"（《答范景仁论养生及乐书》）

司马光把"中"视为《易经》中的太极、《尚书》中的皇极和《礼记》中的中庸。对于"和"，司马光在《答范景仁书》中说："夫和者，大则天地，中则帝王，下则匹夫，细则昆虫草木，皆不可须臾离者也。""中"与"和"加在一起，几乎可以涵盖万物之理，"夫中和之道，崇深闳远，无所不周，无所不容"。如果人懂得了中和，就如同"鸟兽依林"，如果人离了中和，就如同"鱼虾出水"。

所以司马光认为，中和不但意义广大，涵盖一切，甚至还能让人长寿，他引用了《诗经·小雅》中的"乐只君子，邦家之光。乐只君子，万寿无疆"，而后他的解读是："盖言君子有中和之德，则邦家安荣，既乐且寿也。"为此，司马光在《中和论》的最后强调："君子守中和之心，养中和之气，既得其乐，又得其寿，夫复何求哉？"

宋明理学家探讨的核心问题之一是格物，此概念本自《大学》。司马光乃是较早研探格物概念的宋儒之一。元丰六年（1083），他在《致知在格物论》中提出了自己的格物观："人之情莫不好善而恶恶，慕是而羞非。然善且是者盖寡，恶且非者实多，何哉？皆物诱之也，物迫之也。"司马光首先设定人有好恶是非观，为什么有的人做好事少行恶事多，原因是受到了外因诱惑。在他看来，"桀、纣亦知禹、汤之为圣也，而所为与之反者，不能胜其欲心故也。盗跖亦知颜、闵之为贤也，而所为与之反者，不能胜其利心故也"。即使是像桀、纣这样的暴君，也知道禹、汤是圣人，但他们的行为却与禹、汤所为相反，原因就是他们不能控制自己的心。盗跖也知道颜回、闵子骞之贤，但他的行为也与颜、闵相反，同样是不能控制自己的利欲之心。

司马光在该文中提到了《大学》中的"致知在格物"，对于"格"为何意，他的解释是"格，犹扞也，御也。能扞御外物，然后能知至道矣"。可见，在他看来，格物就是抑制和防御外物的诱惑。虽然他的解释过于简单，却引发了后儒对此做深入探讨。

四、元公濂学

道学即理学。理学对中国思想界影响至深，后世大多将程颢、程颐视为宋明理学的真正奠基人，但二程的有些重要理念乃是本自周敦颐，为此，也有人称周敦颐才是宋明理学的开创者。但是，又由于周敦颐的哲学思想还没有形成完整的体系，故而如何看待周敦颐，在后世引起了广泛争论。

北宋时期，少有人关注周敦颐，时人对他的夸赞重点在于人品高洁，比如黄庭坚说他"人品甚高，胸中洒落，如光风霁月"（黄庭坚《濂溪诗序》）。

周敦颐一生为官三十余年，始终淡泊名利，高风亮节。比如他在做南安军司理参军时，为一囚犯据理力争，这种正直受到了通判南安军程珦的注意："视先生气貌非常人。与语，果知道者。因与为友，令二子师事之。"（张伯行《周濂溪年谱》）

庆历六年（1046），时任虔州兴国县知县的程珦代理南安州副职，程珦看周敦颐气度非凡，与之交谈，发现他对儒学有很深的研究，于是就让自己的两个儿子程颢和程颐拜周敦颐为师。当时程颢十五岁，程颐十四岁，周敦颐三十岁。

对于拜师之事，《宋史·程颢传》载："自十五六时，与弟颐闻周敦颐论学，遂厌科举之业，慨然有求道之志。"这句话仅是称二程听闻了周敦颐的思想理念，受其影响，不愿再走科考之路，并未称二程正式拜周为师。后来二程思想成熟，形成了完整的理论体系，反而一再强调"吾学虽有所受，'天理'二字却是自家体贴出来"（《二程集》）。

"天理"乃是二程发明的最重要道学观念，从这句话也可看出他们对这两个字的看重，他们特意强调"天理"概念是自己品出来的，并非周敦颐传授给他们的。《宋元学案》卷十《二濂溪学案》中载有这样一段话："丰道生谓：'二程之称胡安定，必曰胡先生，不敢曰翼之。于周，一则曰茂叔，再则曰茂叔，虽有吟风弄月之游，实非师事也。至于《太极图》，两人生平俱未尝一言道及。盖明知为异端，莫之齿也。'"

按此说法，二程称呼胡瑗始终是称胡先生，但是对周敦颐却称字，其尊重程度显然比不上对待胡瑗。这说明二程并没有正式拜周敦颐为师。后儒最为看重周敦颐所创的《太极图》，但二程却从不提及此图，在二程看来，《太极图》是道家观念，醇儒绝不及此。当年二程跟随周敦颐学习时，年仅十余岁，想来还不能接受深邃的理学理念，同时，彼时的周敦颐思想体系也未成熟，后来二程思想体系的完整性已经超过了周敦颐，故而有此之说。

在北宋时期，少有人关注周敦颐的思想体系，这很有可能是因为他的著作太少。潘兴嗣在《濂溪先生墓志铭》中说他"尤善谈名理，深于易学，作《太极图》《易说》《易通》数十篇，诗十卷，今藏于家"。但是这些著作流传下来的，全部加起来总计仅6248个字，在这么少的文字中，包括了《太极图说》与《通书》，此两书对理学的构建形成巨大影响。

最早推崇周敦颐思想体系的，均为湖湘学派中人物，该派创始人胡安国早年与程门高足谢良佐、杨时、游酢交往论学，且以二程私淑弟子自居："私淑洛学而大成者，胡文定公其人也。"（全祖望《宋元学案》）

但是胡安国在为二程、邵雍、张载请封时，却没有提到周敦颐，说明他认为周敦颐的学术成就不能与这四人并提。到了胡安国之子胡宏，却将周敦颐与此四大家并提："是以我宋受命，贤哲仍生。春陵有周子敦颐，洛阳

有邵子雍、大程子颢、小程子颐，而秦中有横渠张先生。"（胡宏《横渠正蒙序》）

胡宏的这几句话被后世广泛引用，为此，周敦颐、邵雍、程颢、程颐、张载并称为"北宋五子"，并且周敦颐排在了最前面，此乃后世称周敦颐为理学鼻祖的重要原因之一。但周敦颐真正达到这个地位，还是经过朱熹的极力推崇才实现。

胡宏特别看重周敦颐的《通书》，认为该书："人有真能立伊尹之志、修颜子之学者，然后知《通书》之言包括至大，而圣门之事业无穷矣。故此一卷书皆发端以示人者，宜其度越诸子，直与《易》《书》《诗》《春秋》《语》《孟》同流行乎天下。"（胡宏《通书序略》）

胡宏是最早整理刊印《通书》的人，他将此书与儒家经典相并提，这对后世认可周敦颐在宋明理学史上的开创地位起到重要作用。同时胡宏在《通书》序中说："今周子启程氏兄弟以不传之妙，一回万古之光明，如日丽天；将为百世之利泽，如水行地。其功盖在孔孟之间矣。"胡宏于此提到了周敦颐与二程的授受关系，同时认为周敦颐绍续道统，传承了孔孟之道。

胡宏之后，湖湘学派中的张栻继续推崇周敦颐："二程先生道学之传，发于濂溪周子，而《太极图》乃濂溪自得之妙，盖以手授二程先生者。"（张栻《太极图解序》）张栻明确地说，二程的道学观念本自周敦颐，同时他还说周敦颐把《太极图》传给了二程。有人对此提出异议，认为并无传《太极图》之事，但张栻的回应是："二程先生虽不及此《图》，然其说固多本之矣。试详考之，当自可见。"（张栻《太极图后序》）张栻认为虽然二程没有提到过《太极图》，但是如果仔细品味二程的文章，就会发现他们的有些观点其实是本自《太极图》。

张栻为什么要如此强调《太极图》？乃是因为他认为这是理学观念之本，他在《濂溪周先生祠堂记》中说："某尝考先生之学，渊源精粹，实自得于其心，而其妙乃在《太极》一图，穷二气之所根，极万化之所行，而明主静之为本，以见圣人之所以立人极，而君子之所当修为者。由秦汉以来，盖未有臻于斯也。"

张栻认为周敦颐的《太极图》确定了儒家的整体论，所作《太极图》由天及人，论述了天地万物的起源，这套理论自秦汉以来从未见到过。张栻的所言其实是包括了《太极图》和《太极图说》，因为《太极图》只是一个图示，而《太极图说》则有249个字，如此短的一篇文章却包含了很多重要理念。尤其《太极图说》的前一段："无极而太极。太极动而生阳,动极而静,静而生阴,静极复动。一动一静,互为其根。分阴分阳,两仪立焉。阳变阴合,而生水火木金土。五气顺布,四时行焉。五行一阴阳也,阴阳一太极也,太极本无极也。"

其中的"无极而太极",被认为是周敦颐宇宙论中最重要的思想,但是因为流传版本的不同,这一句出现了不同的表述方式,比如九江本的首句为"无极而生太极",延平本则是"无极而太极",《国史》本则为"自无极而为太极"。这三种说法可以分为两类：一是表示太极、无极是同一物,二是表示无极和太极间是生成关系。朱熹认可无极而太极,他对另两种文本,尤其反对《国史》本,他请洪迈将《国史》本中的这一句改为"无极而太极",但最终未能实现。

在此之前,朱熹已经与陆九渊争论过此问题,陆认为《通书》中没有提到无极而只说太极,并且太极观念是出自老子,所以《太极图说》不是周敦颐的作品,但假如真是出自周之手,也是他早年不成熟时的观念。朱熹不同意这个看法,他认为："太极篇首一句,最是长者所深排。然殊不知,不言无极则太极同于一物,而不足为万化之根；不言太极,则无极沦于空寂,而不能为万化之根。"(《答陆子美》)

朱熹的观点被视为理学中的"理本派",他是以理来解太极,所以他觉得"无极而太极"一句乃是周敦颐最重要的理念。但是陆九韶、陆九渊兄弟不这么认为,在淳熙十三年(1186),陆九韶致信朱熹,质疑《太极图说》,此为朱陆之辩的开始。

陆九韶认为："'太极'二字,圣人发明道之本源,微妙中正,岂有下同一物之理。左右之言过矣。今于上又加'无极'二字,是头上安头,过为虚无好高之论也。"(《又与晦庵书》)朱熹反对陆九韶的观点,认为："不言无极,则太极同于一物,而不足以为万化之根；不言太极,则无极沦于空寂,而不能为万化之根。"(《答陆子美一》)

此后陆九渊接替陆九韶继续与朱熹辩论,由此而形成儒学史上一大公案,后世学者站不同立场,对此各有解读。比如侯外庐等认为《太极图说》是《周易》中"易有太极"观念和道教中万物化生观念的结合,所以"自无极而为太极,意思是从无而为有,有生于无,无极是无,太极是有"(侯外庐、邱汉生、张岂之主编《宋明理学史》)。可见该书的观点乃是支持陆氏兄弟。但冯友兰、牟宗三、陈来等支持朱熹的解读,比如冯友兰说："'无极'

是个形容词,'太极'是一个名词。用这个形容词形容名词,就是说,太极在空间上没有边际,在时间上没有始终。具体的事物总是有边际有始终的,这就是西方哲学中所说的'有限'。太极没有这些限制,这就是西方哲学中所说的'无限'。'无极'就是形容'太极'的无限。"(冯友兰《中国哲学史新编》)

后世讨论的焦点,在于如何解读本体是太极还是无极的问题,于此先不论此事。周敦颐在《太极图说》中接着解释太极依次化生出阴阳、天地、五行、四时、万物,万物中包括了人,由此形成了万物化生论。他认为宇宙万物化生是一个循环过程,《太极图说》的前半部分讲的是天道,其讲述方式与老子所说的"道生一,一生二,二生三,三生万物"十分相像,此乃是陆氏兄弟质疑周敦颐之处。

《太极图说》的后半段主要是谈论"人极"问题:"立天之道,曰阴与阳;立地之道,曰柔与刚;立人之道,曰仁与义。"人极又称人道,他从天道推出人道,虽然借助了道家观念,但周敦颐还是提出了"圣人之道,仁义中正而已矣"。这仍然是本持儒家观念,只是吸取了道家的自然观,以此作为儒家观念的立论依据。

虽然二程自称"天理"二字是他们自己的妙得,但也承认从周敦颐那里学到了重要理念,程颢说:"昔受学于周茂叔,每令寻颜子仲尼乐处,所乐何事。"(《二程集》)此观念本自孔子对颜回的夸赞之语:"一箪食,一瓢饮,在陋巷,人不堪其忧,回也不改其乐。"

周敦颐教导二程说:"夫富贵,人所爱也。颜子不爱不求,而乐乎贫者,独何心哉?天地间有至贵至爱可求,而异乎彼者,见其大而忘其小焉尔!"(《通书》)爱慕富贵乃人之常情,但天地间有比富贵更值得追求的事,这就是人生价值,与此比起来,富贵是小,超越富贵才是大。颜子做到了这一点,所以他被视为亚圣。

周敦颐的这个观点对程颐影响较大,程颐二十岁时游太学,胡瑗以"颜子所好何学论"来考诸生,程颐所作之文令胡瑗十分满意。程颐在此文中认为:"圣人之门,其徒三千,独称颜子为好学。夫《诗》《书》六艺,三千子非不习而通也;然则颜子所独好者何学也?学以至圣人之道也。"

经过湖湘学派的推崇,到南宋时期,周敦颐越发受到重视,最后则是由朱熹将周敦颐完善到了理学宗主的地位。朱熹对二程、邵雍、张载均有微词,唯独对周敦颐推崇备至,他在所著《伊洛渊源录》中讲述了理学源流,并将周敦颐置于卷首,由此彰显周敦颐的开创之功。朱熹在《六先生像赞》中夸赞周敦颐说:"道丧千载,圣远言湮。不有先觉,孰开我人?书不尽言,图不尽意。风月无边,庭草交翠。"

朱熹三次整理出版周敦颐的著作,并且撰有多篇文章来推崇周的开创之功,比如他在《韶州先生祠记》中称周敦颐"上接洙泗千载之统,下启河洛百世之传"。朱熹认为周敦颐直接延续上了孔子开创的道统,而《太极图说》和《通书》是"近世道学之源"。

经过朱熹不遗余力地提倡,到嘉定七年(1214),魏了翁上书为周敦颐请谥,魏了翁认为周敦颐"嗣往圣,开来哲,发天理,正人心,使孔孟绝学,独盛于本朝而超出乎百代"(《先生谥告》)。嘉定十三年(1220),宋宁宗赐周敦颐谥"元",故后世称其为周元公。至此,周敦颐在学术史上的地位得到了官方认可。虽然明清两代对周敦颐所创的《太极图》仍有争论,但是其理学宗主的地位却未能动摇。

五、横渠关学

张载,字子厚,以侨寓凤翔眉县横渠镇,世称横渠先生。他少年时喜欢谈兵,意欲联合一帮同道收复被西夏人占领的洮西之地,二十一岁时上书范仲淹言兵事,范与之对谈后,觉得张载乃儒家之器,于是劝他说:"儒者自有名教可乐,何事于兵。"(《宋史·张载传》)同时劝其读《中庸》。张载闻言深研此书,仍然觉得不足,于是又遍读佛、老著作,仍旧觉得无会心处,遂又研读六经。

嘉祐初年,张载前往京师开讲,听众甚多。某天他的表侄程颢、程颐兄弟前来,张载与二程探讨《易》学。二程所言令他大为叹服,转天,他跟朋友说:"比见二程,深明《易》道,吾所弗及,汝辈可师之。"(《宋史·张载传》)张载感慨自己的学问比不过二程,立即撤掉讲席,认真地听二程讲解道学要点，听完后对传承道学大有信心，于是放弃以往所学，将全部精力用在研讨儒学方面。

嘉祐二年（1057），张载举进士。熙宁初，宋神宗打算革故鼎新，御史中丞吕公著向皇帝推荐张载，称其学有本原，四方学者皆宗之。皇帝召见张载问道，张载说："为政不法三代者，终苟道也。"（《宋史·张载传》）皇帝闻言大悦，称将重用张载，但张载与王安石政见不同，为此隐居在了横渠，终日研讨学问。此后他陆续写出了《横渠易说》《正蒙》《经学理窟》等重要著作。嗣后开门授学，培养出众多弟子，后世称其所创学派为关学。对于张载的学术观，《宋史》本传称："故其学尊礼贵德，乐天安命，以《易》为宗，以《中庸》为体，以孔孟为法，黜怪妄，辨鬼神。"

《正蒙》中有《西铭》一篇，极受二程和朱熹的看重。程颐在《答杨时论西铭书》中说："《西铭》之为书，推理以存义，扩前圣所未发，与孟子性善养气之论同功，岂墨氏之比哉！"《西铭》原本是张载读书时写下的格言，写在东窗的一篇名《砭愚》，写于西窗的一篇为《订顽》，程颐认为题目容易起争端，不若直接改为《东铭》和《西铭》。其中《西铭》融会了《易传》中的"天人合一"，《中庸》中的"性"与"道"，《礼运》《周礼》中的"大同"和"宗法"思想。其中讲到人与天地宇宙为一体，"乾称父，坤称母，予兹藐焉；乃浑然中处，天地之塞，吾其体；天地之帅，吾其性。民，吾同胞；物，吾与也。大君者，吾父母宗子；其大臣，宗子之家相也。尊高年，所以长其长。慈孤弱，所以幼其幼。圣，其合德；贤，其秀也。凡天下之疲癃，残疾，惸独，鳏寡，皆吾兄弟之颠连而无告者也"。

张载认为天下所有人都是自己的同胞兄弟，天下万物也同样是自己的同伴。既然天地一家，人人都是天地之子，那么君王也是自己父母的正传，大臣乃是嫡子的家相，自己就应当尊老爱幼，照顾孤弱残疾。在他看来，圣人是合天地之德的人，贤人是天地间的优秀之才，无论是因为有福泽而富贵，还是因贫贱而困苦，都应当以平常心待之，不忧生死，乐天知命。

对于《西铭》一文所表达的儒家思想精髓，程颢夸赞道："《西铭》，某得此意，只是须得子厚如此笔力，他人无缘做得。孟子以后，未有人及此。得此文字，省多少言语。"（《宋元学案·横渠学案》）

张载的最重要理念乃是"气"，其称"太虚即气"。太虚乃是虚空之意，此概念最早产生于战国时期，张载将此概念予以改造，形成了新的解释，其在《正蒙·乾称》中称："凡可状，皆有也。凡有，皆象也。凡象，皆气也。"凡是世间存在之物，皆是实有，凡是实有都是现象，而这些现象都是由气组成。与此同时，他又认为物质世界全部是由太虚构成，太虚乃是万物的基本形态，但是"太虚无形，气之本体。其聚其散，变化之客形尔"。（《正蒙·太和篇》）

太虚没有固定的形态，乃是气的本体，所以说太虚就是气的原始形态。对于这个观点，张岱年在《中国哲学发微》中的解读是："这所谓本体犹言本来的实体。客形即是出入不定的形状。太虚即是普通所谓天空。太虚无形无状，但它是气的本来状态，而气的聚散变化是倏忽不定的。"

如何理解"太虚即气"中的"即"字，后世有不同看法，冯友兰、张岱年等学者认为"即"乃是现代汉语中的"是"，按此观念，"太虚即气"一语是说太虚就是气，太虚与气同质，是同质中的不同状态。但是牟宗三等学者将"即"解释为"相即不离"，也就是太虚和气是本源和表现的关系。

基于"太虚即气"这个本体论，张载由此而阐释他的人性论，认为宇宙间的万物都是由气构成，同样人也是由气凝结而成，因为气具有阴阳和清浊的本性，那么由气产生的万物也具有这两种特性。故而，万物的本性就是气的本性。

张载在《正蒙·太和篇》中说："由太虚，有天之名；由气化，有道之名；合虚与气，有性之名；合性与知觉，有心之名。"此语中的"虚"乃是指气的原始状态，"性"是指人性与物性，"心"乃是张载所说的"大心"。张载对于性有三种定义，一是天性，二是物性，三是人性。人性是张载论述的重点。

对于人性，之前有孟子的性善论、荀子的性恶论、告子的性无善无恶论及董仲舒的性三品论。在此基础上，张载提出了"天地之性"和"气质之性"的新的人性论。张载认为本源之性就是天地之性，同时天地之性高于气质之性，它同样也是圣人之性，天地之性的特点是永恒不灭，它超越了气，不随着气的聚散而变化，天地之性具有先验性、永恒性，它不跟随人物的消亡而消亡。

张载说天地之性是至善的，他赞同老子所说的"天地不仁，以万物为刍狗"，天地没有私心偏爱，它对待世间万物就像对待刍狗那样，任其自生自成。也就是说天地对于万物是公平的，不会对谁特别好或对谁特别不好。既然天地源于太虚，那么太虚也是不善不恶的。

天地之性是每个人所具有的，既然天地之性是至善的，那么每个人也具有这样的至善品质。既然如此，为什么绝大多数人达不到圣贤的境界呢？在张载看来，这是因为天地之性受到了蒙蔽，因为其所受之气的偏狭，由此产生了气质之性，但有些人不同，他能够通过改变气质之性，而达到成圣的结果，这就是张载所言的"学以变化气质"。

张载认为人本身不分善恶，当气凝结成人时，人就有了主动性，如果人能够控制气质之性，那么气质之性就可以是至善的，如果人放任自己去追求耳目口腹之欲，人就会失去本心，致使气质之性偏恶，也就使得人性向恶。人只要通过提高自己的道德修养，加强后天学习，克服人性恶，就能实现成圣的目标。

对于具体修养方式，张载主要总结为三点：为学、大心、修礼。对于为学的方法，张载说："言有教，动有法，昼有为，宵有得，息有养，瞬有存。"（《正蒙》）一个人要有教养地说话，在行动上要有规矩，晚上要静思自己的心得，休息时要懂得保养自己的身体，在瞬息之间也不能放心外驰，而要有所收获存养。

关于如何尽性，张载提出了"自诚明"和"自明诚"两种方法，此观念本自《中庸》："自诚明，谓之性；自明诚，谓之教。诚则明矣，明则诚矣。"此语强调以诚为本，由秉性真诚而明悟天理，这是天性；由明白天理而内心真诚，这是教化。真诚就会明白天理，同样明天理也就会真诚。故而，诚与明的关系，乃是德性与知识的关系。

对于大心，张载说："大其心，则能体天下之物，物有未体，则心为有外。世人之心，止于闻见之狭。圣人尽性，不以见闻梏其心，其视天下无一物非我。"（《正蒙·大心篇》）只有扩大自己的胸襟，才能容纳和体味世间万物。但张载又强调要突破"见闻之知"的局限性，因为这会妨碍天德良知的实现，所以他又提出了"合内外""大其心"和"尽心知心"等认知方法。因为人的感观经验会被"气质之性"所牵累，所以要通过"合内外"来化解"见闻之知"的局限。"大其心"乃是为了"合天心"，只有如此，才能弥补"见闻之知"的不足。

张载重视以礼为教，林乐昌在《张载礼学论纲》中说北宋理学家大多重视教育和通晓礼学，但是"把'以礼教学者'作为自己教学实践宗旨和教育哲学主题的，则唯张载一人而已"。

在教育方面，张载说过的一句话被后世广泛引用，那就是"为天地立心，为生民立命，为往圣继绝学，为万世开太平"。后世称此语为"横渠四句"。此四句中的第一句乃是核心关键，只有立心才能实现立命，才能继绝学和开太平。他所说的立心指的是立仁心，立命是为民众选择正确的命运，往圣乃是指历代大儒，绝学则是先儒们共同创造的道学，做这一切就是为了开创太平盛世。可见张载有着宏大的使命观，所以宋吕大临在《横渠先生行状》中评价他说："先生慨然有意三代之治。"

六、苏氏蜀学

蜀学是由苏洵开创，苏轼、苏辙最终完成，因该学派融汇佛老之言，故被《宋元学案》列为杂学。《宋史·道学传》中没有蜀学中人物，三苏被列入了《文苑传》，可见人们对于三苏更多的是看重他们在文学史上的成就。不过，秦观在《答傅彬老简》中否认了这种认定："苏氏之道，最深于性命自得之际，其次则器足以任重，识足以致远。至于议论文章，乃其与世周旋，至粗者也。阁下论苏氏，而其说止于文章，意欲尊苏氏，适卑之耳。"

秦观乃苏门四学士之一，是苏轼最喜爱的弟子，他所言应该颇贴近实情。在秦观看来，人们夸赞苏轼文章天下第一，这其实是在贬低苏轼的学术成就。

从苏轼本人的言论来看，他也最为看重自己的儒学研究成果。苏轼第一次被贬去黄州时，就准备撰写研究《周易》《尚书》《论语》的著作，他在《与滕达道》中说："某闲废无所用心，专治经书。一二年间，欲了却《论语》《书》《易》，舍弟已了却《春秋》《诗》。虽拙学，然自谓颇正古今之误，粗有益于世，瞑目无憾也。"

那时苏辙已经写完了研究《春秋》和《诗经》的著作，苏轼说自己要研究《论语》《书》《易》，可见兄弟二人在研究经学方面有所分工。虽然那时苏轼还未写出研究成果，但他已有心得，一旦成书，将对社会有用，仅凭这一点就令他觉得死而无憾。

关于苏辙著《春秋》之事，苏籀在《栾城遗言》中写道："公少年与坡公治《春秋》，公尝作论，明圣人喜怒好恶，讥《公》《榖》以日月土地为训。其说固自得之。"可见二苏在年轻时一起研究《春秋》，他们偏爱《左传》，认为《公羊》与《榖梁》各有臆断。

苏籀又说："二公少年皆读《易》，为之解说。"在《易经》方面，二苏也是一起进行。其实二苏研究《易经》本自其父苏洵，苏洵自幼喜好儒家经典，欧阳修在《故霸州文安县主簿苏君墓志铭》中讲到他"举茂才异等不中"，此后"悉取所为文数百篇焚之。益闭户读书，绝笔不为文辞者五六年，乃大究六经百家之说"。

苏洵晚年主要研究《周易》，意欲去除诸儒的附会之言，重现圣人之旨，于是自嘉祐五年（1060）开始重新研读《易经》，用了十年时间草拟出十卷百余篇的《易传》。对于自己的研究成果，苏洵颇为自信地说："此书若成，则自有易以来未始有也。"（苏洵《上韩丞相书》）遗憾的是，苏洵在去世前未能完稿，苏籀《栾城遗言》中记载了有关《易传》的情况："公（苏辙）言先曾祖（苏洵）晚岁读《易》，玩其爻象，得其刚柔远近、喜怒逆顺之情，以观其辞，皆迎刃而解。作《易传》未完，疾革，命二公述其志。东坡受命，卒以成书。"

苏洵在故去前留下遗言，命两个儿子继续完成《易传》的撰写工作，这部书最终由苏轼完成，就是著名的《苏氏易传》。因为此书是由东坡最终完成，故该书又被称为《东坡易传》，但实际是由三苏共同参与，而苏轼最终完成。此事在《宋史·苏轼传》中有载："洵晚读《易》，作《易传》未究，命轼述其志。轼成《易传》，复作《论语说》；后居海南，作《书传》。"苏辙《亡兄子瞻端明墓志铭》中亦载有此事："（先君）作《易传》未完，疾革，命公述其志。公泣受命，卒以成书，然后千载之微言焕然可知也。复作《论语说》，时发孔氏之秘。最后居南海，作《书传》，推明上古之绝学，多先儒所未达。既成三书，抚之叹曰：'今世要未能信，后有君子，当知我矣。'"

苏轼著有《论语说》五卷、《东坡易传》九卷、《东坡书传》二十卷，苏辙认为这些作品才是兄长最为看重的学术成就，因为这是可以传诸后世的名山事业。苏轼本人也多次提到他最看重这三部书，曾在《答苏伯固四首》之一中说："某凡百如昨，但抚视《易》《书》《论语》三书，即觉此生不虚过。"此三书的完成，令苏轼觉得没有虚度此生。他在《答李端叔五首》之一中又说："某年六十五矣，体力毛发，正与年相称，或得复与公相见，亦未可知。已前者皆梦，已后者独非梦乎？置之不足道也。所喜者，海南了得《易》《书》《论语传》数十卷，似有益于骨朽后人耳目也。"

早在二苏参加科考时，就已经展现出了深厚的经学功底。苏轼二十一岁应进士试时，以易学观点撰写了《御试重巽申命论》，苏辙二十三岁应试时答卷也是《易论》，他们在年轻时就跟随父亲学习和研读《易经》之理，所以才有后来的成就。

对于苏轼研究易学的方式，晁公武在《郡斋读书志》中说："《毗陵易传》十一卷。右皇朝苏轼子瞻撰。自言其学出于其父洵，且谓卦不可爻别而观之。其论卦，必先求其所齐之端，则六爻之义，未有不贯者，未尝凿而通也。"

晁公武的所言，是指苏轼以整齐六爻来求卦义，以此作为研读《周易》的基本方式。对于"齐"为何，苏轼解释说："阴阳各有所统御谓之齐。"（《东坡易传》）其是说首先要分辨各卦在总体上所讲述的概念，要探明卦辞与《象辞》，以至于《大象》是如何统御各爻的，同时，也要厘清各爻所讲述的内容，因为不弄清每卦的主旨，六爻就无所统御。

在《易经》研究方面，苏轼遵循苏洵的观点。关于苏洵的易观，朱熹认为："老苏说易，专得于'爱恶相攻而吉凶生'以下三句。他把这六爻，似那累世相仇相杀底人相似看。这一爻攻那一爻，这一画克那一画，全不近人情。"（《朱子语类》）

这种解《易》方式被后儒解释为相斗说，东坡继承各种方式来解《易》是有其现实性，此种解《易》方式，被后世称为"切近人事"。比如他在解《易传·兑卦》时说："六三、上六皆兑之小人，以说为事者均也……"顾炎武在《日知录》中认为："此论盖为神宗用王安石而发。"

苏轼在《易传·既济》中说："人之情，在难则厌事，而无难之世，常不能安有其福。故圣人以为《既济》之主，在于守常安法而已，求功名于法度之外，则《易》之所谓'杀牛'也。"

这种解《易》方式显然是指变法不符合常法。苏轼又在《易传·系辞传下》中说："位之存亡寄乎民，民之死生寄乎财。故夺民财者，害其生者也；害其生者，贼其位者也。甚矣斯言之可畏也。以是亡国者多矣。"与民争利，不利于社会稳定，甚至会导致亡国，当然国家需要征收财税，但取之于民必须合理合法。"故圣人之言理财，必与正名俱，曰理财、正辞，此二者为一言，犹医之用毒，必与其畏者俱也。名一正，上之所行皆可以名言，则财之出入有道，而民之为非者，可得而禁也。民不为非，则上之用财也约矣，又安以多取为哉？"

这段话显然也是针对王安石的财税政策而言，在苏轼看来，这种新政就是与民争财。但王安石坚持己见，不听他人的劝解，并且想办法将不同政见者调往他处。王安石的这种性格也会表现在他的解经方式上。苏轼在《答张文潜书》中说："文字之衰，未有如今日者也。其源实出于王氏。王氏之文，未必不善也，而患在于好使人同己。自孔子不能使人同，颜渊之仁，子路之勇，不能以相移。而王氏欲以其学同天下！地之美者，同于生物，不同于所生。惟荒瘠斥卤之地，弥望皆黄茅白苇，此则王氏之同也。"

王安石掌握着当时的话语权，喜好"好使人同己"，也就是说他不喜欢有人发表与己观点不同的著作。这种强势令苏轼等人不满，而苏轼又是一位文章大家，所以他将自己对现实的一些看法，融入了经学著作的解读中。宋陈善在《扪虱新话》卷一中说："王荆公行新法，同时诸公皆不以为然，二苏颇有论列。荆公于《三经新义》托意规讽，至《大诰》篇则几乎骂矣。《召公论》真有为而作矣。后东坡作《书》《论语》诸解，又矫枉过直而夺之。"

但也正因为如此，使得一些学者认为苏轼这种解经方式不正统。比如《朱子语类》载："东坡见他（指老苏）恁地太粗疏，却添得些佛、老在里面，其书自作两样。"朱熹不满苏轼解经时将佛老观点融入其中，但这其实是苏轼有意为之，苏辙在《亡兄子瞻端明墓志铭》中说："后读释氏书，深悟实相，参之孔、老，博辩无碍，浩然不见其涯也。"

苏轼解读其他的儒家经典时也会融入佛道观念，比如他在《上清储祥宫碑》中说："道家者流，本出于黄帝、老子。其道以清静无为为宗，以虚明应物为用，以慈俭不争为行，合于《周易》'何思何虑'、《论语》'仁者静、寿'之说，如是而已。"苏轼认为，道家的一些观念与《周易》观念相合，同时也符合《论语》中的所言，他在《祭龙井辩才文》中还说过："呜呼！孔老异门，儒释分宫。又于其间，禅律相攻。我见大海，有北南东。江河虽殊，其至则同。"

正是因为本着这种观念，所以苏轼对《易经》有着许多独特见解。他特别推崇"一"，认为"一"是宇宙的本体，他在《终始惟一时乃日新》中说："惟一者为能安。天地惟能一，故万物资生焉。日月惟能一，故天下资明焉。天一于覆，地一于载，日月一于照，圣人一于仁，非有二事也。"同时他引用《易经·系辞上》中的"一阴一阳之谓道",以此来说明"一"就是道。对于他的这种说法,朱熹提出了批评,认为苏轼没有把道解释清楚,反而用老庄的"虚无"观念来解《易》。

但是,朱熹却对苏轼的《东坡书传》有着夸赞之语,《朱子语类》载:"或问:'《书解》谁者最好?莫是东坡《书》为上否?'曰:'然。'又问:'但若失之简。'曰:'亦有只消如此解者。'"

当年朝中蜀党与洛党势同水火,朱熹属于洛党传人,却能肯定苏轼所解《尚书》,一者可见朱熹观点公允,二者也说明东坡解《书》确实有成就。朱熹还说过:"东坡(《书》)解,大纲也好。"为此,《四库全书简明目录》云:"轼《易传》或偶涉玄谈,此书则于治乱兴亡,抉摘明切。盖轼究心经世之务,又长于议论,洛、闽诸儒,以程子之故,与轼如水火,而不能不取此书,则大略可知矣。"

苏轼在《论语说》中表达了自己的人性观,认为人性既不是善也不是恶,应当以不善不恶来看待,比如《东坡易传》载:"性之于善,犹火之能熟物也,吾未尝见火而指天下之熟物以为火,可乎?夫熟物则火之效也。"

火能将食物烤熟,但是熟物并不等于火,其言外之意,如果将善恶与性并提,就如同把烤熟的食物等同于火。既然如此,那前儒为什么对性的善恶有不同解读呢?苏轼认为:"人性为善,而善非性也。使性而可以谓之善,则孔子言之矣。苟可以谓之善,亦可以谓之恶。故荀卿之所谓性恶者,盖生于孟子;而扬雄所谓善恶混者,盖生于二子也。性其不可以善恶命之,故孔子之言曰'性相近也,习相远也'而已。"(曾枣庄、舒大刚主编《三苏全书》)

苏轼于此依然否定以先天的善和恶来代替性,只有孔子所说的"性相近,习相远",才是最准确的解读。人为什么有善恶之别,在苏轼看来与性无关,因为孔子说的这句话表达了性是无善恶的,至于人在社会中为什么会有善和恶的表现,这是后天形成的结果,并不是性本身所具有的。

苏辙也认同苏轼的性无善恶论,在《论语拾遗》中说:"性之必仁,如水之必清,火之必明。然方土之未去也,水必有泥,方薪之未尽也,火必有烟。土去则水无不清,薪尽则火无不明矣。人而至于不仁,则物有以害之也。"

苏辙认为人性的本质是仁,这就如同水之必清、火之必明,若将水中的杂质除去，水自然就会清澈，如果将木材充分燃烧，火也就更为明亮。所以人通过提高自我修养，就能达到成仁的境界。苏辙在论仁时，不忘强调现实性："故颜子之心，仁人之心也，不幸而死，学未及究，其功不见于世。孔子以其心许之矣。"同时他又谈到了管子："管仲相桓公，九合诸侯，一匡天下，此仁人之功也。"

苏辙将两位《论语》中的名人进行对比，认为颜子有仁之心而无仁人之功，管子则恰好相反。在他看来，真正的"仁"乃是集颜子之心与管仲之功于一身，这样的完人既有内在的精神，又有外在的功利。

苏辙撰有《春秋集解》，对于撰写该书的原因，他在本书的引言中称："近岁王介甫以宰相解经，行之于世，至《春秋》漫不能通，则诋以为断烂朝报，使天下士不得复学。呜呼，孔子之遗言而凌灭至此，非独介甫之妄，亦诸儒讲解不明之过也。"

苏辙不满于王安石解《春秋》的观点，这是他撰写该书的动机之一。对于本书的特点，四库馆臣在《春秋集解》提要中说："辙以其时经传并荒，乃作此书以矫之。其说以《左氏》为主，《左氏》有不可通，乃取《公》《穀》及啖、赵诸家以佐之。"可见苏辙解《春秋》兼采三传，另外引用了啖助、赵匡、杜预的观点。三传中以《左传》为主，但对《左传》的一些说法也有批评，总体来说，他更关注《春秋》一书的义例，采取了"舍传求经"的解经方式。

苏辙还撰有《诗集传》，辨析《诗序》之内涵，而后提出了废弃《诗序》的观点，这个观点为宋儒一派所本持。《诗序》乃是《诗经》各篇的解题，原本《齐诗》《鲁诗》《韩诗》《毛诗》均有《诗序》，但前三书亡佚，故《诗序》便成了《毛诗序》。汉儒解诗很少质疑《诗序》。到唐代时，成伯玙才指出《诗序》的首句总括语出自子夏，其余则出自大毛公。入宋后，《诗序》的作者问题成了宋儒的重要论题，而苏辙的观点有开创之功。

因为党争的原因，蜀学先是遭到了新学的排挤，接着又遭到了理学的打击，但仍然有学者认为蜀学能与另外两家并提，郑公鲤在《韦溪先生祠堂记》中说："黄公云：'党禁三家后，潜心自六经。三家则蜀学、洛学、朔学也。三家操尚虽殊，守正则一。'"宋刘光祖将蜀学与二程道学相并提，认为两者同出一源："苏、程二氏之学，其源则一，而用之不同，皆有得于经术者也。"(《刘光祖墓志铭》)

七、尧夫数学

邵雍，字尧夫，去世后得谥康节，后世称其为康节先生。他把"数"作为宇宙的本质，故其所创学派被称为数学派。朱伯崑在《易学哲学史》中称："邵雍易学的特点，当时被称为数学。"同时称："邵氏易学，并非不讲卦象，而是说，在奇偶之数之基础上讲卦象的变化，主张'数生象'，故被称为数学。"

关于邵雍在儒学史上的传承地位，《宋史·朱震传》称："陈抟以《先天图》传种放，放传穆修，穆修传李之才，之才传邵雍……"从这个传承顺序看，邵雍乃是象数派重要传人之一，从陈抟一直传到了他这里。

《宋史·邵雍传》载其年少时"自雄其才，慷慨欲树功名"。但是尽管他寒暑昼夜地苦研，却始终没有得到研学门径，直到遇到了李之才才开始有转机。《宋史》本传载："北海李之才摄共城令，闻雍好学，尝造其庐，谓曰：'子亦闻物理性命之学乎？'雍对曰：'幸受教。'乃事之才，受《河图》、《洛书》、宓羲八卦六十四卦图像。"

李之才闻听邵雍刻苦研读经典，特意到其家相见，两人一番交谈过后，李之才认为邵雍是可造就之大器，于是将《河图》、《洛书》及宓羲的八卦图等秘籍传授给了邵雍。本传接着写道："之才之传，远有端绪，而雍探赜索隐，妙悟神契，洞彻蕴奥，汪洋浩博，多其所自得者。"

如《朱震传》中所言，李之才的这些秘籍乃是渊源自有。邵雍得到后，果不负李之才之望，他刻苦研读，终于形成了邵雍独有的数学理论。

其实邵雍原本就对《周易》有研究，其父邵古曾写过《周易解》五卷，此书已失传，但有部分内容保存在张行成的《易通变》中，该书引用了邵雍称颂其父之语："观天地消长，察日月盈缩，考阴阳度数，赜刚柔形体，目烂心醉五十年，始得造于无间矣。"邵雍得此家传，也研究《易经》，他将伏羲八卦视为先天八卦，文王八卦视为后天八卦，认为这两种八卦的排列方式都能从《易传》中找到依据："起震终艮一节，明文王八卦也；天地定位一节，明伏羲八卦也。"（邵雍《皇极经世书·观物外篇》）

对于天地的变化，邵雍确定有八种属性。《观物外篇》描述了天的四种属性是：太阳、太阴、少阳、少阴；地的属性为：太刚、太柔、少刚、少柔。这八种属性分别对应天地间的八种物体，天之四象为日、月、星、辰；地之四象为水、火、土、石。这八象会发生交感变化，天之四象变为暑、寒、昼、夜，地之四象变为雨、风、露、雷。这些现象继续推演下去，就会产生自然界的许多感应："性之走善色，情之走善声，形之走善气，体之走善味；性之飞善色，情之飞善声，形之飞善气，体之飞善味……"

对于太极，邵雍有他的解读，认为"心为太极"，由此将宇宙的客观本体与人心结合起来，同时他又说"道为太极"，由此实现天人合一观念。对于太极的变化，邵雍说："太极一也，不动；生二，二则神也。神生数，数生象，象生器。"这种状态继续演化下去就是："太极既分，两仪立矣。阳下交于阴，阴上交于阳，四象生矣。阳交于阴、阴交于阳而生天之四象；刚交于柔、柔交于刚而生地之四象，于是八卦成矣。八卦相错，然后万物生焉。是故一分为二，二分为四，四分为八，八分为十六，十六分为三十二，三十二分为六十四。"（《观物外篇》）

经过这样二进制的演变，从此产生了天下万物，所以在邵雍看来，事物的内在规律是数的变化，图与数才是自然本源。邵雍认为宇宙间存在天地之数，这种观念本自《易传·系辞》："天一、地二，天三、地四，天五、地六，天七、地八，天九、地十。天数五、地数五，五位相得而各有合；天数二十有五，地数三十。凡天地之数五十有五，此所以成变化而行鬼神也。"

天之数为一、三、五、七、九，这五个数加在一起为二十五，此为天数的总和。地之数为二、四、六、八、十，加在一起为三十。天地之数合在一起为五十五。汉儒将天地之数附会大衍之数，于是有大衍筮法。此筮法是用四堆筮草，每堆有九根，以此对应乾卦的一爻，四乘九等于三十六，而三十六正好是地之成数六的自乘，即六六三十六。

对此，邵雍给出了如下解读："一者，数之始而非数也，故二二为四，三三为九，四四为十六，五五为二十五，六六为三十六，七七为四十九，八八为六十四，九九为八十一，而一不可变也。百则十也，十则一也，亦不可变也。是故，数去其一而极于九，皆用其变者也。五五二十五，天数也，六六三十六，乾之策也，七七四十九，大衍之用数也，八八六十四，卦数也，九九八十一，玄、范之数也。"（《观物外篇》）

天地之数为五十五，无法与《周易》六爻相匹配，于是就有了大衍之数为五十的说法。若为五十则挂一不用，以此来作为太极，余为四十九。而四十九的自乘是七七四十九，此即天之成数七的自乘。《周易》六爻共六十四卦，正好是地之数中八的自乘，即八八六十四。

邵雍注意到《太玄》有八十一首，《洪范·九畴》有八十一篇，此恰好为天数九的自乘，即九九八十一。由此可看出邵雍认为天下之数都符合《易传》中的数，甚至认为宇宙间的时间也是由数构成的，他将这个数总结为"元会运世"。

邵雍用整数原则来设定一年有十二个月，三百六十天，四千三百二十辰，认为这是人间的小年，而宇宙间另外存在大年。他将年对应元，会对应世，运对应月，世对应辰，于是就有了一元等于十二会等于三百六十运等于四千三百二十世，而古时一世等于三十年，由此可得出一元等于十二万九千六百年。可见这种计算方式是12、30、12、30……的交替变化。

邵雍又将一元十二会用十二甲子来记名，即地支子、丑、寅……亥，一会三十运，以天干甲、乙、丙……癸，但是天干只有十个，将天干重复三次，就符合了三十运之数。然后将会与运之数两两相配，就推出了十二万九千六百年。邵雍的儿子邵伯温说这就是"皇极经世一元之数"，同时"一元在大化之间，犹一年也"，皇极经世之数"可至于终而复始也。"也就是每过129600年，旧的宇宙就毁灭，而后诞生新的宇宙，这个过程循环往复以至无穷。

邵雍想要以此来说明宇宙是无限的，而宇宙间的一切都是由数来决定的："数者何也？道之运也，理之会也，阴阳之度也，万物之纪也，定于幽而验于明，藏于微而显于著，所以成变化而行鬼神者也。"（《皇极经世书》）邵雍还算出，唐尧即位在巳会之三十运，这是有记载人类的开端，而邵雍本人所处的北宋神宗时代则是午会中第十运。

邵雍不但认为数是宇宙的周期，同时数也表达了宇宙万物的品种的上限，他将"太阳"和"少阳"之数定为十，"太阴"和"少阴"定为十二，"太刚""少刚"为十，"太柔""少柔"为十二，由此得出阳刚之数为四十，称为太少阳刚的本数；阴柔之数为四十八，称为太少阴柔的本数。两者分别乘四，前者得体数一百六十，后者得体数一百九十二。

以太少阳刚的体数一百六减去太少阴柔之本数四十八，得太少阳刚之用数一百一十二。以太少阴柔之体数一百九十二减去太少阳刚之本数四十，得太少阴柔之用数一百五十二。而后将这两个用数相乘（112×152），结果是17024，邵雍认为这就是日月星辰的变数。以太少阴柔的用数乘太少阳刚的用数（152×112），同样得到17024，他说这是水火土石之化数。这两个结果相乘得289816576，这个数字就是宇宙间万物的品种与数量。

对于邵雍的天地之数的算法，程颢称为"加一倍法"，因为邵雍从奇偶二数开始，逐渐往上加，二是一的倍数、四是二的倍数，等等。朱熹则将其称为"一分为二法"："此只是一分为二，节节如此，以至无穷，皆是一生两尔。"（《朱子语类》）也就是四分为八，八分为十六等。

但是邵雍的天地之数的算法，确实存在缺陷，因为他只取整数，比如一年三百六十五天，他以三百六十天来算才能符合一路下来的算法，这种算法其实与历法不合，所以黄宗羲在《易学象数论》中批评邵雍说："康节之为此书，其意总括古今之历学尽归于《易》，奈《易》之于历本不相通，硬相牵合，所以其说愈烦，其法愈巧，终成一部鹘突历书，而不可用也。"

在天地之数外，邵雍还有圆方之数，他在《观物外篇》中说："大衍之数，其算法之源乎！是以算数之起，不过乎方圆曲直也。乘数，生数也；除数，消数也。算法虽多，不出乎此矣。"

邵雍认为圆方之数就是大衍之数，这是一切算法的源头，为此，他将圆方之数与《河图》《洛书》结合起来："圆者，星也。历纪之数，其肇于此乎？方者，土也，画州井地之法，其仿于此乎？盖圆者，《河图》之数；方者，《洛书》之文。故羲、文因之而造《易》，禹、箕叙之而作《范》也。"他认为圆代表的是"河图之数"，方代表的是"洛书之文"，于是有了如下算法："圆数有一，方数有二，奇偶之义也。六即一也，十二即二也。圆者径一围三，重之则六。方者径一围四，重之则八也。天圆而地方。圆者之数起一而积六，方者之数起一而积八。变之则起四而积十二也。六者常以六变，八者常以八变，而十二者亦以八变，自然之道也。"（《观物外篇》）

邵雍曾经想把自己的奇妙数学之法传给二程，程颢以太难为借口推辞掉了："尧夫欲传数学于某兄弟。某兄弟那得工夫？要学，须是二十年工夫。尧夫初学于李挺之，师礼甚严。虽在野店，饭必襕，坐必拜。欲学尧夫，亦必如此。"（《宋元学案·百源学案》）

程颢了解到，当年邵雍跟李之才学习图数之学十分艰苦，还要遵守十分严格的礼仪，如果自己跟随邵雍学习，恐怕也要这样坚持二十年之久，但是自己哪有那么多时间来学习这门绝学呢？事实上，二程的居所距离邵雍家很近，他们时常过往，程颐说："某与尧夫同里巷居三十余年，世间事无所不问，惟未尝一字及数。"程颐向邵雍请教过很多问题，但绝不问一句有关数学的事，其原因一是学之太难，二是二程认为邵雍的观点失之空疏，"邵尧夫犹空中楼阁"(《二程遗书》)。

朱熹很看重邵雍的易学成就,《朱子语类》载:"自《易》以后,无人做得一物如此整齐,包括得尽。"

四库馆臣将清以前的易学分为两派六宗,两派是指象数派与义理派,邵雍属于前者,对于此派的成就,张立文在《安身立命之学的开显——论邵雍的先天之学》中给出了如下评价:"如果说邵雍是《易》学象数图书派,那么,周敦颐便是《易》学义理图书派,他们从《先天图》和《太极图》的阐释中为往圣继绝学,从佛教强势文化中,续中华学说之血脉,承中华学说理性命安身立命之道统,共同开启了宋明理学之端始。"

八、二程洛学

程颢,字伯淳,河南伊川人,世称明道先生。其弟程颐字正叔,因其长期在伊川讲学,世称伊川先生。兄弟二人被世人合称为"二程",亦有时称程颢为大程,称程颐为小程,他们被视为道学和理学的真正创始人。

程颢没有专著存世,他的一些观念与程颐所讲的一些话合编为《河南程氏遗书》,此后于此基础上又增加了一些诗文,成为《二程集》。因《河南程氏遗书》和《二程集》中大多没有注明某句话是出自程颢还是程颐,故本篇引文中不能确凿者均标示为"二程曰"。

在宋初诸子中,二程受周敦颐和张载的影响最深。二程十余岁时,因父亲程珦在南安军任职,此时周敦颐亦在此地,于是在父亲的安排下,二程拜周敦颐为师。程颢去世后,程颐在为其兄所写《明道先生行状》中称:"先生为学,自十五六时,闻汝南周茂叔论道,遂厌科举之业,慨然有求道之志。"

周敦颐的思想确实对二程有影响,直接让他们放弃科考,转而立大志,要弘扬儒学。对于周敦颐教授的内容,《二程集》载:"昔受学于周茂叔,每令寻颜子、仲尼乐处,所乐何事。"这就是儒家惯常所言的"孔颜乐处"。当年孔子夸赞颜回:"贤哉,回也!一箪食,一瓢饮,在陋巷,人不堪其忧,回也不改其乐。贤哉,回也!"(《论语·雍也》)孔子感叹颜回的修养,吃着粗茶淡饭,住在破烂的房屋中,别人都为生活困苦而忧愁,颜回却能怡然自得。周敦颐用这个故事来启发二程,是想让他们懂得存天理去人欲之理。

二程天资极佳,经过周敦颐点拨后,很快显现出超凡的境界:"《诗》可以兴。某自再见周茂叔后,吟风弄月以归,有'吾与点也'之意。"(《二程集》)

孔子曾经问他的弟子子路、曾皙、冉有、公西华等有什么人生志向,弟子们说了自己的理想,前几位弟子谈的都是治国方略,只有曾皙说他的理想是:"莫春者,春服既成,冠者五六人,童子六七人,浴乎沂,风乎舞雩,咏而归。"孔子对前几位弟子所言没有给出高评,但是听完曾皙的表述后却感叹了一句"吾与点也"(《论语·先进》)。曾点,字皙,孔子说他最赞赏曾点的人生态度。

周敦颐用这个典故来教导二程摆脱世俗名利,把注意力用在追求精神境界方面,二程很快领会了周敦颐的用意。后来程颢在《春日偶成》一诗中表达了这种心境:"云淡风轻近午天,傍花随柳过前川。时人不识余心乐,将谓偷闲学少年。"

宋仁宗嘉祐二年(1057),程颢考中进士,后经吕公著举荐,在朝中为官。程颢并不认同王安石的新法,两人分属于不同的阵营,但因其性格较为温和,也没有予以强烈反对,跟王安石说话时大多心平气和。因为屡次谏阻新法不为神宗采纳,程颢自请外放,即使如此,王安石仍称:"此人虽未知道,亦忠信也。"程颢晚年在洛阳为官,开门收徒讲学。哲宗即位后,司马光、吕公著等被重新起用,程颢被升为宗正寺丞,然因染病未赴而卒。

二程兄弟性格差异较大,程颢谦和平易,弟子在其身边如沐春风,《近思录》载程颢弟子刘安礼所言:"先生德性充完,粹和之气盎于面背,乐易多恕,终日怡悦。"《伊洛渊源录》所载另一位弟子所言,形容得更为真切:"朱公掞见明道于汝州,逾月而归。语人曰:'光庭在春风中坐了一月。'"

程颐则不同,他在十八岁时即上书仁宗,要求召对,但他的想法未能实现。在他还是诸生时,胡瑗以《颜子所好何学论》试诸生,程颐的答卷最令其满意,于是聘其为学官。但程颐的仕途并不顺利,参加科考未能通过,五十多岁仍是布衣,直到程颢去世后他才出仕,元祐元年(1086)以布衣被召对。哲宗即位后,程颐为皇帝讲书,某年春天,皇帝依栏折柳,程颐劝谏皇帝:"方春发生,不可无故摧折。"(《宋元学案》)令皇帝大为扫兴。

程颐最有名的故事乃是"程门立雪"。某天弟子游酢、杨时来拜见他,赶上他坐在那里假寐,二人不敢打扰,一直站在门外,直到门外的大雪下到了尺余深。程颐对待同事也是如此,在他做经筵讲官时,有些大臣闲暇时喝茶观画,邀程颐一同品评,他却很不给面子地说:"吾平生不啜茶,亦不识画。"与弟子商讨学术观念时,他的态度也跟哥哥有较大差异,《二程外书》载:"明道先生每与门人讲论,有不合者,则曰'更有商量',伊川则直曰'不然'。"

洛、蜀党争最激烈时,程颐深受其害,晚年他对此有所反省,但还是改不了自己的性格。《二程遗书》载其所言:"敬是持己,恭是接人。与人恭而有礼,言接人当如此也。近世浅薄,以相欢狎为相与,以无圭角为相欢爱,如此者安能久?若要久,须是恭敬。"

二程兄弟的理学观念整体上基本类似,故朱熹将他们一起归入洛学。但因二人性格上的差异,致使他们在学术理解上也有所偏重,陈来先生在《宋明理学》中认为二程的差别实际上就是后来心学与理学的差别。程颢是心学的源头,程颐是理学的源头。程颢比程颐更注重内向的体验而轻视外在的知识,但程颢也不同于后来的陆王心学,因为他内向的体验和追求与陆王心学不同。

张载是二程的表叔,二程曾经有两次与张载当面探讨理学观念,但更多的是通过书信来表达各自的观点。吕大临在《横渠行状》中称:"见二程尽弃其学。"此处说张载觉得二程的思想比自己高明,反而转向这两位侄子来学习。后来尹焞把这句话转述给程颐,程颐反驳说:"表叔平生议论,谓颐兄弟有同处则可。若谓学于颐兄弟,则无是事。顷年,属与叔删去。不谓尚存斯言,几于无忌惮。"(《二程集》)程颐只承认张载与其兄弟二人探讨学问,但拜师绝无其事,还特意嘱咐吕大临删掉这句话。

张载的理学主体观是气本论,他提出了"民胞物与"的伦理思想,二程的理气观与张载不同,但是在主体思想上,他们很推崇张载:"孟子而后,却只有《原道》一篇,其间语固多病,然要之大意尽近理。若《西铭》,则是《原道》之宗祖也。"(《二程集》)二程认为张载《西铭》中表达的儒学境界要远高于韩愈的《原道》,张载的一些观念对二程也有影响,比如程颐后来总结出的著名观念"理一分殊",就是受到《西铭》的影响。

二程思想的核心是"理",又称"天理"。虽然在二程之前已有"天理"概念,但他们对此词赋予了全新的内涵,使之成为理学家最高的哲学概念。有人认为二程的天理观是从周敦颐那里学来的,但程颢反对这种说法:"吾学虽有所受,'天理'二字却是自家体贴出来。"(《程氏外书》)可见二程对这个概念发明权的看重程度。

二程认为,天下万物无论其存在还是自然生长与运行,都普遍存在一个规律准则,这就是"理"。"理"贯穿自然界和人类社会,主导世间万物的发展,同时也规范人的伦理道德原则。程颢说:"万物皆有理,顺之则易,逆之则难,各循其理,何劳于己力哉!"又说:"凡眼前无非是物,物物皆有理。如火之所以热,水之所以寒,至于君臣父子之间,皆是理。"(《程氏遗书》)

对于天理的绝对性,二程认为:"天理云者,这一个道理,更有甚穷已?不为尧存,不为桀亡。人得之者,故大行不加,穷居不损。"(《遗书》)天理是永恒存在的,正如荀子所言"不为尧存,不为桀亡",天理发挥着巨大的作用,不以人的意志为转移。二程想以此说明天理的客观性。

儒学的另一大概念是"心",程颢将"理"与"心"联系在了一起,将两者等同:"心是理,理是心。"(《遗书》)。儒家以天为大,于是程颢接着做出如下解读"只心便是天",这样就构成了"天"等于"心","心"等于"理"的定论。同时他又说世间万物"都自理出""万物皆只是一个天理",那么就构成了新的等式:天人一也。由此形成了这样的理念:主宰万物的最高存在就是心中之理。

对于心与性的关系,程颢说:"上天之载,无声无臭,其体则谓之易,其理则谓之道,其用则谓之神,其命于人则谓之性。"(《二程集》)在这里,他以易为体,以神为用,他所说的神是指具体事物的运动变化,总体来说,程颢将天地变化运动的总体称为"易",天地变化的总体法则称为"道",各种具体变化的现象称为"神"。同时他引用《中庸》中的"天命之谓性",来说明天所赋予人的法则就是"性"。既然性是天所赋予的,也就是人生而所具有的,所以就可以得出"生之谓性"的结论。

对此结论,程颢进一步解释说:"性即气,气即性,生之谓也。"但是每个人有不同的禀性,所以才产生了不同的人性:"人生气禀,理有善恶,然不是性中元有此两物相对而生也。有自幼而善,有自幼而恶,是气禀有然也。善固性也,然恶亦不可不谓性也。"(《遗书》)程颢认为每个人一出生时就产生了不同的气禀，可见人性是由所禀决定的，气禀有善有恶，所以人有的生而为恶，有的生而为善。按此说法，恶不是完全在后天产生的，这与性善论的观点不同。

对于这个结论，程颢举出了如下例子："皆水也，有流而至海，终无所污，此何烦人力之为也？有流而未远，固已渐浊；有出而甚远，方有所浊。有浊之多者，有浊之少者。清浊虽不同，然不可以浊者不为水也。"（《遗书》）

有的水直到流入大海始终都没有受污染，有的水流出不远就污浊了，但污浊也有程度之分，而无论是清水还是浊水，其实都是水。程颢想以此说明善性是性，恶性也是性，同时也说如果加以努力，浊水也可以变成清水。也就是说，性之善恶虽然是气禀先天造成的，但也可以改变，人要努力提高修养，就会由恶转善。

程颐按照程颢的观点，对天理观做了进一步的完善，认为："理无形也，故因象以明理。理既见乎辞矣，则可由辞以观象。故曰：得其义，则象数在其中矣。"（《二程集·答张闳中书》）程颐说理没有形状，却能派生出天下万物，万物都是理的体现，同时理也是万物的准则，而理是比万物更根本的存在。如果万物同理，那为什么会生成万物呢？程颐的解释是："天下物皆可以理照，有物必有则，一物须有一理。"（《遗书》）

因为一物有一理，所以才有了花样繁盛的世界，理是如何形成万物的呢？程颐说这是阴阳相交，于是就产生了物的性，而物的性就是理。他给出的等式是："理也，性也，命也，三者未尝有异。穷理则尽性，尽性则知天命矣。天命犹天道也，以其用而言之则谓之命，命者造化之谓也。"（《遗书》）理就是性，性就是命，三者没有差异。

同时天命又是道，但是如果要强调一物有一理，那就没有绝对真理存在了，为此，程颐又强调理的共性，也就是天下万事万物只有一个理："天下之理一也，途虽殊而其归则同，虑虽百而其致则一。虽物有万殊，事有万变，统之以一，则无能违也。"他所说的这个理应当是超越自然的真理，邵伯温向程颐请教："孟子言心、性、天，只是一理否？"程颐的回答是："然。自理言之谓之天，自禀受言之谓之性，自存诸人言之谓之心。"（《二程集》）

天下的真理只有一个，但表现在具体事物上却呈现出千万种，虽然是万殊却同归于一理，天理乃是万物存在的根据，所以"理"和"殊"是个性与共性的关系问题。虽然如此，程颢还是强调天理的绝对性："理则天下只是一个理，故推至四海而准，须是质诸天地，考诸三王不易之理。"对于万殊与一理的关系，他又说："所以谓万物一体者，皆有此理，只为从那里来。'生生之谓易'，生则一时生，皆完此理。"（《遗书》）

仁、义、理、智、信是儒家的五常，程颐特别强调仁的重要性，他把仁看作心体，又视为宇宙的本体，五常中的另四常则是仁的具体表现。程颐以中医作比喻，认为一个人如果血气不通，就是中医所说的麻木不仁，人不能感受万物的所有感受，但是，因为万物和人有一个共通的理，所以就可以由人推及万物，从自身的体验来解读万物的感受，这就是得仁之体。故程颢说："若夫至仁，则天地为一身，而天地之间，品物万形为四肢百体。夫人岂有视四肢百体而不爱者哉？圣人仁之至也，独能体是心而已。"（《遗书》）

对于修养功夫，程颢强调《大学》中所言的"致知在格物，格物而后知止"，认为格物致知是修养功夫的基础，是为学之本。但是，在格物之前，首先要正心诚意："人之学莫大于知本末终始，致知在格物，则所谓本也，始也；治天下国家，则所谓末也，终也。治天下国家，必本诸身，其身不正而能治天下国家者无之。"（《遗书》）

如何来解释格物，《遗书》载二程所言："格，至也，如'祖考来格'之格。凡一物上有一理，须是穷致其理。"他说格就是致，格物乃致物，格物的最终目的就是穷尽物理，明白天理，但天理不只存在于物中，同时格心也是格物。又门人问："格物是外物，是性分中物？"程颐的回答是："不拘。凡眼前无非是物，物物皆有理。如火之所以热，水之所以寒，至于君臣父子间皆是理。"

程颐是想说，心与物有共同之理，通过穷物之理来达到内心的知，内外合在一起，方能体会天下万物之理："物我一理，才明彼即晓此，合内外之道也。语其大，至天地之高厚，语其小，至一物之所以然，学者皆当理会。"（《遗书》）

但是天下万物数量庞大，如何能格得清，所以门人问："格物须物物格之，还只格一物而万理皆知？"二程的回答是："怎生便会该通？若只格一物便通众理，虽颜子亦不敢如此道。须是今日格一件，明日又格一件，积习既多，然后脱然自有贯通处。"（《遗书》）二程说要通过积累许多的格物知识，才能从中逐渐贯通普遍的义理，以此来强调学习知识的重要性。

二程思想对宋以后的中国儒学影响巨大。朱熹在《〈程氏遗书〉后序》中说："夫以二先生倡明道学于孔孟，既没千载不传之后，可谓盛矣。"孔孟之道，千年湮没，经二程的努力，终于受到世人之重视。

对于二程的开创之功，陈钟凡在《两宋思想述评》中说："故论者谓：'颢说简易，颐说缜密。颢说圆融，颐学笃实。'两家分道扬镳，信不可以并论。然由北宋思潮，而开南宋思潮，两先生实开其先路。此宋代思想变迁之一大关键，言学术史者所应加意者也。"

九、程门四先生

《宋史·谢良佐传》载："谢良佐，字显道，寿春上蔡人。与游酢、吕大临、杨时在程门，号'四先生'。"为此，后世称这四位理学大家为程门四大弟子。以卒年来论，四先生都去世在建炎元年（1127）之前，属于北宋人物，但其中的杨时和游酢将理学南传，开创了全新局面，为此各种文献在论述南宋理学时，都会将这二人视为开山鼻祖。所以，这里将四先生的理学成就一并述之。

1. 蓝田学派：吕大临，以中为天下之大本

《宋元学案·吕范诸儒学案》载全祖望按语："关中自南渡后，道梗不通接，蓝田学派，遂至无征……"

吕大临，字与叔，蓝田人，与三个哥哥吕大忠、吕大防、吕大钧并称为"蓝田四贤"，就当时的影响力而言，可与蜀学"三苏"相并提。吕大临早年师从张载，为关学重要人物，胡宏夸赞其为"横渠门人之肖者"（《题吕与叔〈中庸解〉》）。在理学观念上，张载主张"太虚即气"，吕大临继承并发展了张载的"气论"，认为理气相即，"天下通一气，万物通一理"，（吕大临《易章句·系辞下》）有理则有气，反之亦然，二者相辅相成不可分离。

张载去世后的转年，吕大临转投二程门下，虽然他由关学转洛学，但在很多观点上一直本持着关学特色。程颐称其："守横渠学甚固，每横渠无

说处皆相从，才有说了，便不肯回。"(《程氏遗书》)正因这种坚持，二程认为吕大临受张载之学博杂的影响，致使"思虑过多，不能驱除"，为此程颢专门写了《识仁篇》，说明"学者须先识仁"，最终吕大临接受了程颢的"识仁"修养功夫论。

程颐与吕大临讨论的主要学术观，是关于"中"的问题，他们往返论辩，最终形成了《论中书》一篇。在"中"的问题上，吕大临受张载影响很深，认为"中者，道之所由出"，"道"是从"中"而来，"中"与"道"是体与用、本与末的关系。程颐不认可这种看法，认为"中"就是"道"，如果"道"是从"中"而来，那么"道"就成为"中"之外的另外一物。

吕大临又提出"中即性也"。程颐仍然认为此说有问题，因为"中"只是一个描绘词，是对"性"和"道"及其形状的描述，不能等同于"性"。程颐在《论中书》中举例称："如称天圆地方，遂谓方圆而天地可乎？方圆既不可谓之天地，则万物决非方圆之所出。如中既不可谓之性，则道何从称出于中？盖中之为义，无过不及而立名。若只以中为性，则中与性不合，与'率性之谓道'其义自异，性道不可合一为言，中止可言体，而不可与性同德。"

在程颐看来，"中"只是用来形容"性"和"道"的状态，即"中"是在说明"性"和"道"的不偏不倚，所以"中"不等同于"性"，这就如同方圆不等同于天地一般，因为方圆只是形容天地的形状，不能说方圆就是天地。那么究竟什么是"中"呢？程颐说："不偏之谓中，不易之谓庸。中者，天下之正道，庸者，天下之定理。"(《中庸章句》)可见，不偏就是"中"。吕大临坚持《中庸》中所言"中者，天下之大本"的观念，认为"盖中者，天道也，天德也，降而在人，人禀而受之，是之谓性"(《礼记解·中庸》)。吕大临将"中"与"性"结合起来，由此将"中"提到了至德的高度。

吕大临还与二程探讨了"赤子之心"是喜怒哀乐已发或未发的问题。吕大临认为喜怒哀乐未发之时的心，是种纯一无伪、无所偏倚的"天心""本心"："当是时也，此心即赤子之心（纯一无伪），即天地之心（神明不测）。"程颐则认为"赤子之心"是已发，故不可以"中"来形容。程颐说："赤子之心，发而未远于中，若便谓之中，是不识大本也。"(《论中书》)

对于吕大临的儒学思想，朱熹大多表示赞同："吕与叔惜乎寿不永，如天假之年，必所见又别。程子称其'深潜缜密'，可见他资质好，又能涵养，某若只如吕年，亦不见得到此田地矣。"(《朱子语类》)程门四先生中，吕大临去世最早，故朱熹有此之叹。对于四先生，朱熹曾分别指出其不足，相比较而言，他批评吕大临的话最少，但是对吕的"中为大本"观念也有所质疑，认为此说"乃似圣人强立此中以为大本，使人以是为准而取中焉，则中者，岂圣人之所强立，而未发之际，亦岂容学者有所择取于其间哉"（《四书或问》）。

2. 上蔡学派：谢良佐，开心学之先河

上蔡学派是指以北宋谢良佐为代表的学派，关于该派的学术观及主要代表人物，徐少锦、温克勤主编的《伦理百科辞典》中称："北宋谢良佐为代表的学派。因谢氏为上蔡（今属河南）人故名。主要人物有曾恬、詹勉、郑毂、谢袭、康渊等。该派排斥佛、老，然于二程师说多有发明。其伦理思想以天理为仁，以仁为觉、为心体、为生意，要求人们遵守道德规范，依天理行事。认为道德修养应重内心省察，'以克己为本'，主张'克己复礼，无私心焉，则天矣'（《宋元学案·上蔡学案》）。朱熹曾指责该派'其言杂禅'。全祖望则说：'洛学之魁，皆推上蔡。'"

谢良佐，字显道，河南上蔡人，故人称上蔡先生。他在元丰元年（1078）拜程颐为师，早年对佛学是取其长的态度。《程氏外书》中记谢良佐问程颐："庄周与佛如何？"程颐的回答是："周安得比他佛，佛说直有高妙处，庄周气象大，故浅近。"可见伊川也认为佛家观点的高妙处有超过庄周的地方。谢良佐关心这些问题，可见他对佛典有较为深入的研究，他认为"佛之论性，如儒之论心，佛之论心，如儒之论意，循天之理，便是性，不可容些私意，才有意，便不能与天为一"（《上蔡学案》）。

谢良佐虽然认定性是宇宙的本体，但心是性的发用："性，本体也；目视耳听，手举足运，见于作用者，心也。"（《上蔡语录》）以此来看，儒、佛两家在这一点上有共通性，但谢良佐认为，儒家观念要高于佛家。在论述儒家观点时，谢良佐时常引用佛道两家的语言，比如《上蔡学案》记载他提出："敬是常惺惺法，斋是事事放下。"其中"惺惺"两字乃是唤醒上心之意，比如《五灯会元》载瑞岩师彦禅师语："惺惺著他，后莫受人谩。""斋"字本出自《庄子·人间世》篇："唯道集虚，虚者心斋也。"意思是指人应当排除一切思虑，使心境保持纯净状态。谢良佐引用佛、道两家之语，来说明人应当能够事事放下。

虽然谢良佐以佛释儒，但他还是会批判佛家思想，其称："释氏所以不

如吾儒，无'义以方外'一节。'义以方外'，便是穷理。释氏却以理为障碍。然不可谓释氏无见处。但见了不肯就理。"在他看来，佛家不如儒家之处，乃是佛家缺少儒家的"穷理"思维方式，释家视"理"为障碍。同时他对佛家的轮回说也有批判："佛大概自是为私心。学佛者欲脱离生死，岂不是私。只如要度一切众生，亦是为自己发此心愿。"（《上蔡语录》）谢良佐认为，佛老的轮回说乃是有惧生死，虽然佛教叫人脱离生死，普度众生，但都是出于利己的目的。

在天理观上，谢良佐认为："所谓天理者，自然底道理，无毫发杜撰。"显然这是坚持老师的观点，在天理与人欲的关系上，他也谨守师说："天理与人欲相对，有一分人欲，即灭却一分天理；有一分天理，即胜得一分人欲；人欲才肆，天理灭矣，任私用意，杜撰做事，所谓人欲肆矣。"（《上蔡语录》）他在此强调天理和人欲的绝对对立，只有灭人欲才能使天理长存。

关于天人关系，谢良佐说："天，理也；人，亦理也。循理则与天为一，与天为一，我非我也，理也，理非理也，天也。"（《上蔡语录》）可见，谢良佐认为，天人为一物，同样是一体，因人不能穷理，所以不能与天为一，只有去人欲，才能识天理。

对于谢良佐的成就，黄宗羲在《宋元学案》中说："程门高弟，予窃以上蔡为第一。"全祖望在按语中评价更高："洛学之魁，皆推上蔡。晦翁谓其英特过于杨、游，盖上蔡之才高也。"谢良佐对朱熹有着重要影响，谢良佐的著作传世者仅《上蔡语录》三卷，此书原本是胡安国及谢良佐的门生曾恬整理而成，但今日所见《上蔡语录》乃是经朱熹删定，朱熹编纂该书时三十岁，故此书乃是朱熹出版的关于理学的最早的书。

朱熹在《德安府应城县上蔡谢先生祠记》中写道："熹自少时，妄意为学，即赖先生之言以发其趣。"可见谢良佐对朱熹早期思想具有较大影响。朱熹在该记中对谢良佐观念给予高度评价："以生意论仁，以实理论诚，以常惺惺论敬，以求是论穷理。其命意皆精当，而直指穷理居敬为入德之门，则又最得明道教人之纲领。"

但朱熹也对谢良佐的禅学思想提出过批评，《朱子语类》载："上蔡《观复斋记》中说道理，皆是禅学底意思。"朱熹认为谢良佐的禅学思想影响到了后学，所以他把这个结果的源头指向了谢良佐："今学问流而为禅，上蔡为之首。"

关于上蔡学派，全祖望在《宋元学案》中简述说："程门自谢上蔡以后，王信伯、林竹轩、张无垢至于林艾轩，皆其前茅，及象山而大成，而其宗传亦最广。"象山乃是理学心学派集大成者陆九渊之号，由此表明了谢良佐乃是心学的奠基者。

谢良佐的弟子以朱震影响最大，全祖望说："上蔡之门，汉上朱文定公最著。"朱震，字子民，荆门人，号汉上先生，因其学识出众，受到过宋高宗召见。高宗向他问询了《易经》《春秋》的要领，朱震的回答令高宗满意，故任命其为礼部员外郎。

朱震对《周易》有深入研究，著有《周易卦图》三卷、《从周易说》一卷、《汉上易解》、《汉上易集传》等。他在《汉上易集传》中讲述的一段易学传承过程，被后世广泛引用："陈抟以《先天图》传种放，放传穆修，修传李之才，之才传邵雍。放以《河图》《洛书》传李溉，溉传许坚，坚传范谔昌，谔昌传刘牧。修以《太极图》传周敦颐，敦颐传程颢、程颐。是时张载讲学于二程、邵雍之间，故雍著《皇极经世》之书，牧陈天地五十有五之数，敦颐作《通书》，程颐述《易传》，载造《太和》《参两》等篇。"

然而，朱震将北宋《易》学渊源归自道教中人物陈抟，此说引起了之后的儒家对他的不满，朱熹说："朱子发解《易》如百纳袄，不知是说什么？"（《朱子语类》）

3. 杨时：探究"理一分殊"

杨时，字中立，号龟山，官至龙图阁直学士。杨时早年喜欢研究佛典，后来拜程颢为师，转入道学，程颢去世后，他转拜程颐为师，继续研读道学。当时二程在洛阳讲学，杨时和游酢从福建不远千里来到洛阳受学，他们之间最有名的故事就是程门立雪。某天杨时和游酢前去见程颐，当时先生坐而瞑目，二人站在门外很久，等程颐醒来时问他们："二子犹在此乎？日暮矣，姑就舍。"二人方敢进入，此时门外的积雪已有一尺多深。两人学成后南归，程颐目送他们而去时说："吾道南矣。"后来二人果不负程颐之望，在南方弘传理学，尤其是杨时贡献最大，因此杨时所传承的那一派被称为"道南学派"。

对于杨时的传承，清李清馥在《闽中理学渊源考》中说："至龟山先生得中州正学之的，上肩周、程统绪，下启罗、李、朱历代相传之奥，于是圣学彰明较著，而邹、鲁、濂、洛之微言大义萃于闽山海峤矣！夫程伯子以'吾道之南'赠属其行，又再三传，而紫阳集诸儒之大成，是天欲开伊洛之道之南，亦即鲁邹之道南也。"杨时从二程那里得中原儒学正传，他上接周敦颐、二程之统绪，下启罗从彦、李侗、朱熹，经过他的传授，使得圣脉不绝，由此不负程颐之托，故其被视为理学南渡之祖。

杨时曾求学于王安石，故对新学思想颇为熟悉，之后他成为洛学重要传人，转而批评新学，《龟山集·答吴国华》载："然以其博极群书，某故谓其力学，溺于异端，以从佛法，某故谓其不知道。"杨时将新学与佛老之学一并视为异端，王安石尊佛道乃是不明正邪，所以他认为王安石不知"道"。但遗憾的是，杨时晚年也信佛，全祖望转引黄震所言称："龟山气象和平，议论醇正，说经旨极切，论人物极严，可以垂训万世，使不间流于异端，岂不诚醇儒哉！乃不料其晚年竟溺于佛氏。"（《宋元学案·龟山学案》）

杨时晚年受时风影响，用一些佛道观念来诠释儒学，甚至认为儒、释、道三家在某些观念上有相通之处，而让黄震有如此之叹。总体而言，杨时主要是阐发二程理学思想，二程认为，理包含万物，杨时也认为理主宰世间万物，且具有唯一性，"盖天下只是一理"，因为理涵盖了天下万物的所有范围。

关于太极问题，有弟子向其请教："两仪、四象、八卦，如此自此生？"杨时回答说："既有太极，便有上下；有上下，便有左右前后；有左右前后，便有四维，皆自然之理也。"（《龟山集·语录》）

关于理本论还是气本论的问题，杨时主要继承了程颐的气之理论，同时吸收了张载的气的观念，他认为："通天地一气耳，天地，其体也，气，体之充也，人受天地之中以生，均一气耳。"（《龟山集·其为气也至大至刚》）杨时认为，天下万物皆是由阴阳二气变化而来，气是永恒的，同时又是不断变化的，虽然气在运动中形成万物，但最终却是受理的支配。

杨时与程颐探讨过"理一分殊"，这件事极其重要。张载在《西铭》中提出"民吾同胞，物吾与也"。张载认为应当普遍爱众生，他将对君王之爱、亲人之爱与天人之爱等同，人既然是万物中之一种，就应当爱一切，同时事亲事君以至于事天地，都是不可违背的伦理等级。这是儒家所强调的等级秩序，此种观念受到二程推崇。

但张载在《正蒙·诚明篇》中提出："性者万物之一源，非有我之得私也。惟大人为能尽其道，是故立必俱立，知必周知，爱必兼爱，成不独成。"天地万物的本性都是一样的，并非人类所独有，只有道德高尚的人才能顺应天地万物的本性，以尽自己的职责。张载在这里谈到了"兼爱"，此乃儒家一向反对的墨子观念，为此杨时写信给程颐，请其解惑。程颐在回信中说："《西铭》之为书，推理以存义，扩前圣所未发，与孟子性善养气之论同功（二者亦前圣所未发）。岂墨氏之比哉？"（《答杨时论西铭书》）

在程颐看来，《西铭》一书所阐述的儒家之理可以与孟子的观念相并提，其价值是墨子所不能比拟的。至于《西铭》中的重要观念，程颐认为："《西铭》明理一而分殊，墨氏则二本而无分（老幼及人，理一也。爱无差等，本二也。）分殊之蔽，私胜而失仁；无分之罪，兼爱而无义。分立而推理一，以止私胜之流，仁之方也。无别而迷兼爱，至于无父之极，义之贼也。"（《答杨时论西铭书》）

程颐在此第一次提出"理一分殊"的哲学命题，同时作了相应的阐述。他认为《西铭》阐述了天下只有一个理，但却有不同的表述方式，墨子主张两个根本没有分别，孟子所说的"老吾老以及人之老，幼吾幼以及人之幼"，这就是"理一"，如果没有差别的爱，那就是本二。也就是说，对不同的对象仁爱应该有差别，这种差别就是"分殊"。"理一"是道德原则的统一，"分殊"是道德原则表现为不同的道德规范。因此，张载在《西铭》中阐述的观点绝不等同于墨子的兼爱。

经过往返探讨，杨时终于明白了张载在《西铭》中所讲问题的重要含义，《龟山语录》中载有他对这个问题的阐述："《西铭》理一而分殊，知其理一所以为仁，知其分殊所以为义。所谓分殊，犹孟子言'亲亲而仁民，仁民而爱物'。其分不同，故所施不能无差等耳。或曰如是则体用果离而为二矣。曰用未尝离体也，以人观之，四肢百骸具于一身者，体也。至其用处，则首不可以加履，足不可以纳冠。盖即体而言，分已在其中矣。"

杨时的几位弟子中以罗从彦和张九成名气最大，罗是因为传承了道南一派，张的名气主要是来自后儒对他的批评。陈亮在《与应仲实》中说："近世张给事（九成）学佛有见，晚从杨龟山学，自谓能悟其非，驾其说以鼓天下之学者，靡然从之。家置其书，人习其法……其为人心之害，何止于战国之杨墨也。"陈亮的批评主要是针对张九成晚年由儒入佛。

张九成，字子韶，号无垢居士。宋高宗亲拔其为绍兴二年（1132）进士科状元。早年张九成并不信佛，并且以儒家观念来批佛，"且夫释氏之学，以归根反本为至极，岂知恻隐之心为仁之端，羞恶之心为义之端，辞逊之心为礼之端，是非之心为智之端乎？……"（张九成《横浦集》）张九成认为释家不懂得孟子所讲的"四端"，此后张九成还专门写了篇《四端论》继续批

第五章　宋代新儒学——理学

判佛老:"若夫释、老之学,岂知此耶!彼已视世间如梦幻,一彭殇为齐物,孺子生死何所介其心哉,是未知天理之运用也。"

此后因为偶然的原因,张九成开始关注佛学,宋正受撰《嘉泰普灯录》载其:"未第,因客谈杨文公、吕微仲诸名儒所造精妙,皆由禅学而至也,于是心慕之。"某次张九成听到他人提及当时的文豪杨亿、吕大防这些名儒,都曾学过禅学,由此有了羡慕之情。后来张九成得以结识名僧大慧宗杲,若干年后终于拜宗杲为师,这正是张九成受到儒家批评的原因。

但他晚年对其外甥说过这样的话:"佛氏一法,阴有以助吾教甚深,特未可遽薄之。"(《横浦心传》)正因这句话,有人说张九成研究佛法的目的,其实是为儒学寻找依据。他在儒学研究方面也确实有成就,比如研究《礼记》方面的文章有《少仪论》,研究《孟子》方面的有《四端论》和《孟子拾遗》,研究《论语》方面的有《乡党统论》,以及研究张载《西铭》的《西铭解》,等等。他的儒学著作有的受到了朱熹夸赞,比如:"《论语》说得甚敷畅,横说竖说,居之不疑。"(《朱子语类》)

但是后儒因张九成在社会上的影响力颇大,担心他的喜佛观念被学子所效仿,故而对他多有批判。朱熹说过:"闻洪适在会稽尽取张子韶经解板行,此祸甚酷,不在洪水夷狄猛兽之下,令人寒心。"(《答石子重》)朱熹听闻洪适要刷印张九成著作的板片,很是不满,他认为那些书简直是洪水猛兽。为什么给出这么严厉的批判?因为朱熹认为:"凡张氏所论著,皆阳儒而阴释,其离合出入之际,务在愚一世之耳目。"在表面看来,张九成的一些著作是研究儒学的,但实际上其文字中却包含了很多佛家观点,朱熹担心年轻人不知不觉就进入了释家之门。这也是很多大儒不断批张九成的主要原因。

4. 游酢:心之本体为仁

游酢二十岁时认识程颐,二十六岁拜程颐为师,两人相交二十余年。游酢学成后与杨时返回福建,杨时创龟山学派,游酢创廌山学派。游酢谨遵师道,在理学理论创建方面不及杨时,但对理学南传却起到了重要作用。

游酢早年习禅,《程氏遗书》载:"游酢、杨时先知学禅,已知向里没安泊处。故来此,却恐不变也。"游酢早年与临济宗杨岐派僧道宁交往,他曾向道宁"乞指心要",道宁告诉他:"道不在说与示也,说示者方便耳。"(《佛法金汤编》)游酢拜二程为师后,到晚年仍与禅师游,其门人吕本中写信问他:儒家与佛、道两家究竟有什么异同?您为什么从学二程后,又与诸禅老游？游酢回信说："佛书所说，世儒亦未深考。往年尝见伊川云，吾之所攻者迹也。然迹安所从出哉？要之，此事须亲至此地，方能辨其同异。不然，难以口舌争也。"（《宋元学案·廌山学案》）

游酢说，很多人都有这样的疑问，原因是人们对佛老没有做深入研究，他与佛老人物交往，同时研究相关著作，正是为了对佛老观念进行批判："儒者，守父子、君臣、夫妇、兄弟、朋友，各尽其分，罔有不合道者。释氏谓世间虚幻，要人反常合道，旨殊用异，而声可入、心可通，此其说之谬妄矣！吾道岂若是哉！"（《答吕居仁辟佛说》）儒家讲究人伦，合于人道和天理，而佛家认为世间是虚幻的，这种观念有悖于人情，不合人道，两者没有可比性。他在《答胡康侯借佛书周易》中又说："佛自立一说，使人割其所亲，独立于空寂之地。"尽管如此，后儒仍对他学禅之事提出批评，比如《朱子语类》载："游、杨、谢三君子初皆学禅。后来余禅犹在，故学之者多流于禅。游先生大是禅学。"胡宏甚至说："定夫为程门罪人。"（《宋元学案》）

二程认为理是至高无上的，游酢继承了这种观念，他在《孙莘老〈易传〉序》中写道："阴阳之有消长，刚柔之有进退，仁义之有隆污，三极之道，皆原于一，而会于理。其所遭者时也，其所托者义也，其所致者用也，知斯三者，而天下之理得矣。斯理也，仰则著于天文，俯则形于地理，中则隐于人心。"游酢同时认为，理寄寓于万物之中，又高于万物而存在，同时万物中的理也是道。关于道与天的关系，游酢说："道者，天也。道为万物之奥，故足以统天。仁者，人也。人为万善之首，故足以长人，犹之万物发育乎春而震为长子也。"（《易说·"君子体仁"节》）

游酢继承了孟子的"仁人"思想，其称："孟子曰：'仁，人心也。'则仁之为言，得其本心而已。心之本体，则喜怒哀乐之未发者是也。"又说："万物一体矣，无物我之间也，故天下归仁焉。"（《游廌山集》）总体来说，游酢认为，万物一体为"仁"，同时强调"仁"乃心之本体，所以人要以本然之心去感应万物，以此来扩充本体之心，于是，"仁"就显现出来了，由此达到万物一体、物我无间的境界。

总体来说，游酢的儒学观是承继了洛学中的"为己之学"，也就是以心性修养为主体观念。

十、道南学派

该派的代表人物是杨时、游酢、罗从彦和李侗。除游酢外，另三位均为福建岩平人，岩平在宋代称南剑州，为此杨时、罗从彦、李侗又被并称为"南剑三先生"。对于他们之间的关系，陈振孙在《直斋书录解题》中说："从彦师事杨时，而李侗又师事从彦，此所谓南剑三先生者也。"可见杨时是罗从彦之师，罗从彦又是李侗之师。

罗从彦，字仲素，学者称其为豫章先生。他听说杨时在传授二程之学，于是前往将乐拜见，见面的第三天，杨时的所言令罗从彦汗流浃背："不至是，几虚过一生矣。"（《宋史·罗从彦传》）于是他拜杨时为师，先在那里学习《周易》。杨时在讲解《周易》"乾"卦时，称赞程颐讲得好，于是罗从彦卖掉田产前往洛阳向程颐求教。但是一段时间后，他发现程颐讲的与杨时讲的一样，于是三年后又回到福建，再到杨时门下学习。

罗从彦的理学观继承其师，同样重视《中庸》。《中庸》载："中者，天下之正道；庸者，天下之定理"，又载"中也者，天下之大本也；和也者，天下之达道也"。罗从彦将《中庸》中的这两句话作了重新组合，认为"中者，天下之大本，庸者，天下之定理"（《豫章文集·遵尧录》）。

在罗从彦看来，个人修养是以"中"为根本："夫治己治人，其究一也。尧曰：'咨尔舜，天之历数在尔躬，允执其中，四海困穷，天禄永终。'舜亦以命禹：'所谓中者，果何物也耶？'故尧舜之世，垂拱无为而天下大治。"（《豫章文集·遵尧录》）罗从彦认为，尧舜之道出于"允执其中"，也就是出于"一"，不可以将其分为两端。坚持"中"的原则，就可以达到天下大治。

在人性论上，罗从彦认为："中性之人，由于所习。见其善，则习于为善；见其恶，则习于为恶。习于为善则举世相率而为善，而不知善之为是，东汉党锢之士与太学生是也。习于为恶则举世相率而为恶，而不知恶之为非，五代君臣是也。"（《议论要语》）罗从彦认为，大多数人的人性既可以善也可以恶，他们向善还是向恶，跟其后天的境遇有直接关系。他们接触到善就会变得善，接触到恶也会变得恶。这种观点与二程、杨时都不同，因为二程说："天下之理，原其所自，未有不善。"（《程氏遗书》）罗从彦在性善和性恶之间，又提出了有中性之人。同时他提出了中性之人向善还是向恶，跟后天的感染有关。于当时而言，这是一种新见解。

在天理问题上，罗从彦也有自己的见解，其在《议论要语》中称"有理而后有物"，可见他认为理先于天下万物而存在，同时他说："易简之理，天理也，而世知之者鲜矣！行其所无事，不亦易乎！君子笃恭而天下平，不亦简乎！《易》曰：'易则易知，简则易从，易简而天下之理得矣。'此之谓也。"（《豫章文集·遵尧录》）

罗从彦所说的"行其所无事"出自《孟子·离娄下》。孟子在探讨人性时，举出了大禹治水的例子，大禹治水成功是能够顺其自然之故，所以聪明的人不要违反自然规律。罗从彦用这个掌故是想说明，人们把"理"的概念复杂化了，要想让人们懂得"理"，就应当将复杂的事物简单化，他想以此来强调"理"的自然属性，以此去除掉"理"的神秘性。

罗从彦最有名的弟子是李侗，字愿中，学者称延平先生。欧阳佑在《重刊罗先生文集序》中说："自龟山载道而归也，程师即喜之曰：'吾道南矣。'然或继承匪人，抑何以演其源而扬其波耶？幸有豫章罗先生，受业龟山之门，独得不传之秘。故自有先生之学，一传而为李延平，再传而为朱晦庵，由是海滨邹鲁，于斯盛矣！"

李侗年轻时随罗从彦问学，从一开始就很注重静坐功夫，他想通过静坐来体悟天理，认为言语是多余的，并且天理在人心，静坐只是外在形式，静坐乃是为了从心里去领悟天理。朱熹曾在《答梁文叔》中说："李先生意只是要得学者静中有个主宰存养处。"《朱子语类》还载有朱熹转述李侗所言："盖心下热闹，如何看得道路出？须是静，方看得出。所谓静坐，只是打叠得心下无事，则道理始出。道理既出，则心下愈明静矣。"如果一个人心中的杂念太多，就无法体悟天理。在李侗看来，体悟天理的唯一方式就是静坐，通过静坐来达到静心，心中无事，天理就越发明亮。

为什么会有这样的联系呢？因为李侗的观念是"理与心一"。既然理等同于心，那么心就包括了万物："心通有无，贯幽明，无所不包括。"既然心同于理，理又等于天理，于是，"人与天理一也"。心有这么大的重要性，那就必须通过养气来修心："养气大概，是要得心与气合。"李侗认为，存养功夫要从孟子的"夜气说"去体味："孟子有夜气之说，更熟味之，当见涵养用力处也。于涵养处着力，正是学者之要。若不如此存养，终不为己物也。"（《延平答问》）

所谓"夜气"是指人的自我觉悟和良心发现，此说本自《孟子·告子上·牛山章》，孟子讲到树木被砍伐后需要有休养生息的过程，也就是"日夜之所息"："梏之反复，则其夜气不足以存；夜气不足以存，则其违禽兽不远矣。"大多数人都是白天做事，夜间休息，很多时候要在休息时反思一些问题，这个过程，就是"夜气"。李侗强调，要用孟子的夜气说来涵养一个人的思想，但很多人未能做到这一点，"今之学者，虽能存养，知有此理，然旦昼之间一有懈焉，遇事应接举处不觉打发机械，即离间而差矣。唯存养熟，理道明，习气渐尔消铄，道理油然而生，然后可进"（《李延平集》）。

当今的学人很少能做到夜气存养，即使能偶尔为之，也会很快松懈，所以当他们面对事物时，只会简单地应付，这样就不能体会到天理的存在。

在儒学史上，李侗最大的贡献是引导朱熹步入理学正途。朱熹二十四岁时前往同安任主簿，途中遵父命特意到南平去拜见李侗，李侗的思想令朱熹大为折服，于是他拜李侗为师，学习河洛之学。两人前后交往十年，总共见过六次面，"熹获从先生游，每一去而复来，则所闻必益超绝"（朱熹《延平先生李公行状》）。

在此之前朱熹受刘子翚影响较深，《大慧普觉禅师语录》尤焴序云："朱文公少年不乐读时文。因听一尊宿说禅，直指本心，遂悟昭昭灵灵一着。十八岁请举。时从刘屏山。屏山意其必留心举业。暨搜其箧，只《大慧语录》一帙尔。次年登科。"刘子翚曾习禅定，有"儒与佛合"观念，朱熹拜其为师，为此受禅学观念影响。当他第一次见到李侗时，就谈到了自己的禅学体会，李侗闻其所言，颇为不悦，教导朱熹要多看圣贤之书。

对于这段经历，赵师夏在《延平答问跋》中称："余之始学，亦务为笼统宏阔之言，好同而恶异，喜大而耻小；于延平之言则以为何为多事若是，天下之理一而已，心疑而不服。同安官余，以延平之言反复思之，则始知其不我欺矣。盖延平之言曰'吾儒之学所以异于异端者，理一分殊也'。"朱熹自称年轻时喜欢读思想宏大之书，因为喜好禅学，他用"天下之理一而已"来解释儒释同理思想，但李侗却纠正他的这个观念，称儒家学说虽然看似与佛教思想有相同处，实际却有大分别，儒家讲求理一分殊，理一不难，难在分殊。起初朱熹对李侗的所言颇不服气，等他到达同安为官时，继续体味李侗所说的道理，渐渐明白了其中之妙：唯有把天下之理落实到人伦日用的分殊上，才能明白儒家与异端的本质区别。

李侗强调分殊的思想，对朱熹影响很大，朱熹正是在这个基础上逐渐萃取出独特的格物穷理观。后来弟子仁甫问，程颐所说的"若一事穷不得，须别穷一事"与李侗的观点有什么不同？朱熹回答说："这说自有一项难穷底事，如造化、礼乐、度数等事，是卒急难晓，只得且放住。且如所说《春秋》书'元年春王正月'，这如何要穷晓得？若使孔子复生，也便未易理会在。须是且就合理会底所在理会。延平说，是穷理之要。若平常遇事，这一件理会未透，又理会第二件；第二件理会未得，又理会第三件，恁地终身不长进。"（《朱子语类》）

　　朱熹说，程颐的观念是针对难以穷尽的事来言的，比如造化、礼乐等根本问题，而李侗教人，是在分殊上下功夫，是相对于生活日用而言的。

　　李侗一生不仕，也不著书，只是通过静坐来体味儒家思想，朱熹向他问学主要是通过书信往来，后来朱熹将这些通信编为《延平李先生师弟子答问》一书，此即《延平答问》。清张伯行在为此书写的再版序中称："先生不著书，又不喜欢作文。然读朱子所编《答问》，解经精当，析理毫芒。至示学者入道之方，又循循有序。理一分殊，彻始彻终。惟先生以是为学，即以是教人，故紫阳渊源有自，得以大广其传，圣学光昌。而道南一脉，衍洛闽之绪于无穷，皆先生贻之也。"

　　李侗虽然不著书，但是他对儒学观念解析得十分精当，在培养弟子方面循循善诱，能够将自己的学术观贯彻到底，朱熹正是从他那里得儒学真谛。朱熹不但传承了道南一脉，同时将理学发扬光大，成为此后几百年最重要的学术观。这都是李侗为理学作出的重要贡献。

　　关于理一分殊，李侗继承二程和杨时的观点，同时又吸收周敦颐的太极观，将"理"视为宇宙的本源，他说："太极动而生阳，至理之源，只是动静阖辟。至于终万物始万物，亦只是此理一贯也；到得二气交感，化生万物时，又就人物上推，亦只是此理。"这是对"理"的解释。关于"理"是如何产生万物，李侗认为是"二气"，其称："阴阳之精散而万物得之，凡丽于天，附于地，列于天地之两间；聚有类，分有群，生者，形者，色者，莫不系于阴阳。"阴阳二气产生了天下万物，同时"盖天地中所生物，本源则一"，由此推出天下万物无论是动物还是植物，都是由"理"产生的。（《延平答问》）

　　但是，人还是与禽兽草木有区别，这是因为阴阳二气有不同的属性，天下万物受到的气有的是"秀"，有的是"偏"，既然有这样的区别，也就有了

第五章　宋代新儒学——理学

"理一分殊"思想。"理一分殊"观念的最早出现，是杨时读张载《西铭》时提出了疑问，程颐在解读杨时的疑问时，提出了这个概念。程颐纠正了杨时将《西铭》与墨家兼爱观等同的观点，而是将"理一分殊"与"仁义"联系起来，李侗继承了此说，认为应当从"知"字上去理会"仁"，才能达到体用兼举。

对于李侗的这一观点，朱熹向他求证："伊川夫子既言理一分殊，而龟山又有知其理一、知其分殊之说，而先生以为在'知'字上用著力，恐亦是此也，不知果是如此否？"（《延平答问》）李侗基本认可朱熹的理解。可见李侗认为"理一"比较容易理解，"分殊"最难，所以要重视对"分殊"的理会，他觉得这正是儒者与其他异端的区别所在。

在体悟的方式上，李侗讲究静坐，这是他从其师罗从彦那里继承来的："某曩时从罗先生学问，终日相对静坐，只说文字，未尝及一杂语。先生极好静坐，某时未有知，退入室中，亦只静坐而已。先生令静中看喜怒哀乐未发之谓中，未发时作何气象。此意不惟于进学有力，兼亦是养心之要。"（《延平答问》）

罗从彦喜好静坐，由此使得李侗也喜好静坐，罗从彦命李侗在静坐时体会《中庸》首章所讲的喜怒哀乐已发未发问题。朱熹说："盖李先生为默坐澄心之学，持守得固。后来南轩深以默坐澄心为非。自此学者工夫愈见散漫，反不如默坐澄心之专。"同时李侗教朱熹也这么坐："李先生教人，大抵令于静中体认大本未发时气象，分明即处事应物自然中节。此乃龟山门下相传指诀。"（李清馥《闽中理学渊源考》）

但是朱熹也对李侗的一些观念做过修正，在朱熹看来，李侗主张于静坐时看喜怒哀乐未发之气象，而程颐则说"既思，即是已发"，两人究竟谁说得对，朱熹的门人提出了这个疑问。朱熹回答说："这个亦有些病。那'体验'字是有个思量了，便是已发。若观时恁著意看，便也是已发。"（《朱子语类》）可见，朱熹认为李侗所强调的"于静中体验未发"是有问题的，因为体验是一种思量，思量就是已发。

但是李侗的这些观念还是给朱熹以提示，使他能够一一辨析理学观念之真谛。

十一、湖湘学派

1. 胡安国：圣人假鲁史以示王法

湖湘学派的奠基人是胡安国，其字康侯，谥文定，宋哲宗绍圣四年（1097）进士，擢太学博士，后为蔡京所诬，被除名，退而潜心研究《春秋》。南宋初，高宗召入京，官至中书舍人。绍兴五年（1135），召胡安国为经筵旧臣，令其纂修《春秋传》，转年底，成《春秋胡氏传》。该书颇得高宗赞许，"安国所解，朕置之座右，虽间用传注，能明经旨。朕喜《春秋》之学，率二十四日读一过"（《皇宋中兴两朝圣政》）。

对于胡安国深研《春秋》的目的，元汪克宽在《春秋胡传附录纂疏》中称："文定作传，当宋高宗南渡之初。是时，徽宗、钦宗及二后被幽于金。国遭戮辱，不可胜纪。而高宗信任秦桧之奸，偷安江左一隅，忘君父大仇，不敢兴兵致讨，反与之议和讲好，下拜称藩……君臣父子上下内外，大义不明，莫此为甚。是以此传，专以尊君父，讨乱贼为要旨。"

按此说法，胡安国撰写此书的原因，是看到国土被金人所占，一些朝臣不思复国，却为了偏安一隅主张议和，为了不让人们忘记国耻，于是他撰写了《春秋胡氏传》。但是按照《宋元学案》中转引《胡氏传宗录》所载，胡安国撰写该书前后有几十年时间，早在北宋时就已经动笔，胡安国自称："某之初学也，用功十年，遍览诸家，欲多求博取以会要妙，然但得其糟粕耳。又十年，时有省发，遂集众传，附以己说，犹未敢以为得也。又五年，去者或取，取者或去，己说之不可于心者尚多有之。又五年，书成，旧说之得存者寡矣。及此二年，所习似益察，所造似益深，乃知圣人之旨益无穷，信非言论所能及也。"

从胡安国的师承看，他原本就有研究《春秋》之长。其子胡寅所撰《先公行状》载："公所从游者，伊川程先生之友朱长文及颍川靳裁之。"《宋元学案》又载王梓材考证："朱乐圃，得泰山《春秋》之传。则先生为泰山再传弟子，可知其《春秋》之学之所自出矣。"朱乐圃即朱长文，早年跟随孙复学习《春秋》。但胡安国是否曾拜朱长文为师，未见史料确载，胡寅在《先公行状》中仅说是"从游"。同时《行状》中还记载了靖康元年（1126）宋钦宗召见胡安国时的一段对话："渊圣颔之，良久，问曰：'卿学何所师承？'

第五章 宋代新儒学——理学 179

对曰:'孤陋寡闻,莫逃明鉴。'"

胡安国并没有承认他是朱长文的弟子。《行状》又称:"岁在丙申,初得伊川先生所作传,其间大义十余条,若合符节,公益自信,研穷玩索者二十余年,以为天下事物无不备于《春秋》。"胡安国是受程颐的影响方深研《春秋》,所以全祖望在《宋元学案》中说他:"私淑洛学而大成者,胡文定公其人也。"

绍兴元年(1131),高宗命胡安国给《左传》点句正音。胡安国奏称:"《春秋》经世大典,见诸行事,非空言比。今方思济艰难,《左氏》繁碎,不宜虚费光阴,耽玩文采,莫若潜心圣经。"(《宋史·胡安国传》)高宗把《左传》视为《春秋》,胡安国认为《左传》写得太烦琐,这是史,而不是经,所以建议皇帝不要在史上浪费光阴,而应该去读原经。高宗赞赏他的所言,于是任命他为侍读,让他专讲《春秋》。

其实胡安国并不反对三传,反而认为三传各有短长,"《左氏》叙事见本末,《公羊》《穀梁》词辨而义精。学经以传为案,则当阅《左氏》;玩词以义为主,则当习《公》《穀》"(胡安国《叙传授》)。他强调《左传》文字优美,而《公》《穀》含有微言大义。对于春秋之后的著述,胡安国看法与他人略有不同。他在《叙传授》中说:"自晋杜预、范宁,唐啖助、赵匡,此数子者用力甚勤,时有所取。虽造宫墙之侧,几得其门而入,要皆未见宗庙之美、百官之富者也,故不预七家之列。"

他认为杜预、范宁、啖助、赵匡等人的著作不值得研读,应当重点看七家的相关著作,这七家分别是孟子、庄子、董仲舒、王通、邵雍、张载和程颐。为什么选这七家呢?胡安国分别有解释,因为孟子说过"春秋,天子之事也";庄子说过"《春秋》以道名分";董仲舒说过"为人臣者,不可以不知《春秋》";王通说过"《春秋》之于王道,是轻重之权衡,曲直之绳墨也,舍则无所取衷矣",等等。

胡安国选此七家,是因为这七家都认为《春秋》包含着微言大义,符合了胡安国的观点,他认为孔子作《春秋》的目的是"圣人假鲁史以示王法"。因为孔子所在的时代"周道衰微,干纲解纽,乱臣贼子接迹当世,人欲肆而天理灭矣。仲尼,天理之所在,不以为己任而谁可"(《春秋胡氏传·序》)。为此,孔子在作《春秋》时用一字定褒贬,胡安国在《春秋胡氏传》中说:"此《春秋》之所以为《春秋》,非圣人莫能修之者也,薨则书薨,卒则书卒,弑则书弑,葬则书葬,各纪其实,载于简策,国史掌之,此史官之所同，而凡为史者皆可及也。"

正因《春秋》一字定褒贬，所以胡安国认为《春秋》高于其他五经，在他看来，《春秋》一书包含了"百王之法度，万世之绳准"，这就是他用几十年时间钻研《春秋》的原因所在。

朱熹对胡安国解《春秋》的方式有褒有贬，认为"胡春秋传有牵强处。然议论有开合精神"。朱熹同时认为，胡安国对《春秋》做了过度解读，其解读出的概念未必是孔子原意，"胡文定春秋非不好，却不合这件事圣人意是如何下字，那件事圣人意又如何下字。要之，圣人只是直笔据见在而书，岂有许多忉怛"（《朱子语类》）。

《春秋胡氏传》不但受皇帝的青睐，对后世也影响深远。元仁宗延祐二年（1315）起，科举考试就以《春秋胡氏传》与《春秋》三传并用，明永乐时胡广撰《四书五经大全》，其中的《春秋大全》专主胡氏传，自此之后，科举考试《春秋》专主胡传，一直沿用了二百余年，直到清康熙年间方有改变。

对于胡安国在儒学传承上的重要性，《宋元学案》称："南渡昌明，洛学之功，文定几侔于龟山，盖晦翁、南轩、东莱皆其再传也。"胡安国的传承之功不在杨时之下，因为朱熹、张栻、吕祖谦都算他的再传弟子。但胡安国也受到了一些非议，主要是缘于他跟秦桧关系密切。绍兴元年，正是因为秦桧的推荐，胡安国才在朝中任中书舍人兼侍读，因此被视为秦党。但尽管如此，朱熹对胡安国的评价依然很高："游杨之后，多为秦相所屈。胡文定刚劲，诸子皆然。"（《朱子语类》）

2. 胡宏：天理人欲同体而异用，同行而异情

胡安国诸子中，以胡宏成就最高。胡宏，字仁仲，号五峰，被后世视为湖湘学派的真正创建者。对于他的成就，《宋元学案》称："中兴诸儒所造，莫出五峰之上。"胡宏在衡山讲学二十余年，因弟子众多，形成湖湘学派，该派对朱熹产生过重大影响。

胡安国一生钻研儒学，对功名利禄没兴趣，多次拒绝为官，他的人生目标是："至于杰然自立志气，充塞乎天地。临大节而不可夺，有道德足以赞时，有事业足以拨乱，进退自得，风不能靡，波不能流，身虽死矣，而凛凛然长有生气如在人间者，是真可谓大丈夫矣。"（胡宏《与秦桧之书》）

胡宏在京师时曾拜杨时为师，又在荆门拜侯仲良为师，最终还是跟随

第五章　宋代新儒学——理学　181

父亲研读儒家经典,"自幼志于大道,尝见杨中立先生于京师,又从侯师圣先生于荆门,而卒传文定公之学"(张栻《胡子知言序》)。胡宏不追求仕进,多次拒绝为官,志向是要做一位志气充塞天地的大丈夫。但他仍然关心国家命运,胡宏在《上光尧皇帝书》中盼望高宗能够效仿二帝三王,要心怀天下,笼络人才,希望皇帝采取仁政,在他看来:"夫欲成王业者,必用王佐之才。所谓王佐之才者,以其有王者事业素定于胸中者也,故一旦得君举而措之,先后有序,纲施纪布,望道期功,如臂运指,莫不从心。"

胡宏认为,金人占领了大宋半壁江山,掳走徽、钦二帝,实乃"万世不磨之辱,臣子必报之仇",他深盼国家能早日中兴,但所言不能受到重视,于是隐于衡岳五峰山,在那里著书讲学。他希望经过自己的努力重振道学之风,"道学衰微,风教大颓,吾徒当以死自担,力相规戒,庶几有立于圣门,不沦胥于污世也"(《胡宏集·与谈子立》)。可见他是一位很有担当的儒者。他一生著述多种,流传后世者有《知言》《五峰集》《皇王大纪》。

胡宏在《知言》中表达了自己的哲学观。吕祖谦认为该书的价值在张载《正蒙》之上,张栻夸赞此书"诚道学之枢要,制治之蓍龟也"(《胡子知言序》)。朱熹承认《知言》讲得不错,但也有些问题,《朱子语类》载:"《知言》可疑者,大端有八:性无善恶,心为已发,仁以用言,心以用尽,不事涵养,先务知识,气象迫狭,语论过高。"为此朱熹作《知言疑义》予以辨析。

朱熹提出的其中一个问题,本自《知言》中记载的胡宏与他人的一段讨论:"或问性,曰:'性也者,天地之所以立也。'曰:'然则孟轲氏、荀卿氏、扬雄氏之以善恶言性也,非欤?'曰:'性也者,天地鬼神之奥也,善不足以言之,况恶乎?'或者问曰:'何谓也?'曰:'宏闻之先君子曰:孟子所以独出诸儒之表者,以其知性也。宏请问曰:何谓也?先君子曰:孟子道性善云者,叹美之辞也,不与恶对。'"

胡宏首先肯定性的重要,当有人问到他前儒的性善恶论问题,胡宏说,孟子的性善要高于荀子的性恶,同时也高于扬雄的性善恶混说,但是他也婉转地批评了孔子的性善论。胡宏认为,善是与恶相对的概念,因此善不足以涵盖性,性不仅是指人性,也是宇宙本体概念,故而作为宇宙本体的性,是超乎善恶的。

那么,人们为什么大多赞赏孟子的性善论呢?胡宏称,他父亲说过,孟子所说的性善,乃是对性的赞叹语,而不是与恶相对应的那个善。为此后世将胡宏的观点总结为"性善不与恶对"。朱熹不认同此观念，认为胡宏的观点是因袭了告子的性无善恶论。朱熹在《答胡广仲》中称："谓恶不可以言性可也，以为善不足以言性，则不知善之所自来矣。《知言》中此等议论与其他好处自相矛盾者极多，却与告子、杨子、释氏、苏氏之言几无以异。"

朱熹提出的第二个问题是"心为已发"，因为胡宏不赞同将《中庸》中的"未发"等同于《易传》中的"寂然不动"，胡宏称"窃谓未发只可言性，已发乃可言心"，同时他觉得："未发之时，圣人与众生同一性；已发则无思无为、寂然不动感而遂通天下之故，圣人之所独。"（《与僧吉甫书》）在胡宏看来，寂然不动是圣人之心，而非常人之心，故而《易传》中的"无思无为、寂然不动"乃圣人所独有，但《中庸》中所说的"喜怒哀乐未发谓之中"是圣人和常人都具有的，所以寂然不动与未发之中不能等同。

对于胡宏的观点，陈来在《宋明理学》中认为，胡宏所说的"未发"指的是性而不是心，"寂然不动"指的是心而不是性。在心性关系上，《知言》称："气主乎性，性主乎心。心纯，则性定而气正。气正，则动而不差。动而有差者，心未纯也。"又称："性，天下之大本也。尧、舜、禹、汤、文王、仲尼六君子先后相诏，必曰心，而不曰性，何也？曰心也者，知天地，宰万物，以成性者也。六君子，尽心者也，故能立天下之大本。"

朱熹基本赞同胡宏的心性观，但觉得这句话中的"以成性者也"可疑，将此语改为"而统性情也"更合适。但张栻不赞同朱熹的改法，认为"统"字不恰当，改成"而主性情"更合适。

关于天理人欲问题，胡宏在《知言》中的观点是："天理人欲同体而异用，同行而异情。进修君子宜深别焉。"胡宏于此探讨的并非性的问题，他是在说现实存在的世界，天理人欲是人所本有，他认为人欲是指人的原始正常需求，不是指私心的利欲，更非泛滥无节制的欲求。对于胡宏的这个观点，张岱年在《中国哲学大纲》中的解读是："天理人欲，皆以好恶为体，故云同体；而天理乃好恶以道，人欲乃好恶以已，故云异用。有天理即有人欲，有人欲即有天理，故云同行；而一公一私，故云异情。五峰以为欲实不可卑，不可无。"

对此，胡宏也做过相应的解释："夫妇之道，人丑之者，以淫欲为事也，圣人安之者，以保合为义也。接而知有礼焉，交而知有道焉，惟敬者为能守而勿失也。语曰：乐而不淫，则得性命之正矣。谓之淫欲者，非陋庸人而何？"（《知言》）夫妇之道本来就是男女相接，只要乐而不淫就是正当的，所以不能将其视为淫欲,否则就是贬损夫妇之道。可见胡宏不把人欲视为洪水猛兽,认为人欲源于天理,只要合乎中节就等同于天理。

朱熹不赞同胡宏所说的同体异用、同行异情观点,他认为:"胡子之言盖欲人于天理中拣别得人欲,又于人欲中便见得天理。其意甚切,然不免有病者。盖既谓之同体,则上面便著人欲两字不得。此是义理本原极精微处,不可少差。试更子细玩索,当见本体实然只一天理,更无人欲。故圣人只说克己复礼,教人实下工夫,去却人欲,便是天理,未尝教人求识天理于人欲汨没之中也。若不能实下工夫,去却人欲,则虽就此识得,未尝离之天理,亦安所用乎?"(《胡子知言疑义》)余外,朱熹对胡宏的其他观点也分别表达了自己的看法,由此体现了他对胡宏理学观的重视。虽然在有些方面朱熹并不赞同,但胡宏的观点却给他以启发,而后他在胡宏观点的基础上,渐渐形成了更为完善的儒学思想。

3. 张栻:先察识体仁,后主敬涵养

张栻,字敬夫,又字乐斋,号南轩,是南宋中期著名理学家,与吕祖谦、朱熹并称"东南三贤"。张栻曾拜胡宏为师,为湖湘学派最重要传人。

张栻原本是汉州绵竹人,绵竹张氏为当地望族,其父张浚在宋高宗、孝宗两朝任职,官至丞相,力主抗金,号称中兴名相,后遭秦桧排斥,以不能恢复中原为耻,自觉无颜见先祖于地下,遗嘱葬于衡山之下。张栻为父守墓,同时在湖湘一带弘传儒学,由此被目之为湖湘派。

张栻秉承父命,师从胡宏于衡山,他在《答陈平甫》中称:"仆自惟念,妄意于斯道有年矣,始时闻五峰胡先生之名,见其话言而心服之,时时以书质疑求益。辛巳之岁,方获拜之于文定公书堂。先生顾其愚而诲之,所以长善救失,盖有在言语之外者。然仅得一再见耳,而先生没。"张栻说他早闻五峰先生之名,后来得以见面,虽然两人交往时间很短,但胡宏思想对他影响很大。关于此事,朱熹在为其所撰《右文殿修撰张公神道碑》中亦有记载:"自其幼学而所以教者,莫非忠孝仁义之实,既长,又命往从南岳胡公仁仲先生问河南程氏学。先生一见,知其大器,即以所闻孔门论仁亲切之旨告之。"

朱熹说,张栻自小就学习儒家之道,长大后遵父命前往衡山拜胡宏为师,学习二程道学,甫一见面,胡宏就认定张栻必能成大器,所以倾心教授之。张栻返回后,细思胡宏所言,以写信方式求教。胡宏见其所问,赞叹说:"圣门有人,吾道幸矣。"(《右文殿修撰张公神道碑》)

但是，实际拜师情况并没那么顺利。宋绍兴三十一年（1161），张栻第一次前往拜见时，被胡宏婉拒。《五峰学案》载："初，南轩见先生，先生辞以疾。他日，见孙正孺而告之。孙道五峰之言曰：'渠家好佛，宏见他说甚！'南轩方悟不见之因。于是再谒之，语甚相契，遂授业焉。南轩曰：'栻若非正孺，几乎迷路。'"第一次，胡宏托以身体不适，没有见张栻，后来张栻见到孙正孺时谈及此事，孙告诉了他当时胡宏说的一番话，原来胡宏觉得张栻喜好佛家之道，所以没什么可说的。于是，张栻再次拜见胡宏时一语不及佛，这次两人谈得甚为投机，胡宏接受了他的拜师要求。张栻感慨说，如果不是孙正孺告其缘由，他一生都难以走入正途。

虽然胡宏与张栻见面的时间很短，却对张的思想有着深刻影响，《宋元学案·南轩学案》中称："南轩受教于五峰之日浅，然自一闻五峰之说，即默体实践，孜孜勿释。又其天资明敏，其所见解，初不历阶级而得之。五峰之门，得南轩而有耀。"

张栻能够光耀湖湘学派之门，除去胡宏的传承以及他天赋异禀外，还有一个重要原因，就是朱熹对他的影响。《宋史·道学传序》中称："张栻之学，亦出程氏，既见朱熹，相与博约，又大进焉。"

在一些儒学观念上，张栻与朱熹有相同点，也有相异处。全祖望说："南轩似明道，晦翁似伊川。"（《南轩学案》）由此决定了两人道学观念的异同。两人曾经围绕"仁"的问题展开往返论辩。湖湘派对"仁"的认识，是主张先察识体仁，然后主敬涵养；朱熹则认为观过知仁，是以"观"为重，主张求"仁"之方是"于下学处指示"。他所说的"下学"是指扫洒应对的平日涵养功夫。

张栻早年著作《希颜录》和《洙泗言仁录》都是采用收集圣贤言行语录来编纂成书，尤其后者，所收内容都是前贤所谈到的关于"仁"的问题，张栻试图通过这种办法让人来求得为仁之方。但朱熹反对这种方式，觉得"专一如此用功，却恐不免长欲速好径之心，滋入耳出口之弊，亦不可不察也"（《答张敬夫》）。朱熹说，张栻只是选有"仁"字的话编纂成书，这种做法会助长读者流于表面而不深入研究的习气。

张栻的仁观本自胡宏，他在《潭州重修岳麓书院记》中有如下表述："齐宣王见一牛之觳觫而不忍，则教之曰：是心足以王矣。古之人所以大过人者，善推其所为。论尧舜之道本于孝弟，则欲体夫徐行疾行之间；指乍见孺子匍匐将入井之时，则曰：恻隐之心，仁之端也，于此焉求之，则不差矣。尝试察吾事亲从兄、应物处事,是端也,其或发见,亦如其所以然乎?苟能默识而存之,扩充而达之,生生之妙,油然于中,则仁之大体岂不可得乎?"

张栻在此讲到了《孟子》中齐宣王不忍见牛觳觫的故事,来说明这种不忍就是仁心之萌动,人们见到孺子将要掉入井中,而产生怵惕恻隐之心,来说明这是仁之发端。朱熹反对张栻的说法,认为这种观念是暗袭了释家之说:"心既有此过矣,又不舍此过而别以一心观之;既观之矣,而又别以一心知此观者之为仁。若以为有此三物递相看觑,则纷纭杂扰,不成道理。"(《答吴晦叔》)

朱熹认为"以心观心"的观念等于承认心有二心,因为有了天理的道心和人欲的人心。朱熹认为,道心和人心应是同一心,所以主张"即人心而识道心"(《问张敬夫》),人心能够常操存,常主敬,这就是道心,因此,在操存之前不存在以彼一心来察识此一心。

湖湘学派强调先察识,后涵养,张栻也主张这个观念。朱熹认为,湖湘学派倡导的先识仁体而后为仁的说法,缺少一段涵养功夫,应当是察识与涵养并进,为此与湖湘诸子进行辩论。朱熹在《答石子重》中称:"但今人着个'察识'字,便有个寻求捕捉之意,与圣贤所云操存主宰之味不同,此毫厘间须看得破,不尔则流于释氏之说矣。"

随着时间的推移,张栻也逐渐认识到只追求察识的弊端,其称:"某数年来务欲收敛,于本原处下工,觉得应事接物时差帖帖地。"(《答朱元晦》)可见他弥补上了朱熹指出的弊端,从此走上了存养省察并进的修养之路。

十二、金华学派:经史并重,传承中原文献之学

季啸风主编的《中国书院辞典》中称:"金华学派又称婺学、吕学,是南宋时期以吕祖谦为代表的理学学派。因吕祖谦等为婺州金华人,故名。宋乾道五年(1169)吕祖谦曾于严州书院任教授。他整顿书院、制定学规,从

学者众。吕祖谦、吕祖俭兄弟又于金华明招山创办和主持丽泽书院,并讲学其中。曾编有《丽泽讲义》,而其《东莱博议》则为诸生课试之作。'四方之士争趋之',形成以书院为基地的金华学派。"

金华学派创始人吕祖谦,字伯恭,人称东莱先生,是吕夷简的六世孙。东莱吕氏为当地望族,吕祖谦以门荫入仕,隆兴元年(1163)进士及第,累迁直秘阁学士,参与重修《徽宗实录》,编纂《皇明文鉴》。

吕祖谦与朱熹、张栻合称"东南三贤",相比较而言,三贤中吕祖谦影响力略弱,按照朱熹弟子陈淳的说法:"乾道庚寅中,南轩以道学名德守是邦,而东莱为郡文学。是时南轩之学已远造矣。思昔犹专门固滞,及晦翁痛与反复辩论,始翻然为之一变,无复异趣。其亲仁之笃、徙义之勇、克己之严、任道之劲,卓卓乎不可及。东莱筮仕方初,以少年豪才博览,藐视斯世,无足与偶。何暇窥圣贤门户?及闻南轩一语之折,则愕然回,释然解,乃屏去故习,敛躬屈节,为终身钻仰之归。且道紫阳,沿濂洛,以达邹鲁。俛焉日有孜孜,毙而后已。虽于南轩所造有不齐,要之不失为吾名教中人,而斯文与有赖焉。"(《严陵学徒张吕合五贤祠说》)

从这段评价可看出,陈淳认为张栻的影响力远在吕祖谦之上,在他看来,张栻是通过与朱熹反复论辩以至有所醒悟,而后学术观为之一变,成为一方大儒,而吕祖谦又得益于张栻,正是张栻的所言使得吕祖谦归于正途。此后吕刻苦钻研,最终成为传承文脉的重要人物。由此可看出,陈淳为"东南三贤"排出的座次是:朱熹、张栻、吕祖谦。

这种说法对后世也有一定影响,《宋史》吕祖谦本传中说:"长从林之奇、汪应辰、胡宪游,既又友张栻、朱熹,讲索益精。"正因为吕祖谦有张栻、朱熹这样的朋友,所以才有了日后的成就与名声。出于这种认识,《宋史》将朱熹和张栻列入《道学传》,吕祖谦则列在了《儒林传》。宋代道学影响深远,《宋史》的这种分法显系有所轩轾。如果以存世时间来论,东南三贤中以吕祖谦享年最短,想来他的很多学术观尚未成熟,而从流传后世的资料来看,朱熹写给友人的书信以给吕祖谦的数量最多,两人的通信内容绝大多数是探讨学术,尽管朱熹对吕祖谦的学术观产生过重大影响,但从具体通信内容来看,吕祖谦对朱熹也有重大影响,并且朱熹能在当世就对社会产生重要影响,吕祖谦也功不可没。

宋淳熙二年(1175),原本朱熹要到金华去见吕祖谦,但因故未能前往,于是吕祖谦从金华出发,前往福建,去拜访朱熹。两人相见后,吕祖谦住在朱熹的寒泉精舍，他们商讨了很多重要的问题，还商量共同编写《近思录》，同时商议删定《程氏遗书》为《程子格言》等。

吕祖谦在寒泉精舍住了近两个月，在这年的五月中旬，朱熹送吕祖谦出闽，一直送到了江西铅山的鹅湖寺。在此之前，吕祖谦为了调和朱陆学术观，特意邀请陆九渊兄弟前来相会。吕祖谦分别邀请朱、陆两派中的人物，其中朱学方面邀请了朱熹、蔡元定、詹体仁，陆学方面邀请了陆九龄、陆九渊，还有江西当地的赵景明、詹仪之等，浙江方面有吕祖谦和潘景愈，如此算来，可以说是四方相会。这次鹅湖之会总计十天左右，朱、陆两派进行了激烈交锋，由此扩大了朱学思想的影响力。

以学术旨趣论，吕祖谦与朱熹不同，朱熹比吕祖谦大八岁，进士及第的时间比吕早十六年，但不妨碍他们两人平等交往，并对一些问题做深入探讨。吕祖谦替朱熹解决了不少生活琐事上的问题，比如朱熹将长子朱塾送到婺州拜吕祖谦为师，朱塾到达后，吕祖谦不但在生活上对他予以关照，还在馆舍、饮食等方面也作出相应安排。吕祖谦的弟子兼好友潘景宪在朱塾到达的第二年，将自己的长女嫁给了朱塾。

朱熹的学术著作颇多，就影响力和他个人的重视度来说无逾《四书章句集注》。朱熹从《礼记》中抽出《中庸》和《大学》两篇，为之作章句和诠释，而后与《论语》《孟子》合在一起成为《四书章句集注》。朱熹写完《大学章句》后，还将草稿寄给吕祖谦，请其予以指正。淳熙元年（1174），朱熹给吕的信中写道："《大学章句》并往，亦有《详说》，后便寄也。'此谓知之至也'一句为五章阙文之余简无疑，更告详之，系于经文之下却无说也。"（《答吕伯恭》）可见朱熹对《大学》分章另有看法，为此征询吕祖谦的意见。但吕祖谦是如何回答，今已无考。

对于《中庸》首章，朱熹在给吕祖谦的信中说："熹旧读程子之书有年矣，而不得其要，比因讲究《中庸》首章之指，乃知所谓'涵养须用敬，进学则在致知'者。两言虽约，其实入德之门无逾于此，方窃洗心以事斯语而未有得也。不敢自外，辄以为献。"（《答吕伯恭》）宋儒一向重视《中庸》首章的深意，吕祖谦曾向朱熹讲述过他对《中庸》首章的理解，朱熹吸取了吕的观点，从中理解了二程何以将"涵养须用敬，进学则在致知"两句视为入德之门，只有理解和应用"用敬"和"致知"，方可体悟《中庸》首章的内涵。

朱熹还与吕祖谦商讨了《中庸》中的其他一些观念，比如朱熹问："'修道之谓教'，'自明诚谓之教'，两'教'字同否？其说如何？明道、伊川说'修道'自不同，吕杨游氏皆附明道说，古注亦然。但下文不相属，又与'明诚'处不相贯，不知如何？"（《问吕伯恭》）

对于朱熹的所问，吕祖谦回答说："修道之谓教，设教者也；自明诚谓之教，由教以成者也。'教'字本同，但所从言之异耳。天下皆不失其性，则教不必设，道不必修。惟自诚明者不能人人而然，故为此修道、设教，然后人始得由此教故，自明而至于诚也。使道之不修，设教有所偏，则由教者亦必有所差，安能自明而至于诚乎？二程诸家修道之说，或主乎设教，或主乎为此而设教，（如言已失其本性，故修而求复之，此言为此而设教）其归趣则一而已。"（《问吕伯恭》）

在《论语》方面，两人也多有探讨。《论语·泰伯》载曾子曰："君子所贵乎道者三：动容貌，斯远暴慢矣；正颜色，斯近信矣；出辞气，斯远鄙倍矣。笾豆之事，则有司存。"朱熹在《论孟精义》中转引了程颐的解读："君子所贵者，慎之于身，言动之间，皆有法则。容貌庄敬，则可以远暴慢。颜色正，则自知其信。辞气之出，不使至于鄙倍。"程颐认为动容貌、正颜色、出辞气都属于"正身"之事，且无须外求，以此强调内修的重要性。谢良佐也持这种观点，故吕祖谦在给朱熹的信中，在讨论谢良佐的《论语说》时，表达了自己的观点，认为"上蔡所解与二先生之意不异"。后来朱熹在《论语集注》中解"曾子答孟敬子"一章时，基本采用了吕祖谦的意见。

当吕祖谦看到其他人解《论语》时，也会与朱熹交流，比如他在淳熙元年（1174）给朱熹的信中写道："吴才老之说，就解《论语》上看则有味，原其所发，则渠平生坐在记诵考究处，故凡见'何必读书'之类，辨之必力，其发亦自偏也。"（《与朱侍讲元晦》）吴棫，字才老，著有《论语指掌》《论语续解》，不知吕祖谦此处所谈是哪一部书，然吕指出吴棫长于记诵考究，且议论偏颇。朱熹接到此信后说："所论吴才老说经之意，切中其病。然在今日平心观之，却自是好语也。《学记》'深造自得'之语，初亦觉其过，欲改之，则已刻石不及矣。"（《答吕伯恭》）

除此之外，吕祖谦还在多方面与朱熹有商讨，比如对"仁"的理解，两人有过观点不同的争论。从朱熹的学术著作中看，他在不少方面最后都采用了吕祖谦的观点。当朱熹闻知吕祖谦去世时，十分震惊，为吕写了祭文，文章起首为："呜呼哀哉！天降割于斯文，何其酷耶？往岁已夺吾敬夫，今者伯恭胡为又至于不淑耶？道学将谁使之振，君德将谁使之复，后生将谁使之

第五章 宋代新儒学——理学 189

海,斯民将谁使之福耶?经说将谁使之继,《事记》将谁使之续耶?若我之愚,则病将孰为之箴,而过将谁为之督耶?然则伯恭之亡,曷为而不使我失声而惊呼,号天而恸哭耶?"吕祖谦的去世令朱熹大为伤感,失去这位箴友令他连发六问。

从治学方法而言,朱、吕二人是有所区别的。朱熹日常跟弟子私下里讲起时,会说出一些他的真实看法,这些话记载于《朱子语类》中。比如有的弟子在比较张栻与吕祖谦,朱熹听到后说"东莱博学多识则有之,守约恐未也",又有"伯恭于史分外仔细,于经却不甚理会",以及"伯恭无恙时爱说史学"。

其实,朱熹这些话准确地点出了吕祖谦的治学特点:一是广博,二是偏重史学。而这些特点是出自其家学。吕祖谦在《祭林宗丞文》中说:"昔我伯祖西垣公,躬受中原文献之传,载而之南。"全祖望在《同谷三先生书院记》则总结说:"宋乾、淳以后学派,分而为三:朱学也,吕学也,陆学也。三家同时皆不甚合,朱学以格物致知,陆学以明心,吕学则兼取其长,而又以中原文献之统润色之。门庭径路虽别,要其归宿于圣人则一也。"

吕祖谦自称其家所传承的是中原文献之学,全祖望在总结南宋学术时,将吕氏之学与朱学、陆学相并提,由此说明了当年吕学的重要影响力,同时全祖望称,这三家观念都有区别,朱学以格物致知,陆学以明心见性,吕学则兼取两家之长。全祖望同时说到了吕学以中原文献作为底色。

关于何为"中原文献",后世有不同理解。有些学者认为是指宋室南渡时,吕家将大量藏书运到了南方,因为战乱,南方缺少原始文献,致使很多学者到吕家观书,吕家人本身也读这些典籍,于是形成了博杂的家学特点。还有些学者认为,"中原文献其实就是指以二程和二张为代表的嵩洛、关辅的儒学或称理学,以及以庆历、元祐为代表的北宋的典章制度、名臣名儒的事迹言行"(罗莹《宋代东莱吕氏家族研究》)。

但是无论哪种解释,都说明了吕家藏有大量与儒家有关的历史文献。吕祖谦受家学影响,形成了兼收并蓄的学术观,正如《宋史》本传中对他的总结:"祖谦学以关、洛为宗,而旁稽载籍,不见涯涘。心平气和,不立崖异,一时英伟卓荦之士皆归心焉。"所以全祖望在《东莱学案》中也给吕祖谦以类似的评语:"小东莱之学,平心易气,不欲逞口舌以与诸公角,大约在陶铸同类以渐化其偏,宰相之量也。"

金华吕氏乃百年旺族,吕祖谦的十世祖吕梦奇在后唐时在朝中为官,吕梦奇的两个儿子吕龟图、吕龟祥入宋后也有官职，而吕氏家族的正式兴起始自吕蒙正中状元，而后拜相，自此之后吕家有很多人曾于朝中任宰辅。宋王明清在《挥麈录》中称："吕文穆（蒙正）相太宗。犹子文靖（夷简）参真宗政事，相仁宗。文靖子惠穆（公弼）为英宗副枢，为神宗枢使；次子正献（公著）为神宗知枢，相哲宗。正献孙舜徒（好问）为太上皇右丞。相继执七朝政，真盛事也。"一个家族世任宰辅，世所罕见。

吕氏家族不但在政治宦途上有着如此辉煌的成绩，在学术上也有巨大影响力，其家族被列入《宋元学案》的有二十二人之多，这在两宋绝无仅有。吕祖谦的六世祖吕公著与当时的王安石、邵雍、二程各派领袖人物都有交往，由此使得吕氏家学有了博杂倾向。吕公著之子吕希哲在博杂方面更甚其父，《宋元学案·荥阳学案》称："荥阳少年，不名一师。初学于焦千之，庐陵（欧阳修）之再传也。已而学于安定（胡瑗），学于泰山（孙复），学于康节（邵雍），亦尝学于王介甫（王安石），而归宿于程氏（程颐）。集益之功，至广且大。然晚年又学佛，则申公家学未醇之害也。"

对于吕祖谦的师承，《宋史》本传称："祖谦之学本之家庭，有中原文献之传。长从林之奇、汪应辰、胡宪游，既又友张栻、朱熹，讲索益精。"吕祖谦主要是本自家学，长大后转从多师。林之奇原本是日本中的弟子，同时又是吕祖谦之父吕大器的好友，他对吕祖谦影响较大。林之奇喜欢文学，此后吕祖谦编纂《皇朝文鉴》即与之有关。汪应宸也是日本中的弟子，胡宪乃是胡安国的从子，由此说明了吕祖谦不本一家的学术渊源。此后他又与张栻、朱熹等人探讨学问。更为重要的是，吕祖谦乃是陆九渊的座师。乾道八年（1172），陆九渊参加省试，吕祖谦为考官，吕竟然能从数千考生中认出陆九渊的文章，可见他对陆的熟悉程度。

出于兼收并蓄的理念，吕祖谦的学术观吸收各家之长，比如二程认为："实有是理，始实有是物。"（《程氏经说·中庸解》）吕祖谦赞同此理念："德者，天地万物所同得实然之理，圣人与天地万物同由之也。此德既懋，则天地万物自然各得其理矣。"（《东莱书说》）

吕祖谦极为看重"理"，从这个角度来说与朱熹观点相同，但吕在强调"理"的同时，又把"心"放在与"理"并列的地位："心即天也，未尝有心外之天，心即神也，未尝有心外之神。乌可舍此而他求哉。"（《东莱博议·楚武王心荡》）由此也可窥得吕祖谦调和朱陆的心态。

对于天理，吕祖谦称："天下之理，既如渴饮饥食，昼作夜息，理甚明白，初无难知，惟人自见不明，往往求之至难，不可卒晓之处。故多辛苦憔悴而无成，殊不知天下本无事，所以然者，以其不善推之故也。此之谓不受命。"(《易说·随》)他以此说明天理的神圣性和权威性。对于"理"与"事"的关系，二程认为"有是理，故实有是物"，理在事先。吕祖谦则说："有是事则有是理，无是事则无是理。"(《东莱博议·祭仲立厉公》)

吕祖谦又把"天理"与"天命"联系了起来："命者，正理也。禀于天而正理不可易者，所谓命也。使太甲循正理而行，安有覆亡之患哉。"他把天命提升到了与天理同样的高度，认为天命就是天理，并且天命是禀受于天，无法改变的，同时又称："圣人之心，即天之心；圣人之所推，即天所命也。"(《东莱书说》)天命又等于圣人之心，以此推论起来，圣人之心就是天理。

在理气关系上，吕祖谦认为"气"决定"理"："然物得气之偏，故其理亦偏；人得气之全；故其理亦全。"(《东莱博议·颍考叔争车》)但在朱熹的观念中，理是至高无上的，可见吕祖谦的理气观与朱熹不同。同时吕祖谦还提出了"以心御气"的概念："圣贤君子以心御气，而不为气所御，以心移气而不为气所移。"这就是君子不同于凡人之处："气听命于心者，圣贤也；心听于气者，众人也。"(《东莱博议·楚武王心荡》)

他如此强调"心"的至高无上，显然是受到了陆九渊的影响。乾道九年（1173），朱熹在给吕祖谦的信中提道："陆子寿闻其名甚久，恨未识之。"可见朱熹很想见到陆九渊，与之进行思想辩论，因为朱熹在《答吕子约》中说过："近闻陆子静言论风旨之一二，全是禅学，但变其名号耳。竞相祖习，恐误后生，恨不识之，不得深扣其说。"在朱熹看来，陆九渊的言论全是禅学，但是他的言论又很有影响力，朱熹担心陆这样会误导年轻人，很想见到陆后，纠正其误。而吕祖谦也想借机调和朱、陆两家，于是在他的安排下，有了鹅湖之会。

在鹅湖之会上，朱、陆两派吵得很厉害，但是作为会议的主持人吕祖谦却能保持公正，没有发表具倾向性的言论。陆九渊在《祭吕伯恭文》中称："公虽未言，意已独至。"吕祖谦虽没有表态，却清楚地看到朱、陆两家各自的优缺点："元晦英迈刚明，而工夫就实入细，殊未可量。子静亦坚实有力，但欠开阔。"(《与陈同甫书》)吕祖谦组织的这场辩论会在中国学术史上极具影响力，梁启超在《儒家哲学》中称："这件事在中国学术史上极有光彩，极有意义。"

吕祖谦去世后，他所开创的婺学由其弟吕祖俭继承，吕祖俭在为官之余，把主要精力用在了整理其兄的著作方面。吕祖俭与甬上四先生都有交往，为此其学术观也是兼收朱、陆两家。吕祖谦弟子众多，全祖望在《宋元学案·丽泽诸儒学案》中说："明招学者，自成公下世，忠公继之，由是递传不替。其与岳麓之泽，并称克世。……而明招诸生历元至明未绝，四百年文献之所寄也。"

吕祖谦在明招讲学时，弟子多达三百余人，在他身后，婺学有两个发展颇具影响力的分支：一支是由叶邽传于徐侨，再传王世杰、石一鳌和黄溍，而后递传到王祎；另一支则由王翰传其子王柏，再由金履祥传于柳贯，而至宋濂。

十三、永嘉学派

关于永嘉学派的价值及其意义，俞雄先生在《陈傅良传论》一书中给出了这样的总结："南宋承接北宋，在儒学复兴思潮的激荡下，一大批新学派勃兴，形成了朱熹理学派，陆九渊心学派，这是理学的两大学派。与此不同或对立，则有胡安国、胡宏、张栻等相承的湖湘学派，吕祖谦金华学派，陈亮永康学派，以薛季宣、陈傅良、叶适为代表的永嘉学派。它们彼此争鸣，互争雄长。尤以孝宗、光宗期间（12世纪八九十年代）最为活跃，以朱熹为主的理学派，以永嘉、永康学派为主的事功学派，两大阵营形成对垒。这种理学与反理学相对立的学术态势，是认识永嘉学派的重要切入点。它们都源于儒学，同源于北宋的二程洛学，都是南宋新儒学运动的一个分支。"

1. 薛季宣：讲明实务，无为空言

永嘉学派为浙东的一个理学派别，该派以事功为特色，开创于薛季宣，承继于陈傅良，完成于叶适。永嘉之学在观念上已经与程朱理学有了较大分

歧，从薛季宣开始，该派由性理之学转向事功之学。叶适在《温州新修学记》中说："故永嘉之学，必弥纶以通世变者，薛经其始而陈纬其终也。"叶适将永嘉学派的功绩都推举给了薛季宣和陈傅良。

薛季宣，字士龙、士隆，人称艮斋先生，温州人。他出身于官宦之家，祖父薛强立官至江宁府观察推官，大伯父薛嘉言官司封郎中，二伯父薛昌言官婺州通判，三伯父薛弼是政和二年（1112）进士，绍兴初年曾在岳飞军中任职。薛季宣之父薛徽言为建炎二年（1128）进士，从学于胡安国，官至监察御史。

绍兴十一年（1141），薛季宣跟随伯父到各地宦游，岳飞被害时，尽管薛弼曾做过岳飞的手下，但由于秦桧闲居永嘉时，薛弼曾登门拜访过，故没有受到牵连。因薛季宣之父薛徽言早逝，故没有将湖湘之学观念传给薛季宣，早年的薛季宣主要是受其师袁溉的影响。袁溉为程颐的弟子，后来又得到四川薛富顺的指点，为程门别派。

袁溉学术视野宽广，尤其对《易》《礼》有深入研究，薛季宣继承了袁溉的特点，陈傅良在《薛公行状》中写道："自《六经》之外，历代史、天官、地理、兵、刑、农、末，至于隐书小说，靡不搜研采获，不以百氏故废。尤邃于古封建、井田、乡遂、司马之制，务通于今。"

对于义理观，袁溉认为不应做过多的探讨："学者当自求之，他人之言善，非吾有。"（《宋元学案·艮斋学案》）薛季宣受袁溉影响，反对在义理问题上做深入研究，他曾跟弟子陈傅良说："《通鉴》《礼图》皆二册，纳上。史书制度自当详考，不宜造次读过。《中庸》《大学》《系传》《论语》却须反复成诵，勿以心凑泊焉。"（《答君举书一》）薛季良强调要在社会实践中体味天理。

在具体社会实践方面，薛季宣不赞同王安石激进的变法手段，但佩服王安石的勇气，薛在《召对札子二》中说："臣窃怪近世治不及古，自朝廷至于郡县，皇皇财用，弊弊焉常患其不给，百姓朘肌及髓，而日以益甚。虽有卓荦之士，遇有为之主，得时得位，其所施设终无以救其万分。"

薛季宣重点指出财政上的混乱局面，认为王安石的变法思想扰乱了军心，他在《书古文训》中写道："彼诗张之人尽能变易名实，以夺人之视听，移人之心志。至诵六经之语，文其奸言，学之有师，言之有章。世主喜听之，而先王之典刑用以颠覆，小大之民不得所欲，而心之违怨、口之诅祝不期而起。"

王安石变法的方式是加强皇权、增加惩罚力度，薛季宣则认为国家安定首先要有正确的理念，而王安石变法没有从根本上解决国家贫困的问题，其主要原因是没能解决好冗官和冗兵问题，这两大问题都对国家财政有较大损害。因此，薛季宣建议朝廷改革制度，但改革要注意社会舆论："与其张无职之官而紊政，养无用之兵而虚骄蠹国，人情不恤，固当图之，况为之有道，将不至此乎？"（《召对札子二》）

在思想性上，薛季宣赞同二程的观念，也并不反对苏轼的理政思想，比如司马光执政后尽废新法，苏轼认为新法不可尽废，因为新法中也有可用的成分。在为政理念方面，苏轼提出："臣闻圣人之治天下也，宽猛相资，君臣之间，可否相济。若上之所可，不问其是非，下亦可之，上之所否，不问其曲直，下亦否之，则是晏子所谓'以水济水，谁能食之'，孔子所谓'惟予言而莫予违足以丧邦'者也。"（《辩试馆职策问札子二首》之二）

苏轼认为执政者应当宽猛相资，才能达到圣人之治。薛季宣赞同这种观点，认为执政的方略乃是中道，同时他又强调进行社会治理应当懂得变通："道非一定物也，与时高下，而无胶柱之弊，所以历万世而无弊。知升降之道，则知随时因革之礼。政由俗革，则向之治道有不可施之于今者。"（《书古文训》）

在一些具体问题上，薛季宣也有自己的观点。他并不完全赞同苏轼的态度，比如，苏轼在谈到《康王之诰》时，成王未葬而康王就已继位，且君臣冕服，苏轼认为这种做法有违礼制。薛季宣却觉得在特殊情况下不必拘泥于礼制："知权时之变，礼宁得已邪！非亟正位以临诸侯，宁保商人之无武庚之变。丧君有君，而人情大定，是固周之长策。先王行礼宁拘拘然执于礼哉！"（《书古文训》）

在程朱理学道统问题上，薛季宣提出了疑问："问：传道之序，自孔子、曾子、子思、孟轲，端若贯珠，盖无可疑者。然《论语》记颜渊死，孔子以况伯鱼。《史记》鲤年五十，其亡先孔子三岁。回少孔子三十岁，三十二而死，则是先伯鱼九年也。取信《论语》，则伯鱼之亡久矣。《世家》《家语》，曾子少孔子四十六岁，子思年六十二，则曾子于仲尼之卒也未壮，子思犹逮事其先祖。《孔丛子》有子思及孔子曾子孟子问答，《檀弓》《孟子》《汉艺文志》皆称子思与鲁缪公同时，《孔丛》又逮于缪公卒，孟子题词。《列女传》孟轲学于孔子之孙子思，《孟子》传学于子思之弟子，《资治通鉴外纪》缪公访子思之岁，距孔子卒七十有三年，而《周纪》鲁缪公薨，子思见卫谨侯，后此又三十有一岁，下距孟轲见梁惠王之岁凡四十有一年。上下一百四十五年之间，而道学三传，未足多过子思之年，无乃过于寿考乎？"(《策问二十道》)

薛季宣查了许多史料来推算道统中人物的年龄，发现其中有一些断环，比如，孟子要想见到子思，那么子思必须要活到一百四十五岁才有可能。从推论的逻辑性上讲，薛季宣的想法没错，但问题是这些早期人物在年龄上的记载本来就有差异和矛盾处，有可能是书中所载年龄在传抄过程中写错了，在无法验证古书中所写年龄是否正确的时候，以此来作推论依据，显然缺乏严密性。

之所以要做这番考证，他的主要目的是质疑从二程到朱熹以来不断强化的道统，认为他们不断强化道统只是为了标榜程朱理学是孔门正传。为此，薛季宣引用前人所言来进一步质疑程朱理学道统的准确性："圣人之学何其愈远而愈不似邪？得其所传，子弓、子夏、子舆三人而已。子弓之学，至于荀卿、李斯而废。子夏之传，至田子方、庄周而极。惟子舆之道，子思、孟轲皆不失其所传。将毋师法不同，本有次第，抑其流传之远，自有幸不幸欤？荀卿'非十二子'，而子思、孟轲皆未免为有罪。"(《策问二十道》)

程朱在道统体系中，重点强调了子思和孟轲的重要性，但荀子却在《非十二子》中对这两位大贤提出过批评，所以薛季宣认为子弓、子夏、子舆才是孔子思想的正传。

对于"道"和"器"的关系，朱熹在《答黄道夫书》中说："天地之间，有理有气。理也者，形而上之道也，生物之本也；气也者，形而下之器也，生物之具也。是以人物之生，必禀此理，然后有性，必禀此气，然后有形。其性其形，虽不外乎一身，然其道器之间，分际甚明，不可乱也。"朱熹认为，道是根本，器是道的体现，先有道而后有器，道是器的支配者。但是薛季宣反对这种道器分离的论证方式。他认为："夫道之不可迹，未遽以体用论。见之时措，体用宛若可识。卒之何者为体，何者为用，即以徒善徒法为体为用之别，体用固如是邪？上形下形，曰道曰器。道无形，舍器将安适哉？且道非器可名，然不远物，则常存乎形器之内。昧者离器于道，以为非道，遗之，非但不知器，亦不知道矣。"(《答陈同甫书》)

薛季宣认为"道""器"不可分离，道存于器中，所有的器都含道，两者的关系是器决定道，因为离开了器，道就无所附着。同时，他认为道普遍存在于各个具体的事物之中，他在《中庸解》中说："天命，上天之载也。

性，人受天地之中以生者也。道，日用也。教，成物也。人之于道也，无入而不自得，观感之教也。"（《浪语集》卷三十）

薛季宣强调"道"在百姓日用之中，为了反对空谈义理，同时也是为了反驳理学轻视功利的观念。他认为："《易》称'何以聚人，曰财'。财者，国用所出，其可缓乎？虽然为国务民之义而已。聚敛之臣，不知义之所在，害加于盗，以争利之民也。民争利而至于乱，则不可救药矣。所见之小，恶知利义之和哉！惟知利者为义之和，而后可以共论生财之道。"（《浪语集·大学解》）

薛季宣讲到了百姓想聚财的正当性和合理性及相应的紧迫性，但有些官员却不懂得百姓的真实心思，只是一味地搜刮民财。薛季宣反对这样与民争利，同时也反对只讲义不讲利，他主张义与利的统一。他的言论是针对他所处时代道学家空谈义理不重时务的弊端，他在《抵杨敬仲》中写道："灭学以来，言行判为两途，其矫情之过者，语道乃不及事，论以天何言哉之意，其为不知等尔。某虽不敏，于此窃有所好，而清谈脱俗之论，诚未能无恶矣。"（《浪语集》）

薛季宣说，当时的一些理学家调门儿唱得很高，但是做起事来却与他们所宣传的口号完全不是一回事，因为那套空洞的理论无法应用于时事，所以他认为从这个角度来说只是一味地清谈也是一种恶。但是，薛季宣也知道理论虽然空洞，却也是一种学问："空无之学，不可谓无所见，迄无所用，不知所谓不二者尔。未明道揆通于法守之务，要终为无用。"（《浪语集·与沈应先书》）

薛季宣认为理论必须与实践相结合，这样的理论才有价值；如果理论与实践各是一套系统，那么无论这种理论多么高深，都是没有价值的。总之他反对理学家离物言道，其目的就是强调士大夫应当关心国计民生，应当研讨有用之学。为此，他毫不隐讳地亮明自己的观点：重视事功，崇尚功利。他的这种态度受到了朱熹的批判，《朱子语类》载："或曰：'永嘉诸公多喜文中子。'曰：'然，只是小。它自知定学做孔子不得了，才见个小家活子，便悦而趋之。譬如泰山之高，它不敢登；见个小土堆子，便上去，只是小。'"

由此可见，朱熹对事功之学是何等的反感，他认为薛季宣不努力研究儒家经典，是因为那些理论典籍太高深、太宏大了，令薛季宣视为畏途，就如同他不敢登泰山，于是找个小土堆登了上去。这番话也体现了朱熹对功利之学是何等藐视。

第五章　宋代新儒学——理学

朱熹对薛季宣的批评，不仅仅是派性之争而说的气话，他在给陈傅良的学生胡大时的信中谈到了自己的观点："君举先未相识，近复得书，其徒亦有来此者。扣其议论，多所未安。最是不务切己，恶行直道，尤为大害。不知讲论之间，颇亦及此否？"（《答胡季随》）

尽管朱熹不喜，但是对于永嘉学派的务实，黄宗羲在《宋元学案·艮斋学案》中还是给出了正面评价："永嘉之学，教人就事上理会，步步着实，言之必使可行，足以开物成务。盖亦鉴一种闭眉合眼，蒙瞳精神，自附道学者，于古今事物之变，不知为何等也。"

2. 陈傅良：以所学见之事功

陈傅良，字君举，号止斋，温州瑞安人，是永嘉学派的第二代传人。全祖望在《宋元学案·止斋学案》中称："永嘉诸子，皆在艮斋师友之间，其学从之出，而又各有不同。止斋最称醇恪，观其所得，似较艮斋更平实，占得地步也。"

陈傅良出身贫寒，他的父亲是位穷秀才，在陈傅良九岁时他的父亲就去世了，故陈傅良兄妹四人只能靠祖母抚养。为了补贴家里的生活，陈傅良不到三十岁就在当地开课授徒，显然他是位当老师的好材料，很快就有了名气，学生有几百人之多。

乾道三年（1167），陈傅良开课办学正红火时，在外当官的同乡薛季宣回归故里，他来到了陈所办的学校，二人一番交谈，薛的思想对陈很有影响。陈傅良在《薛公行状》中说："傅良丙戌、丁亥间，授徒城南，公间来教督之。明年谢徒束书，山间屏居。"

此番谈话后的第二年，陈傅良停止办学，一心研读圣学，后来他前往常州，继续跟着薛季宣学习。蔡幼学在《陈公行状》中说："既而薛公客晋陵，公往从之。薛公与公语合，喜甚。益相与考论三代、秦、汉以还兴亡否泰之故，与礼乐刑政损益异同之际。盖于书无所不观，亦无所不讲。经年而后别去。"

陈傅良跟着薛季宣在常州学习了一年多，在乾道五年（1169）秋天前往临安应太学补试，在这个阶段，他结识了吕祖谦、张栻。《宋史》本传载："及入太学，与广汉张栻、东莱吕祖谦友善。祖谦为言本朝文献相承条序，而主敬集义之功得于栻为多。"

细品这段话，似乎是说陈傅良进入太学之后才结识了张、吕二人，然而陈傅良的门人蔡幼学在给其写的《行状》中却称，他们是在入太学之前相识："还过都城，始识侍讲张公栻、著作郎吕公祖谦。数请间，扣以为学大指，互相发明。二公亦喜得友，憾见公之晚，是岁乾道六年也。其秋入太学。"按照蔡幼学的说法，陈傅良离开老师薛季宣后来到了都城临安，而后结识了张、吕，他们常在一起探讨学问，他与这两位大师级的人物很默契，张、吕颇有相见恨晚之意。到了转年，也就是乾道六年（1170），陈傅良才入了太学。

乾道八年（1172），陈傅良进士及第，其职位逐渐升到了中书舍人，就是在此任上，他为了替朱熹辩解而遭到贬职。赵汝愚去世后不久，韩侂胄进一步打击赵派人物，而此派中有很多是道学中人。庆元三年（1197）二月，皇帝下诏，"伪学"之徒不得担任在京差遣，并清查近年来各科进士、太学生是否伪学之党。十个月后，朝廷又颁布了"伪学逆党籍"名单，名单上总计有五十九人，除了赵汝愚、朱熹、周必大等人外，陈傅良和叶适也在其中。此后陈傅良被免除所有官职，同时他的刻书书版也一并被毁。

尽管陈傅良为朱熹辩护受到牵连，但并不等于两人在学术观上完全一致。关于"道"与"器"的关系问题，陈傅良与朱、陆所见都不同。《朱子语类》中录有曹器远转述陈傅良的一句话："形而上者谓之道，形而下者谓之器。器便有道，不是两样。须是识礼乐法度，皆是道理。"

陈认为"器"与"道"不可分离，也就是形而上和形而下本为一件事，并且认为古代的典章制度也同样是"道"，所以他强调："所贵于儒者，谓其能通世务，以其所学见之事功。"（《止斋集》）这句话正表明了永嘉学派的观念，该派强调务实做事，不喜谈空洞的理论，因此永嘉学派又被称为永嘉事功派。

四库馆臣在为薛季宣的《浪语集》一书作提要时说："朱子喜谈心性，而季宣则兼重事功，所见微异。其后陈傅良、叶适等递相祖述，永嘉之学遂别为一派……其持论明晰，考古详赅，不必依傍儒先余绪，而立说精确，卓然自成一家。"由此可看出朱子的观念与永嘉学派的区别。

因为观念的不同，两派之间有过多次争论。宋绍熙元年（1190），朱熹给陈傅良写了封信，说想看陈所撰的《诗说》，然而陈傅良在给朱熹的回信中却否认他写过这样一部书："来征《诗说》，甚荷□包，所见何稿？岂向时聚徒所为讲义之类，则削稿久矣。年来时时讽诵，偶有兴发，或与士友言之，未尝落笔。诚有之，当于长者有隐耶？"（《与朱元晦书二》）

这封信可以看出陈傅良的态度是婉拒，他说自己在给学生讲课时确实写过这本讲义，但并没有编为一本书。陈为什么不肯把自己的著作拿给朱熹看呢？叶绍翁在《四朝闻见录》甲集中写有这样一段话："考亭先生晚注《毛诗》，尽去序文，以彤管为淫奔之具，以城阙为偷期之所，止斋得其说而病之……独藏其说，不与考亭先生辩。考亭微知其然，尝移书求其《诗说》。止斋答以：公近与陆子静斗辩无极，又与陈同父争论王霸矣，且某未尝注《诗》，所以说《诗》者，不过与门人为举子讲义，今皆毁弃之矣。盖不欲佐陆、陈之辩也。"

原来，朱熹晚年注释《毛诗》，而朱的那些正统观念让陈傅良不能接受，但陈又不想拿自己的观念去跟朱熹辩论，所以否认自己写过这么一部书。陈傅良在回信中首先讲到朱熹正在跟陆九渊争辩"太极"之前是否有"无极"二字，同时还另开一个战场跟陈亮争论"王霸"的问题，然后接着说自己注释的《毛诗》原本只是个讲义，并且这个讲义已经不用了。对于陈傅良的这个回答，叶绍翁认为，这是陈不愿意像陆九渊、陈亮那样，跟朱熹展开论辩。

但是，陈傅良的弟子却专门到建阳的竹林精舍去跟朱熹探讨学问，其实这种探讨就是论辩。这位弟子名叫曹叔远，字器远，当时刚考中进士，不知出于怎样的动机，他前去见朱熹。曹叔远向朱熹讲述了陈傅良的教学方法，《朱子语类》中将他与朱子的往返谈话记录了下来，比如曹称："（陈傅良）却说只就事上理会，较着实，若只管去理会道理，少间恐流于空虚。"这话是说陈傅良只务实不务虚，其实是暗指朱熹的学问不务实。

朱熹却称："天下事须先论其大处，如分别是非邪正、君子小人，端的是如何了，方好于中间酌量轻重浅深施用。"朱子认为天下之事要从大处着眼，首先要分辨是、非、君子、小人，这才是最重要者。《朱子语类》中有许多批评永嘉学派的言论，比如："今永嘉又自说一种学问，更没头没尾，又不及金溪。大抵只说一截话，终不说破是个甚么，然皆以道义先觉自处，以此传授。君举到湘中一收，收尽南轩门人，胡季随亦从之问学。"

朱熹认为，永嘉学派的观念没头没尾，很多问题都说不透，但陈傅良却在湖南把张栻的弟子都变成了自己的门人，最为不能忍受的是，胡季随也归顺在陈傅良的麾下。

陈傅良一度在湖南做官，其间他到岳麓书院去讲学，而当时的岳麓原本是张栻创建的天下，朱子所说的胡季随就是胡大时，他是湖湘学派的奠基人胡安国之孙、胡宏之子，同时又是张栻的女婿和门人。张栻去世后，胡大时成了湖湘学派的领袖，比如《朱子语类》载："季随在湖南颇自尊大，诸人亦多宗之。凡有议论，季随便为之判断孰是孰非。"

胡季随身为湖湘学派的正统传人，却转投到了陈傅良那里，在朱熹看来当然是一件很严重的事。而胡季随从学于陈傅良也确有文献记载，比如《湘潭县志》上就说："陈傅良，传永嘉经制之学，通判潭州，大时又从问焉。"面对此况，朱熹当然很不满意，于是就对胡大时恨铁不成钢："不能自立，其胸中自空空无主人，所以才闻他人之说，便动。"（《朱子语类》）

陈傅良也有自己的学术研究，比如，他写过一部《周礼说》。然陈傅良研究《周礼》不是从经学着眼，而是从探讨官制制度着眼。他的研究方法也不同于汉儒，毕竟陈傅良还是宋学中的人物，所以他对《周礼》的研究也是义理派的方式。遗憾的是，他的这部专著失传了，只有一篇自序保留了下来，陈在该序中说："彼二郑诸儒，崎岖章句，窥测皆薄物细故，而建官分职关于盛衰二三大指，悉晦弗著。后学承误，转失其真，汉、魏而下，号为兴王，颇采《周礼》，亦无过舆服官名，缘饰浅事，而王道缺焉尽废。"

陈傅良批评汉儒只在注释上下功夫，却不能探求该书的真正价值所在，而研究《周礼》一书中所谈到的官制，才是真正的探讨王道。

陈傅良还写过一部《皇朝财赋兵防秩官志稿》，此书也失传了，仅有部分条目保存在了元代马端临的《文献通考》中。陈傅良还写过一部《历代兵制》，俞雄先生认为这部书是"我国第一部兵制通代史"。从这些研究即可看出，陈傅良的学术关注点在于具体的事物，而不是形而上的本体论。

乾道九年（1173）薛季宣为庸医所误去世，享年四十岁，当时陈傅良三十七岁，刚刚进士及第，是薛季宣的最重要弟子。他在《薛公行状》中写道："从公居游凡七八年间，违公久者，惟公使淮、守雪川时为然。然亦率不一二月书命辄至，至则具道所言与行事，故世多知公详莫如傅良。"由此陈傅良成为继薛季宣之后新一代的永嘉学派领军人物。

陈傅良教导弟子时，仍然秉持着薛季宣的事功思想，比如，他的弟子曹器远曾跟朱熹说："自年二十从陈先生，其教人读书，但令事事理会，如读《周礼》，便理会三百六十官如何安顿；读《书》，便理会二帝三王所以区处天下之事；读《春秋》，便理会所以待伯者予夺之义。"（《朱子语类》）

陈傅良在温州、泰州和福州都有过讲学活动，讲学时间加起来约二十年，所收弟子众多，较有名的弟子有蔡幼学、沈有开、吴汉英、高松、林渊叔等。他的讲学极有感染力，比如，他在岳麓书院讲学时，感召了湖湘学派中的不少人物，转而跟随陈傅良学习事功之学，这其中就包括了胡季随，所以朱熹才有那样的感慨。

除了在民间讲学，陈傅良在京担任中书舍人兼侍讲时，还努力地将自己的观念灌输给皇帝。当年朱熹也曾将自己的理学观讲给皇帝听，朱熹认为"天下事有大根本，有小根本，正君心是大根本"，正君心乃是一切政事的根本，因为"故人主之心一正，则天下之事无有不正；人主之心一邪，则天下之事无有不邪"（《己酉拟上封事》）。

遗憾的是，朱熹的观念不被孝宗皇帝所接受，皇帝认为朱熹所说的心性之学乃是无用的空谈。陈傅良的"格君心"方式则与朱熹不同，他是从事功角度来阐述自己的观念，他认为皇帝首先要解决国家面临的紧迫问题，在这个基础之上，可以将道德修养融入具体事务之中，他的方式较能让皇帝接受。为此，朱熹在给蔡元定的信中写道："君举在上前陈说极详缓勤恳，其所长自不可及。区区实敬爱之，非但如来教所云也。"（《答蔡季通》）

陈傅良在给皇帝讲解时，态度诚恳，语言舒缓，其观念大多能被皇帝接受。对此，朱熹感慨自己做不到。但陈傅良在皇帝面前并不是一味地说皇帝爱听的话，在一些问题上也会坚持自己的看法，比如，当时朝中大臣都不敢谈论恢复中原之事，陈傅良却在上孝宗书中明确地表达了对主和派的不满："夫以中原万古衣冠，沦为左衽五六十载，北不足怀，南不能令，厌乱思治，岂无其人？闻之道路，河决非常，扰及关、陕，神怒民怨，其兆见矣。卒有特起，何以待之。就使虏无动，中原无特起，以臣过计，千乘万骑，介在东南，礼乐庶事，比拟全盛，地气不能胜，民力不能支，亦岂子孙万世帝王之业乎？"（《赴桂阳军拟奏事札子》）

3. 叶适：理财与聚敛异

叶适，字正则，号水心居士，是永嘉学派的集大成者，该派与陈亮的永康学派一起被后世视为事功派。如果追溯源头，永嘉学派应当从郑伯熊讲起，之后有薛季宣、陈傅良。到叶适时，永嘉学派始得发扬光大，全祖望在《水心学案》中说："永嘉功利之说，至水心始一洗之。"但张义德在《叶适评传》中不赞成这个评价："说'永嘉功利之说，至水心始一洗之'，则不符合事实。因为叶适并不排斥功利之说，相反，正是叶适对永嘉功利之说作了系统的论证,为其提供了更深的理论基础,从而把永嘉功利之学推向前进了。"

因为观念不同,朱熹对事功派评价不高,《朱子语类》载:"永嘉、永康之说,大不成学问,不知何故如此。"从整体观念来看,事功派确实与程朱理学有较大差异。朱熹继承了二程观念,认为"未有天地之先,毕竟也只是理,有此理,便有此天地,若无此理,便亦无天地,无人无物"(《朱子语类》)。理是早于天地而独立存在,是世界的本源。朱熹又说:"理也者,形而上之道也,生物之本也。"(《答黄道夫》)"物"被认为是"理"的表现形式,是依"理"而存。但叶适却认为,应当"以物为本",物才是世界本源,"夫形于天地之间者,物也;皆一而有不同者,物之情也;因其不同而听之,不失其所以一者,物之理也;坚凝纷错,逃遁谲伏,无不释然而解,油然而遇者,由其理之不可乱也"(《进卷·诗》)。

叶适认为,天地间所见均为物,故一切统一于物,但物各有不同,这称为"物之情",但"物之情"又都统一于"物之理",所以他不认为"理"是单独存在的,而是依附于物。叶适说"道行于天地万物之中",同时"道不离器","道"和"器"统一在一起,不可分割,所以要从物上去把握"道",因为"物之所在,道则在焉"(《习学记言》)。他反对形上形下之分,因为这样就把"道"和"器"对立了起来。

对于朱熹所说的"道",在叶适看来,这并不是儒家传统观念,而是受了佛、道两家影响:"本朝承平时,禅说尤炽,儒释共驾,异端会同。其间豪杰之士,有欲修明吾说以胜之者,而周、张、二程出焉。自谓出入于佛老甚久,已而曰:'吾道固有之矣。'故无极太极,动静男女、太和参两,形气聚散,氤氲感通,有直内,无方外,不足以入尧舜之道。"(《习学记言序目》)因为朱熹等人读过佛教和道教之书,所以他们将佛、老观念直接用在儒家体系中,但他们却分不清这之间的差异。叶适想通过这种方式,来说明程朱之道并非儒学正宗。

叶适有自己的道物观:"道原于一而成于两。古之言道者必以两。凡物之形,阴阳、刚柔、逆顺、向背、奇偶、离合、经纬、纪纲,皆两也。夫岂惟此,凡天下之可言者,皆两也。"(《进卷·中庸》)叶适说,"道"统一于"物",所有的"物"都两两相对,这个观念被后世学者总结为"道成于两",但是,"天下不知其为两也久矣"。因为人们长久没有意识到,天下之物都存在于"两"的这个概念,所以人们对待一些事物的看法变得偏执,在叶适看来，"两"就是儒家核心观念中的"中庸"。他说："然则中庸者，所以济物之两而明道之一者也，为两之所能依而非两之所能在者也。水至于平而止，道至于中庸而止矣。"(《进卷·中庸》)

如果以"两"作为本源，其结果就会产生道本有二。叶适想到了这一点，于是他做出这样的结论："道原于一而成于两。"(《进卷·中庸》)他将"两"统一于"一"，于是就可以将"道"分为天道和人道，对于两者的关系，叶适说："天自有天道，人自有人道……若不尽人道而求备于天以齐之，必如'景之象形，响之应声'。求天甚详，责天愈急，而人道尽废矣。"(《习学记言序目》)

既然人道是"道"之一种，就要来谈人道所包含的内容。人道中包含着"欲"，在程朱那里，人欲与天理相对，减一分人欲才能增一分天理，"欲"是限制甚至是禁止的内容，但是叶适却要为"欲"来正名，他在《习学记言》中说："人之所美而以为恶，人之所善而以为不善。贤尚可，惧其争也，难得之货可贵，惧其盗也，心有可欲，惧其乱也。"善和美，以及可爱的事物，都是人所欲，如果把欲视为祸乱之根，那么好的欲望也就一并被抛弃，故叶适又说："凡人心实而腹虚，骨弱而志强，其有欲于物者势也，能使反之，则其无欲于物者亦势也。"

欲是人天生所具有的，要想除去欲，就要逆转人的本性，这种做法是违背人性的，这是叶适反对禁欲的理由之一。同时叶适讲到了古人对待欲的看法，他引用孔子所言，来说明舜是无为而治的典范，但舜在治理国家时，没有压制人民的欲望，所以他的无为正是有为。孔子推崇舜的无为，指的是舜"顺道之无为"，这不同于老子所说的无为，也不赞同于程朱所说的"禁欲之无为"，但是叶适也强调，要对欲有所疏导和节制，要用礼来规范欲。

通过对欲望的疏导，来满足民众的欲，这样做的目的是顺应社会的发展，因为获利是人欲之一。符合规定的获利，也就是符合礼制的欲，这是值得鼓励的，所以叶适反对董仲舒提出的"正其道不谋其利，明其道不计其功"的观点。他说："仁人正谊不谋利，明道不计功，此语初看极好，细看全疏阔。古人以利与人而不自居其功，故道义光明。后世儒者行仲舒之论，既无功利，则道义者乃无用之虚语尔；然举者不能胜，行者不能至，而反以为诟于天下矣。"(《习学记言序目》)

在叶适看来，董仲舒的那句名言貌似思想正确，却不切实际，这句话误解了古人的本意，古代圣人有功而不居，其前提是要为民众谋利，但是，一些儒者受董仲舒这句话的影响，排斥功利，不为天下民众谋福利，只是空言道义。叶适总体的意思是想说明，不要将义和利对立起来，两者是统一的，这就是叶适著名的义利观。

浙东事功派的整体观念是重商而不贱农，叶适反对抑制商业发展，认为朝廷制定关于民生的政策时，虽然是以仁义为原则，但不能回避民利，因为仁义政令必须要落在利上，这个利包括公利和私利。那时的叶适已经讲到了理财的概念，还说过这样一番著名的话："理财与聚敛异，今之言理财者，聚敛而已矣。非独今之言理财者也，自周衰而其义失，以为取诸民而供上用，故谓之理财；而其善者，则取之巧而民不知，上有余而下不困，斯其为理财而已矣。故君子避理财之名，而小人执理财之权。夫君子不知其义而徒有仁义之意，以为理之者必取之也，是故避之而弗为；小人无仁义之意而有聚敛之资，虽非有益于己而务以多取为悦，是故当之而不辞，执之而弗置。而其上亦以君子为不能也，故举天下之大计属之小人；虽明知其负天下之不义而莫之恤，以为是固当然而不疑也。呜呼！使君子避理财之名，小人执理财之权，而上之任用亦出于小人而无疑，民之受病，国之受谤，何时而已！"（《财计上》）

叶适对理财和聚敛做了性质上的区分，他称当时的人分不清两者间的区别，认为聚敛就是理财，出现这种误解是有历史原因的。周末时期礼崩乐坏，很多诸侯搜刮民财为己所用，他们把这种行为称为"理财"，其结果是导致君子为了避搜刮之名，而反感理财，致使财权掌握在小人之手，这些掌握财权的小人更加肆无忌惮地搜刮百姓财产，这么做的结果是不仅老百姓受害，国家也受到了怨谤。

当年孟子见梁惠王时，王问他："不远千里而来，亦将有以利吾国乎？"孟子回答他说："王何必曰利？亦有仁义而已矣。"后儒多引用此语，将义与利对立起来看待。叶适不去争论义与利的关系，而是来论证义与利并非对立。为此，他提出了："崇义以养利，隆礼以致力。"（《士学上》）他希望达到义利双赢的状态。为此，叶适强调要学以致用，认为："读书不知接统绪，虽多无益也，为文不能关教事，虽工无益也；笃行而不合于大义，虽高无益也；立志不存于忧世，虽仁无益也。"（《赠薛子长》）

对于永嘉学派的义利观，黄宗羲在《宋元学案》中点出了其有价值的一面："永嘉之学教人就事上理会，步步着实，言之必使可行，足以开物成务。"

十四、永康学派：王霸义利之辩

宋室南渡后，逐渐形成了偏安局面，但始终处于内忧外患中，有些儒者认为应当尽最大努力振兴国家，不应当将大量的时间用在探究儒学概念上。持这类观念的学者被称为事功派。关于事功派的定义，肖萐父、李锦全主编的《中国哲学史》中称："把实事实功的完成和实现，作为衡量德才的唯一标准和最后目的。"

宋代功利主义事功派有两位代表人物：一是陈亮，二是叶适。陈亮原名陈汝能，字同甫，号龙川，学者称为龙川先生，浙江永康人。朱熹反对事功派的观念，为此跟陈亮展开过多次论辩，对于两人观念上的不同，牟宗三在《政道与治道》一书中指出"朱子是理性主义，对于历史只停在道德判断上"，而陈亮"只是英雄主义、直觉主义，只能了解自然生命之原始价值"。

陈亮在年轻之时就喜欢王霸之学，在他十八九岁时所作的《酌古论序》中，其称："吾鄙人也，剑盾之事，非其所习；铅椠之业，又非所长；独好伯王大略，兵机利害，颇若有自得于心者。"他先是谦称自己不能武也不能文，继而又说自己有宏图大略。他还在《酌古论》中高度评价诸葛亮："孔明而无死，则仲达败，关中平，魏可举，吴可并，礼乐可兴。"可见他以卧龙自居。他的人生目标极其远大，曾说："岂有欲开社稷数百年之基，乃用以博一官乎？"（《复何叔厚》）

陈亮自视极高，他在《自赞》中这样描述自己："其服甚野，其貌亦古。倚天而号，提剑而舞。惟禀性之至愚，故与人而多忤。叹朱紫之未服，谩丹青而描取。远观之一似陈亮，近视之一似同甫。未论似与不似，且说当今之世，孰是人中之龙，文中之虎！"故后世多以"人中之龙，文中之虎"来形容他。

陈亮先后六次伏阙上书，陈述自己的王霸之学。对于他的学术观，其友叶适在《龙川文集序》中说："同甫既修皇帝王霸之学，上下二千余年，考其合散，发其秘藏，见圣贤之精微常流行于事物，儒者失其指，故不足以开物成务。其说皆今人所未讲，朱公元晦意有不与，而不能夺也。"

陈亮的王霸之学本自王通，《宋史·本传》中说他"其学自孟子后惟推王通"。他自拟为王通后学，谦称"智不足以尽知其道"（《类次文中子引》）。

虽然唐代的陆龟蒙、司空图、皮日休都对王通文中子有所推崇，宋朝也有人研究《文中子》一书，但是这些人"要皆不足以知之也"，也就是在他看来，前人都没有理解王通思想的精髓，要系统地解读王通思想，非其陈亮莫属。

他为什么如此看重王通呢？因为王通曾想效仿孔子而续六经，王通的宏大志向正符合陈亮的价值观。《朱子语类》载："陈同父学已行到江西，浙人信向已多，家家谈王伯，不说萧何、张良，只说王猛；不说孔孟，只说文中子。可畏可畏。"对于其文章气势，叶适为其所撰《墓志铭》中称："芒彩烂然，透出纸外，学士争诵唯恐后。"

陈亮的《酌古论》得到了郡守周葵的赏识，周葵拿给陈亮《大学》《中庸》，让他学习，后来陈亮说："余以极论兵事为一时明公巨臣之所许，而反授以《中庸》《大学》之旨，余不能识也，而复以古文自诡。于时，道德性命之学亦渐开矣。"（《钱叔因墓碣铭》）陈亮研读之后，渐渐明白了道德性命之学，但他并没有走研经之路，反而对道德性命之学多有批评。

他在《送王仲德序》中称："道德性命之说一兴，迭相唱和，不知其所从来。后生小子读书未成句读，执笔未免手颤者，已能拾其遗说，高自誉道，非议前辈，以为不足学矣。世之为高者，得其机而乘之，以圣人之道为尽在我，以天下之事无所不能，能麾其后生以自为高而本无有者，使为己之向，而后欲尽天下之说一取而教之，顽然以人师自命。"对于这样的纸上谈兵，陈亮深表忧虑："吾深惑夫治世之安有此事乎，而终惧其流之未易禁也。"

在陈亮看来，这样的儒生貌似高深，却只会唱高调，不能做实事："为士者耻言文章、行义而曰尽心知性，居官者耻言政事书判而曰学道爱人，相蒙相欺，以尽废天下之实，则亦终于百事不理而已。"（《送吴允成运干序》）陈亮还将自己对这些无用书生的看法直接写在了上宋孝宗的奏疏中："今世之儒士自以为得正心诚意之学者，皆风痹不知痛痒之人也。举一世安于君父之仇，而方低头拱手以谈性命，不知何者谓之性命乎？"

对于陈亮的抨击，朱熹多有回应，比如，他在给陈亮的信中说："然观老兄平时自处于法度之外，不乐闻儒生礼法之论，虽朋友之贤如伯恭者，亦以法度之外相处，不敢进其逆耳之论，每有规讽，必宛转回互，巧为之说，然后敢发。平日狂妄，深窃疑之，以为爱老兄者似不当如此。"朱熹是劝陈亮为人不要太过狂放，也不要这样贬斥儒生，他在信中苦口婆心地劝陈亮："老兄高明刚决，非吝于改过者。愿以愚言思之，绌去'义利双行，王霸并

第五章 宋代新儒学——理学

用'之说，而从事于惩忿窒欲、迁善改过之事，粹然以醇儒之道自律，则岂独免于人道之祸，而其所以培壅本根、澄源正本，为异时发挥事业之地者，益光大而高明矣。"(《与陈同甫》)

以陈亮的性格，当然难以听进朱熹的劝告，他在回信中明确称自己不愿意变成那样的儒生，而想成为"才德双行，智勇仁义交出而并见"的大丈夫，恰如陈亮在《赠术者戴生序》中说："大禹之功，孟子之德业，余平生之梦寐在焉。"

尽管陈亮豪气冲天，但他毕竟是读书人，儒家经典他也有研读，比如，他在《龙川集·传注》中称："九师、三传、齐、韩、毛、郑、大戴、小戴，与夫伏生、孔安国之徒，其于《六经》之文，穷年累岁，不遗余力矣。师友相传，考订是非，不任胸臆矣。而圣人作经之大旨，则非数子之所能知也。"历代儒生在解经方面下了很大的气力，然而在陈亮看来，这些人只是在做章句训诂，未能明了经典所含的义理。可见他反对章句训诂之学，认为读经应当以明理为目的，而明理是为了致用。

陈亮最重《孟子》，认为该书"主于正人心"，因为"人心一正，则各循其本，而天下定矣"。(《孟子发题》)

对于陈亮的师承，全祖望在《宋元学案·龙川学案》中说："永嘉以经制言事功，皆推原以为得统于程氏。永康则专言事功而无所承，其学更粗莽抡魁。"永嘉学派指的是叶适，永康学派则是指陈亮。至少在全祖望看来，陈亮的事功观无师承。

第六章 朱陆异同：理学与心学的顶峰

经过一百多年的发展，到南宋时期，理学已经形成了完整的体系，理学派的思维脉络与以往的儒学体系有较大的不同。崔大华在《南宋陆学》中说："把'理'（道）作为世界最后根源的哲学范畴来理解，正是宋代才有的。"对于理学派的整体概念，张岂之在《中国思想学说史》中称："宋代理学兴起后，'理'成为一个重要的范畴。理学家们均肯定有一个作为宇宙法则、典章制度、伦理道德、是非标准的'理'的存在，人们格物致知、读书治学均是为了'明理'。"

就整体而言，宋代道学分为两大派别，一派被称为理学派，此派的代表人物是朱熹，这一派认为"理"在人心中的体现是"性"，他们认为"理便是性"，"盖性只是心之理"。心中有理，心与性不能等同，他们主张"理气二元论"，心的初始状态是至善纯真的，同时是与"理"合二为一的。但人的气禀不同，气禀不再是初始状态时，就不能与理合一，故这一派的整体概念可将其概括为"性即理"。

与此同时，陆九渊创建了心学派，该派将"心"与"理"合一，认为："盖心，一心也；理，一理也。至当归一，精义无二，此心此理实不容有二。"（《与曾宅之书》）陆九渊将"理"融于"心"，其称："吾所明之理，乃天下之正理、实理、常理、公理，所谓'本诸身，证诸庶民，考诸三王而不谬，建诸天地而不悖，质诸鬼神而无疑，百世以俟圣人而不惑者也'。学者正要穷此理，明此理。……天下正理不容有二。若明此理，天地不能异此，鬼神不能异此，千古圣贤不能异此。若不明此理，私有端绪，即是异端，何止佛老哉？"（陆九渊《与陶赞仲》）

无论理学派还是心学派，对中国儒学界，甚至整个中国思想界都构成了巨大影响，朱熹的理学成就和陆九渊的心学成就乃是中国宋代道学史的两大顶峰。

一、晦庵闽学：朱熹，性即理

朱熹，字元晦，后改仲晦，号晦庵，祖籍徽州婺源，出生于福建建阳尤溪。他是孔孟之后中国古代重要的思想家之一，被誉为宋代新儒学思想集大成者。《宋史》本传载："自周以来，任传道之责者，不过数人，而能使斯道章章较著者，一二人而止耳。由孔子而后，曾子、子思继其微，至孟子而始著。由孟子而后，周、程、张子继其绝，至熹而始著。"

宋儒周敦颐、二程、张载等都延续了孔孟之道，但真正构成宏大体系者，乃是朱熹。由此可见，史家对他评价之高。冯友兰在《中国哲学史》中说："道学家中，集周邵张程之大成，作理学一派之完成者为朱子。"这段话的表述与《宋史》所言相类似，但冯友兰进一步讲到了朱熹是如何取各家之长，而形成宏大体系的："朱子之形上学，系以周濂溪之《太极图说》为骨干，而以康节所讲之数，横渠所说之气，及程氏弟兄所说形上形下及理气之分融合之。故朱子之学，可谓集其以前道学家之大成也。"

朱子理学形成后，对整个东亚地区都有深远影响。张立文在《朱熹评传》中评价道："朱熹是继孔子之后的大儒之一，他的思想被尊称为'朱子学'。他的学说不仅使儒学理学在宋以后成为官方意识形态并处独尊地位，而且影响朝鲜、日本和越南等国，曾一度成为这些国家的官方哲学或占主流地位的意识形态，并得到他们的推崇和信奉。朱子学超越国界而走向世界。"

自唐至宋，佛、道两家也有很大发展，形成了与儒家思想争天下的局面，经过几代儒者的努力，儒家思想逐渐扩大，到朱熹之后，渐渐成为官方正统思想。能够创建这种局面，朱熹起到了很大的作用，高令印在《朱子学研究丛书》的序言中说："朱子拨千年之乱而反正，把中国文化的主导权从佛道那里夺过来，使中国文化返本归位，重新树立起中国主体文化意识——儒家思想的正宗地位。"

据《宋史》本传载，朱熹在年幼之时就聪明异常："熹幼颖悟，甫能言，父指天示之曰：'天也。'熹问曰：'天之上何物？'松异之。就傅，授以《孝经》，一阅，题其上曰：'不若是，非人也。'尝从群儿戏沙上，独端坐以指画沙；视之，八卦也。"

朱熹刚会说话时，就问父亲朱松天之上还有何物，朱松觉得此子有异熹。开蒙之后，老师教他读《孝经》，他马上就有了领悟。跟小朋友们一起玩耍时，他也表现出异于常人之处，会在沙上画出八卦图案。按照《朱子年谱》载，他在十几岁时就奋发学习圣贤之学。

朱熹的父亲朱松是罗从彦的弟子，在朱熹十四岁时去世。之后朱熹遵父命，拜胡宪、刘勉之、刘子翚为师，在绍兴十八年（1148）考中进士，绍兴三十年（1160）拜李侗为师。自此之后，他的绝大多数精力都用在了理学研究上。

刘子翚喜好佛老，始终想将儒家经典与佛经相融合，刘的观念对朱熹有影响，使得年轻的朱熹也喜好读禅书，《朱子语类》载其自道："某年十五六时亦尝留心于此。一日在病翁所会一僧，与之语。其僧只相应和了说，也不说是不是；却与刘说，某也理会得个昭昭灵灵底禅。刘后说与某，某遂疑此僧更有要妙处在，遂去扣问他，见他说得也煞好。"此事亦记载于尤焴的《大慧普觉禅师语录序》中："朱文公少年不乐读时文，因听一尊宿说禅，直指本心，遂悟昭昭灵灵一著。十八岁请举时从刘屏山，屏山意其必留心举业，暨搜其箧，只《大慧语录》一帙尔。"

朱熹在年轻时兴趣广泛，什么书都读，后来发觉这种方式难以穷尽天下之书，于是由博返约，自称："某旧时亦要无所不学，禅、道、文章、楚辞、诗、兵法，事事要学。出入时无数文字，事事有两册。一日忽思之曰：且慢，我只一个浑身，如何兼得许多？自此逐时去了。"（《朱子语类》）

朱熹在博览群书之时，当然也会读到儒家著作，《孟子》一书对他影响最深："某年八九岁时，读《孟子》到此，未尝不慨然奋发，以为学当如此做工夫，当时便有这个意思如此，只是未知得是如何做工夫。自后更不肯休，一向要去做工夫。"（《朱子语类》）

这里朱熹所讲乃是《孟子·告子上》中记载的弈秋诲棋故事，这个故事让他懂得了专心致志才能有所成。但是从有兴趣到真正懂得古书中的深刻道理，还需要一个长期的过程，正如他所言："某十数岁时读孟子言'圣人与我同类者'，喜不可言！以为圣人亦易做。今方觉得难。"（《朱子语类》）

朱熹十几岁时，开始研读《中庸》与《大学》，《朱子语类》载："某年十七八时，读《中庸》《大学》，每早起须诵十遍。今《大学》可且熟读。"但这些仅是他所获得的书本知识，后来经过李侗的启迪，他渐渐明白学与用的关系，此后一路深研儒家经典，从中得出了一些新的结论，而后渐渐形成了新的理学体系。

李侗是杨时的弟子，杨时不喜禅学，当年程颐说："学者皆流于夷狄矣！唯有杨、谢长进。"（《宋元学案·龟山学案》）杨时的辟佛观念传给了罗从彦，后来李侗也本持这种思想。朱熹第一次见到李侗时，就向他探讨禅学，李侗没有接他的话，而是让他去读圣贤书。《朱子语类》载："李先生为人简重，却是不甚会说，只教看圣贤言语。某遂将那禅来权倚阁起。意中道，禅亦自在，且将圣人书来读。读来读去，一日复一日，觉得圣贤言语渐渐有味。却回头看释氏之说，渐渐破绽、罅漏百出！"

朱熹严遵师教，将佛书束之高阁，认真研读儒家经典，读着读着就读出了感觉，等他回头再看佛书时，就觉得那些书中所讲的道理有很多破绽，他的思想也由此转变了过来。

一个新的思想体系的形成，首先要解决世界本源问题，理学体系的核心是理气观，朱熹学说的最高范畴是"理"。朱熹在《读大纪》说："宇宙之间，一理而已！天得之而为天，地得之而为地，而凡生于天地之间者，又各得之而为性。"

如何来解释"理"，胡广《四书大全校注》中载弟子问："龟山言饥食渴饮、手持足行便是道。窃谓手持足履未是道，手容恭、足容重，乃是道也；目视耳听未是道，视明听聪乃是道也。或谓不然。其说云手之不可履，犹足之不可持，此是天职，率性之谓道，只循此自然之理耳。不审如何？"朱熹回答说："不然。桀纣亦会手持足履、目视耳听，如何便唤作道？若便以为道，是认欲为道也。伊川云：'夏葛冬裘、饥食渴饮，若著些私吝心，便是废天职。须看著些私吝心字。'衣食动作，只是物，物之理乃道，将物唤作道，则不可。"

为了说明这个道理，朱熹做了如下比喻："且如这个椅子，有四只脚可以坐，此椅之理也。若除去一只脚，坐不得，便失其椅之理矣。"四条腿的椅子才能坐得稳，所以椅子有四条腿就是椅子的理，如果它缺了一条腿，就缺了椅子的理。

由此而产生了一个新的命题：椅子必须有四条腿才能坐，那么这个定理是在有椅子之前就已存在，还是有椅子之后才有了此理。朱熹的回答是前者，也就是在没有这个事物之前，与此事物有关的理就已经存在了，这种观念叫"理在事先"。但是如果把这种观念推到极端，就形成了一个悖论：无此物何以有此物之理？朱熹也感觉到了"理在事先"在逻辑上的不周严，后来又将这种理念修订为"理在气中"。

何为"气"？在理学家这里，"气"大约就是指现实存在的事物。关于"气"，有两种含义、一是本体意义上的气，比如"天地初间只是阴阳之气"（《朱子语类》）。与"理"相比，"气也者，形而下之器也，生物之具也"（《答黄道夫》）。二是道德伦理上的"气"："气则为金木水火，理则为仁义礼智。"（《朱子语类》）

理与气的关系是朱熹的核心观念，是朱熹重点研究的问题，他认为理和气不可分，因为"天下未有无理之气，亦未有无气之理。气以成形，而理亦赋焉"。"理未尝离乎气"，原因是"然理又非别为一物，即存乎是气之中。无是气，则是理亦无挂搭处"（《朱子语类》）。

这里涉及了先有"理"还是先有"气"的问题，朱熹于此认为理在气中。但是他又说过："太极只是天地万物之理。在天地言则天地中有太极，在万物言则万物中各有太极，未有天地之先，毕竟是先有此理。"（《朱子语类》）

此处又讲到了太极，关于太极跟气的关系，朱熹说："太极生阴阳，理生气也。阴阳既生，则太极在其中，理复在气之内也。"（《太极图说解》）太极生阴阳，阴阳运动就形成了气，那么，问题又来了：阴阳运动在形成气之前，是否就有了某件事物之理？有人就这样问朱熹："必有是理，然后有是气。如何？"这就是理在事先的问题，如果朱熹回答是这样的，那么理就等于太极了，而太极包含宇宙万物，将这两者等同，显然有问题，于是朱熹给出了如下回答："此本无先后之可言。然必欲推其所从来，则须说先有是理。"（《朱子语类》）至少在此处，不能说理在气先，但一定要排个先后的话，也只能说是这样。

既然如此，那如何来说明理和气的关系问题呢？朱熹说："天道流行，发育万物，有理而后有气，虽是一时都有，毕竟以理为主。人得之以有生。"（《朱子语类》）总体来说，还是先有理后有气，但是理和气也要分出主次，他认为"理为气主"，即理是主，气为次。

有人向朱熹请教："有是理而后有是气。未有人时，此理何在？"这个问题问得很关键，人类还未诞生前，是不是就有了"理先气后"的这个理呢？朱熹的回答是："也只在这里。如一海水，或取得一杓，或取得一担，或取得一碗，都是这海水。但是他为主，我为客；他较长久，我得之不久耳。"（《朱子语类》）

"理"是永恒存在的，并且是广大无边的，任何事物的道理都包含其中，

"理"就如同浩瀚无涯的大海，无论你从中取用多少，其实都是海水的一部分。从这个角度来说，理和气是主和客的关系。在朱熹这里，气与理不可分离，气是理的安顿处，如果没有气，理就会悬空在那里。

朱熹所理解的"气"与张载不同。张载以"太虚即气"为世界根本，所以"气"是形而上的，但朱熹认为张载所说的"气"的聚散是形而下的，所以他不认为"气"是万物的本源。因此，当有人问朱熹"先有理，抑先有气"时，他回答："理未尝离乎气。然理形而上者，气形而下者。自形而上下言，岂无先后！理无形，气便粗，有渣滓。"（《朱子语类》）

"气"为天下万物，也包括人，但人为什么又分为圣人和凡人呢？朱熹认为："性者万物之原，而气禀则有清浊，是以有圣愚之异。命者万物之所同受，而阴阳交运，参差不齐，是以五福、六极，值遇不一。"（《朱子语类》）

气分清浊，清气成为圣人，浊气则成为愚人。这种先天决定论显然让人绝望，于是朱熹进一步说气禀虽然分清浊，但是通过道德修养就能予以改变，这种改变就是超凡入圣，以此强调后天修养的重要性。

人既然有生也就有死，朱熹认为生死也是由"气"决定的："人所以生，精气聚也。人只有许多气，须有个尽时；尽则魂气归于天，形魄归于地而死矣。"（《朱子语类》）精气凝聚就形成了人，当气用尽时，魂归天，形归地，于是人就死了。为此，他强调："聚而生，散而死者，气而已矣；所谓精神魂魄，有知有觉者，皆气之所为也。故聚则有，散则无。"（《答廖子晦》）

"气"又分为阴阳，因为阴阳充盈天地，人的一切事物都离不开阴阳："诸公且试看天地之间，别有甚事？只是'阴'与'阳'两个字，看是甚么物事都离不得，只就身上体看，才开眼，不是阴，便是阳，密拶拶在这里，都不着得别物事。"（《朱子语类》）

人又分善恶，阴阳与善恶有着直接关系："有阴则有阳，有善则有恶，阳消则阴长，君子进则小人退。"（《答吕伯恭》）朱熹强调说："天下只是善恶两端，譬如阴阳在天地间，风和日暖，万物发生，此是善底意思。及群阴用事，则万物雕悴，恶之在人亦然。"（《朱子语类》）

朱熹重点探讨的另一组哲学概念，则是理和欲的关系问题，天理与人欲是相对的概念，与天理相悖者则是人欲，人欲包括贪欲和私欲。朱熹的理欲观分为两个观点：一是"天理人欲，同行异情"，二是"天理人欲，不容并立"。对于前者，朱熹在《孟子集注》中先引用了齐宣王所言"寡人有疾，寡人好色"一段，当齐宣王讲出自己的毛病后，孟子说从前周太王也喜好美色，他宠爱妃子太姜，但周太王当政时，关心百姓的婚嫁问题，因此国内没有嫁不出去的女子，如果太王好色，但是却能实行仁政，那有什么不对呢？

对此，朱熹的解读是："盖钟鼓、苑囿、游观之乐，与夫好勇、好货、好色之心，皆天理之所有，而人情之所不能无者。"朱熹认可孟子的观点，认为喜好宫室之美、游玩之乐，以及贪财、好色等都是自然之欲，这是符合天理的。接下来他又说："然天理人欲，同行异情。循理而公于天下者，圣贤之所以尽其性也；纵欲而私于一己者，众人之所以灭其天也。"

欲望之心是天理所有，人欲也当有，然而对待天理人欲，圣人却与凡人不同，什么叫"同行异情"呢？朱熹做过解释："只如饥食渴饮等事，在圣贤无非天理，在小人无非私欲。所谓'同行异情'者如此。"（《朱子语类》）

其实他在强调"理"和"欲"具有同一性，但是两者又有不同的情况，因为圣人不沉湎于此，而凡人却做不到这一点。他强调应当通过遏制人欲来存天理，他既强调理欲的同一性，同时又强调理欲的对立性。应当存哪些欲，灭哪些欲呢？朱熹说："欲，如口鼻耳目四肢之欲，虽人之所不能无，然多而不节，未有不失其本心者，学者所当深戒也。程子曰：'所欲不必沉溺。只有所向便是欲。'"

"口鼻耳目四肢之欲"是人人都有的，但不能过多，如果不节制就会失去本心，这是学者需要戒备之处，他讲的这是人的物欲，但是物欲太多就会影响天理。因此，朱熹所要灭的物欲，实际上指的是贪欲。

他在《孟子集注》中又提到了私欲，认为"广居，是廓然大公，无私欲之蔽"。以此将公私对举，来表明私欲是违背性理之欲。

朱熹身处南宋，因为当时的政局，致使一些士大夫只在乎自身的利益，而置国家民族于不顾，社会上的百姓也大多只关注眼前的生活，极少有人关心道德修养。面对这种状况，朱熹强烈主张要明天理、灭人欲，为了说明这种思想的重要性，朱熹首先要找出历史依据，《朱子语类》载："孔子所谓'克己复礼'；《中庸》所谓'致中和、尊德性、道学问'；《大学》所谓'明明德'；《书》曰：'人心惟危，道心惟微，惟精惟一，允执厥中。'圣贤千言万语，只是教人明天理，灭人欲。"

朱熹此处所说的"天理"，指的就是三纲五常，他强调孟子所说的性本善，就是指天理为善，但他同时强调："恻隐是善，于不当恻隐处恻隐，即是恶；刚断是善，于不当刚断处刚断，即是恶。"（《朱子语类》）

任何事情都不能过，因为过犹不及，过分地有恻隐之心就是恶，孟子所强调的"四端"做得过了也是恶:"恻隐之心仁之端,本是善,才过便至于姑息;羞恶之心义之端,本是善,才过便至于残忍。故它下面亦自云谓之恶者本非恶,但或过或不及便如此。"(《朱子语类》)

对于如何减少人欲,朱熹说:"人只有个天理人欲,此胜则彼退,彼胜则此退,无中立不进退之理,凡人不进便退也。"他又做出这样的比喻:"天理人欲相胜之地,自家这里胜得一分,他那个便退一分,自家这里退一分,他那个便进一分。"(《朱子语类》)

可见,克制自己的欲望,就能渐渐增加天理。此外,朱熹还对许多理学观念一一予以确认,努力对各种观念做出逻辑性解释,由此而构建出了庞大的理学体系。朱熹的观念在其生前就已经产生了很大影响,他将自己的观念讲述给皇帝听,绍熙五年(1194),经宰相赵汝愚推荐,朱熹得任焕章阁侍制兼侍讲,他第一次见到宁宗时,就上《行宫便殿奏札》,于此讲到了"为学之道,莫先于穷理"。宁宗颇为认可朱熹的观念。

后来,朱熹因为多次进言,得罪了韩侂胄,被免去侍讲之职。他回到福建考亭,在那里办学授徒。但是朝中有多人上书来贬损朱熹,称他所讲之学为伪学。比如,庆元二年(1196),以端明殿学士叶翥与刘德秀同知贡举。翥等奏言:"伪学之魁,以匹夫窃人主之柄,鼓动天下。故文风不能丕变。乞将语录之类尽行除毁。"(《宋史纪事本末》)

大理司直邵褒然上言:"三十年来,伪学显行,场屋之权,尽归其党。请诏大臣审察其所学。"宁宗下诏:"伪学之党,勿除在内差遣。"(《续资治通鉴》),而后发布了《伪学逆党籍》,这个黑名单上包括右丞相赵汝愚、观文殿大学士周必大,等等,凡五十九人。

此名单发布后,很多人不敢再跟朱熹交往,朱熹只能与几位忠心弟子一起论学,直至庆元六年(1200)去世。众弟子准备为朱熹举办丧礼,但右正言施康年上奏说:"四方伪徒,聚于信上,欲送伪师之葬。会聚之间,非妄谈时人短长,则谬议时政得失。乞下守臣约束。"(《宋史纪事本末》)皇帝批准了这个奏折,于是为朱熹送葬的人受到监视和限制。

朱熹去世九年后,情况出现了翻转,宋宁宗在嘉定二年(1209)下诏,赐朱熹遗表恩泽,并赐谥"文",故后世尊称朱熹为朱文公,转年又追赐朱熹为中大夫,宝谟阁学士。嘉定五年(1212),国子监司业刘爚提出将朱熹的《论语集注》和《孟子集注》作为官学课本,皇帝批准了刘爚所请。

理宗宝庆三年(1227),皇帝下诏:"朕观朱熹集注《大学》《论语》《孟子》《中庸》，发挥圣贤蕴奥，有补治道。朕方励志讲学，缅怀典刑，深用叹慕。可特赠熹太师，追封信国公。"(《宋史纪事本末》)

淳祐元年（1241），理宗再次下诏称："中兴以来，又得朱熹精思明辨，表里浑融，使《大学》《论语》《孟子》《中庸》之书，本末洞彻。孔子之道，益以大明于世。朕每观五臣论著，启沃良多。今视学有日，其令学官列诸从祀，以示崇奖之意。"(《宋史·理宗本纪》)

自此之后，朱熹的思想受到广泛重视，他的观念对中国社会产生了广泛而深远的影响。

二、象山心学：陆九渊，心即理

陆九渊，字子静，号象山，抚州金溪人，他开创了两宋理学中的心学学派，当时与朱熹齐名，两人并称"朱陆"。对于他所开创心学派的重要性，牟宗三在《中国哲学的特质》中称："中国儒家正宗为孔孟，故此中国思想大传统的中心落在主体性的重视，亦因此中国学术思想可大约地称为'心性之学'。此'心'代表'道德的主体性'，它堂堂正正地站起来，人才可以堂堂正正地站起来。"

南宋时期，朱熹完善了理学概念，成为理学的集大成者，陆九渊则以本心为核心，开创了心学一派。朱熹发展和完成了二程的"天理说"，认为自然界的一切都是由"理"产生出来的，"理"先于万物而存在，同时又是万物的本源，并且还是人类的最高准则。"理"是如何形成天下万物的呢？朱熹根据张载所提出的"气"，认为这一切都是由"气"构成的。

朱熹的天理观本自二程，这种观念将"理"绝对化，由此而忽视了人在道德实践中的能动性，同时朱熹强调格物致知的修养方法，这种方法是由外及内，让人专注于学问，其结果是忽视了自身的道德践履。陆九渊正是抓住这个不足，建立起了心学体系，他坚持"本心说"，认为本心是人类与禽兽的本质区别，其本心说的主旨是由内向外，由人及天，同时他认为理是"心"中之"理"，这种解读方式使"理"失去了绝对性和至高无上性。陆九渊强调"心"的主观运动，而不是物质的主动，他将"心"与"物"对立来看待。可见，朱熹的逻辑是通过格物求理来追求本体的理，陆九渊则是通过切己自反来达到物与心的统一。

陆九渊出身于书香世家，因为天资聪颖，故幼年时就开始思索哲学问题。《陆子年谱》载：他在三四岁时就向父亲请教天地的边际，父亲笑而不答。他独自苦思冥想以至于不食，父亲为此呵斥了他，他才就此打住。但这个问题始终横亘于他的心中，直到后来的一个偶然事件，让他产生了顿悟。

十三四岁时，某天，他在古书上读到了"宇宙"二字，书中的解释是："四方上下曰宇，往古来今曰宙。"陆九渊瞬间有了感悟：原来世界是无穷的，人与天地万物全在这无穷之中。他立即用笔写下了"宇宙内事乃己分内事，己分内事乃宇宙内事"。之后又把自己的感悟凝练成了一段中心思想，这段思想基本贯穿了他的一生："宇宙便是吾心，吾心即是宇宙。东海有圣人出焉，此心同也，此理同也。西海有圣人出焉，此心同也，此理同也。南海北海有圣人出焉，此心同也，此理同也。千百世之上，至千百世之下，有圣人出焉，此心此理，亦莫不同也。"（《象山年谱》）

后世学者对于陆九渊的师承有不同看法，大致可归为三类：一是二程说，二是禅学说，三是孟子说。朱熹称："上蔡之说，一转而为张子韶，子韶一转而为陆子静。"（《宋元学案》）二程传杨时，杨时传张九成，张九成传陆九渊。但是从二程到陆九渊，除了这种随口的说法，没有具体的史料为佐证。更何况谢良佐、张九成等人在理学观上也与陆九渊有较大区别。

如果从理学观念上来说，儒家体系的各派没有本质上的区别，只是在方法论上各有拓展，陆九渊说："韩退之言：'轲死不得其传。'固不敢诬后世无贤者，然直是至伊洛诸公，得千载不传之学，但草创未为光明，到今日若不大段光明，更干当甚事？"（《象山语录》）

陆九渊引用韩愈所言，认为孟子去世后，儒家的传承就断档了。虽然这样说有些绝对，但他还是觉得，直到二程才接续上了儒家之脉。但是，他觉得二程尽管有这样的贡献，但他们没有建立起来恢宏的体系，所以二程只是儒学复兴的草创阶段，这种状态到陆九渊时还没有得到完善。可见陆九渊承认二程得儒家之正传，但又没有把传承的工作做好。如果他自认得二程正传的话，应该不会说这样一段含有贬义的话。

陆九渊还说过这样一段话:"由孟子而来,千有五百余年之间,以儒名者甚众,而荀、杨、王、韩独著,专场盖代,天下归之,非止朋游党与之私也。若曰传尧、舜之道,续孔、孟之统,则不容以形似假借,天下万世之公,亦终不可厚诬也。至于近时伊洛诸贤,研道益深,讲道益详,志向之专,践行之笃,乃汉、唐所无有,其所植立成就,可谓盛矣!然江、汉以濯之,秋阳以暴之,未见其如曾子之能信其皜皜;肫肫其仁,渊渊其渊,未见其如子思之能达其浩浩;正人心,息邪说,距诐行,放淫辞,未见其如孟子之长于知言,而有以承三圣也。"(陆九渊《与侄孙濬》)

陆九渊于此简述了儒家道统,他将二程所传的派别称为"伊洛诸贤",夸赞二程一派自唐至今确实有所创见,但是,这一派所做出的贡献无法跟曾子、子思、孟子相比。他以此表明了对二程一派的批评,这正好说明了他不认为自己是二程的传人。

关于陆九渊师承的第二个说法是禅学说,这个说法也源自朱熹。《朱子语类》载:"又曰:'子静说话,常是两头明,中间暗。'或问:'暗是如何?'曰:'是他那不说破处。他所以不说破,便是禅。所谓'鸳鸯绣出从君看,莫把金针度与人',他禅家自爱如此。"

朱熹引用的那两句诗,在《五灯会元》等禅宗公案书中均有记载,意思是把绣好的鸳鸯拿给别人去欣赏,但不要把刺绣的绝技教给别人。这种做法有如只是授之以鱼而不要授之以渔。朱熹用这句话来批评禅家在讲道时不明示玄机,而只让人去自悟。陆九渊说话或者教授弟子也是这种方式,所以朱熹说陆九渊的观念得自禅学。朱熹在《答孙敬甫》中说得更为明确:"如陆氏之学,则在近年一种浮浅颇僻议论中固自卓然,非其俦匹。其徒传习,亦有能修其身,能治其家,以施之政事之间者。但其宗旨本自禅学中来,不可掩讳。"

除此之外,朱熹还在多处批评陆九渊是禅学,朱氏弟子也一直本持其学来批判陆学,朱熹晚年弟子陈淳说:"象山一种学问,不止是窃禅家,乃全用禅家意旨。"(陈淳《北溪大全集》)

当然,陆门弟子也会反击,指朱子所传是俗学。这样的互骂显然是门户之见,难称公允。《宋元学案》中点明了这一点:"宗朱者诋陆为狂禅,宗陆者以朱为俗学,两家之学各成门户,几如冰炭矣。"

从南宋到元明间,朱学成为国家思想意志,朱熹的一些著作被定为教科书,于是朱学完全盖过陆学,成为社会主流观念,由此更多的人认定陆学为禅学。到明中期，王阳明发扬光大了陆九渊的思想，对于社会上普遍认为陆学为禅学的观点予以了强有力的反击："故吾尝断以陆氏之学，孟氏之学也。而世之议者，以其尝与晦翁之有同异，而遂诋以为禅。夫禅之说，弃人伦，遗物理，而要其归极，不可以为天下国家。苟陆氏之学而果若是也，乃所以为禅也。今禅之说与陆氏之说，其书具存，学者苟取而观之，其是非同异，当有不待于辩说者。而顾一倡群和，剿说雷同，如矮人之观场，莫知悲笑之所自，岂非贵耳贱目，不得于言而勿求诸心者之过欤！"（王阳明《象山文集序》）

王阳明坚持认定陆九渊之学本自孟子，后世之所以认为陆氏之学是禅学，这缘于陆氏观点与朱子有异，朱学盛行，于是抵陆学为禅。在王阳明看来，禅学是弃人伦，不顾国家天下，陆氏绝没有这种观点。王阳明说陆氏的著作留存于后世，如果认真的人好好看看，就能了解到他的学说与禅学绝不相同，可是人们却如此批评陆学，都是人云亦云而已，有如矮人看戏，根本没有看清楚，只能听别人吆喝。王阳明认为这些人"贵耳贱目"，不是正统的读书人。

陆学到底跟禅学有没有关系呢？陆九渊曾说："某虽不曾看释藏经教，然而《楞严》《圆觉》《维摩》等经，则尝见之。"（《与王顺伯》）他自称没有通读《大藏经》，但也读过一些佛教著作。但事实上，北宋时期的许多儒家都读过一些禅书，朱熹也承认自己早年读过不少佛教著作。全祖望说："两宋诸儒门庭径路，半出入于佛老，然其立身行己，则固有不愧于古人者。"（《题真西山集》）虽然这些大儒都受佛教、道教观念影响，但他们在立身做事方面，还是本持儒家之道。

其实朱、陆两家都排佛，也都吸收了佛理中有益的成分。余志民在《中西哲学略述》（修订版）中说："朱陆之体与用，朱陆共倡体之全有以排佛，却在成圣之用上有其分歧。成全体之圣必赖顿悟，顿悟本身却又陷于佛理。此种困难，是亦成圣与排佛之两难：若强调成圣则陷于佛理，若强调排佛则无以成圣。此之两难，乃源于援佛与排佛之矛盾：道学坚持儒家道统，自应排佛；而道学欲以成圣，则需援佛以成其说。"

对于这种状况，胡适在《中国哲学史大纲·导言》中说得更为明确："平心而论，宋明的哲学，或是程朱，或是陆王，表面上虽都不承认和佛家禅宗有何关系，其实没有一派不曾受印度学说的影响的。"

但不可否认的是，陆九渊的观念及教授弟子的体悟方式确实与禅宗有相像处，在其当世就有不少这类说法，陆九渊坚决不承认他的学说与禅学有关，为此还做过相应的辩解。他在《与王顺伯》中说："某尝以义利二字判儒释，又曰公私，其实即义利也。"在他看来，用义和利或者公和私这两个概念，就能区分出儒家和释家。对于儒家理念，陆九渊认为："儒者以人生天地之间，灵于万物，贵于万物，与天地并而为三极。天有天道，地有地道，人有人道。人而不尽人道，不足与天地并。人有五官，官有其事，于是有是非得失，于是有教有学。其教之所从立者如此，故曰义、曰公。"

对于佛家理念，陆氏说："释氏以人生天地间，有生死，有轮回，有烦恼，以为甚苦，而求所以免之。其有得道明悟者，则知本无生死，本无轮回，本无烦恼。故其言曰：'生死事大。'如兄所谓菩萨发心者，亦只为此一大事。其教之所从立者如此故曰利、曰私。惟义惟公，故经世；惟利惟私，故出世。"同时，他认为儒家的最大特点是入世，佛家的最大特点是出世："儒者虽至于无声、无臭、无方、无体，皆主于经世；释氏虽尽未来际普度之，皆主于出世。"（《与王顺伯》）

陆九渊又讲到了儒家的仁义观与人道观，以及佛家的轮回观，等等，虽貌似有相同处，但却有质的区别："故释氏之所怜悯者，吾儒之圣贤无之；吾儒之所病者，释氏之圣贤则有之。试使释氏之圣贤，而绳以《春秋》之法，童子知其不免矣。"为此，他的结论是："从其教之所由起者观之，则儒释之辨，公私义利之别，判然截然，有不可同者矣。"（《与王顺伯》）

在陆九渊看来，人为万物之首，生于天地间，与天、地并立为三极，所以儒者应当以积极入世的态度去解决社会问题，担当起应尽的责任，这就是他所说的义和公，而禅宗只是想摆脱自己的烦恼，不讲人道，也不会认为人与天道并立，这种观念就是私，就是利。

关于陆九渊师承的第三个说法是孟子说，这种说法最初源自他的自道："某尝问：'先生之学亦有所授乎？'曰：'因读《孟子》而自得之。'"（《象山语录》）詹阜民问陆九渊的师承，陆回答说是读了《孟子》一书而自己领悟得来，其言外之意自己没有直接师承，有如孟子私淑于孔子，他则私淑于孟子。他在《与路彦彬》中又说："窃不自揆，区区之学，自谓孟子之后至是而始一明也。"

孟子的思想直到他出现才得以发扬光大，此语亦可见陆九渊自视之高。但此语得到了后世不少学者的认可。比如王阳明说："自是而后，有象山陆氏，虽其纯粹和平若不逮于二子，而简易直截，直有以接孟子之传。其议

论开辟，时有异者，乃其气质意见之殊，而要其学之必求诸心，则一而已。"（王阳明《象山文集序》）

王阳明说宋代的周敦颐和二程接续了儒家正脉，在他们之后，对儒家贡献最大者就是陆九渊了，因为陆直接承续了孟子观念。牟宗三在《从陆象山到刘蕺山》一文中也给出这样的断语："试观象山论学书札，其所征引几全是《孟子》语句，其全幅生命几全是一孟子生命。其读《孟子》之熟，可谓已到深造自得，左右逢源之境。孟子后真了解孟子者，象山第一人。"

陆九渊确实认为孟子极其伟大，《象山语录》载："夫子以仁发明斯道，其言浑无罅缝。孟子十字打开，更无隐遁。盖时不同也。"孔子开创了儒学，他的仁学思想直到孟子出现才得以广泛传播。陆九渊认为自己直承孟子，他当然要发扬光大孟子思想。

陆学的基本概念是本心，孟子重视心，张岱年在《中国哲学大纲》中说："孔墨老都没有论心的话，第一个注重心的哲学家，当说是孟子。"孟子说："心之官则思，思则得之，不思则不得也。此天之所与我者。"（《孟子·告子上》）孟子所说的"心"，与今人所说的器官概念不同，他认为"心"是看不见摸不到的，且具有神秘性，他所说的"心"是指心性，心性则是指良知、良能。孟子认为心性善，这种性善观点对儒家影响很大。但是孔子没有说过"性本善"，他只是称"性相近，习相远"。

孟子论心至善，首先要区分出人与动物，他认为："人之所以异于禽兽者几希，庶民去之，君子存之。舜明于庶物，察于人伦，由仁义行，非行仁义也。"（《孟子·离娄下》）人与动物的区别很少，其本质区别就是人懂得仁义，同时人性本善，这是人具有的本性，另外人还有恻隐、羞恶、辞让、是非之心，亦即著名的"四端"。陆九渊则认为："四端者，即此心也。'天之所以与我者'，即此心也。人皆有是心，心皆具是理，心即理也。"（《与李宰书》）

关于何为本心，陆九渊多有解释，比如，他在《与赵监书》中称："道塞宇宙，非有所隐遁，在天曰阴阳，在地曰柔刚，在人曰仁义。故仁义者，人之本心也。"他说仁义就是本心，也说过良知良能是本心，同时他还认为四端也是本心，总之凡是具有先验的道德性，就是本心。本心是每个人所具有的，当人有了道德情感，就出现了仁义之心，人们所做的一些不道德行为，就是失去本心的体现。既然人性本善，那为何还有不道德的行为呢？陆九渊认为那是因为人受外界利欲所蒙蔽，再加上没有存心、养性，于是就出现了不道德行为。

为此，陆九渊强调孟子所提出的存心、养心、求放心的说法，认为这些说法就是为了养人性之善。因为："人心有病，须是剥落，剥落得一番，即一番清明，后随起来，又剥落，又清明，须是剥落得净尽方是。"（《象山语录》）

剥落就是去除心中被蒙蔽之处，剥落得越多，越能回到人的本心，这个过程就是道德修养。

前面陆九渊谈到了"心"即"理"，此为他的核心价值观，对于"理"的概念，陆九渊说："塞宇宙一理耳。学者之所以学，欲明此理耳。此理之大，岂有限量？"（《与赵咏道》）"理"充满宇宙，无所不在，天地鬼神都要尊"理"，人当然更要尊"理"，因为"理"是整个宇宙万物的存在秩序，同时也是社会伦理道德秩序。理学家大多持这种观点，但是朱熹认为主体的"心"是由本体的"理"产生的，"心"不等于"理"。而陆九渊强调"心"与"理"是合二为一的，他把本体的"理"放置在主体的"心"中，从而得出了"心即理"的论断。

吕祖谦很想调和朱学与陆学在观念上的不同，为此，约朱熹和陆九渊到鹅湖寺见面，这就是著名的鹅湖之会，此次论辩的关键是"尊德性"和"道问学"之争。朱熹强调，人要通过读书来明理，陆九渊则认为人应当重在向内求，来发明本心，其称："元晦欲去两短，合两长。然吾以为不可，既不知尊德性，焉有所谓道问学？"（《象山语录》）

朱熹认为陆九渊教导门生不读书而去体悟本性，这种教学方式太粗俗，同时又近乎狂禅。陆九渊则反击说："尧舜之前，何书可读？"同时还说出了"六经皆我注脚"这种狂妄之语。陆九渊认为，不应当把太多精力用在训诂解经上，而应当注重领悟义理，"疲精神，劳思虑，皓首穷年，以求通经学古，而内无益于身，外无益于人，败事之消，空言坐谈之讥，皆归之者，庸非不通于理，而惟书之信，其取之者不精而致然耶？"（陆九渊《取二三策而已矣》）

这场争论虽然不欢而散，但彼此都接受了对方观点合理的部分，来弥补自己理论的不足，虽然陆九渊认为"尊德性"要比"道问学"重要，但后来他却说："人之不可以不学，犹鱼之不可以无水。"（《与黄循中》）陆九渊强调他教弟子读书的方法与他人有别："人谓某不教人读书，如敏求前日来问某手处，某教他读《旅獒》《太甲》《告子》'牛山之木以下'，何尝不读书

来？只是比他人读得别些子。"(《象山语录》)

他有哪些"别些子"观念呢？陆九渊说："解书只是明他大义，不入己见于其间，伤其本旨，乃为善解书。后人多以己意，其言每有意味，而失其真实，以此徒支离蔓衍，而转为藻绘也。"(《象山年谱》)在他看来，读书是为了明大义，而朱熹教人读书乃是明书中之意，在陆九渊看来，朱子读书法"支离"。

虽然朱陆学术观有分歧，但大体观念不悖，黄宗羲在《象山学案》中说："二先生同植纲常，同扶名教，同宗孔、孟。即使意见终于不合，亦不过仁者见仁，知者见知，所谓'学焉而得其性之所近'，原无有背于圣人。矧夫晚年又志同道合乎？"

对于朱陆两家的各自特点，元郑玉在《送葛子熙之武昌学录序》中总结说："朱子之说，教人为学之常也；陆学之说，才高独得之妙也。二家之学，亦各不能无弊焉。陆氏之学，其流弊也，如释子之谈空说妙，至于卤莽灭裂，而不能尽夫致知之功。朱氏之学，其流弊也，如俗儒之寻行数量，至于颓惰委靡，而无以收其力行之效。然岂二先生立言垂教之罪哉？盖后之学者之流弊云尔。"

三、勉斋学派：传承儒学道统

黄榦，字直卿，号勉斋，福建闽县人，为朱熹四大弟子之一，同时也是朱熹弟子中跟随朱熹时间最长的一位，并且还是朱熹的女婿。因此，黄榦被视为传承朱子衣钵之人。清张伯行在《黄勉斋先生文集》序言中说："晦翁倡道东南，士之游其门者无虑数百人，独勉斋先生从游最久，于师门最为亲切。"

吴昌裔在《黄寺丞榦请谥文肃议》中写道："惟文公发明致知主敬之义，每使学者互进功程，其说固已内外兼该，而先生体贴居敬集义之旨，专欲教人点检身心，其功尤为近里亲切。是则文公有功于程氏，而先生有助于师门，千载师友之盛，真所谓颜曾之于洙泗矣。"吴昌裔在此将黄榦为朱门传承的功劳与朱熹传承二程的思想相并提，甚至把黄榦比喻成孔门的颜子和曾子。

黄榦之父黄瑀官至监察御史，以清明高洁名世，在黄榦十七岁时去世。淳熙二年（1175），黄榦的长兄黄杲到湖北为官，黄榦陪侍母亲前往。次年，黄杲任职吉州，黄榦从行，于此得以拜见刘清之。刘清之与他初次见面，便认定黄榦今后必成大器，还把朱熹的书赠给他，黄榦由此了解到朱子思想。

后来刘清之给朱熹写了封推荐信，黄榦持此信前去拜见朱熹，黄榦门人陈伦在《师训》中记载了黄榦拜师时的细节："一日岁晏，刘公叩门，约同拜朱夫子。入禀母夫人，即日命行。出门，雪大作。既抵屏山，朱夫子适他出。先生留客邸，坚苦思索，盖卧起一榻，不解衣者两月，而后夫子归，遂终身焉，其得道之传自此始。"（《勉斋先生黄文肃公年谱》，以下简称《年谱》）

黄榦冒着大雪出门，前往拜见朱熹，不巧朱熹外出，于是黄榦在客栈里一等就是两个月，两人见面后的交谈更加坚定了黄榦的拜师心愿。黄榦学习十分刻苦，《年谱》中载有他初学时的状况："某自拜先生后，夜不设床，记得旧有大椅子，倦时跳上去坐，略睡一瞌，又起看文字，如是者三两月。或夜间只坐到天晓，孤灯独坐，听屋头风声，令人耸然。那时岂有如今这样书册，都是去寻觅，费多少力。而今人讨得见成好书读，更不去读。"

在拜师的当年，黄榦从建安回到金华，从学于吕祖谦，一年之后又回到朱熹身边，将从吕先生那里听闻到的一些观念向朱熹求证。此后的一些年，除了在二十八岁时奔伯兄之丧外，黄榦再也没有离开过朱熹。

淳熙九年（1182），黄榦三十一岁时，已经跟随朱熹八年，朱熹很欣赏黄榦学习刻苦，于是将二女儿朱兑许配给黄榦为妻。《年谱》载："文公喜其用意清苦，遂妻以女。时文公声名已盛，公卿名家莫不攀慕，争欲以子弟求昏。公家清贫，门户衰冷，文公独属于公者，以吾道所在，欲有托也。"

那时朱熹已经有了不小的名声，很多官宦大户都想与朱熹联姻，而黄榦过得十分清苦，并不富裕，但是朱熹却很欣赏他，认为这是能传自己思想的人，所以朱熹谢绝了别人的联姻，坚决把女儿嫁给了黄榦。

黄榦也很了解朱熹的想法，时常帮助朱熹撰写部分稿卷，以及帮着朱熹代课。《年谱》中称："文公退居山谷者三十年，专讨论经典，训释诸书，以惠后学。时从游者，独公日侍左右，纂集考订之功居多。"朱熹隐退后，有三十年时间专门研究经典、撰写著述、培养弟子，黄榦一直陪侍在他身边，做出过不小贡献。朱熹在《答刘子澄书九》中也说过："旧书且得直卿在此商量，逐日改得些少，比旧尽觉精密。"

黄榦自从拜朱熹为师后，放弃了通过科考博取功名，故生活十分清苦，但他始终坚守，颇有颜回居陋巷之姿。他的弟子林羽称："初见先生于新河，家徒四壁，日特疏食以对宾客，端坐讲论，至达旦不寐。书前辈诗于壁曰：'愚夫饱欲死，志士常苦饥，但能守箪瓢，何事不可为。'识者见之，已凛然有廉顽立懦之风矣。"（《年谱》）

绍熙五年（1194）七月，赵扩即位，是为宋宁宗。朱熹命黄榦捧表上贺。当时赵汝愚掌朝政，赵是朱熹的挚交，经赵推荐，朱熹被任命为焕章阁待制兼侍讲。黄榦跟随朱熹到京，而后朱熹推荐黄榦入朝为官，因其捧表恩奏得补将仕郎。后因韩侂胄掌权，赵汝愚和朱熹均被罢免，朱熹在朝仅四十多天，黄榦也随之出京，当时朱熹问黄榦有什么打算，黄榦的回答是已经准备好了跟随先生渡岭过海。

庆元二年（1196），朝廷禁止道学，发生了著名的"庆元党禁"，朱熹的道学被朝廷定性为伪学，一些弟子害怕受到牵连纷纷离去，只有少数弟子坚持跟在朱熹身边。黄榦不仅跟随在朱熹身边，还帮助朱熹编写《礼书》，负责撰写其中的丧礼和祭礼两部分。转年，朱熹为黄榦盖起一间小屋，让他有了居住之所。

这年黄榦的母亲去世，黄榦回到家乡在墓庐旁筑室讲学，从学者甚众。转年，朱熹得病，《年谱》载："贻书先生为诀，因以深衣及平生所著书授之。"此举说明朱熹已然有传承衣钵之意。庆元五年（1199），朱熹安排自己的孙子跟随黄榦学习。庆元六年三月，朱熹病重，他在给黄榦的信中写道："人还得书，知已到三山，一行安乐。又知授书次第，人益信。向所示告文规约皆佳，深以为慰。今想愈成伦理，凡百更宜勉力。吾道之托在此者，吾无憾矣。异时诸子诸孙，切望一一推诚力赐教诲，使不为门户之羞，至祝至祝。"

写信后的第二天朱熹便去世了，黄榦闻讯后赶到考亭为朱熹办理丧事，并持心丧三年。

朱熹去世后，黄榦成为同门领袖，他努力地传播朱熹思想。朱熹去世十二年后，黄榦想到朱熹诀别时所写之信中有"勉学"二字，于是以"勉斋"为号。当年朱子门人达460余人之多,《宋元学案》载:"黄勉斋榦得朱子之正统。"学者黄震在《黄氏日抄》中也谈到了朱熹对黄榦的看重:"然则晦庵于门人弟子中,独授之屋,妻之女,奏之官,亲倚独切,夫岂无见而然哉!勉斋之文,宏肆畅达,骎骎晦翁,晦翁不为讲义,而勉斋讲义三十二章,皆足发明斯道!"

因为党禁问题,朱子去世后没人给他写行状,朱子的后人认为,黄榦对朱子思想最为了解,于是请他来写行状。黄榦十分重视此事,写完行状的草稿后,没有急着发表,而是跟友人与门生反复商讨不断修改,直到黄榦去世前,这篇朱熹行状才公布于世。

对于黄榦在朱学史上的地位,陈荣捷在《元代朱子学》中评价说:"可作为朱子与元代新儒学之桥梁。"

黄榦对朱门有三大贡献:一是继承朱子遗志,继续撰写完成与朱子思想有关的著作;二是确立朱熹在道统上的地位;三是努力培养弟子,以此传承朱子思想。

当年朱熹组织弟子撰写《仪礼经传通解》,黄榦对此书贡献最大。庆元二年(1196)党禁时,朱熹落职罢祠,开始和门人一起编辑《礼书》。关于编纂此书的原因,朱熹在《乞修三礼札子》中说:"熙宁以来,王安石变乱旧制,废罢《仪礼》,而独存《礼记》之科,弃经任传,遗本宗末,其失已甚。而博士、诸生又不过诵其虚文,以供应举,至于其间亦有因仪法度数之实而立文者,则咸幽冥而莫知其源,一有大议,率用耳学臆断而已。"

朱熹和黄榦为编写此书下了不少功夫,但到朱熹去世时,该书还未编完,朱熹希望黄榦能继续完成此书。朱熹为什么如此重视该书呢?因为在他的观念里,"礼者,天理之节文,人事之仪则也"(朱熹《论语集注》)。朱熹重视礼,乃是因为礼与天理有重要关联,黄榦十分理解朱熹的礼学思想,在《书晦庵先生〈家礼〉》中称:"先生教人,自格物、致知、诚意、正心,以修其身,皆所以正人心、复天理也。则礼其可缓与?迨其晚年,讨论家乡、侯国、王朝之礼,以复三代之坠典。未及脱稿,而先生殁矣,此百世之遗恨也。"

关于儒家的道统,首先是由唐代韩愈在《原道》中提出的传承谱系。淳熙十六年(1189),朱熹在《中庸章句序》中明确提出"道统"一词,他从尧舜一路讲下来,在孟子之后直接二程:"故程夫子兄弟者出,得有所考,以续夫千载不传之绪;得有所据,以斥夫二家似是之非。……虽于道统之传不敢妄议,然初学之士,或有取焉,则亦庶乎行远升高之一助云尔!"

朱熹在此序中列出的道统传授顺序为:汤、文、武、皋陶、伊、傅、周、召,之后传到了孔子那里,然后是颜子、曾子为得其宗者,子思和孟子是承其统者,到二程时,则是"续千载不传之绪"。

朱熹去世后,黄榦把朱熹列入二程后的道统中,在嘉定七年(1214)所撰的《徽州朱文公祠堂记》中列出的道统为:"尧、舜、禹、汤、文、武、周公生,而道始行,孔子、孟子生而道始明,孔孟之道,周、程、张子继之,周、程、张子之道,文公朱先生又继之。此道统之传,历万世而可考也。"

黄榦在孔孟之后的传承中列出了周敦颐、二程、张载,称他们之后的接续者乃是朱熹,明确地说这就是儒家道统。对于这些列入道统的宋儒,他们每人的学术思想,黄榦在嘉定八年(1215)所写《鄂州州学四贤堂记》中有如下表达:"濂溪周先生不由师传,洞见道体,推无极太极以明阴阳之本,人物化生,万事纷扰,则定之以中正仁义,而人极立焉。盖与《河图》《洛书》相为表里。周子以授伊洛二程子,程子所言道德性命,皆自此出,而微词奥义,学者未之达也。新安朱先生禀资高明,厉志刚毅,深潜默识,笃信力行,体用一源,显微无间之旨,超然独悟。而又条画演绎,以示后学,周程之道至是而始著矣。"

为了强化朱熹在道统中的重要地位,黄榦又写出了《圣贤道统传授总叙说》,他在该文的后半部分写道:"及至周子,则以诚为本,以欲为戒,此又周子继孔孟不传之绪者也。至二程子,则曰涵养须用敬,进学则在致知。又曰非明则动无所之,非动则明无所用,而为四箴,以著克己之义焉。此二程得统于周子者也。先师文公之学见之四书,而其要则尤以《大学》为入道之序。盖持敬也,诚意正心修身,而见于齐家治国平天下,外有以极其规模之大,而内有以尽其节目之详。此又先师之得其统于二程者也。"

此文影响较大,元代修《宋史》时,其中的《道学传》就袭用了黄榦这篇文章,谈到朱熹时,《道学传》中写道:"迄宋南渡,新安朱熹得程氏正传,其学加亲切焉。大抵以格物致知为先,明善诚身为要,凡《诗》《书》,六艺之文,与夫孔、孟之遗言,颠错于秦火,支离于汉儒,幽沉于魏、晋六朝者,至是皆焕然而大明,秩然而各得其所。此宋儒之学所以度越诸子,而上接孟氏者欤。其于世代之污隆,气化之荣悴,有所关系也甚大。道学盛于宋,宋弗究于用,甚至有厉禁焉。后之时君世主,欲复天德王道之治,必来此取法矣。"

第六章 朱陆异同:理学与心学的顶峰

黄榦在《总叙说》中阐述了一些他对儒家观念的理解，比如，他在此文的开篇写道："有太极，而阴阳分。有阴阳，而五行具。太极二五妙合而人物生。赋于人者，秀而灵，精气凝而为形。魂魄交而为神。五常具而为性。"太极阴阳的运行产生了天下万物，其中的"道"对人也起到了作用，这个"道"就是天理。此文中还谈到了"执中"概念，这也是本自朱熹的观点。黄榦认为心性之学包含在尧的思想中，但他没有说出来，而舜明确提出了"人心"和"道心"的概念。他谈到了孟子首倡心性之学，将儒家思想提升到了新高度，孟子观念在宋代被理学和心学两派所认同。陆九渊提出"心"的地位，认为"心"中包含万物之理，由此开创了心学体系。程朱突出"求"字，向外求索，以格物来探知天理，最后黄榦将朱熹归结为儒家思想的集大成者。

朱熹去世后，黄榦努力把朱熹的弟子们拢在一起，同时还培养出更多爱好朱学之人。黄榦在《周舜弼墓志铭》中写道："先生以孔孟周程之学诲后进，海内之士从之者郡有人焉。先生殁，学徒解散，靳守旧闻，漫无讲习，盖微言不绝如线。独康庐间有李敬子燔、余国秀宋杰、蔡元思念成、胡伯量泳兄弟，帅其徒数十人，惟先生书是读。季一集，迭主之。至期集主者之家，往复问难，相告以善，有过规正之，岁月漫久不少怠。"

当时有位郑成叔，在黄榦的引荐下受教于朱门，黄榦多次邀请郑成叔相聚讲学。朱熹去世后，黄榦给郑成叔写信，希望他能找到更多喜爱朱学之人："况朋友讲习者，亦苦无坚强奋发之意，此道不明二三千年，方得二三大儒讲明，以大振坠绪，欲——以望之世人亦难矣。但一向如此，则斯文之不丧者，几希昆仲不读世间书，异日相从于寂寞之滨者，赖有此耳。"（《与郑成叔书》）

黄榦的门人中有一位陈宓，是黄榦十分看重的弟子之一。陈宓是较有影响力的官员，他能信奉朱子学，令黄榦十分兴奋。黄榦在《复陈师复监簿》中说："忽闻执事志道之笃，立行之高乃如此，喜跃不能自胜。想先师九原之下，亦当为之击节，喜吾道之有传也。"

黄榦最为担心师道失传，所以每得到一位重要弟子都十分兴奋，尤其是对于陈宓，他认为是可传衣钵之人。陈宓之外，黄榦还培养出多位重要弟子，最为重要的是，他把儒学在金华地区传承开去，由此扩大了朱学的影响力。

对于黄榦的成就，全祖望在《宋元学案·勉斋学案》中说："嘉定而后，足以光其师传,为有体有用之儒者,勉斋黄文肃公其人与?玉峰、东发论道统,三先生之后,勉斋一人而已。"宋代的车若水和黄震在谈论儒学道统时,都认为黄榦是继二程、朱子之后得道统正传的唯一人选。对于黄榦在朱学上承前启后的重要作用,黄百家在《宋元学案》中总结说:"黄勉斋榦得朱子之正统。其门人一传于金华何北山基,以递传于王鲁斋柏、金仁山履祥、许白云谦,又于江右传饶双峰鲁,其后遂有吴草庐澄,上接朱子之经学,可谓盛矣!"

四、沧州学派:播朱学于世间

吴枫、宋一夫主编的《中国儒学通典》对沧州学派的定义为:"南宋李燔、张洽等朱熹门人创立的学派,主要代表人物还有廖德明、李方子、李文子、徐㮚、刘爚、詹体仁、陈定、胡泳、李如圭、欧阳谦之、黄榦等一百五十多人,因此,又称'沧州诸儒学派'。"对于该派别在学术上的贡献,其又称:"此派代表人物多为朱熹弟子中所谓'下中之士',对程朱理学发挥不算太多,以卫护师门为主,因形成以阐述传播朱熹学说的学派。此派一传数传弟子甚多,著名者有:饶鲁、赵葵、方暹、宋斌、许应庚、陈沂、牟子才、董铢、真德秀、黄梦程、程正则、江坦、黄辅、欧阳守道、孟淏、李鉴、王佖、戴艮、刘钦、汪华、史蒙清、黄潜、宋濂等。此派'确守师说,不为时论所变',认为'六经微旨,孔孟遗言,自朱某(熹)发明于千载之后,以事父则孝,以事君则忠,世之所谓道学也'。力言'朱熹不可目以伪学'。他们结合自己的学习体会,对朱熹'天理''性''心'及封建伦常等做了全面系统的解释。"

有关沧州学派的理念,《宋元学案·沧州诸儒学案》专有《性理字训》一篇,其中写道:"天理流行,赋予万物,是之谓命。人所禀受,莫非至善,是之谓性。主于吾身,统乎性情,是之谓心。感物而动,斯性之欲,是之谓情。为性之质,刚柔、强弱、善恶分焉,是之谓才。心之所之,趋向期必,皆由是焉,是之谓志。为木之神,在人则爱之理,其发则恻隐之情,是之谓仁。为金之神,在人则宜之理,其发则羞恶之情,是之谓义。为火之神,在人则恭之理,其发则辞逊之情,是之谓礼。为水之神,在人则别之理,其发则是非之情,是之谓智。人伦事物,当然之理,是之谓道。行此之道,有得于心,是之谓德。真实无妄,是之谓诚。循物无违,是之谓信。发己自尽,是之谓忠。推己及物,是之谓恕。无所偏倚,是之谓中。发必中节,是之谓和。主一无适,是之谓敬。始终不二,是之谓一。善事父母,是之谓孝。善事兄长,是之谓悌。天命流行,自然之理,人所禀受,五性具焉,是曰天理。人性感物,不能无欲,耳目口鼻,斯欲之动,是曰人欲。无为而为,天理所宜,是之谓谊。有为而为,人欲之私,是之谓利。纯粹无妄,天理之名,是之谓善。凶暴无道,不善之名,是之谓恶。物我兼照,扩然无私,是之谓公。蔽于有我,不能大公,是之谓私。"

沧州学派的代表人物为李燔,其字敬子,号弘斋,南昌建昌人。绍熙元年(1190)中进士第,授岳州教授,丁母忧后任襄阳府教授,宋嘉定元年(1208)任白鹿洞书院堂长,嘉定十五年(1222)任潭州通判,后因史弥远擅权,不再出仕,晚年居家讲学,绍定五年(1232)卒,享年七十,谥文定。这年宋理宗问及屡召不起的才学之士,李心传回答说:"燔乃朱熹高弟,经术行术亚黄榦,当今海内一人而已。"(《宋史·道学》)当时黄榦已去世,所以李心传有此一说。《宋史》又称,李燔与黄榦被世人并称为"黄李"。

当年朱熹知南康军时,恢复了白鹿洞书院,李燔的同乡胡泳等人前往该书院求学,得以结识朱熹。绍熙元年(1190)李燔中进士后,任岳州教授,转年五月,他到福建武夷精舍从学于朱熹,朱熹勉励他刻苦读书,此后李燔将自己的书房命名为"弘",用以自勉。李燔因祖母去世而返乡丁忧,在此期间边养病边读书,"燔免丧之后,亲戚朋友劝以赴部,以病不能行。或以为教官可以请祠,燔欲姑守前志,且为养病、读书计"(《晦庵先生朱文公文集》)。

李燔将此事告之朱熹,朱熹在信中劝他不必如此:"未知不仕之意有何义理?只可自以大义裁之,不须问人,亦非他人所能决也。若无正定义理,则为贫而仕,古人有之,不须如此前却也。"(同上)朱熹劝李燔要务时,于是李燔听从老师之劝,前往襄阳任教。但李燔后来还是辞去官职,跟随朱熹讲学。朱熹很欣赏他的悟性,《宋史》本传载:"凡诸生未达者先令访燔;俟有所发，乃从熹折衷。诸生畏服。熹谓人曰：'燔交友有益，而进学可畏，且直谅朴实，处事不苟，它日任斯道者必燔也。'"有些刚出入朱门的学子没有基础概念，故朱熹命李燔代为讲授，待这些人有了一定的基础后，朱熹再亲自点拨。李燔认真履行老师安排的任务，故朱熹认为将来能够传播自己思想的人，必定是李燔。

绍熙二年（1191），朱熹在考亭建竹林精舍，于此广招门徒，随着人数的增多，竹林精舍已不敷用，于是在绍熙五年（1194）十二月扩建精舍，同时将精舍改名为"沧州精舍"，朱熹自号"沧州病叟"，李燔于此任教。

庆元六年（1200）三月九日，朱熹逝世于考亭，弟子们决定十一月在信州举行大型会葬，韩侂胄闻讯后下令守城约束此事，禁止"伪徒"聚集于信州。迫于压力，很多弟子没有前往，有些弟子甚至"依阿巽懦者，更名他师，过门不入，甚至变易衣冠，狎游市肆，以自别其非党"（《宋史》）。但李燔却敢于无视规定，顶住压力，率领同门不远千里，为朱熹送葬，由此成为朱熹弟子中的领袖。

在朱熹生前，李燔常向老师请教各类问题，《朱子语类》载，李燔向老师请问："今寂然至静在此，若一念之动，此便是复否？"朱熹回答说："恁地说不尽。复有两样，有善恶之复，有动静之复，两样复自不相须，须各看得分晓。终日营营，与万物并驰，忽然有恻隐、是非、羞恶之心发见，此善恶为阴阳也。若寂然至静之中有一念之动，此动静为阴阳也。二者各不同，须推教子细。"

朱熹教导李燔，为学要先会读书，而读书必须心无杂念，只有心静，才能品出道理，所以不能死读书，否则学问不会有长进："读书须是心虚一而静，方看得道理出。而今自家心只是管外事，硬定要如此，要别人也如此做，所以来这里看许多时文字，都不济事，不曾见有长进。是自家心只在门外走，与人相抵拒在这里，不曾入得门中，不知屋里是甚模样。这道理本自然，不消如此。如公所言，说得都是，只是不曾自理会得公身上事，所以全然无益。只是硬桩定方法抵拒将去，全无自然意思，都无那活底水，只是聚得许多死水。"李燔认为，如果刻苦读书，积累多了，自然明白道理。朱熹用比喻来告诉他，这么做事倍功半："也只积得那死水，那源头活水不生了。公只是每日硬用力推这车子，只见费力。若是有活水来，那车子自转，不用费力。"（《朱子语类》）

李燔自称性格急躁，朱熹就教导他读书要反复咀嚼，细心玩味，不用计较快慢,"燔气质躁迫,每于先生强探力取之戒,积渐涵泳之训,玩味用功,但临事时终觉为害。今只靠定视听言动,常于此四事上著力,又以义理融液之,颇觉得力。然终是病根常在"(《答李敬子余国秀》)。在朱熹的教导下,李燔开始后悔自己以往虚度光阴,"觉得已前都是如此悠悠过了",朱熹借此机会耐心地劝导他不要虚度光阴:"既知得悠悠,何不便莫要悠悠?便是觉意思都不曾痛切。每日看文字,只是轻轻地拂过,寸进尺退,都不曾依傍筑磕著那物事来。此间说时,旋扭挽凑合,说得些小,才过了,又便忘了。或他日被人问起,又遂旋扭挽说得些小,过了又忘记了。如此济得甚事!早间说如负痛相似。"(《朱子语类》)

朱熹在教育李燔的同时,会将一些理学概念传授给他,"持敬,如《书》所云'若有疾',如此方谓之持敬。如人负一个大痛,念念在此,日夜求所以去之之术。理会这一件物,须是彻头彻尾,全文记得,始是如此,末是如此,中间是如此;如此谓之是,如此谓之非。须是理会教透彻,无些子疑滞,方得。若只是如此轻轻拂过,是济甚事!如两军厮杀,两边擂起鼓了,只得拚命进前,有死无二,方有个生路,更不容放慢。若才攻慢,便被他杀了!"(《朱子语类》)

在一些问题上,李燔也有自己的看法,比如朱熹认为"人之性皆善,然而有生下来善底,有生下来便恶底,此是气禀不同"。李燔继承了朱熹的气禀论,但又与老师所言的"人性皆善"略有不同,在李燔看来性有善有恶,是因为有的人气禀混浊,当气禀昏愚时,人就由善变恶,因为其所发皆不善:"性所发时,无有不善,虽气禀至恶者亦然。但方发之时,气一乘之,则有善有不善耳。'偶以为人心初发,有善有恶,所谓'几善恶'也。初发之时本善而流入于恶者,此固有之。然亦有气禀昏愚至极,而所发皆不善者,如子越椒之类是也。且以中人论之,其所发之不善者,固亦多矣。安得谓之无不善邪?"(《朱子语类》)

朱熹对李燔的观点提出了批评:"不当如此说,如此说得不是。此只当以人品贤愚清浊论。有合下发得善底,也有合下发得不善底,也有发得善而为物欲所夺,流入于不善底。极多般样。今有一样人,虽无事在这里坐,他心里也只思量要做不好事,如蛇虺相似,只欲咬人。他有甚么发得善!明道说水处最好。皆水也,有流而至海,终无所污;有流而未远,固已渐浊;有流而甚远,方有所浊。有浊之多者,浊之少者。只可如此说。"(《朱子语类》)

除了向老师请教,李燔也跟其他友人探讨义理,比如他认为:"燔窃谓颜子'四勿'，今人非不欲如此，只为不知其孰为礼，孰为非礼。颜子所以才闻'克复'之语便知请问其目，才闻'四勿'之语便承当去，虽是资质绝人，亦必是素于博文约礼上用功。今之学者，且先以博约为先，而'四勿'之戒随其所知施之应酬，渐渐望其贴近，庶有实效。"（《答李敬子余国秀》）

格物致知乃是朱熹的核心观念之一，对此李燔也有着自己的理解："燔谓所谓物格者，乃众理俱穷，相发互通，以至透彻，无复余蕴，然后为格。若谓一物明一知进则可，一物格一知至则不可。"站在儒家立场，李燔认为，佛教不懂得格物。"燔谓释氏不务格物，而但欲自知，故一意澄定而所见不周尽。吾儒静以养其所知之本，动以广其所知之端，两者互进，精密无遗，故所见周尽而有以全其天然自有之中。"（《答李敬子余国秀》）

李燔曾在多个书院讲学，培养出了大批弟子，嘉定九年（1216），他与胡泳、余宋杰、蔡念成等人在庐山讲会，每季集会一次，轮流做主讲，由此传播了朱学思想。黄榦在《与李敬子司直书》中写道："独南康得契兄（李燔）与诸贤，维持讲学最盛，先师有望，每恨不得生长周旋其间……惟契兄为彼中宗主，更望以此律之，则庶不至流而为口耳之学也。"

五、西山学派：使理与数灿然于天地间

该派创始人蔡元定，字季通，世称西山先生，他所创的学派即以其号名之。蔡元定在年幼之时就表现出异于常人的聪颖，其弟子翁易在《蔡氏诸儒行实》中说："先生在娠，神与君设古今圣贤像俾詹氏日夕观之，以慕太任胎教，故先生生而颖悟，异于常儿，八岁能作诗文，十岁日记数千言。"他对儒家经典的偏爱本自其父，其父名蔡发，博览群书。在蔡元定年纪尚幼时，其父就把程氏《语录》、邵氏《经》、张氏《正蒙》等儒学经典拿给他，命其深研，同时告诉他"此孔孟正脉也"。正因为他在年幼时就读到了二程和邵雍的著作，致使他成年后偏爱于义理和象数，由此奠定了他一生的学问主攻

方向。

宋绍兴二十九年（1159），朱熹回福建五夫里省亲，元定听闻此消息后，"往师之，熹叩其学，大惊曰：'此吾老友也。不当在弟子列。'"（《宋史·蔡元定传》）自此之后，蔡元定与朱熹有了长达四十年的交往，他不但帮助朱熹完成一些重要著作的撰写工作，同时还协助朱熹处理家事。比如乾道六年（1170），朱母祝夫人病逝，蔡元定帮助朱熹寻找合适的墓地，同时协助朱熹修建讲学用的寒泉经舍和晦庵草堂等。后来朱熹居住到建阳县崇泰里，蔡元定也举家迁居到崇泰里西山之麓。《潭阳文献蔡氏卷引》中称："文公自五夫里迁居考亭，筑书堂于云谷。而文节亦自麻沙卜居后山，筑室西山，有所疑难，尝悬两灯相望，因号西山。"

因为两家住得很近，蔡元定时常到朱熹家去探讨学问，《宋史》本传载："对榻讲论诸经奥义，每至夜分。四方来学者，熹必俾先从元定质正焉。"不仅如此，蔡元定还会介绍一些有潜质的人加入师门，最著名的就是他把黄榦带入门中。黄榦在《书蔡西山家书》中称："榦始受学于晦庵先生，首识西山蔡公。先生之门，从游者多矣，公之来，先生必留数日，往往通夕对床，不暇寝。从先生游者，归必过公之家，听其言论不忍去，去皆充然有所得也。盖公负英迈之气，蕴该洽之学，智极乎道德性命之原，行谨乎家庭唯诺之际，于先生之门，可谓杰然者矣。榦之识公为最久，而荷公之教为最深。其卜居乎此也，固惟先生是依，亦庶几资公之教以自老。"

蔡元定被视为朱熹的大弟子，这不仅仅是因为他在生活上努力给朱熹提供便利，更为重要的是，朱熹的一些重要著作大多有蔡元定的参与，甚至有些书直接由蔡元定来执笔。翁易在《蔡氏九儒书》中说："晦庵疏释四书，因先生论辩有所启发者非一。……《六经》《语》《孟》《学》《庸》之书，先生与之讨论讲贯，则并驰其功焉。《易学启蒙》一书，先生研精覃思，屡年而后就，晦庵复删润之，始克成书。"《宋史·蔡元定传》亦称："元定于书无所不读，于事无所不究。义理洞见大原，下至图书、礼乐、制度，无不精妙。古书奇辞奥义，人所不能晓者，一过目辄解。熹尝曰：'人读易书难，季通读难书易。'熹疏释《四书》及为《易》《诗传》《通鉴纲目》，皆与元定往复参订。《启蒙》一书则属元定起稿。尝曰：'造化微妙，惟深于理者能识之，吾与季通言而不厌也。'及葬，以文诔之曰：'精诣之识卓绝之才，不可屈之志，不可穷之辨，不复可得而见矣。'学者尊之曰西山先生。其平生问学，多寓于熹书集中。"

《四书集注》是朱熹最重要的作品，在撰写过程中，朱熹时常与蔡元定商议相关细节，由此说明了朱熹对蔡元定学问的认可。《易学启蒙》一书乃是宋儒易学史上的名著，本书也是由蔡元定来撰写，最后由朱熹删改润色而成。为此，翁易说："季通生平著述多谦让，寄寓于熹书集中，此见其有功于晦庵甚大。"由此说明蔡元定参与了朱熹多部著述的撰写，但因蔡为人谦让，有些书没有署他的名，使得后世不知朱熹著作中哪些有蔡的参与。

　　正因为蔡元定与朱熹有着如此密切的关系，庆元党禁时期他受到了连累。绍熙五年（1194），孝宗驾崩，知枢密院事赵汝愚奉太皇太后吴氏旨，立赵扩为帝，是谓宁宗。宁宗任命赵汝愚为右丞相，召朱熹为焕章阁待制兼侍讲，朝野气象为之一新。当时赵汝愚也推荐蔡元定入朝为官，蔡谢绝了赵的美意。那时朱熹也极力推荐蔡元定，蔡在给朱熹的信中写道："屡闻皇上龙飞，聪明英毅，勤政治民，真可以大有为也。矧恩光屡及，固不敢偃蹇不至，以效严光之自重。但惧学浅才陈，触张楷之责，望盛卢声，少实效，而违物议，增愧多矣。想风云际会上，天将与斯文而大受先生以辅佐之命也。今者文旌归速，是必有相抵牾者，偶望自爱，以膺重任，使天下咸仰清光被厚泽，定至原也。"

　　可见蔡元定已然料定入朝为官存在变数，还劝朱熹要尽早抽身。果然仅过了几十天，庆元新政就因为韩侂胄把持朝政而受到打击，赵汝愚客死贬途，朱熹罢归建阳。在这种情况下，朱熹写了万言奏稿，要替赵汝愚鸣冤，众弟子纷纷劝老师审时度势，不要在这个时候给自己招来灾难，但朱熹不听弟子们的劝告，坚决要上奏章。在此关键时刻，蔡元定以自己最擅长的算卦方式，为老师卜了一卦，果然得到的卦象有问题。朱熹觉得这是天意，于是焚掉了自己的奏稿。宋戴铣在《朱子纪实年谱》中载有此事："初，韩侂胄即欲并逐赵丞相，而难其辞。及是，诬以不轨，窜永州。中外震骇，大权一归侂胄矣。朱子自以蒙累朝知遇之恩，且尚带从臣职名，义不容辞，乃草封事数万言，极呈奸邪蔽主之祸，因以明丞相之冤。子弟诸生更进迭谏，以为必且贾祸，朱子不听。蔡元定入谏，请以蓍决之，遇'遯'之'同人'。朱子默然退，取奏稿焚之，更号遯翁，遂以疾丐休致云。"

　　由这件事可知，蔡元定在《周易》方面有很深的研究，并且朱熹很认可他在这方面的成就。因为蔡元定的这一卦，朱熹避免了一场灾难，同时也让他明白天命不可违，此后朱熹以年老多疾为由上书朝廷，提出了退休的申请。

虽然蔡元定能够看清形势，但他却无法改变既定的命运。庆元二年（1196），蔡元定以"相佐为妖"的罪名被编管湖南道州。蔡元定前往道州时，朱熹及弟子们为他送行。虽然遭此厄运，送行者中有人为之涕下，但蔡元定神态与平时无异。朱熹说："友朋相爱之情，季通不挫之志，可谓两得矣。"（《宋史·蔡元定传》）遗憾的是，蔡元定到达道州后，仅一年多的时间就因水土不服染疾而殁。朱熹闻讯后悲伤不已，在祭文中感慨地说："呜呼季通，而至此耶！精诣之识，卓绝之才，不可屈之志，不可穷之辩，不复可得而见矣。"（《又祭蔡季通文》）

对于蔡元定为传播朱学所做出的贡献，文天祥在谒西山祠中写道："天生朱子，正学大明；天生先生，羽翼厥成，绍程继朱，集注诸书，六经垂训，万世作程，揭示迷途，启迪后人。"（《蔡氏九儒书》）

如前所言，蔡元定最擅长的是易学，比如宋末黄瑞节称："西山先生始终以《易》疏其说，于是微显阐幽，其说大著。学者由蔡氏而知《经世》，由《经世》而知《易》，默而通之可也。"（《皇极经世书·附录》）

蔡元定的易学本自邵雍，蔡专门撰写过一部诠释邵雍先天易学的著作《皇极经世指要》，该书是易学史上的名著，明初胡广等编撰的《性理大全》中就收录有此书。《性理大全》在卷首按语中称："邵伯温氏尝著《一元消长》等图以括其要约，后西山蔡氏因其图而推衍之，著为《经世指要》一书，足以尽乎五十篇之义。而晦庵朱子谓其于康节之书，推究缜密矣。故今不复具载康节全书，但取蔡氏《指要》诸图列于内外十四篇之首。庶观者即图以明其数，因文以求其理，则由约可以该博。"

当年朱熹要编《易学启蒙》一书，目的是说明《周易》是卜筮之书，要想读懂该书，必须要了解其中的象数。朱熹说："所喻读《易》甚善。此书本为卜筮而作，其言皆依象数以断吉凶。今其法已不传，诸儒之言象数者例皆穿凿，言义理者又太汗漫，故其书为难读。此《本义》《启蒙》所以作也。"（《答刘君房》）

蔡元定恰好精通象数之学，所以他为此书做贡献最多，《宋元学案·西山蔡氏学案》引唐氏之言称："孔孟教人，言理不言数。邵蔡二子欲发诸子所未发，而使理与数灿然于天地之间，其亦不细矣。"由此说明了蔡元定的易学观与邵雍一样，都属于数学派。

易学象数学是本自汉代的京房和焦延寿，至北宋时，陈抟将此术传给种放，此后邵雍得《先天图》，刘牧得《河图》《洛书》，周敦颐得《太极图》。

至南宋时，蔡元定将邵雍的先天数学和刘牧的《河图》《洛书》融汇一起，形成具有蔡氏特色的易学观。

关于蔡元定何以能得到这些秘传之图，元代袁桷在《谢仲直易三图序》中说："始薛授袁时，尝言河洛遗学多在蜀汉间，故士大夫闻是说者，争相购之。……后朱文公属其友蔡季通如荆州，复入峡，始得三图焉。或言《洛书》之传，文公不得而见，今蔡氏所传书讫不著图，藏其孙抗，秘不复出。"

看来当时易学三图大多流传在四川地区，有些士大夫想尽办法购买此图，朱熹得到这个消息后，嘱咐蔡元定到荆州一带购买三图。有人称蔡元定得到后秘不示人，甚至没有拿给朱熹看，据说此图一直藏在蔡元定之孙蔡抗那里。这种说法显得有些神秘，但后世却有很多人相信，比如，清初胡渭在《易图明辨》的按语中也讲到了这个故事："清容，博雅君子也。君子之言，信而有征，故首著之。季通所得三图，一为《先天太极图》无疑矣。其二盖《九宫图》与《五行生成图》，而希夷未尝名之曰《洛书》，故或言《洛书》，朱子不得见也。"

胡渭相信袁桷所言必有所据，同时点明了蔡元定得到的是哪三图。故事的真实性暂且不论，可以肯定的是蔡元定的确对《河图》《洛书》有自己的见解。比如，北宋刘牧以《九宫图》为河图，以《五行生成图》为洛书，即以河图之数为九，以洛书之数为十，蔡元定认为刘牧将此搞反了，提出应该是河图为十，洛书为九。

蔡元定在《易学启蒙注》中说："古今传记，自孔安国、刘向父子、班固，皆以为河图授羲，洛书锡禹。关子明、邵康节皆以十为河图，九为洛书。盖《大传》（系辞）既陈天地五十有五之数，《洪范》又明言'天乃锡禹洪范九畴'。而九宫之数，戴九履一，左三右七，二四为肩，六八为足，正龟背之象也。惟刘牧意见，以九为河图，十为洛书，托言出于希夷。既与诸儒旧说不合，又引《大传》，以为二者皆出于伏羲之世。其易置图书，并无明验。"

经蔡元定考证，十河九洛的观点要比九河十洛的观点为早，所以他取前者。《周易·系辞》中称："天一地二，天三地四，天五地六，天七地八，天九地十。天数五，地数五，五位相得而各有合。天数二十有五，地数三十，凡天地之数五十有五，此所以成变化而行鬼神也。"对此，蔡元定的解读是："此一节，夫子所以发明河图之数也。天地之间，一气而已，分而为二，则为阴阳，而五行造化、万物始终，无不管于是焉。故河图之位，一与六共宗

第六章　朱陆异同：理学与心学的顶峰

而居乎北,二与七为朋而居乎南,三与八同道而居乎东,四与九为友而居乎西,五与十相守而居乎中。盖其所以为数者,不过一阴一阳,以两其五行而已。"

蔡元定认为这指的是河图之数,接下来他解释了天和地的特点:"所谓天者,阳之轻清而位乎上者也。所谓地者,阴之重浊而位乎下者也。"而后又谈及阳数为奇、阴数为偶的问题:"阳数奇,故一三五七九皆属乎天,所谓天数五也。阴数偶,故二四六八十皆属乎地,所谓地数五也。天数地数各以类而相求,所谓五位之相得者然也。"之后再谈天地之数与五行之数的关系:"天以一生水而地以六成之,地以二生火而天以七成之,天以三生木而地以八成之,天以四生金而地以九成之,天以五生土而地以十成之,此又其所谓各有合焉者也。积五奇而为二十五,积五偶而为三十,是二者而为五十有五,此河图之全数,皆夫子之意而诸儒之说也。"

蔡元定是以天地之数来解释河图之数,此与刘牧的洛书说相同。但是刘牧推崇《九宫图》,认为这是形而上之道,同时认为《五行生成图》是形而下之器。而朱熹和蔡元定都推崇《五行生成图》,因此图与《系辞》文天地之数说相同。朱熹在给蔡元定的信中表达了这种看法:"《河》《洛》辩说甚详,然皆在夫子作传之后,其间极有不足据以为说者。鄙意但觉九宫之图,意义精约,故疑其先出,而八卦十数九畴五行各出一图,自不相妨。故有虚中为易,实中为范之说,自谓颇得其旨,今详此论,亦是一说,更俟面论。"(《答蔡季通》)

由于蔡元定给朱熹的回信没有保留下来,故无法得知蔡元定是如何回答朱熹的。按照文意推测,蔡元定应当是主《五行生成图》,认为这就是《河图》。对于《河图》与《洛书》的关系,蔡元定认为是数的体和用:"河图以五生数统五成数,而同处其方,盖揭其全以示人,而道其常数之体也。洛书以五奇数统四偶数,而各居其所,盖主于阳以统阴,而肇其变数之用也。"(《易学启蒙》)

蔡元定说河图之数为十,至十而全,乃是数的常体;洛书之数为九,数的变化始于一而终于九,这就是数之用。河图之数以生数为主,也就是一二三四五,统率六七八九十,生数居于内,成数成于外。他认为"统四偶数而各居其所"乃是从方位上来说,一六居北方,二七居南方,三八居东方,四九居西方。将之与五行相配,则是一六为水,二七为火,三八为木,四九为金,中宫的五与十为土。此语中的"以五奇数统系偶数"乃是指洛书之九以奇数为主，居四正之位，偶数则居四维之位，偶数受制于奇数，以此体现阳主阴辅之理。

从总体来说，蔡元定认为河图主全，洛书主变，他以此观念来说明八卦之象本于河洛之数："河图主全，故极于十，而奇偶之位均。论其积实，然后见其偶赢而奇乏也。洛书主变，故极于九，而其位与实，皆奇赢而偶乏也。必皆虚其中也，然后阴阳之数均于二十而无偏耳。"（《易学启蒙》）

蔡元定说河图中的十个数，奇数和偶数所居的方位皆相等，即一六居北，三八居东，二七居南，四九居西，十五居中。但是偶数总和为三十，奇数总和为二十五。偶数多于奇数，这就是他所说的"偶赢而奇乏"。洛书中的九个数，奇数之位有五个，偶数之位有四个，奇数总和为二十五，偶数总和为二十，但是如果把两图中的中宫之数虚设，那么图中的奇偶之总和都为二十。于是蔡元定得出了这样的结论："《河图》之虚五与十者，太极也。奇数二十五，偶数三十者，两仪也。以一二三四为六七八九者，四象也。析四方之合，以为乾坤离坎，补四隅之空以为兑震巽艮者，八卦也。洛书之实其一为五行，其二为五事，其三为八政，其四为五纪，其五为皇极，其六为三德，其七为稽疑，其八为庶征，其九为福极，其位与数尤晓然矣。""曰洛书而虚其中，则亦太极也。奇偶各居二十，则亦两仪也，一二三四而合九八七六，纵横十五，而互为七八九六，则亦四象也。四方之正以为乾坤离坎，四隅之偏以为兑震巽艮，则亦八卦也。"（《易学启蒙》）

蔡元定把中宫之数视为太极，把奇数之和与偶数之和视为两仪，他把《河图》中的生数一二三四各加上中五，就分别等于六七八九，这就是四象。《洛书》中一与九相对，二与八相对，三与七相对，四与六相对，每一对的合数都是十。所以他认为一含九，二含八，三含七，四含六，这就是洛书四象之数，根据四象而生出了八卦。关于《河图》，北方一六之数为坤卦，南方二七之数为乾卦，东方三八之数为离卦，西方四九之数为坎卦。他们的余数，各居四隅之位，就是兑震巽艮四卦。

蔡元定根据刘牧的易学观，想要调和《河图》与《洛书》之数，其称："其实天地之理一而已矣，虽时有古今先后之不同，而其理则不容于有二也。故伏羲但据'河图'以作《易》，则不必预见'洛书'，而已逆与之合矣。大禹但据'洛书'以作《范》，则亦不必追考'河图'，而已暗与之符矣。其所以然者何哉？"（《易学启蒙》）

他认为易筮的策数，以及河洛之数等都是自然之理，宇宙间阴阳五行及其所化生出的万事万物，都有内在的数。现实世界的现象和关系，都有形而上的"道"来支配。他同时认为《河图》《洛书》虽然来源不同，但所阐述出的义理却是相同的，因为《易传》中的天地之数、大衍之数、参两之数等都跟河洛之数相同，因为河图之数就是洛书之数，也就是大衍之数和天地之数。

关于具体的筮法，如前所言，蔡元定对此十分稔熟，他在解释大衍之数"其用四十九"时称："故揲蓍之法，取五十茎为一握，置其一不用，以象太极，而其当用之策，凡四十有九，盖两仪体具而未分之象也。"(《易学启蒙》)

具体的算卦方式，乃是用特殊的手法来握五十根蓍草，然后将其中一根不用，原因是以这一根象征太极，其他的四十九根就是大衍之数。但是，有些人对哪一个象征太极有不同的理解，有人认为是首先拿出的那一根为太极，有人则认为手中的四十九根未分的蓍草是太极。对于四十九根蓍草的操作方式，蔡元定有着详细的描绘："挂者，悬于小指之间；揲者，以大指食指间而别之，奇，谓余数。扐者，扐于中三指之两间也。蓍凡四十有九，信手中分，各置一手，以象两仪，而挂右手一策于左手小指之间，以象三才。遂以四揲左手之策，以象四时。而归其余数于左手第四指间，以象闰。又以四揲右手之策，而再归其余数于左手第三指间，以象再闰，是谓一变。其挂扐之数，不五即九。"(《易学启蒙》)

他的这段解释乃是针对三变成爻的第一变，也就是将四十九根蓍草任意分散成两部分，两只手分别各握一部分，以此来象征两仪，两仪乃一奇一偶，同样也是一阴一阳。之后根据不同的手法，来得到不同的卦象，然后再做相应的解释，其具体解释方式颇为复杂。

从总体来说，蔡元定在前人的基础上对数学做了进一步的探讨。刘牧主要是对易数的阐说，邵雍则通过研究易数来解读宇宙运动变化的法则。邵雍偏重于数的一面，蔡元定则是想办法将数与理相融："盖数即理，理即数，在天为五行，在地为五形，在人为五常，错综参伍，即天地变化之数。若混而无别，乃是佛老异端之学。伏羲之画，自一而二，自二而四，自四而八，自八而十六，自十六而三十二，自三十二而六十四，然后能毕天下之能事。不然，天生河图，特一技术之末耳。"(《答江德功书》)

可见蔡元定研究数学的目的是通过数来明理，为此，他开创了理数相融的理学观念，同时把天道人事的消长也视为理的必然。

对于历史上流传的八卦图,《纂图指要》载:"西山蔡氏曰:龙马负图,伏羲因之以画八卦,重之为六十四卦。初未有文字,但阳奇阴偶、卦画次序而已。今世所传伏羲八卦图,以圆函方者是也。康节曰:上古人皆有易,但作用不同。今之易,文王之易也,故谓之《周易》。若然则所谓三易者,皆本乎伏羲之图,而取象系辞以定吉凶者,各不同耳。然作用虽异,其为道则同一太极也。《皇极经世》之书命数定象,自为一家,古所未有,学者所未见。然亦皆出于伏羲卦画奇偶之序,其为道亦同一太极也。今以伏羲卦图列之于前,而以《皇极经世》疏之于后,则大略可见矣。"

蔡元定认为伏羲所画卦,不只是八卦,同时伏羲还重卦为六十四卦,但是历代都说重卦之人是周文王。对于他的认定,朱熹表示过怀疑:"某尝问季通:'康节之数,伏羲也曾理会否?'曰:'伏羲须理会过。'某以为不然。伏羲只是据他见得一个道理,恁地便画出几画。他也那里知得叠出来恁地巧?此伏羲所以为圣。若他也恁地逐一推排,便不是伏羲天然意思。《史记》曰:'伏羲至淳厚,作易八卦。'那里恁地巧推排!"(《朱子语类》)

可见朱熹认为所谓的"伏羲六十四卦方圆图"应当是出自邵雍,他向蔡元定确认过此事,蔡坚持认为六十四卦本自伏羲,但朱熹对蔡的所言表示怀疑。对于这件事,朱熹门人也曾问到过"六十四卦重于伏羲,果否"。朱熹回答说:"今无所考,只说得到此,以上当且阙之。但既有八卦,则六十四卦已在其中,此则不可不知耳。"(《答林正卿》)

对于蔡元定因数明理的创建性,《鹤林玉露》称:"濂溪、明道、伊川、讲道盛矣,因数明理,复有一邵康节出焉。晦庵、南轩、东莱、象山讲道盛矣,因数明理,复有一蔡西山出焉。昔孔、孟教人,言理不言数。然天地之间,有理必有数,二者未尝相离。河图、洛书,与'危微精一'之语并传。邵、蔡二子,盖将发诸子之所未言,而使理与数粲然于天地之间也,其功亦不细矣。"

庆元四年(1198),蔡元定去世,两年后,其师朱熹病逝,又过了两年,伪学解禁。嘉定三年(1210),朝廷赠蔡元定迪功郎,宝祐三年(1255),赠蔡元定太子少傅,转年又赠太子太傅。他在儒学史上的地位得到了官方认可,他所开创的易学象数学也产生着深远影响。元代时,胡一桂及其子胡文炳、学生董真卿、学者黄瑞节等都对蔡氏易学有所阐发。明代方以智、胡广、韩邦奇,清代王植、李光地、江永等均继承了蔡氏易学的部分观念。

六、九峰学派：数尽万物之则，尽天下之理

对于此派的创立者，吴枫、宋一夫主编的《中华儒学通典》中称："九峰学派，南宋蔡沈所创立的学派，沈曾隐居九峰山，学者称'九峰先生'，因称所创学派为'九峰学派'。其父蔡元定为'西山蔡氏学派'创始人。"对于该学派的特点以及此派的成员，《通典》中又称："父殁，归隐九峰山，专心著述讲学，因形成自己的学派。一传数传子孙和弟子有：蔡模、蔡杭、蔡权、陈兆祖、刘钦、何云源、刘泾、刘汉传、刘实翁、黄镇成、陈师凯、刘震、王充耘等。"

对于蔡氏父子为朱学做出的贡献，全祖望在《宋元学案·九峰学案》中评价说："蔡氏父子兄弟祖孙，皆为朱学干城，而文正之《皇极》，又自为一家。"为此，林国平、邱季端主编的《福建历史文化博览》中有高令印、林静所撰《蔡沈与"九峰学派"》一文，该文把以蔡沈为首的一派学术称作"九峰学派"。《通典》中在谈到该派的特色时，有如下总结："此派学术思想兼有义理与象数学两个方面，以抽象的'数'和'理'作为宇宙本源。蔡沈专习《尚书》，历数十年。曾受父命著《洪范皇极》一书，用邵雍《皇极经世》的'先天数学'讲《尚书·洪范》，认为天地、人物皆由数所派生，谓'天地之所以肇者数也，人物之所以生者数也，万事之所以失得者亦数也。'又把数与理联系起来，认为理为万事万物之本，事物各有理，然总理只有一个。巧妙地将周敦颐之太极和程朱的理结合起来。"高令印、林静在其文中亦称："在宇宙观上，蔡沈认为天地万物由'数'创造出来的，创造的'数'是世界万物的本原。蔡沈认为，太极生阴阳，阴阳生五行，五行生万物，所谓一生二，二生五，五生天地万物。在'数'生天地万物过程中，阴阳之二是重要的一环。"

蔡沈，字仲默，号九峰，谥文正，历史典籍中大多将其名写作"蔡沉"。其父乃南宋大儒蔡元定，朱熹晚年得意门生之一。蔡沈早年从父读书，庆元初遭受伪学之论，跟随父亲被贬舂陵。父亲在贬所去世后，蔡沈徒步护送父亲灵柩返回家乡，之后跟随朱熹研读儒家典籍。

建阳蔡氏乃是当地望族，有"蔡氏九儒"之说，其祖父蔡发、父亲蔡元定以及他本人，都与朱熹有着密切关系。祖父蔡发号牧堂老人，善于易象。

蔡沈在《洪范皇极内篇》中极其推崇"数"的重要性，在某些方面，他将"数"等同于"理"。他对"数"的看重，本自其父蔡元定的"洪范数"思想。邵雍在《皇极经世》中以"数"来表达"理"："太极一也，不动。生二，二则神也。神生数，数生象，象生器。"蔡沈撰写《洪范皇极内篇》时，把《洪范》九畴中的数与洛书九数结合在一起进行解说，将《洪范》象数化。他在《洪范皇极内篇》的序中称："体天地之撰者，易之象；纪天地之撰者，范之数。"

蔡沈在此将"易之象"与"范之数"对举，同时说："《易》更四圣，而象已著。《范》锡神禹，而数不传。后之作者，昧象数之原，窒变通之妙，或即象而为数，或反数而拟象，《洞极》用书，《潜虚》用图，非无作也，而牵合附会，自然之数，益晦蚀焉。"

这段话表达了蔡沈撰写《洪范皇极内篇》的目的：明象数之源，变化之妙。他认为易之卦就是象之学，洪范之数则是数之学。易学已经由前圣发扬，而洪范之数自禹之后未得再传，所以他撰写《洪范皇极内篇》，就是为了传承范数之学。以下所引蔡沈观点，基本出自《洪范皇极内篇》。

蔡沈通过河图洛书来说明象与数的关系："河图体圆而用方，圣人以之而化卦。洛书体方而用圆，圣人以之而叙畴。卦者阴阳之象也，畴者五行之数也。象非偶不立，数非奇不行。奇偶之分，象数之始也。是故以数为象，则奇零而无用。以象为数，则多偶而难通。"

圣人用河图画卦来称阴阳之象，用洛书讲述畴者五行之数，然后又以奇偶来区分象数，分出奇偶就有了象数，但河图与洛书有奇有偶："河图非无奇也，而用则有乎偶。洛书非无偶也，而用则存乎奇。偶者，阴阳之对待乎？奇者，五行之迭运乎？对待者不能孤，迭运者不可穷。天地之形，四时之成，人物之生，万化之成，其妙矣乎。"

河图存奇而用偶，洛书存偶而用奇，奇偶形成阴阳，阴阳而五行，于是有了天地、人物和事物，象与数的关系，可以用阴阳运化来表达："流行者，其阳乎。成性者，其阴乎。阳者数之生也，阴者象之成也。阳以三至，阴以倍成。生生不穷，各以序升，自然而然，有不容已，非智与仁，何克终始。"

蔡沈把易中的八卦和洪范中的九畴相并提，尤其看重"一"和"九"，《洪范皇极内篇》中详细描绘了一至九数之间的关系，比如前一段为："一者九之祖也，九者八十一之宗也。圆之而天，方之而地，行之而四时，天所以覆物也，地所以载物也，四时所以成物也。散之无外，卷之无内，体诸造化而不可遗者乎。一数之周，一岁之运也。九数之重，八节之分也。一，一阳之始也。五，五阴之萌也。三，三阳之中也。七，七阴之中也。二，二者阳之长。四，四者阳之壮。五则阳极矣。六，六者阴之长。八，八者阴之壮。九则阴极矣。"

蔡沈认为一是九之祖，九自身相乘则为八十一，天地万物、四季变化都通过这种运算模式而生成。同时，他用洛书中"数用十"的观点来强调一和九的关系："洛书数九而用十，何也。十者数之成也，数成而五行备也，数非九不生，非十不成，九以通之，十以节之，九以行之，十以止之，九者变通之机，十者五行之叙也。方隅对待中五含五，而十数具于九数之中矣。以见其体用之不相离，而图书所以为经纬也。"

蔡沈为何如此重视"数"呢？在他看来，"数"尽天下万物之则，尽天下万物之理，数是人了解一切问题的关键："物有其则，数者，尽天下之物则也。事有其理，数者，尽天下之事理也。得乎数，则物之则事之理，无不在焉。不明乎数，不明乎善也。不诚乎数，不诚乎身也。故静则察乎数之常，而天下之故无不通；动则达乎数之变，而天下之几无不获。"

得乎数，就能明乎理。如果不明数，就不能明善，不明数，就不能修身。一旦懂了数，就能通天下一切事理。因为数构成了天下万物，也构成了人跟人之间的关系："溟漠之间，兆朕之先，数之原也。有仪有象，判一而两，数之分也。日月星辰垂于上，山岳川泽奠于下，数之著也。四时迭运而不穷，五气以序而流通，风雷不测，雨露之泽，万物形色，数之化也。圣人继世，经天纬地，立兹人极，称物平施，父子以亲，君臣以义，夫妇以别，长幼以序，朋友以信，数之教也。"

可见蔡沈研究"数"，乃是为了明"理"，关于"数""理"和"道"之间的关系，他总结说："明理而后可与适道，守理而后可与治民，达理而后可与言数。非理之道，老佛之道也；非理之治，荒唐之说也；非理之数，京房郭璞之技也。"

关于"数"和"理"的关系，蔡沈说："数者，所以顺性命之理也。一为水，而肾其德智也。二为火，而心其德礼也。三为木，而肝其德仁也。四为金，而肺其德义也。五为土，而脾其德信也。"蔡沈把人的五脏六腑用数来表示，同时又将五脏六腑与五常相联系，以此说明，人天然所具有的德行是由"数"来决定的。至于"数"与物的关系，蔡沈说："顺数则知物之始，逆数则知物之终，数与物非二体也，始与终非二致也；大而天地，小而毫末，明而礼乐，幽而鬼神，知数即知物也，知始即知终也。数与物无穷，其谁始而谁终。"

"数"能推算出物的始与终，所以"数"和物是一体的。蔡沈又进一步把"数"推到了社会伦理秩序层面："智者，君子所以成德之终始也。是故欲知道，不可以不知仁；欲知仁，不可以不知义；欲知义，不可以不知礼；欲知礼，不可以不知数，数者，礼之序也。分于至微，等于至著。圣人之道，知序则几矣。"

君子之德首先要知仁、知义、知礼，要想知道这些，就首先要知数。通过知数来分析和了解理学观念的本源，理学重要概念之一是心，因为心是天理的体现，所以蔡沈说："人心至灵也，虚明之顷，事物之来，是是非非，无不明也。少则昏矣，久则怠矣。又久则弃之矣。无他，形器之私溺之也。人能超乎形器，拔乎物欲，达其初心，则天下之理得矣。"为什么心这么重要，蔡沈认为心是人的身主："人之一心，实为身主，其体则有仁义礼智之性，其用则有恻隐羞恶辞让是非之情。"

总体来看，蔡沈通过"数"来阐述朱熹最为看重的天理，其最大特点就是将"数"和"理"兼容。然而，蔡沈流传后世的著述中，流传最广、影响力最大的并不是《洪范皇极内篇》，而是《书集传》。蔡沈撰写《书集传》乃是受朱熹的委托，《宋史》载："沉字仲默，少从朱熹游。熹晚欲著《书》传，未及为，遂以属沉。《洪范》之数，学者久失其传，元定独心得之，然未及论著，曰：'成吾书者沉也。'沉受父师之托，沈潜反复者数十年，然后成书，发明先儒之所未及。"

蔡元定去世后，蔡沈遵父之嘱，于庆元间入崇泰里庐峰，在此筑建大明堂，专心致志研究《尚书》达十年之久。朱熹晚年想研究《尚书》，但因身体欠佳，感觉自己已经没有那么多精力完成，蔡元定在这方面也有深入研究，但晚年也未完成著书，他们都看重蔡沈在这方面的才能。蔡沈果然不负老师和父亲之托，呕心沥血撰写出一部名著。

当年朱熹为研究《尚书》，翻阅了前人的各种研究成果，发现这些成果中有不尽如人意之处，他将自己的看法写信告知蔡沈："诸说此间亦有之，但苏氏伤于简，林氏伤于繁。王氏伤于凿，吕氏伤于巧。"(《答蔡仲默》)朱熹点出了宋儒各家研究《尚书》的缺点，同时也肯定其优点，要求蔡沈博采众长，选其精华，以此完成一部对《尚书》研究集大成的著作。

《书集传》虽然是蔡沈所作，但在很多方面体现了朱熹的《尚书》观。

第六章　朱陆异同：理学与心学的顶峰

当年朱熹叮嘱蔡沈说:"《尚书》有不必解者,有须着意解者,有略须解者,有不可解者。"为什么这么说呢?因为朱熹觉得《尚书》乃是残余之本,中间有很多不通之处:"《尚书》收拾于残阙之余,却必要句句义理相通,必至穿凿。"所以朱熹认为:"盖解经不必做文字,止合解释得文字通,则理自明,意自足。今多去上做文字,少间说来说去,只说得他自己一片道理,经意却蹉过了。"(《朱子语类》)

蔡沈按照朱熹的观念,在注解《尚书》时努力做到简洁明了,比如《尚书·尧典》开篇第一句"曰若稽古",历代训诂家解此四字动辄数万言,甚至十余万言。但蔡沈解之却仅有如下一段话:"曰、粤、越通。古文作粤。曰若者,发语词。周书'越若来三月',亦此例也。稽,考也。史臣将叙尧事,故先言考古之帝。"

虽然字数很少,但是蔡沈却点到了此四字的各个方面,比如说"曰"是"粤"和"越"的通假字,同时说"粤"是古文,"曰若"是发语词,也就是今人所说的句首语气助词,同时他用举例的方法来说明何为发语词,并且点明《尧典》不是原文,乃是史家整理之文。可见他解经方式之凝练。

对于蔡沈注解的《尚书》,后世有褒有贬,贬者主要是认为蔡沈没有遵循朱熹的理念来解《尚书》。但是朱熹在晚年一直撰写《四书章句集注》,在他去世前,这部重要著作未能定稿,朱熹在临终的前一年托付蔡沈完成《书经集传》,很多想法都是以口述的方法告诉蔡沈的,故《书经集传》完成后,很难看出哪些是朱熹的观点,哪些是蔡沈的观点。

但是,蔡沈独自撰写的《书集传》却完整地表达了他的《尚书》观。比如,周学健在为《蔡氏九儒书》所作的序言中说:"学圣必从朱子始,则学朱子又必从读季通、仲默诸先生之书始。"宋黄震评价该书说:"经解惟《书》最多,至蔡九峰参合诸儒要说,尝经朱文公订正。其释文义既视汉唐为精,其发指趣又视诸家为的。《书经》至是而大明,如揭日月矣。"(《黄氏日抄》)

《书集传》在明初成为科举必读书,《四库全书总目》在评价该书时称:"明洪武间初定科举条式,诏习《尚书》者并用夏氏、蔡氏两《传》。后永乐中,《书经大全》出,始独用蔡传,夏氏之书浸微。亦犹《易》并用程、朱,后程废而独用朱,《春秋》并用张、胡,后张废而独用胡也。"

明洪武年间,《书集传》是科举考试科目《尚书》一科的两种必读书之一,到永乐年间成为唯一读本,此后延续了几百年。可见此书有着巨大的社会影响力。

七、清江学派：与朱熹同撰《小学》

张岱年主编的《中国哲学大辞典》在谈到清江学派时称："南宋以刘靖之、刘清之兄弟为代表的学派，属程朱理学的一个流派。主要人物另有赵蕃等。思想上受朱熹、张栻、吕祖谦影响。"

刘清之，字子澄，号静春先生，出身于文化世家，其家堂号为墨庄。墨庄乃是刘清之的先祖、五代宋初刘氏创建于清江，因刘氏及其后代居住于清江一带，故墨庄刘氏又被称为清江刘氏。墨庄刘氏源出彭城，是汉高祖刘邦的弟弟楚元王刘交的后裔。西晋末年，为避战乱迁居江南，再转徙庐陵，后刘逊辗转定居于清江新喻，奠定清江刘氏之根基。至五代宋初，刘逊的四世孙刘式在南唐李煜朝中第，南唐归宋后，他继续在朝中任职，并曾出使高丽。刘式五子全部中第，致使墨庄刘氏名扬天下。

刘清之在幼年时即读《蒙求》，最初由其兄长刘靖之教导，绍兴二十七年（1157）进士及第，到地方任职，后被周必大举荐于朝，受孝宗召对。刘清之曾经打算去应博学宏词科，后得见朱熹，尽取所习焚之，慨然志于义理之学。《宋史》本传载："初，清之既举进士，欲应博学宏词科。及见朱熹，尽取所习焚之，慨然志于义理之学。"

乾道二年（1166），刘清之前往朱熹处拜师求学。宋罗大经在《鹤林玉露》中说："近时静春先生刘子澄，朱文公高弟也。"但是，全祖望在《宋元学案·清江学案》中认为刘清之并不是朱熹的弟子："近有妄以子澄为朱门弟子者，谬矣。"

然而《清江学案》中又载有刘清之写给朱熹的一封信："始某读《论语》，得元祐以来诸老先生说，以为世徒有此书耳。他日有告以今时二三君子之所在者，于时坐不安席，遂欲起而从之，已而不能，则有三焉云云。二三君子，不幸已死，则无可言者。幸而执事者在此，有可见之便，其又奚说？愿见盖十五六年矣，语曰：'经师易遇，人师难遭。'愿以素丝之质，附近朱蓝。伏惟诲之。"刘清之在这封信中明确提出想要拜朱熹为师，如此说来刘清之应该是朱熹的弟子。方彦寿在《朱熹书院与门人考》中考证出刘清之拜朱熹为师的最晚时间："最晚在这年（乾道四年，即1168年）秋，刘氏已于崇安五夫成为朱子门人。"

后来刘清之也广聚门徒,下帷讲诵,传播理学思想。《清江学案》载:"罢官严陵,亟至东莱吕公书院,讲论经义,留数月乃去。"刘清之曾在鄂州任职,看到当地有拜鬼的风俗,尤其是"尤谨本大洪山之祀,病者不药而听于巫,死则不菲而畀诸火"(《宋史·刘清之传》)。刘清之下令禁止这种习俗。权衡州时,其作《谕民书》:"首言畏天积善,勤力务本,农工商贾莫不有劝,教以事亲睦族,教子祀先,谨身节用,利物济人,婚姻以时,丧葬以礼。"

在此期间,他继续广泛教授弟子,同时又把弟子推荐给朱熹。淳熙三年(1176),刘清之派黄榦从学于朱熹。黄榦忠实地传播朱门思想,还成了朱熹的女婿。刘清之在讲学的过程中,也会请朱熹给自己的学生讲课。清王懋竑在《朱子年谱》中载:"淳熙八年(1181)夏四月,刘子澄请朱熹为诸生说《太极图》义。"

淳熙二年(1175)五月,刘清之受临川守赵景明之约参加了鹅湖之会,听到了朱熹和陆九渊等人的论辩,此后他又与陆九渊有了一些交往,为此,他的学术观中有心学成分。对于刘清之参加鹅湖之会,朱熹在《曹立之墓表》中有记载:"淳熙乙未岁,予送吕伯恭至信之鹅湖,而江西陆子寿(九龄)及弟子静(九渊)与刘子澄诸人皆来,相与讲其所闻,甚乐。"吕祖谦在《与陈同甫》中也提到了刘清之参加鹅湖之会:"某留建宁凡两月余,复同朱元晦至鹅湖,与二陆及刘子澄诸公相聚切磋,甚觉有益。元晦英迈刚明而工夫就实入细,殊未可量;子静亦坚实有力,但欠开阔耳。"

淳熙十年(1183),刘清之开始协助朱熹编纂《小学》,历时七年完成,此后朱熹又命他编纂《戒子通录》。朱熹一向重视家庭教育,曾刊刻了一部《温公家范》,在朱熹看来,这部书的价值不在《资治通鉴》之下。此书刊印完成后,朱熹寄给刘清之一本,他在信中写道:"向读《女戒》,见其言有未备及鄙浅处。伯恭亦尝病之,间尝欲别集古语,如《小学》之状,为数篇,其目曰'正静',曰'卑弱',曰'孝爱',曰'和睦',曰'勤谨',曰'俭质',曰'宽惠',曰'讲学'。班氏书可取者,亦删取之,如《正静》篇,即如杜子美'秉心忡忡,防身如律'之语,亦可入。凡守身事夫之事皆是也。'和睦',谓宜其家人,'宽惠',谓逮下无疾妒,凡御下之事。病倦不能检阅,幸更为详此目有无漏落,有即补之而辑成一书,亦一事也。向见所编《家训》,其中似已该备。只就彼采择,更益以经史子集中事,以经为先,不必太多,精择而审取之尤佳也。"(《与刘子澄书》)

朱熹打算编纂一本关于女子教育的书,但因身体原因一时不能完成,他看到刘清之所编的《家训》中已经有了关于女戒的篇章,于是提出将这些史料辑为一书。想来正是朱熹的提议,使得刘清之决定将各种教育史料汇编为一书,其中也包括女戒的内容。

余外,刘清之的著述还有《曾子内外杂篇》《训蒙新书外书》《墨庄总录》《祭仪》《时令书》《续说苑》《农书》《文集》,但这些书大多都失传了,流传至今者只有《戒子通录》和三首诗、一首词。

关于《戒子通录》,元人陈黄裳在为本书所写的序中称:"近世朱徽文公既成《小学》之书,又束刘静春集史传嘉谟善行与宋氏诸儒之格言为《戒子通录》,凡为父母、为子侄、为兄弟、为夫妇之道具是。阶庭讲学,耳濡目染,非苟知之,亦允蹈之,其于世教实非小补。"

《小学》一书完成后,朱熹给刘清之写信,命他将历史上的嘉言善行和宋代大儒所说的名言名句编为一书,定名为"戒子通录"。编这部书的目的,就是让人们了解儒家的言传身教方式。在朱熹看来,此书能够起到改变风俗的作用。对于该书何以定名为"通录",虞集在为本书所写的序中说:"以天下之为人父者,各以其爱子之心而为之戒;天下之为人子者,皆可因其所戒而省念之,如闻其父之命。亲在,求诸容也,辞气之接而不能尽也,即此书以充其所未达;亲殁,思其精神,志意之微而有不及闻也,即此书以征其所欲知。"

刘清之根据朱熹的指示,从历史文献中摘录出与主题有关的内容,该书上至先秦,下至南宋,共摘录出一百七十一篇家训等内容,厘为八卷,第一卷至第七卷为父训,第八卷为母训和女诫。这些文章篇幅长短不一,既有零星之语,亦有长篇文章,比如颜之推的《颜氏家训》、李世民的《帝范》、司马光的《家范》,等等。刘清之并不是把所需要的资料全文抄录,而是节录与主题有关的内容和篇章,对于短篇的训诫之文则原文收入。其文献来源,有的本自经书,比如《礼记》《仪礼》等;有的出自史书,比如《史记》《三国志》《隋书》《旧唐书》等;也有的本自文集,比如《小畜集抄》等。

《戒子通录》后来被收入《永乐大典》和《四库全书》中,清代时四库馆臣正是从《永乐大典》中辑佚出此书。《四库提要》称该书:"其书博采经史群籍,凡有关庭训者皆节录其大要,至于母训闺教亦备述焉。史称其甘贫力学,博极群书,故是编采摭繁富,或不免于冗杂。然其随事示教,不惮于委曲详明,虽琐语碎事,莫非劝戒之资,固不以过多为患也。"

《戒子通录》乃是我国历史上流传至今最早的一部家训总集，里面保留了大量有价值的教育史料，比如诸葛亮在《戒子书》中说："夫君子之行，静以修身，俭以养德，非淡泊无以明志，非宁静无以致远。"此语的最后两句成为千古名言，被人广泛引用。后汉伏波将军马援的子侄喜欢讥议他人，马援告诫他们说："闻人过失，如闻父母之名，耳可得闻，口不可得言也。好议论人长短，妄是非正法，此吾所大恶也。"魏收在《枕中篇》中告诫子侄辈要懂得谨言慎行："门有倚祸，事不可不密；墙有伏寇，言不可而失。宜谛其言，宜端其行。言之不善，行之不正，鬼执强梁，人囚径庭。幽夺其魄，明天其命。"还有杨椿在《家戒》中说："闻汝等学时俗人，乃有坐待客者，有驱驰势门者，有轻论人恶者，及见贵胜则敬重之，见贫贱则慢易之，此人行之大失，立身之大病也。"

　　《宋元学案·清江学案》中载有刘清之多位弟子：赵蕃、韩冠卿、韩宜卿、韩度、韩滮、宋之源、李埴、黄榦、曾祖道、许子春等。

　　刘清之的哥哥刘靖之也列在《清江学案》中，其字子和，世称孝敬先生。他在很年轻时就以经学闻名，进士及第后，曾任赣州教授，其读书穷理，善于讲论，同样是南宋颇有名气的理学家。

八、北溪学派：心为太极

　　陈淳，字安卿，号北溪，世称北溪先生，龙溪人。他年幼聪颖，在《答陈伯澡十》中自称："自儿童学语，便教以属对，既而少长，虽次第读《孝经》《论》《孟》《诗》《书》经，莫非为举业之具。越十五成童，至于二十成人，所谓举业语言，已盈耳充腹，缠肌致骨。"

　　在二十岁之前，陈淳阅读儒家经典主要是为了参加科考，后来他遇到了林宗臣。"林宗臣见而奇之，且曰：'此非圣贤事业也。'因授以《近思录》。淳退而读之，遂尽弃其业焉。"（《宋史·陈淳传》）

林宗臣看到陈淳仪表不凡，告诉他说为了科考而读书，这不是圣贤事业，并送给陈淳一本《近思录》，陈淳仔细阅读，终于明白圣贤思想，于是不再在科考方面下功夫。对于这件事，他在《初见晦庵先生书》中亦有描述："初不识圣贤门户为何如。年至二十有二矣，始得先生所集《近思录》读之，始知有濂溪、有明道、有伊川，为近世大儒，而于今有先生，然犹未详也。自是稍稍访寻其书，间一二年、三四年，又得《语孟精义》《河南遗书》，及《文集》《易传》《通书》，与夫先生所著定《语》《孟》《中庸》《大学》《太极》《西铭》等传。"

　　通过阅读《近思录》，陈淳了解到周敦颐、二程的道学思想，同时也听闻了朱熹的大名，于是他找来朱熹的著述仔细研读，终于得以入道学之门。此时，他开始后悔以往为了举业而耽误的时间："吟哦讽诵，反诸身，验诸心。于是始慨然敬叹当时师友渊源之盛，抽关启钥如此之至，而重自愧觉此身大为孔、颜罪人，而且益仰先生道巍而德尊，义精而仁熟。"（《初见晦庵先生书》）

　　在陈淳三十二岁时，朱熹出守漳州，陈淳闻讯后立即前往求见，他带上了自己平时所写的文章请朱熹指点，朱熹评价他的自警诗时说"公诗甚好，可见亦曾用工夫"。但是，朱熹同时告诉陈淳"凡道理皆从根原处来穷究，方见得确定"。（《朱子语类》）于是朱熹给陈淳写了十三段话，让他去品味。此后，陈淳根据朱熹的指点，努力探究根源，写出了《孝根原》《君臣夫妇兄弟朋友根原》《事物根原》等相关文章。朱熹很喜爱陈淳的领悟力："熹数语人以'南来，吾道喜得陈淳'，门人有疑问不合者，则称淳善问。"（《宋史》）

　　转年，朱熹的长子朱塾去世了，同时朱熹在任上也得罪了一些土豪，于是申请去职，经朝廷批准后，朱熹离开漳州。此后陈淳以写信的方式继续向朱熹问学，他的《北溪大全集》中载有问学之事达三卷之多。

　　在陈淳四十二岁那年，朱熹因为晚年寂寞，数次写信招陈淳前去，于是陈淳与其岳丈李唐咨一同前往福建考亭拜谒朱熹。那时朱熹已卧病在床，他请陈淳入卧室谈话，问陈相别十年后在学问上有什么新见解。陈淳向老师汇报了自己的心得："数年来见得日用间大事小事分明，件件都是天理流行，无一事不是合做底，更不容挨推闪避。撞着这事，以理断定，便小心尽力做到尾去。两三番后，此心磨刮出来，便渐渐坚定。虽有大底，不见其为大；难底，不见其为难；至硗确至劳苦处，不见其为硗确劳苦；横逆境界，不见其有憾恨底意；可爱羡难割舍底，不见其有粘滞底意。见面前只是

第六章　朱陆异同：理学与心学的顶峰　253

理,觉如水到船浮,不至有甚悭涩;而夫子与点之意,颜子乐底意,漆雕开信底意,《中庸》鸢飞鱼跃底意,周子洒落及程子活泼泼底意,觉见都在面前,真个是如此!而'礼仪三百,威仪三千',亦无一节文非天理流行《易》三百八十四爻时义,便正是就日用上剖析个天理流行底条目。前圣后哲,都是一揆。而其所以为此理之大处,却只在人伦;而身上工夫切要处,却只在主敬。敬则此心常惺惺,大纲卓然不昧,天理无时而不流行。而所以为主敬工夫,直时不可少时放断。心常敬,则常仁。"(《朱子语类》)

朱熹听闻到陈淳的讲述后,有一丝担忧:"只恐劳心落在无涯可测之处",他告诉陈淳"圣贤教人,多说下学事",也就是应当多在实学上下功夫,不要把大段精力用在虚理的探讨上。朱熹担心陈淳听到自己所言后,走入另一个极端,放弃对义理的探讨,所以他又补充说:"说下学功夫要多也好,但只理会下学,又局促了。须事事理会过,将来也要知个贯通处。"(《朱子语类》)

此后的陈淳刻苦研读理学概念,最终写出了《北溪字义》,此书又名《四书字义》或《四书性理字义》,对理学体系做了系统的疏理和阐释,其内容主要是阐释朱子的《四书集注》。《四书集注》乃是朱熹理学著作的代表作,陈淳对此书中的概念一一做出解读,使得该书成为诠释朱学思想最著名的专著,后世研究者通常将《北溪字义》视为理学辞典。该书将理学概念分为二十六门,上下两卷。侯外庐等主编的《宋明理学史》中称:"从二十六条目的内容看,卷上似重论人,如性、情、意、忠恕等,卷下似重论理,如理、太极、经权、鬼神等等。"

对于何为"命",陈淳的解释是:"命一字有二义,有以理言者,有以气言也,其实理不外于气。"(《北溪字义》。以下不注出处者,均出自此书)

陈淳把"命"分为理和气两部分,对于这两者之区别,他进一步解释说:"如就气说,却亦有两般:一般说贫富贵贱、夭寿祸福,如所谓'死生有命'与'莫非命也'之命,是乃就受气之短长厚薄不齐上论,是命分之命。又一般如孟子所谓'仁之于父子,义之于君臣,命也'之命,是又就禀气之清浊不齐上论,是说人之智愚贤否。"

从气的角度来对命做出划分,可分为"命分之命"和"智愚之命"。得气长的人就寿命长,那么命分之命就长久。禀气清的人就是智命,否则就是愚命。

关于性,陈淳说:"性是在我之理。只这道理受于天而为我所有,故谓之性。性字从生从心，是人生来具是理于心，方名之曰性。"

陈淳所说的性，是专指人而言，因为没有人就没有性，人有了性，于是就有了理，所以他认为性就是仁义礼智。关于命和性的关系，陈淳说："性与命本非二物，在天谓之命，在人谓之性。"

可见陈淳认为性就是命，但是人在本性之外，还有气禀的不同，因为这个不同，产生了善恶。为此，陈淳解释说："盖人之所以有万殊不齐，只缘气禀不同。这气只是阴阳五行之气，如阳性刚，阴性柔，火性燥，水性润，金性寒，木性温，土性重厚。"

可见气质之性虽然来源于气，但是气本身无善恶，只是阴阳五行之气夹杂在一起，在大化流行时出现了参差不齐，个体生命受到形器之限或蔽，显现出善与恶。

对于心，陈淳给出的定义是："心者，一身之主宰也。人之四肢运动，手持足履，与夫饥思食，渴思饮，夏思葛，冬思裘，皆是此心为之主宰。"

这里指的是物质的心，但是理与气的结合，才使得心有了知觉："大抵人得天地之理为性，得天地之气为体，理与气合方成个心，有个虚灵知觉，便是身之所以为主宰处。"然宇宙间有理有气，感知的不同，就形成了不同的思维方式："知觉从理上发来，便是仁义礼智之心，便是道心；若知觉从形气上发来，便是人心，便易与理相违。"由此形成了人心和道心之别。对于人心与道心的区别，陈淳解释说："由形气而发者，以形气为主，而谓之人心；由理义而发者，以理义为主，而谓之道心。"

关于何为道，陈淳说："道，理也，只是阴阳之理，形而上者也。"可见道等同于理，道的流行形成了世间万物的变化："天道流行，自古及今，无一毫之妄。暑往则寒来，日往则月来。春生了便夏长，秋收了便冬藏。元亨利贞，终始循环。万古长如此，皆是真实道理为之主宰。"那么道与理有什么细微的差别呢？陈淳认为："其实道之得名，须就人所通行处说，只是日用人事所当然之理，古今所共由底路，所以名之曰道。"

可见在人的思维观念上是道，在日常应用中是理，同时他进一步细分说："人事有形状处都谓之器，人事中之理便是道。"

对于什么是理，陈淳说："盖二气流行，万古生生不息，不成只是空个气，必有主宰之者，曰理是也。理在其中为之枢纽；故大化流行、生生未尝止息。"万物的主宰就是理，理在万物之中，才使得万物生生不息。关于理与气的先后问题，陈淳本持朱熹早年的思想，认为："毕竟未有天地万物之先，必是先有此理",因为"理是泛言天地间人物公共之理"。但是,天理之外还有人理,人理又被称为伦理,对于伦理,陈淳的解释为:"如为君止于仁,止仁便是为君当然之则;为臣止于敬,止敬便是为臣当然之则;为父止于慈,为子止于孝,孝慈便是父子当然之则。又如足容重,重便是足容当然之则。"

通过天理又产生出太极概念:"盖总天地万物之理到此凑合,皆极其至,更无去处,及散而为天地,为人物,又皆一一停匀,无少亏欠,所以谓之太极。"天理应用于宇宙万物,这就是太极,对此陈淳进一步解释说:"太极只是总天地万物之理而言,不可离了天地万物之外而别为之论。才说离天地万物而有个理,便成两截去了。毕竟未有天地万物之先,必是先有此理。然此理不是悬空在那里。才有天地万物之理,便有天地万物之气;才有天地万物之气,则此理便全在天地万物之中。"

陈淳为什么要一一探究朱子的哲学命题?这与他晚年的影响力有关,此时的他在讲学时有很多人来求教:"先生归自中都,泉之人士争师之。先生为之讲解,率至夜分。惟恐听者之劳而往,己曾无一毫倦色,惟虑夫人无以受之,而不惮于倾其所有以告于是。门人随其口授而笔之于书,《大学》《论》《孟》《中庸》则有《口义》,仁义礼智心意性情之类,随事剖析,则有《字义详讲》。"(《有宋北溪先生主簿陈公墓志铭》)

嘉定五年(1212),漳州太守赵汝谠聘陈淳为宾师,陈淳在此传播儒学理念,此后他先后又在临安、严陵等地讲学。在严陵讲学期间,他看到当地有人在传播陆学思想,感慨这些陆学传人"学问无源,全用禅家宗旨",因为这些人"归遇严陵郡守郑之悌,率僚属延讲郡庠。淳叹陆张、王学问无源,全用禅家宗旨,认形气之虚灵知觉为天理之妙,不由穷理格物,而欲径造上达之境,反托圣门以自标榜"(《宋史》)。于是陈淳撰写出一些著作来标榜朱学之正:"遂发明吾道之体统,师友之渊源,用功之节目,读书之次序,为四章以示学者。明年,以特奏恩授迪功郎、泉州安溪主簿,未上而没,年六十五。其所著有《语孟大学中庸口义》《字义详讲》,《礼》《诗》《女学》等书。"(《宋史》)

可见陈淳原本是通过讲学来传播朱学思想,但返回家乡后,很多人争相前来拜师,这些弟子提出各种各样的理学问题,陈淳一一为之讲解,时常讲到午夜,他担心有些问题容易遗忘,于是门人记录下陈淳阐述的一些道理。陈淳又考虑到朱子思想体系庞大,乃是理学集大成者,这些思想对于初学者来说有一定的难度,于是撰写了《北溪字义》,来帮助这些学子更好地理解。

九、木钟学派：朱子传《诗》《易》弟子，以理解经

《宋元学案·木钟学案》载："永嘉为朱子之学者，自叶文修公与潜室始。"《辞源》对于"木钟学案"的解释则是："对以宋陈埴和叶味道为代表的理学学派的论述。陈、叶都是朱熹的门人，陈早年曾师事叶适。陈埴编集与弟子的问答，取《礼·学记》'善问者如攻坚木，善待问者如撞钟'之意，名《木钟集》。故世称木钟学派。又因后人称陈为潜室先生，故又称潜室学派。"叶味道的著作没有流传下来，但《木钟集》却传了下来，故后世研究木钟学派者大多从陈埴及此书入手。

陈埴，字器之，号潜室，永嘉人，嘉定七年（1214）登进士第，历任丰城主簿、湖口县丞，以通直郎致仕，绍定年间江淮制置使赵善湘建明道书院，请陈埴为主讲，当时跟随陈埴学习者达数百人之多。陈埴年少时曾跟随叶适求学，《宋元学案·水心学案》中将其列为叶适门人，但后来他又心慕理学，转而拜朱熹为师。按史料记载，陈埴撰有《禹贡辨》《洪范解》等多部著作，流传后世者主要是《木钟集》。

陈埴父名陈煜，曾与叶适毗邻而居，故陈埴拜叶适为师。陈煜不应科举，以耕为食，少与人交往，《木钟学案》记载他劝诫家中子弟说："昔人患进士浮靡，议罢之。察孝廉，虽不果，然荐送必由州县，比乡举里选犹近也。"

陈埴转投朱熹门下后，主要是以当面询问和书信两种方式向朱熹求教。《朱子语类》载有他向老师提问"博爱之谓仁"，朱子回答他说："程先生之说最分明，只是不子细看。要之，仁便是爱之体，爱便是仁之用。"《晦庵先生朱文公集》中收录了两封朱熹给陈埴的回信，显然是回答他的提问，第一封信的内容是："所示四条，第一、第三两条得之。但以公为仁，似未精。伊川先生明言仁道难言，准公近之，非以公便为仁。又云公而以人体之，故为仁。窃详此意，公之为仁，犹言去其壅塞则水自通流。然便谓无壅塞者为水，则不可。更以此意推之，可见仁字下落也。又中之为义，固非专为刚柔相半之谓。然当刚则刚，当柔则柔，当刚柔相半则相半，亦皆自有中也。试更思之，如何？"

陈埴写给朱熹的信未曾留下来，但从朱熹的回信看，他向老师请教了四个问题，第一个和第三个问题，陈埴阐述了自己的见解，得到了朱熹的肯定，同时朱熹告诉陈埴，他的另两条见解有不妥之处。比如关于"仁"的问题，乃是儒家思想的核心。朱熹认为陈的理解不到位，因为陈在解读程颐所说的"仁道难言，惟公近之"时，得出了"公即是仁"的结论，朱熹认为"公"与"仁"在含义上虽然有相似性，但"公"不可直接等于"仁"。为了能够让陈埴理解二者的关系，朱熹把两者比作疏通河道时的淤塞和流水的关系，清除河道中的淤泥，并不等于河水本身，所以说，"公"是"仁"的一种表现，是实现"仁"的过程中的一种现象，而"仁"在境界上要远高于"公"。

朱熹在此信中还回答了陈埴提到的"中"的问题，朱熹认为，"中"不是刚柔各取一半那么简单，也不等同于物体的中间部分，因为刚和柔各有自己的"中"，"中"存在于每一个物体中，是指事物恰到好处的状态。

《晦庵先生朱文公集》中所收录的另一封《答陈器之》，内容乃是问玉山讲义，文字颇长，集中凝练地体现了朱熹晚年的思想。朱熹在此信中谈到了性善、四端、气禀、天理人欲，以及尊德性和道问学等各方面问题，由此看出他对陈埴提问的重视。蔡沈所撰《九峰公集朱文公梦奠记》中载有朱子临终前的言行和事迹："八日，精舍诸生来问病，先生起坐，曰：'误诸生远来，然道理只是恁地。但大家倡率做些坚苦工夫，须牢固著脚力，方有进步处。'时在坐者，林子武、陈器之、叶味道、徐居甫、方伯起、刘成道、赵唯夫及沈与范益之。"当时陈埴和叶味道都在场，朱子在病中仍然对弟子们谆谆教诲，可见关系之密切。

朱熹弟子从不同角度承继了朱子思想，朱彝尊在《经义考》"承师"类列有"朱子传《易》弟子"，其中有"通直郎永嘉陈埴器之"。另外在"朱子授《诗》弟子"中，也列有陈埴。可见陈埴同时传承了朱熹的《易》学和《诗》学思想。

陈埴的《木钟集》不同于一般文人的别集，该书内容基本是他的经学见解，书名本自《礼记·学记》："善问者如攻坚木，先其易者，后其节目，及其久也，相说以解。不善问者反此。善待问者，如撞钟，叩之以小者则小鸣，叩之以大者则大鸣，待其从容，然后尽其声。不善答问者反此。此皆进学之道也。"此段话将向他人请教问题比作砍伐树木，砍树时要先从木质疏松的地方下手，然后再砍木材的关节处，这是比喻向人请教时应当先易后难，别人向自己请教问题有如撞钟，轻叩钟则声音小，反之则声音大，回答问题也应当根据提问者的程度，有难易深浅之别。因此，《木钟集》乃是陈埴与他的弟子进行学术问答的记录，内容涉及儒家经典《论语》《孟子》《周易》《尚书》《毛诗》等，但是却没有十三经中的《孝经》和《尔雅》，而是加入了《近思杂问》一卷和"史"一卷。

陈埴在《木钟集》中一一回答了弟子们的所问，比如有人问道："'学问之道无他，求其放心而已矣。'诚如是，即不须千头万绪理会学问，便一向求放心，如何？"针对这个问题，陈埴回答说："学问之道千绪万端，必事事物物上都去理会将过，无非欲求其已放之心。鞭辟入身上来，在自家腔子里。从此寻向上去，即下学上达工夫。正如《诗》三百篇头绪甚多，一言以蔽之，曰'思无邪'之，则百篇之义不在诗而在我矣。此章特为学问务外不务内言之。所谓学问之道无他，就千条万绪上皆一一是求放心。必从心上下工夫，则学问非词章记问之比矣。如云学问只是求放心，即不须千条万绪，此却是禅家寂灭之说，非孟子意。"

孟子说学问之道没什么，不过是把失去的本心找回来。如果真是这样的话，那是不是就不用再刻苦学习学问，只要一心求放心就可以了？陈埴告诉弟子，这样不行，因为需要学习的知识太多了，必须从各个方面下功夫，最终才能达到求放心的境界。这段话说明了陈埴本持朱子思想，强调"道、问、学"的重要性。

但是，陈埴在解经过程中也重视"心"的重要性，比如当弟子问到他："诐淫邪遁之辞，何以知其蔽隐离穷？"陈埴回答说："辞之偏诐者，由其心之蔽于理；辞之淫放者，由其心之陷于欲；辞之邪僻者，由其心之离于道；辞之逃遁者，由其心之穷屈于义理也。"另外陈埴还说过："言者，心之声也，言上有病，便是他心上有病，当反求诸心可也。告子乃言不求于心，此是他不知言处。孟子法门与告子正相反，故于诐淫邪遁之辞而知其所受病之处。盖诐淫邪遁，言之病也；蔽陷离穷，心之病也。因其言之病，知其心之病，孟子所以为知言。"

陈埴把心视作体味圣人之道、天地之理的主体，如果心不正，就无法合天理，这种观念乃是对朱子学说的一种修正。但从总体来说，陈埴仍然是本持朱熹以理解经的思想。

陈埴培养了多位有影响力的弟子，比如翁敏之。翁敏之在家乡创设了图南书院，书院建成后，请老师陈埴在此开讲，翁敏之的从弟翁安之在此学习，后来考取了进士。翁敏之的另一位从弟翁岩寿也是陈埴的得力弟子，他在淳祐年间登进士第，担任永州教授一职。翁岩寿经常劝弟子们读《近思录》，认为该书是读书的梯级，并且让弟子们看《言行录》，认为此书记载的都是做人的标准。

陈埴弟子中对后世影响最大的当数胡一桂，胡在德祐元年（1275）给丞相上万言书，此后潜心研究《周官》，发现了"六官"中的错简，并将其各归其位，为此写出了《古周礼补正》一百卷。按照《宋元学案》所载，胡一桂还著有《四书提纲》《孝经传赞》《字义口义讲义》等。

陈埴的门人董楷登进士榜，所撰《周易传义附录》被收入《四库全书》，四库馆臣在谈到董楷的学术观时称："其学出于陈器之，器之出于朱子，故其说《易》，惟以洛、闽为宗。"但是，四库馆臣却对董楷此书评价不高："是编成于咸淳丙辰，合程子《传》、朱子《本义》为一书，而采二子之遗说附录其下，意在理数兼通。又引程、朱之语以羽翼程、朱，亦愈于逞臆凿空，务求奇于旧说之外者。惟程子《传》用王弼本，而朱子《本义》则用吕祖谦所定古本。楷以程子在前，遂割裂朱子之书，散附程《传》之后。"

木钟学派在当时虽然人数众多，但是后来迅速衰落。按照全祖望的说法，木钟学派传人后来渐渐归入了薛季宣一派。

十、鹤山学派：通过实践明心致知

张岱年主编的《中国哲学大辞典》中称："鹤山学派，南宋以魏了翁为代表的学派。因了翁筑室于白鹤山下，故名。主要人物有李坤臣、谯仲牛、高载、王万、吴泳、程掌、史守道等。传播关洛之学，曾盛于四川邛、眉一带。"谈到该派的特点时，该文给出的概括语为："与永嘉学派的经制之学相接近。"

魏了翁，字华父，号鹤山，邛州蒲江人，南宋宁宗庆元五年（1199）进士，官至端明殿学士。魏了翁鉴于当时学者崇尚迂阔空谈，力图将朱熹理学与陆九渊心学相结合，融合心与理，以此来收拾人心。他提出了"明心致知"等观点，推动了理学发展。

更为重要的是，嘉定九年（1216），魏了翁上书宋宁宗，请求为周敦颐、程颢、程颐赐谥号。对于理学家的褒赠，此前已有先例，如嘉定二年（1209），宁宗下诏，谥朱熹为文公，嘉定八年（1215），谥张栻为宣公，嘉定九年（1216），谥吕祖谦为成公，但是朝廷却没有给周敦颐和二程赐谥。当时史弥远表彰朱熹等人主要是出于政治目的，想以此来讨伐韩侂胄，因此，当魏了翁提出为周和二程请谥时，朝廷未予答复。

转年，魏了翁再次上书申言前奏，为三位大儒请谥。在此次上书中，魏了翁先讲到了三位大儒的重要性："至于倡明正学于千有余载之后，上嗣去圣，下开来哲，如周敦颐、程颢、程颐、张载及一时大徒高第，其有功于生民之类，亦不为小矣。世之相后，不为近矣，而卒未有表而出之者，人亦不以为阙也。"接着他提道："近岁如朱熹、张栻皆已赐谥，而熹、栻之学实宗周颐及程颢、程颐，今录其后而遗其先，似于褒崇美意犹有未尽，已荷皇明，亟垂俞允，遂以所奏下之有司。维时春官，亦专以程颢兄弟为请。"

魏了翁说，已得赐谥的朱熹、张栻学问本自周敦颐和二程，其言外之意，朱、张能够得谥，那就更应当给三先生赐谥，更何况为此三人定谥，乃是关系到"盖学术之标准，风俗之枢机，所关甚不小也"（《奏乞早定周程三先生谥议》）。

为了促成此事，魏了翁在嘉定十三年（1220）写了篇《简州四先生祠堂记》，他在文中高度夸赞周敦颐和二程为儒学所做出的重大贡献："一为庆元学禁所怵，则例以伊洛，目之以诚敬。讪之甚者，亦一口附和，曰此伪学也。自是以来，往往屏其书而不复省，曾不思四先生之教人，赜诸天地万物之奥，而父子夫妇之常不能违也。验诸日用饮食之近，而鬼神阴阳之微不能外也。大要使人近思反求，精体熟玩，而有以约之于己，斯不失其本心焉耳。奚其伪？"

经过魏了翁、真德秀等朝臣的一再奏请，嘉定十三年（1220），宋宁宗终于下诏书赐周敦颐为"元公"，程颢为"纯公"，程颐为"正公"。

可见，经过魏了翁等人的不断努力，终于使理学正脉得到了朝廷的认可。在魏了翁看来，周、程所开创的理学对整个学界影响极大："不有周程诸学为图为书，振聋发聩，如是而为极、为仪、为性命，为仁义礼智、为阴

阳鬼神，即躬行日用之常，示穷理致知之要，则人将泯泯愦愦，无所于闻。"（《长宁军六先生祠堂记》）

魏了翁在二十七岁时结识了朱子门人辅广和李方子，从而对程朱理学有了初步了解。他在《答朱择善》中称："某少时只喜记览词章，所以无书不记。甲子、乙丑年间，与辅汉卿、李公晦邂逅于都城，即招二公，时时同看朱子诸书，只数月间，便觉记览词章皆不足以为学。"

魏了翁自称年少时喜欢词章，且泛览群书，后来偶然在京城遇到辅广和李方子，两位先生给他看朱熹的著作，只在短短的几个月，就让魏了翁厌弃了词章之学。而当时，辅广一直在向魏了翁灌输朱子思想。

此后魏了翁返回四川时，带回了大量朱熹著作，同时陆续予以刊布。他在《朱子语类序》中说："开禧中，予始识辅汉卿（广）于都城。汉卿从朱文公最久，尽得公平生语言文字，每过予，相与熟复诵味，辄移晷弗去。予既补外（指回四川），汉卿悉举以相畀。"魏了翁遗憾于自己不能与朱熹同时，但又颇为自豪地说："某之生也后，不及从游于朱文公先生之门。而获交其高弟，尽得其书以诒同志，凡今蜀本所传是也。"（《朱文公五书问答序》）

对于这些底本的来源，有些是魏了翁自己购买的，有些是辅广等朋友赠送的。魏了翁在《朱氏语孟集注序》中称："王师北伐之岁（1206），余请郡以归，辅汉卿广以《语孟集注》为赠，曰：此先生晚年所授也。余拜而授之，较以闽浙间书肆所刊，则十已易其二三；赵忠定（汝愚）公帅蜀日成都所刊，则十易六七矣。"

以上都说明了朱熹理学思想对魏了翁影响之深，同时魏也以传播朱学为己任。但是，魏了翁同时也受到了心学观念的影响。嘉定十六年（1223），宁宗特诏陆九渊长子陆持之入秘书省读书，陆持之到达后又诏以迪功郎入省。此时魏了翁任秉笔太史，与陆持之有着两年的交往时间，故陆的观念对魏了翁有一定影响。

在理气关系上，朱熹提出："天地之间，有理有气。理也者，形而上之道也，生物之本也。气也者，形而下之道也，生物之具也。是以人物之生，必禀此理，然后有性；必禀此气，然后有形。"（《答黄道夫书》）朱熹强调天地万物有理有气，理为形上，气为形下。但是魏了翁站在心学立场上，认为宇宙的本源在于心："心者，人之太极，而人心已又为天地之太极。"（《乙酉上殿札子三》）

可见，魏了翁认为心是宇宙的本源，天地万物均是由心产生，心统率着理和气。对于人的气禀和心的关系，魏了翁认为："乾道变化，各正性命，根于理者，为仁义礼智之性，禀于气者，为血肉口体之躯。而心焉者，理之会而气之帅，贯通古今，错综人物，莫不由之。"（《程纯公杨忠襄公祠堂记》）

在魏了翁看来，心、天、理是相互有联系的，对于三者的关系，魏了翁说："天非苍苍之谓也。陛下之心与亿兆人之心，义理所安，是谓之天。"（《论人主之心义理所安是谓天》）魏了翁认为主宰世界的不是苍天而是心，同时"人之有欲，即从心出。然欲有善、不善存焉"（《又答虞永康》），可见人欲也是本自于心，但是他不把欲望都视为坏，而是认为欲有好有坏，所以他反对程朱的存天理灭人欲。

在格物致知问题上，魏了翁把心与理处在同等地位，他承认心在认识事物过程中的重要作用："心者，人之神明，其于是非邪正之辨，较若白黑不容以自欺。"（《跋罗文恭公后省缴驳稿》）

魏了翁认为心具有主观认识的功能，能够辨别是非，且不受外界干扰。但他同时认可程朱所强调的穷理，认为无论是格物还是明心，最终都要达到穷理的目的。这个观念又回归到了程朱的体系中。心学派强调少读书，但魏了翁强调读书的重要性，只是反对背诵式的死读书："自比岁以来，不惟诸儒之祠布满郡国，而诸儒之书家藏人诵，乃有剽窃语言，袭义理之近似，以眩流俗，以欺庸有司，为规取利禄计，此又余所甚惧焉者。"（《长宁军六先生祠堂记》）

由此可以看出，魏了翁试图融合心学与理学，同时想把义理与功利相结合。他这么做的原因，先是看到了当时朝野对理学的排斥，然后是经历了理学受到皇权青睐，从伪学一跃成为官学的过程，所以他对一些理学观念做出了适应性的调整。魏了翁在《黔阳县学记》中说："众寡强弱可不计？然本诸义理之是非，则事功之利害从之。"可见他赞同事功，因此强调法规纲纪的重要性："舜为法于天下后世，何尝不好，后世却用鞅、斯之法看。向在试院，见诸公称古者之治天下者，纯任法以为治，不知道、法二字不可离。有不可易之道，方是法；法不处于道，成甚法。道何如行？有法以行之。三百六十官邦国都鄙祭祀宾客，截然有条，未尝无道在其中。若是无法，则纪纲、制度都无。故有法即有道，道寓于法也。古今治天下，皆无唐虞三代之法，周官许多法，所以教忠、教孝，仁义礼乐便行乎其间。"（《师友雅言·下》）

对于魏了翁的学术成就，黄宗羲在《宋元学案》中将真德秀与魏了翁做了如下对比:"两家学术虽同出于考亭(朱熹),而鹤山识力横绝,真所谓卓荦观群书者;西山则倚门傍户,不敢自出一头地,盖墨守之而已。"所以他认为:"鹤山之卓荦,非西山之依门傍户所能及。"

白寿彝在《中国通史》中给出的评价是:"魏了翁虽与朱熹弟子无师承关系,却是很有成就的理学家,与真德秀齐名,对于理学思想的传播起过重要作用。魏了翁自己也称与真德秀'同生于淳熙,同举(进士)于庆元,自宝庆讫端平出处又相似,然而志同气合,则海内寡二'。魏了翁当时的声望虽稍逊于真德秀,但后人认为他的学术成就高于真德秀。"

十一、潜庵学派:以朱子说解《诗经》

程继红所著《义乌儒学研究》中谈到朱熹理学在浙江传播有六大系统,其中谈到崇德时,列出的人物是辅广和辅万。辅广,字汉卿,号潜庵,《宋元学案》中专有《潜庵学案》一节,说明辅广在朱熹弟子中有着重要影响力和传承作用。

辅广之父辅逵在宋高宗南渡时于杨和、王沂中麾下任职,因树立战功,官至泰州知府,人称能吏。辅逵在绍熙年间迁居崇德永新乡,遂为崇德人,有四子,辅广行三,自幼勤学,少年时即喜欢阅读周敦颐、二程之书,先拜吕祖谦为师,吕去世后,转拜朱熹为师,在朱子那里问学三月后而返,此后以通信的方式向老师求教,并深得朱子器重。他与黄榦被时人并称为"黄辅"。

庆元初年,朱熹之学被斥为伪学,朱熹门下弟子纷纷离去,朱熹称:"当此时立得脚定者甚难,惟汉卿风力稍劲。"在此艰难时刻,只有辅广坚定地站在老师身边,他的坚定令老师颇为感动,朱熹在给吕祖俭的信中写道:"风色愈劲,精舍诸生方幸各已散去。今日辅汉卿忽来,甚不易。"(《答吕子约》)朱熹在给辅广的信中也夸赞他说:"汉卿身在都城俗学声利场中,而能闭门自守，味众人之所不味，虽向来金华同门之士，亦鲜有见其比者。区区之心，实相爱重。但恨前日相见不款，今又相去之远，无由面讲，以尽鄙意。更几勉力，卒究大业。"（《答辅汉卿》）

从朱熹写此信的语气来看，师徒二人感情甚深。另外，辅广与魏了翁关系也不错，《宋史·魏了翁传》载："丁生父忧，解官心丧，筑室白鹤山下，以所闻于辅广、李燔者开门授徒，士争负笈从之，由是蜀人尽知义理之学。"可见魏了翁是从辅广那里了解到朱学观念，并将朱学传播到了蜀地。

辅广与真德秀关系甚佳，真在《跋辅汉卿家藏朱文公帖》中说："嘉定初年，识公都城，容止气象，不类东南人物，话言所及，皆诸老先生典刑，私窃起敬。当时达官贵人有知公者，举措少不合物情，公辄尽言规戒。会中执法新受命，遂劾公，然在朝时未知所坐果何事。后二十余年，乃见公上政府书一通，其论是非成败，至今亡一语弗验。呜呼贤哉！宜其为文公所重也！"

真德秀说自己佩服辅广的为人，当年辅广在京城时，哪怕是达官贵人，如果行事不妥当，辅广也敢进言规劝。当年辅广被贬，真德秀也不知是何缘故，二十多年后看到辅广的奏书，文中谈到的问题二十多年后竟然一一应验，于是真德秀感慨说，难怪朱子那么重视辅广。

辅广的弟子中以董槐名气较大，董槐，字庭植，濠州人，年少时喜欢言兵，听闻辅广是朱子门人，特意前来拜师，此后他到多地任职，最终做到了右丞相兼枢密使，卒谥文清，赠太子少傅。

朱熹去世后，辅广参加了编订朱熹著作的活动，而今可考者有《晦庵先生语录》和《朱子读书法》两种，《四库全书总目》著录有后一种，四库馆臣在提要中称："其书本朱子门人辅广所辑。巴川度正尝属遂宁于和之校刊。鄱阳王氏复广为后编，洪与煦又因而补订之。以辅氏原本为上卷，而以所续增者列为下卷。皆以《文集》《语类》排比缀缉，分门隶属。虽捃拾钞撮，裨贩旧文，不足以言著述。而条分缕析，纲目井然，于朱子一家之学亦可云覃思研究矣。"

《朱子读书法》的单行本早已失传，当年编纂《四库全书》时，从《永乐大典》中将该书辑出，但原书的卷次已不考，由四库馆臣将其分为四卷。

辅广对五经中的《诗经》用力最深，当年时常向朱熹请教有关《诗》的问题，此后他将相应问答做了整理，并在此基础上增添自己的见解，著成《诗童子问》一书。他说的"童子问"乃是自称，以此表达尊师之意。

从总体来看，《诗童子问》乃是阐述朱熹《诗集传》之作，《四库全书提要》中称："是编大旨主于羽翼《诗集传》，以述平日闻于朱子之说，故曰《童子问》。卷首载《大序》《小序》，采录《尚书》《周礼》《论语》说诗之言，各为注释。又备录诸儒辩说，以明读《诗》之法。书中不载经文，惟录其篇目，分章训诂。"

辅广关注《诗经》，源于当年吕祖谦与朱熹在研究《诗经》时持不同观点，而辅广恰好分别拜二人为师，所以了解两位老师看法上的分歧。当时南宋《诗》学分为存《序》派和废《序》派，吕代表前者，朱代表后者。

朱熹与吕祖谦有着密切的学术交往，但两人在诗序问题上持相反意见，对此朱熹抱怨说："伯恭专信《序》，又不免牵合。伯恭凡百长厚，不肯非毁前辈，要出脱回护，不知道只为得个解经人，却不曾为得圣人本意。是便道是，不是便道不是，方得。"（《朱子语类》）尽管吕祖谦为人宽厚，但在有些问题上却坚持自己的看法，他在病中仍然给朱熹写信，以申明自己的观点："《诗说》止为诸弟辈看，编得训诂甚详，其他多以《集传》为据，只是写出诸家姓名，令后生知出处。唯不太信《小序》一说，终思量未通也。其它受之当能道，已详语之矣。"（《与朱侍讲元晦》）

关于《诗序》问题的争论，四库馆臣在《毛诗本义》提要中谈道："自唐以来，说诗者莫敢议毛、郑，虽老师宿儒，亦谨守《小序》，至宋而新义日增，旧说俱废，推原所始，实发于修。"先儒解释经，因为只有《毛诗》流传，故基本上是以《毛诗》为主，题旨谨遵《小序》。到了宋代，出现了废序派和存序派，其中废序派较为盛行，这一派起自欧阳修的《毛诗本义》，此后苏辙作《诗集传》乃是沿着欧阳修的观念反复论证废序的意义，郑樵也对《小序》多有攻击，此后朱熹作《诗集传》，虽然对一些观念作了调和，但仍然废《小序》不用。

朱熹早年崇信诗序，后来改变态度，认为应当直接根据《诗经》的诗句来理解诗，不应当受诗序的拘囿。辅广撰《诗童子问》本持着朱熹的诗学理论，他在该书中当然会提到这个问题："《诗传》多不解《诗序》，何也？"朱熹回答说："某自二十岁时读《诗》，便觉《小序》无意义。及去了《小序》，只玩味《诗》词，却又觉得道理贯彻。当初亦尝质问诸乡先生，皆云，《序》不可废，而某之疑终不能释。后到三十岁，断然知《小序》之出于汉儒所作，其为缪戾，有不可胜言。东莱不合只因《序》讲解，便有许多牵强处。某尝与言之，终不肯信。《读诗记》中虽多说《序》，然亦有说不行处，

亦废之。某因作《诗传》，遂成《诗序辨说》一册，其它缪戾，辨之颇详。"（《朱子语类》）

朱熹说他二十岁时读《诗经》，就感觉到《小序》之旨与诗无关，于是放弃通过《小序》来解诗，直接从诗的原句中去体味思想，由此让他深觉思路贯通。当时他将此疑问去问一些老先生，那些人都告诉他不可废《小序》。朱熹到三十岁时判定《小序》出于汉代儒生之手，觉得应当废《小序》读诗。但是吕祖谦不认可朱熹的看法，两人为此多有争论。

《毛诗序》有《大序》与《小序》之分。朱熹把《关雎序》中的"诗者，志之所之也"到"是为四始，《诗》之至也"当作《大序》。在他看来，《大序》虽然也有问题，但是比《小序》好，因为《小序》是对每篇诗旨作出界定，而《大序》是对整篇《诗经》作整体解读。

朱熹认为，《大序》有后人增益，所以在表达圣人之旨时有偏差："《诗》，才说得密，便说他不着。'国史明乎得失之迹'这一句也有病。《周礼》《礼记》中，史并不掌诗，《左传》说自分晓。以此见得《大序》亦未必是圣人做。《小序》更不须说。"（《朱子语类》）

对于《大序》的态度，辅广承朱熹之意，同时对朱熹的观念又作了进一步的补充。

相对于《大序》，朱熹对《小序》攻之更猛，他说："某向作《诗》解文字，初用《小序》，至解不行处，亦曲为之说。后来觉得不安，第二次解者，虽存《小序》，间为辨破，然终是不见诗人本意。后来方知，只尽去《小序》，便自可通。于是尽涤旧说，《诗》意方活。"朱熹发现用《小序》解释有很多不通之处，去掉《小序》反而诗意通畅。为什么会这样呢？朱熹说："《小序》更不须说。他作《小序》，不会宽说，每篇便求一个实事填塞了。他有寻得着底犹自可通；不然，便与《诗》相碍。那解底，要就《诗》，却碍《序》；要就《序》，却碍《诗》。"（《朱子语类》）

对此，朱熹在《诗序辨》中谈到了《诗序》作者的问题，前人有的认为出自孔子，也有人说出自子夏，还有人说本自国史，朱熹认为这些说法"皆明文可考"。但是《后汉书·儒林传》认为，《诗序》乃是卫宏所作，朱熹认为这个说法正确。但他同时又说，郑玄曾提出《诗序》原本是一编，后来毛公将其分拆后加在各诗之上，于是《诗序》就成了经文的一部分，再经过卫宏润色添加，就成了后世所看到的模样。

辅广本持朱熹的所言，他在《诗童子问》中说道："若毛公之作，则出于率易不思，遂启后人穿凿迁就之失，以至于上诬圣经，而其罪有不可逭者矣。呜呼，可不戒哉！可不谨哉！"辅广也提到有人对此有质疑，有人说朱熹生在毛公后数千年，他何以能尽废前儒之说，而断然认为《小序》不足据？辅广回答说："不然，先生之学，始于致知格物，而至于意诚心正，其于解释经义工夫至矣。必尽取诸儒之说，一一细研，穷一言之善无有或遗，一字之差无有能遁。其诵圣人之言，都一似自己言语一般。盖其学已到至处，能破千古疑，使圣人之经复明于后世。"所以在辅广看来，朱熹的观点"岂可与先儒之穿凿迁就者同日语哉"。

对于《诗经》问题，朱熹的另一个重要观点是，其中有"淫诗"说。朱熹没有提到具体有多少篇"淫诗"，后人考证出大约有二十五首。在汉儒看来，《诗经》中的这些诗乃是"美刺"，朱熹认为这种说法不正确，由此发明了"淫奔"说。辅广在《诗童子问》中发出此问："如淫奔之诗如何？"然后转录了朱熹的回答："淫奔之诗固邪矣。然反之则非邪也。故某说：'其善者可以感发人之善心，恶者可以惩创人之逸志。'"

辅广也持这种观点，比如他认为《邶风·静女》一篇就属于"淫诗"："观此章所言，则为淫奔期会之诗明矣，以女子而侍人于幽僻之地，期之者不见而至于搔首踟蹰，此岂男女之正情哉？"（《诗童子问》）

从以上即可看出，在诗学观点上，辅广完全尊奉朱熹《诗集传》中的观念，四库馆臣在给《诗童子问》所写的提要中，引用了张端义《贵耳集》所载陈善送广往考亭的诗句："见说平生辅汉卿，武夷山下啜残羹"，可见，辅广是何等尊奉师教而不逾矩。

十二、巽斋学派

潘富恩、徐洪兴主编的《中国理学》第二卷介绍到该派时称："巽斋学派，指以南宋末欧阳守道、文天祥为代表的学派。因欧阳守道晚年号巽斋，学者称巽斋先生，故名。"对于巽斋学派的传承及宗旨，此文中简述说："欧阳守道为朱熹再传弟子，学宗程朱理学。文天祥师从欧阳守道，学宗程朱，仰慕欧阳修、胡铨等人，慨然以天下为己任。天祥身逢国家危难之际，所谈道德性命之学，无不强调忠孝仁义，强调进德修业与'重行'同时并举，以保社稷，以安百姓。清人全祖望曾说'巽斋（指朱熹再传弟子欧阳守道）之门有文山（文天祥），……以见宋儒讲学之无负于国矣'（《宋元学案·巽斋学案序录》）。该学派的主要人物还有欧阳新、刘辰翁等。"

1. 欧阳守道：士之人品高下即与世道为轻重

欧阳守道，字公权，号巽斋，吉州庐陵人。他原本叫欧阳巽，对于改名的原因，他在《张景韶巽斋序》中说："某本名巽，既易名窃第，念旧名乃先子所命，不忍舍去，因以名斋，今张君景韶斋名适与予同，敬书所见以寄，惟张巽斋其印证之。"

欧阳守道幼年丧父，生活贫困，然他生而颖异，聪明异常，"年未三十，翕然以德行为乡郡儒宗"（《宋史·欧阳守道传》）。宋嘉熙四年（1240），欧阳守道前往吉州参加乡试，当时的吉州知州江万里十分欣赏他的才华，二人成为亦师亦友的关系。淳祐元年（1241），欧阳守道中进士第，授雩都主簿一职。转年，江万里邀请他讲学于白鹭洲书院，因其学识渊博，深受学生喜爱，渐渐声名远播。

宝祐元年（1253），欧阳守道受湖南转运副使吴子良之邀，任岳麓书院山长，他于此讲述孔孟之道："守道初升讲，发明孟氏正人心、承三圣之说，学者悦服。"（《宋史》本传）两年后，欧阳守道返回白鹭洲担任主讲，文天祥在此年入该院读书，后来成为欧阳守道最著名的弟子。景定元年（1260），经江万里举荐，欧阳守道入朝任史馆检阅一职，后授秘书省正字。景定三年（1262），迁校书郎，同年因直言进谏被罢官。他在朝任职期间两袖清风，罢官返乡时，所携之物仅是两箱书。咸淳八年（1272），他因病逝世，《宋史》评价其为"庐陵之醇儒也"。

欧阳守道一生清贫，且在少年时体弱多病，致使他养成了体贴民苦，甘处清贫的生活姿态："历官清苦，介守特甚，比死犹坚节不易，故贫窭终其身。"（《永和派冈头欧阳氏族谱·忠节志·巽斋公传》）但是，贫困的生活不能消磨他的人生志向，他在《送彭士安序》中表达出这种观念："不肯俯首乞怜于人，衣敝食淡，处之稍久，亦不足介意也。"

欧阳守道喜爱儒学乃是受父兄影响，他在《送刘雷震入太学序》中称："予十余岁时受书父兄之侧，则知汉董仲舒所谓太学贤士之关矣，心以为太学所养必皆天下之贤士，甚向之。"虽然父亲早逝，但他始终牢记父亲教诲他的话，后来他为儿子欧阳潘写下《劝学箴》时，也讲到了不忘父志："我家上世，诗书绍读。……尔祖予父，予父予师，亹亹诲言，开其识知。载色载笑，匪怒伊教，谓我务本，迟我计效。"

关于欧阳守道的师承，《宋元学案》中说他"少孤贫，无师，自力于学"。从他留下的文章看，他对孟子十分推崇，这缘于一位朋友向他的推荐："里有益友教我读孟氏之书。其说曰：'子之志吾知，其愿为正人；子之质吾惧，柔之胜刚也。读是书可以自广，可以有勇，学所以变化气质也，子无忽！'某敬佩其训，从事此有日矣。"（欧阳守道《与王朦轩书》）

因此，欧阳守道的儒学观更多是通过读书自悟而形成，当然他也会受到朋友的影响。比如江万里对他的影响就极大，他在《代人谢入鹭洲书院启》中表达了他对江万里为官清廉、学识渊博的仰慕之情："兹盖伏遇某官清明气禀，磊落胸襟，律身甚严，取人则恕，政治少暇，惟教为怀。是以敛海岳之盛名，而于后进每有寸长片善之取；忘麾节之至贵，而与逢掖相从茂林清流之间。色笑从容，训诲俯至，可谓后往胜于千载，见当代之一人。"

欧阳守道两次在白鹭洲书院做主讲，时间前后长达十几年，他在此期间结识了林希逸："未几时间而又识竹溪岂先生，惟此出不虚，直是此生不虚矣。而二先生又降屈年德，接引方来，昔以为可望不可即者，今温然亲我、厚我如此。某虽略读书，粗学文，然皆未录一字干求指数，而二先生各以大编巨帙见既，盖收之为我辈人，而出肺肝，倾心胆，画一见教。"（《与林竹溪书》）

林希逸是著名理学家陈藻的弟子，林的理学理念对欧阳守道有重要影响。当年林希逸赠给他《庄子》《列子》《老子》解义之书，虽然这些不是儒学经典，但是欧阳守道却并不排斥，他对这些学说表示赞赏："《庄子》读之有年，然以辞旨多奇奥，思之不得，则又置之，故不能精熟。及得《解》，如得老师在坐，听其读稍艰棘，不待问而自告之。此书无疑，则《老》《列》固可类通矣，而二解又至，何幸之又幸也！"他明确表示，儒者不应当以老庄观念为非："要知读三子之法，且知以三子读，不必先顿以儒者正说非之，此近世诸儒之所未及。"（《与林竹溪书》）

其实不仅仅是老庄观念，欧阳守道认为佛教思想也有可借鉴之处，他在《舜祠记》中发了一大段议论："学者皆言，先王之道衰而后佛氏之说入于中国，争出力排之。予谓佛生于极西之地，去中国不知几万里，而其教得至此，盖亦甚异。先王盛时，吾中国之所谓西，其疆理若邠、岐之类，固已曰迫近西戎矣，而惟《虞书》称外薄四海光天之下，西之最远者，曰被于流沙；流沙之名，不再见于《诗》《书》也。故曰后有作者，惟虞帝不可及已。况于后世，虽吾先王衣冠礼乐之地，犹且化而为夷，则夫流沙之外，岂复知为上世盛德之所尝被者哉？我不能有以化被，而彼重译之言得以行乎吾之境，为中国者可以自反焉，用彼之排也。夫使盛德皆如舜，则流沙固在吾风化之内也，历世愈久，被德当愈远，彼教能来者，吾教固亦能往，中国之三纲五常，独不可入于佛之西方助佛之教？弃其君臣父子与凡天性之亲，而衣服容貌不与华同，吾之人有闻而仿之者，既不能禁，又利僧牒之鬻而许之，则虽倾一世而为佛，吾将谁尤而可？"

由此可见，欧阳守道虽然是站在儒家立场来看待佛教在中国的流行，但他依然有着宽容之心，认为对佛教思想不能完全排斥。

欧阳守道与陆九渊的心学传人包恢也有交往，他在《送钟焕甫序》中谈到了包恢的心学观："盖闻先生教人，使之自见本心，其著之于讲说甚备，而予犹谓不端拜座下，睹先生之光明，无以发我心之光明也。"

包恢跟欧阳守道交流过教学方式，想来也会把自己的心学理念向欧阳守道做过讲解："今先生又复然，而今而后无有师保，如临父母之心当何如其兢兢！缄赐讲篇，前此固尝传录，几得其半，今日大全。先生一言将诏千古，某乃得之于亲授。"(《回包宏斋书》)

欧阳守道一度与包恢往来密切，接受了一些心学观念，致使他颇为认可心学家所强调的发明本心说。为此，他在教学时还讲到了陆九渊的《象山语录》，他在《送张季德序》中说："予未有以告，而尝出《象山语录》使读之，季德有省。是夜遂与言曰：'舜居深山之中，与木石居，与鹿豕游，其异于深山之野人也几希。及其闻一善言，见一善行，若决江河，沛然莫之能御。'此章予尝讲焉，以为舜得力处究当在深山时。其后闻见感触，只是一分事。此讲义是十年前作，想必见之。"可见他曾想将《象山语录》整理成讲义，以此作为教学内容。

他在白鹭洲书院教学期间结识了刘南甫，刘为程朱学派传人，两人在教学之暇做过深入交流："白鹭洲初筑精舍，古心江先生谓已第而未仕者盍俱来，君虚心敛容，远袖书至，又如弱冠少年作拜讲下，惟恐不得有闻也。予时亦与列,每竹间月明对语,过中夜无寐。"(《刘山立论稿序》)两人在观念上相互影响,刘离开此书院后,仍与欧阳守道有联系,他让自己的儿子跟随欧阳守道学习。

此外,欧阳守道还跟随吴子良学习过两年:"先生于四方之士奖进甚多,某拜侍两年,而知先生所以与之之意特厚。"(《贺吴荆溪被召书》)吴子良是永嘉学派传人,但欧阳守道对吴的一些观念并不认可,他曾给吴子良写信表达对一些观念的看法,吴并不介意,反而五次邀请欧阳守道到岳麓书院讲学。

从总体来说,欧阳守道的理学观念属于程朱一派,他十分推崇二程、张载与朱熹,在他看来:"程、张、朱子,由今观之,可谓上接孔、孟矣。"(《定轩记》)对于这几位理学大师,欧阳守道最推崇朱子:"文公所告无一字出法之外,于以见列圣立法之心,即所谓理,而文公穷理之学,制而用之,则皆法矣。"(《书朱文公与赵忠定公帖》)

在朱熹看来,天理是宇宙的本源,"万一山河天地都陷了,毕竟理却在这里"(《朱子语类》)。欧阳守道十分认同朱子的理学观,但是,他的朋友刘士立却不喜爱朱熹的观念。欧阳守道在给刘士立的信中反驳了刘所提出的心外无理说,他认为理无间断,而心有间断处,为此,他强调"无心外理,无理外心"。他同时强调世间有圣人的重要性,认为:"天地所依以立者人,人类所依以生者圣贤,而圣贤所以生人类、立天地,依于人心之理义。"(《巽斋文集》卷一)。

欧阳守道认为人品有高低,此乃是天定:"玉自有品,上品经琢为上品之器;次品经琢为次品之器,则天也,非人也",其中圣人"修道立教皆为智愚不肖而设",但是愚人不可能成为圣人,哪怕经过教化"仅足以免为恶陷罪"。(《回包宏斋书》)出于这样的观念,欧阳守道认为贤人和君子应当心系社稷安危,应当"以天下之重自任","而不以进退用舍二焉"(《答荆溪吴运使聘书》)。

对于程朱天理观,欧阳守道表示赞同,他认为天下万事万物都是天理的体现:"夫无极而太极以生阴阳,万物万事由之而出者,隐而显也;万事万物推而皆可以知太极之本然,显而隐也。"(《复刘士立书》)

在人性论方面,欧阳守道赞同朱子观念,他主张性善论,将人的善性称为初心,然而人在现实社会中会有情,因为气禀不同,致使情有善恶,他认为应当节制不符合天理的情,否则的话善心就会受到私欲的蒙蔽,而人之恶正是源于私欲。但是欧阳守道也认为，应当留存合乎社会伦理道德的物欲，同时认为人应当去除追求名利的恶习："今之世，所谓何以利吾家、何以利吾身者，比肩立也，而末流可胜言乎！救今患者，救此习最第一事。"(《代贺游参政出守书》)

欧阳守道长期从事教学工作，因为他认为这项工作对国家极其有用："某闻之，有人民，有社稷，必立之学，此朝家之懿典，而三代之遗意也。夫学重矣。"(《通萧宰书》)他在给儿子欧阳潘所写的《劝学箴》中也强调了教育的重要性："尔为予后，望尔成人，失今不学，何以立身。静坐沉思，得义之真，胸无义理，面有俗尘。……有如不学，无恃以生。学为君子，尔为令名，不学下愚，身辱家倾。"

在欧阳守道看来，国家的发展离不开人才："国之存亡、民之死生寄于士，士之人品高下即与世道为重轻，志士仁人倘自任，必自养、挟书游学，皆当端居深念之矣。"(《州学三贤祠堂记》)

欧阳守道十分推崇人要有气节的观念，认为读书不是为了应试举业，而是为了学习圣贤思想，但是那时很多人读书只是为了逐利，他认为这种行为违背了儒家传统准则，所以他想通过教育来改变人们的观念，以此让更多的人做到当外敌入侵时，能把自己的生死置之度外，全力进行抗争："必不得已，置安危于度外，而惟一顺于理之归，亦可以浩然矣。夫安危之判不大于生死，然而孔子戒求生以害仁，孟子许舍生而取义，苟有合于仁义，则生死不足计，而何安与不安之知？"(《题萧氏顺安堂铭讫后》)

正因为有着这样的思想，欧阳守道为国家培养出许多有用之才，《宋史》本传中说他："横经论道，一世宗师，及门之徒，不将即相。"

《宋元学案·巽斋学案》列出欧阳守道的门人有文天祥、刘辰翁、邓光荐、王炎午等，欧阳守道通过言传身教，对这些门人有着强烈影响。当年他在朝为官时，不满于贾似道把持朝政，而拒绝联章上书，为此触怒贾似道，使他离开了朝廷。在他走后一个月，文天祥也不满贾似道所为，而致仕还家。

刘辰翁，字会孟，号须溪，他原本是陆学传人，宝祐三年（1255）入欧阳守道之门，对欧阳极其推崇："会孟亦居庐陵，其亦英爽峭迈，下笔造次数千言不休，而蹑之无复近世轨迹。至于清谈滑稽，四面锋接，一时听之，略与率谪仙人何远。然举足不忘欧阳先生，十有八九语称吾师。当是时，欧阳先生以迁废，高卧里巷不出。"（戴表元《送曹士弘序》）景定三

第六章　朱陆异同：理学与心学的顶峰　273

年（1262），刘辰翁廷试对策时，敢于触逆贾似道。入元后，他保持民族气节，隐居不仕元。

邓光荐，字中甫，号中斋，景定三年（1262）进士，官至礼部侍郎。他受欧阳守道影响，刚直不阿，后来跟随文天祥举兵抗元。厓山兵败后，他投海殉节，未死，与文天祥一同被押往大都，中途因病羁留建康，后教授元大将张弘范之子，而得以归故里。

欧阳守道有很崇高的民族气节，他在《跋〈续后汉书〉》中写道："《春秋》之法，失国之君生名之，国君卒而后名曰某国某侯卒。今生而名，责其不死社稷，虽生犹死也。国者，先君之国，为先君守之，守之不可，则继以死。彼献帝者，以天下之共主，一日而帝魏甘心焉，即其奉玺绶归孽丕之日，不死犹死矣。"

汉献帝成为曹魏的傀儡，欧阳守道对汉献帝的所为极不认同，在他看来，汉献帝应当舍身成仁，以身殉国。他的这段议论更多的是影射那些不以国家利益为重，只是一味自保的人。

2. 文天祥：忠肝如铁石

文天祥，字宋瑞，又字履善，号文山。对于名与字的来由，他自称："予以五月二日子时生。大父梦予腾紫云而上，命名云孙。既长，朋友字曰天祥。后以字贡于乡。字之者，改曰履善。理宗览《对策》，见其名曰：'此天之祥，乃宋之瑞也！'朋友遂又字曰宋瑞，而通称之。"（李安《宋文丞相天祥年谱》）

宋宝祐四年（1256），文天祥中进士。他原本排在第五名，宋理宗很赞赏他所写的《御对策》，于是将此卷拿给主考官王应麟再审，王看后赞赏说："是卷古谊若龟鉴，忠肝如铁石。"（《宋史·文天祥传》）于是他成为状元。

文天祥曾在多地任职，后因指责奸佞而遭罢黜。面对元军入侵，他力主抵抗，还献上了御敌之计，并变卖全部家产在赣州组织义军勤王。德祐二年（1276），文天祥临危受命右丞相兼枢密使，转天就出使元营，与元军统率伯颜谈判。令文天祥未料到的是，南宋朝廷同时又遣使请降，致使他被押往燕京。途经京口时，义军统领杜浒换上元军衣帽，将文天祥救出。文天祥历经艰险到达永嘉，组织军队抗元，后在广东被俘，押运到大都（燕京）。他拒绝元廷种种诱惑，宁死不屈，于至元十九年（1282）被杀，年仅四十一岁。他就义后，人们从其衣带中发现他所写的《衣带赞》："孔曰成仁，孟曰取义，惟其义尽，所以仁至。读圣贤书，所学何事？而今而后，庶几无愧！宋丞相文天祥绝笔。"

由此可见，文天祥受其师欧阳守道爱国思想影响很深，他忠于国家、忠于民族，真正做到了威武不屈、富贵不淫。他所写的《过零丁洋》诗中，"人生自古谁无死，留取丹心照汗青"，成为世人皆知的名句。

文天祥的理学观念主要表达在他所写的《御试策》中，对于儒家所强调的道与气的关系，他认为道无处不在："上下四方之宇，往古来今之宙，其间百千万之消息盈虚，百千万事之转移阖辟，何莫非道？"同时他讲述了太极无极以及人心与五行的关系："茫茫堪舆，块圠无垠。浑浑元气，变化无端。人心仁义礼智之性，未赋也；人心刚柔善恶之气，未禀也。当是时，未有人心，先有五行；未有五行，先有阴阳；未有阴阳，先有无极太极；未有无极太极，则太虚无形，冲漠无朕，而先有此道。"

对于人心与道心，文天祥说："其体则微，其用甚广。即人心而道在人心，即五行而道在五行，即阴阳而道在阴阳，即无极太极而道在无极太极。贯显微，兼费隐，包小大，通物我，道何以若此哉。道之在天下，犹水之在地中，地中无往而非水，天下无往而非道。"

在文天祥看来，道的本性是川流不息，显微无间，太虚就是道，道在万物之先，道的流行产生了阴阳五行和万物，所以他认为道是体又是用。

在有些观念上，文天祥与朱熹有些区别，朱熹强调理气的关系问题，在朱看来，理先于气，当然这是从逻辑上而言。文天祥则认为道在万物之先，道也在万物之上，道不离阴阳和万物，同时道又在阴阳万物之中。从这个角度来说，他与朱熹晚年的理在气中有相同处。对于道的属性，文天祥说："所谓道者。一不息而已矣。道之隐于浑沦，藏于未雕未琢之天，当是时，无极太极之体也。"（《御试策》）

对于道的变化，文天祥的表述是："自太极分而阴阳，则阴阳不息，道亦不息；阴阳散而五行，则五行不息，道亦不息。自五行又散，而为人心之仁、义、礼、智、刚、柔、善、恶，则乾道成男，坤道成女，穿壤间生生化化之不息，而道亦与之相为不息。然则道一不息，天地亦一不息，天地之不息，固道之不息者为之。"（《御试策》）从这些表述看，文天祥所说的"道"，就是程朱理学所说的"理"，他认为天道是生生不息的，而人道源自天道。

关于人的根本属性，文天祥说："人者，天地之德，阴阳之交，鬼神之会，五行之秀也。人以其血肉之躯，而合乎太虚之生气，夫然后氤氲化育，人之质已成，而健顺五常之理，附而行焉。其聚也翕然，其散也霍然。天地之化，盈虚消息，往过来续，流行古今，如此而已。轮回之说，佛者有之。苟自孔氏，不当以为信然。"（《王通孙名说》）

对于心性关系，文天祥认为性即理，性的属性天然为善，而性善的表现就是自然之孝，自然之忠。为此，他强调："中心之谓忠，以实之谓信，无妄之谓诚，三者，一道也。"（《德者，忠信而已》）

与忠相类的概念乃是诚，同时他又讲求忠信之心，文天祥说："诚即上面忠信字。居有守之之意，盖一辞之诚，固是忠信。以一辞之妄间之，则吾之业顿隳，而德亦随之矣。……天地间只一个诚字，更颠扑不碎。观德者，只观人之辞，一句诚实，便是一德，句句诚实，便是德进而不可御。"（《德者，忠信而已》）

对于诚，孔子并没有直接表达过，但是孟子的《离娄上》给诚以如下定义："诚者，天之道也；思诚者，人之道也。至诚而不动者，未之有也；不诚，未有能动者也。"文天祥对诚字很看重，他认为《中庸》所说的诚就是天之道："即《中庸》所谓'诚者，天之道'，盖指实理而言也。如所谓'圣，诚而已矣'，即《中庸》所谓'天下至诚'，指人之实有此理而言也。"（《德者，忠信而已》）

从以上这些论述，就可看出在文天祥的概念中，忠诚讲信乃是他的一贯思想，所以他在国家危亡之时，能够站出来，以实际行动来表达自己的信念。

十三、深宁学派：汉宋并采，研经究史

王应麟，字伯厚，一字厚斋，号深宁叟，原籍开封府祥符县。建炎初年，其曾祖扈跸宋室南渡，孝宗乾道间，其家定居于庆元府鄞县。其父王㧑，字谦父，嘉定十六年（1223）进士，官至直秘阁，知温州。

宋嘉熙三年（1239），余天锡参知政事，邀王㧑为其子弟师，岁终致束脩，王㧑坚辞不受，称："吾二儿学词学，乡里无完书，愿从公求尺牍，匄借……二十位移家所藏书。"因为家乡缺书，王㧑希望余天锡能为两个儿子写介绍信，从著名藏书家那里借得读本。余天锡满足了他的请求，使得他从周必大、番阳三洪等处借得大量藏书。

王㧑对两个儿子要求很严，钱大昕《深宁先生年谱》载："吏部公性严急，每授题，设巍坐，命坐堂下，刻烛以俟，少缓，辄诃谴之。"王应麟自小博闻强识，九岁时就已通读六经，十九岁考中进士。登第之后，他仍然刻苦研读，至宝祐四年（1256），王应麟不负其父所望，得以中博学弘词科。

唐开元年间，始设博学弘词科，原来的目的是选拔起草诏诰之人。至宋代，博学弘词科为词科之一种，始设于南宋高宗绍兴三年（1133），末科为开庆元年（1259），首尾共一百二十五年。其间开博学弘词科共二十五场，总计取士四十人，平均每科不到两人，可见其考试难度之大。该科考试门类共十二种，涉及许多方面，要求考生能够博古通今，尤其要熟悉汉唐典章制度等，在文体上，讲究辞藻华美。王应麟能够考中此科，足见其读书广泛及博闻强识。

在考此科之前，王应麟几乎翻遍了宫内藏书，元孔齐在《至正直记》中称他："每以小册纳袖中，入秘府，凡见典籍异闻，则笔录之，复藏袖中而出。"他抄录了大量典籍，后来他将这些抄来的原始文献分为二十余门，门下又分子目，最终根据这些史料，编纂出了部头极大的《玉海》一书。

王应麟在朝中任职期间，官至礼部尚书兼给事中，因为官清正耿介，不附权贵，成为当时的名臣。宝祐四年（1256），宋理宗在集英殿主持殿试，王应麟任复考检点试卷官，理宗看中一份试卷交于王应麟复考，王读卷后向理宗道贺："是卷古谊若龟镜，忠肝如铁石，臣贺陛下得士！"（《宋史·儒林传》）于是理宗将此点为卷首，唱名时才知是文天祥的考卷。

德祐元年（1275），恭帝即位，王应麟任中书舍人兼直学士院。此年贾似道兵败退居扬州，王应麟上书弹劾贾似道在扬州的骄奢，当年十一月，王应麟迁礼部尚书兼给事中，兼报吏部尚书。时左丞相留梦炎起用死党，王应麟上奏此事，但未得到皇帝的批复。王应麟看国事日衰，于是辞职返回家乡，在鄞县隐居二十年，杜门不出研究经典，多次拒绝朝廷征召。

关于王应麟的学术渊源，全祖望在《宋元学案·深宁学案》中说："四明之学多陆氏，深宁之父亦师史独善以接陆学，而深宁绍其家训，又从王子文以接朱氏，从楼迂斋以接吕氏，又尝与汤东涧游，东涧亦兼治朱、吕、陆之学者也，和齐斟酌，不名一师。"

全祖望称王㧑师从史弥巩，史弥巩乃杨简的弟子，杨简又是陆九渊的高足，所以王氏家学的特色乃是陆学。但是王应麟又师从王塈和楼昉，王塈是真德秀的弟子，真德秀私淑朱熹，楼昉是吕祖谦的弟子，故王应麟的学术观兼具朱学、陆学和吕学。

王应麟与汤汉有交往，汤汉也是兼治三家之学，但是全祖望在《同谷三先生书院记》中说到这样一段话："嗣是，则王尚书深宁独得吕学之大宗。或曰：'深宁之学，得之王氏塈、徐氏凤，王、徐得之西山真氏，实自詹公元善之门。而又颇疑吕学未免和光同尘之失，则子之推为吕氏世嫡也，何欤？'曰：'深宁论学，盖亦兼取诸家，然其综罗文献，实师法东莱，况深宁少师迂斋，则固明招之传也。'"

全祖望认为在这三家中，王应麟受吕东莱学术思想影响最深，但是四库馆臣在为王应麟的代表作《困学纪闻》所写的提要中，认为王应麟的学术观主要是本自朱熹："应麟博洽多闻，在宋代罕其伦比。……盖学问既深，意气自平，能知汉、唐诸儒本本原原，具有根柢，未可妄诋以空言，又能知洛、闽诸儒亦非全无心得，未可概视为拿陋。故能兼收并取，绝无党同伐异之私，所考率切实可据，良有由也。"

从整体来说，王应麟注重实学，反对宋学的空谈义理之风，更多的是继承了朱熹重汉唐注疏，以及重考证的治学特色。同时王应麟又看重史学，这与吕祖谦的经史并重观念相一致。所以从整体来说，王应麟受陆氏心学影响较少，他更多的是师法朱熹和吕祖谦。

宋儒注经抛弃传注、空谈义理，同时还有疑经改经之举，面对这种浮躁风气，王应麟对北宋庆历以来的经学观念做了如下总结："自汉儒至于庆历间，谈经者守训故而不凿，《七经小传》出而稍尚新奇矣。至三经义行，视汉儒之学若土梗。古之讲经者，执卷而口授，未尝有讲义也。元丰间，陆农师在经筵始进讲义。自时厥后，上而经筵，下而学校，皆为支离曼衍之词，说者徒以资口耳，听者不复相问难，道愈散而习愈薄矣。"（《困学纪闻》）

王应麟认为，谈经者在庆历之前都严守前贤注疏，但自从刘敞的《七经小传》开始，转变了这种研学方式，此后王安石的《三经新义》变本加厉。王应麟引用陆游所言，指出当时的一些经学家完全不顾训诂，甚至还怀疑原经的真实性。比如，欧阳修怀疑《易·系辞》，苏轼、苏辙疑《周礼》，李觏、司马光等疑《孟子》，晁说之、郑樵等黜《诗·序》，这种疑古心态为王应麟所不取。他认为拯救学风的方式，就是重拾汉唐诸儒之学，不要轻易疑经惑传。

对于《易传》（又称《十翼》）的作者，汉唐以来，学界均认为是孔子，比如唐孔颖达在《周礼正义》中说："其《彖》《象》等《十翼》之辞，以为孔子所作，先儒更无异论。"但是欧阳修在认真阅读《易传》后，认为《易传》中有自相矛盾之处，他认为《十翼》中《系辞》《文言》《说卦》之下的内容"皆非圣人之作，而众说淆乱，亦非一人之言"（欧阳修《易童子问》）。让欧阳修起疑的原因，是他发现了《乾》卦辞与《左传》所载的不同，《乾》卦辞"元亨利贞"，《文言》中称："元者，善之长也。亨者，嘉之会也。利者，义之和也。贞者，事之于也。君子体仁，足以长人；嘉会，足以合礼；利物，足以和义；贞固，足以干事。君子行此四德者，故曰：乾，元亨利贞。"

此处以元亨利贞为《乾》之四德，但是《左传》所载襄公九年引穆姜所言则称："《周易》曰：'随，元亨利贞，无咎。'元，体之长也；亨，嘉之会也；利，义之和也；贞，事之干也。体仁足以长人，嘉德足以合礼，利物足以和义，贞固足以干事，然故不可诬也，是以虽随无咎。"

这段话又以元亨利贞为《随》之四德，欧阳修经过考证，认为《乾·文言》中的"元者善之长、亨者嘉之会"等出现在襄公九年（前564），此早于孔子出生十五年，所以他认为《文言》不是孔子所作。

欧阳修的这个观点对宋儒影响很大，之后赵汝楳、叶适等均持此说，但王应麟不赞成欧阳修的观点，他坚信《十翼》为孔子所作。但是如何解释欧阳修指出的时间差呢？王应麟的说法是："《左氏传》穆姜以'元亨利贞'为《随》之四德。为是说者，其未见……《文言》欤？"

王应麟的思维方式很特别，他承认时间上的矛盾，但是他认为有疑问的是《左传》，而不是《十翼》中的《文言》，他认为左丘明可能没有读过《文言》，所以才会那么写。当然王应麟持这种说法，不仅是这么一条证据。

对于伪《古文尚书》，王应麟也不承认其伪，王应麟怀疑过《古文尚书》、孔安国《传》的真实性，他发现了孔安国《传》与《论语注》的矛盾之处，但他并不怀疑古文经。唐代孔颖达等修《尚书正义》时，用的是伪孔安国《古文尚书》，他将伪《传》所收经书当作真书，反而误认汉代真的

第六章　朱陆异同：理学与心学的顶峰　　279

《古文尚书》多出的十六篇是张霸伪造的。王应麟正是继承了孔颖达的观点。

《周礼》一书历来就有争议,刘歆和郑玄都认为《周礼》是周公致太平之迹,但是与刘歆同时的太常博士林孝存则认为《周礼》乃是刘歆所伪造,与郑玄同时代的何休则把《周礼》视为六国阴谋之书。至宋代,王安石引《周礼》来做变法,欧阳修、苏辙等人开始怀疑《周礼》,欧阳修在《问进士策三首》中说:"秦既诽古,尽去古制。自汉以后,帝王称号、官府制度,皆袭秦故,以至于今。虽有因有革,然大抵皆秦制也。未尝有意于《周礼》者,岂其体大而难行乎,其果不可行乎?夫立法垂制,将以遗后也。使难行而万世莫能行,与不可行等尔。然则,反秦制之不若也。"

欧阳修称《周礼》不能行于后世,但秦制却能行于后世,因为汉代之后,帝王的称号、官府的制度都是沿袭秦制,甚至到宋代还有部分沿袭。这说明《周礼》不适应新的时代,自然就被淘汰了。

但是王应麟坚信《周礼》是周公所作:"汉河间献王得《周官》,而武帝谓'末世渎乱不验之书',唯唐太宗夜读之,以为真圣作,曰:'不井田,不封建,而欲行周公之道,不可得也。'人君知此经者,太宗而已。刘歆始用之,苏绰再用之,王安石三用之,经之蠹也。唯文中子曰:'如有用我,执此以往。'程伯子曰:'必有《关雎》《麟趾》之意,然后可以行《周官》之法度。'儒者知此经者,王、程二子而已。"(《困学纪闻》)他说唐太宗当年读到河间献王所得《周官》,认定这是周公所作,王应麟为了反驳欧阳修所言,他说《周礼》中天官有内宰一职,负责皇宫内部事物,由大夫、士、世妇担任,其不同于后世之太监。王应麟想以此说明欧阳修所说的《周礼》不行于汉世的观点是不对的。

胡宏也怀疑《周礼》一书,认为该书乃是刘歆伪造,他举出的证据是冢宰的职掌及属官。胡宏认为冢宰是天子的股肱,职掌是统百官、均四海。而《周礼·天官》中所载冢宰的属官,没有一个符合冢宰的职责的。为此,胡宏说:"汉兴,经五霸七雄,圣道绝灭,大乱之后,陈平为相,尚不肯任廷尉内史之事,周公承文、武之德,相成王为太师,乃广置宫闱,猥亵衣服饮食技艺之官以为属,必不然矣。"(胡宏《皇王大纪论》)

王应麟反驳了胡宏所言,认为宰相统领各职,会参与很多具体的事物,后世内府与政府权力分离,造成太监专权,其原因就是周公之典不传。宋代学者提出《周礼》"《冬官》不亡"说,认为《冬官》并未失传,只是《周礼》遭后人窜乱,《冬官》被混入其他五官之中,持这种观点的人,想以此说明流传后世的《周礼》已经不是周公原典。胡宏首创此论,他在《极论周礼》中说:"世传《周礼》阙《冬官》,愚考其书而质其事,则《冬官》未尝阙也,乃刘歆颠迷,妄以《冬官》事属之《地官》,其大纲已失乱,如是又可信以为经,与《易》《诗》《书》《春秋》配乎?"

胡宏说《冬官》一篇没有缺失,只是刘歆将《冬官》的内容纂入了《地官》,其证据就是《地官》中很多职掌属于《冬官》。胡宏之后,程大昌通过统计《周官》设官之数,得出《冬官》杂入五官中的结论。此后俞庭椿沿袭胡宏和程大昌等人的观点,进一步认为《周礼》中天、地、春、夏、秋五官下的设官分职,与《尚书·周官》和《礼记·王制》有些不合。俞庭椿也认为《冬官》散入五官之内,并没损毁,如果把散入的内容抽出来,就可补《冬官》之缺,为此,他撰写了《周礼复古编》。王应麟不承认这种观点,他认为《周礼》是周公未成之作,原本就无《冬官》。

因为《冬官》之缺,后人将《考工记》补入《周礼》中。至于《考工记》成书于何时,又是谁将《考工记》补入《周礼》中,汉唐以来有多种说法,比如陆德明称:"河间献王开献书之路,时有李氏上《周官》五篇,失《冬官》一篇,乃购千金,不得,取《考工记》以补之。"(陆德明《经典释文》)贾公彦引马融说:"刘向子歆校理秘书,始得列序,著于《录》《略》。然亡其《冬官》一篇,以《考工记》足之。"(贾公彦《序周礼废兴》)故后世认为《考工记》乃是刘歆所补入。

有些宋儒以此来怀疑《周礼》乃是刘歆伪作,要想反驳这种说法,就要重新考证《考工记》补入的时代,王应麟引用了前人的几种说法后,接着得出这样的结论:"齐文惠太子镇雍州,有盗发楚王冢,获竹简书,青丝编简,广数分,长二尺。有得十余简,以示王僧虔,僧虔曰:'是科斗书《考工记》,《周官》所阙文也。"(《困学纪闻·周礼》)

王应麟认为《考工记》不是汉文帝时博士补入《周礼》的,他根据此前的出土竹简问题,来说明《考工记》乃是汉之前的作品。

从以上这些均可看出王应麟不迷信前人,对很多经学问题有自己的看法,他以文献为依据,再加上自己的推论,最终得出独自见解,他的这些观念传导给了子孙和弟子。

王应麟有两个儿子,长子名良学,早卒。次子名昌世,字昭甫,号静学先生,以父荫补承务郎,未及禄而宋亡,此后他杜门不出,研读经史。他从小以父为师,养成严谨扎实的学风。王应麟去世后,王昌世努力收集父亲著作，按史料记载，王应麟撰有三十多种著作七百余卷，而今只有十四种传世，不足三百卷，原因乃是王昌世所收集的父亲的著述毁于一场火灾。

王昌世有两子：王厚孙、王宁孙。厚孙字叔载，号遂初老人，明郑真所撰《遂初老人传》中称："在幼知学，八岁诗成四韵，读书日记数百言，十岁已竟《论》《孟》《诗》《书》《礼记》，皆成诵，并阅尚书《深宁集》，习书义兼词赋，操笔立就。"

袁桷返回家乡后，曾向王厚孙问学，王对他说："近于濂洛、关辅、建安、西蜀诸书稍已通习，惟《读书记》《衍义》《正宗》意有所得，以其明洁整密有成法，易知而可守也。"(《遂初老人传》)

从其所推荐的书来看，王厚孙认同朱子之学，但是他反对很多人只是背诵朱子语录，而不深研其著作："因言世之学者，涉猎朱子如干卷书，自谓得其真传，且讥议淳熙诸老，不知诸老与朱子同时，言论虽不尽合，而博闻实践为朱子推许，今人耳目所不及，乃借口性理，以自文其寡陋，高谈阔视，渐成虚诞之风，先生达尊，宜惩其弊，以新士习。"(《遂初老人传》)

王宁孙，字叔远，郑真撰《王先生叔远行状》中称其："天资颖悟，书无不读，而性理文章之懿，制度典故之详，深致意焉。"王宁孙经史并重，谨守家学，他没有参加过科考，跟着哥哥一起收集和校刊王应麟著作，同时请官府刊刻《玉海》等书。

传承王应麟史学者，主要有胡三省，《宋元学案》将他列入《深宁学案》，视胡三省为王应麟的门人。王梓材在按语中举出了王应麟的几位著名弟子，同时说胡三省应是首席大弟子："考《深宁年谱》，弟子著名者：胡三省、戴表元、袁桷、黄叔雅、史晏卿、史蒙卿、赵孟僴、汤湲、王惟贤。知先生为王门首座云。"

胡三省发明了一些历史地理考证的原则，比如："凡注地理，须博考史籍，仍参考其地之四旁地名以为证据。""自南、北分据，建置郡县，多与古郡县之名错出，其所建置之地，非深考不能知。"(《通鉴释文辩误》)这些观念受到后世史学家的首肯。

传承王应麟理学思想者有史蒙卿，其字景正，号果斋，庆元府鄞县人，登咸淳元年（1265）进士第，历江阴、平江教授等职。宋亡不仕，自号静清处士。袁桷在《师友渊源录》中载："史蒙卿，乙丑进士，拙程文，默诵《五经》，其学喜奇说，礼部尚书王公（应麟）多传授之，卒以奇，不合于王公。"

史蒙卿的学术观被称为"以朱变陆",按照袁桷在《静清处士史君墓志铭》中所言,史蒙卿曾拜阳枋、阳岊为师,二阳乃是夏渊的弟子,夏渊又是朱门高足。由此使得史蒙卿的思想有了朱学色彩。故黄溍在《将仕佐郎台州路儒学教授致仕程先生墓志铭》中说:"四明之学祖陆氏(九渊)而宗杨(简)、袁(燮),其言朱子之学者,自黄氏震、史氏蒙卿始。继朱子之学者,自夏氏渊、大阳先生枋、小阳先生岊,以至于史氏,黄氏主于躬行,而史氏务明体以达用。"同时全祖望在《静清学案》的按语中说:"四明史氏皆陆学,至静清始改而宗朱。渊源出于莲荡夏氏。"

王应麟主张以朱变陆,史蒙卿继承王应麟的学术观,通过提倡朱熹的道问学,来纠正陆学末流废书不观的学风。为此,史蒙卿强调读书穷理:"然一心之中,虽曰万理咸具,天叙天秩,品节粲然,苟非稽之圣贤,讲之师友,察之事物,验之身心,以究析其精微之极致,则知有所蔽,而行必有所差,此《大学》之诚意、正心、修身,所以必先格物、致知,《中庸》之笃行,所以必先博学、审问、慎思、明辨也。"(《果斋训语》)

袁桷,字伯长,号清容居士,庆元府鄞县人,十二岁时拜王应麟为师,得亲炙十年。元大德初荐为翰林国史院检阅官,官至侍讲学士。主要著述有《易说》《春秋说》等,此二书已失传,流传至今者有《延祐四明志》和《清容居士集》。

袁桷继承了王应麟的实学思想,反对道学家空言性理,他在《国学议》中说:"自宋末年,尊朱熹之学,唇腐舌弊,止于《四书》之注,故凡刑狱、簿书、金谷、户口,靡密出入,皆以为俗吏而争鄙弃。清谈危坐,卒至国亡而莫可救。近者江南学校教法,止于《四书》,髻龀诸生,相师成风。字义精熟,蔑有遗忘。一有诘难,则茫然不能以对,又近于宋世之末尚。甚者知其学之不能通也,于是大言以盖之。议礼止于诚敬,言乐止于中和。其不涉史者,谓自汉而下皆霸道;其不能词章也,谓之玩物丧志。"

袁桷谈到宋末元初时,一些理学家墨守朱子《四书集注》,只会在那里高谈阔论,涉及政务时,却无具体可行的措施。他认为这些人所谓做学问,只是会写花样文章,于事无补。袁桷精熟于历代典制,朝中很多文诰出自其手:"公在词林几三十年,扈从于上京凡五,朝廷制册、勋臣碑版多出其手。尝奉诏修成宗、武宗、仁宗三朝大典。"(苏天爵《袁文清公墓志铭》)

袁桷在当时已经文名满天下,他主要传承的是王应麟的史学观。

十四、东发学派：四明之学宗朱氏者东发为最

《宋元学案》卷八十六为《东发学案》，全祖望在按语中称："四明之专宗朱氏者，东发为最。……而端平以后，闽中、江右诸弟子，支离、舛戾、固陋无不有之，其能中振之者，北山师弟为一支，东发为一支，皆浙产也。"对于该派的概貌，温克勤主编的《伦理百科辞典》称："东发学派，南宋末黄震为代表的学派。为浙东学派一支。因震字东发，故名。主要人物有黄震子黄梦干、黄叔稚、黄叔英和学友陈著等。其思想渊源于朱熹门人辅广。"

黄震，字东发，浙江慈溪人，宋宝祐四年（1256）登进士第，咸淳三年（1267），黄震为史馆检阅，参与明宗、理宗两朝的《国史》和《实录》修纂，去世于元世祖至元十八年（1281），门人私谥为文洁先生，著有《黄氏日钞》《古今纪要》《古今纪要逸编》《戊辰修史传》等。其中《黄氏日钞》原九十七卷，今存九十四卷，该书前六十八卷为读经三十卷、读三传及孔氏书各一卷、读诸儒书十三卷等。以下不著出处引文，均出自《黄氏日钞》。

就整体而言，黄震的思想本持程朱理学，同时又对程朱观念作了一定的修正，他的天理观直接承继程朱，"流行天地间，贯彻古今而无不同者，理也"，他认为"一事一物之微，一举一动之暂，无非天理之流行"。

在程朱看来，"理"是宇宙万物之本源，具有普遍性和超时空性，黄震完全赞同这种观念。对于"道"和"理"的关系，黄震也继承程朱之说，认为"道即理"，并重视"道即日用常行之理"："天地民物之所以位，天下国家之所以立者，道也。道非超出事外，有待于冥求而后得正，以日用常行者无非道。故取象于人，所共由之路，而以道名也。"黄震从训诂角度，把"道"解释为"路"，认为："夫道，即日用常行之理。不谓之理而谓之道者。道者，大路之称。即其所易见，形其所难见，使知人之未有不由于理，亦犹人之未有不由于路。故谓理为道，而凡粲然天地间，人之所常行者皆道矣。"黄震的这个观念本自朱熹："道即理也。以人所共由而言则谓之道，以其各有条理而言则谓之理。"（《朱文公文集》卷四十九）

关于"性"和"理"的关系，宋儒的人性论基本本自孟子的心善说，黄震也本自此说："性者，此理素具于此心，人得之于天以生者也。自一阴一阳之谓道，而继之者善，于以赋予于万物。人为万物之灵，其性之所自来，

固无有不善。"基于性善观念，黄震反对荀子的性恶论："孟子之论于其心，故可以继孔子之传；荀子之论止于事，故不能如孟子之醇。"对于扬雄的性善恶混论，黄震予以强烈批判："雄淡泊而柔弱，富贵既非所好，节义又非所能，故唯欲以文字名世。方其年少气锐，识虑未定，歆艳相如之为文，赋《甘泉》、赋《河东》、赋《校猎》、赋《长杨》，哆然不啻便足及乎！年至虑易，昭若发蒙，幡然自悔前日之为也。复拟《论语》、拟《易》，竟以预诸儒之列矣。呜呼！雄于淫辞曼语中，其殆拔足风埃，脱身尘涴者乎？不然西蜀又一相如矣。"

张载提出了"天地之性"和"气质之性"的观念，认为前者是先天的、纯善的，后者是可善可恶的。朱熹认为，张载的这个观念可以解决人们对于人性善恶的争论，黄震继承了朱熹的观点，也推崇张载的天地之性和气质之性，认为："所谓天地之性，是推天命流行之初而言也，推性之所从来也。所谓气质之性，是指既属诸人而言也，斯其谓之性者也。"在黄震看来，天地之性是性之本，同时也是纯粹之善，气质之性是后天形成的，因为气质之性受到了气禀所限，气禀不同，性就不同，所以气质之性有善有恶。张载提出了"变化气质"观，也就是要除去气质之性中的恶，从而使得气质之性由善恶相混达到纯善的境地，变化气质的方式就是通过学习和教育，只有这样才能恢复本来的、纯善的天地之性。黄震很赞赏张载的这个观念。

二程提出"性即是理，理则自尧舜至于涂人，一也"（《河南程氏遗书》）。朱熹继承二程观念："命，犹令也。性即理也。天以阴阳五行化生万物，气以成形，而理亦赋焉，犹命令也。于是人物之生，因各得其所赋之理，以为健顺五常之德，所谓性也。"（《四书章句集注》）对于朱熹所言，黄震有如下解读："'性即理也'一语，近世间有疑之者，愚意训义不得不有所托以明之耳。天命，本言赋予之自然，然不得不假人为之命令为喻，故曰命犹令也。性本指人物之所禀赋，然不得不推所赋之实理为说，故曰性即理也。陈氏曰：'理是泛言天地间公共之理，性是言在我之理。只此一理受于天而为我所有，故谓之性。'此语足以解或者之疑矣。"

有人怀疑"性即理"，黄震为了让人们理解此词的含义，所以才作出一些修辞上的解释，他坚定地认为，"性即理"是正确的。对于格物致知，宋明理学家有不同的解释，其焦点在于如何解释"格"字，二程的解释是"格，至也"，同时说"格犹穷也，物犹理也，犹曰穷其理而已也。穷其理然后足以致之，不穷则不能致也"。（《二程遗书》）任何事物都有其理，格物就是要发现事物中的理。朱熹对二程所说作了进一步的发挥："所谓致知在格物者，言欲致吾之知，在即物而穷其理也。"(《四书章句集注》)

朱熹将"格"训为"穷"，"格物"就是"穷理"。黄震十分赞赏朱熹的解释方式："晦翁本《大学》致知格物以极于治国平天下，工夫细密。"但是他又接着提到陆九渊对朱熹的批评，同时也不反对陈亮的王霸之学，以及陈傅良的专修汉唐吏治之功，由此显现出黄震对不同的儒学观均能客观看待。

对于"心"，黄震认为："心具众理，理贯万事。"站在儒者角度，他反对佛老的心说："至于斋心服形之老庄，一涨而为坐脱立忘之禅学，始瞑目株坐，日夜仇视其心而禁治之，及治之愈急而心愈乱，则曰：'易伏猛兽，难降寸心。'呜呼！人之有心，犹家之有主也，家有主，反禁切之，使一不得有为，其扰者，势也，而讶心之难降欤？"

黄震认为，"心"是身的主宰，如同家主一样，不可以空寂，他反对佛老以空治心。其称："圣人者作，乃教之食，教之衣，教之宫室，以兴其利。教之医药，以去其害。而又教之书契，从而明三纲五常，以经纪人极。凡皆人生断断不可一日无者也，皆实者也。"同时他认为："实之极，虚之始，时则有若庄周、列御寇之徒，食享吾之成，而不忧饥也；衣因吾之有，而不忧寒也；宫室居矣，不忧风雨；而疾痛有药，不待尝试百草之辛毒也。生长于君臣父子之常，习于礼乐文物之懿，而不复知其得自别于禽兽者，皆圣人继天立极，开太平力也。"

黄震认为儒家是实，老庄是虚。对于佛教，黄震说："后数百年而有西域佛氏之说来，其初本以慈悲不杀戒人，断恶修善而止，未几世降而晋，又降而元魏，庄、列之说益以泛滥，则又溢而剿入佛氏中，以其前日纷乱吾圣人常者而纷之，谓善恶为无二，谓有心而修善为不可，谓无心而杀人为无伤，以一切扫除佛氏之初说。世既日趋于虚，不惟佛之徒习之不悟，士大夫类亦浸淫其说以为高，而世变如江河，益滔滔下矣。"可见，黄震主张求实致用，将儒家的君臣父子纲常以及修齐治平理想视为实，将佛老的观点视为虚，同时也对心学派主静的观点予以批判。

在儒家道统问题上，韩愈认为自己上承孟子，但程颐却把韩愈排除在道统之外，认为其兄程颢才是接续孔孟之道者。朱熹认为，汉唐诸儒未能接续孔孟之道，只有周敦颐和二程承续孟子之传，同时朱熹也婉转地表达了他承续二程成为道统中的一环："宋德隆盛，治教休明。于是河南程氏两夫子出，而有以接乎孟氏之传。实始尊信此篇而表章之，既又为之次其简编，发其归

趣，然后古者大学教人之法、圣经贤传之指，粲然复明于世。虽以熹之不敏，亦幸私淑而与有闻焉。"（《大学章句序》）

朱熹在道统中没有列入陆九渊，同样陆九渊一派也不会将二程、朱熹列入道统。陆九渊所讲的道统从伏羲、尧舜一路到孔子、曾子、子思、孟子，自孟子后，道统失传，接续孟子者乃是陆九渊，其称："韩退之言'轲死不得其传'，固不敢诬后世无贤者，然直是伊洛诸公，得千载不传之学，但草创未为光明，到今日若不大段光明，更干当甚事！"（《陆九渊集》）陆九渊也承认二程得儒家正统，但认为二程之学只是草创阶段，并没有真正将儒学发扬光大，只有到了他那里，才使失传千年的绝学得以恢复。陆九渊明确地说："窃不自揆，区区之学，自谓孟子之后，至是而始一明也。"（《与路彦彬书》）

对于陆九渊与程朱争夺道统这件事，黄震予以批评："象山之学，虽谓此心自灵，此理自明，不必他求，空为言议。然亦未尝不读书，未尝不讲授，未尝不援经析理。凡其所业，未尝不与诸儒同。至其于诸儒之读书、之讲授、之援经析理，则指为戕贼、为陷溺、为缪妄、为欺诳、为异端邪说，甚至袭取闾阎贱妇人秽骂语，斥之为蛆虫。得非恃才之高，信己之笃，疾人之已甚，必欲以明道自任而然耶？"显然，黄震在批评陆九渊所强调的"尊德性"，认为"尊德性"的前提还是"道问学"，因为人不读书，不可能有知识储备，也就不能升华为独特的思想。黄震认为，只有二程才是承接孔孟道统者。

十五、真氏西山学派：泛滥释老心学，归本朱子

真德秀原本姓慎，为避南宋孝宗讳而改姓真，原字实夫，因有乡人嘲笑他秀而不实，后改字为景元，之后楼钥又为其改字为西园，世称西山先生，福建浦城人。真德秀虽出身寒微，然自小聪颖笃学，四岁受学于其父真嵩，过目成诵，七岁能文，且不喜嬉戏，刘克庄在《真文忠公行状》中称："入小学，夜归，尝置书枕旁，灯膏所熏，帐皆墨色。群儿休沐聚戏，公并记其

书卷兼熟之矣。"

真德秀曾拜曾丰为师,在曾丰所办的西山书院读书十几载,曾丰去世后,真德秀悲恸欲绝,为师作墓志铭,并奏请将恩师的文集《缘督集》收录进《崇文四部》中,还推举曾丰之孙为平江节度推官。为了不忘师恩,真德秀就以西山为号。

宋庆元五年(1199),真德秀进士及第。开禧元年(1205)又中博学宏词科,之后在朝中任职,后因"济王事件"落职罢祠,返乡赋闲七年。在此期间,他开设书院,推广朱子学,撰写著述,流传后世且有很大影响力的著作有《大学衍义》《文章正宗》《心经》《政经》等。史弥远去世后,真德秀回朝为官,进献《大学衍义》,任参知政事,进资政殿学士。

真德秀在年轻时就喜欢读朱子著作,他在《朱文公祠》一文中说:"某不佞,少读先生之书,知理之与事同出一源,而明德者固新民之本也。二十年间涔更麋节,亦知勉乎此矣。然穷理未精,故应事多舛。明德之功未至,而求民之新,得乎?"宋代袁桷在《安先生墓表》中称:"真文忠公德秀与朱文公同里,生不及事焉,文公之学,真实绍之。"真德秀与朱熹是同乡,但他出生得晚,未能见到朱子,所以自称私淑弟子。

将真德秀引入理学之途者是他的同乡詹体仁。《宋史·真德秀传》中说:"郡人真德秀早从其游,尝问居官莅民之法,体仁曰:'尽心、平心而已,尽心则无愧,平心则无偏。'"真德秀曾拜詹体仁为师,而詹是朱熹的弟子。叶适所写的《詹公墓志铭》中称:"公少从建安朱公学,得其指要。已而遍观诸书,博求诸家,融会通浃。"

宋乾道六年(1170),朱熹在建阳建起了寒泉精舍,那时,詹体仁已在朱子身边。吕祖谦主持鹅湖之会时,詹体仁跟随朱子前往参加此会,通过那场辩论,詹对朱子思想有了进一步了解。故《宋史》本传中称:"詹体仁深于理学,皆有足称者。"朱熹建造考亭讲舍时,詹体仁也参与此事,再后来朱子编纂《资治通鉴纲目》一书,其中的一些章节就由詹体仁代笔。

由此来论,真德秀乃是朱子的再传弟子,他对朱子之学推崇备至,在他看来,朱熹乃是"巍巍紫阳,百代宗师",并且自称"生我者太极也,成我者先生也,吾其敢忘先生乎"(叶绍翁《四朝闻见录》)。

朱熹晚年,其学术被朝廷定为伪学,弟子星散,虽然还有几位像黄榦那样的坚定追随者,但他们力量有限,尤其是不能改变朝中的主体认识,真正使朱学逐渐被朝中接受的,是魏了翁和真德秀,两人努力向宋理宗传导朱学思想，最终使皇帝认可了朱学观念。故朱熹的女婿黄榦在给李燔的信中谈到真德秀和陈宓时说："此二公者异日所就，又当卓然其护法大神也。先师没，今赖有此尔，可喜！可喜！"（《勉斋集·致李燔信》）《闽中理学渊源考》录黄榦所言："西山在朝，屡进危言，力扶大义。公论藉以开明，善类为之踊跃。"《景定建康志》又录黄榦所言："自濂溪而下六君子，扶持道统者，皆未得显位于时，惟公续斯道之脉。"可见黄榦认为真德秀乃是传续儒家正脉的人物。

对于真德秀的这个贡献，《宋史》本传中也予以了肯定："自侂胄立伪学之名以锢善类，凡近世大儒之书，皆显禁以绝之。德秀晚出，独慨然以斯文自任，讲习而服行之。党禁既开，而正学遂明于天下后世，多其力也。"因此，侯外庐等主编的《宋明理学史》中夸赞他说："真德秀是继朱熹之后，声望很高的学者。"而全祖望在题《真西山集》中则称："乾淳诸老之后，百口交推，以为正学大宗者，莫如西山。"《心经政经合编序》中则将真德秀评价为："夫子既然以斯文为己任，党禁开而正学明，回狂澜于既倒，盖朱子之后一人也。"

虽然有这么多人褒奖真德秀推崇朱子之学，但在事实上，他也并不排斥陆学，其在《跋包敏道讲义》中称："昔晦庵先生尝讲于玉山县学，发明四端之旨，幸惠学者至深。象山先生亦尝讲于庐山白鹿之书堂，分别义利，闻者或至流涕。某生晚，不及拜二先生而获闻君之名论，亦足以识其师传之所自矣。"

真德秀在此将朱熹与陆九渊并举，并且以不能拜二位为师感到遗憾。对于陆学宗旨，真德秀将其概括为："学问之要，得其本心而已。心之本真，未尝不善，有不善者，非其初然也。"（真德秀《袁公行状》）此外，他与陆九渊的两大弟子杨简、袁燮也交往密切。嘉定元年（1208）杨简任著作佐郎兼权兵部郎官，他以秘书郎召征真德秀，并且对真德秀有所劝诫，真德秀在《慈湖先生行状》中写道："一日见，谓曰：'希元有志于学，顾未能忘富贵利达，何也？'某恍然莫知所谓。先生徐曰：'子尝以命讯日者，故知之。夫必去是心，而后可以语道。'先生之于某，可谓爱之深而教之笃矣。"

那时的真德秀虽然学习儒家经典，但也想富贵腾达，杨简劝他不要贪图富贵。杨简所言对真德秀有深刻影响，真德秀自称对杨简之学仅得皮毛："故于先生之学，虽窃一二，而终未获探其精微，忧患以来粗知向道，思欲一叩函丈，求其指归，而不可得矣。"（《慈湖先生行状》）

袁燮在嘉定年间与真德秀同朝为官，两人多有交往，嘉定七年（1214）

真德秀外放，袁燮特意去送行，后来真德秀在《絜斋先生训语》中写道："出关夜宿南山之招提，诘旦甫辨色，吏击门以告曰：'袁司业至矣。'亟披衣迎拜，曰：'先生何出之蚤耶？'先生曰：'此何时？而安寝也！'坐论世事，至于涕流。"

有着这样密切的交往，真德秀的思想中难免也有心学成分，故其学术观被后世归为朱陆互参。另外，真德秀的观念中还吸收了一些佛道元素，按照周密《齐东野语》记载，真德秀的前世就是一位僧人。他在少年时就读过佛经，其在《跋杨和父印施普门品》中自称："余自少读《普门品》，虽未能深解其义，然尝以意测之，曰此佛氏之寓言也。"

真德秀还将佛经与儒家经典作比较，其在《杨文公真笔遗教经》中称："余谓佛氏之有此经，犹儒家之有《论语》，而《金刚》《楞严》《圆觉》等经则《易》《中庸》之比，未有不先《论语》而可遽及《易》《中庸》者也。儒、释之教，其趣固不同，而为学之序则有不可易者。"真德秀觉得，佛家的《遗教经》就如同儒家的《论语》，而佛经中的《金刚经》《楞严经》《圆觉经》就如同儒家中的《易经》《中庸》，等等，这种类比方式在正统的理学人物中极少使用。

对于道教经典《太上感应篇》《太一天尊应验录》和《赤松子经》等，真德秀也认为这些书有"近理之言"，其在《感应篇序》（代外舅作）中称："然大小学可以诲学者而不可以语凡民，《金刚》秘密之旨又非有利根宿慧者不能悟而解也。顾此篇指陈善恶之报，明白痛切，可以扶助正道，启发良心。"

对于佛老观念，儒家基本持批判态度，比如朱熹说："吾儒万理皆实，释氏万理皆空。"（《朱子语类》）尽管真德秀也读佛教、道教典籍，但他还是站在儒家立场来看待另外两家："吾儒之道则不然。天之生物无一之非实，理之在人亦无一之非实。"（《大学衍义》）为此他对佛、道两家以性为空的观念提出了批评："盖自荀、扬氏以恶与混为性，而不知天命之本然。老庄氏以虚无为道，而不知天理之至实。佛氏以划灭彝伦为教，而不知天叙之不可易。周子生乎绝学之后，乃独深探本原，阐发幽秘。二程子见而知之，朱子又闻而知之。述作相承，本末具备。自是人知性不外乎仁义礼智，而恶与混非性也。道不离乎日用事物，而虚无非道也。教必本于君臣父子夫妇昆弟，而划灭彝伦非教也。阐圣学之户庭，祛世人之蒙聩，千载相传之正统，其不在兹乎？呜呼！天之幸斯文也，其亦至矣！"（《南雄州学四先生祠记》）

真德秀说，自从荀况和扬雄认为性含善恶，再加上老子、庄子以虚无为道，于是少有人知天理之实，佛教灭人伦，对社会产生更坏的影响，此后有周敦颐、二程、朱子等努力提倡三纲五常，才使得人们恢复了传统。可见，在真德秀那里，他依然认为程朱理学才是学问之正统。为此，他对很多儒学理念作出了相应解读，比如理学家所探究的太极、无极问题，真德秀的看法是："所谓'无极而太极'者，岂'太极'之上别有所谓'无极'哉？特不过谓无形无象而至理存焉耳。盖极者，至极之理也，穷天下之物可尊可贵，孰有加于此者？故曰'太极'也。世之人以北辰为天极，屋脊为屋极，此皆有形有可见者。周子恐人亦以太极为一物，故以'无极'二字加于其上，犹言本无一物只有此理也。自阴阳而下则丽乎形气矣，阴阳未动之先，只是此理，岂有物之可名邪？"（《宋元学案·西山真氏学案》）

真德秀不认为"太极"之上还有"无极"，在他看来，这只是一种形容而已，就如同天下人都把北极星视为天的极端，这就是有形的比喻，而周敦颐担心人们把"太极"作为一个物体来看，故在"太极"的前面又添加了"无极"二字，这种添加只是用来解释"太极"之前并无一物。

对于理与器的关系，真德秀称："道者理也，器者物也，精粗之辨，固不同矣。然理未尝离乎物之中，知此，则知有物有则之说矣。盖盈乎天地之间者，莫非物，而人亦物也，事亦物也，有此物则具此理。"（《大学衍义》）

真德秀在这里说，道就是理，器就是物，而理不能离开物，因为在天地之间，物是具体的东西，而人又是物中的一种，并且事情也可以视为物，因此，可以说，每有一物，必有每一物的理。

关于理和气的关系，他在《大学衍义》中称："自吾儒言之，形而上者理也，形而下者物也。有是理故有是物，有是物则具是理，二者未尝相离也。方其未有物也，若可谓无矣，而理已具焉，其得谓之无邪？老氏之论既失之，而为清淡者又失之尤者也。若吾儒之道则不然。天之生物，无一之非实，理之在人，亦无一之非实。"

按照儒家观念，形而上的就是理，形而下的就是物，同时，有这个理之后，才有这个物，反过来说，有此物，也就有了此理，故这两者不可以分离，并且，当这个物体还没有产生的时候，理就已经存在了。

关于"理一分殊"，真德秀在《大学衍义》中也有自己的理解："万物各具一理，万物同出一原。所谓万物一原者，太极也。太极者，乃万物总会之名。有理即有气，分而二则为阴阳，分而五则为五行，万事万物皆原于此。人与物得之则为性，性者即太极也。仁义即阴阳也，仁义礼智信即五行也，万物各具一理，是物物一太极也。万理同出一原，是万物统体一太极也。太极非有形有器之物，只是理之至者而已，故曰：无极而太极。"

这段话基本遵奉了朱子的观念，但其中也有真德秀自己的发明。孙先英在《真德秀学术思想研究》一书中认为，真德秀的发明就是把"理一分殊"的观念引入他人伦关系的论证中。真德秀在《大学衍义》中有如下表述："天下之理一，而分则殊。凡生于天壤之间者，莫非天地之子而吾之同气者也，是之谓理一。然亲者吾之同体，民者吾之同类，而物则异类矣，是之谓分殊。以其理一，故仁爱之心无不遍；以其分殊，故仁爱之施则有差。"

真德秀认为天地之间的所有物体都是天地之子，这就是"理一"，而自己的亲人，则可以称为"同体"，天下其他的人则可以称为"同类"，这就是"分殊"。因为有"理一"的存在，故仁者爱人，这样的爱人人都具备，但是又有"分殊"在，因此这种爱就有了各式各样的等差。

对于探求天理的方式，朱熹的主张是通过格物来达到穷理，即由"物"返回到"理"。真德秀在认识论上提出了"即器求理"的主张："器者有形之物也，道者无形之理也。明道先生曰：'道即器，器即道，两者未尝相离。'盖凡天下之物，有形有象者皆器也，其理便在其中。大而天地，亦形而下者，乾坤乃形而上者。日月星辰、风雨霜露，亦形而下者，其理即形而上者。以身言之，身之形体，皆形而下者；曰性曰心之理，乃形而上者。至于一物一器，莫不皆然。且如，灯烛者器也；其所以能照物，形而上之理也。且如，床桌器也，而其用理也。天下未尝有无理之器，无器之理，即器以求之，而理在其中。"（《四书集编》）

对于求理的方式，真德秀提出"学者当于博文约礼上用功"，何为博文约礼，他的解释是："博文者，言于天下之理无不穷究而用功之广也。约礼者，言以礼检束其身而用功之要也。博文者，格物致知之事也。约礼者，克己复礼之事也。内外精粗，二者并进。则此心此身，皆与理为一。从容游泳于天理之中。"（《问颜乐》）

如前所言，真德秀虽然推崇程朱理学，但也不排斥心学，其实朱熹也曾谈到过心的重要性。《朱子语类》载，有弟子问他该怎么分别"心者，天理在人之全体"和"性者，天理之全体"，朱子的回答是："分说时，且恁地。若将心与性合作一处说，须有别。"朱子不认为心与性是对立的，在他看来是一体两分，甚至说过："性便是心之所有之理，心便是理之所会之地。"（《朱子语类》）后来王阳明抓住朱子的这些言论，在《朱子晚年定论》中直言朱学其实就是心学。

真德秀也注意到朱熹观念中的心学成分，为此他将太极与理、性等同了起来，认为性源于天，而存于心，同时性就是人伦五常："昔也，太极自为太极，今知吾身有太极矣。昔也，乾元自为乾元，今知吾身即乾元矣。有一性则有五常，有五常则有百善，循源而流，不假人力，道之全体焕然益明者，周子之功也。"

站在儒家立场，真德秀也强调儒与佛、老的区别，认为"穷理"跟"持敬"要相辅相成，他在《问学问思辨乃穷理工夫》一文中说："欲穷理而不知持敬以养心，则思虑纷纭，精神昏乱，于义理必无所得。知以养心矣，而不知穷理，则此心虽清明虚静，又只是个空荡荡底物事，而无许多义理以为之主，其于应事接物必不能皆当。释氏禅学正是如此。"

真德秀认为，如果只知道穷理而不懂得持敬，就会让自己的思想混乱，这样的话，一理也无法求得。但同时如果不懂得穷理，持敬这种做法虽然能让自己的心清静，但心中却空空荡荡无一物，而佛教中的禅学就是后一种情况。但是，佛家也讲静，儒家的持敬与此有何区别呢？他在给皇帝讲解《大学修身在正其心章》中说："此心当如明鉴止水，不可如槁木死灰。鉴明水止，其体虽静，而可以鉴物，是静中涵动，体中藏用，人心之妙正是如此。若槁木之不可生，死灰之不可燃，是乃无用之物。人之有心，所以具众理而应万事者也。其可委之无用乎！吾道异端之分正在于是，不可不察。"

他认为理学家所说的"持敬"指的是心如止水，但不能像死灰那样，因为心如止水，仍然可以鉴别是非，如果像死灰那样，就不可以复燃，也就变成了无用之物。真德秀认为，这正是理学跟佛家的区分。对于这段话，侯外庐等主编的《宋明理学史》评价说："在程朱理学看来，释氏的本体是'空无'，而理学在于体认实有之'理'，以此划开两家界限，确乎凿凿分明。"

虽然如此，但后世还是有人说他沉湎于佛道两家，比如李贽就说真德秀："沉溺于二氏之学，梵语青词，连轴接幅。"四库馆臣对真德秀的评价是："德秀生朱子之乡，故力崇朱子之绪论。其编《文章正宗》，持论严刻，于古人不贷尺寸，而集中诸作，吹嘘释、老之焰者，不一而足，有不止韩愈《罗池庙碑》为刘昫所讥，《与大颠诸书》为朱子所摭者。白璧微瑕，固不必持门户之见，曲为隐晦。然其他著作，要不失为儒者之言，亦不必竟以一眚掩也。"

真德秀在朝为官时，被史弥远等人讥为"迂"，认为他只会说一些无用的道德，没有实际的政治把控能力。宋张端义《贵耳集》中有这样一段话：

第六章　朱陆异同：理学与心学的顶峰

"士大夫最怕有虚名，虚名一胜，不为朝廷福。真西山负一世盛名，岂西山真欲爱名于天下，天下自闻其名而起敬耳。及史同叔之死，天下之人皆曰真直院入朝，天下太平可望。及其入朝，前誉小减。省试主文，为轻薄子作赋曰：'误南省之多士，真西山之饿夫！'都下谚曰：'若要百物贱，须是真直院。及至唤得来，搅做一镬面。'如是则声名自是一项，事业自是一项。江南地土浅薄，士大夫只做得一项，做不得两项。"

真德秀在生前负有盛名，人们很希望他被起用后能带来天下太平，但他入朝之后似乎又没有做出什么实质性的改变，以至于人们编出谚语来表达对他的失望。其实真德秀晚年再入朝，立朝时间前后不到一年，在这么短的时间内不可能有什么作为，更何况当时把持朝政的是丞相郑清之等人，真德秀并无多少实权，所以让他来解决南宋长期以来的积弊不太可能。

儒家讲究经世致用，真德秀也想致君尧舜上，所以向理宗灌输了不少励精图治的观念："端平初，励精为治，信向真、魏诸贤，廷绅奏疏、三学扣阙，悉经御览，所言讦直，无不容受，间以罪斥，旋复收用，此其盛德也。在位日久，嬖宠浸盛，中贵卢允升、董宋臣、女冠吴知古等，荐引奔竞之人，骤至通显，贿赂公行；外戚子弟任畿辅监司、郡守，赃秽狼籍，台臣论奏，则宣谕节贴而已。又置修内司御前庄，开献纳之门，没入两争田土，名曰献助，实则白取……"（田汝成《西湖游览志馀》）

可见宋理宗在端平初年，信任真德秀、魏了翁等贤臣，朝廷风气为之一变，后世誉这段时间为"端平新政"，可惜这个局面仅仅昙花一现，后来理宗不理朝政，朝中风气又迅速变坏。真德秀回天乏力，只能承受后世对他的褒贬。

十六、北山学派

北山学派又称金华朱学。金华处在浙江，但是朱熹不喜浙学，《宋元学案·东发学案》称："晦翁生平不喜浙学，而端平以后，闽中、江右诸弟子，支离、舛戾、固陋无不有之,其能中振之者,北山师弟为一支,东发为一支,皆浙产也。"

此处所谈的北山一支即指北山学派,该派较多地保留了正统朱学观念,故被后世视为朱学嫡脉和理学正宗,在儒学史上起到过重要作用。正是黄榦将朱学传到了金华地区,将这门学问传承给何基,何基的弟子王柏,王柏的弟子金履祥,金履祥的弟子许谦,此四人被后世并称为"北山四先生"。北山源于何基居住在金华山北,学者称其为北山先生。

何基,字子恭,金华人,他在二十多岁时见到了黄榦,此时黄榦任临川令。黄榦与何基之父何伯慧相识,两人性情相投,于是何伯慧让两个儿子拜黄榦为师。黄榦离开时叮嘱何基:"但熟读《四书》,使胸次浃洽,道理自见。"(王柏《何北山先生行状》)于是何基努力研读《四书》,之后他又遇到了朱熹门人杨与立,杨很看重何基,在杨的宣传下,何基渐渐有了名气,于是王柏拜他为师。

在学术观念上,何基亦本朱子思想,严守黄榦临别时的嘱托精读《四书》,此后精读《四书》就成为北山一派的家法。何基对朱子思想做了很多阐述性发挥,撰写过《大传发挥》《易启蒙发挥》《通书发挥》《近思录发挥》等。《宋史》本传赞其确守师训,能够精义造约,又载其所言:"为学立志贵坚,规模贵大,充践服行,死而后已。读《诗》之法,须扫荡胸次净尽,然后吟哦上下,讽咏从容,使人感发,方为有功。"又及:"读《易》者,当尽去其胶固支离之见,以洁净其心,玩精微之理,沉潜涵泳,得其根源,乃可渐观爻象。"

王柏,字会之,号长啸,三十岁后改号鲁斋,他曾拜访过朱熹门人刘炎、徐侨,后来又去兰溪拜见杨与立,从杨与立那里他得知了何基的学统,于是在端平二年(1235)前往盘溪拜何基为师,何基授以立志居敬之旨。

在本体观念上,王柏延续了朱熹的理本论思想:"某不揆浅陋,妄窥先儒之心,谓此是周子《太极图说》,只当就图上说此一句,不可悬虚说理,若又有所谓'无极之理'。盖周子欲为此图以示人也,而太极无形无象,本不可以成图,然非图则造化之渊微又难于模写,不得已画为圆象,拟天之形,指为太极,又若有形有象,故于《图说》首发此一语,不过先释太极之本无此圆象也。"(《鲁斋集·通赵星渚》)

造化渊微乃是太极,太极无形无象,周敦颐只好拟天之形画出太极,由此而让人对造化渊微有形象概念。所以王柏认为,无极而太极析意仅仅是为了说明太极本无此图像。

在理气问题上，朱熹早年强调理气无前后，到晚年又改为理在气先。王柏继承了这种变化观："然理非气无所寓，气非理无所主，理气未尝相离，亦未尝相杂。"(《鲁斋集·原命》)

王柏主张理气不可分离，同时也不能混为一谈，他在回答赵星渚"张子言气，周、程言理，旨意不同"的问题时，有如下阐述："某窃谓理气未尝相离，先儒不相沿袭，虽言不同而未尝相悖。言气者，是以气为道之体，理已在其中；言理者，是以理必乘气而出，气亦在其中。虽有形而上、下之分，然道亦器也，器亦道也，二之则不可。"(《鲁斋集·回赵星渚书》)

金履祥，字吉父，自号桐阳叔子，学者称其为仁山先生，浙江兰溪人，一生著述宏富，有《书经注》十二卷、《尚书表注》二卷、《大学疏义》一卷、《论孟集注考证》十七卷、《通鉴前编》二十一卷等。金履祥传承了程朱理学的天理观，认为理是本体，理的运动变化产生阴阳五行之气，此气又化生出人和万物。对于何为理，金履祥说："是理是何物？文公好说个'恰好处'。理只是恰好处，此便是中，便是至善。自古圣贤相传，只是这个。天下万事万物，各个不同，而就每事每物中，又自各有个恰好处，故事理虽不同，到得恰好处则一，此所谓万殊而一本。然其一本者，非有形象在一处，只是一个恰好底道理在事事物物之中，此所谓一本而万殊。"(《论孟集注考证》)

可见金履祥强调恰到好处就是理，同时也是中，也是至善。他也强调理一分殊，万事万物各自又恰到好处就是理，但是理各不相同，这就是万殊。虽然事理各不相同，但它们都是恰到好处的，这就是一本。他认为理一分殊概念就是圣贤传承的主体观："夫自尧舜以至孔、曾、思、孟，又千五六百年而后有程、朱。前者曰'以是传之'，后者曰'得其传焉'，不知所传者何事欤？盖一理散于事物之间，俱真实而非虚。事事物物莫不各有恰好之处，所谓万殊而一本，一本而万殊。"(《祭北山先生文》)

对于格物致知，金履祥的理解是："所谓'格物'者，亦谓心、身、家、国、天下之事物耳。自其心而论之，则四端之性情，理欲之界限，志气之邪正，在所当格也。自其身而论之，则言行之节，交际动作之宜，容止威仪之则，在所当格也。推之于家，则有父子之亲……"(《大学疏义》)

金履祥用三十多年时间写成《通鉴前编》，他在临终时说："吾所得之学亦略见于此矣。吾为是书，固欲以开后学，殆不可不传，亦未可泛传也。"

可见他对该书的看重程度。金履祥在书中写道:"二帝三王之盛,其微言懿行,宜后王所当法;战国申韩之术,其苛法乱政,亦后王所当戒。""春秋以前,迄无编年之书,则是编固不可以莫之著也。"

金履祥认为春秋以前没有编年之书,所以他要补足这段历史空白,希望通过该书让人们认识圣人之道。因此,他的这部《通鉴前编》很像朱熹的《通鉴纲目》,所以明代陈仁锡直接将该书称为《通鉴纲目前编》。

对于金履祥的学术特色,《宋元学案·北山四先生学案》中评价说:"北山绝似和靖,鲁斋绝似上蔡,而金文安公尤为明体达用之儒,浙学之中兴也。"

许谦,字益之,金华人,自号白云,人称白云先生。他在三十一岁时受业于金履祥,在几十位同门中,许谦颇受器重,金履祥告诉他理一分殊观:"吾儒之学,理一而分殊。理不患其不一,所难者分殊耳。"(《宋元学案·北山四先生学案》)

许谦认为理是永恒不变的本体:"盖天地间惟一理尔。明乎理则前无古,后无今,亘宇宙,固可一以贯之。"(《读四书丛说·中庸下》)此理就是太极。

对于朱熹的太极观,许谦有如下解读:"太极者,孔子名其道之辞。无极者,周子形容太极之妙。二陆先生适不烛乎此,乃以周子加'无极'字为非。盖以'太极'之上不宜加'无极'一重,而不察'无极'即所以赞'太极'之语,周子虑夫读《易》者不知'太极'之义,而以'太极'为一物,故特著'无极'二字以明之,谓无此形而有此理也。以此坊民,至今犹有以'太极'为一物者,而谓可去之哉?"(《白云集·答或人问》)

对于理一分殊,许谦用"一理贯万事"来予以解读:"天下事物虽无穷,却只是一个道理贯串在里面。理之原出于天,在天地虽浑然至大,而事事物物各自不同,其理亦流行寓其中;每事物中理虽不同,然只是天理一个大源头分析来,所以谓之一理贯万事。"(《读四书丛说·论语上》)

许谦曾经校订金履祥的著作,他在《观史治忽几微》中说:"仿史家年经国纬之法,起太皞氏,迄宋元祐元年秋九月尚书左仆射司马光卒。备其世数,总其年岁,原其兴亡,著其善恶。"(《元史·许谦传》)

北山学派传到第三代时,除了许谦外,较为有名的传人有周仁荣、闻人梦吉、吴师道、柳贯,他们的弟子又延续到了明代。对于北山学派弟子之盛,王崇炳在《白云集序》中写道:"中间鲁斋、仁山两世皆单传,至白云而天下浑一，燕赵齐鲁淮扬之士，皆百舍重茧而至。登弟子集者，几于千人。道风广布，十倍于前矣。"

对于该派的情况，黄百家在《北山四先生学案》中总结说："北山一派，鲁斋、仁山、白云既纯然得朱子之学髓，而柳道传、吴正传以逮戴叔能、宋潜溪一辈，又得朱子之文澜，蔚乎盛哉！"

在元代时，金华建有四贤书院，以此来祠祀四先生，书院后遭兵燹而毁。明成化四年（1468），朝廷批准建正学祠祀四先生。正德年间，金华知府刘芭上《四贤从祀奏疏》，但未得到朝廷批准，此后当地官员又多次疏请。直到清雍正二年（1724），朝廷批准孔庙增祀二十人，其中何基、王柏列东庑先儒，金履祥、许谦列西庑先儒，标志着朝廷对他们学术成就的认可。

十七、陆学在浙江的传播

1. 甬上四先生：弘扬心学

南宋时期，明州有四位陆学重要代表人物，他们是舒璘、沈焕、杨简和袁燮，四人既是同乡又是同门，长期在慈溪、鄞县、奉化等地讲学，这些地方都处于甬江流域，故后世将他们合称为"甬上四先生"。又由于明州处于四明山麓，当地又称为四明，故他们又被称为"四明四先生"或"明州四先生"。

陆九渊弟子众多，著名的团体有"槐堂诸儒"，该团体是指陆九渊在金溪槐堂书屋和贵溪象山精舍培养出的弟子，其中名气较大的有傅子渊、邓文范、傅季鲁等，陆九渊对傅子渊最为看重，某次严松问陆九渊，他的弟子中有谁学问不错，陆九渊回答："以傅子渊居其首，邓文范居次，傅季鲁、黄元吉又次之。"（《象山语录上》）

槐堂弟子众多，但这些人大多流于佛老，用佛老的空无和虚静来诠释陆九渊的本心，为此被朱熹一派斥为禅。事实上，槐堂诸儒的功绩主要在于为陆学争得一块地盘,但并没有发展陆学思想,而阐发陆学思想的主要是甬上四先生,正如全祖望说:"象山之门,必以甬上四先生为首。"(《宋元学案·慈湖学案》)

舒璘,字元质,又字元宾,学者称广平先生,浙江奉化人。其祖父舒卞,文才武略,在当时很有名气,曾在岳飞麾下任职。舒卞有两子,长子舒黼,次子舒骰。舒骰有七子,舒璘排行第六,他与兄弟中的舒琥、舒琪共同拜陆九渊为师。舒骰是杨时再传弟子赵敦临的门人,同时与陆九龄相善,为此舒骰深受陆氏学说影响,由此而影响到舒璘。

袁燮在《舒元质祠堂记》中评价舒璘说:"元质状貌不逾中人,而雅有大志。耻以一善自名,每自循省,苟不闻道,无以为人,汲汲乎不啻于饿者之嗜食,寒者之索裘也。"舒璘貌不出众,却心怀大志,刻苦学习,他的兄弟舒琥和舒琪天资聪颖,经陆九渊的开导,当下就醒悟,但是舒璘反应却慢得多,自称:"吾非能一蹴而入其域也,吾惟朝夕于斯,刻苦磨砺,改过迁善,日有新功,亦可以弗畔云尔。"

舒璘在谈到自己的学问所本时,曾说"南轩开端,象山洗涤,老杨先生琢磨"(《全祖望《四先生祠堂碑阴文》)。舒璘最初是受到张栻影响,此后皈依于陆九渊心学,同时又受到杨庭显的影响。杨庭显与陆九渊关系密切,杨去世后,陆九渊为其写了墓志,志中夸赞杨庭显是:"四明士族,躬行有闻者,先生为首。"

舒璘转学多师,虽然以陆学为本,却也受到朱熹的影响,隆兴元年(1163),朱熹离开临安回到福建,途经婺州时遇到吕祖谦,两人在婺州讲学,舒璘听闻这个消息后,前往拜会。此后他在《答朱晦翁书》中写道:"然虚心之教,迫切之诲,佩服不敢忘德。所恨不得朝夕侍侧,以承博约,为不满耳。师友道缺绝久矣,比年哲人凋丧,言之恻然悽怆。念今所赖任重斯文者,咸以执事为首称。"

总体来论,舒璘依然是陆学观念,讲求发明本心,有时他将本心称为"本原",其在给袁肃的信中写道:"本原既明,是处流出。以是裕身则寡过,以是读书则畜德,以是齐家则和,以是处事则当,笔端因是而加之文耳。我心无累,此道甚明。"人的一些行为皆是遵循本心,依本心自然流露,就可以中节,由此而少犯错误。同时他还讲求通过读书来积累德行,通过治家来达到敦睦,这显然又加入了朱派思想。

陆派自称源头在孟子那里,孟子讲良心,故陆派人士都会对良心予以解读，舒璘同样如此："良心既明，往往不告而知。用是益知自反，不敢尤人。"(《答杨国博敬仲》)"人之良心，本自明白，特患无所感发。一朝省悟，邪念释除，志虑所关，莫非至善。"(《致薛象先书》)

对于良心至善问题，舒璘在《答赵通判书》中说："纯一是心，乃克主善，善为吾主，动静皆应，虽酬酢万事，罔有他适。"舒璘认为，心是纯净的，只要保持这种纯净，心就能主导人的德性，而这种德性就是善。如果以善来指导自己的心，那无论做多少事，都不会出问题。他所说的问题是什么呢？舒璘称："人心易明亦易惰。"(《与徐子宜》)看来，发明自己的本心不难，难的是长备不懈，这就需要平时的修养功夫。他认为一个人需要早晚不断努力，才能保持住本心不受污染："要须惟日孳孳简易明白，以涤尽利禄境，庶此志获伸。"(《与徐子宜》)

沈焕，字叔晦，学者称定川先生。其祖父沈子璘是绍兴十五年（1145）进士，父沈铢为乾道二年（1166）进士。但是到沈焕青年时期，家道已经衰落，他在隆兴元年（1163）入太学读书，在这里遇到了舒璘、杨简和袁燮，四人志趣相投，成为互相砥砺的好友。

在太学期间，沈焕学习刻苦，不以贫穷为意，袁燮在《沈叔晦言行编》中写道："家素贫，囊无余赀，冬或不絮，姑苏一巨室延请以诲其子，同舍以君贫甚，皆劝其往，君曰：'吾方求益师友，奈何舍去？'卒拒不许，其忍穷励志如此。"

在太学学习期间，沈焕看到有些学生懒惰，于是提倡师友间相互讲学，沈焕对杨简说："此天子学校，四方英俊所萃，正当择贤而亲，不可固闭。"(《祭沈叔晦文》)正因为这种刻苦，使他在乾道五年（1169）考中进士。沈焕也对程朱一派颇有好感，《定川言行编》载："晚尤尊晦翁，曰：'是进退用舍，关时轻重者。且愿此老无恙。'既寝疾，犹以为言。盖处心积虑，未尝不在斯世。"

但是，沈焕与朱熹毕竟持两种不同的学术观，为此两人在书信中会对一些观念有所辨析。朱熹在给沈焕的信中写道："大抵近年学者求道太迫，立论太高，往往嗜简易而惮精详，乐浑全而畏剖析，以此不见天理之本然，各堕一偏之私见，别立门庭，互分彼我，使道体分裂，不合不公。此今日之大患也。不识明者以为如何？"(《答沈叔晦》)显然，朱熹在批评陆派观念立意太高，同时认为朱陆两派各设门庭，不是一种好风气。

虽然学术观有差异，但朱熹却佩服沈焕的学术成就以及人品，沈焕去世后,朱熹撰写了祭文,文中写道:"嗟吁叔晦!学问辨博,识度精微,官止龙舒之别乘,而才实执政之有余。人皆戚戚,君独愉愉;人皆汲汲,君独徐徐。而惟以道德为覆载,以仁义为居诸,以太和为扃牖,以至诚为郊郛。"(《祭南山沈公文》)

杨简,字敬仲,学者称慈湖先生,他在年幼时就显现出异禀,钱时在《宝谟阁学士正奉大夫慈湖先生行状》中写道:"入小学,便俨立若成人。书堂去巷陌隔牖间一纸,凡遨戏事,呼噪过门,听若无有。朔望例得假,群儿数日以俟,走散相征遂,先生凝静几门,如常日课,未尝投足户外。"绍兴三十一年(1161),杨简入太学,在此遇到舒璘、沈焕及袁燮等人,相互间的探讨使得他对陆学思想有了一定的了解。

庆元元年(1195),赵汝愚罢相,杨简上书论赵之忠,遭劾免,随即庆元党禁兴,杨简被列为伪学逆党。之后他居家十五年,在此期间筑室德润湖上,此湖旁有孝子董黯祠,而慈溪之名就是本自董黯,于是杨简将此湖更名为慈湖,并以此为自号。杨简在慈湖边读书时,某天得到彻悟,叶绍翁《四朝闻见录》载:"慈湖杨公简,参象山学犹未大悟,忽读《孔丛子》,至'心之精神是谓圣'一句,豁然顿解,自此酬酢门人,叙述碑记,讲说经文,未尝舍心以立说。"

对于杨简的学术思想,下节将专门论之。对于他的学术成就,李才栋在《甬上四先生与书院教育》中总结说:"先师邱大年先生尝称杨简是卓越的哲学家、政治家、教育家,而且是杰出的书画家。在'陆王学派'中其成就极高。其思想的系统性、治学的广博性、哲理的玄奥性、立论的一贯性、考证训诂的精确性,胜过其师陆九渊和而后三百余年的王守仁。王守仁提出的许多学术命题,杨简早已说过,而且说得更确切些。"可见,杨简是甬上四先生中思想成就最高的一位。

袁燮,字和叔,学者称絜斋先生,鄞县人。其高祖袁毂为嘉祐六年(1061)进士,曾任杭州通判,与苏轼有唱酬之篇。其曾祖袁灼为元祐六年(1091)进士,徽宗朝曾因法办蔡京党羽而被贬,祖父袁垌、父袁文影响较小。淳熙八年(1181)袁燮中进士,绍熙五年(1194)宁宗嗣位,以太学正召,庆元党禁时赵汝愚、朱熹等人相继论罢,太学生上书论及时事,袁燮因为支持此事也被论罢。嘉定七年(1214),袁燮七十一岁时,迁秘书少监兼司业,进国子祭酒,嘉定九年(1216)兼崇政殿说书,是年十一月,权礼部侍郎。

关于袁燮的个性，杨简在《故龙图阁学士袁公墓志铭》中说："和叔生有异质，凝粹端悫。髫龀不好戏弄，惟喜观水，乳母置盆水其前，则端坐熟视，移时不动。夜卧常醒然达旦，至老犹如此。笃实不欺，嗜欲淡泊，心无偏倚，行无瑕玷，久之益明。视师取友，急于道义。志气恢宏，博览群书，自六经诸子百家及前代治乱兴亡之迹暨国朝故事，靡不该贯，于先圣格言大训玩索尤精。有契于心，则终日讽咏。"

可见，袁燮是一位刻苦用心、博览群书之士。乾道二年（1166），袁燮二十三岁时入太学，至淳熙八年中进士，在太学读书长达十五年，于此阶段他与杨简等人交往，因此接受了陆学思想，故杨简在墓志铭中称其"师尊象山先生之学"。陆九渊去世二十年后，袁燮在《象山文集序》中高度推崇陆九渊的思想："天有北辰而众星拱焉，地有泰岳而众山宗焉，人有师表而后学归焉。象山先生，其学之北辰、泰岳欤！"

与杨简相比较，袁燮似乎在义理方面少有探讨，更为在意社会道德规范，比如，他在《代武岗林守进治要札子》中说："有是理则有是事，即有是官，设官分职，惟理所在，则虽繁而甚简，何者？理尽而止，不容有赘焉者也。三代而上，公卿百执事之职一定，而不可增损，达此理而已矣。"

尽管如此，袁燮却很推崇杨简在心学上的贡献："自象山既殁之后，而自得之学始大兴于慈湖，其初虽有得于象山，而日用其力，超然独见，开明人心，大有功于后学，可不谓自得乎？虽然，慈湖之学，慈湖所自有也。学于慈湖者，当如之何？夙夜以思，求所以心通默识者，改过迁善，日进不止，必将大有所发挥。"（《赠傅正夫》）

从总体来说，甬上四先生尊崇陆学，他们继承了孟子的性善论。袁燮在《跋八箴》中称："人之本心，万善咸具，乍见孺子将入井皆有怵惕恻隐之心，嗟来之食，宁死不受，是之谓本心。"但是，袁燮、沈焕和舒璘均表现出吸收和糅合朱陆的倾向，只有杨简能坚持和发扬光大心本论。

对于甬上四先生，明人归有光在《应制策·浙省策问对二道》中评价："子静之门人，则杨简笃学力行，为治设施，皆可为后世法，清明高远，人所不及，而袁燮端粹专精，每言人心与天地一本，能精思慎守，则与天地相似，舒璘刻苦磨砺，改过迁善，沈焕人品高明，不苟自恕。"

2. 慈湖学派：天地万物由心出

慈湖学派的创始人杨简，字敬仲，谥文元，明州慈溪县人，因筑室慈湖之畔，世称慈湖先生。

《宋元学案·慈湖学案》载："吾乡前辈于朱、吕、陆三家之学，并有传者，而陆学最先杨、袁、舒、沈，江右弟子莫之或京。杨、袁尤多昌明之功。"朱熹、吕祖谦、陆九渊三家之学在当地并传，其中传播陆学功劳最大的就是甬上四先生，四先生中又以袁燮和杨简为最。

杨简之父杨庭显是陆九渊的好友，其儒学观受陆影响较大。杨简二十一岁时入太学，结识了陆九渊五兄陆九龄，由此对心学观念有了进一步了解，此后他时常独自品味心学思想，在二十八岁时突然有所悟。其在《炳讲师求训》中写道："某之行年二十有八也，居太学之循理斋。时首秋，入夜，斋仆以灯至，某坐于床，思先大夫尝有训曰'时复反观'。某方反观，忽觉空洞无内外、无际畔，三才、万物、万化、万事、幽明、有无通为一体，略无缝罅。畴昔意谓万象森罗、一理贯通而已，有象与理之分，有一与万之异。及反观后所见，元来某心体如此广大。天地有象、有形、有际畔，乃在某无际畔之中。《易》曰'范围天地'，《中庸》曰'发育万物'，灼然灼然，始信人人心量皆如此广大。"

杨简的所有感受都本自于心，认为心无所不包。此后他始终坚持和完善心本论，并且在遇到陆九渊后，更加坚持这种信念。

杨简三十二岁，陆九渊路过富阳，杨简前往拜见，《宋元学案》记载了两人相见的过程："陆象山至富阳，夜集双明阁，象山数提'本心'二字。先生问：'何谓本心？'象山曰：'君今日所听扇讼，彼讼扇者，必有一是，有一非。若见得孰是孰非，即决定为某甲是，某乙非，非本心而何？'先生闻之，忽觉此心澄然清明，亟问曰：'止如斯邪？'象山厉声答曰：'更有何也？'先生退，拱坐达旦，质明纳拜，遂称弟子。"

当时杨简任富阳主簿，陆九渊中进士归家途中路过富阳，当晚两人在双明阁相见，陆九渊几次提到"本心"，杨简问何为"本心"，陆九渊就以杨简白天所断的一桩扇讼案为例，他说，关于卖扇的案件，两人中必定一个有理，一个无理，要判断谁是谁非，这就是本心。杨简顿时醒悟，接着问还有什么，在陆九渊一声断喝下，杨简顿时有所悟。杨简回去后坐了一夜，细想陆九渊给他的启迪，天亮后正式拜陆九渊为师。

对于这次极其重要的问答，杨简曾在多篇著述中提及，比如，《祖象山先生辞》中写道："双明阁之下，某问本心，先生举凌晨之扇讼是非之答，实触某机。"《二陆先生祠记》则谈及："某积疑二十年，先生一语触其机，某始自信某心之即道，而非有二物。始信天下人之心皆与尧、舜、禹、汤、文、武、周公、孔子同，皆与天地、日月、四时、鬼神同。"

《朱子语类》载朱熹评价陆九渊："陆子静之学，只管说一个心字。"而杨简在陆九渊心学概念的基础之上，又作了深层探讨，在心学理论上，较陆九渊走得更远。陆九渊的核心观念是"心即理"，也就是从心上去认识理，但他没有抛弃掉"理"的概念，这就是王阳明所说的"沿袭之累"。也就是说，陆九渊虽然主"心"，但不否认"理"的存在。但是杨简不再提"理"，认为"心"就是一切，包含天地万物，宇宙一切均在心中。

因此，杨简的心学观可称为"心一元论"，所以陆九渊评价他说："我不说一，杨敬仲说一。"(《陆九渊集·语录下》)

杨简强调为己之学，《慈湖遗书·己易》载："《易》者，己也，非有他也。以《易》为书，不以《易》为己，不可也。以《易》为天地之变化，不以《易》为己之变化，不可也。天地，我之天地；变化，我之变化，非他物也。私者裂之，私者自小也。"他所说的"己"不是小己，而是一种大己。他认为"易"就是"我"，天地存在就是"我"的存在，天地变化亦为"我"之变化，所以自己的变化也就是本心的变化，"举天地万物万化万理，皆一而已矣。举天地万物万化万理，皆乾而已矣。坤者，乾之两，非乾之外复有坤也。震巽坎离艮兑，又乾之交错散殊，非乾之外复有此六物也，皆吾之变化也"(《己易》)。

天地万物，天下万理，皆是出于己；乾坤八卦的变化，也是己的变化。所以他说的"己"已经不是人的形体，而是整个宇宙，不是一种物质性的存在，而是宇宙融汇万事万理的状态。

己的存在本于心体，杨简认为，心是具有内存性的，并且每个形体都是相同的，无论圣凡。但是圣人为什么要比凡人更贤能呢？这并不是因为圣人的本心多于凡人，凡人之所以看上去比圣人愚钝，是因为凡人没有显现出更多的本心，只要努力地发明本心，凡人就可以成为圣贤。

杨简认为，心体具有超越性，提出"其心皆和同，天地之间一而已"，也就是说，心的范围跟宇宙一样宽阔。他还认为，天地万物都包含于心中，其在《著庭记》中写道："心何思何虑，虚明无体，广大无际，天地范围于其中，四时运行于其中，风霆雨露霜雪散于其中，万物发育于其中，辞生于其中，事生于其中。"

心宽阔无际，四季变化、风雨雷电、万物生长，一切都包含于心中。为什么心能够宽阔无边呢，杨简的解释是："人心无体，无体则无际，无际则天地在其中，人物生其中，鬼神行其中，万化万变皆在其中。"他在《二陆先生祠记》中又进一步解释称："人心非气血，非形体，广大无际，变化无方。倐焉而视，又倐焉而听倐焉而言，又倐焉而动倐焉而至千里之外，又倐焉而穷九霄之上。不疾而速，不行而至，非神乎，不与天地同乎？"

由以上可知，杨简认为，天地万物都是由心产生的，他给心赋予了本体论的性质，认为天地万物的变化都是由心产生的。同时，他将心本体和伦理结合，"人心自正，人心自善。孩提之童，无不知爱其亲，及长，无不知敬其兄。不举而能，不虑而知。人皆有恻隐之心，皆有羞恶之心，皆有恭敬之心，皆有是非之心"（《慈湖遗书·吴学讲义》）。

既然心体有"自明、自灵"的特点，那为什么人还会犯各种各样的错误呢？杨简认为，这是"意"的问题，因为心中一旦起意，本心就会被遮蔽，人就会犯错。所以他强调："徒以学者起意，欲明道反致昏塞，若不起意，妙不可言，则变化云为，如四时之错行，如日月之代明。"什么是"意"，杨简的回答是："何谓意？微起焉皆谓之意，微止焉皆谓之意。"可见，人在"微起"或者"微止"时，就会产生"意"。"意"究竟是如何表现的呢？杨简称多至"不可胜穷"，比如："有利，有害，有是，有非，有进，有退"等，这些都可称为"意"。(《慈湖遗书》)

对于"心"与"意"的区别，杨简说："一则为心，二则为意。直则为心，支则为意。通则为心，阻则为意。直心直用，不识不知。变化云为，岂支岂离。感通无穷，匪思匪为。"(《绝四记》)总之，人有爱恶、声色等欲望，这就是"意"，不起"意"，就是"心"。但是，如果一切都不起意，那么人们岂不一切都不作为了吗？显然杨简也想到了这一点："不起意，非谓不理事，凡做事只要合理，若起私意则不可。"(《慈湖遗书·家记》)做合理的事，就算不起意，如果是出于私意而做事，就算是起意。

杨简是在陆九渊"心即理"的基础上，进一步提出了"吾心即道"的概念。陆九渊的心学体系没有抛弃过"理"，虽然他主心，但不否认理的存在。杨简的心本论则完全抛掉了理，认为心即一切，为此有不少人批评他的观念属于禅学。陆九渊替他辩解说："杨敬仲不可说他有禅，只是尚有习气未尽。"(《陆九渊集·语录下》)虽然陆九渊也承认杨简有禅学气息，但他认为慈湖之学本质上不是禅。但是湛若水坚持："杨慈湖岂是圣贤之学？乃真禅也。"(《明儒学案·甘泉学案》)

朱熹对杨简亦多有批评，甚至称"杨敬仲文字可毁"（《朱子语类》）。但是特立独行的人却很看重杨简的观念，比如李贽在《答澹然师》中称："慈湖于宋儒中，独为第一了手好汉。"

杨简的心学观与王阳明类似，但王阳明却很少提到杨简。湛若水说过这样一段话："闻王阳明谓慈湖远过于象山，象山过高矣，又安可更过？"（《明儒学案》）可见王阳明还是颇为认可慈湖的心学观。

杨简所说的不起意，得到了王学浙中派创建者王畿的认可："知慈湖'不起意'之义，则知良知矣。意者本心自然之用，如水鉴之应物，变化云为，万物毕照，未尝有所动也。惟离心而起意，则为妄。千过万恶，皆从意生。"（《慈湖精舍会语》）

按照《宋元学案·慈湖学案》记载，杨简的弟子约有七十位，《四明丛书》中的《慈湖遗书》附录中提到有八十四位，他的著名弟子有袁甫、赵与筹、钱时、桂万荣、童居易、史弥忠、史弥远等。绍定三年（1230），袁甫任江东提点刑狱，次年六月，袁甫奏建象山书院，里面祀陆九渊，以杨简、袁燮陪祀，且请杨简的弟子钱时任主讲。赵与筹、桂万荣参与创建了慈湖书院。另外，桂万荣又创建了石坡书院，童居易创建了杜洲书院，这两个书院都宣讲慈湖心法，全祖望在《石坡书院记》中称："桂氏自石坡以后，世守慈湖家法，明初尚有如容斋之敦朴，长史之深醇，古香之精博，文修之伉直，声闻不坠，至今六百余年，犹有奉慈湖之祀，香火可为远矣。"由此可见，慈湖学派传承之久远。

十八、宝峰学派：私淑慈湖，以心理政

黄宗羲在《明儒学案》中将桂彦良、乌本良、向朴列为慈湖四传，此三人都是赵偕的弟子，故赵偕被视为慈湖派第三代传人。赵偕，字子永，浙江慈溪人，学者称宝峰先生，故其所创学派被称为宝峰学派。

对于该派的基本情况，张岱年主编的《中国哲学大辞典》中称："元以赵偕为代表的学派。因称偕为宝峰先生，故名。主要人物有门人陈麟、桂彦良、乌本良、乌斯道、李善、罗拱、方原等。自元以来，程朱之学盛行于北方，而陆学几近衰绝。然赵偕私淑杨简，倡明陆氏心学。认为'万物有存亡，道心无生死'，以静虚为宗，提倡静坐以凝神精一，几近于禅学。"

赵偕乃是赵与筹的后人。赵与筹是宋太祖十世孙，官至吏部尚书，因仰慕杨简，故从青田迁居到慈溪，同时"度地县之湖北，创立慈湖书院，以崇祀之"（《天启慈溪县志》）。因为有这样的家传，使得赵偕远宗陆九渊心学，为杨简的私淑弟子。

赵偕早年习举业，元延祐年间恢复科举考试后，他曾想通过科举入仕，后来又认为科举属于"富贵之梯，非身心之益也"，于是放弃科举，一日偶然在朋友处得到了《慈湖遗书》，此后他："恭默自省，有见于'万象森罗，浑为一体，吾道一贯'之意。曰：'道在是矣，何他求为！'乃确然自信三代之治可复，而百家之说可一也。"（《宋元学案·静明宝峰学案》）于是他隐居于大宝山麓，有很多人上门求教，赵偕与弟子们于此讨论学问，渐渐形成一大派别。

隐居期间，曾经有人劝他入仕，赵偕的回答是："吾故宋宗子也，非不欲仕，但不可仕。"赵偕认为自己是宋代宗室身份，不应该出仕元朝，同时认为不出仕的另一个原因是圣学无人传承，"自周公没，孔子无位，天下不复见圣人之治。秦汉以来，源不洁，流不清，纲不举，目不张，不知其几年矣"（《宝峰文集·上许县尹书》）。所以他要以传承儒学为己任。

赵偕的特立独行受到了时人嘲笑，但他不以为意，坚守自己的信念，其弟子在《门人祭宝峰先生文》中称他："以为三代之政可行，百家之言可一，挺然而立，毅然而行。时人争笑窃议，且詈且排。先生不惑纷啵，自守不渝，生等耳闻面命，获与斯学，刻骨铭心，曷为可报？"

虽然赵偕不入仕，但他却有着忧国之心，认为"苟能特宗先圣之正学，不惑于似是而实非，灼知大道即常人日用之心，深达大体，足以著诚去伪，夙夜兢兢力行而无失自然，群下默化，庶民观感咸改旧染之非"（《上许县尹书》）。

在赵偕看来，道德败坏导致社会问题，要想改变这种局面，最重要的途径是学习先圣的正学。他所说的正学就是日用人心，同时他认为要使社会清明，首先要让官长清明，能够做到这一点，方能得人心。对于得人心的重要性,赵偕有如下阐述:"若得人心,则近者悦,远者来,虽地方百里,亦可以尊天子,令诸侯。不得人心,近者既不悦,远者亦不来,虽统强兵百万,横行于天下,终为独夫。"(《宝峰集·大得人心》)

百姓在饱食暖衣后,还需要教育,他引用孟子所言来说明"饱食、暖衣,逸居而无教,则近于禽兽"。对于社会的选材问题,赵偕认为应当不限资格,不问贵贱,不问亲疏,"唯仁是用,唯德是举"。对于臣子与天子的关系,他也有自己的看法,他把天子视为人的头,臣属喻为胳膊和大腿,国家要繁荣首先是头脑清明,臣属贤良。

尽管赵偕有着完整的政治理念,但他终身未仕,因此只能通过弟子来部分实现自己的理想。他的弟子陈麟,字文昭,温州人,至元十四年(1354)进士,任慈溪县尹,赵偕专门为他写了《治县权宜为邑宰陈文昭设》。陈麟深受赵偕影响,在吏治上能够体恤百姓,且能做到不慕名利,轻财重义,为了了解百姓的疾苦,他制作了垢筒,将其放在乡下,百姓可以匿名投书其中。陈麟通过这种方式来了解民情,以便有的放矢地解决问题。故《静明宝峰学案》中评价他说:"尤以教化为重,慈溪之民,渐至有耻且格,说者以为自来慈溪第一循吏。"

向寿,字乐中,慈溪人,学者称乐斋先生,他从赵偕习慈湖心学,因为其祖上世代为宋臣,所以耻于仕元,终身未出外做官。向寿的儿子向朴,字遵博,洪武二十五年(1392),督府都事张允受命访求江南人才,向朴被擢为献县知县。向朴在任职期间,勤政爱民,劝督农桑,设立义学。

桂彦良,名德俩,以字行,慈溪人,元末乡贡进士,做过包山书院山长和平江路学教授。元末张士诚、方国珍争相聘请,均不就。明洪武六年(1373)授太子正字,每与君王谈论政事时,他都会讲及孔孟之道。桂彦良主张德化百姓,故被明太祖誉为"江南大儒,惟卿一人",其谦虚地说:"臣不如宋濂、刘基。"皇帝说:"濂,文人耳。基峻隘,不如卿也。"(《明史》)

赵偕的另一位弟子王桓,字彦贞,洪武四年(1371)以通经学被荐于朝,明太祖召见时问他:"处乡里好恶何如?"王桓回答说:"臣处乡里,善者好之,不善者恶之。"(《静明宝峰学案》)王桓追求"无讼"的状态,认为乱世才会用重典,无讼无刑才是盛世的标志。

相比理学而言,心学者大多不喜著述,赵偕与其弟子均是如此。从现有资料看,他们更多的是通过修心来治世。虽然他们在理论上罕有贡献,却能将心学思想应用到具体的管理工作中,在社会上产生了较为良好的影响。

第七章

金元：儒学的衰落与衍圣公的确立

全祖望在《宋元学案·鲁斋学案》中称："建炎南渡，学统与之俱迁，完颜一代，遂无人焉。"他认为金人占领北方领土后，赵构率领残余皇室在杭州建立政权，儒家学统也纷纷迁往南方，致使金国占领下的北方没有真正的学者可言了。

从初期情况看，金人确实对汉文化不以为然，宋庄绰在《鸡肋编》附录中载："靖康之后，金虏侵凌中国，露居异俗，凡所经过，尽皆焚爇。如曲阜先圣旧宅，自鲁共王之后，但有增葺。莽、卓、巢、温之徒，犹假崇儒，未尝敢犯。至金寇，遂为烟尘，指其像而诟曰：'尔是言夷狄之有君者！'中原之祸，自书契以来未之有也。"

金兵占领中原地区后，烧杀抢掠，经过之处一片焦土，曲阜孔子旧宅经过许多战乱都没有遭到毁坏，然金兵打下曲阜后将孔府焚毁，还指着孔子像谩骂侮辱，令庄绰感慨中华文明从有文字以来直到宋朝，都没有如此斯文扫地的状况。

孔子故宅被焚毁后，第四十八代衍圣公孔端友跟随康王赵构南渡，后来定居到了浙江衢州，再未返回曲阜。此后孔端友所传的一支被称为孔门南宗。

从这种情况看，金人对于汉文化的态度确实如全祖望所言。但是金人后来逐渐转变了态度，又改为了尊孔，比如金熙宗在上京建立孔庙，并亲自拜祭，又封孔子后裔孔璠为衍圣公。金世宗命人整修孔墓，立宣圣庙碑，同时设立译经所，以女真语翻译儒家经典。大定二十二年（1182），译经所进呈女真字译本《易经》《尚书》《论语》《孟子》等书。

金章宗即位前，就已熟读《尚书》《孟子》，他登基后下令扩修孔庙，下诏各州兴建孔庙，避孔子名讳。《金史·文艺传》载："世宗、章宗之世，儒风大变，学校日盛。士人由科举而位列宰相者甚多。"但是，金朝对汉文化的重视主要表现在文史方面，科举考试内容中并不包括《仪礼》《公羊传》《穀梁传》这些经学著作，而是将《史记》《汉书》《后汉书》等列入考试范围。

金朝重视词赋，海陵王天德三年（1151），罢经义、策试二科，专以词赋取士，虽然到世宗大定二十八年（1188）予以恢复，但是文化界重词赋轻经义之风不减。金赵秉文在《盘安军节度副使姬公平叔墓表》中感叹说："自孔孟之殁，几二千年，士大夫以种学积文为进取之计。干办者称良吏，趋时者为通贤，而不知治心养性之术。间有明仁义之实，以通经学古为高，救时行道为贤者，必怪怒笑骂，以为狂愚。"

这种局面到贞祐南渡时方有所改变，公元 1214 年，蒙古军队包围金中都，金宣宗不顾大臣劝阻，逃往南京汴梁，史称"贞祐南渡"。至此之后，金国迅速衰落,在此阶段,南宋使节给金国带去了一些儒学著作,有些文人得睹圣贤之书。郝经在《太极书院记》中说:"金源氏之衰,其书浸淫,而北赵承旨秉文,麻征君九畴始闻而知之;于是,自称为道学门弟子。"按此说法,当时金朝传承儒学者,最重要的人物是赵秉文和麻九畴。

一、赵秉文:金朝斯文主盟

赵秉文,字周臣,号闲闲老人,滏阳人,历官礼部尚书、翰林学士,著述甚丰,有《易丛说》十卷、《中庸说》一卷、删集《论语》《孟子解》各十卷等。赵秉文早年学佛,故后世学者认为他的学问不醇正,全祖望在《宋元学案》中说:"迨取《归潜志》考之,乃知滏水本学佛,而袭以儒,其视李屏山,特五十步百步之差耳。"

但仍然有人认为赵秉文是儒学正传,比如金杨云翼在为赵秉文的《滏水集》作序时称:"其学一归诸孔孟而异端不杂。"以此说明,他只读儒学书,并未杂入佛老。对此,杨云翼还有更为细致的说法:"学以儒为正,不纯乎儒,非学也。文以理为主,不根于理非文也。自魏晋而下,为学者不究孔孟之旨而溺异端,不本于仁义之说而尚夸辞,君子病诸。今礼部赵公实为斯文主盟。"

对于赵秉文在儒学上的成就,元好问在为赵所作的《闲闲公墓铭》中给予了很高的评价:"若夫不溺于时俗,不汩于利禄,慨然以道德、仁义、性命、祸福之学自任,沉潜乎六经,从容乎百家,幼而壮,壮而老,怡然涣然,之死而后已者,惟我闲闲公一人。"元好问在《铭》中大力夸赞赵秉文承继儒学道统的功劳:"道统中绝,力任权御。一判藩篱,倒置冠屦。公起河朔,天以经付。挺身颓波,为世砥柱。优柔而求,餍饫而趋。春风舞雩,如望趋步。心与理叶,默以言寓。发道大全,初莫我助。"

因为社会风气使然,赵秉文并不忌讳研读佛老,因为他觉得读佛书、道书并不影响他的道学思想,他曾跟人说:"佛老与不学佛老,不害其为君子。

柳子厚喜佛，不害为小人；贺知章好道教，不害为君子；元微之好道教，不害为小人。亦不可专以学二家者为非也。"(《归潜志》)

当论及儒家的性理概念时，赵秉文就会强调儒家与佛老的区别："性之说，难言也，何以明之？上焉者，杂佛老而言；下焉者，兼情与才而言之也，佛则灭情以归性，老氏则归根以复命，非吾所谓性之中也。"(《性道教说》)

因为佛教主张灭情以归性，道家主张归根以复命，在赵秉文看来，这些都非正道。他认为的正道是什么呢？赵秉文在《诚说》中称："夫道，何为者也？非太高难行之道也。今夫清虚寂灭之道，绝世离伦，非切于日用，或行焉，或否焉，自若也。至于君臣、父子、夫妇、兄弟、朋友之大经，可一日离乎？故曰：可离非道也。"

赵秉文坚持儒家理念，十分反对社会上的文人把大量时间耽误在吟诗作赋上，对于这种社会风气，他提出了强烈批评："今之学者则异于古之所谓学者矣。为士者钩章棘句，骈四俪六，以圣道为甚高而不肯学，敝精神于蹇浅之习，其功反有倍于道学而无用。入官者，棘功利，趋期会，以圣道为背时而不足学，其劳反有病于夏畦者，而未免为俗儒，尽弃其平日之学，此道之所以不明也。"为什么要反对辞赋之学呢？赵秉文认为文人不学儒家思想，就会变得很势利，奔走于仕宦之途，所以只有认真地研读儒家经典，才能改变社会风气："至于甚者，苟势利于奔竞之途，驰嗜欲于纷华之境。间有恃才傲物以招讥评，刺口论事以取中伤，高谈雄辩率尝屈其座人，以佞为才而致憎，浮薄嘲谑反希世人，以狂为达而贾怨，岂先圣所以教人，老师宿儒所以望于后生也哉。"(《商水县学记》)

二、道统的北传

经过半个多世纪的征战，蒙古人先后消灭了西夏、金、大理、吐蕃、南宋等政权，形成了多民族统一的国家。元统一全国后，首先恢复农业和手工业，到忽必烈时，下诏强调国以民为本，民以食为天，编纂《农桑辑要》，设十路宣抚司，令各司选择通晓农事者充任劝农官。至元十一年（1274），蒙古军攻入南宋首都临安，整个社会秩序没有得到破坏。

蒙古人属于草原游牧民族，不太重视文化，相比宗教而言，儒学不受关注。在成吉思汗时代，他们会用一些儒士做翻译、占卜、医术等工作，此后也利用儒士来制定文化政策，比如用耶律楚材来做顾问。元太宗窝阔台即位后，耶律楚材上书："制器者必用良工，守成者必用儒臣。儒臣之事业，非积数十年，殆未易成也。"（《元史·耶律楚材传》）窝阔台同意他的建议，提倡儒学，兴办学校，并考试选士。

这个时期，最重要的措施是在元太宗五年（1233）诏孔子第五十一代孙孔元措袭封衍圣公称号，朝廷颁布的《袭封衍圣公诰》中称："圣漠之大，仪范百王。德祚所传，垂光千祀。盖立道以经世，宜承家之有人。文宣王五十一代孙孔元措，秀阜衍祥，清洙流润，芝兰异禀，蔚为宗党之英。诗礼旧闻，早服父兄之训。语年虽妙，论德已成。肆疏世爵之封，仍焕章身之数。非独增华于尔族，固将振耀于斯文。勉嗣前修，用光新命。"

到中统建元后，实行恢复宣圣庙释奠礼，同时重修孔庙，免除曲阜孔庙洒扫户徭役。《元史·列传》载张孔孙所上奏言："修建京师庙学，设国子生徒，给赐曲阜孔庙洒扫户；相位宜参用儒臣，不可专任文吏。"

武宗时期，朝廷加封孔子为大成至圣文宣王，此称号延续数百年，元大德十一年（1307），朝廷颁布加封孔子诏："盖闻先孔子而圣者，非孔子无以明；后孔子而圣者，非孔子无以法。所谓祖述尧舜、宪章文武、仪范百王、师表万世者也。朕纂承丕绪，敬仰休风，循治古之良规，举追封之盛典，加号大成至圣文宣王，遣使阙里，祀以大牢。"自此之后，"万世师表"成为褒奖孔子的最高称号。

此后朝廷又对孔子的父母及弟子加封各种称号，比如武宗至大元年（1308），先后以颜子、曾子、子思、孟子、周敦颐、程颢、程颐、张载、朱熹、司马光、张栻等从祀。天历三年（1330），文宗追封孔子父母为启圣王及夫人、颜渊为复圣公、曾子为宗圣公、孟子为亚圣公、子思为述圣公、程颢为豫国公、程颐为洛国公，以董仲舒从祀。

仁宗时，将衍圣公的月俸提高到五百贯，泰定年间升衍圣公为正三品，至顺帝时擢长到从二品。这样的待遇也被后世所沿用。

蒙古人在建立大元前，就已经开始寻觅有名气的儒士，1234年，蒙古

第七章　金元：儒学的衰落与衍圣公的确立　313

灭金，南宋和蒙古人所占地区有了接壤。转年，窝阔台命三子孛儿只斤率中路军进攻南宋荆襄地区，姚枢协助杨惟中，从俘虏中搜访儒、释、道、医、卜等人才。1235年秋，攻下德安城后，赵复成为俘虏，姚枢将其救出后，随之北上。赵复到达燕京后，在杨惟中、姚枢等人的支持下，于太极书院开门授徒，赵复成为蒙古时期南宋理学北传的关键人物。对于他的贡献，元翰林侍读学士郝经在《与汉上赵先生论性书》中写道："而先生巍然以师道自处，学者云从景附，又为《伊洛发挥》一书，布散天下，使孔、孟不传之绪，家至日见，则道之复北，虽存乎运数，其倡明指示、心传口授，则自先生始。"

可见太极书院乃是赵复传播理学思想的最重要阵地，郝经在《太极书院记》中称："乃于燕都筑院，贮江淮书，立周子祠，刻太极图及通书西铭等于壁。请云梦赵复为师儒，右北平王粹佐之，选后秀之有识度者为道学生。推本谨始，以太极为名，于是伊洛之学遍天下矣。"

太极书院的儒学传播与杨惟中有重要关系，清毕沅在《续资治通鉴》中称："时周敦颐之名未至河朔，杨惟中用师于蜀、湖、京、汉，得名士数十人，乃收集伊洛诸书，载送燕京。及还，与姚枢谋建太极书院及周子祠，以程颢、程颐、张载、杨时、游酢、朱熹配食，请赵复为师，王粹佐之，选俊秀有识度者为道学生。由是河朔始知道学。"

杨惟中是弘州人，金朝末年，杨惟中成了孤儿，被蒙古军掳去，此后成为太宗窝阔台的侍从。阔出攻打中原时，杨惟中受命随军行中书省事，《太极书院记》中称："传继道学之绪，必求人而为之师，聚书以求其学，如岳麓、白鹿，建为书院，以为天下标准，使学者归往，相与讲明，庶乎其可。"他救下了很多儒士，将这些人送到燕京后，于此创办太极书院，安置这些人在其中。正是在他的努力下，理学在北方逐渐传播开来。

杨惟中不但喜爱书籍收藏，同时还重视出版，当年北宋毕昇发明的活字印刷没有得到很好的推广，杨惟中用此技术排印了多种书籍，其中就有四书。明成化二十一年（1485）朝鲜出版的活字本《白氏文集》前的金宗直序中称："活字法由沈括首创，至杨惟中始臻完善。"

宪宗蒙哥即位，命忽必烈总领漠南汉地军国庶事，忽必烈驻帐金莲川，建立了元史上有名的金莲川幕府。杨惟中、许衡、姚枢、郝经等都在幕中。《元史·世祖本纪》载："岁甲辰，帝在潜邸，思大有为于天下，延藩府旧臣及四方文学之士，问以治道。"

当年幕府名士中，有名姓可考者有六十余人，忽必烈派赵璧和许国祯征聘金国状元王鹗，进讲《孝经》《书》《易》，同时命赵璧学习蒙古语，为忽必烈讲解儒家经典。赵璧用蒙古语翻译了"四书"。

忽必烈即位后开始大量任用儒士，许衡建议："考之前代，北方之有中夏者，必行汉法乃可长久。"（《元史·许衡传》）前代占领中原的北方民族，只有施行汉法才能长治久安。忽必烈接受了许衡的建议，多次在军中搜求儒士，以至形成了中统、至元间的文化小中兴局面。

1253年，忽必烈接受了儒士建议，有了儒教大宗师的尊号。《元史·张德辉传》载："壬子，德辉与元裕北觐，请世祖为儒教大宗师，世祖悦而受之。因启：累朝有旨蠲儒户兵赋，乞令有司遵行。从之。"

中统二年（1261）六月，忽必烈诏令全国要保护文庙，并且按时祭奠和打扫："道与平阳等路宣抚司并达鲁花赤、管民官、管人匠打捕诸头目，及诸军马使臣人等，宣圣庙国家岁时致祭，诸儒月朔释奠，宜恒令洒扫修洁。今后禁约诸官员、使臣军马，无得于庙宇内安下，或聚集理问词讼及亵渎饮宴，管工匠官不得于其中营造，违者治罪。管内凡有书院，亦不得令诸人搔扰，使臣安下。"（《杂令·文庙亵渎》）

除了提高文庙的崇圣地位，朝廷还按照汉制，来制定官制以及朝服礼仪等，元朝的国号"大元"乃是取自《易经》"元亨利贞"和"大哉乾元"。至元仁宗时，恢复了科举考试。

从表面看，忽必烈之后的元帝对汉文化颇为推崇。但是，由于民族差异，在大多数情况下，元代的崇孔尊儒主要是为了稳定政局，从成吉思汗到蒙哥等大汗都不认识汉字，在整体概念上，他们更相信蒙古人和色目人，对汉人尤其是南方人持贬斥态度。宋谢枋得在《叠山集》卷六《送方伯载归三山序》中说："滑稽之雄，以儒为戏者曰：我大元制典，人有十等，一官二吏，先之者，贵之也；贵之者，谓有益于国也。七匠八娼、九儒十丐，后之者，贱之也；贱之者，谓无益于国也。"宋郑思肖在《大义略序》中亦称："鞑法：一官、二吏、三僧、四道、五医、六工、七猎、八民、九儒、十丐，各有所统辖。"

这种说法被后世广泛引用，但是，元朝官方文书中并无"九儒十丐"之称，有可能这种说法更多的是出于民族义愤，但这也从侧面显现出，在元朝时除了个别儒士外，大多汉人地位低下。当时大多蒙古贵族不喜欢汉族的典章制度，更不理解理学思想体系。元朝诸帝中只有仁宗、英宗父子有一定程

第七章　金元：儒学的衰落与衍圣公的确立

度的文化，但在大环境的影响下，难以普及儒家文化，故而儒学在元代始终没有被确立为治国总方针，失去了汉唐以来独尊的地位。

在这种情况下，还是有些儒生努力地弘传儒家理念，以下介绍几位有一定社会影响力的儒士及其所创学派。

三、鲁斋学派：传理学于元廷

该学派创始人许衡，字仲平，号鲁斋，被誉为元朝一代大儒。全祖望在《宋元学案·鲁斋学案》中说："河北之学，传自江汉先生，曰姚枢，曰窦默，曰郝经，而鲁斋其大宗也，元时实赖之。"

江汉先生就是赵复，字仁甫。他是湖北人，姚枢将他救下后，他将儒学传到了北方。赵复在太极书院讲学时，姚枢也跟他学习。后来姚枢退出朝政，隐居苏门山，许衡前往问学。《鲁斋遗书·考岁略》中载："壬寅，雪斋隐苏门，传伊洛之学于南士赵仁甫先生，即诣苏门访求之，得伊川《易传》、晦庵《论孟集注》、《中庸大学章句》、《或问》、《小学》等书。读之，深有默契于中，遂一一手写以还。聚学者，谓之曰：'昔者授受，殊孟浪也，今始闻进学之序。若必欲相从，当悉弃前日所学章句之习，从事于《小学》洒扫应对，以为进德之基。不然，当求他师。'众皆曰：'唯。'逆悉取向来简帙焚之，使无大小，皆自《小学》入。先生亦旦夕讲诵不辍，笃志力行，以身先之，虽隆冬盛暑不废也。"

许衡从姚枢那里读到了二程和朱熹的著作，终于体悟到何为儒学正脉，于是他放弃了自己泛览群书的习惯，从此专攻程朱理学。

据《宋元学案·鲁斋学案》载，许衡在少年之时就志向远大："七岁入学，授章句，问其师曰：'读书何为？'师曰：'取科第耳！'曰：'如斯而已乎？'每受书，即问其旨义，师讷而辞去。如是者三师。流离世乱，嗜学不辍，人亦稍稍从之。"他不认可老师所说的读书是为了博取功名，也不喜欢章句训诂之学，他时常向老师请问书中所含的大义，可惜老师不能予以解读，直到他三十四岁时在苏门山认识了姚枢，才终于懂得理学之旨。从那时起，他由章句训诂之学转向义理之学。

南宋宝祐二年（1254），忽必烈任命廉希宪为宣抚使，在辖区内寻找儒士，廉希宪找到了许衡："乙卯（1255）二月，朔，诏以公为京兆提学，从廉希宪请也。公屡辞，不许，仍诏颁俸给之，力拒不受，往返凡六七，不能强也。后世祖南征，始还怀。"（《考岁略·续》）面对朝廷的征召，许衡坚辞不就，但因朝廷多次请之，许只好到京任职。

元中统元年（1260），忽必烈登基，于开平召见许衡，《岁考略》载："庚申（1260年），上在正位宸极，应诏北行，至上都，入见。问所学，曰：孔子。问所长，曰：虚名无实，误达圣听。问所能，曰：勤力农务，教授童蒙。问科举如何？曰：不能。上曰：卿言务实，科举虚诞，朕所不取。七月，还燕。"

第二年忽必烈召见窦默，命窦默访求像魏徵那样的名相，窦默推举了许衡："犯颜谏诤，刚毅不屈，则许衡其人也！"（《新元史·窦默传》）许衡再至朝廷，但未得宰相之职，只被任命为国子监祭酒，于是他在这里弘传朱子之学："先生之学一以朱子之言为师，穷理以致其知，反躬以践其实。"（《先儒议论·姚氏牧庵语》）

许衡将天道归结为"命"，人们遵循天道叫作"义"，对于义和命的关系，许衡说："或问穷理至于天下之物，必有所当然之则，与其所以当然之则，所谓理也。曰：博学、审问、慎思、明辨，此解说个穷字，其所以然与其所当然，此说个理字。所以然者，是本原也，所当然者，是末流也。所以然者，是命也，所以当然者，是义也。每一事，每一物，须有所以然与所当然。"（《许衡集·语录》）

许衡认为，"所以然之故"是宇宙本原，"所当然之则"是万物所遵循的法则，前者为本，后者为末，本为体，末为用，两者共同决定了天下万物以何种方式存在。许衡同时认为："天有命，人有义，虽处贫贱富贵，各行乎当为之事，即义也。只有一个义字，都应对了。随遇而安，便是乐天知命也。"（《许衡集·语录》）

关于天地和仁心的关系，许衡说："天地只是个生物心，圣人只是个爱物心，与天地心相似。百端用意，只是如此。礼乐、刑政皆是也。刑法家说便不如此，便失了圣人本心，便与事物为敌。一切以法治之，无复仁恩。"（《许衡集·语录》）

许衡强调仁心的重要，认为仁的本质就是爱，为此，他反对法家观念，认为法家观念失去了圣心，他强调"为人君止于仁，天地之心，仁而已矣"。对于如何践行仁，许衡说："仁者以天地万物为一体，都知得痛痒，方是仁也。"（《许衡集·语录》）

在天理观方面，许衡一本朱子，但也有自己的见解："或问心也，性也，天也，一理也，如何？曰：便是一以贯之。又问理出于天，天出于理？曰：天即理也。"（《鲁斋遗书》）在许衡看来，心、性、天等问题都是理，从这段表述可以看出，许衡试图调和朱、陆在心体问题上的分歧。他认为天理是绝对的："天下皆有对，惟一理无对，一理太极也。"（《鲁斋遗书》）天下万物均为阴阳相对，唯有理无对，因为天下只有一个理。

关于理和气的关系，许衡认为："凡物之生，必得此理而后有是形，无理则无形。"他以此强调理先气后，此乃朱子早年的观点。朱子晚年对此有所修正，许衡也对他的所言做了相应修正："天即理也。有则一时有，本无先后。有是理而后有是物。"（《鲁斋遗书·语录》）

关于理一分殊，许衡的看法是："'合虚与气，有性之名'。虚是本然之性，气是气禀之性。仁义礼智信是明德，人皆有之，是本然之性，求之在我者也，理一是也。贫富、贵贱、死生、修短、祸福，禀于气，是气禀之命，一定而不可易者也，分殊是也。性者，即形而上者，谓之道，理一是也。气者，即形而下者，谓之器，分殊是也。"（《鲁斋遗书·语录》）

许衡还善于教导弟子，由此而开创了鲁斋学派，对于他的循循善诱，《元史》载："衡善教，其言煦煦，虽与童子语，如恐伤之。故所至，无贵贱贤不肖皆乐从之，随其才昏明大小皆有所得，可以为世用。所去，人皆哭泣，不忍舍，服念其教如金科玉条，终身不敢忘。或未尝及门，传其绪余，而折节力行为名世者，往往有之。听其言，虽武人俗士、异端之徒，无不感悟者。"

黄宗羲原本将鲁斋和静修一并归入北方学案中，全祖望在按语中说："河北之学，传自江汉先生，曰姚枢、曰窦默、曰郝经，而鲁斋其大宗也，元时实赖之。"鲁斋何以能够成为大宗，《宋元学案·静修学案》的解释是："二子之中，鲁斋之功甚大，数十年彬彬号称名卿材大夫者，皆其门人，于是国人始知有圣贤之学。静修享年不永，所及不远。"黄宗羲拿许衡与刘因相比较，因为刘因享年仅四十五岁，故其传播之功比不上许衡。

当年窦默、姚枢、许衡均相识于布衣，三人关系密切，后来窦默因医术高明，被征召到忽必烈潜邸。忽必烈求贤若渴，窦默向他举荐了姚枢，此后姚枢又向京兆宣抚使廉希宪推荐了许衡，许衡遂入京兆教授几位官家子弟。

许衡在京期间教导出了许多人才，比如吕端善，是在其父的安排下跟随许衡学习，后来许衡执掌国子学，召集门生，吕端善和韩邦杰、刘无竞等弟子应召前来。许衡的著名弟子中还有一位耶律有尚，他在弱冠之时走几千里路来拜师，许衡看他读书刻苦，意志坚定，故"深器异之"。至元八年（1271），许衡召集四方弟子到国子学，其中就有耶律有尚。两年后，许衡南归，耶律有尚在京继续教学生，由此扩大了鲁斋学派的影响。

许衡的弟子中还有另外一些少数民族，比如坚童是蒙古蔑里吉氏，他是较早跟随许衡的四位蒙古学生之一。不忽木属于康里部族，他是许衡的少数民族弟子中最重师道的一位，对推行汉法起到重要作用。许衡的有名弟子中还有一位秃忽鲁，此人在《元史》中有传："秃忽鲁字亲臣，康里亦纳之孙亚礼达石第九子也，自幼入侍世祖，命与也先铁木儿、不忽木从许衡学。帝一日问其所学，秃忽鲁与不忽木对曰：'三代治平之法也。'帝喜曰：'康秀才，朕初使汝往学，不意汝即知此。'"秃忽鲁自幼就在忽必烈身边，忽必烈命他跟另外两人随许衡学习，某天皇帝问他学习的内容，秃忽鲁和不忽木回答的都是儒家的理想观念，受到了皇帝的赞许。由此可见，许衡把儒家观念以潜移默化的方式传播到了蒙古贵族那里，由此而让贵胄子弟认识到儒统的重要性。

关于许衡传承儒学之功，元陶宗仪在《南村辍耕录》中说："孔子没，几不得其传百有余年，而孟子传焉。孟子没，又几不得其传千有余年，而濂洛周、程诸子传焉。及乎中立杨氏，而吾道南矣。既而宋亦南渡矣，杨氏之传，为豫章罗氏，延平李氏，及于新安朱子。朱子没，而其传及于我朝许文正公，此历代道统之源委也。然则道统不在辽、金而在宋，在宋而后及于我朝，君子可以观治统之所在矣。"

在陶宗仪看来，许衡得朱熹正传，乃是儒家道统中的重要一环，能给予这么高的评价，原因就是许衡在北方将朱子之学发扬光大。虞集在《张氏新茔记》中特意讲到了许衡弘传朱子著作的功劳："许文正公衡生乎戎马抢攘之间，学于文献散逸之后，一旦得其书而尊信之，凡所以处己致君者，无一不取于此，而朱子之书遂衣被海内，其功讵可量哉。夫孰知先后扶持，时其进退久速，使其身安乎朝廷之上，而言立道行者，公实始终之也。呜呼！微朱子，圣贤之言不明于后世，微许公，朱子之书不着于天下，微公，则许公

之说将不得见进于当时矣,庸非天乎。"(《国朝名臣事略》)

四、静修学派:刘因,圣贤,我也;我,圣贤也

刘因是与许衡并称的元代北方两大儒之一,其初名骃,字梦骥,后分别易名和字为"因"和"梦吉",保定容城人。因喜诸葛亮在《诫子书》中所说的"静以修身"之语,为其居所起堂号为静修,世人遂以静修先生称之。

五代时期,后晋石敬瑭将燕云十六州割让于契丹,于是容城成为辽国的统治区,北宋有一度光复,之后又被金国占领。金宣宗贞祐年间,金室被迫南渡,迁都于汴京,不久又再次迁至蔡州。至公元1234年,金国被蒙古和南宋联军消灭,金亡后,北方地区并未归入南宋版图。经过几十年的变化,到1279年,蒙古灭宋,至此中国统一。刘因的故乡容城又成了蒙古人的区域,到忽必烈时,正式定国号为元。

刘因早慧,元苏天爵在《静修先生刘公墓表》中称:"公生天资纯粹,三岁识书,日记千百言,随目所见,皆能成诵。六岁能诗,十岁能为文,落笔惊人。"《元史·刘因传》所载与之类似,只是说他"六岁能诗,七岁能属文",十与七的区别,想来是笔误,但无论哪种年龄,但都说明了刘因的早慧。

对于刘因的师承,《元史》本传中说:"甫弱冠,才器超迈,日阅方册,思得如古人者友之,作《希圣解》。国子司业砚弥坚教授真定,因从之游,同舍生皆莫能及。"

砚弥坚,字伯固,湖北应城人,原是南宋儒生,宋端平二年(1235),姚枢、杨惟中将砚弥坚和赵复带至北方。从宋嘉熙二年(1238)开始,砚弥坚以收徒为业。苏天爵在《元故国子司业砚公墓碑》中称:"通诸经,善讲说,士执经从而问疑者日盛。公告以圣贤之旨,谆切明白,不缴绕于章句。

中原硕儒若容城刘公因、中山滕公安上，亦皆从公授经。"

由此可证，刘因曾拜砚弥坚为师，此事在苏天爵所撰《静修先生刘公墓表》中亦有记载："故国子司业砚公弥坚教授真定，先生从之游，同舍生皆莫能及，独中山滕公安上差可比。砚公皆异待之，谓先生父曰：令子经学贯通，文词浩瀚，当为名儒。"

对于砚弥坚所教授的内容，《元史·刘因传》载："初为经学，究训诂疏释之说，辄叹曰：'圣人精义，殆不止此。'及得周、程、张、邵、朱、吕之书，一见能发其微，曰：'我固谓当有是也。'及评其学之所长，而曰：'邵，至大也；周，至精也；程，至正也；朱子，极其大，尽其精，而贯之以正也。'其高见远识率类此。"

砚弥坚初期所教乃是经学训诂，刘因觉得整天研究前人训诂，不能明白大义，后来当他读到了周敦颐、二程等理学家著作，为之欢欣，认为这才是真学问，他还用一个字来概括每位大儒的成就。

按照《元史·赵复传》所载，刘因也间接受到了赵复的传承。当年姚枢奉诏在军中寻找儒、道、释、医、卜士等有用之才，其中找到了赵复，姚枢跟他交谈后，觉得赵是一位奇士，但赵复因为家人被蒙古人杀死，不愿意随之北上，并于当晚跑到水边欲自尽，姚枢找到赵复一番劝解："汝存，则子孙或可以传绪百世。随吾而北，必可无他。"

赵复来到了北京，但是因为战乱，此时遍寻不到儒家经典，于是他凭记忆写下了一些诸经传注，而后将其录复给姚枢，经过姚枢的传播，当地有学子百余人与之从学。那时忽必烈还没有登皇帝位，他召见赵复，直言自己想灭宋，问赵复是否愿做向导。赵复说宋朝是他的父母国，哪会有人引导别人去杀自己的父母。忽必烈被他的气节所折服，于是没有强迫赵复出仕，此后建起太极书院，令赵复讲学其中。

赵复抓住这个机会，在北方弘传儒学。《元史》本传载："复以周、程而后，其书广博，学者未能贯通，乃原羲、农、尧、舜所以继天立极，孔子、颜、孟所以垂世立教，周、程、张、朱氏所以发明绍续者，作《传道图》，而以书目条列于后；别著《伊洛发挥》以标其宗旨。朱子门人散在四方，则以见诸登载与得诸传闻者，共五十有三人，作《师友图》，以寓私淑之志。又取伊尹、颜渊言行作《希贤录》，使学者知所向慕，然后求端用力之方备矣。枢既退隐苏门，乃即复传其学。由是许衡、郝经、刘因，皆得其书而尊信之。北方知有程、朱之学，自复始。"

对于赵复之学传导到刘因这件事，黄百家在《宋元学案·鲁斋学案》的按语中称："自石晋燕云十六州之割，北方之为异域也久矣。虽有宋诸儒叠出，声教不通。自赵江汉以南冠之囚，吾道入北，而姚枢、窦默、许衡、刘因之徒，得闻程朱之学以广其传，由是北方之学郁起。"

按此说法，无论姚枢还是许衡、刘因，都是从赵复那里得闻程朱之学，然在理学观念上，刘因与许衡有区别。全祖望说："静修先生亦出江汉之传，又别为一派。"（《静修学案序录》）此亦称刘因之学本自赵复，只是他在传承上有了自己的特色。刘因的儒学著作主要有《四书集义精要》，该书内容是朱熹对四书的诠释的精选。朱熹特别重视四书，直到去世前的三天仍然在修改《大学章句》，朱熹所作《四书集注》中的一些说法与《朱子语类》等著作有不相同之处，朱熹生前来不及将其修订，他去世后，卢孝孙从《朱子语类》和《朱文公文集》中辑出与四书有关之说，成《四书集义》一百卷。但该书部头太大，于是刘因又从《四书集义》中摘选出重要的部分编为《四书集义精要》一书。该书在元代颇为流行，元至圣年间，由官方刊刻后，颁发给各地学校。

刘因重视朱子之学，仍然本持他年轻时的理念，他在《叙学》中说："六经自火于秦，传注于汉，疏释于唐，议论于宋，日起而日变。学者亦当知其先后，不以彼之言而变吾之良知也。近世学者往往舍传注、疏释，便读（宋）诸儒之议论。盖不知议论之学，自传注、疏释出，特更作正大高明之论尔。传注、疏释之于经，十得其六七。宋儒用力之勤，铲伪以真，补其三四而备之也。故必先传注而后疏释，疏释而后议论。始终原委，推索究竟。"

刘因不主张抛开历代注疏而直接去读六经，他认为前人的注疏必有其道理在，而宋代学者往往舍弃注疏，直接读原经。在刘因看来，古人的注疏有六七成是很有价值的，并且是解经的门径，正是出于这种理念，所以他才将《四书集义》删繁就简，去粗取精，成《精要》一书。

《四库全书》收录有《四书集义精要》，四库馆臣为该书所撰提要中颇有夸赞之语："其书芟削浮词，标举要领，使朱子之说不惑于多歧。苏天爵以简严粹精称之，良非虚美。盖因潜心义理，所得颇深，故去取分明，如别白黑。较徒博尊朱之名，不问已定未定之说，片言只字无不奉若球图者，固不同矣。"

在理气论上，刘因早年接受程朱的理一元论，认为天地万物都有一个本源："天地之间，理一而已。爰其厥中，散为万事；终焉而合，复为一理。天地，人也；人，天地也。圣贤，我也；我，圣贤也。"这番言论貌似狂妄，但他却能自圆其说："子受天地之中，禀健顺五常之气。子之性，圣之质；子之学，圣之功。子犹圣也，圣犹子也。"（《希圣解》）

刘因十分赞赏周敦颐的太极图，他在《赠写真田汉卿别字景延》一诗中写道："君不见濂溪先生画出太极图，下笔万物形神枯。又不见伊洛丈人写出先天理，凿破化胎混沌死。灵犀一点透圆光，自然造化随驱使。"

刘因仔细研究了前儒河图洛书的观点，对于河图的观点，商聚德在《刘因评传》中归为了三类，第一类是以邵雍在《皇极经世》中的八卦次序图为河图，第二类是以邵雍所创造的先天图为河图，第三类则是以九数之图为河图。刘因认为这三种说法都有问题："然其自私者，必出于已而后是，是以致疑于其间者尚纷纷然也。有指伏羲八卦次序为之者；有指先天图而为之者；亦有主刘牧而疑朱子取舍之误者；近世大儒，又有自画一图为之者。"相比较而言，他更赞赏朱熹的观点："河图之说，朱子尽之矣。后人虽欲议之，不可得而议之也。"（《河图辩》）

在刘因看来，河图、太极图、先天图虽然产生于不同的时期，但基本观念却一致，可以将这三图汇统为一图，其于《太极图后记》一文中称："周子、邵子之学，先天、太极之图，虽不敢必其所传之出于一，而其理则未尝不一；而其理之出于河图者，则又未尝不一也。夫河图之中宫，则先天图之所谓无极，所谓太极，所谓道与心者也。先天图之所谓无极，所谓太极，所谓道与心者，即太极图之所谓无极而太极，所谓太极本无极，所谓人之所以最灵者也。"

刘因首先说，周敦颐和邵雍所作的先天图和太极图虽然所传不同，但道理却相同，而这两图也有太极的概念。接下来，他在该文中用了很长一个段落来解释这三图中的相同之处，因此商聚德先生总结说："刘因的这一大篇会通之词确有所见。这是因为，河图、太极图、先天图三者，都以阴阳奇偶作为基本观念，其致思方式本来一致。尽管表现形式各有不同，范畴理论自成体系，但毕竟有相通之处。"

五、草庐学派：吴澄，内主敬尊德性，外格物而致知

吴澄，字幼清，晚改伯清，号草庐，抚州崇仁人，身历宋、元两朝，其中二十七年在宋，五十八年在元，是那个时代著名的理学家。揭傒斯奉诏为他所撰《神道碑》中称："皇元受命，天降真儒，北有许衡，南有吴澄，所以恢宏至道，润色鸿业，有以知斯文未丧，景运方兴。"他与许衡并称为"北许南吴"，二者又与刘因并称为"元代三大家"。黄宗羲在《宋元学案》中说："有元之学者，鲁斋、静修、草庐三人耳。"

吴澄世居崇仁，自幼受到良好教育，其祖父为其蒙师，三岁时祖父就教他读古诗，他能随口成诵，七岁时就能读《论语》《孟子》，十岁时偶然间读到《大学》《中庸》章句，顿生欢喜，十六岁时谒程若庸，成为朱熹三传弟子，每每提问，总是令程极为赏识，由此而渐渐厌倦科举之业。十九岁时作《道统图并叙》，他在《叙》中说："道之大原出于天，神圣继之。尧舜而上，道之元也；尧舜而下，其亨也；洙泗邹鲁，其利也；濂洛关闽，其贞也。分而言之，上古则羲皇其元，尧舜其亨，禹汤其利，文武周公其贞乎；中古之统，仲尼其元，颜、曾其亨，子思其利，孟子其贞乎；近古之统，周又其元，程张其亨也，朱子其利也。孰为今日之贞乎？未之有也，然则可以终无所归乎？"（《元史·吴澄传》）

吴澄以《周易》的"元亨利贞"来将道统进行归类，同时按"元亨利贞"将周期分为上古、中古和近古。近古道统中周敦颐是"元"，二程、张载是"亨"，朱熹是"利"，唯独缺"贞"，显然他是以"贞"为自认，可见其志向高远。

关于吴澄的师承，黄百家在《宋元学案》中说："幼清从学于程若庸，为朱子之四传。"全祖望说："草庐出于双峰，固朱学也，其后亦兼主陆学。盖草庐又师程氏绍开。"可见他又是程绍开的弟子。吴澄是饶鲁的再传弟子，饶鲁是黄榦的弟子，黄榦是朱熹的女婿兼弟子，所以黄百家称："黄勉斋榦得朱子之正统，其门人一传于金华何北山基，以递传于王鲁斋柏，金仁山履祥，许白云谦。又于江右传饶双峰鲁，其后遂有吴草庐澄，上接朱子之经学，可谓盛矣。"

饶鲁是宋末"和会朱陆"观念的开启者，此观念对吴澄有影响，但总体上说，吴澄仍然属于程朱派。虽然他认为尊德性很重要，但他觉得尊德性的前提必须从读书讲学开始，这又是朱熹"道问学"的思想。

吴澄认同朱熹的太极观，所以也强调太极是宇宙的本源，他同时关注到了朱陆对"无极而太极"理解上的不同。陆九渊认为朱熹在"太极"之上加上"无极"是叠床架屋，但朱熹认为合无极太极为一，是用无极的无形无象来形容太极，以此消灭无极太极之外别有一物的观念。吴澄等同朱熹的解释，故其称："道也者，无形无象，无可执著，虽称曰极，而无所谓极也，虽无所谓极，而实为天地万物之极，故曰'无极而太极'。"（吴澄《无极太极说》）

在具体解释上，朱熹主要强调太极是"理"，吴澄则说太极是"道"："太极者何也？曰：道也。道而称之曰太极，何也？曰：假借之辞也。道不可名也，故假借可名之器以名之也。以其天地万物之所共由也，则名之曰：道。道者，大路也。以其条派缕脉之微密也，则名之曰：理，理者，玉肤也，皆假借而为称者也。"（吴澄《无极太极说》）

关于理气问题，吴澄说气是存在于天地之初的物质，天下万物均为气所生："天地之初，混沌洪濛，清浊未判，莽莽荡荡，但一气尔。及其久也，其运转于外者，渐渐轻清，其凝聚于中者，渐渐重浊。轻清者积气成象而为天，重浊者积块成形而为地。天之成象者日月星辰也，地之成形者水火土石也。"（吴澄《原理》）

吴澄认为人与天地万物有很多相通处："人禀气于天，赋形于地。耳目口鼻为首，犹天之日月星辰也；脉髓骨肉为身，犹地之水火土石也。心胆脾肾四脏属天，肺肝胃膀胱四脏属地。指节十二，合之二十四，有天之象焉；掌文后高前下，山峙水流，有地之法焉。"（《原理》）

他将人的五官与天上的日月星辰相对应，将人的血脉骨肉与地下的水火土石相对应，同时说人的心胆脾肾属于天，肺肝胃膀胱属于地。如此等等的对比，应该是受到董仲舒"人副思想"的启发。

对于理和气的先后问题，吴澄认为是"理在其中，元不相离"。他认为"理在气先"的观念有问题："老子云：天下万物生于有，有生于无。万物者，指动植之类而言；有字指阴阳之气而言；无字指无形之道体而言。此老子本旨也。"为此，他又说："老子以为先有理而后有气，横渠诋其有生于无之非，晦庵先生诋其有无为二之非。其无字是说理字，有字是说气字。"（吴

第七章 金元：儒学的衰落与衍圣公的确立　325

澄《答田副使第三书》)

在吴澄看来,老子所说的话就等同于理先气后,但是吴澄又没有完全反对这个观点,他的观点是:在坚持理气不分先后的前提下,来说理在气先。

在心性论问题上,吴澄依然本持朱熹的观念,认为人性得之于理:"人得天地之气而成形,有此气即有此理,所有之理谓之性。此理在天地,则元亨利贞是也,其在人而为性,是仁义礼智是也。"(《答人问性理》)又称:"夫人之生也,以天地之气凝聚而有形,以天地之理付畀而有性。"(吴澄《仙城本心楼记》)同时,吴澄强调性是纯善的:"性者,天所付于我之理,纯粹至善者也。是性也,张子所谓天地之性也。孟子所以言性善者谓此也。"(吴澄《杂识一》)

但是社会上的人却有善有恶,这是为什么呢?吴澄说之所以出现这种结果,是因为人的气禀不同:"性即天理,岂有不善?但人之生也,受气于父之时,既有或清、或浊之不同;成质于母之时,又有或美、或恶之不同。气之极清,质之极美者,为上圣。盖此理在清气美质之中,本然之真无所污坏。此尧舜之性所以为至善,而孟子之道性善,所以必称尧舜以实之也。其气之至浊,质之至恶者为下愚。上圣以下,下愚以上,或清、或浊、或美、或恶,分数多寡有万不同,惟其气浊而质恶,则理在其中者被其拘碍沦染,而非复其本然矣。此性之所以不能皆善,而有万不同也。"(《答人问性理》)

就整体理学概念来论,吴澄的修养方式是将朱陆观念合二为一。虞集在《临川先生吴公行状》中录有吴澄说过的一段话:"盖先生尝为学者言:朱子道问学工夫多,陆子静却以尊德性为主。问学不本于德性,则其弊偏于言语训释之末,果如陆子静所言矣,今学者当以尊德性为本,庶几得之。"从这段表述看,吴澄更偏重于陆学,为此,他受到了许衡弟子的非议:"议者遂以先生为陆学,非许氏尊信朱学之义。"

关于吴澄是尊朱还是尊陆的问题,他在《送陈洪范序》中说过这样一段话:"朱子之教人也,必先之读书讲学。陆子之教人也,必使之真知实践。读书讲学者,固以为真知实践之地,真知实践者亦必自读书讲学而入。二师之为教一也,而二家庸劣之门人各立标榜,互相诋訾,至于今,学者犹惑。"可见他既不偏朱也不偏陆,他认为应当取朱陆两家之长,将其合二为一,这才是正确的思想。

第八章 明初的朱学与陆学

龙凤九年（1363），朱元璋在鄱阳湖消灭了陈友谅的军事主力，开始制定建国方略。转年，朱元璋跟徐达谈到了治国纲领问题："建国之初，当先正纪纲。元氏昏乱，纪纲不立，主荒臣专，威福下移，由是法度不行，人心涣散，遂至天下骚乱。……礼法，国之纪纲。礼法立，则人志定、上下安。建国之初，此为先务。"（《明太祖实录》）

朱元璋认为元朝亡国的原因是"纪纲不立"，纪纲不立则是因为元代官学的凋敝，可见官学教育对国家的稳定十分重要，所以他在建国前就开始考虑要设置国子学："岁乙巳（1365）九月丙辰朔，置国子学，以元故集庆路儒学为之。设博士、助教、学正、学录、典乐、典书、典膳等官。"（《南雍志》）

吴元年（1367）正月初一朱元璋即吴王位，在这一年，开始设置国子学官制，《南雍志》载："吴元年（1366）冬十月丙子，定国子学官制。祭酒正四品，司业正五品，博士正七品，典簿正八品，助教从八品，学正正九品，学录从九品，典膳从九品。"

次年朱元璋登皇帝位，国号大明，建元洪武。洪武元年（1368），朱元璋诏孔子五十五代孙孔克坚至京师，孔克坚托病称不能前往，派其子孔希学前往朝拜。朱元璋不悦，亲笔给孔克坚下诏说："尔祖宗垂宪万世，子孙宾职王家，代有崇荣，非独今日。吾奉天命安中夏，虽起庶民，然古人由民而称帝者，汉高祖也。尔言有疾，未知实否。若称疾以慢吾，不可也。"于是孔克坚前来，朱元璋待以上宾之礼，给俸禄而不使视事，同时下诏孔希学袭封衍圣公，赐资善大夫，官居正二品。

洪武二年（1369），朱元璋在给中书省下的一道敕谕中谈到了元代官学的弊端，以及重振官学的重要性："学校之教，至元其弊极矣。使先王衣冠礼义之教混为夷狄，上下之间波颓风靡，故学校之设名存实亡。况兵燹以来，人习于战斗。惟知干戈，莫识俎豆。朕恒谓，治国之要教化为先，教化之道学校为本。今京师虽有太学，而天下学校未兴。宜令郡县皆立学，礼延师儒教授生徒，以讲论圣道，使人日渐月化，以复先王之旧，以革污染之习。此最急务，当速行之。"（《明太祖实录》）

明代初年，朱元璋下令各地举荐儒学人才，同时于洪武三年（1370）开科取士。洪武十五年（1382），新建太学落成，改国子学为国子监，朱元璋幸国子监谒先师孔子，行释菜礼，并亲自为太学生讲《尚书》中的《大禹谟》《皋陶谟》《洪范》诸篇。

洪武十七年（1384），朱元璋令礼部颁科举成式，考试内容以朱熹的《四书集注》为主，另外还有五经。但是他对孟子的观念有些不认可，因为孟子说过"民为贵，社稷次之，君为轻"，孟子还说过："君之视臣如手足，则臣视君如腹心；君之视臣如犬马，则臣视君如国人；君之视臣如草芥，则臣视君如寇雠。"这些都令朱元璋所不喜。

全祖望在《辨钱尚书争孟子事》中记载了一个朱元璋和孟子的小故事："《典故辑遗》载：上读《孟子》，怪其对君不逊，怒曰：'使此老在，今日宁得免耶？'时将丁祭，遂命罢配享。明日，司天奏文星暗，上曰：'殆孟子故耶？'命复之。"

朱元璋建立了高度集权的政府，所以很不满孟子贵民轻君的观念，读到孟子的这些话后十分生气，声称孟子如果活到今天，定将其斩之，而后下令罢掉孟子在孔庙祭典中的配享资格。结果转天就发生了奇异天象，管理天象的官员来报告说文星黯淡，朱元璋只好恢复了孟子的配享。至洪武二十七年（1394），朱元璋命翰林学士刘三吾删掉《孟子》中他不喜欢的那些话，成《孟子节文》一书，并随即下令将《孟子节文》刊刻印行颁布天下。

明永乐时期，朝廷更为提倡程朱理学，永乐十二年（1414），成祖谕翰林学士胡广、侍讲杨荣等："五经四书，皆圣贤精义要道，其传注之外，诸儒议论有发明余蕴者，尔等采其切当之言，增附于下。其周、程、张、朱诸君子性理之言，如《太极通书》《西铭》《正蒙》之类，皆六经之羽翼，然各自为书，未有统会，尔等亦别类聚成编。二书务极精备，庶几以垂后世。"（《明太宗文皇帝实录》）

转年大臣们编纂完成《性理大全》，同时纂修《五经大全》和《四书大全》，三部《大全》基本上都是以程朱的经传集注为本编辑而成。三部《大全》确立了社会的思想准则，同时也确立了程朱理学的统治地位。在科举考试的出试比例上，《四书》分量逐渐加重，且为标准答案，士子只有固守程朱教条，才能取得入仕资格。这种状况一直延续到明代末期，使得理学渐渐失去了活力，顾炎武在《日知录》中说："自八股行而古学弃，《大全》出而经说亡，十族诛而臣节变。洪武、永乐之间，亦世道升降之一会矣。"

第八章　明初的朱学与陆学

一、曹端：月映万川，开明代理学之先

曹端，字正夫，号月川，河南渑池人，清杨国桢在《曹月川先生遗书序》中说："先生生洪武之初，首以正学为天下倡。由是河东、新会（陈献章）、余干（胡居仁）赓续而倡明之。故永、宣、成、弘之世，士皆有师传宗统，而风俗骎骎，治近于古。"

可见曹端是明代理学开风气之先的人物，对于他的学术所本《明史·儒林传》中称："原夫明初诸儒，皆朱子门人之支流余裔，师承有自，矩矱秩然。曹端、胡居仁笃践履，谨绳墨，守儒先之正传，无敢改错。"按此说法，明代前期，儒学名家主要是继承元代余绪，皆宗朱子学。

曹端在幼年时就表现出与同龄儿童不同处，那些孩子在打闹玩耍时，曹端却能拱手正立，故其父为他起名端，五岁时他看到河图、洛书，就向父亲提出相关问题，成年后读到了《太极图》《西铭》等著作，于是下定决心要以此作为学习目标。他在二十岁时读到了谢应芳的《辨惑篇》："如获重璧，昼夜诵习，力行不息，虽寝疾出外，未尝释手。盖喜其明正道、辟邪说，粹然一出于正者也。"（《辨惑篇序》）

永乐七年（1409），曹端三十四岁时，会试登乙榜第一，同年四月授山西霍州儒学学正，永乐二十年（1422）调任山西蒲州学正，他的主要精力用在了教学方面。曹端五十七岁时作《月川图诗》："天月一轮映万川，万川各有月团圆。有时川竭为平地，依旧一轮月在天。"

这是一首哲理诗，他将月亮比喻为太极和理，将万川比喻为理的分殊，由此而诠释了理一分殊的哲学概念。此诗流传甚广，为此，曹端自号月川子，时人称其为月川先生。他一生著述甚丰，有《太极图说述解》《通书述解》《性理文集》等。

对于太极的理解，曹端一本朱熹："太极，理之别名耳。天道之立，实理所为。理学之源，实天所出。是故河出图，天之所以授羲也；洛出书，天之所以锡禹也。羲则图而作《易》，八卦画焉；禹则书而明《范》，九畴叙焉。圣心，一天理而已。圣作，一天为而已。"（《太极图说述解序》）

曹端认为太极与理完全相同，太极只是理的另一种说法，天与道的运行得于理，宇宙间的一切事物皆由理来统御，而理的根源是天，《河图洛书》

显示的是理，这是天将理来示人，太极生出的两仪四象八卦皆是理的显现。

万物各有其性，但是万物又被太极所统领，这就是理一分殊的关系，对于理一分殊，曹端用"月映万川"来形容："自其本而末，则一理之实，而万物分之以为体。然而谓之分，不是割成片去，只如月映万川相似。"（《通书述解》）

明月投映于天下所有河流，看上去似乎每条河流都有一个月亮，且每一个月亮都是独立完整的，曹端想以此来说明天空中只有一个月亮，宇宙间也只有一个太极，既然天下的湖海都拥有完整的月亮，那么世间也各自拥有一个完整的太极，而不是太极的一部分。所以，太极是不可分割的。人是天下万物中的一种，既然物物具有一太极，那么人人也具有一太极："天地之间，人物之众，其理本一，而分未尝不殊也。以其理一，故推己可以及人。以其分殊，故立爱必自亲始。"（朱熹《孟子或问》）

虽然曹端的太极观本自朱熹，但对朱熹的一些观念也有所纠正，他认为要理解朱子的太极观，就要读《太极图说解》，而不要去读《朱子语类》上的相关话题。如果相信《朱子语类》上的所言而怀疑《太极图说解》，那就是"弃良玉而取顽石，掇碎铁而掷成器，良可惜也"（《曹月川先生遗书序》）。

对于太极的动静问题，他不同意《朱子语类》中所说的："理之乘气，犹人之乘马，马之一出一入，而人亦与之一出一入。"他认为这种说法是以气为本，该说法否定了理的崇高地位："若然，则人为死人。而不足以为万物之灵。理为死理，而不足以为万化之原。理何足尚，而人何足贵哉？今使活人乘马，则其出入、行止、疾徐，一由乎人驭之何如耳。活理亦然。"（《辨戾》）

可见曹端是强调"理"的重要性而贬抑"气"，但这种说法等于是将理气为二，黄宗羲在《明儒学案》中点出了曹端的这个问题："先生之辨，虽为明晰，然详以理驭气，仍为二也。气必待驭于理，则气为死物。抑知理气之名，由人而造。自其浮沉升降者而言，则谓之气；自其浮沉升降不失其则者而言，则谓之理。盖一物而两名，非两物而一体也。"

曹端在一些问题上有着陆九渊的观念，比如《曹月川先生录粹》中载："六经、四书，圣心之糟粕也，始当靠之以寻道，终当弃之以寻真。"在他看来，六经、四书虽然是圣人所作，但与自身的体悟相较，仍然属于糟粕，他认为修炼内心最重要的是"学圣之事，主于一心"。他的这些观念对阳明心学有一定的影响。

二、河东学派：以关闽诸子为法绳，以古圣贤为归宿

薛瑄，字德温，号敬轩，河津人，他与弟子张鼎、阎禹锡以及私淑弟子段坚形成"河东之学"，薛瑄则被后世视为明代河东学派的创始人。薛瑄从六岁开始跟随祖父学习《小学》及四书能过目成诵，到十三四岁时已通晓五经大义。永乐元年（1403），参政陈宗问见到薛瑄时看了他的诗稿，认为薛日后必能成为大儒。于是陈宗问"欲以奇童荐诸朝。先生以年未至学，不就，固辞乃止"。自此之后，"先生遂厌科举之学，慨然有求道之志。精思力践，一言一动必质诸书，一有不合，终夜反侧不寐"。（阎禹锡《礼部左侍郎兼翰林院学士薛先生行状》）

正统十四年（1449），陈信等官员向朝廷推举薛瑄，称其学究性理，召为大理寺丞。后因平判贵州苗判有功，户部左侍郎翰林院学士江渊上疏："薛某躬行实践，深明理学，宜留内阁近地，以资启沃。"于是在景泰二年（1451），升南京大理寺卿。（《薛瑄合集·行实录》）

天顺八年（1464），薛瑄去世了，因其曾官至礼部左侍郎兼翰林学士，故得谥文清。《明史·薛瑄传》载："弘治中，给事中张九功请从祀文庙，诏祀于乡。已，给事中杨廉请颁《读书录》于国学，俾六馆诵习。且请祠名，诏名'正学'。隆庆六年（1572），允廷臣请，从祀先圣庙庭。"

薛瑄贵实践，不重著述，他的学术观亦遵朱学，认为朱子已经将理学的方方面面讲得很清楚，所以不必再著书。他的著作有《读书录》《读书续录》，是他研读理学的札句，由弟子阎禹锡等编辑而成，该书也体现了他的学术观。兴安知府田赋在《重刊读书录》跋中说："文清公平生读书，以诚敬为主，本以关、闽诸子为法绳，以古圣贤为归宿。故其《录》也，于心身为切要，词不枝蔓，意不幽秘，句不怪诞，明正简易，读者可索而玩味焉。隽永冲足，悠远整洁，如太羹钟镛，非嗜乐之真者弗取。"

虽然薛瑄遵奉朱学，但某些方面也有自己的见解，比如无极、太极的关系问题，他在《读书录》中说："无极而太极，非有二也。以无声无臭而言，谓之无极；以极至之理而言，谓之太极。无声无臭而至理存焉，故曰'无极而太极'。以性观之，无兆朕之可窥而至理咸具，即'无极而太极'也。"

薛瑄认为无极就是太极，两者没有区分，如果从无声无臭来说叫作无极，从理来说就叫太极。朱熹把"无极而太极"解释为"无形而有理"，薛瑄的观念也是本自朱熹，但是他放弃了朱熹所说的"未有天地之先，毕竟也只是理"。薛瑄认为朱子的说法把理推到了极端，容易导致理气为二物。他认为理气不讲先后，不讲轻重，只能是浑然一体。

朱熹认为"太极不自会动静"，薛瑄不同意这个观点，他认为太极在阴阳之中，那么太极自然会有动静："张子曰'一故神'，神即太极也。或者谓：太极不会动静，则神为无用之物矣，岂所以为'造化之枢纽、品汇之根柢'哉？"（薛瑄《读书录》）

朱熹认为阴阳属形而下，太极属形而上，太极本身不会动静，其只是存在于阴阳二气运动变化中的理，太极的动静只是乘阴阳二气之机的动静，故朱熹说："盖谓太极含动静则可，以本体而言也。谓太极有动静则可，以流行而言也。若谓太极便是动静，则是形而上下者不可分，而'易有太极'之言亦赘矣。"（《答杨子直》）

按此说法，太极只是含动静，而不能直接说太极有动静。但薛瑄认为如果太极没有动静，那太极就成了无用之物，所以他坚持认为太极有动静。薛瑄先引用了临川吴氏的说法："太极无动静也，故朱子释太极图曰：太极之有动静，是天命有流行也。此是为周子分解太极不当言动静，以天命有流行，故只得以动静言。"而后评价说："窃谓：天命即天道也，天道非太极乎！天命既有流行，太极岂无动静？"接着薛瑄引用了朱熹所言："太极者本然之妙也，动静者所乘之机也。"之后得出了他的看法："是则动静虽属阴阳，而所以能动静者，实太极为之也。使太极无动静，则为枯寂无用之物，又焉能为'造化之枢纽、品汇之根柢'乎？以是观之，则太极能为动静也明矣。"（《读书录》）

对于理和气的关系，薛瑄做出如下形象比喻："气有聚散，理无聚散。以日光飞鸟喻之，理如日光，气如飞鸟，理乘气机而动，如日光载鸟背而飞，鸟飞而日光虽不离其背，实未尝与之俱往，而有间断之处，亦犹气动而理未尝与之暂离，实未尝与之俱尽，而有灭息之时。"（《读书录》）薛瑄用鸟来比喻气的动静，把太阳比作理，理跟着气的动静而动静，就如同阳光照在鸟背上，跟鸟一起飞行一样。他以此说明了理乘气而动，理在气中。从形式上说，气有聚散而理无聚散，他同时又说："理如日月之光，大小之物各得其光之一分，物在则光在物，物尽则光在光。"（《读书录》）薛瑄用日光与鸟的关系来说明理一分殊的道理。

对于理气的先后问题，朱熹强调"未有这事，先有这理"，认为在天地万物产生之前，这些事物之理就已存在了："未有天地之先，毕竟也只是理。有此理，便有此天地，若无此理，便亦无天地，无人无物，都无该载了。有理便有气，流行发育万物。"（《朱子语类》）

薛瑄不同意朱熹的这个诊断："窃谓理气不可分先后，盖未有天地之先，天地之形虽未成，而所以为天地之气，则浑浑乎未尝间断止息，而理涵于气之中也。及动而生阳，而天始分，则理乘是气之动而具于天之中；静而生阴，而地始分，则理乘是气之静而具于地之中。分天分地，而气无不在；一动一静，而理无不存。以至'化生万物，万物生生而变化无穷'，理气二者盖无须臾之相离也。"（《读书录》）

在薛瑄看来，天地没有形成之前，构成天地万物的气就已经存在，这时的气是浑然未分的，但这浑然之气中蕴含着理，理与气交织在一起，所以不能说理先于气存在。

薛瑄认为历史上有多个宇宙的存在，前一个宇宙结束了，会产生一个新的宇宙："今天地之始，即前天地之终。其终也，虽天地混合为一，而气则未尝有息。但翕寂之余，犹四时之贞，乃静之极耳。至静之中，而动之端已萌，即所谓'太极动而生阳也'。"但是："原夫前天地之终静，而太极已具，今天地之始动，而太极已行。"（《读书录》）

天地演化是个无休止的过程，在此过程中，气是永恒存在的，所以薛瑄认为："理只在气中，决不可分先后，如太极动而生阳，动前便是静，静便是气，岂可说理先而气后也。"（《读书录》）虽然理在其中，但是理不等于太极："以气中有太极则可，以气即太极则不可。"（《读书续录》）为此，薛瑄又做出了如下比喻："理如月，气如水。或一海水，或一江水，或一溪水，或一沼水，或一钟水，或一盂水，水虽不同，莫不各得一月之光。或一海水尽，或一江水尽，或一溪、一沼、一钟、一盂水尽，水尽时，各水之月光虽不可见，而月之本体则常存，初不与水俱尽也。以是观之，则气有聚散，而理无聚散也，又可见矣。"（《读书录》）

如果把理比作月光的话，那么气就如同水，因为容器的不同，天下的水呈现各式各样的外形，但月光照在各种水面上都会有一个完整的月亮。当把容器里的水用尽时，月光就不见了，但是月亮却是永存的，它并不因水尽而尽。薛瑄以此说明了气有聚有散，但是理无聚散。

从以上的论述可以看出，薛瑄虽然最为推崇朱熹，但在有些观点上，他能坚持己意，比如，他认为读《朱子语类》，不如去读朱子的《易本义》《四书集注》《四书章句》《四书或问》等，如果读完这些重要著作，还有精力的话，则可去参考《朱子语类》。薛瑄这么说，是因为《朱子语类》是朱子的门人记录的，记录人会掺入自己的观点，再加上这些语录是门人辗转抄录的，很可能已经不是朱子的原话，所以说要想把握朱子思想，就必须从他的自著书入手。

站在理学家的观点，读古人书要尽量读原本，不要读烦琐的注解，薛瑄也本持这种观念："各经，四书，注脚之注脚太繁多，窃谓不若专读各经、四书正文、传注，熟之又熟，以待自得之可也。小注脚太繁多，不惟有与经注矛盾处，亦以起学者望洋之叹。"在薛瑄看来："学者于正经、传、注尚不能精熟，即泛观小注中诸儒之说，愈生支节而莫知其本。若传、注精熟之余，有余力而参看之可也。"(《读书录》)

对于河东学派的特色，黄宗羲在《明儒学案》中总结说："河东之学，悃愊无华，恪守宋人矩矱。故数传之后，其议论设施，不问而可知其出于河东。"

三、崇仁学派：南方朱学大宗，兼采陆学

吴与弼，字子傅，号康斋，福州崇仁县小陂人，与薛瑄同时，二人被称为"南北两大儒"。吴与弼对明代儒学有着开创之功，故黄宗羲《明儒学案》中第一篇就是《崇仁学案》，赞其："呜呼！椎轮为大辂之始，增冰为积水所成，微康斋，焉得有后时之盛哉！"

吴与弼出生在官宦之家，其父吴溥为国子司业，为官正直，对《春秋》有深入研究。吴与弼从六岁至十八岁间，一直学习诗、赋、经制，十九岁时前往南京看望父亲，得以拜洗马杨溥为师。

第八章　明初的朱学与陆学

吴与弼在父亲的任所偶然读到了朱熹的《伊洛渊源录》,此书让他懂得了理学正途,他将自己的感慨写入了此书跋中:"睹道统一脉之传,不觉心醉……于是思自奋励,窃慕向焉,而尽焚当时举子文字,誓必至乎圣贤而后已……与弼迷途少改,实始于此文。"(《康斋文集》)

吴与弼毅然决定放弃科考,烧掉自己的制艺文章,发誓要走圣贤之路,为此,他苦读儒家之书:"谢人事,独处小楼,玩四书五经、诸儒语录,体贴于身心,不下楼者二年。"(《明儒学案·崇仁学案》)

吴与弼认为读圣贤之书是为了体味圣贤之道,不应当为外物所扰,他坚持刻苦自立,不事著述。他的理学观对后世构成重大影响,侯外庐在《宋明理学史》中称他:"南方开'崇仁之学',亦称朱学大宗。"同时又说:"与薛瑄同时的吴与弼,也是明代前期的朱学人物。所不同者,薛瑄偏于下学,主道德实践;吴与弼则侧重于'寻向上工夫',求'圣人之心情'。"

吴与弼在六十八岁时入朝为官,明英宗命他教太子读书,他上任两月余就以病辞,并在辞官返乡前向英宗陈言十事。后来他特意到福建去祭拜朱熹墓"以申愿学之志",然后在家乡崇仁小陂讲学授徒以终老。

吴与弼的理学观念并无师承,黄宗羲在《明儒学案》中说:"先生上无所传,而闻道最早,身体力验,只在走趋语默之间,出作入息,刻刻不忘,久之自成片段,所谓'敬义夹持,诚明两进'者也。一切玄远之言,绝口不道。学者依之,真有途辙可循。临川章衮谓其《日录》为一人之史,皆自言己事,非若他人以己意附成说,以成说附己意,泛言广论者比。"

吴与弼本持的是宋学,四库馆臣说他兼采理学与心学:"与弼之学,实能兼采朱、陆之长,而刻苦自励。"

吴与弼在理学上最大的贡献是培养出多位著名的弟子,先后从学的有娄谅、胡居仁、谢复、胡九韶、陈献章、周文等。他的弟子后来分成两大派别,甚至成为阳明之学的源头。

在天理观方面,吴与弼认为天理存于人心,而人心是天地万物的主宰:"无极之妙,充盈宇宙,而该贯吾心,何可须臾离哉!然事几万态,大和难保,不有精鉴以为权度,难免于流俗架空之患矣。"(《省庵记》)

天理不但充塞于天地间,同时天地不离人心,以人心之精鉴来衡量万物,就可以驱离流俗架空之患。吴与弼将人心等同于天理,认为"寸心含宇宙",这一点应是本自陆九渊的"吾心即是宇宙"。

对于心的重要性,吴与弼说:"夫心,虚灵之府,神明之舍,妙古今而贯穹壤，主宰一身而根柢万事，本自莹彻昭融，何垢之有？然气禀拘而耳目口鼻四肢百骸之欲为垢无穷，不假浣之之功，则神妙不测之体，几何不化于物哉？"(《浣斋记》)

吴与弼认为心无所不在，且能包含宇宙间的一切事物，不但主宰人的行为思虑，而且万物也不能从心中逃离。为此，他坚持正统理学家所强调的"存天理灭人欲"观念："圣贤所言，无非存天理、去人欲。圣贤所行亦然。学圣贤者，舍是何以哉！"(《明儒学案》)

对于理学家所讲的理气问题，吴与弼认为气就是"元气"，同时"三纲五常，天下元气。一家亦然，一身亦然"(《康斋集·日录》)。

他认为三纲五常就是元气，无论是一家还是一人，都应当遵守三纲五常，否则的话，就会伤元气。与元气相对的就是"闲气"，其认为："以事难处，夜与九韶论到极处，须是力消闲气，纯乎道德可也。倘常情一动，即去道远矣。"(《明儒学案》)

在他看来，闲气的产生主要是受世俗杂事的影响，例如《康斋集·日录》载："夜病卧，思家务，不免有所计虑，心绪便乱，气即不清。徐思可以力致者，德而已。此外非所知也。吾何求哉，求厚吾德耳。心于是乎定，气于是乎清。"思虑不当，就容易让人的心被蒙蔽，显然这些杂事不能让人静心，要想学圣贤之言，必须通过静心来修身养性。

四、余干学派：以主忠信为先，以求放心为要

胡居仁，字叔心，号敬斋，江西余干县梅港人，明万历十三年（1585）从祀孔庙，追谥文敬。对于他的学术观，《明史·儒林传》中称："其学以主忠信为先，以求放心为要，操而勿失，莫大乎敬，因以敬名其斋。"

胡居仁七岁受学于家塾，因其天资聪颖、悟性极高，且能过目成诵，被时人称为神童。景泰三年（1452），胡居仁十九岁时师从安仁于世衡学习

《春秋》。景泰五年（1454），胡居仁前往临川拜吴与弼为师，他在给于世衡的信中写道："甲戌冬，将《小学》习读，略有所感，于是往受教于临川吴先生之门。乃知古昔圣贤之学，以存心穷理为要，躬行实践为本，故德益进，身益修。治平之道，固已有诸己。是以进而行之，足以致君泽民，退而明道，亦可以传于后世。岂记诵词章智谋功利之可同日语哉！"（《奉于先生》）

在吴与弼那里，胡居仁体味到了何为理学正宗，从此放弃了记诵辞章之学，绝意仕途，全身心学习圣贤之学。天顺年间，胡居仁离开吴与弼返回江西余干县，集资建屋开始讲学授徒，后来学生数量太多，于是他主持重修丽泽堂，制定了著名的《丽泽堂学约》。此外，他曾两次执掌白鹿洞书院，培养出大量弟子，后世称他所创学派为"余干学派"。

胡居仁传世著作有《易象抄》四卷、《居业录》八卷，但后世认为《易象抄》可能不是他的作品。《居业录》则是他讲学时留下的语录，由其门人、女婿余祐整理成书，余祐在此书的序中称："居业录者，先生道明德立，理有契于中而无可告语，事有感于外而无可施行，故笔之于册，而命以是名。"

四库馆臣对《居业录》评价颇高："所著《居业录》至今称道学正宗。"本节以下不注出处者，均出自《居业录》。

胡居仁的理气观本自朱熹，他在《归儒峰记》中说："天下古今，一理而已。予惟究其极，天地之所以阖辟，万物之所以生生，幽而鬼神，明而礼乐，显而人事，无非一理之所为。"

胡居仁把"理"视为宇宙的终极本体，是唯一的，并且是万物生成的依据。为此，他认为："有理必有气，理所以为气，气乃理之所为，生万物者气，理在气中。"在他看来："气之有形体者为实，无形体者为虚；若理则无不实也。"

在他看来，性、命、理、道是一样的，但是"道"贯穿天地人。与此同时，他继承宋儒观念，将"性"分为天地之性与气质之性，认为人的善源于前者，恶源于后者："天理有善而无恶，恶是过与不及上生来，人性有善而无恶，恶是气禀，故欲上生来。"如果要想改变气质之性，就要进行道德修养，要克制源于气禀的欲望，不使之乱天地之性。

关于"诚"和"敬"，胡居仁站在程朱立场上，主张不断地"持敬"就是诚，认为"诚敬虽是二事，其实一体"。胡居仁强调"敬"的重要性："敬为存养之道，贯彻始终。所谓涵养须用敬，进学则在致知。是未知之前，先须存养此心，方能致知。又谓识得此理，以诚敬存之而已。则致知之后，又要存养，方能不失。盖致知之功有时，存养之功不息。"

因为胡居仁主敬，所以他反对陈白沙的主静。陈白沙在《与贺克恭黄门》中说："为学须从静中坐，养出个端倪来，方有商量处。"胡居仁认为陈白沙所言近禅："陈公甫云：静中养出端倪。又云：藏而后发。是将此道理来安排作弄，都不是顺其自然。"

在格物观上，胡居仁认为理在物上，其称："格物便是致知，非格物之外别有致知工夫。"他认为格物致知是积累过程，由此可以探究一本万殊之理："一本而万殊，万殊而一本。学者须从万殊上一一穷究，然后会于一本。若不于万殊上体察，而欲直探一本，未有不入异端者。"

胡居仁站在儒家立场上来批判佛老，他引用前儒所言来证明批判佛老的正当性："圣贤待异端极严，真如待贼相似。孔子曰：'攻乎异端斯害也已'；孟子曰：'能言距杨墨者圣人之徒也'；程子曰：'佛氏之言，比之杨、墨尤为近理，故其害为尤甚，学者当如淫声美色以远之'。盖异端害道如莠之乱苗，其害大而深；功利害道如众草乱苗，其害小而浅。"为什么要批判佛老？胡居仁首先认为佛教不讲人道："世之愚者，莫如老佛。至愚之人，也晓得个天地、父母、妻子，也晓得有个己身。今禅家以天地为幻妄，己身为幻身，离父母，弃妻子，虽天地六合之大，也晓不得。"

佛、老相较，胡居仁认为禅学对人的影响更深："杨、墨、老、佛、庄、列，皆名异端，皆能害圣人之道。为害尤甚者，禅也。"为什么给出这样的结论？胡居仁解释说："禅家害道最甚，是他做工夫与儒家最相似。他坐禅入定工夫与儒家存心工夫相似，他们心空与儒家虚心相似，他们静坐与儒家主静相似，他们快乐与儒家悦乐相似，他性周法界与儒家万物一体相似，他光明寂照与儒家虚灵知觉相似。儒家说从身心上做工夫，他亦专要身心上做工夫。儒家说诚意，他便发诚心。故似是而非，莫过于禅家，所以害道尤甚。"

胡居仁对道教也有批判："老氏说《道德》，释氏说《心经》，故天资高者往往从之。老氏以玄妙为道德，不从日用常行处体察。"在他看来，道家虽然有比较精深的理论，但是道家所讲究的修炼乃是为了一己之私："或问：'修养家之养气同否？'曰：'修养家所养，乃一身之私气。私则邪矣。'"胡居仁还曾将佛、道二教放在一起比较："老氏虽背圣人之道，未敢侮圣人，庄子则侮圣人矣。庄子虽侮圣人，未敢侮天地，释氏则侮天地矣。"总之，他批判佛教与道教，目的在于凸显儒教的正确性和优越性。

胡居仁在修炼方式上最讲涵养，认为："非有孟子天资，便无可依据。故孔子只教人忠信笃敬，博文约礼，便有依据持循，而心性工夫亦无不尽矣。河洛之教，实祖孔子，故主敬主一，庄整严肃，整衣冠，齐容貌，格物穷理，益详益尽。学者亦不患无依归下手处矣。"

五、江门学派：奠基明代心学，静中养出端倪

陈献章，字公甫，号石斋，广东新会人，后随家迁居广东白沙子村，并于此讲学，故后世称为"白沙先生"，其学说被称为"白沙学说"。他是明代心学史上承前启后的人物，王阳明的弟子王畿在《复颜冲宇》中称："愚谓我朝理学，开端还是白沙，至先师而大明。"因其弟子主要处在岭南地区，故其所创学派被称为"岭南学派"，还有些研究资料称其为"江门学派"。黄明同在《陈献章评传》一书的前言中称："陈献章之学，融儒、道、释于一炉，创江门学派，立岭南理学新派，既树岭南文化新风，又开明代心学先河。"

关于陈白沙的早年经历，黄宗羲在《明儒学案·白沙学案》中简述说："身长八尺，目光如星，右脸有七黑子，如北斗状。自幼警悟绝人，读书一览辄记。尝读《孟子》所谓天民者，慨然曰：'为人必当如此！'"陈白沙面貌奇异，聪明过人，读到《孟子》一书后，立志要在儒学上有所成就。他十六岁入县学读书，老师读到他做的文章后，赞叹其绝非常人："世网不足以羁之。"（张诩《白沙先生行状》）

陈白沙十七岁中举，转年入京会试中副榜，留国子监，二十四岁赴进士考，下第，二十八岁师从理学大师吴与弼。白沙在吴门读书半年后返回家乡，在家中按照吴与弼所教授的方式闭门读书，想要读尽天下文章，以此穷天下之理。但在此过程中，他始终找不到心理归依处，致使有一段时间开始读佛书。陈白沙的母亲笃信佛教，显然对他有一定影响，陈白沙尝试借鉴佛

教禅宗中的静坐来求得本心,于是建起一座春阳台,静坐其中,不问世事,达十年之久。

终于有一天,他的心豁然开朗,对于那个时段的感受,他在《李文溪文集序》中写道:"徐考其实,则见其重内轻外,难进而易退,蹈义如弗及,畏利若懦夫,卓乎有以自立,不以物喜,不以己悲,盖亦庶几乎吾所谓浩然而自得者矣。"

三十八岁时,陈白沙再次赴京赶考,国子监祭酒邢让读到了陈白沙所写《和杨龟山〈此日不再得〉》诗后大为惊叹,《明史》载:"惊曰:'龟山不如也。'扬言于朝,以为真儒复出。由是名震京师。"国子监任命陈白沙为文选清吏司历事,此为他一生中唯一的一次任职。后来他再次入京考试,因试卷丢失未能中第,这件事令他断了功名之念,返回家乡后潜心讲学。

关于陈白沙的学术观,他曾说过这样一段话:"仆才不逮人,年二十七始发愤从吴聘君学。其于古圣贤垂训之书,盖无所不讲,然未知入处。比归白沙,杜门不出,专求所以用力之方。既无师友指引,惟日靠书册寻之,忘寝忘食,如是者亦累年,而卒未得焉。所谓未得,谓吾此心与此理未有凑泊吻合处也。于是舍彼之繁,求吾之约,惟在静坐,久之,然后见吾此心之体隐然呈露,常若有物。日用间种种应酬,随吾所欲,如马之御衔勒也。体认物理,稽诸圣训,各有头绪来历,如水之有源委也。于是涣然自信曰:'作圣之功,其在兹乎!'"(陈献章《复赵提学佥宪》)

按此说法,他二十七岁时跟随吴与弼学习,虽然听闻了很多圣贤之语,但未能让他有所体悟。等他返回家乡后杜门不出,因为没有朋友可交流,所以只能从书中去摸索,但废寝忘食多年仍未有所得。他所说的所得,是希望从书中寻找到心与理的凑泊,最后他通过静坐,终于看到了自己的心体。

吴与弼的观念更接近于朱熹,所以吴与弼教给陈白沙刻苦读圣贤书,但吴并不能从中领悟到真谛,最终还是通过静坐自修,才使得心明亮起来。为此,后世学者大多认为陈白沙是明代心学的奠基者。

在陈白沙看来,养出端倪的功夫在于静,所以他从周敦颐、程颐、罗从彦、李侗等人的观念中寻找静的思想:"伊川先生每见人静坐,便叹其善学。此一'静'字,自濂溪先生主静发源,后来程门诸公递相传授,至于豫章、延平二先生,尤专提此教人,学者亦以此得力。晦翁恐人差入禅去,故少说'静',只说'敬',如伊川晚年之训。此是防微虑远之道。然在学者,须自量度何如。若不至为禅所诱,仍多静方有入处。若平生忙者,此尤为对症药

也。"(陈献章《与罗一峰》)

陈白沙也提到了朱熹担心学人在体悟"静"的过程中流入禅学,所以很少说"静",而是只讲"敬"。但在陈白沙看来,只要学者心中有尺度,就不至于流入禅,毕竟"静"才是体悟天理的最佳方式。

陈白沙把静坐作为修养功夫,称这种功夫为"作圣之功",也就是说静坐的目的是儒家所讲求的追求希圣希贤。他说过:"夫士何学?学以变化气习,求至乎圣人而后已也。"(陈献章《古蒙州学记》)

静坐看似简单,但体悟到圣学却很难,所以坚持最为重要。为什么要坚持静坐呢?陈白沙说人的心体被后天的物欲所遮蔽,只有通过静坐才能去除掉这些遮蔽:"人心上容一物不得,才着一物,则有碍。且如功业要做,固是美事,若心心念念只在功业上,则此心便不广大,便是有累之心。是以圣贤之心,廓然若无,感而后应,不感则不应。"(陈献章《与谢元吉》)

如果仅从形式上讲,儒释道三家都会讲静坐,但各自静坐目的又有区别,儒家所本持的"静"应当出自《大学》中所讲的"定而后能静,静而后能安,安而后能虑,虑而后能得"。故而周敦颐在《太极图说》中说:"太极动而生阳,动极而静,静而生阴,静极复动。一动一静,互为其根;分阴分阳,两仪立焉。"

陈白沙正是吸收这样的观念,得出了主静的修炼功夫,他觉得儒家的"静"虽然从形式上讲与释、道两家相类似,但是又有所区别:"佛氏教人曰静坐,吾亦曰静坐;曰惺惺,吾亦曰惺惺。调息近于数息,定力有似禅定。所谓'流于禅学'者,非此类欤?"(陈献章《复赵提学佥宪》)

儒家通过"静"来追求成圣成贤,佛家追求"静"是为了成佛,但外人区分不出这两种静有什么不同,所以对陈白沙所强调的静坐有所指责。为此,他解释说:"承谕有为毁仆者,有曰:自立门户者是流于禅学者。甚者则曰:妄人率人于伪者……仆又安敢与之强辩,姑以迹之近似者为执事陈之:孔子教人文行忠信,后之学孔氏者则曰,一为要,一者无欲也,无欲则静虚而动直,然后圣可学而至矣。"(陈献章《复赵提学佥宪》)

陈白沙说有人诋毁他,说他为了自立门户而流于禅学,如果只看表面,他的静修方式确实与禅没啥区别,但他强调自己的观念来自孔门,因为孔子是以"文、行、忠、信"来教育弟子的,而实现这种教育目的的方式之一就是"静虚而动直",所以他坚定地认为自己的静坐乃是孔门正法。

为什么要这么说呢?陈白沙称:"夫学有由积累而至者,有不由积累而至者；有可以言传者，有不可以言传者。夫道至无而动，至近而神，故藏而后发，形而斯存。大抵由积累而至者，可以言传也，不由积累而至者，不可以言传也。知者能知至无于至近，则无动而非神。藏而后发，明其几矣。形而斯存，道在我矣。"（陈献章《复张东白内翰》）

朱熹讲求道问学，也就是通过广泛的阅读圣贤经典，由量变最终达到质变。但陈白沙不认可这种修行方式，在他看来，有的学问确实需要通过积累而得，但还有一些学问并非如此，它必须通过自身的感悟最终得到心灵归依。所以说静坐不是目的而只是起点，静坐的最终目的是自得："士从事于学，功深力到，华落实存，乃浩然自得，则不知天地之为大、死生之为变，而况于富贵贫贱、功利得丧、屈信予夺之间哉！"（陈献章《李文溪文集序》）

为此，刘宗周以自得来总结白沙之学："先生学宗自然，而要归于自得。自得故资深逢源，与鸢鱼同一活泼，而还以握造化之枢机，可谓独开门户，超然不凡。"（黄宗羲《明儒学案·师说》）

关于何为自得，陈白沙的解释是："忘我而我大，不求胜物而物莫能挠。孟子云：'我善养吾浩然之气。'山林、朝市一也，死生、常变一也，富贵、贫贱、威武一也，而无以动其心，是名曰'自得'。"（《赠彭惠安别言》）

自得之学就是不被外物扰乱心性，同时内心要始终体悟出"鸢飞鱼跃"的心态，由此使得心性圆满自足。故而自得的前提是治心，陈白沙说治心包括洗心、存心和充心三个方面。通过治心，来得见心性本体，这个本体在儒家称为"诚"。对于"诚"的重要性，陈白沙在《无后论》中说："君子一心足以开万世，小人百感足以丧邦家。何者？心存与不存也。夫此心存则一，一则诚；不存则惑，惑则伪。所以开万世、丧邦家者不在多，诚伪之间而足耳。"

对于陈白沙的学术贡献，黄宗羲在《明儒学案·白沙学案》中说："有明之学，至白沙始入精微。其吃紧工夫，全在涵养。喜怒未发而非空，万感交集而不动，至阳明而后大。"为什么将这两位大儒做对比，黄宗羲的解释是："两先生之学，最为相近，不知阳明后来从不说起，其故何也。薛中离，阳明之高第弟子也。于正德十四年上疏请白沙从祀孔庙。是必有以知师门之学同矣。"

在心学观念上，陈白沙与王阳明相近，从时代上论，陈白沙早于王阳明，但是王阳明却很少提起陈白沙这位前辈，所以黄宗羲有此之问。而顾宪成在《小心斋札记》中的解释是:"阳明目空千古,直是不数白沙,故生平并无一语及之。"

也就是说王阳明眼界极高,他目空千古,所以没有把陈白沙看得太高。也有人猜测可能陈白沙只在岭南地区讲学,那时王阳明没有听闻他的学说。但是姜允明经过翻阅《王文成公全书》,发现其中三次提到陈白沙,更何况王阳明的弟子王畿也说过"我朝理学开端,还是白沙,至先师而大明"(《龙溪先生全集》卷十《复颜冲宇》)。

六、甘泉学派:心与事应,天理自现

该派创始人湛若水初名湛露,字民泽,二十七岁时拜陈白沙为师,其间改名湛雨。陈白沙对湛若水十分器重,晚年将衣钵传给他,陈白沙也十分尊师重道。明弘治十三年(1500),陈白沙去世后,湛若水为之守孝三年,三十九岁时,入南京国子监读书,改名湛若水,字元明,号甘泉,世称甘泉先生。转年他考中进士,先后担任南京礼部、兵部、吏部尚书等职,其学术著作有《古易经传》《诗经厘正》《圣学格物通》等十几种。

湛甘泉二十七岁时中举,转年入京参加会试,落第,返回家乡后,在梁景行的介绍下得以拜白沙陈献章为师,刚一见面,陈白沙就要求湛若水不以科举为念。洪垣在《甘泉先生墓志铭》中称:"甲寅二月,往学于江门白沙先生,语之曰:'此学非全放下,终难凑泊。'遂焚原给会试部檄,独居一室,游心千古,默酌圣贤。用功总括'随处体认天理'六字符诀。白沙先生喜曰:'着此一鞭,不患不到圣贤佳处。'于是定居楚云台。"

陈白沙告诉湛若水,如果不放下科举之念,终难领悟圣贤之学,于是湛若水立即焚烧掉朝廷发给他的会试部檄,以此表示绝意科举,此后独居一室,认真体悟,终于体悟出了"随处体认天理"之旨。这个观念成为他的主体学术思想。

对于他的所得，湛若水在弘治十年（1497）写给陈白沙的信中称："自初拜门下，亲领尊训，至言勿忘勿助之旨，而发之以无在无不在之要，归而求之，以是持循，久未有落着处，一旦忽然若有闻悟，感程子之言'吾学虽有所受，天理二字却是自家体认出来'，李延平云'默坐澄心，体认天理'，愚谓'天理'二字，千圣千贤大头脑处，尧舜以来至于孔孟，说'中'、说'极'、说'仁义礼智'，千言万语，都已该括在内。若能随处体认，真见得，则日用间参前倚衡，无非此体，在人涵养以有之于己耳，云云。"（《湛若水年谱》）

湛若水初入师门时，陈白沙教育他去体悟"勿忘勿助"之旨，但湛若水未能体悟到。直到某天，他突然开悟，想到了二程所说的天理是自家体悟出来的，以及李侗所说的观念，由此而让他想到了"随处体认天理"这个功夫主张，认为天理乃是千古大圣人随时要体认的观念，这句话标志着他的理学思想得以形成。如何能体悟天理，这首先要从理气关系入手："人也者，得气之中和者也；圣也者，极其中和之至者也。阴阳合德，刚柔适中，理也，天之性也。夫人之喜怒，气也；其中节焉，理也。《易》曰：'一阴一阳之谓道'，道也者，阴阳之中也。形而上者谓之道，形而下者谓之器，器即气也。气有形，故曰形而下。及其适中焉，即道也。夫中何形矣？故曰形而上。上下一体也。以气理相对而言之，是二体也。"（《新论》）

湛若水十分强调中和与中正，认为中正必须有载体，人是在具体的事物中来把握中正，不能脱离具体事物来空想中正之理。为此，他说："盖心与事应，然后天理见焉，天理非在外也。特因事之来，随感而应耳，故事物之来，体之者心也。"（《答聂文蔚侍御五条》）

天理的观念确认了，那如何能"随处体认"呢？对于何为"随处"，湛若水的弟子王元德的解释是："元德窃思体认天理，不曰某处，而曰随处，最好。随意、随心、随身、随家、随国、随天下，只是一个格物。随性、随情、随形、随体、随礼、随乐、随政、随教，只是一个慎独。随视、随听、随言、随动，只是一个勿。随色、随貌、随言、随事、随疑、随忿、随得，只是一个思。何等容易！何等快活！"（《新泉问辩续录》）

王元德的总结受到了湛若水的肯定，湛若水本人也解释过"随处"："吾之所谓随处云者，随心、随意、随身、随家、随国、随天下，盖随其所寂所感时耳，一耳。寂则廓然太公，感则物来顺应，所寂所感不同，而皆不离于吾心中正之本体。"（《答王阳明都宪论格物》）

湛若水有了自己的体悟，也渐渐明白了陈白沙传授给他的一些理念，比如"勿忘勿助"问题，此语本自《孟子》，原是指道德实践过程中不能有所懈怠，同时也不能操之过急。关于此语，湛若水的体悟是："勿忘勿助，元只是说一个'敬'字。先儒未尝发出，所以不堕于'忘'，则堕于'助'，忘、助皆非心之本体也。"(《答聂文蔚五条》)

为什么人们会出现忘与助，湛若水认为这是因为人有私心："忘助皆私心也。滞于物、胜于事，皆忘也；矜持、欲速，皆助也。"(《泉翁大全集》)

湛若水认为争强好胜就是"忘"，因为人们忘掉了天所赋予人的中正之心，"助"就是以道德来做门面，所以人们在道德实践过程中应当在勿忘勿助之间来取中道。

对于湛若水从陈白沙那里继承来的"勿忘勿助"之旨，王阳明表示不赞同，王认为儒者功夫全在发明良知上，勿忘勿助只能是人们在发明良心时的一个强调，仅讲一个空的勿忘勿助是没有意义的。

湛若水的一些观念与王阳明有同有异，他们之间有过争论，后世学者对此多有研究。《明儒学案》中对两家的概述是："王、湛两家，各立宗旨，湛氏门人，虽不及王氏之盛，然当时学于湛者，或卒业于王，学于王者，或卒业于湛，亦犹朱、陆之门下，递相出入也。其后源远流长，王氏之外，名湛氏学者，至今不绝，即未必仍其宗旨，而渊源不可没也。"

湛若水比王阳明大六岁，正德元年（1506），湛若水在翰林院做庶吉士时认识了兵部武选清吏司主事王阳明，两人一见定交，共同以倡明圣学为己任。关于两人学术观的差异，王阳明主张良能先天自足，故有"致良知"之教，但湛若水认为心本身只是虚灵知觉，因此事物与理在此心活动之中，不能离心言物，也不能离物言理，同时他认为心的活动才能见心自身，所以不能脱离心的活动而空观心本身。

王阳明曾指出甘泉学派思想与他思想的区别："近时同志，莫不知以良知为说，然亦未见有能实体认之者，是以尚未免于疑惑。盖有谓良知不足以尽天下之理，而必假于穷索以增益之者。又以为徒致良知，未必能合于天理，须以良知讲求其所谓天理者，而执之以为一定之则，然后可以率由而无弊。是其为说，非实加体认之功而真有以见夫良知者，则亦莫能辨其言之似是而非也！"(《与马子莘》)

湛若水认为心性非二，而王阳明强调心即理。关于心性非二，湛若水在《心性图说》中写道："性者，天地万物一体者也。浑然宇宙，其气同也。

心也者，体天地万物而不遗者也。性也者，心之生理也。心、性非二也。譬之谷焉，具生意而未发，未发故浑然而不可见。及其发也，恻隐、羞恶、辞让、是非萌焉，仁、义、礼、智自此焉始分矣，故谓之四端。端也者，始也，良心发见之始也。是故始之敬者，戒慎独以养其中也。中立而和发焉，万事万化自此焉达，而位育不外是矣。故位育非有加也，全而归之者耳。终之敬者，即始之敬而不息焉者也。"可见湛若水将心、性视为一体，万物由此而出，但心和性之间还是有差别，性是天地万物之体，心则涵盖万物，也包括性在内，所以心的范围比性要大。故其称："故心也者，包乎天地万物之外，而贯乎天地万物之中者也。中、外非二也，天地无内外，心亦无内外，极言之耳矣。故谓内为本心，而外天地万事以为心者，小之为心也甚矣！"

湛若水把良知和良心视为人之初心，所以不认可王阳明所强调的致良知："良知二字，自孟子发之，岂不欲学者言之？但学者往往徒以为言。皆说心知是非皆良知；知得是便行到底，知得非便去到底；如是是致。恐师心自用。还须学、问、思、辨、行，乃为善致。"（《明儒学案·甘泉学案》）湛若水认为王阳明所说的良知夸大了本心之知，他认为应当心性合一，由此表现出了折中朱、陆的倾向。

在如何体悟天理的问题上，湛若水的主张是"敬"，他在《答聂文蔚》信中将"敬"和"勿忘勿助"等同起来："勿忘勿助，只是说一个敬字。忘、助皆非心之本体，此是心学最精密处，不容一毫人力，故先师又发出自然之说，至矣。来谕忘助二字，乃分开看，区区会程子之意，只作一时一段看。盖勿忘勿助之间，只是中正处也。学者下手，须要理会自然工夫，不须疑其为圣人熟后事，而姑为他求。盖圣学只此一个路头，更无别个路头，若寻别路，终枉了一生也。"

早期王阳明认为湛若水的学术观与自己大同小异，终究能同归一体，他在《答甘泉书》中写道："老兄造诣之深，涵养之久，仆何敢望？至共向往直前，以求必得乎此之志，则有不约而契、不求而合者。其间所见，时或不能无小异，然吾兄既不屑屑于仆，而仆亦不以汲汲于兄者。正以志向既同，如两人同适京都，虽所由之途间有迂直，知其异日之归终同耳。"

但湛若水更为留意自己与王阳明观点的不同，为此，他在《与阳明论学书》中详细罗列出他不认可阳明格物说的四点。对于格物说的不同理解，使得两人在不少观念上难以达到一致。湛若水说："格物之义，以物为心意之所着。兄意只恐人舍心求之于外，故有是说。不肖则以为，人心与天地万物为体，心体物而不遗，认得心体广大，则物不能外矣，故格物非在外也，格之致之，心又非在外也。于物若以为心意之著见，恐不免有外物之疾。"

虽然湛门不及王门之盛，但两家弟子互有来往，屈大均在《广东新语》中记载甘泉门下弟子大概有3900多人。（吴爱邦《岭南甘泉学派述考》）《明史·湛若水传》则载："湛氏门人最著者，永丰吕怀、德安何迁、婺源洪垣、归安唐枢。"

七、三原学派

黄宗羲在《明儒学案》中独立设有《三原学案》一卷，其开篇即称："关学大概宗薛氏，三原又其别派也。其门下多以气节著，风土之厚，而又加之学问者也。"可见黄宗羲虽然把《三原学案》视作关学的余脉，但同时注意到了该学派的部分观念与关学有区别，所以他单列出此卷。徐桁、姜辉在《小议明代关学之三原学派》一文中讲到了明代关学分为两支："一支以泾野先生吕柟等为代表，另一支即三原学派。"

对于该学派的整体概念，朱晓红、许宁在《三原学派的理学思想》一文中说："三原学派是关学在明代的重要理论代表。"同时称："三原学派因由陕西省三原县人王恕、王承裕父子开启而得名。后有马理、韩邦奇、杨爵、王之士等为这一学派思想的发展与传播做出了重要贡献。……黄宗羲《明儒学案》就将三原学派收录进去，指出'关学大概宗薛氏，三原又其别派也'。三原学派是最具有关中地方色彩的明代儒学，它注重实学，躬行礼教，崇尚气节，作风朴实。"

1. 王恕、王承裕：宗程朱以为阶梯

王恕，字宗贯，号介庵，晚年号石渠老人，陕西三原人。王鏊在为王恕所写《墓志铭》中称其有不凡气度："生而魁伟高岸，音吐如钟，见者异之。"

王恕从小勤奋好学,博览群书。《王恕集》中载其:"十一岁时,先祖遣恕从乡先生朱公怀德学。"王恕在朱怀德处学习数月之后,朱先生就发现他异于群童,于是任命他为学长。转年,王恕入县学,师从教谕解老先生,此时他已表现出不喜欢文学类作品:"不喜为古文辞,务以明体适用,本之经术,博极经济。"(李贽《续藏书·太师王端毅公》)

明正统十三年(1448),王恕三十四岁时中进士,授翰林院庶吉士。景泰五年(1454),王恕外迁扬州知府,在扬州创办了资政书院。天顺四年(1460),升为江西右布政使。后因直言好谏,触犯宪宗,在成化末年令致仕。孝宗即位,召王恕为吏部尚书,加太子太保衔,他在此任上为朝廷举荐了大批人才。弘治六年(1493),遭到太医院判刘文泰毁谤,他再三上疏请求致仕,最终获允,时年七十八岁。致仕后居家十余年,于正德三年(1508)去世,享年九十四岁,谥端毅。

王恕的治学思想,首先是认为应当立行:"学之进止由于己也。欲进则进,欲止则止,其机如此哉!"(王恕《譬如为山》)王恕认为学习能否进步完全靠个人,自己努力就能进步,停止学习就不能进步,而学习是日积月累的过程。他举例说,学习有如堆山,只有不停努力才能成功。同时他认为做学问的目的是修身,不仅仅是为了背诵书本上的内容:"古之学者,其要在乎谨言慎行以修身,非徒记诵辞章而已。"(《石渠意见》)

王恕重视经学,但他主张以心正经:"此考经者固不可不用传注,亦不可尽信传注,要当以'心'考之也。"(《明考经堂记碣》)对于心的作用,王恕称:"人能竭尽其心思而穷究之,则能知其性之理。盖性乃天之所命,人之所受,其理甚微,非尽心而穷究之,岂易知哉!既知其性,则知天理之流行,而付于物者,亦不外是矣。"(《石渠意见》)

王恕重视教育,他致仕时,儿子王承裕考中进士,但为了侍父,他跟随父亲一起返回了家乡。王承裕闲暇时会借僧舍讲学,还自建一室,命名为"弘道书屋"。弘治八年(1495),王承裕赴京受职,数月后因病返家,在家乡跟父亲王恕共同建起弘道书院。对于创办书院的目的,王恕在《复学古书院记》中称:"俾之讲学、肄业于其中,于以明纲常之道、修齐之理,动遵矩矱,化洽闾里,兴仁兴让,自无乖争凌犯之非,则福无不至、祸无不弭矣。"在他看来,书院乃是"儒者讲学明伦之所,所以化民善俗而成才者也"。

王恕给弘道书院的后堂命名为"考经堂",是他对后儒研究经学的一些看法,他在《考经堂记》中写道:"切惟《五经》,皆古先圣哲之书,而孔子之所删述者也。《四书》乃孔、孟诸弟子之所记述也。汉魏以来，诸儒皆有传注，有同有异，讫无定论。至宋，濂、洛、关、闽诸君子出，讲明斯道，复为之传注。及理宗朝，始颁行天下学校，至于今，以为不刊之典，无敢异议者。虽然，吾老矣，终不能无疑于其间。汝欲考经以教人，固当考儒先之传注，以求圣贤立言之意，亦不可不以心考之。其经如此，其传如此，以心考之，亦如此。然后信之，斯可以语诸人，其经如此，其传如此。以心考之不如此，则当阙之，不可以讹传讹，以误后学。"

王恕十分推崇四书五经，他谈到了历代大儒对此做出的贡献，以及这些大儒的解经观点的不同之处，宋儒出现后，对经典又进行了详细的梳理，之后成为科举考试的必读书。但他仍然觉得这些经典还需要继续深研，找出其中的错讹，以免贻害后学。接下来，王恕在《考经堂记》中举出了一些前儒在注经时所犯的错误："又如《书》之'金作赎刑'，《蔡传》以为：赎鞭之刑。以吾心考之，鞭扑乃官府、学校常用之轻刑，如何一一以金赎之？岂非赎老幼笃废之不能受刑者乎？又如《诗》之'南有乔木，不可休息'，注以为：上耸无枝曰乔。以吾心考之，释乔木之乔，固可如此迁就，若释乔岳之乔，亦可言上耸无枝曰乔乎？乔字，只可以高字训，不可以上耸无枝释之也明矣。又如《公羊春秋》《穀梁》以尹氏卒为正卿，《左氏》以尹氏卒为隐母，一以为男子，一以为妇人，学者将谁信乎？"

除了这些错误外，他说四书的传注中也有很多可疑之处，这正是他建立考经堂的目的所在："苟不以心考之，非惟难于践履，不可措诸事业，抑且有误后进。此考经堂者，固不可不用传注，亦不可尽信传注，要当以心考之也。观者无谓老夫妄议先儒之传注，且孟轲氏，学孔子者也，当尊信孔子之言，《书》乃孔子之所删述也，孟子曰：'尽信书，不如无书。'未闻有讥孟子者。然则，君子之立言，求其是而已矣，岂可阿其所不是认为是哉？"

王承裕，字天宇，号平川，是王恕的小儿子，他跟随父亲返回家乡后，与父亲一起办起弘道书院，一边讲学一边研究儒家经典。《关学编》载王承裕在家乡授徒时："宗程朱以为阶梯，祖孔颜以为标准。"可见三原学派主体思想是程朱观念，在具体的实践中，他们又强调实学。比如，王恕在教育子孙时，强调要修身以致用，王承裕也认为应当重视修身，读书不仅仅是为了背诵书中内容。

总体来看，王承裕继承了其父王恕的观点，故冯从吾在《关学编》中说："先生著述种种，盖多本之庭训云。"王承裕在天理的认知上取法程朱，同时强调人应当刻苦努力，而不应轻易认命，他在《进修笔录》中说："人禀天地之气以生，穷通固在乎命，而亦在乎人为。且如一方地，虽曰肥饶，苟不播之以种，其谷必不能自生。"

2. 马理：太虚即天，造化即易

马理，字伯循，号溪田，三原人。其父马江，字云岩，科举不就，设馆授徒。马理在四岁时就能读书写字，十岁通《文选》，被称为得父道。十四岁进县学，于此遇庠生雷鸣，他跟随雷鸣学习《周易》。这段经历对马理很重要，致使他深谙《周易》，后来写出《周易赞义》一书。

此后马理从学于王恕和王承裕，王氏父子家中藏书丰富，马理在那里读到大量典籍，由此学业大进。正德九年（1514），马理成进士。对于他的学行，《明史》本传中评价说："理学行纯笃，居丧取古礼及司马光《书仪》、朱熹《家礼》折中用之，与吕柟并为关中学者所宗。"

马理接受了张载的气论观，并在张载"太虚即气"的理念下提出了"太虚即天"的观念。马理说："盖太虚即天，凡山中地上虚而通气者即天。故山中气候寒暖与山外不同，其物之生长收藏亦异。是山畜乎天，诚不小也，故曰《大畜》。"（《周易赞义》）

大畜卦下卦为乾，上卦为艮，为山中之天之象，故太虚就是天，凡是山中地上具有中虚的属性且涵通阴阳二气的就是天。所以太虚与天是并列关系。

关于太虚与气的关系，马理认为太虚、天、理、太极都属于形而上，气属于形而下："阴阳者，气也，形而下者也，一阴一阳寓于气之中，非气而为气之主者；理也，形而上者也，即太极之谓也。"马理认为天道有理有气，从形下层面来说，是指阴阳之气。他认为气的聚散都是理的体现，因为"气含乎理"，他以此推论出"理主乎气"。不仅天道如此，马理认为人道也是如此："与物无妄之理，天之命也；在人则为心之理，即天所命也。"（《周易赞义》）

站在儒家角度，马理认为佛、道两家"知阴而不知阳，知潜而不知见，知虚而不知诚"。为什么会这么说呢？马理的解释是："学老氏者曰'吾能驻景而不死'；学佛氏者曰'吾能涅槃而不生'。是欲阳而不阴，阴而不复阳也，有是理哉？"（《周易赞义》）

在他看来，佛、道两家不能阴阳平衡，这是他们的问题所在："或孤阳

而无阴，孤阴而无阳，或阴合而阳离，败俗而乱常，皆非和之道也。"（马理《仙释说》）

马理受王氏父子影响，强调修养功夫，所以反对阳明后学的空虚："夫良知者，即孩提之童，良心所发，不虑而知者也。与夫隐微之，独知异矣，与夫格致之后知至，则又异矣。其师曰：'此知则彼知也。'又以中途有悟，如梦斯觉为言，此真曹溪余裔，其师如此，徒可知矣。"（《溪田文集卷三》）

马理认为某些学人误把天理良知跟后天修养混为一谈，只是想靠物来获得知识，其结果则是流于禅。在他看来，为学要重视实践，如果只是闭门读书，就无法真正做事："敬非只是闭门叉手静坐，要在随事谨恪做去。若只闭门静坐，即是禅学，有体无用。"（《关中四先生要语录·溪田马先生》）

当时社会上还有一些人只知道读死书，不懂得将理论应用于实践，马理对此也提出了批评："今之学者有体无用，只缘止读得硬本子，不曾用身心工夫。故别无展拓，遇事便周章莫措手处，反被刀笔吏笑。于戏！吾儒果真有体无用者哉？但不能用力于身心之学故耳。果能有用力于身心之学者，则天地可位，万物可育，于天下国家何有乎？"（《关中四先生要语录·溪田马先生》）

3. 韩邦奇：天地万物本同一气

韩邦奇，字汝节，号苑洛，陕西朝邑人，正德三年（1508）进士，官至兵部尚书。韩邦奇在仕途上政绩卓著，学术上也很有成就，著有《性理三解》和《见闻考随录》等儒学著作。

韩邦奇的理学观基本本自张载，自称"论道体乃独取张横渠"，因为"自孔子而下，知'道'者惟横渠一人"。（《正蒙拾遗·太和篇》）为此，韩邦奇先后两次为张载的《正蒙》作注。嘉靖十一年（1532年）十月，韩邦奇为刘玑《正蒙会稿》作序说："正德中，吾友何子仲默以近山刘先生《正蒙会稿》见遗。初，弘治中，余尝为《正蒙解结》，大抵先其难者。继见兰江张子廷式《正蒙发微》，详尽及于易者。顾于予之《解》略焉，尝欲合二书而刻之，今见《会稿》则难易兼备矣，乃取《解结》焚之。使廷式见之，亦将焚其《发微》乎？"（《苑洛集·正蒙会稿序》）

由此得知，韩邦奇曾经写过一部《正蒙解结》，后来看到他人的著作后，焚掉了此稿。嘉靖二十一年（1542年）四月，韩邦奇门人樊得仁撰《性理三解序》，该序中称："弘治中，先生著《正蒙解结》，释其难，阑江章先生著《正蒙发微》，详于易，先生欲合为一书。继见近山刘先生《会稿》，曰难易兼举矣，取《解结》而焚之。正德以来，世儒附注于《正蒙》者复数家，后先生乃以张子之大旨未白，一二策尚欠详明，于是作《拾遗》。"

焚掉《正蒙解结》后，过了十年，韩邦奇又撰写了一部《正蒙拾遗》，由此可见他对张载的《正蒙》始终不能放下。他自称："横渠《正蒙》多先后互相发明，熟读详玩，其意自见，不烦解说。"（《正蒙拾遗》之卷首）

韩邦奇认为张载《正蒙》中所阐发的道理已相当完备，但他还是为该书作了《拾遗》，原因是："且近来《大全》三注及《会稿》注释颇多，但张子大旨似未全得，中间二三策尚欠详明，故著此。"原来韩邦奇读到了胡广等奉敕撰的《性理大全》，以及正德间刘玑等人所注《正蒙》，但他认为这些注本都没能正确诠释张载思想，所以他要撰写《正蒙拾遗》一书来以正视听。

韩邦奇的理气观，可以用"天地万物本同一气"一句予以概括。（《正蒙拾遗·太和篇》）该观念同王廷相一样，都是推崇张载的气一元论，韩邦奇认为从宇宙发生论来看，元气是本，天地万物是末，元气演变出天地万物；从宇宙本体论来看，气为本体，天地万物因气而存在。

关于气与太极的关系，韩邦奇在《正蒙拾遗序》中说："吾读《正蒙》，知天人万物本一体也。混沌之初也，一元之气，渣滓融尽，湛然清宁，而万象皆具一极中，《易》所谓太极，天之性也，及其动静继成之后，气化形生，并育并行，是天率天之性而行，是之谓天道。"

他在此阐述了元气跟太极的关系，强化气的重要性，对于宇宙生成模式，韩邦奇的解释是：元气为一，元气由一生成二出现了阴阳，二又变五形成了五行，五又成万出现了万物："一元未辟，浑浑沌沌，太极之未形也，是天之性也。……一元既动，二气五行，化生万物，无一息之间，河岳奠，动植遂，无一物之欠，此天之事业也，是天之道也。"（《正蒙拾遗·太和篇》）

气本论始自先秦，《庄子·知北游》中称："人之生，气之聚也；聚则为生，散则为死。"韩邦奇正是本自这种思想，他在《正蒙拾遗·太和篇》中说："太虚无极，本非空寂，只有形不形之异耳。三五是十五，五三亦十五，三五虽不同，不过皆十五。但变易不同也，形不形，虽不同，一气也。但聚散不同也，一动一静，一聚一散，是谓参五变易。"

韩邦奇的这段话是解释张载的"太虚即气，则无无"，他以此说明太虚就是无极，无极就是气，这三者存在方式不同，但本质上来说，太虚就是气，既然气化为万物，而人是万物中的一种，所以人也是气。他说气聚是人生，气散是人死："吾之体，本太和之气所聚也，今死而散入无形，得吾本然之体也。气之未聚，吾之常；今虽生而聚为有象，似失其常矣。然吾之气与形俱生，未离乎形也，未常失其常也。以死为常，以生为变，此横渠真见造化之实，先贤之所未发也，此即客体之意。"(《正蒙·太和篇》)

人乃是由气聚而生，那么气散后去了哪里呢？韩邦奇认为："吾生本气之聚，气散而归之太极，反（返）吾之故物也，何曾亡乎？"(《正蒙拾遗·太和篇》)气散后又归入太极，人永恒地存在于太极中，不会真正消亡。

出于这种观念，韩邦奇不赞同周敦颐提出的"无极而太极"之说，他认为周敦颐没有把"气"视为宇宙的本源，而是把"无极而太极"说成天地万物的本源。对此，韩邦奇提出了如下看法："周子'无极而太极'，即老子无生有。周子重无字，以无为本，观下文云'无极之真'，不言太极可见"，以及"先儒谓老氏以有无为二，周子以有无为一，非也。周子亦以有无为二。"(《见闻考随录》)

在韩邦奇看来，周敦颐的观点等同于老子所言的"天下万物生于有，有生于无"。韩邦奇又提到先儒曾批判老子的有无对立观，而周敦颐也犯了这个毛病。为了说明自己的看法，韩邦奇就以鸡蛋为例做了如下解释："愚尝谓周子'无极而太极'，当以无字、太字为重，为实字，谓至无而至有也。极字，不过赞无、太二字。太字即是个有字。举造化之大，若渺茫；即一物之小，为易见。今观一鸡卵，方其未生也，何有于声音运动？何有于皮毛血骨？所谓至无也。然而皮毛血骨、声音运动，无一不俱，但未形耳，若少却一件，即不成鸡。所谓太极也，皆在卵中论，尚未有鸡。造化方其混沌之时，何有夫人？何有于飞潜动植？何有于山川河海？所谓无极也。然人物皆具于中，不少一物，但未形耳，所谓太极也。此横渠所谓'有无、神化、性命，通一无二者也'。"(《正蒙拾遗·太和篇》)

鸡蛋在未生成小鸡前，既不会动也无声音，更无皮毛血肉，这就是所谓的"无"，但是鸡蛋中已经包含了与小鸡有关的所有元素，只是没有形成小鸡的形体，但是这些内含的元素，哪怕仅缺少一件就不能成为鸡。所以他认为所谓的"无极"，就是蛋壳中没有孵出的小鸡，所谓"太极"，就是一切元素具备在无形之中。但是周敦颐没能精准地理解"无极"和"太极"的内在含义，所以在无形中等同于老子的观点。但是程朱都推崇周敦颐的"无极而太极"说，并且把太极视为"道"，在韩邦奇看来，这种等同方式也是错误的："宋儒于《中庸》解人道，则是；于《易大传》解天道，乃谓阴阳迭运者气，其理则谓之道，则非孔子本旨矣。若然，是以寂然不动者为道矣。宋

儒又谓道为太极，太极是寂然不动时物，道是动而生阳以后物，安得以道为太极哉？"（《见闻考随录》）

韩邦奇说宋儒把寂然不动视为道，这是错误观念，因为道乃是指气的流行和发育，绝不是寂然不动，正是因为气的动，才产生了天下万物。同时宋儒把道视为在气之上，也是错误的，因为气的流行才是道，道在气中，绝不在气之上。从这个角度来说，宋儒以道为太极，就等同于道家所说的"无"和佛家所说的"空"。

对于宋儒所强调的孟子性善论，韩邦奇也有自己的看法，他认为孟子不只是主张性有善，同时也认可性有欲，而宋儒却说孟子只有善而无欲，这个观点是片面的："自孟子言性善之后，诸儒不敢为此言。孟子言性善，非谓性全无欲，只以当时人皆说人性无善，故孟子言人性固有欲，然万善皆备于性，非谓全无欲也。"（《见闻考随录》）

生而为人，既有善也有欲，但是社会上的人为什么会出现恶呢？韩邦奇认为这是有些人后天不修习的原因。在他看来，除了尧、舜、孔子等圣人不用修习外，一般的人都要通过修习来去恶，以此推之，也就是通过修习，是可以改变人性的。

对于修习的方式，韩邦奇不反对心学派的主静说："养心之法，无问动静，应接推行之际，即省察之，必合道义而后发。无事之时，预防此心，勿使非念之萌，然此心难制，一有非念之萌即遏之，勿使达之事为之著，便是养心之法。"（《苑洛集》）

但是，如果只是一味强调这种养心方式，就会产生不做事的弊端。韩邦奇同样反对这种极端做法，他强调："世儒不曾留心穷理、博学、切问，妄意忖度，乃令学者闭目盘坐，名曰收心。如此必遗弃伦理生事，如释氏可也，哀哉！夫人自少至老无一时无职事，焉有工夫终日静坐！一日静坐即一日失学！是人自人，学自学，人与学判无相干矣，哀哉！"（《苑洛集》）

韩邦奇认为只是静坐不做事，其结果就等同于佛事，因为佛教也让人静坐。从表面上看，儒、佛在养心上没有区别，但是韩邦奇站在了儒家立场强烈批判佛教让人绝婚配，弃形骸。韩邦奇认为因为有元气而有天地，有天地而有万物，有万物而有男女，有男女而有夫妇，此乃自然之理，而佛教虽然能够让人绝婚配，但没有办法阻止动物交配，这就是理论上的不彻底。与此同时，他还强烈反对佛教的轮回之说。

第九章 阳明心学及其主要流派

嵇文甫在《晚明思想史论》中说："大体说来，在晚明思想界占中心地位的还是王学和禅学。"这里所说的"王学"指的是王阳明所开创的明代思想体系，该体系属于陆九渊所创造的心学，故后世将王阳明与陆九渊的思想并称为"陆王心学"。虽然有此并称，但就社会影响力来说，王阳明要大于陆九渊，出现这种结果的原因，一者是两人境遇不同，二者是王阳明在理论创建方面有很多独到之处。

王阳明早年曾学习程朱之学，后来发现该体系不能贴合其心，在他看来，朱熹之学太过繁复，很多学人仅将其作为晋升之阶。为此，王阳明发明了一种内求方式，这种方式被其命名为"致良知"。他以"良知"来代替程朱所讲的"天理"，肯定人的主体性，以此补救程朱之学的支离。经过王门弟子的共同努力，王学在明中晚期于社会上产生极大的影响力。

清王士禛在《池北偶谈》中称："王文成公为明第一流人物，立德、立功、立言皆居绝顶。"这句评语可谓到了顶端，因为王阳明已经达到了儒家所追求的最高人生目标：三立。侯外庐等主编的《宋明理学史》也对他有很高的评价："作为明代的心学泰斗，王守仁的心学体系，从思想内容看，要比南宋陆学精致完整和广泛得多。因此，在一定意义上可以说，王学集中国主观唯心主义之大成。"

相比较而言，日本学者冈田武彦在《王阳明大传·知心合一的心学智慧》一书中做出的评价最为独特："中国的文艺复兴一般被认为是始于宋代，严格来说，中国真正的文艺复兴始于王阳明。王阳明创立'良知'说，认为自我和圣人一样，生而伟大，存而无异，这种强调自我的主张正是文艺复兴开始的标志。"

一、悟道及悟理

王守仁，字伯安，号阳明，人们习以号称之，姚江人。其祖父王伦是当地有名的儒生，以教书为业，精通诗词音律，王阳明自幼在祖父身边受教。

王阳明的父亲王华是成化十一年（1475）状元。

王阳明自小就气度不凡，十二岁上私塾时，就问先生何为人生头等大事，老师告之以读书登科，但他却认为应当是成圣成贤。王阳明最初所学主要是程朱观念，因为十八岁时他到上饶娶亲，在那里见到了吴与弼的弟子娄谅，娄谅向他讲述了朱熹的格物致知之学，并告诉他圣人可学而至，于是他想办法按照朱熹所讲的格物法去格亭前竹子。钱德洪编、罗洪先考订《阳明先生年谱》于"弘治五年"载："始在京师，遍求考亭遗书读之，因思先儒谓'众物必有表里精粗，即一草一木，皆涵至理，不可不察'。官署前多竹，即取竹格之，苦求其理不得，病作而止，乃贬志为辞章之习。"

王阳明想办法收集朱熹著作，而后按照朱熹所言的格物致知来考察竹子，经过苦苦思索，竟然为此而病倒，但仍然没搞明白竹之理。病好后，他觉得圣贤之学自有天定，不是人人都能觅得，于是转而究心辞章之学。此后他又有了出入佛老的想法，按《年谱》所载，他偶然遇到一位道士谈养生，"遂有遗世入山之意"。

有一度他住在寺院内，潜心阅读佛经。此后他在杭州养病时也常去寺院，他曾问一位高僧是否思念母亲，对方流着眼泪说当然思念，转天高僧就离开寺院回家探母，此事使得该寺对王阳明颇为不满，但也令王阳明有所顿悟，他认为思念母亲乃人之本性。

经过一番周折，王阳明又回到了他少年时所信奉的儒家立场。弘治十八年（1505），王阳明在北京收徒讲学，针对朱学中的知而不行、知行不一，提出了记诵辞章之前要研习身心之学。他的观念与世俗不符，有人认为他是特意立异以博出名，《阳明先生年谱》载："是年先生门人始进。学者溺于词章记诵，不复知有身心之学。先生首倡言之，使人先立必为圣人之志。闻者渐觉兴起，有愿执贽及门者。至是专志授徒讲学。然师友之道久废，咸目以为立异好名，惟甘泉湛先生若水时为翰林庶吉士，一见定交，共以倡明圣学为事。"

当时只有湛若水能跟王阳明进行深入交谈，因为两人观念很相近。湛若水所撰《阳明先生墓志铭》载："会甘泉子于京师，语人曰：'守仁从宦三十年，未见此人。'甘泉子语人亦曰：'若水泛观于四方，未见此人。'遂相与定交讲学，一宗程氏'仁者浑然与天地万物同体'之指。"

正德元年（1506），王阳明经历了人生第一场苦痛。该年明武宗朱厚照登基，因年幼而由宦官刘瑾把持朝政，王阳明时任兵部主事，他在上奏时批评了刘瑾等人制造的冤案，于是刘瑾将其抓捕入狱，而后贬到贵州龙场担任驿丞。他在前往贵州的途中,于家乡收了三名徒弟:徐爱、蔡宗兖和朱节。王阳明在离开家乡时,赠送给他们《别三子序》,其中写道:"自程、朱诸大儒没而师友之道遂亡。《六经》分裂于训诂,支离无蔓于辞章业举之习,圣学几于息矣。"

他在序中表达了对当时儒生以辞章举业为人生目标的不满,担心圣学被湮没,所以他在此后的一段时间内,将主要精力用在思考如何恢复儒家正统理念问题。

当时龙场的环境十分险恶,他还面临着被暗杀的风险,他一边要想办法避开暗杀,另一边也做好了遇难的心理准备,为此他造了一石椁,并称:"吾惟俟命而已。"而后"日夜端居澄然,以求静一。久之胸中洒洒。"(《阳明先生年谱》)

在此过程中,他还要担心自己病倒,每日里劈柴打水做饭,同时还唱曲调笑,终于在某一天突然间悟到了:"因念'圣人处此,更有何道?'忽中夜大悟格物致知之旨,寤寐中若有人语之者。不觉呼跃,从者皆惊。始知圣人之道,吾性自足,向之求理于事物者,误也。乃以默记《五经》之言证之,莫不吻合,因著《五经臆说》。"(《阳明先生年谱》)

经过了生死考验及苦苦思索,王阳明终于悟出了格物致知之理,他为之欢欣,因为懂得了圣人之道要从心中求,而不是求于外物。这就是他所强调的"吾性自足",这也是他思想的第一大转变。这件事在明代心学史上极具名气,被称为"龙场悟道"。

龙场悟道让王阳明懂得了向外界求理的方式是不对的,因为理不在心外,原因是"心即理"。由此,他开始质疑朱熹的观点:"先生曰:先儒解'格物'为格天下之物,天下之物如何格得?且谓'一草一木亦皆有理',今如何去格?纵格得草木来,如何反来诚得自家意?"(《传习录》)

天下万物数量众多,如果要一草一木地格下去,穷尽人的一生也不能完成。龙场悟道后,使他发现朱熹的问题出在把"心与理"和"心与物"为二,但有时,他也会认为朱熹的所言自有其道理。比如,他在《答徐成之二》中说:"吾兄是晦庵,而谓其专以道问学为事。然晦庵之言,曰'居敬穷理',曰'非存心无以致知',曰'君子之心常存敬畏,虽不见闻,亦不敢忽,所以存天理之本然,而不使离于须臾之顷也'。是其为言,虽未尽莹,亦何尝不以尊德性为事?而又乌在其为支离者乎?"

王阳明认为,朱熹虽然强调道问学,但有时也会讲尊德性,后世批评他支离，只是注意到了朱熹观念的一个方面。他又在《朱子晚年定论序》中说："予既自幸其说之不缪于朱子，又喜朱子之先得我心之同然。"他想以此说明朱熹晚年的观点与自己是一样的，其言外之意，仍然是说朱熹在中年以前的道问学观点确实有所支离。

其实王阳明在观念上确实与朱熹相去甚远，但朱子毕竟是大儒，阳明不希望留下轻诋前贤之议，所以他在《答罗整庵少宰书》中自我辩解称："平生于朱子之说，如神明蓍龟，一旦与之背驰，心诚有所未忍，故不得已而为此。'知我者谓我心忧，不知我者谓我何求。'盖不忍抵牾朱子者，其本心也；不得已而与之抵牾者，道固如是，不直则道不见也。"

龙场悟道使王阳明得出了他的第一大核心理念：心即理。为了完善这个体系，他需要推翻朱熹的一些观念，比如，徐爱问他："至善只求诸心，恐于天下事理有不能尽？"在徐爱看来，世间万物之理如果只从心里去追求至善的境界，恐怕难以穷尽。而王阳明的回答是："心即理也，天下又有心外之事、心外之理乎？"心就是理，天下万物和道理全部都在心中，这就是阳明学说的第一个核心命题。

对于这个核心命题，阳明做了进一步的说明："心外无物，心外无事，心外无理，心外无义，心外无善。吾心之处事物，纯乎理而无人伪之杂，谓之善，非在事物有定所之可求也。处物为义，是吾心之得其宜也，义非在外可袭而取也。格者，格此也；致者，致此也，必曰事事物物上求个至善，是离而二之也。"（《与王纯甫书其二》）

此后王阳明用"心即理"的观念对程朱学派展开了批判："诸君要识得我立言宗旨。我如今说个心即理是如何，只为世人分心与理为二，故便有许多病痛。如五伯攘夷狄，尊周室，都是一个私心，便不当理。人却说他做得当理。只心有未纯，往往悦慕其所为，要来外面做得好看，却与心全不相干。分心与理为二，其流至于伯道之伪而不自知。故我说个心即理，要使知心理是一，便来心上做工夫，不去袭义于外，便是王道之真。此我立言宗旨。"（王阳明《传习录》）

王阳明强调他的立言宗旨就是"心即理"，他立此宗旨的原因是世人把"心"和"理"做两分法，由此而产生了许多的病痛，他要用"心即理"的观念来治理这些病痛。他讲到了当年春秋五霸抵御外族，貌似是遵从周室，其实都是私心，这种私心当然不合于理，但世人却觉得他们所做在理，世人只是看到了这些诸侯外在做得好看，但并没有看到这些诸侯的内心。

第九章　阳明心学及其主要流派

接着王阳明得出了自己的观点：如果把"心"和"理"一分为二，那就跟春秋五霸的私心一样了，因此只有心理合一，才是唯一正确的。只有做到心理合一，人才不会虚伪造作，所以心理合一才是真正的先王之道。

王阳明的第二大核心理念是"知行合一"，这个观念形成于龙场悟道的第二年，即正德四年（1509）。《年谱》中说："是年先生始论知行合一。始席元山书提督学政，问朱陆同异之辨。先生不语朱陆之学，而告之以其所悟。书怀疑而去。明日复来，举知行本体证之五经、诸子，渐有省。往复数四，豁然大悟，谓'圣人之学复睹于今日；朱陆异同，各有得失，无事辩诘，求之吾性本自明也。'"

王阳明提出此观念时，受到了一些人的质疑，他在《与辰中诸生》中说："谪居两年，无可与语者。归途乃幸得诸友。悔昔在贵阳举知行合一之教，纷纷异同，罔知所入。"王阳明提出"知行合一"的观念，主要是针对朱熹后学中的一些流弊。这些流弊主要是知而不行。但是，当时一些儒生并没有理解"知行合一"的本质内涵，所以王阳明在此后的几年内，仔细思索如何将观念解释得更为周严。到正德七年（1512），他与徐爱在归越途中商讨问题时，方得以详细阐述知行合一思想的内涵。

《阳明先生年谱》中载："后徐爱因未会先生知行合一之训，决于先生；先生曰：'试举看？'爱曰：'如今人已知父当孝兄当弟矣；乃不能孝弟，知与行分明是两事。'先生曰：'此被私欲隔断耳，非本体也。圣贤教人知行，正是要人复本体；故《大学》指出真知行以示人曰："如好好色，如恶恶臭。"夫见好色属知，好好色属行，只见色时已是好矣，非见后而始立心去好也；闻恶臭属知，恶恶臭属行，只闻臭时，已是恶矣，非闻后而始立心去恶也。又如称某人知弟，必其人已曾行孝行弟，方可称他知孝知弟；此便是知行之本体。'"

当时徐爱没能理解知行合一之旨，与宗贤、惟贤多次讨论，但仍然未弄明白，于是去向阳明师请教。阳明请他举个例子。徐爱说世人本应当孝顺父母，尊重兄长，但做到的人却很少，可见知与行是两回事。

针对徐爱的例子，阳明说，这是因为人们被私欲迷惑了，这已经不是知与行的原意了。什么是真正的知与行？见好色是知，喜好色是行。见到漂亮的马上就喜欢了，不是在好色之后才有了喜好之心。闻到恶臭的情况也同样如此。以孝悌为例，是某人做到了孝悌，人们才说他知孝悌，并不是只是说孝悌之类的话，就称他知孝悌了，所以知与行不能分开，这就是知与行的原意。

王阳明想以此来解释，知和行是同时发生的，知就是行，行也是知，两者是统一的整体。所以不能将知与行分开来谈论。为此，他说："知是行的主意，行是知的功夫；知是行之始，行是知之成。"(《传习录》)

王阳明的第三大核心理念是"致良知"，对于这个理念产生的时间，王阳明自称："吾'良知'二字，自龙场以后便已不出此意，只是点此二字不出。于学者言，费却多少辞说。"(《刻文录叙说》)对此，王阳明的弟子王畿在《刻阳明先生年谱序》中说："及居夷三载，动忍增益，始超然有悟于'良知'之旨。"

虽然在龙场悟道后不久，王阳明就有了"致良知"这个概念，但相关想法并不成熟，一直处于酝酿之中，大约到正德九年（1514），他才开始在讲学时提到"良知"概念。阳明弟子钱德洪在《年谱》中说："先生自南都以来，凡示学者，皆令存天理去人欲以为本。有问所谓，则令自求之，未尝指天理为何如也。间语友人曰：'近欲发挥此，只觉有一言发不出，津津然如含诸口，莫能相度。'久乃曰：'近觉得此学更无有他，只是这些子，了此更无余矣。'旁有健羡不已者，则又曰：'连这些子亦无放处。'今经变后，始有良知之说。"但是钱德洪在《年谱》中把这段内容安排在了正德十六年（1521），可见这个概念的成熟期应该是在正德九年至十六年间。

王阳明本人十分看重这个理念，自称："吾平生讲学，只是'致良知'三字。"为了强调"致良知"概念的重要性，阳明做了如下比喻："近来信得'致良知'三字，真圣门正法眼藏。往年尚疑未尽，今自多事以来，只此良知无不具足。"(《遗书邹守益》)他甚至形容这个概念是"千古圣贤相传一点滴骨血也"。

后世学者认为"致良知"概念的成熟，意味着阳明心学体系的成熟。为此，刘宗周在《阳明传信录》中说："先生教人，吃紧在去人欲而存天理，进之以知行合一之说，其要归于致良知，虽累千百言，不出此三言为转注。"

"良知"一语本自《孟子·尽心上》："人之所不学而能者，其良能也。所不虑而知者，其良知也。孩提之童无不知爱其亲者，及其长也，无不知敬其兄也。"孟子认为，良知是人的本能。阳明也持这种观点："心自然会知，见父自然知孝，见兄自然知弟，见孺子入井自然知恻隐，此便是良知，不假外求。"(《传习录·徐爱录》)

王阳明认为，人天生就有良知，但这只是重复了孟子所言，而作为独立的思想，王阳明是在"良知"之前加上了"致"字，虽然仅添加了一个字，却成为他最为著名的哲学观念,如他的朋友霍韬所言:"阳明之学,一言蔽之曰'致良知'。析曰'格物'、曰'知行合一',均之'致良知'也。"(《明儒学案》)

对于为什么要发明这个观念,阳明自称:"某于此良知之说,从百死千难中得来,不得已与人一口说尽,只恐学者得之容易,把作一种光景玩弄,不实落用功,负此知耳。"(《年谱》)

王阳明平定了"宸濠之乱",之后又发生了许多事件,使他开始深度思考一些观念,终于想出来在"良知"二字之前加一个"致"字。钱德洪在《刻文录叙说》中称:"先生尝曰:吾'良知'二字,自龙场以后,便已不出此意,只是点此二字不出,于学者言,费却多少辞说。今幸见出此意,一语之下,洞见全体,真是痛快,不觉手舞足蹈。学者闻之,亦省却多少寻讨功夫。学问头脑,至此已是说得十分下落,但恐学者不肯直下承当耳。"

王阳明悟出此理后兴奋异常,此前他一直觉得"良知"二字不能将意思说透,直到想出来在此语前加一"致"字,方觉表达得圆满。对于这两个词的区别,冯友兰在《中国哲学史》中说:"良知是知;致良知是行。吾人必致良知于行事,而后良知之知,方为完成。此阳明知行合一之说之主要意思也。"

三大理念成熟后,王阳明多有讲解,逐渐成为王门最重要的理念,因为他的心学观与陆九渊有相通处,故后世将二人的学派并称为"陆王心学"。其实王学和陆学也有区别,王阳明在理欲观上并不完全赞同陆九渊的观点,张岱年在《中国哲学大纲》中说:"与朱子同时的陆象山,不赞成天理人欲之辨。象山认为天人非二,不当以天为理,而以人为欲。故象山极注重义利之辨,而不讲理欲之辨。但象山此说,并无甚大影响。为象山哲学之发挥者与完成者的王阳明,在其他问题上皆宗象山,在此问题则舍象山而从朱子。"

王阳明在本体论上采取了心本体的观念,在工夫论上偏重于存天理去人欲。这与陆九渊略有不同,但陆王都强调向内求的心,所以他们被视之为同一派别。与他们相对应的,乃是程朱理学。但也有人认为王阳明的观念其实是借鉴了朱子的一些理念,比如,陈荣捷在《从朱子晚年定论看阳明之于朱子》中说:"至善之心、良知、与明明德为阳明之学之三大宗旨,而皆借助于朱子。"

在传统儒学史上,绝大多数学者会将程朱理学视为主体,唯有牟宗三有另外的看法,他在《中国哲学十九讲》中称:"陆、王是一系,伊川、朱子是一系,胡五峰、刘蕺山又是一系。在这三系中,陆、王这一系是直承孟子而来,胡五峰、刘蕺山所继承的濂溪—横渠—明道这一系是宋儒的正宗;这两系最后合在一起，是一个大圆圈中的两个来往。剩下的问题就是如何与伊川、朱子一系相辩驳，经过消化而结合起来，这其中的脉络大体如此。"

牟宗三将宋明理学分为三系：陆、王为一系；程、朱为一系；胡宏、刘宗周为一系。在他看来，陆王一系直承孟子，后来胡、刘系并入了陆王系，于此又变成了两系。牟宗三认为陆王这一系方是儒学正宗，而对于程朱，"伊川、朱子不是儒家的正宗，我称为'别子为宗'"。

虽然大多数学者不持牟宗三的观点，但也足以说明陆王系影响之大，尤其是王阳明，正是他成就了陆王心学系。《明史·儒林传》称："学术之分，则自陈献章、王守仁始。宗献章者曰江门之学，孤行独诣，其传不远。宗守仁者曰姚江之学，别立宗旨，显与朱子背驰，门徒遍天下，流传逾百年，其教大行，其弊滋甚。嘉、隆而后，笃信程、朱，不迁异说者，无复几人矣。"

王阳明去世后，王门后学分为两大派别：以王畿、王艮为首的顿悟派和以邹守益、钱德洪为首的渐悟派。两派相比，以顿悟派影响力更大，但是两派又都发展了王学玄虚高远的一面，致使王门中人大多认为不需要读书明理，也不用去做社会实践，只需努力从心悟人。王门后学的这些弊端，使得该派在社会上形成了较差的名声，到明末清初时，更受到了一些有识之士的批判，他们将明朝灭亡的原因归咎到王门的蹈虚。黄宗羲在《明儒学案·泰州学案》中说："阳明先生之学，有泰州、龙溪而风行天下，亦因泰州、龙溪而渐失其传。泰州、龙溪时时不满其师说，益启瞿昙之秘而归之师，盖跻阳明而为禅矣。"

后世学者对于王门弟子的派别有不同分法，最早给王门弟子分派者乃是黄宗羲，他在《明儒学案》中将王门分为七派：浙中学派，有徐爱、钱德洪、王畿等；江右学派，有邹守益、欧阳德、聂豹、罗洪先、李材等；南中学派，有黄省曾、徐阶等；楚中学派，有蒋信、冀元亨；北方学派，有穆孔晖等；粤闽学派，有薛侃、周坦；泰州学派，有王艮、王栋、王襞等。

其中，浙中学派被视为阳明心学的嫡系，该派认为"良知"是理学精髓，但此派中的领袖人物王畿和钱德洪对"良知"的理解有歧义，于是发生了著名的"天泉证道"事件。江右学派是指明中后期江西一带的王门后学，该派影响力深远，有王学正宗之誉。泰州学派为阳明心学的重要分支，该派被现代学者视为第一个真正意义上的思想启蒙学派。南中学派的代表人物还有戚贤、朱得之等，朱得之为欧阳德弟子，此派后来衍生出了东林学派。粤闽学派、北方学派以及楚中学派影响力较弱。

按照地域来给王门分派的，还有现代新儒家学者牟宗三，他将王门分为浙中派、泰州派和江右派。

20世纪30年代，嵇文甫按照王门后学的思想激进程度，将其分为左派和右派两系。他在《王学的分化》一文中称："大体说来，东廓绪山诸子，谨守师门矩矱，'无大得亦无大失'；龙溪心斋使王学向左发展，一直流而为狂禅派；双江念庵使王学向右发展，事实上成为后来各种王学修正派的前驱。王学的发展过程，同时也就是它向左右两方面分化的过程。左派诸子固然是'时时越过师说'，右派诸子也实在是自成一套。他们使王学发展了，同时却也使王学变质而崩解了。"

20世纪50年代，日本学者冈田武彦根据王门后学学术观的差异，将其分为三系：现成派（左派）、归寂派（右派）和修证派（正统派）。

当代学者陈来将王门后学分为四派："钱德洪、邹守益代表的王学稳健派，可称'主修派'。王畿代表的无善无恶派，可称'主无派'。聂豹、罗洪先的主静归寂派，可称'主静派'。王艮、罗汝芳的泰州学派，可称'自然派'。"（陈来《良知的展开——王龙溪与中晚明的阳明学》）

钱明在《阳明学派分化的思想基础》中根据王门各家的文学宗旨，将他们分为两大系统、六个派别，两大系统是"现成"与"工夫"，六个派别为虚无、日用、主意、主静、主敬、主事。

由以上这些就可看出，阳明弟子体系庞杂，限于篇幅，本文根据黄宗羲的分法，择要讲述几位王门后学中有影响力的学派和代表人物。

二、浙中学派

1. 徐爱：王门颜回

徐爱，字曰仁，号横山，浙江余姚横河马堰人。明弘治十六到十七年间，徐爱迎娶王华之女，也就是王阳明之妹为妻。明萧良幹所修万历版《绍兴府志》载:"徐爱,字曰仁,余姚人。正德戊辰进士。出知祁州,迁南京工部员外郎,历郎中。爱娶于王,盖文成之妹婿也。弱冠领乡荐,适文成谪龙场归,论学于稽山,爱深契之,遂纳贽称弟子,奋然以圣学为己任。"

正德二年(1507),徐爱拜王阳明为师。次年,他考中了进士,时年二十一岁。《明史·钱德洪传》中称:"初,守仁倡道……其最初受业者,则有余姚徐爱,山阴蔡宗兖、朱节及应良、卢可久、应典、董沄之属。"此处仅是说,徐爱是较早拜王阳明为师者之一。黄宗羲在《明儒学案》中则称:"阳明出狱而归,先生即北面称弟子,及门莫有先之者。"

在黄宗羲看来,王门弟子的排序,徐爱不仅是较早之一,而且排在最前列,为此,黄宗羲又说:"正德丁卯,徐横山、蔡我斋、朱白浦三先生举于乡,别文成而北。文成言:'徐曰仁之温恭,蔡希渊之深潜,朱守中之明敏,皆予所不逮。'盖三先生皆以丁卯来学,文成之弟子未之或先者也。横山为弟子之首,遂以两先生次之。"

可见,正德二年拜王阳明为师者有三位,除了徐爱之外,还有蔡宗兖和朱节,王阳明夸赞这三位弟子各有自己不具备的优点。黄宗羲称,这三人同为王阳明最早的弟子,同时强调徐爱排在三位弟子之首,这种排序的理由,或许是本自王阳明评价三位弟子时的先后顺序。

其实那时的徐爱并没有真正接受阳明思想,万历版《绍兴府志》中称:"后数年壬申,文成自考功迁南太仆,爱亦自祁迁南工部,同舟归越,论《大学》宗旨,益踊跃痛快,如狂如醒者数日。"

正德七年(1512)三月,王阳明四十一岁,升考功清吏司郎中,在北京任职,徐爱等弟子在京随他学习。此年十二月,王阳明升为南京太仆寺少卿,遂买舟从北京前往南京,徐爱同行。《王阳明全集》所附《王阳明年谱》中称:"十二月,升南京太仆寺少卿,便道归省。与徐爱论学。爱是年以祁州知州考满进京,升南京工部员外郎。与先生同舟归越,论《大学》宗旨。闻之踊跃痛快,如狂如醒者数日,胸中混沌复开。仰思尧、舜、三王、孔、孟千圣立言,人各不同,其旨则一。"

王阳明准备前往南京时顺路回家乡探亲,恰好徐爱于这年以祁州知州考满进京,升为南京工部员外郎,于是跟随阳明乘舟同行。在路上,阳明向其讲解《大学》一书的宗旨,徐爱听到阳明的解读后大为兴奋,甚至到了如醉如狂的程度,他在所编的《传习录》自序中对这段心灵震撼有如下解释:"爱因旧说汩没,始闻先生之教,实是骇愕不定,无入头处。其后闻之既久,渐知反身实践。然后始信先生之学为孔门嫡传,舍是皆傍蹊小径,断港绝河矣。如说'格物是诚意的功夫,明善是诚身的功夫,穷理是尽性的功夫,道问学是尊德性的功夫,博文是约礼的功夫,惟精是惟一的功夫'。诸如此类,始皆落落难合。其后思之既久,不觉手舞足蹈。"

此前徐爱读过不少儒家著作,但那些书中的注释与王阳明的解读完全不同,当阳明讲出自己的见解时,徐爱惊异不已。此后他慢慢体悟,坚信阳明学说乃是孔门正传,其他的那些解读则是偏门。

阳明很喜爱徐爱,可惜徐爱从小就多病,年仅三十一岁就去世了。《明儒学案》载:"阳明曰:'曰仁,吾之颜渊也。'先生尝游衡山,梦老僧抚其背而叹曰:'子与颜子同德,亦与颜子同寿。'觉而异之。阳明在赣州闻讣,哭之恸。"

王阳明把自己与徐爱的关系喻之为孔子之于颜回,而颜回是孔子最喜爱的弟子。巧合的是,徐爱曾经到衡山游览,梦到一位老僧摸着他的背说:你的品行与颜回一样,寿数也和他一样。巧合的是,颜回正是在三十一岁那年去世。

因为徐爱早卒,所以留下来的著述很少,他对王门贡献最大的一件事就是编纂出了《传习录》,这部书成为阳明学的经典,其内容乃是阳明弟子记录的王阳明与弟子和朋友间的对话,其撰写方式颇似《论语》。此书中明确注明是徐爱所录者仅十四条,但后世学者考证这十四条仅是原刻本中的很小一部分,其他的大部分已经失传了。陈荣捷在《王阳明〈传习录〉详注集评》中称,徐爱所录绝不止十四条,并且举出两条证据:一则徐爱短跋所举道问学与尊德性一题,不在该录之内;二则《续刻〈传习录〉》徐爱序后有云:"此徐子曰仁之自序其录者。不幸曰仁亡矣。录亦散失。今之录,虽全非其笔,然其全不可得云。"可知徐爱所录,已散失若干矣。

从《传习录》中的所载,可以部分看到徐爱向其师探讨一些问题。比如《尚书·大禹谟》第十五节称:"人心惟危,道心惟微。惟精惟一,允执厥中。"后儒对于这句话的解读可谓汗牛充栋,其中有人把"道心"与"人心"解释为各自独立的两个心,徐爱对这种判断表示怀疑,他向王阳明请教:"'道心常为一身之主,而人心每听命'。以先生精一之训推之,此语似有弊。"

王阳明给出的解释是:"心一也。未杂于人谓之道心。杂以人伪谓之人心。人心之得其正者即道心,道心之失其正者即人心。初非有二心也。程子谓人心即人欲，道心即天理。语若分析，而意实得之。今曰：'道心为主，而人心听命'，是二心也。天理人欲不并立。安有天理为主，人欲又从而听命者？"

阳明称"心"只有一个，如果不掺杂人为的东西就是道心，掺杂了就是人心，人心能得其正就是道心，失其正便是人心，所以人心与道心实为一物。阳明举出了程子所言：人心即是人欲，道心就是天理，所以人心与道心实际是一心的理欲两面。有人认为应当以道心为主人心为辅，这是把心分成了两个，而天理与人欲并非两个独立的存在，所以不能说以天理为主宰而人欲听命于天理。

徐爱人性论的主要观点是人性本善，他在《赠薛尚谦》中称："人性本善也，而邪恶者客感也。感之在于一念，去之在于一念，无难事，无多术。"

徐爱于此明确点题，提出了人性本善论，而人的邪恶乃是受到了外部的感染，并不是人性本身所具有，所以只有去除掉恶念，才能归于本善。他认为去恶并不难，只在于一念间。展眼世间，始终有恶人与恶事，为什么人性容易沾染恶习呢？徐爱的解释是："夫人所以不宜于物者，私害之也。是故吾之私得以加诸彼，则忮心生焉。忮心，好胜之类也，凡天下计较、忌妒、骄淫、狠傲、攘夺、暴乱之恶，皆从之矣。吾之私得以籍诸彼，则求心生焉。求心，好屈之类也，凡天下阿比、谄佞、柔懦、燕溺、污辱、咒诅之恶，皆从之矣。二私交于中，则我所以为感应之地者，非公平正大之体矣。"（《宜斋序》）

因为私欲作祟，致使人容易染上邪恶。徐爱认为好胜之心是产生邪恶的本源之一，同时他点出忌妒、骄奢淫逸等都是因为好胜之心而产生的。所以不去除掉私欲，就无法返归人性之善，愤恨、恐惧、忧患均不能得人心之正，所以在徐爱看来，格物就是格心。《传习录》中载有徐爱说的如下一段话："心犹镜也，圣人心如明镜，常人心如昏镜。近世格物之说，如以镜照物，照上用功。不知镜尚昏在，何能照？先生之格物，如磨镜而使之明，磨上用功。明了后亦未尝废照。"

心如同一面镜子，圣人的心像是明亮的镜子，平常人的心则像混浊的镜子，近些年来流传的格物之说就如同用镜子来照物，如果不管镜面如何混浊，只在照上下功夫，怎么能起到效果。而阳明先生的格物观念就如同把混浊的镜子打磨光亮，在磨镜上下功夫，这种做法不但让镜子光亮了，同时也不耽误以镜子来照物。

从整体来看，徐爱笃信阳明所说的各种观念，比如阳明点出了朱熹所强调的格物致知的问题所在，徐爱赞同其师所言，认为也要在心上下功夫，只有恢复本心的光明，才能恢复心之本善。他在《答邵思抑书》中总结了阳明对心之本源的论述："吾师之教，谓人之心有体有用，犹之水木有根源、有枝叶流派。学则如培浚溉疏，故木水在培溉其根，浚疏其源，根盛源深，则枝流自然茂且长。故学莫要于收放心，涵养、省察、克治是也，即培浚其根源也。读书玩理，皆所以溉疏之也。故心德者，人之根源也，而不可少缓；文章名业者，人之枝叶也，而非所汲汲。学者先须辨此，即是辨义利之分。既能知所抉择，则在立志坚定以趋之而已。"

徐爱总结说，心才是根本，因为心就是树木的根、河流的源，无论写出流传后世的文章还是事功上取得成就，这与根本比起来都算是支流。人应当在根源上下功夫，而不应放弃根源却在支流上下功夫。

对于心与格物的关系，徐爱又给出了这样简洁的总结："身之主宰便是心，心之所发便是意，意之本体便是知，意之所在便是物。"

2. 王畿：四无说

王畿，字汝中，号龙溪，是晋大书法家王羲之的后人，世居山阴，与王阳明是同郡宗人，其父曾任贵州按察副使。王畿二十岁时考中举人，《明史》载其"弱冠举于乡，跌宕自喜"。因为天资聪颖，王畿颇为自负，很看不上一些儒生，黄宗羲在《明儒学案》中说他："时龙溪为诸生，落魄不羁，每见方巾中衣往来讲学者，窃骂之。居与阳明邻，不见也。"

年轻的王畿颇为倜傥，见到死读书的文人都会私下骂他们，虽然与王阳明毗邻而居，却绝不跟王阳明交往。对于这些行为，有的学者认为这是因为王畿厌恶程朱理学，误以为王阳明也是程朱理学一派人物。但王阳明意识到王畿是位可塑之材，于是对他多方诱导，"一日先生与同门友投壶雅歌，龙溪过而见之，曰：'腐儒亦为是耶。'先生答曰：'吾等为学，未尝担板，汝自不知耳。'龙溪于是稍相昵就，已而有味乎其言，遂北面阳明。"（《明儒学案》）

经过一番诱导，王畿最终折服于王阳明，诚心拜王阳明为师，并且终身宣传阳明思想。他不但成为阳明早期最重要的大弟子，同时还是宣传阳明思想不遗余力的人物，他活了八十六岁，因正为他的长寿，至少有五六十年的时间，他都在到处宣讲心学思想。

关于王畿在阳明学派中的重要地位，赵锦在《龙溪王先生墓志铭》中说过这样一段话："阳明之学以良知为宗，而一洗世儒支离之见，学者乍闻其说，疑不能信。而其时，元老宿儒多视为异物，而攻之惟恐不力。当是时，求士之可与语者，盖千百不能一二，不啻空谷之足音也。先生英迈天启，颖悟绝伦，阳明以为法器，故其欲得先生也，甚于先生之欲事阳明。"

自南宋以来，程朱理学思想已经成为社会文人的主体思维观念，故阳明的心学思想受到了许多文人的排斥。面对此况，王阳明希望发展几位有思想有能力的重要传人来弘扬自己的学说，他慧眼识英才，很快就看出了王畿的潜质，于是对他循循善诱，终于折服骄傲的王畿，使之成为自己最重要的弟子。以至于赵锦在《墓志铭》中说王阳明需要王畿，甚至超过了王畿需要王阳明。

对于这一点，黄宗羲在《明儒学案·浙中王门学案》中有也有记载："弱冠举于乡，嘉靖癸未下第，归而受业于文成。丙戌试期，遂不欲往。文成曰：'吾非以一第为子荣也，顾吾之学，疑信者半，子之京师，可以发明耳。'先生乃行，中是年会试。时当国者不说学，先生谓钱绪山曰：'此岂吾与子仕之时乎？'皆不廷试而归。文成门人益进，不能遍授，多使之见先生与绪山。先生和易宛转，门人日亲。"

黄宗羲点明王畿拜王阳明为师的时间是在嘉靖二年（1523），这一年王畿入京考进士落第，返回家乡后正式拜阳明为师。三年之后，又是进士考试的时间，王畿受阳明思想影响，不愿意再入京参加科考。然而阳明劝说他参加科考，是否能考中进士并不是赴京的唯一目的，阳明明确地说，相信和怀疑他观念的人各占一半，如果王畿到了京师，就能够大力地宣传发扬心学思想，这才是重要的目的。

这一次，王畿果然考中了会试，然而阳明教给他的宣传学说的使命却难以完成，因为当朝高官不喜心学思想，王畿就跟钱德洪说，这不是我们进仕的好时机，于是两人没有参加廷试就返回了浙江。

王畿返回浙江后，把主要精力都用在了宣传阳明思想上面，一直到其晚年，都坚持如此。比如他在《与沈宗颜》中说："区区八十老翁，于世界便有恁放不下？惟师门一脉如线之传，未得一二法器出头担荷，未能忘情。切切求友于四方者，意实在此。"

王畿说自己已经是八十老翁，天下之事还有什么放不下的呢，唯一让他放不下的就是师门之事。当年阳明看到他，一眼就识出王畿是法器，故其有

"王门宗盟"之誉，他本人也以正传自居。王畿在《答吴悟斋》中说："不肖于师门晚年宗说，幸有所闻。数十年来，皇皇焉求友于四方，岂惟期以自辅？亦期得一二法器，相与共究斯义，以绵师门一脉如线之传。"

对于龙溪在王门中的重要地位，其门人萧良幹在《王龙溪先生集序》中说："文成晚年宗旨，先生独契之，为海内所共仰。"在萧看来，王门弟子虽然众多，但只有王畿的思想与阳明最为契合，所以天下人均视王畿为阳明正传。张元忭在《祭王龙溪先生文》中认为只有龙溪所传方是阳明心学正脉："于惟先生，蚤事门墙，微言密授，神解心承，直窥阃奥，何止升堂？"

王阳明早年最喜爱的弟子是徐爱，遗憾的是徐爱早卒。平濠归越后，王阳明看中了钱德洪和王畿，想将衣钵传给二人。

明嘉靖六年（1527）六月，朝廷任命王阳明为南京兵部尚书总制军务，同时命他赶往广西解决纠纷。王阳明以身体不适为由，希望皇上收回成命，但皇帝仍然命他即刻前往。为了防止冲突，朝廷命两广巡抚姚谟提前退休，再任命王阳明为南京兵部尚书兼都察院左都御史，提督两广、湖广、江西四省军务，而后又任命他为两广巡抚。

至此，王阳明无法再推辞。启程前往广西之前，他的两位重要弟子钱德洪和王畿在天泉桥上，分别向老师提出了自己的观点，此时的王阳明说出了著名的"王门四句教"，这件事对后来的王学影响至深，被后世学者称为"天泉证道"。

"天泉证道"事件分别记载于《传习录》《阳明先生年谱》及《王龙溪全集》中，总体内容基本相似，然在细节上略有差异。按照《阳明先生年谱》载，其起因为："是月初八日，德洪与畿访张元冲舟中，因论为学宗旨。畿曰：'先生说知善知恶是良知，为善去恶是格物，此恐未是究竟话头。'德洪曰：'何如？'畿曰：'心体既是无善无恶，意亦是无善无恶，知亦是无善无恶，物亦是无善无恶。若说意有善有恶，毕竟心亦未是无善无恶。'德洪曰：'心体原来无善无恶，今习染既久，觉心体上见有善恶在，为善去恶，正是复那本体功夫。若见得本体如此，只说无功夫可用，恐只是见耳。'畿曰：'明日先生启行，晚可同进请问。'"

钱德洪和王畿两人谈及论学宗旨，首先是由王畿引出了话题，他认为老师提出的"知善知恶是良知"有不妥帖处，王畿觉得心体既然是无善无恶的，那么意、知、物都是无善无恶的，他这个观念被人总结为"四无"说。

钱德洪不同意王畿的这种解读，他认为心体原本是无善无恶的，只是由于后天习气的侵蚀，才使心体产生了善与恶，所以必须为善去恶，以此来恢复心的本体。钱德洪的观念被人归纳为"四有"说。

两人各持己见，谁也说服不了谁，王畿提出明天老师将出门远行，晚上我们可以向他求证究竟谁说得对。《年谱》中接着写道："是日夜分客始散，先生将入内，闻德洪与畿候立庭下，先生复出，使移席天泉桥上。德洪举与畿论辩请问。先生喜曰：'正要二君有此一问！我今将行，朋友中更无有论证及此者，二君之见正好相取，不可相病。汝中须用德洪功夫，德洪须透汝中本体。二君相取为益，吾学更无遗念矣。'"

钱德洪进一步向老师求证自己的四有观念究竟对不对，王阳明指出了其执着于四有的问题所在。王畿又提出了自己的观点，针对王畿的观点，王阳明认为四无观念只可传给上根之人，其言外之意这种理解不能广泛地被普通大众所接受。接下来王阳明就说出了著名的四句教："二君已后与学者言，务要依我四句宗旨：无善无恶，是心之体；有善有恶，是意之动；知善知恶，是良知；为善去恶，是格物。以此自修，直跻圣位；以此接人，更无差失。"（《年谱》）

王畿接着问，当本体参透之后，又应当怎么办呢："畿曰：'本体透后，于此四句宗旨何如。'先生曰：'此是彻上彻下语，自初学以至圣人，只此功夫。初学用此，循循有入，虽至圣人，穷究无尽。尧、舜精一功夫，亦只如此。'"王阳明说，他总结出的这四句教适用于所有人，接着他又嘱咐二人："二君以后再不可更此四句宗旨。此四句，中人上下无不接着。我年来立教，亦更几番，今始立此四句。人心自有知识以来，已为习俗所染，今不教他在良知上实用为善去恶，只去悬空想个本体，一切事为，俱不著实。此病痛不是小小，不可不早说破。"（《年谱》）

从钱德洪和王畿两人的观点来看，其实他们就是从"四句教"中分别诠释出了"四有"和"四无"，这是因为"四句教"可以有两种诠释角度，分别为由内圣而外王和由外王而内圣。而王阳明的回答其实是内圣与外王的统一，因为王阳明的心性之学，就是教人如何走上为贤成圣之道，这正如他所言的："夫理无内外，性无内外，故学无内外。讲习讨论，未尝非内也；反观内省，未尝遗外也。"（《传习录》）

钱德洪与王畿二人只是各自理解了老师观念的一部分，因此，王阳明的"四句教"实际上就是想让这两位大弟子的观念能够合二为一。

对于天泉证道，王畿的全集所收录的《天泉证道纪》一节与《阳明先生年谱》中所载略有出入,《天泉证道纪》所载王阳明的回答更为具体:"夫子曰:'正要二子有此一问。吾教法原有此两种:四无之说为上根人立教,四有之说为中根以下人立教。上根之人,悟得无善无恶心体,便从无处立根基,意与知物,皆从无生,一了百当,即本体便是工夫,易简直截,更无剩欠,顿悟之学也。中根以下之人,未尝悟得本体,未免在有善有恶上立根基,心与知物,皆从有生,须用为善去恶工夫随处对治,使之渐渐入悟,从有以归于无,复还本体,及其成功,一也。'"

按照王畿的记载,王阳明夸赞"四无说"乃是给上根之人立教,"四有说"则是给中根及其以下的人立教,以此说明,"四无说"立意更高。王阳明认为"四无说"近似于顿悟,"四有说"近似于渐悟,这等于是拿佛教禅宗的观念来阐发二人的修道观点。而王畿被时人及后人所批评的原因,正是他以禅释儒,故而有人猜测说,天泉证道说不定是王畿编的。黄宗羲在《明儒学案》中有如下按语:"四句教法,考之阳明集中,并不经见。其说乃出于龙溪,则阳明未定之见,平日间尝有是言,而未敢笔之于书,以滋学者之惑。至龙溪挈先生始云'四有'之说,猥犯支离,势必进之四无而后快。"

黄宗羲说著名的"四句教"对阳明学影响至深,然而王阳明的文集中却并没有此说,这种说法是出自王畿,为此,黄宗羲接着感慨说:"惜哉!王门有心斋、龙溪,学皆尊悟,世称'二王'。心斋言悟虽超旷,不离师门宗旨。至龙溪,直把良知作佛性看,悬空期个悟,终成玩弄光景,虽谓之操戈入室可也。"

早年钱德洪与王畿关系十分密切,王阳明也将这两位弟子等同看待,两人都放弃了两次考取功名的机会,专门致力于弘扬王学。当时很多人来拜王阳明为师,因为人数众多,王阳明分身乏术,于是命钱、王二人先辅导初入门者,待初学者有了基础知识之后,再进一步向阳明请教,因此,钱、王二人被尊称为"教授师"。关于二人在王门中的地位,《明儒学案》载:"(王畿之学)虽云真性流行,自见天则,而于儒者之矩矱,未免有出入矣。然先生亲承阳明末命,其微言往往而在。象山之后不能无慈湖;文成之后不能无龙溪,以为学术之盛衰因之。慈湖决象山之澜,而先生疏河导源,于文成之学,固多所发明也。"

随着时间的推移,王畿在王门中的地位和名声越来越显著,渐渐盖过了钱德洪,故周汝登在《刻王龙溪先生集序》中说:"文成之徒,领悟者多,而最称入室,则唯先生。"

王畿认为"良知"二字概括了三教的总宗旨，他在《与李中溪》中写道："先生提出'良知'二字，乃三教中大总持。"其言外之意，心学统领一切观念，另外他还提出用一个"息"字来概括三教之宗："息之一字，范围三教之宗。老氏谓之'谷神''玄牝'，其息深深；蒙庄谓之'六月息'；释氏谓之'反息还虚'；吾儒则谓之'向晦入宴息'。邵子谓之'复姤之几，天地之呼吸也'。是息，先天地而生，后天地而存。人能明此一息，是谓天地之氤氲，万物化生。一息通于今古，平旦之气，有不足言者矣。"（《双江集》卷十一《答王龙溪（即致知议略）》）

关于何为"息"，吴震在《阳明后学研究》中说："此处所谓的'息'，有两层含意：一是指'调息'之'息'，盖指呼吸（包括人之呼吸与天地之呼吸＝阴阳两气之氤氲变化）；一是指作为万物根源（包括人体）的'气'之含意。"

王畿在传播阳明思想上不遗余力，他明确地称："诸公相继云亡，老师学脉不绝如线，吾人后死者不与出头担当，后将谁赖？"（《与三峰刘子问答》）王畿认为自己传承阳明心学乃是责无旁贷。黄宗羲在《明儒学案》中记载了王畿的不懈努力："先生林下四十余年，无日不讲学，自两都及吴、楚、闽、越、江、浙皆有讲舍，莫不以先生为宗盟。"

经过王畿的努力弘扬，更多世人认识到阳明思想的伟大，故黄宗羲夸赞他说："阳明先生之学，有泰州、龙溪而风行天下。"但黄宗羲同时指出，正是因为王艮和王畿改变师说，而让王阳明观念变了味："亦因泰州、龙溪而渐失其传。泰州、龙溪时时不满师说。"

事实上，王畿弘传阳明思想的功劳却不容抹杀，日本学者渡边秀方在《中国哲学史概论》中称："龙溪自师殁后，和绪山一块儿同为'王学'中心，王学发展的功绩上，他称第一人。"

3. 钱德洪：四有说

钱德洪，名宽，字德洪，后改字洪甫，因避先世讳，以字行。余姚的龙泉山古名灵绪山，山上有绪山庙，故钱德洪以绪山为号，又因为他是吴越武肃王钱镠的第十九世孙，故其自称王公圣贤之后。钱德洪与王畿齐名，是王阳明的两大著名弟子之一，他与王阳明一样也出生在余姚的瑞云楼内，钱德洪在《后瑞云楼记》中写道："瑞云楼者，吾师阳明先生降辰之地也。楼居余姚龙山之北麓。……弘治丙辰，某亦生于此楼。"

王阳明的父亲王华曾经租住在余姚的瑞云楼内，后来搬迁到了绍兴。钱德洪的父亲又从莫姓手中租下瑞云楼，故钱德洪生于此楼。后来钱德洪考中进士后，从莫姓人家手中把这座楼买了下来。

　　钱德洪与王阳明的关系十分密切，他与王阳明都是娶诸氏为妻，并且王阳明的继子王正宪与钱德洪还是儿女亲家，王正宪之女是钱德洪次子钱应乐之妻。钱德洪的父亲钱蒙喜好阳明之学，故其子侄大多追随王阳明，比如钱德洪的弟弟钱德周、族兄钱大经、长子钱应度、次子钱应乐，侄子钱应扬、钱应量、钱应礼，女婿郑安元等均为王阳明的弟子。

　　钱德洪在少年时喜好朱子之学，大约在十七八岁时，他读到了王阳明的《传习录》，当时觉得王阳明的观念"与所学未契"，颇为怀疑阳明学说。正德十六年（1521），王阳明平定"宸濠之乱"回到余姚时，钱德洪改变了以往的看法："率诸友七十余人，辟龙泉中天阁，请文成升座开讲，首以所学请正。"（周汝登《圣学宗传》卷十四）

　　钱德洪带领朋友、亲戚总计七十多人在龙泉山上盖起了中天阁，而后请王阳明在此宣讲，集体拜王阳明为师，由此使得阳明学说在余姚有了广泛的影响力。因为拜师之人太多，王阳明无法兼顾，于是命钱德洪和王畿先给初入门者讲解，等有一定的基础之后，再由王阳明来作进一步辅导，因此钱德洪与王畿被人们称为"教授师"。

　　钱德洪的大半生都是以弘扬阳明学为己任，王畿在为其所作的《绪山钱君行状》中称："君负尚友之志，卓然已有所闻矣。虽经济之业，未及概见，平生于此学，孜孜力肩，发明师门宗教，以同于人，所谓任重道远、死而后已者非耶？"

　　钱德洪不仅到处宣讲阳明思想，还努力收集与老师有关的各种资料，流传至今的《阳明文录》《文录续编》《传习续录》《阳明年谱》等，均出自钱德洪之手。王畿为传播阳明思想也付出了很多的心血，所以后世大多将钱、王二人并提。但是，两人在观点上却始终存在分歧。黄宗羲在《明儒学案》中作出了这样的对比："龙溪从见在悟其变动不居之体，先生只于事物上实心磨炼，故先生之彻悟不如龙溪，龙溪之修持不如先生。乃龙溪竟入于禅，而先生不失儒者之矩矱。"

　　在黄宗羲看来，王畿更重视逻辑观上的体悟，钱德洪则关注于理论是否能付诸实践的问题，因此，钱德洪在彻悟方面比不过王畿，王畿在实践方面不如钱德洪。但是，太过形而上的思维会显得空，而空又容易入禅，从这个角度来说，黄宗羲认为钱德洪更具有儒家风范。

黄宗羲对钱、王二人的思想各用一词来形容，他说王畿的思想像是"悬崖撒手"，钱德洪的思想则是"把缆放船"，可见钱德洪在探求学问时，是何等之小心谨慎。

对于"四句教"的理解，邹守益《青原赠处》中记载有钱德洪对此之见解："阳明夫子之平两广也，钱、王二子送于富阳。夫子曰：'予别矣，盍各言所学？'德洪对曰：'至善无恶者心，有善有恶者意，知善知恶是良知，为善去恶是格物。'畿对曰：'心无善无恶，意无善而无恶，知无善而无恶，物无善而无恶。'夫子笑曰：'洪甫（德洪）须识汝中本体，汝中须识洪甫工夫。二子打并为一，不失吾传矣。'"

从总体来看，"四无说"和"四有说"各有自己的优缺点，所以王阳明强调他二人不可执于一端，都需要从对方的理解中补充自己的不足。

天泉证道之后，钱、王二人送老师到严滩，王阳明在此又进一步阐述了自己的观点，此次会谈被称为"严滩问答"。《传习录》载："先生起行征思、田，德洪与汝中追送严滩，汝中举佛家实相幻相之说。先生曰：'有心俱是实，无心俱是幻；无心俱是实，有心俱是幻。'汝中曰：'有心俱是实，无心俱是幻，是本体上说工夫。无心俱是实，有心俱是幻，是工夫上说本体。'先生然其言。洪于是时尚未了达，数年用功，始信本体工夫合一。但先生是时因问偶谈，若吾儒指点人处，不必借此立言耳！"

在此，王阳明讲出了"有心俱是实，无心俱是幻"的观念，同时又将这两句反着说，王畿领悟性很高，他立即说出老师这句话的意思，是从本体上来谈修养，反过来的下一句则是从修养上说本体。王阳明夸赞王畿理解得对。但这段话中没有记载钱德洪当时说了什么，文中只是说那时的钱德洪没有理解老师此话的深意，为此他又用功几年，终于明白了本体和工夫是合一的。

王阳明所说的本体，乃是指的"有"，工夫则指的是"无"，本体与工夫的合一，也就是有和无的统一，这既可指本体也可指工夫。王畿用佛教中的实相和幻相来理解王阳明的所言，而钱德洪对王阳明这段话的理解，直到他入狱才体悟出来。《明史列传》中载："郭勋下诏狱，移部定罪，德洪据狱词论死。廷臣欲坐以不轨，言德洪不习刑名。而帝雅不欲勋死，因言官疏下德洪诏狱。所司上其罪，已出狱矣。帝曰：'始朕命刑官毋桎勋，德洪故违之，与勋不领敕何异。'再下狱，御史杨爵、都督赵卿亦在系，德洪与讲《易》

不辍。久之，斥为民。"

那时的钱德洪任刑部郎中，郭勋被关进监狱交刑部定罪，钱德洪根据他的供词判其为死罪，但有些朝臣想给郭勋定为图谋反叛罪，借口钱德洪不懂刑律，而那时皇帝并不想判郭勋死罪，于是就借谏之口，反而把钱德洪关入牢狱中。当时主审官员并不认为钱德洪的所为有什么错误，于是把他放出了监狱。但皇帝不愿意，认为钱德洪故意不按圣意办事，再次把钱德洪关进狱中。钱在狱中研究《易经》，释放后被贬为了平民。

钱德洪在狱中仔细体悟无善无恶之旨，他将自己的理解写在了给杨斛山的一封信中，其首先称："人之心体一也，指名曰'善'可也，曰'至善无恶'亦可也，曰'无善无恶'亦可也。曰'善'、曰'至善'，人皆信而无疑矣，又为'无善无恶'之说者，何也？至善之体，恶固非其所有，善亦不得而有也。"（《复杨斛山》）

钱德洪认为人的心体原本是至善的，同样也是至善无恶的，心体既然是至善的，那么心体中就不包含着恶，但善恶是相对的，既然心体中不包含恶，那么善也就不存在了，所以说心体是无善无恶的。接下来他又说道："至善之体，虚灵也，犹目之明、耳之聪也。虚灵之体不可先有乎善，犹明之不可先有乎色，聪之不可先有乎声也。目无一色，故能尽万物之色；耳无一声，故能尽万物之声；心无一善，故能尽天下万事之善。"（《复杨斛山》）

钱德洪在此讲到了虚灵本体，其实指的就是心体，而此时的心体就如同眼睛的明和耳朵的聪，眼睛能看到万物的颜色，乃是因为眼中本来就没有任何颜色，如果眼中先天就有某种颜色的话，那么眼中看到的万物就都是这种颜色，也就失去了万物本来的颜色。耳朵的听也是如此，耳朵能听到万籁之声，这是因为耳朵里本来就没有声音，如果耳中先天就有声音的话，那他也就不能听到万物之声。所以说，心体之所以是虚灵的，能够尽天下万事之善，就是因为心体中没有一善，如果心体中有这一善的话，那么他也就失去了分辨天下万物之善的能力。

对于这样的观点，《绪山语录》中载有钱德洪说过的这样一段类似的话："不学不虑而天则自显，彻内彻外而内外无间。本来至善，故无善可有；本来无恶，故无恶可除。"

在钱德洪看来，心的本体本来就是至善的，所以不能再为其加一善，本来是无恶的，也就无须再除一恶。他的这个观点等于承认了本体中的无，其实从这个角度来说，等于他部分赞同了王畿的"四无说"。虽然如此，钱德洪出狱后还是在批评无善无恶之说，比如他在《复王龙溪》中称："初若未以为然，细自磨勘，始知自惧。日来论本体处，说得十分清脱，及征之行事，疏略处甚多。此便是学问落空处。"

钱德洪在理解到"无"的重要性时，也感到了这种理解会越来越走向误区，他仍然在强调"有"的重要性，否则一味地悟虚就会导致"学问落空"。他在给同学季本的信中点出了王畿观念之弊："龙溪之见，伶俐直截，泥功夫于生灭者，闻其言自当省发。但渠于见上觉有着处，开口论说，千转百折不出己意，便觉于人言尚有漏落耳。"（钱德洪《与季彭山》）

钱德洪坚持要把心悟落实到人伦事物之中，他的观念虽然与王畿有所接近，但依然在强调落实的重要性，故而他在给张浮峰的信中说："龙溪学日平实，每于毁誉纷冗中，益见奋惕，弟向与意见不同。虽承先师遗命，相取为益，终与入处异路，未见能浑接一体。归来屡经多故，不肖始能纯信本心，龙溪亦于事上肯自磨涤，自此正相当。"

由以上这些可见，钱、王二人虽然各自坚持己见，但也都从对方的观点中吸取优点，以弥补自己的缺失。

4. 黄绾：艮止之学

黄绾，字宗贤，号久庵，又号石龙，浙江黄岩人，官至南京礼部尚书兼翰林院学士。黄绾出身官宦世家，曾祖父为正统元年（1436）进士，曾任兵部主事。祖父黄曜，天顺四年（1460）进士，曾任工部屯田司主事。父黄俌，成化十七年（1481）进士，曾任吏部文选郎中。

黄绾为王阳明重要弟子之一，与湛若水关系密切。他的思想有三变，早年曾拜谢铎为师，学习程朱理学，后入王门推崇心学。黄绾将女儿嫁给了王阳明之子王正亿，晚年有鉴于阳明弟子显现的空疏等弊端，开始反思程朱理学和阳明心学。

黄绾认为，宋儒受佛老影响太深，已经不是纯正的儒家之道："至于宋儒学之始皆假禅为入门，高者由其上乘，下者由其下乘。夫禅乃出世寂灭之事，视吾圣人经世之道，不啻天渊之悬绝。"（《赠王汝中序》）因此他觉得："宋儒之学，自是宋儒之传，原非尧、舜之传；尧、舜之传，至孟子而绝，在今无传矣。"（《黄绾集·明道编》）

黄绾认为，既然宋儒的观念已经不纯正，那么他们所传承的学术思想也不是正统的孔孟之道，为此他举出了如下例子："舜谓禹曰：'人心惟危，道心惟微,惟精惟一,允执厥中',禹谓舜曰:'安汝止,惟几惟康',伊尹曰:'钦厥止',文王曰:'缉熙敬止',孔子则明其旨于《艮·象》,授之曾子,著于《大学》,曰:'知止而后有定,定而后能静,静而后能安,安而后能虑,虑而后能得,'曾子授之子思,子思授之孟子,孟子没而无传,故自有宋诸儒,其学皆由于禅。"(《黄绾集·明道编》)

这段话中将《易经》中的艮卦视为儒学道统的传承法宝,为此他提出了"艮止"观念。"艮止"一词本自《周易》中的艮卦卦辞:"艮其背,不获其身,行其庭,不见其人,无咎。"《周易·象传》中有如下解释:"艮,止也。时止则止,时行则行,动静不失其时,其道光明。艮其止,止其所也。"

东汉许慎在《说文解字》中将"艮"视为"很",其意为"犹目相匕,不相下也",后世则将"艮"视为"反见",也就是见的反面。可见,艮字与目有关,也就是当人看见外物时,产生了感触,他不想看见这个外物,这种情况就是"艮"。

艮卦的象是两艮重叠,乃是一阳居于两阴之上,阴为静阳为动,下静则上止,这就是艮止。对于艮止,汉儒大多就卦象而解说艮卦,宋儒开始重视此观念,周敦颐将止解释为静,即无作为。张载认为艮卦包含光明之义:"《易》大抵以艮为止,止乃光明。"(《横渠易说》)程颐认为,"艮其背"就是眼不见之意,他用理欲观来解释此话,认为这是以不见欲的方式来去欲,无欲就心不乱,心不乱就是止。

黄绾也是用艮之止来阐发他的观念:"吾学之要,在于知止,'止'字之义,本于《易》之艮。"为什么要以艮止来作为自己的学术观?黄绾认为,《周易》中只有艮卦的卦义是天地人之心:"《易》之八纯卦皆上下敌应,其七卦皆初、四,二、五,三、六相与,惟独不相与;盖艮言天地人之心,一也,不可有二,二则非心矣。"同时他解释称:"言止非泛止,而必有所。所即心中之窍,一阳如粟,所止之处,即所谓天理之根,阴阳之门,五性皆备于此,故曰成性存存,道义之门。故谓之为气机,又谓之为魂魄之合,又谓之为帝衷之降,又谓之为天命之性,又谓之为神,又谓之为仁,皆在此所也。"(《明道编》)

黄绾认为"性"是人的根本,儒、释、道三家的观念均由"性"而起,三家对于"性"的解释也基本一致:"人之有生,性为之本,故儒、佛、老为教,皆由性起;性无二道,故吾圣人与佛、老之言性皆同。"所以他认为,所止之处可以称为天地之根,也可称为阴阳之门。

除了这些重要性之外，黄绾重视艮卦还有一个重要原因，那就是他认为艮卦乃儒家道统中传承的依据。他在《明道编》中解释说："（艮卦是）圣人传心之学"，其"始于伏羲八卦之艮"。他将八卦的创始年代追溯到了伏羲那里，同时又以艮止观来叙述儒家道统："伏羲、尧舜以艮止、执中之学相传。伏羲之学具于《易》，尧舜之学具于《书》。《易》之微言，莫要于艮止；《书》之要旨，莫大于执中。自是圣圣相承，率由是道。至仲尼出，而大明厥韫，以知止之止指心体，以致知示工夫，以格物示功效，以克己为致知之实，以复礼为格物之实，皆艮止、执中之正脉。当时惟颜、曾二子独得其传，再传而得子思，又传而得孟子，轲之没而无传矣。"

从道统的顺序来说，黄绾的叙述应是本自韩愈，他也将道统讲到了孟子那里，同时称其断绝于此。但是按照宋儒观念，有人接上了道统，比如黄榦在《朱子行状》中说："孔孟之道，周、程、张子继之；周、程、张子之道，文公朱先生又继之。"

按照朱子后学的观点，周敦颐、二程、张载接续上了孔孟之道，此后朱熹延续了道统，这是程朱理学给出的道统体系。但陆九渊认为自己才是道统之正传，虽然他学无师承，但他却说自己直接接续了孟子。

黄绾对于两家的说法都不承认，因为"宋儒之学，自是宋儒之传，原非尧舜之传"，他认为宋儒没有传承尧舜的艮止之道。除了宋儒外，他甚至认为此后的一些元明时期儒家也没能传承尧舜之道："学者读书极难，四子、六经之外，有宋儒濂洛关闽之著作、注解，此外又有性理群书：《性理大全》《近思录》《近思续录》《伊洛渊源录》《伊洛渊源续录》《理学名臣录》，此外又有何北山、王鲁斋、吴草庐、金仁山、许白云、方逊志、薛敬轩、吴康斋、陈白沙、胡敬斋诸君子之文集及注解之类多矣。要皆不出宋儒之学，其源流皆本于宋儒，而非尧舜以来之传。"（《明道编》）

那么谁的所传才是尧舜以来的正统呢？黄绾没说。但阳明弟子林文相在《明道编》序中说："（黄绾）继绝学于千载之下，而上接孔孟之真传。"如此说来，黄绾通过发扬艮止之学，继承上了孟子之后的道统。通过这句评语可以看出，黄绾的思想与程朱、陆王都有区别，想来他认为自己发扬的艮止之学才真正接续上了断绝千年的儒家道统。

但是他那个时代，阳明之学已然是天下第一大显学，黄绾要独创一派，必须要正视这种局面，而他与王阳明关系特殊，又不能写文直接予以批判，于是他以另外的方式表达了对阳明心学的不满。比如他在《明道编》中说：

"今因良知之说而欲废学与思，以合释氏'不思善、不思恶'、杨慈湖'不起意'之旨，几何不以任情为良能，私智为良知也哉！"

这句话明里在批判杨简，暗里则是将杨简比作王畿，他说王畿将阳明的"致良知"观念废掉了，因为王畿没有真正理解孟子所说的"良知良能"。可见他反对"致良知"说中所提倡的"本体即工夫"观念，他强调通过学和思来致良知。

对于阳明思想，黄绾说："今之君子，每言仁者与天地万物为一体，以为大人之学如此。"他所说的"今之君子"就是暗指王阳明，他不认可王阳明所说的天地万物为一体的观念，因为这种观念"审如此言，则圣人之所谓亲亲而仁民，仁民而爱物，情有亲疏，爱有差等、皆非矣。实不知其说已堕于墨氏之兼爱，流于空虚，荡无涯涘"。(《明道编》)

黄绾对阳明之学有深入了解，正德五年（1510），黄绾认识了王阳明和湛若水，于是订立了"三人终身共学之盟"，他们三人"自职事之外，稍暇，必会讲；饮食起居，日必共之；各相砥励"。(黄绾《阳明先生行状》)

可见最初黄绾与王阳明和湛若水是学友关系，但是到了嘉靖元年（1522），黄绾在余姚听过王阳明讲授"致良知"之学后，大为叹服："简易直截，圣学无疑，先生真吾师也。"于是拜王阳明为师，自称"门弟子"。王阳明去世后，桂萼攻击阳明心学为伪学，黄绾上疏为阳明辩白，极力推崇阳明之学乃是孔门正传："其学之大要有三：一曰'致良知'，实本先民之言，盖'致知'出于孔氏，而'良知'出于孟轲性善之论。二曰'亲民'，亦本先民之言。盖《大学》旧本所谓亲民者，即百姓不亲之亲，凡亲贤乐利，与民同其好恶，而为洁矩之道者是已。此所据以从旧本之意，非创为之说也。三曰'知行合一'，亦本先民之言，盖知至至之，知终终之，只一事也。守仁发此，欲人言行相顾，勿事空言以为学也。是守仁之学，弗诡于圣，弗畔于道，乃孔门之正传也，可以终废其学乎？"(《王文成公年谱》)

但是黄绾到了晚年，对阳明思想和湛若水观念有了新的认识。其弟子吴国鼎在《明道编》的跋语中记载了黄绾的所言："予尝与阳明、甘泉日相砥励，同升中行。然二公之学，一主于致良知，一主于体认天理，于予心尤有未莹，乃揭艮止，执中之旨，昭示同志，以为圣门开示切要之诀。"

何以产生这样的变化，《明道编》中载有黄绾批评王学之言："予昔年与海内一二君子讲习，有以致知为至极其良知，格物为格其非心者……以身、心、意、知、物合为一物，而通为良知条理；格、致、诚、正、修合为一事，而通为致良知工夫。……又令看《六祖坛经》，会其本来无物，不思善，不思恶，见本来面目为直超上乘，以为合于良知之至极。又以《悟真篇》后序为得圣人之旨。……予始未之信，既而信之，又久而验之；方知空虚之弊，误人非细；信乎差之毫厘，谬以千里，可不慎哉？"

以往黄绾认为王阳明的"致良知"观念本自孔孟，乃是圣门正传，后来渐渐意识到"致良知"其实就是禅学。当然，他的重点是批判王门后学流弊，认为造成这种情况的原因，乃是阳明空谈性命与义理，这种学风危害到了道统的传承："至于今日，凡论圣学而失尧舜精一、孔门致知之旨者，或由下乘，或由上乘，皆自以为致虚，皆自以为无意、必、固、我，而不知皆堕于空虚，而不足以立天下之大本，经纶天下之大经，皆由此说误之。"（《明道编》）

出于这样的原因，黄绾通过创建"艮止"思想，来接续尧舜所传至孟子断绝的道脉，他在《明道编》中提出自己的心学理论："予以艮止存心，以执中为志，以思为学，时止时行，无终食之间违仁，兢兢业业，无一言敢妄，一行敢苟，欲寡其过，恒惧不能，贤犹不及，焉敢云圣。"

三、江右学派

1. 邹守益：戒慎恐惧

邹守益，字谦之，号东廓，江西吉安府安福县人，生于明弘治四年（1491）。据说在他出生前，其父梦到了孔子，其母则梦到日坠于怀，似乎都预兆着邹守益能在儒学事业上有所作为。邹守益在《赠云东龙君道亨之任南都序》中自称："初，先易斋大夫之名不肖也，命之以风雷之象，曰'见善则迁，有过则改'，守之以谦，其益无方。"

年幼时的邹守益跟随父亲邹贤学习儒家经典，因天资颖敏，记忆超群，故"早岁博极群书，自《六经》、子、史以及百家，一经诵习，终身不忘。"

（宋仪望《邹东廓先生行状》）

邹守益十七岁中江西乡试，二十一岁中进士，会试第一，廷试第三。其父听闻儿子取得了这样的好成绩后，感慨了一句"吾志有托矣"，随即辞职返乡。邹守益考中进士后任翰林院编修，但次年就返回家乡照顾父亲，同时开门办学，其在教学的过程中，对朱熹所解的《大学》《中庸》有一定的疑惑，为此他还特意去拜见了王阳明。

王阳明在给邹守益解惑期间，令邹深为折服，于是拜王阳明为师。在此之前，邹守益的学术思想主要是受父亲的影响，他在《族谱后序》中记载了父亲对他的教诲之言："人生一世，如轻尘接弱草，苟不立节义，是虚生矣。人性常要检束严整，则不轻以放肆；常要惺惺法则，自然日就规矩，不可斯须忘'敬'之一字。"

邹守益还在此后序中讲到了自己当年的一些体悟，由此可知，他早年的思想更多的是接受程朱理学，待他见到王阳明后，才由此转向了心学。

关于邹守益首次见到王阳明时的情形，耿定向在《东廓邹先生传》中说："越辛未，先生年二十一，会试第一。先是，文成王公移令庐陵，先生慕而遇之，一见期许。是岁，王公以吏部主事司分校，主试者知王公有精鉴，出诸隽卷取裁，王公阅及先生卷，曰：'此必安福邹某也。亡论文，其人品亦冠天下者。'遂冠南宫。"

前面讲到，邹守益在家乡讲学时，对朱熹所解的《大学》《中庸》有些疑惑，他感觉《中庸》揭示的首要工夫是戒惧慎独，而朱熹所解《大学》却认为首要工夫是格物致知。邹守益曾跟弟子们探讨过这个疑问，邹德涵在《文庄府君传》中载："府君曰：'前而党！知子思之学受于曾子乎？今朱氏解格物与慎独异，何也？'诸生莫能解。己卯，谒阳明先生于虔，以其疑质之。王公大喜曰：'吾求友天下有年矣！未有是疑，何子之能疑也！'因告之曰：'致知者，致吾之良知也。格物者，不离伦物，应感以致其知也，与慎独一也。'府君幡然悟曰：'道在是矣！'遂执弟子礼。"

邹守益把弟子们召集到一起，来探讨这个令他不解的问题，众弟子也不能解出两者之间的区别，于是邹守益特地前往虔台去拜谒王阳明，向他请教。阳明听闻他的所问后大喜，说自己教学多年，没人提出这个问题。王阳明详细向邹守益阐述了两者之间的区别，告诉邹守益说所谓的致知就是致良知，而格物不离人伦，与慎独同一义。邹守益闻言后顿然冰释，立即拜阳明为师。

对于这件事，罗洪先在《东廓邹公墓志铭》中也有记载："一日，谈《论语·中庸》，讶曰：'程、朱补传而先格致，《中庸》乃言慎独，何耶？'积疑莫释。己卯，就问于阳明公，论辩反复，幡然悟曰：'道在是矣！'自是奉言无所违。"

相比较而言，耿定向在《东廓邹先生传》中的所载更为详细，记录下了阳明当时的所言："一日，读《大学》《中庸》，讶曰：'子思受学曾子者，《大学》先格致，《中庸》首揭慎独，何也？'积疑不释。己卯，先生年二十九，就质王公于虔台，王公曰：'致知者，致吾心之良知于事事物物也。致吾心之良知于事事物物，则事事物物皆得其理矣。独，即所谓良知也；慎独者，所以致其良知也；戒慎恐惧，所以慎其独也。《大学》《中庸》之旨，一也。'先生豁然悟，遂肃贽师事焉。"

王阳明对邹守益说的这段话被后世广泛引用，徐阶在《文庄邹公神道碑》中亦有所载。但是，有学者认为那时的王阳明还没有讲到"致良知"的思想，《王阳明年谱》载："十有六年辛巳，先生五十岁，在江西。正月，居南昌。是年先生始揭致良知之教。"

正德十六年（1521），王阳明五十岁时，身处南昌，首先揭示出了"致良知"这个重要概念，同时写信给邹守益谈及此事："吾'良知'二字，自龙场以后，便已不出此意，只是点此二字不出，于学者言，费却多少辞说。今幸见出此意，一语之下，洞见全体，直是痛快，不觉手舞足蹈。"

可见"良知"二字乃是阳明在龙场悟道时所悟出之理，但是他一直找不出合适的词来概括自己的所得，后来他终于想到了"致良知"这三个字。对于此三字的重要性，王阳明在《传习录》中说："良知明白，随你去静处体悟也好，随你去事上磨炼也好，良知本体原是无动无静的。此便是学问头脑。我这个话头，自滁州到今，亦较过几番，只是'致良知'三字无病。医经折肱，方能察人病理。"

由此可见，正德十五年（1520）邹守益见到王阳明时，王阳明还没有总结出"致良知"这个概念，也就不可能给邹守益讲到"致良知"。但无论怎样，王阳明的解惑还是令邹守益豁然开朗，他在《龙冈书院祭田记》中说："往者尝疑《大学》《中庸》一派授受，而判知行，析动静，几若分门以立。及接温听厉，反覆诘难，始信好恶之真，戒惧之严，不外慎独一脉。"

王阳明的解惑令邹守益焕然冰释，令他由此从程朱理学转向阳明心学。阳明思想对邹守益构成强烈冲击，邹德涵在《文庄府君传》中说："归而与诸生言曰：'吾梦二十九年矣，而今始醒！而觉其勿复梦也夫！'未几，宸濠反，从王公起兵勤王。"

正因为对邹守益的看重，故朱宸濠叛乱时，王阳明立即招邹守益一同去平叛，邹守益在《叔父重斋居士墓志》中写道："逆濠之变，阳明先师召益从军中，众咸蹙缩。叔父慨然遣泰兄同行，曰：'吾侄尽君臣之义，吾儿亦当尽兄弟之恩。'执手别诸门，曰：'子何恃而无恐？'益对曰：'乱臣贼子，天必诛之；忠臣义士，天必相之。'"

朱宸濠叛乱时，阳明立即召邹守益前往，但守益身边的人都觉得此事很危险，为此而有所畏缩，但他的叔父却深明大义，劝邹守益要尽君臣之义，同时派儿子跟邹守益一同前往，以此来尽兄弟之恩。大家执手话别时，叔父问邹守益为什么不恐惧，守益大义凛然地说，上天对于乱臣贼子会诛之，对于忠义之士则定会保佑。

危难时刻，邹守益能够来到王阳明身边，这令老师十分高兴。其实当时的情形十分危急，《王阳明年谱》载："先生在吉安，守益趋见曰：'闻濠诱叶芳兵夹攻吉安。'先生曰：'芳必不叛。诸贼旧以茅为屋，叛则焚之。我过其巢，许其伐钜木创屋万余。今其党各千余，不肯焚矣。'益曰：'彼从濠，望封拜，可以寻常计乎？'先生默然良久曰：'天下尽反，我辈固当如此做。'益惕然，一时胸中利害如洗，次早复见曰：'昨夜思之，濠若遣逮老父奈何？''已遣报之，急避他所。'"

朱宸濠在叛乱前积聚了不少力量，还拉拢了其他官员进入己方阵营，邹守益闻讯后颇为担心。王阳明虽然也提前做了铺垫，但守益称，很多人会受到朱宸濠的诱惑，因为一旦叛乱成功，跟从他的人就能封侯封爵。其实阳明知道守益所言在理，好一会儿没言语，但他也做好了天下尽反的准备。

从这段记录可以看出，王阳明在危急关头依然能有条不紊地进行妥善安排，并且做了最坏的打算。邹守益由此而从老师身上学到了做人处事的方式。这个时段邹守益从老师身上学到的，更多的是为人处世的格局，在学术思路上的转变，在正德十五年（1520）秋天的某个晚上。邹守益在《赠王孔桥》中写道："庚辰之秋，再见先师于虔州。与二三友坐虚堂以观月，而悟吾性焉，喟然叹曰：'吾性之精明也，其犹诸日月乎！月之行于天也，楼台亭榭，照以楼台亭榭，而未尝有羡也；粪壤污渠，照以粪壤污渠，而未尝有厌也。是谓无将无迎，大公而顺应。吾侪顾以作好作恶之私，憧憧起伏，相寻于无穷，是嘘云播雾，以自翳其明也。'二三友懔然有省。"

邹守益见到王阳明后，与几位朋友晚上观月，守益观察到皎洁的月光可能会被云雾遮蔽，但这些遮蔽物并不影响日月光明的本质。他想借此来说明人性的本体就如同日月发光一样，发光本身是绝对的，只是受了外力的阻挡，才会暂时失去光明，但是人性并不因为这些遮挡而改变，这就如同月光照耀着大地上的万物，月光并不做任何的选择，无论是楼台亭阁还是粪壤污渠，对于月光来讲，都是一样的。他想以此来说明人的本性如同月光照遍万物一样，不存在任何选择。

邹守益在嘉靖六年（1527）被擢升为南京礼部主客司郎中。在此期间，他经常与湛若水、吕柟探讨学问，在探讨的过程中，邹守益渐渐意识到自己在理论上的缺失。耿定向在《东廓邹先生传》中说："丁亥，先生年三十七，升南京主客郎中。逾年，王公卒于师，先生服心丧。九华书院成，先生记之，其略谓良知即天命之性，灵昭不昧，涂人与圣贤同，惟能戒慎恐惧，保其本体，斯廓然大公，物来顺应，中立和出，而天德纯、王道备云。在部，日与甘泉若水，泾野吕柟聚讲。一日，病，同门王心斋、薛中离侃、钱绪山德洪、王龙溪畿皆来商究，先生卧听之，尝自省曰：'从前就事体念，尚非本体流行，不免起灭云。'"

邹守益在三十七岁时到南京任职，转年阳明师去世了，他为老师服心丧，后来当地盖起了九华书院，邹守益为此书院写了篇记，他在这篇记中谈到了主要的心学思想，关键之处乃是他体会出了戒慎恐惧之说，而他得出这样的思想，乃是源于一场病中的对话。

某天，他病卧在床，王门中的王艮、薛侃、钱德洪、王畿等前来看望他，这些思想家聚在一起，自然而然就探讨起了学问，邹守益躺在那里听他们各自阐述观点，由此而有了新的体悟。此后他在给刘君亮等人的信中写道："病体未得愈，坐阙驰候，辱诲爱恳恳，若恫瘝在身而望其瘳，敢不佩服以报？近汝止、尚谦、德洪、汝中诸兄枉教，扶疾而卧听之，乃知向来起灭之意，尚是就事上体认，非本体流行。吾心本体，精明灵觉，浩浩乎日月之常照，而渊渊乎江河之常流。其有所障蔽，有所滞碍，扫而决之，复见本体。古人所以造次于是，颠沛于是，正欲完此常照常明之体耳。夙夜点检，益觉警惕，无由面订，有怀耿耿。"（《简君亮伯光诸友》）

邹守益在信中谈到，正是因为这些同门来探病，他们的所谈让自己有所启悟，觉得自己以前的思想始终停留在探究具体事情的实践过程，而将主体与本体分为两截，这种做法不是本体的自然流行，经过同门论学的启迪，他对自己的学问工夫进行了彻底反思，由此而转向了对本体论的新认识。

从这段体悟来看，邹守益的思想有一个逐渐缜密的过程，他对戒慎恐惧的认识过程也同样如此。"戒慎恐惧"本自《礼记·中庸》中的"戒慎乎其所不睹，恐惧乎其所不闻"。对此语，郑玄在注中称："小人闲居为不善，无所不至也。君子则不然，虽视之无人，听之无声，犹戒慎恐惧自修正，是其不须臾离道。"

可见戒慎恐惧是让人心中常存敬畏，时时留心不在细微处懈怠。朱熹在解读《中庸》时把戒惧与慎独分开谈，认为戒惧是"所以存天理之本然，而不使离于须臾之顷也"，而慎独为"所以遏人欲于将萌，而不使其滋长于隐微之中，以至离道之远也"。

王阳明不同意朱熹的两分法，当弟子黄洛村问他如何看待戒惧与慎独工夫时，阳明回答说："只是一个工夫。无事时固是独知，有事时亦是独知。人若不知于此独知之地用力，只在人所共知处用功，便是作伪，便是'见君子而后厌然'。此独知处便是诚的萌芽。此处不论善念恶念，更无虚假，一是百是，一错百错。正是王霸、义利、诚伪、善恶界头。于此一立立定，便是端本澄源，便是立诚。古人许多诚身的工夫，精神命脉，全体只在此处，真是莫见莫显，无时无处，无终无始，只是此个工夫。今若又分戒惧为己所不知，即工夫便支离，便有间断。既戒惧，即是知，己若不知，是谁戒惧？如此见解，便要流入断灭禅定。"

在王阳明看来，良知统摄本心、理、格物等问题，良知就是心，良知也是理，所以格物、诚意、正心、戒惧、慎独等工夫其实都属于"致良知"。而邹守益所理解的戒慎恐惧也是来自王阳明的观念，在邹看来，戒惧是本体的工夫。冈田武彦把邹守益视为修正派的代表人物之一，他认为修正派的工夫是本体的工夫，而非本体相对的工夫，所谓本体的工夫就是用功在本体上，而与本体相对的工夫则是用功而求本体。可见，修正派乃是把重点放在工夫上，他们认为时时反躬自省，方能保证良知不染俗尘。

邹守益到晚年又品悟出默识工夫，嘉靖三十年（1551）夏，守益与几位儿孙和学生在武功山中避暑，他在《简聂双江》的第二封信中写道："去夏避暑武功，始透曰：'默而识之，是不厌不倦根基。'今夏顺之司谏院聚复古，同志咸集，贴身洗刷，更觉从前浮泛，犹有世情支撑。秋仲、念庵同住九峰，感慨甚切。已约入南岳、匡庐，幽探归宿。老年光景，敢不爱惜！幸风便时策之！"

对于武功山的豁然开悟，邹德涵在《文庄府君传》中的所载与以上略有不同："明年，走武功山中，坐百余日，一夕，喟然叹曰：'夫学欲与神明伍，难矣哉！圣人之学，肫肫乎！渊渊乎！浩浩乎！而何所倚也！学非此，则不可以教；教非此，则不可以学。'于是与其门人言曰：'孔子七十而不逾矩，吾其七十志于学！'始，不知者谓府君谦也。"

按照此传所言，邹守益在武功山中静坐百日，突然间得以开悟，自此之后，他教学生默识观念。邹德涵在《文庄府君传》中说道："先祖自闻学，四十余年，竭才于良知之学，未尝一日分其力于功名词章之中。其启牖后进，未尝一日倦精神志意，未尝一日不与四海相流通。非所谓学不厌而教不倦者乎？尝揭默识之旨为入德之门，揭万物一体、天运川流以尽其蕴，及省其动静语默，见其仁体流行，不舍昼夜。"

邹守益四十余年来努力宣传阳明的"致良知"思想，对此没有一丝的倦怠，直到晚年揭示出默识观念为入德之门，才使得其思想融会贯通。

嘉靖四十一年（1562），邹守益去世，终年七十一岁。在此之前，王畿写过一篇《寿邹东廓翁七帙序》，此序中称："志纯履谦，所见者日邃，尝曰：'吾始也戒慎于事为，已而戒惧于念虑，其后则乃戒惧于本体。夫戒惧于事为者，点检形迹，所志末矣；戒惧于念虑者，虽防于发端，尚未免于生灭之扰；若夫戒惧于本体，则时时见性，以致于一。念虑者，本体之流行；事为者，本体之发用。圆融照察，日以改过为务，无复本末内外之可言矣。'此先生之学也。"

王畿引用了邹守益对自己学术思想历程的总结，然这段话始终谈的是戒慎恐惧，并未提及默识，而王畿认为邹守益的所言乃是集学术观念的整体。想来邹守益的默识观所传太晚，以至于时人没有意识到这个观念的重要性。

2. 欧阳德：良知即天理，良知即独知

欧阳德，字崇一，号南野，江西泰和县人。关于他的生平，黄宗羲在《明儒学案》中有如下简述："甫冠，举乡试，从学王文成于虔台，不赴春官者二科，文成呼为小秀才。登嘉靖二年进士第，知六安州，迁刑部员外郎，改翰林院编修。逾年，迁南京国子司业、南京尚宝司卿，转太仆寺少卿，寻出为南京鸿胪寺卿。丁父忧。除服，起原官，疏乞终养，不许。迁南京太常寺卿。寻召为太常卿，掌祭酒事。升礼部左侍郎，改吏部兼翰林院学士，掌詹事府事。母卒，庐墓，服未阕，召拜礼部尚书兼翰林院学士，直无逸殿。

三十三年三月二十一，卒于官，年五十九，赠太子少保，谥文庄。"

王阳明平定朱宸濠之乱后，驻扎在赣州，欧阳德前往拜阳明为师，他是同门中年纪最小的一位，也是阳明弟子中仕途颇为通畅的一位。欧阳德考中进士后，前往六安任知府，之后一路升迁，一直做到了礼部尚书，并且去世在了此任上。欧阳德在其仕宦期间，努力宣传阳明思想，黄宗羲在《明儒学案》中说他："先生以讲学为事。当是时，士咸知诵'致良知'之说，而称南野门人者半天下。癸丑、甲寅间，京师灵济宫之会，先生与徐少湖、聂双江、程松溪为主盟，学徒云集至千人，其盛为数百年所未有。"

欧阳德用他的影响力培养出了大批的门人，以至于有人说王门后学有一半出自欧阳德。当年他在灵济宫与聂豹等人举办集会讲座，听众云集达千人之多。

对于欧阳德传播阳明学的贡献，富路特（美），房兆楹主编的《哥伦比亚大学明代名人传》中评价说："欧阳德在发展王守仁哲学思想方面贡献不及王畿，在阐释王守仁学说方面成就不及钱德洪。"虽然如此，该传又明确地指出："在向同时代的文人墨客，尤其是官员士大夫们传播王守仁的'身心之学'方面，欧阳德的成就在王守仁的第一代弟子中可以说无人能及。"

欧阳德中举之后前往赣州从学于王阳明，当时阳明宣讲的"心即理"学说引起不小的争论，欧阳德认为阳明师所讲的内容很有价值，于是放弃了两次参加会试的机会，全身心地来学习阳明学说，直到七年后他考中了进士。

当时王阳明在江西讲学时，以默坐澄心、静专动直观念来授人，欧阳德对此有一些困惑，于是王阳明向他作了细致的辨析，比如良知与见闻之间的关系。《传习录》中记载了他向老师请教的问题："师云：'德性之良知，非由于闻见，若曰多闻择其善者而从之，多见而识之，则是专求之见闻之末，而已落在第二义。'窃意良知虽不由见闻而有，然学者之知，未尝不由见闻而发。滞于见闻固非，而见闻亦良知之用也。今曰'落在第二义'，恐为专以见闻为学者而言，若致其良知而求之见闻，似亦知行合一之功矣。如何？"

在王阳明看来，良知与见闻是辩证统一关系，阳明称："良知不由见闻而有，而见闻莫非良知之用。故良知不滞于见闻，而亦不离于见闻。"（《答欧阳崇》）可见，良知原本就存在，并不因见闻而有，而见闻乃是良知的发用，良知要通过见闻的发用来体现，以此凸显出良知的本体主宰地位，同时又肯定了见闻的作用。

欧阳德也肯定良知的地位，同时也重视见闻的作用，但他却认为应当从见闻中求良知，良知和见闻似乎合在一起才有功用。这种观念降低了良知的本体地位，王阳明认为欧阳德的观点不正确，他指出："盖日用之间，见闻酬酢虽千头万绪，莫非良知之发用流行，除却见闻酬酢亦无良知可致矣，故只是一事。若曰致其良知而求之见闻，则语意之间未免为二。"

阳明弟子中，欧阳德的观念与王畿最为相似，欧阳德在南京任职时，与王龙溪多有探讨，故龙溪的观念对欧阳德产生了重要影响，比如他在《寄何善山、黄洛村》的信中直言："近得与龙溪同宿数时，顿觉旧习之非。"两人仅同住了几晚，王畿的思想竟然就对欧阳德有这么大的影响。欧阳德在此信中夸赞王畿说："龙溪直是学问透彻，直是善锻炼人，相与切磋，直是心心相契，更无许多逢迎迁就、门面折数，诚吾辈所不及。"

余外，欧阳德在《寄横溪弟》的信中亦有同样说法："近与王龙溪信宿山寺，顿觉旧习之非，私意不净，种种作用虽未必苟同流俗。然毁誉利害，得丧穷通，终未免沾带不了。"

究竟王畿的哪些思想令欧阳德有如此大的触动？吴震认为："嘉靖年间，欧阳德与龙溪的书信来往主要涉及阳明晚年的'四句教'思想，而南野有所'顿觉''有醒'很有可能就是龙溪自己对四句教的诠释：'四无说'。"（吴震《阳明后学研究》）

除了对"四句教"的理解，王畿对"良知"的见解对欧阳德也有影响。龙溪称："良知本虚，天机常活，未尝有动静之分。"（《松原晤语寿念庵罗丈》）同样，欧阳德也说："良知本虚。致知即是致虚。真实而无一毫邪妄者。本虚之体也。"（《答贺龙冈》）

欧阳德最著名的观点乃是"良知即独知"，据此，后世视欧阳德为江右王门中以独知为良知的代表人物。王畿在《欧阳南野文选序》评价他说："先师尝谓'独知无有不良'，南野子每与同志论学，多详于独知之说。"黄宗羲对此亦称："然先生之所谓良知，以知是知非之独知为据，其体无时不发，非未感以前别有未发之时。"（《明儒学案》）

正因欧阳德有这样的观念，所以吴宣德在《江右王学与明中后期江西教育发展》一书中，把欧阳德归纳为独知派。

"独知"一说本自《大学》："所谓诚其意者，毋自欺也，如恶恶臭，如好好色，此之谓自谦，故君子必慎其独也！"对于这段话中的"独"字，朱熹的解读是："独者，人所不知，而己所独知之地也。言欲自修者，知为善以去其恶，则当实用其力，而禁止其自欺，使其恶恶则如恶恶臭，好善则如好好色,皆务决去而求必得之,以自快足于己,不可徒苟且以徇外而为人也,然其实与不实,盖有他人所不及知而己独知之者,故必谨之于此,以审其几焉。"(《四书章句集注》)

《中庸》首章中有:"是故君子戒慎乎其所不睹,恐惧乎其所不闻。莫显乎微,故君子慎其独也。"对这句话中的"独"字,朱熹的解读为:"独者,人所不知,而己所独知之地也。言幽暗之中,细微之事,迹虽未形而几则已动,人虽不知而己独知之。则是天下之事无有著见明显而过于此者。"(《四书章句集注》)

从朱熹的这两段解读中可以了解到,他认为《大学》或《中庸》中所说的"独",强调的是他人不知而自己所知道的状态,但王阳明却把"独知"二字解释成"良知",以此将"独知"上升到了本体的高度。其实《大学》中的"独"字强调的是内心的自觉状态,而《中庸》中的"独"字强调的是不看不听的状态。王阳明根据朱熹的解释,把这两个"独"字的观念合二为一,而后讲出了那段著名的话:"独即所谓良知也,慎独者所以致其良知也,戒慎恐惧所以慎其独也。《大学》《中庸》之旨一也。"(《传习录》)

王阳明把"独知"看作"良知",以此将之视为本体,既然慎独可以致良知,也就说明了慎独是工夫,为此他在回答弟子问时,有如下明确说法:"正之问:'戒惧是己所不知时之工夫,慎独是己所独知时之工夫,此说如何?'先生曰:'只是一个工夫,无事时固是独知,有事时亦是独知。人若不知于此独知之地用力,只在人所共知处用功,便是作伪,便是"见君子而后厌然"。'此独知处便是诚的萌芽。此处不论善念恶念,更无虚假,一是百是,一错百错。正是王霸、义利、诚伪、善恶界头。于此一立立定,便是端本澄源,便是立诚。古人许多诚身的工夫,精神命脉,全体只在此处,真是莫见莫显,无时无处,无终无始,只是此个工夫。今若又分戒惧为己所不知,即工夫便支离,亦有间断。既戒惧,即是知。己若不知,是谁戒惧?如此见解,便要流入断灭禅定。"(《传习录》)

在此,王阳明将"戒惧"和"慎独"两个概念合而为一,合并后的概念就是"独知",同时又说立诚的萌芽也是"独知"。在阳明看来,只有在"独知"上下功夫,才是有价值的,可见它是儒家修养的一种境界。如果在"独知"上发生错误,就等于在源头上出现了失误,其结果将是一错百错。只有懂得了"独知",才能区分善恶是非,同时戒惧工夫必须由"独知"来作主导,否则戒惧工夫就失去了方向,流入断灭禅定。

王阳明对"独知"的解释给欧阳德以很大影响,欧阳德将"独"和"知"分别来予以解读,认为"独"是:"虽稠人广众中,视听言动、喜怒哀乐纷交错应,而此知之明是是非非,毫发不能自欺。即此是独,即此是良知本体。"(欧阳德《答冯洲州守》)而对于"知",他的解读是:"知也者,神之所为,性命之灵,德性之则也。"(《九华山阳明书院记》)

对于"独知"和"良知"的关系,欧阳德明确地说:"良知即是独知。"另外王阳明说过:"吾心之良知,即所谓天理也。"欧阳德继承师说,其称:"天理即是良知,良知即是独知。"但这种观念不为程朱学派所认可,为此,欧阳德与罗钦顺展开了长期的争论,这场争论被称为"良知之辩"。

王阳明生前就跟罗钦顺进行过论辩,为此,罗钦顺写了篇《困知记》,内容就是反驳阳明观念。王阳明去世后,罗钦顺继续与阳明弟子进行论辩。《困知记》中把王阳明的"良知即是天理"解释为"以知觉为性",罗钦顺说:"今以良知为天理,即不知天地万物皆有此良知否?天之高也,未易骤窥,山河大地,吾未见其有良知也。万物众多,未易遍举,草木金石,吾未见其有良知也。求其良知而不得,安得不置之度外邪?殊不知万物之所得以为性者,无非纯粹精之理,虽顽然无知之物,而此理无一不具。不然,即不得谓之'各正',即是天地间有无性之物矣。以此观之,良知之非天理,岂不明甚矣乎!"

罗钦顺认为如果良知就是天理,那么天地万物岂不都有了良知,天太高了,无法去探测天有没有良知,但是人能接触到的山河、大地,的确看不到它们有什么良知,同样,地球上的生物众多,没有办法去一一印证,但是人们熟知的草木金石确实没有良知,罗钦顺以此推论出良知肯定不是天理。

欧阳德当然不承认罗钦顺的所言:"谓有物必有则,故学必先于格物。今以良知为天理乃欲致吾心之良知于事物,则道理全是人安排出,事物无复有本然之则矣。某窃意有耳目则有聪明之德,有父子则有慈孝之心。所谓良知也,天然自有之则也。视听而不以私意蔽其聪明,是谓致良知于耳目之间;父子而不以私意夺其慈孝,是谓致良知于父子之间,是乃循其天然之则,所谓格物致知也。舍此则无所据,而不免于安排布置,远人以为道矣。"(《辨整庵〈困知记〉》)

欧阳德首先综述了罗钦顺的观念,而后说耳目本来就具有聪明之德,父子原本就有慈孝之心,此德此心就是良知,说明良知天然就有,既然天然就具有,那么良知就是天理。

在这场论辩中,欧阳德与罗钦顺争论的另一个焦点则是良知与知觉的关系。欧阳德不同意罗钦顺的解读,他在给罗钦顺写的第一封信中谈道:"某尝闻知觉与良知,名同而实异。凡知视、知听、知言、知动,皆知觉也,而未必其皆善。良知者,知恻隐、知羞恶、知恭敬、知是非,所谓本然之善也。本然之善,以知为体,不能离知而别有体。盖天性之真,明觉自然,随感而通,自有条理者也,是以谓之良知,亦谓之天理。天理者,良知之条理;良知者,天理之灵明。知觉不足以言之也。"(《辨整庵〈困知记〉》)

罗钦顺在《困知记》中说,佛家有见于心,无见于性,所以是以知觉为性,他认为王阳明所说的"吾心之良知即所谓天理"一语就是以知觉为性。欧阳德则认为罗钦顺误解了其师良知之旨,所以写信给罗,来探讨良知与知觉的关系。欧阳德认为,知觉跟良知表面看像是一回事,实际有很大差异,知觉是指所说的灵明,也就是视听言动的本体,故知觉没有道德内容,然而良知既是知觉,也是道德意识,良知作为一般知觉时,它本身也是一种知,所以良知也有着一般知觉的性质,即随感而通,自有条理,故而良知乃是一种特殊的知。罗钦顺只是点出了良知的一般性,欧阳德强调的则是良知乃是知的特殊性。

欧阳德在给罗钦顺的第二封信中写道:"某之所闻,非谓知、觉有二也。恻隐、羞恶、恭敬、是非之知,不离乎视、听、言、动,而视、听、言、动,未必皆得其恻隐、羞恶之本然者。故就视、听、言、动而言,统谓之知觉;就其恻隐、羞恶而言,乃见其所谓良者。知觉未可谓之性,未可谓之理。知之良者,盖天性之真,明觉自然,随感而通,自有条理,乃所谓天之理也。犹之道心、人心,非有二心;天命、气质非有二性;源头、支流非有二水。先儒所谓视听、思虑、动作,皆天也,人但于其中要识得真与妄耳。"(《辨整庵〈困知记〉》)

欧阳德首先讲到了良知与知觉不离的关系,认为无论道心还是人心,其实是同一个心,天命和气质也是同一性,就如同一条大河的源头和支流都是水,以此来说明良知和知觉的不可分离。但欧阳德同样称,无论是良知所呈现的知觉性质,还是良知所呈现的天理性,都要通过一个具体的形态,来表现其道德性。欧阳德同时说,良知和知觉不仅仅是不离的关系,同时还有良知与见闻的体用关系,他认为良知是理的活动,知觉是气的活动。

总之,罗钦顺始终坚定地认为良知非天理,欧阳德则始终强调良知即是天理。欧阳德认为罗钦顺的错误就是把体当成了用,罗钦顺则认为欧阳德坚持良知即是天理乃是把用当成了体。

为了证明自己的观点，罗钦顺举出了《乐记》《易·大传》和《诗·大雅》中的文句来佐证，以此说明天理和良知是两个不同的概念："孔子尝言'知道''知德'矣，曾子尝言'知止'矣；子思尝言'知天''知人'矣；孟子尝言'知性''知天'矣。凡知字皆虚，下一字皆实。虚实既判，体用自明，以用为体，未之前闻也。况明道先生尝释知觉二字之义云：'知是知此事，觉是觉此理。'尤为明白易见。上下千数百年，其言如出一口，吾辈但当笃信而固守之，岂容立异！"（《答欧阳少司成崇一》）

罗钦顺的这段论述乃是从虚词和实词来展开论辩，他举出了孔子、曾子、子思和孟子所言的"知"字，认为这四位前贤所说的知道、知德、知止、知天、知人等词中的"知"字都是虚词，后面的那个字是实词。罗钦顺说虚词不能构成完整概念，只有实词才能表达具体概念，通过这些词的虚实，可以说明体和用的关系。按照他的这种推理方式，欧阳德所强调的良知就是天理，按照字意来看，就是以虚为实。

对于罗钦顺的所言，欧阳德给出的反驳是："某窃意字义固有兼虚实体用言者，如'止至善'之止为虚为用，'知止''敬止'之止为实为体。知字以虚言者，如教札所引'知性''知天''知此事''知天理'，皆言其用者也。若良知之知，明道尝言'良知良能，原不丧失，以旧日习心未除，故须存习此心，久则可夺旧习'。上云良知，下云此心，似指其实体言之。《大学》致知之知，与身心意物为类，似不得为虚字，而与'知性''知天'之知同为用也。然体用一原，体之知即用之知，则亦本无二知，殆立言各有所当耳。"（《答罗整庵先生寄〈困知记〉》）

在欧阳德看来，字意分析各有各的看法，不能一概而论，他首先举出了"止"字，说"止至善"中的"止"字确实是个虚词，但是"知止""敬止"中的"止"字却是实词。而后欧阳德谈到了罗钦顺信中谈到的四个有"知"字的词，承认这些"知"字是虚词，但是《大学》中"致知"一词中的"知"字却是实词，欧阳德想以此来说明，即使是同一个词，它们是实是虚也不能一概而论。

欧阳德除了与程朱学派展开论战，与同门也有论辩，比如他与聂豹之辩，争论的问题主要是德性之知和见闻之知。王阳明用"虚灵明觉"来解释良知："心之虚灵明觉，即所谓本然之良知也。"聂豹虽然认同师说，但觉得不能以"虚灵明觉"来统言良知，应当将两者分为体与用："心之虚灵知觉，

第九章　阳明心学及其主要流派

均之为良知也。然虚灵言其体，知觉言其用。体用一原，体立而用自生。致知之功，亦惟立体以达其用。而乃以知觉为良知而致之，牵己以从，逐物而转，虽极高手，只成得一个野狐外道，可痛也。"（《聂豹集》）

聂豹也认为心的虚灵和知觉都是良知，但是，虚灵讲的是体，知觉讲的是用。虽然体用一源，但聂豹却将体用割裂开来，这同样也是把良知和知觉割裂开来。聂豹认为两者之间必须加以区分，否则就会形成相互迁就，这种解释方式消除了知觉的独立地位，仅仅是把知觉视为良知的衍生物。同时，聂豹还认为良知是未发，知觉是已发。

针对聂豹的所言，欧阳德反驳说："夫知觉，一而已。常虚常灵，不动于欲，欲动而知觉始失其虚灵者。虚灵有时失，而知觉未尝无，似不可混而一。然未有无知觉之虚灵，而不虚不灵，亦足以言觉。故不可歧而二。"（《寄聂双江》）同时他说："知觉固是发，然非别有未发，固未必皆良。然良知亦不外于知觉。知觉之无欲者，良知也，未发之中也。"（项乔《复南野先生论学》）

从以上的这些观点可看出，欧阳德坚持王阳明观念，反驳任何与阳明观念不同的解读，因此张学智在《中国儒学史·明代卷》中总结欧阳德的观念时说："总之，欧阳德几乎在一切方面恪守阳明之训，严守王学立场无少走作。其维护师门之旨的用心甚为显明。"

3. 聂豹：良知本寂

聂豹，字文蔚，号双江，江西永丰人。关于他名字的来由，宋仪望在《双江聂公行状》中称："成化丁未正月十三日生于双溪里。时室中忽有异光，巽庵公心独异之，遂命今名。"关于其字，则是本自《易经·革卦》"君子豹变，其文蔚也"。

聂豹家境贫寒，其父聂凤，有六个儿子，除聂洪、聂豹外，另外四子早逝。聂凤懂得星象之学，预测到聂豹未来官运亨通，再加上聂豹从一出生就有异相，于是他重点培养此子。聂豹自幼聪颖，十分感念父母供养他的不容易："每窃叹曰：'予苟不第，何以报双亲劬劳？'语已辄泣下。一时同学见之，多所感激。"（宋仪望《双江聂公行状》）

当时江西有位名士叫罗伦，曾在金牛山筑室与陈献章论学，著有《五经疏义》《一峰集》《周易说旨》等书。聂豹读到了罗伦的著作后，大为赞叹："某读孟子七篇，至'闻伯夷之风者，顽夫廉，懦夫有立志'，未尝不掩卷而

叹曰：'呜呼，一峰先生，其学夷齐而得者乎？'"（聂豹《祭一峰罗先生文》）

聂豹受父亲聂凤影响，很早就喜欢《易经》，并且以《易经》考中了江西乡试。徐阶在《贞襄聂公墓志铭》中称："辟射圃，日进诸生，与之论学，其说本于《易》，所谓寂感，而证之于中和，证之于孝弟，又证之于古圣贤，所以成己成物，守约而施博者，简而明，畅而实。阶时幸有闻。"

正德十二年（1517），王阳明到江西赣州清剿流寇，而三十一岁的聂豹到京城参加会试考中进士。正德十四年（1519），朱宸濠在南昌发动叛乱，聂豹正在家乡永丰县。王阳明平定叛乱时，其驻扎地就是吉安府，并在此培养了不少弟子。聂凤听闻王阳明讲学之事，劝聂豹前往学习，于是聂豹就跟欧阳德到王阳明那里问学。

但是，聂豹第一次听闻阳明所讲时，并不能接受，以他的话来说叫"骇而疑之"（聂豹《重刻大学古本序》）。他写信给阳明，批评阳明观点不正确，同时把自己的所疑与欧阳德进行探讨，欧阳德对阳明学说深信不疑，对聂豹仔细开导了一番。

聂豹的态度不但没有令阳明生气，反而惊喜于得遇这样一位有见解之人。聂豹指出阳明弟子良莠不齐，接人太滥。王阳明向他耐心解释了自己传播心学观念的目的和意义，同时说："今诚欲求豪杰同志之士于天下，非如吾文蔚者，而谁望之乎？如吾文蔚之才与志，诚足以援天下之溺者，今又既知其具之在我，而无假于外求矣，循是而充，若决河注海，孰得而御哉？文蔚所谓'一人信之不为少'，其又能逊以委之何人乎？"（《传习录》）

可见王阳明对聂豹抱有很大希望，认定聂豹能够弘传心学思想，救更多的人出苦海。此后聂豹多次与阳明通信探讨学问，以此可见，他始终对阳明学说持半信半疑的态度。他给阳明写信时直言自己的困惑，阳明在回信中对他说："文蔚云：'欲于事亲、从兄之间，而求所谓良知之学'，就自己用工得力处如此说，亦无不可。若曰：'致其良知之真诚恻怛，以求尽夫事亲从兄之道焉'，亦无不可也。明道云：'行仁自孝弟始，孝弟是仁之一事，谓之行仁之本则可，谓是仁之本则不可'，其说是矣。"

聂豹认为良知之学不能脱离日用，王阳明则认为聂豹的所得只是工夫而不是根本。聂豹坚持自己对于良知的看法，在给欧阳德的信中说："良知之外无孝弟，犹孝弟之外无良知也。"（《答欧阳南野太史》）

虽然聂豹坚持己见，但他在探讨的过程中，思想也慢慢地发生了变化，这个变化则是在阳明去世之后。

嘉靖八年（1529），王阳明去世了。当时聂豹在福建任职，闻听此事后为之痛哭。王阳明的去世反而使得聂豹开始仔细品味阳明的心学观，大概在嘉靖九年至十年间，聂豹任苏州知府，在此任上他正式拜王阳明为师，并且请钱德洪和王畿做见证人。那时朝廷正在打压阳明学派，聂豹却能在王阳明去世数年后拜其为师，可见其为人之勇，同时也证明了他对阳明观念之认同。

其实在嘉靖初年，皇帝刚刚登基时对王学颇为认可，因为正是王门中人坚持以人情战胜天理，帮助嘉靖帝取得"大礼议"的胜利，为此，王阳明的几位弟子都受到了皇帝的重视。但也正是这个原因，引起了一些朝臣的不满。当时的大学士杨廷和与王阳明有个人恩怨，杨不满于王阳明将平定"宸濠之乱"的功劳归给兵部尚书王琼，于是在嘉靖元年（1522）暗示御史程启允等人上书弹劾王阳明等，导致皇帝下诏禁止王学传播。

嘉靖七年（1528），王阳明平定瑶民暴动后，皇帝认为阳明居功自傲，授意内阁大学士杨一清、吏部尚书桂萼等查处王阳明擅自离职之事。桂萼原本就与王阳明有过节儿，趁机给皇帝上奏章弹劾："守仁事不师古，言不称师，欲立异以为名，则非朱熹格物致知之论。知众论之不与，则著朱熹晚年定论之书。号召门徒，相互唱和。才美者乐其任意，或流于清谈；庸鄙者借其虚声，遂敢于放肆。传习转讹，悖谬日甚。"（《明世宗实录》）

但毕竟王阳明剿贼有功，在平定朱宸濠叛乱上立过大功，桂萼等人也不能一笔抹杀，故其称应"据事论功，诚有可录"，但还是建议皇帝："今宜免夺封爵，以彰国家之大信，申禁邪说以正天下之人心。"而这正是嘉靖皇帝想要的结果，于是嘉靖帝给王阳明下了如下定语："守仁放言自肆，诋毁先儒，号召门徒，声附虚和，用诈任情，坏人心术。近年士子传习邪说，皆其倡导。至于宸濠之变，与伍文定移檄举兵，仗义讨贼，元恶就擒，功固可录。但兵无节制，奏捷夸张。近日掩袭寨夷，恩威倒置。所封伯爵本当追夺，但系先朝信令，姑与终身。其没后恤典俱不准给。都察院仍榜谕天下，敢有踵袭邪说，果于非圣者，重治不饶。"（《明世宗实录》）

聂豹对"良知"概念做过深入探究，"良知"的概念本自《孟子·尽心上》："人之所不学而能者，其良能也；所不虑而知者，其良知也。"在孟子看来，良知乃是一种先天的、超验的、本然的存在。孟子的良知概念直到北宋才受到重视，程颢在《识仁篇》中说："良知良能，元不丧失，以昔日习心未除，却须存习此心，久则可夺旧习。"

程颢解读的仍然是良知的本意,但他将良知与习心作为相对的心。朱熹则认为"良者,本然之善也"。到了陆九渊这里,他详细阐述了孟子所言,而后提出"心即理"这个重要观念。但"良知"二字的重要意义,只有到王阳明这里才有了重大进展:"吾良知二字,自龙场以后,便已不出此意,只是点此二字不出。与学者言,费却多少辞说。今幸见出此意,一语之下,洞见全体,直是痛快,不觉手舞足蹈。学者闻之,亦省却多少寻讨工夫。学问头脑,至此已是说得十分下落,但恐学者不肯直下承当耳。"(钱德洪《刻文录叙说》)

阳明虽然早就品出了良知的重要价值,但"致良知"一说则是到其晚年才发明出来。黄宗羲在《明儒学案·姚江学案》中说:"'致良知'一语,发自晚年,未及与学者深究其旨,后来门下各以意见搀(掺)和,说玄说妙,几同射覆,非复立言之本意。"

王门后学由于对"致良知"的解释不同,而产生了重大分歧,但是聂豹在良知问题上基本继承了师说,他在《赠王学正之宿迁序》中说:"今之讲良知之学者,其说有二:一曰:'良知者,知觉而已,除却知觉,别无良知。学者因其知之所及而致之,则知致矣。是谓无寂感、无内外、无先后,而浑然一体者也。'一曰:'良知者,虚灵之寂体,感于物而后有知,知其发也。致知者,惟归寂以通感,执体以应用,是谓知远之近,知风之自,知微之显,而知无不良也。'夫二说之不相入,若枘凿然。主前说者,则以后说为禅定、为偏内;主后说者又以前说为义袭,为逐物。听者惑焉,而莫知所取衷。"

聂豹把"良知说"分为两派:一派是以知觉为良知,另一派则认为良知是虚灵之寂体。聂豹的观念属于后者,可见他反对以知觉为良知,聂豹认为良知的本体是内在天赋所具有的,但知觉是体的发用,不可以将两者颠倒顺序。

聂豹反对"知觉说",其主要原因乃是担心王门后学陷入狂禅,他在《送王惟中归泉州序》中说:"今夫以爱敬为良知,则将以知觉为本体,以知觉为本体,则将以不学不虑为工夫。其流之弊,浅陋者恣情玩意;拘迫者病己而槁苗;入高虚者遗弃简旷,以耕为无益而舍之。是三人者,猖狂荒谬,其受病不同,而失之于外,一也。"

聂豹指出了三种猖狂荒谬之病,得这三种病的原因,都是以知觉为本体。因此反对知觉说,乃是聂豹最为坚持的一种观念,他觉得:"今人以知觉为良知者,真是以学术杀天下后世,此处不省,莫若别寻门路,不必再讲良知也。良知是未发之中,知觉乃其发用,犹云性具天下之用,《传习录》中若无此一线命脉,仆当为操戈之首。"(聂豹《答董明建》)

聂豹同样反对以王畿、王艮为代表的现成派。在王畿看来,人人皆有良知,这些良知得自天赋,并且是天然自足的,愚夫愚妇与圣人都生来具有良知,两者之间的区别在于能致和不能致,倘若愚夫愚妇除掉欲障,他们与圣人没有区别。聂豹反对这种观念,他在给王畿的信中说:"尊兄高明过人,自来论学只从混沌初生无所污坏者而言,而以见在为具足,不犯做手为妙语。以此自娱可也,恐非中人以下所能及也。"(聂豹《答王龙溪》)

聂豹认为王畿的观点太过高蹈,在聂豹看来,只有经过长期刻苦努力,才能认清良知本体。

聂豹本体论的核心乃是"良知本寂"。《易传·系辞》载:"易无思也,无为也,寂然不动,感而遂通天下之故。"对于这段话,《周易正义》给出的解读是:"'寂然不动,感而遂通天下之故'者,既无思无为,故'寂然不动'。有感必应,万事皆通,是'感而遂通天下之故'也。故谓事故,言通天下万事也。"朱熹认为:"寂然者,无时而不感;其感通者,无时而不寂也。"(朱熹《易寂感说》)

嘉靖二十年(1541)秋,聂豹被任命为平阳知府,在此任上,他筹集款项修筑军事设施,以此防止元军入侵。后来元军攻入雁门关包围平阳,聂豹用计解了平阳之围。两年后他被提拔为陕西按察司副使,为此受到了同僚嫉妒,诬告其有贪污行为而下狱。

聂豹对寂感的认识正是得自于狱中。黄宗羲在《明儒学案》中说:"先生之学。狱中闲久静极,忽见此心真体,光明莹彻,万物皆备。乃喜曰:'此未发之中也,守是不失,天下之理皆从此出矣。'及出,与来学立静坐法,使之归寂以通感,执体以应用。"

聂豹在狱中闲坐时突然得到彻悟,等他出狱后,就跟弟子们讲寂感观念,这就是后世把他归为归寂派的原因。

关于"寂"的重要性,聂豹在《答唐荆川》中说:"寂者,性命之源,神应之枢,原无一物,而无物不备;一无所知,而无所不知。譬之鉴空衡平,而妍媸轻重,若其中之所素具者,可类而推也。"

在聂豹看来,虚寂乃是事物的存在方式,而良知就是寂:"良知本寂,感于物而后有知。知其发也,不可遂以知发为良知,而忘其发之所自也。心主乎内，应于外，而后有外。外其影也，不可以其外应者为心，而遂求心于外也。故学者求道，自其主乎内之寂然者求之，使之寂而常定。"（黄宗羲《明儒学案》）

既然聂豹认为良知本寂，而良知乃是其师王阳明重要的观念之一，所以他进一步说："承不鄙谬，有取于'寂体'之说，谓是为师门第一义。窃谓'虚寂'乃《大易》提出感应之体，以示人，使学者知所从事。盖尧舜相传以来，只有此义。即此义而精之，则天下之用备于我矣。尚何以思虑为哉？"（《寄王龙溪》）聂豹不但认为寂体是王阳明最重要的观念，甚至认为从尧舜以来所传的重要观念也出于此。聂豹是在狱中静坐品得此观念，所以他认为归寂主静，学者应当在本体上用功，不应当在后天感应上用功。

王畿不同意聂豹的寂感观念，认为："即寂而感，行焉；即感而寂，存焉。正是合本体之工夫，无时不感，无时不归于寂也。若以此为见成，而未及学问之功，又将何如其为用（功）耶？寂非内而感非外，盖因世儒认寂为内、感为外，故言此以见'寂感无内外'之学，非故以寂为外、以感为内，而于内外之间别有一片地界可安顿也。"（王畿《致知议辩》）

对于王畿的所言，聂豹在《答王龙溪》中予以了反驳："'即寂而感存（行）焉，即感而寂行（存）焉'，以此论见成似也。若为学者立法，恐当更下一转语。《易》言内外，《中庸》亦言内外，今曰'无内外'。《易》言先后，《大学》亦言先后，今曰'无先后'。是皆以统体言工夫，如以百尺一贯论种树，而不原枝叶之硕茂由于根本之盛大，根本之盛大由于培灌之积累。此鄙人内外先后之说也。"

其实在"良知本寂"问题上，聂豹与其他王门弟子并无本质区别，他们都认为良知本来的状态是寂然不动的，但他们对寂感却有不同见解。聂豹认为寂和感虽然有内外之分，但不能将两者完全割裂，并且将两者作先后关系看。王畿则认为寂感一体。两人都没能说服对方，故坚持各自的观点。

4. 罗洪先：归寂说至念庵而精微

罗洪先，字达夫，号念庵，江西吉安人。明嘉靖八年（1529），他考中了状元，当时其岳父在京任太仆卿，闻讯后十分高兴地跟罗洪先说："喜吾婿干此大事。"没想到罗洪先听到后只是红了脸，迟了一会儿跟岳父说："丈夫事业，更有许大在，此等三年递一人，奚足为大事也。"（刘元卿《诸儒学案·念庵罗先生要语》）

考中状元是何等令人欣喜之事，罗洪先却似乎对此兴趣不大，他认为大丈夫在世，应当要干出一番大事业，而考取状元这种事，每三年就会发生一次，算不得大事。之后他得授翰林院修撰，迁左春坊赞善。嘉靖十九年（1540），其因忤旨被贬谪为民，于是将主要精力用在研究王学上。《明史》本传载："洪先归，益寻求守仁学。甘淡泊，炼寒暑，跃马挽强，考图观史，自天文、地志、礼乐、典章、河渠、边塞、战阵攻守，下逮阴阳、算数，靡不精究。至人才、吏事、国计、民情，悉加意谘访。"

罗洪先少年时就读过陈白沙的著作，他在《告衡山白沙先生祠文》中写道："某自幼读先生之书，考其所学，以虚为基本，以静为门户，以四方上下往古来今穿纽凑合为匡郭，以日用常行分殊为功用，以勿忘助之间为体认之则，以未尝致力而应用不遗为实得。盖虽未尝及门，然每思江门之滨、白沙之城，不觉梦寐之南也。已而闻先生之言，以未至衡山为念，至死而犹不忘。"

陈白沙主静，有人批评这种观念近禅，罗洪先不这么认为，他将陈白沙的"主静"与王阳明的"致良知"相并提："余惟白沙主静之言出，而人以禅诤，至于阳明，诤益甚，以致良知之与主静无殊旨也。而人之言良知者，乃复以主静诤。其言曰：'良知者，人人自能知觉，本无分于动静，独以静言，是病心也。'自夫指知觉为良知，而以静病心，于是总总然但知即百姓之日用，以证圣人之精微，而不知反小人之中庸，以严君子之戒惧。不独二先生之学脉日荒，即使禅者闻之，亦且咄嗟而失笑，不亦远乎！"（《读困辨录抄序》）

罗洪先曾拜李谷平为师，李认为朱子之学是向外求，这种观点与阳明有相通处，李还强调"为学还须静坐"，这些都对罗洪先有影响，使得他想通过"主静"观念来解决阳明后学的浮躁。

王阳明晚年对弟子说："道即是良知。良知原是完完全全，是的还他是，非的还他非，是非只依着他，更无有不是处，这良知还是你的明师。""你看满街人是圣人，满街人倒看你是圣人在。"（《传习录》）这种观念使得王畿等弟子坚持"现成良知"论，王畿称："先师提出良知二字，正指现在而言，见现在良知与圣人未尝不同。所不同者，能致与不能致耳。且如昭昭之天与广大之天原无差别，但限于所见，故有大小之殊。"（《与狮泉刘子问答》）

罗洪先早年也有过"现成良知"观，后来渐渐意识到这种观念的弊端。嘉靖二十年（1541），他在《答友人论学》中写道："良知一语，乃阳明公指袖珠示人者。自此说一传,渐失其真,至有以恣情纵欲附于作用变化之妙。而'此道未始离人'一语,遂为出脱私意、旁门遮饰面目话柄,其为害乃甚于未谈学者。岂不甚可惧哉!"

在罗洪先看来,阳明所说的良知确实是妙语,只是弟子在体味这些观念时发生了偏差。对于现成良知派存在的问题,他在《答刘汝周》中说:"学者多至率意任情,以为良知,而于仔细曲尽处略不照管。不知心感事而为物,感之之中,须委屈尽道,乃是格物。"对于现成良知派的危害,他在《夏游记》中指出:"以利欲之盘固,遏之犹恐弗止矣,而欲从其知之所发,以为心体;以血气之浮扬,敛之犹恐弗定也,而欲任其意之所行,以为工夫。"

罗洪先认为,如果心体受到利益的侵蚀,必然是人心茫然而无归,这会对现实生活造成很大破坏,现成良知派出现这种弊端的原因,就是没有重视"静坐存养",所以他提倡通过静坐来养出"端倪"本体,因此,他的"主静"与聂豹的"归寂"在本质上是一样的。

"静"的观念早在《大学》中就已提出:"知止而后有定,定而后能静,静而后能安,安而后能虑,虑而后能得。"这里说的只是静,而"主静"一词最早是由周敦颐在《太极图说》中提出的:"圣人定之以中正仁义,而主静,立人极焉。"

对于周敦颐的所言,罗洪先给予了很高评价:"周子所谓主静者,乃无极以来真脉络。其自注云'无欲故静',是一切染不得,一切动不得,无然歆羡,无然畔援,庄生所言混沌者近之,故能为立极种子。非就识情中认得个幽闲暇逸者,便可替代为此物也。"(《答门人问学》)

罗洪先主静思想的来源,除了周敦颐所言外,更多是受聂豹的影响。嘉靖十六年(1537),聂豹在翠微山养病时,罗洪先前去拜访,聂豹讲到了自己的一些观念,这些观念予以罗洪先很大震动。

起初,罗洪先对聂豹的思想有所怀疑,后来一路探究下去,发现聂豹所讲很有道理:"往岁癸卯,洪先与洛村黄君闻先生言必主于寂,心亦疑之。后四年丁未,而先生逮,送之境上,含涕与诀。先生曰:'嘻!吾自胜之,无苦君辈也。'其容修然,其气夷然,其心渊然而素,自是乃益知先生。"(《困辨录序》)再后来,他终于明白了聂豹的思想很重要:"丁未之秋,示以良药,倏然心警,不谋而诺。如是三年,如负针芒,渐悟渐达,食已得尝。盖至是而后知为学之力也。"(《祭聂双江公人窆文》)为此,他高度赞赏了聂豹的归寂思想:"此间双江公真是霹雳手段。千百年事,许多英雄瞒昧,被

他一口道著，真如康庄大道，更无可疑。而阳明公门下犹有云云，却是不善取益也。"(《与尹道舆》)

对于阳明公提出的"致良知"思想，罗洪先有自己的理解。他认为良知是至善的，是先天具足的，后天的习气会使这个良知受到遮蔽，所以他反对以知觉为良知。为此，他提出："'良知'二字，是阳明公特地提出，令人知圣贤不远，方有下手处。然上面添一'致'字，便是扩养之意。"(《与尹道舆》)但是，当时的一些王门中人错会了阳明之意："今却尽以知觉发用处为良知，至已易'致'字为'依'字，则是只有发用，无生聚矣。木常发荣必速槁，人常动用必速死，天地犹有闭藏，况于人乎！"(《与尹道舆》)

在罗洪先看来，仅是依靠良知来自行运用，这种做法是过分相信良知，真正要领会良知，必须要经过艰苦努力不断磨炼，这就是阳明在良知前加一"致"字的意义，这个"致"字有扩养之意。

当年阳明发明良知思想，是经历了龙场悟道等种种磨难，这些磨难就是致知的过程，但是王畿等弟子在接受良知观时没有经历这样的磨难，他们直接借良知为口实来行猖狂恣纵之意，这就是现成良知的弊端。

嘉靖四十一年（1562），王畿到松原访罗洪先，后来罗写了《松原志晤》来记载会面后交谈的要点。两人谈到了佛道问题，同时提到了《参同契》一书，王畿说了这样一段话："世间那有现成先天一气，先天一气，非下万死工夫，断不能生，不是现成可得。生机出于杀机，不杀不生天地真机。故水能制火，不激不灭；木能出火，不钻不然。此一部《参同》大旨也。"

罗洪先闻听此话后立即借此说出了一段名言："兄此言极是，世间哪有现成良知？良知非万死工夫断不能生也，不是现成可得。今人误将良知作现成看，不知下致良知工夫，奔放驰，逐无有止息，茫荡一生，有何成就？"

"世间哪有现成良知"，成为罗洪先的一句名言。王畿对罗洪先的这段话表示了赞同，承认一些学者如果只说良知而无工夫的话，其结果不但不能悟得良知真谛，还会犯下"文其恣纵"及"妄毁儒先"的毛病。

5. 王时槐：透性为宗，研幾为要

王时槐，字子植，号塘南，江西安福人，是刘文敏的弟子。刘文敏曾经与刘邦采共学，他们读到《传习录》时，对之大爱，于是一同到越地拜王阳明为师。因此，王时槐乃是王阳明的再传弟子。

王时槐的父亲王一善为邑庠生，虽然博闻强记，但多次参加科举都未

能考取功名，于是把希望寄托在儿子身上。王时槐在《塘南居士自撰墓志铭》中称："自幼先大夫亲授句读，解经义，渐习制举文字，教以孝弟忠信、端身正行之大节。十岁始自楚携归吉郡，刘宜人鞠之如己出。十六游郡庠，十九为廪生，二十五举于乡，明年成进士，嘉靖丁未岁也。"

王一善在王时槐小的时候就教他识文断句，但是他自己"生平不喜浮屠、老子教，独诚于筮，筮罔不验"。想来这些观念都对王时槐有影响。

关于王时槐小时候读书的情况，他在《恭忆先训自考录》中说："某就塾，初读《三字经》，即不好弄而诵习甚易。先考曰：'是可教也，不必更授以杂书。'是冬即教读《大学》，自是诸书皆先考自点句读付之，塾师口授之。"

王时槐自幼就表现出超过同龄人的聪颖，父亲觉得他是一个可塑之才，于是不再给他看杂书，而是专门教他读《大学》。自此之后，他所读之书都是父亲安排好后，再由塾师给他讲授。对于王一善的学术观，王时槐在《自考录》中说道："先考雅不喜释老而尊信程朱，时时举孝悌忠信、先贤实行以示某。复粘二程先生、司马温公、赵清献公画像于堂壁，俾知瞻仰。"

王一善对佛教、道教都不感兴趣，只是遵从程朱之学，常常给王时槐讲授儒家理念以及先贤事迹。为了让王时槐加深对前贤的崇敬感，王一善把二程、司马光等人的画像挂在堂壁上，让王时槐时时瞻仰。可见王时槐很早就跟随父亲开始学习程朱理学。

关于王时槐的学术编年，钱明、程海霞所撰《江右思想家王时槐考述》中予以简要的梳理，以下部分引文即转自该文。

王时槐的学术观由程朱理学转向心学，与其拜师刘文敏有重要关系，关于他拜师的经过，王时槐在《恭忆先训自考录》中讲得颇为详细："嘉靖二十三年甲辰，某年二十三岁。某资拙而钝，自少不能为世俗放荡之事，然欲效古先儒之饬行，又未能也，以是莫知适从。是年，两峰刘先生设馆于郡西之西塔寺，陈蒙山丈嘉谟一见先生，示以圣学。蒙山悦而师之，不以教人。已而诸友闻之，颇窃笑。某因问何笑？曰：'闻蒙山讲学耳。'某曰：'讲何学？'曰：'欲为圣贤耳。'某曰：'学为圣贤，岂可笑？'乃就蒙山问之。蒙山曰：'我不能述先生之言，子可自往叩之。'某乃见先生，遂执弟子之礼。先生示以程朱教人居敬穷理之功。某乃检寻程朱论学语及罗整庵先生《困知记》，依其说，体诸心而行之，久之，竟窒碍无所得。"

王时槐谦称自己头脑迟钝，但受父亲影响，从小要效仿先儒，要想成贤成圣显然非易事，以至于让他高不成低不就。正是在这一年，刘文敏在他的家乡西塔寺开馆讲学，陈嘉谟前去见刘文敏，文敏所讲内容令嘉谟大为喜爱，于是嘉谟拜文敏为师。有人开始嘲笑陈嘉谟去学这些无用之学，但王时槐认为这样的圣贤之学怎能被嘲笑，于是他向陈嘉谟请教刘文敏所讲的内容。嘉谟称自己无法圆满叙述先生教的内容，王时槐可以自己去拜谒刘文敏，当面请教。结果王时槐一去就喜欢上了刘文敏所讲内容，立即拜刘文敏为师。

刘文敏虽然是王阳明的弟子，但不知为什么，他传授的竟然是程朱理学的居敬穷理观念，而这类观念王时槐很小就已经知道了，久之，他觉得在刘文敏那里未能学得新思想。直到后来，他读到了罗钦顺的《困知记》，而后按照书中所讲来实施，有时心情大感通畅，看来当时的王时槐思想更为贴近罗钦顺的《困知记》。但是，罗钦顺的所讲同样是程朱理学，相较于刘文敏，王时槐为什么更为接受罗钦顺的观点呢？

对于王时槐二十多岁时的思想变化，刘元卿在其所撰《南太常寺卿塘南王公行略》中说："公自弱冠师事两峰刘先生，深契文成之学。"刘元卿称王时槐拜刘文敏为师后，学到了阳明心学，似乎当时刘文敏传授给王时槐的观念不是程朱理学，而是阳明心学。《明史列传》载："时槐师同县刘文敏，及仕，遍质四方学者，自谓终无所得。年五十，罢官，反身实证，始悟造化生生之几，不随念虑起灭。学者欲识真几，当从慎独入。"此处亦称王时槐拜刘文敏为师，考中进士后到处游学，虽然跟很多学者探讨学问，但终无所得，直到五十岁罢官之后，静心自悟终于领悟到心学理念。从这段记述也可看出，王时槐确实在刘文敏那里所得不多。

如其《自撰墓志铭》中所言，王时槐在嘉靖二十五年（1546），也就是他二十五岁时考中了举人。他本人在《自考录》中称，考中举人是有吉兆："某读书于郡之水东真常观，夜梦升三清殿，有金甲神人，长丈余，自殿后出，据西而坐，语某曰：'汝当连登科第。'见殿上炉鉼，皆鹿鹤之状，占者云：'鹿鹤盖寿征也。'"

可能是为了清净，王时槐去了真常观读书，某天晚上，他梦见自己升到了三清殿，殿内有一丈多高的金甲神人，这位神人跟王时槐说你当连登科第。王时槐还在此殿内看到供奉的一些炉鉼都是鹿和仙鹤的形状，算卦的人告诉他，这些都预示着你今后会很长寿。果然，王时槐联捷又考中了进士，活到了八十四岁。在那个时代，这已经是难得的高寿。

王时槐在仕途上迈出重要一步的同时，依然追求着思想上的进步。他在二十六岁时读到了杨简的《慈湖遗书》，《自考录》载："某自以初登第，学未闻道，且不谙吏事，欲暂请告归，自仲夏至秋，皆注门籍称病，出就天坛神乐观栖止以俟，三踰月而后上疏。一日偶过道士房，见架上群书，信手探之，得《慈湖遗书》一部，览之，觉洒然有省，默体诸心，见之日用动静之间，但不起意而天机自畅，遂尊信不疑。"

　　王时槐虽然考中了进士，但他觉得自己未能在思想境界上得到提升，同时也不善于官场周旋，于是他请假一段时间，住在天坛神乐观。某天他在一位道士的书架上看到了《慈湖遗书》，翻览之后觉得很符合自己的心态，对杨简所说的不起意遵信不疑。王时槐出而为官，到任后，仍然跟人探讨杨简思想："十月抵南京任。时南昌裘鲁江、泰和刘两江、安福欧三溪诸公，皆于公暇相聚讲学。某曰：'吾近得《慈湖遗书》，体而行之，殊觉简易融畅。'鲁江大称赏，曰：'此至道也，幸勿再疑。'某乃益遵信。"（《自考录》）

　　同僚的赞赏更让王时槐对杨简观念推崇备至，他在探亲途中仍然品味着杨简观念，《自考录》载："屡奉书请先考同二母就养。先考舟行至丰城曲江，病不起。某闻病报，亟请假归。某从陆归，途次起居酬应，一以慈湖'不起意'之学行之。因见舆夫遇路之高下险彝，前者呼，后者诺，恍若有悟。曰：'此即不起意之学也。彼呼者不以自矜，诺者不以为耻，两无心焉。总之，欲此舆之安而已。故不起意之学，愚夫愚妇可与能，而圣人之道不越乎此也。'"

　　王时槐多次给家中写信，希望父亲带着两位母亲前往王时槐的任职地，但父亲乘船行驶到丰城时病倒了，王时槐闻讯立即请假前去探望。他说一路上本持着杨简所说的"不起意"来做事，某天他在乘坐轿子时，抬轿子之人为了步调一致，前呼后应，由此而让他觉得，这种前后的呼应就是一种不起意，这些平民百姓没有学过心学观念，但也能体现出"不起意"。

　　王时槐的哥哥王时松也是刘文敏的弟子，王时槐曾跟哥哥探讨过杨简的不起意，某天，王时松将弟弟所讲告诉了刘邦采，刘邦采闻言后，认为王时槐的所得并不纯正。王时松又将此话转告给弟弟，王时槐顿觉刘邦采所言切中了他的要害："先兄时松，旧同执贽于两峰先生之门，一日见某在丧次，问曰：'吾弟近日之学如何？'某以慈湖'不起意'之学对。是时邹东廓先生同刘师泉先生讲学于永和之青都观，先兄往听讲。师泉先生问某何似，先兄以'不起意'对。师泉先生曰：'此固是好，但包裹世情尚在耳。'先兄归以告某。此语真切中吾病。"于是，王时槐"躬往安福南乡之南院，请师泉先生下教，终日侍坐，尽舍往日不起意之见，悉心以听先生之教，同志聚者数十人。"(《自考录》)

王时槐前去拜谒刘邦采，努力去除掉杨简的"不起意"观念，以此清空身心，跟随刘邦采学习阳明心学。刘邦采，字君亮，王阳明曾夸赞他"君亮会得容易"，可见颇得阳明观念之髓。

嘉靖三十八年（1559），王时槐去拜谒罗洪先，《自考录》载："某在闽三年，未尝与人谈学，以空言不若见之行事也。惟自念学到究竟，必有归宿，始为大成。尝贻书质之罗念庵先生。至是，躬诣先生宅上，乞墓铭。先生见名刺，即出大门外相迓。升堂坐定，问曰：'向所云归宿者，何如？'某以生死之说对。先生默然。"

王时槐在福建的三年主要是与倭寇作战，来不及与人探讨学问，得暇之时他给罗洪先去信探讨心得，而后又特意去拜谒罗洪先。对于见面时的情形，王时槐在《自考录》中写道："念庵先生持己清严，其观人亦以制行为重，后学敬惮，未敢狎见。然先生汲引心切，与后学言，每倾怀开示，亦未尝专立一说。于某注念甚渥，以为可教。尝曰：'汝但自求自试，久当自得。'"

罗洪先教给王时槐自悟之道，此后两人多次通信，王时槐十分看重罗洪先信中的所言，特意将其手札装裱成手卷，时不时地拿出来学习。按王时槐自己的话来说，乃是"实心师之"。

隆庆四年（1570），王时槐在杭州钱王祠拜谒了钱德洪，在金波园拜谒了王畿。这两位王门大弟子分别讲述了自己的观念，王时槐说："钱公论学谆切，王公谓平常心是道，不可过求。"

隆庆五年（1571），王时槐五十岁，有些厌倦仕途，有了挂冠归隐之意，他给皇帝上书请求退休，当年冬天奉旨准致仕，此后把精力都用在了研讨心学上。他在《自撰墓志铭》中称："及退休，大惧齿衰，惕然惭悚，则悉屏绝外纷，反躬密体，瞬息自励，如是者三年，若有见于空寂之体。又十年，渐悟于生几微密，不涉有无之宗，以为孔门求仁之旨，诚在于此。盖始者由释氏以入，浸渍耽嗜，如醒初醒。已乃稍稍疑之，试归究六经，实证于心，则如备尝海错而后知稻粱之不可易。以自迷自反，屡疑屡悟，仅仅渐通，非袭人唇吻而得，故卒之真若憬然有窥于孔子之道之为大中，遵信而不忍少悖。"

王时槐放弃了朱子所强调的道问学，反对在文字上去追求先贤观念：

"因叹世儒胶训诂、牿形器，虽名尊孔子，实则未知之。乃至尊释氏者，则叛孔子，亦安得为智也！始者窃喜释氏生死之谈，至是若有信于昼夜通知之理，无足惊诧者，而后学定而无余惑。嗟夫！诚资下锢深而觉之太晚矣。"（《自撰墓志铭》）

关于王时槐的本体论，张恩华在其硕士论文《王时槐心学思想研究》中总结说："王时槐的思想在当时的江右王学中的确与众不同，折中了江右之'归寂'与浙中之'万物一体'，提出'性生万物'与'性体本寂'的性本体论思想，这不但使得他成为江右派中之杰出者，还成为下启宋明理学之殿军刘宗周的关键人物。"

王时槐是性本论还是气本论，后世学者对此有不同看法，侯外庐在其主编的《宋明理学史》中认为，王时槐提出的是理气一元论，因为王时槐说过："彼盖不知盈宇宙间一气也，即使天地混沌，人物消尽，只一空虚，亦属气耳。此至真之气，本无终始，不可以先后天言，故曰'一阴一阳之谓道'。若谓'别有先天在形气之外'，不知此理安顿何处？"（《塘南王先生友庆堂合稿》）

王时槐坚持"盈宇宙间皆气"的观念，即使一切空虚依然属于气，故《宋明理学史》说他："明确地把'气'看作是宇宙的基础，看作是先于一切，否认形气之外有理的独存。"但张恩华认为王时槐并没有将"气"作为世界的本原，因为王时槐说："气为后天，则纯驳昏明，万有不齐。故圣学贵修以还吾本纯本明之体，而致一于先天也。"同时其又称："吾辈无一刻无习气，但以觉性为主，时时照察之，则习气之面目，亦无一刻不自见得。既能时时刻刻见得习气，则必不为习气所夺。"

所以张恩华认为，王时槐对"气"的总体态度是否定和贬低的，并且在他的思想体系中，关于"气"的论述也不多。其实王时槐的思想正如他的经历一样，始终是一个变化的过程，直到其晚年退休林下，全身心地探究心学观念，方有了更深的体悟。对于这些变化，张学智在《王时槐的透性研幾说》一文中总结说："王时槐属江右王门，青年时师从同乡刘文敏（两峰），以主静为用功大要，甚以双江、念庵之归寂、主静为是。出仕后交游渐广，学业益进、渐渐不满归寂主静之学，晚年以'透性'为宗旨，'研幾'为功夫进路，以先天后天体用不二、生生仁体贯彻动静为旨归。"

就整体观念而言，王时槐还是受刘文敏影响颇深。王时槐与陈嘉谟在刘文敏那里学得了重生生，重动静不二，但王时槐认为"静"只是初学入道的权法，不可以为终生学问宗途。王时槐说："学无分于动静者也，特以初学之士，纷扰日久，本心真机，尽汩没蒙蔽于尘埃中。是以先觉立教。欲人于初下手时暂省外事，稍息尘缘，于静坐中默认自心真面目。久之邪障彻而灵光露，静固如是，动亦如是，到此时终日应事接物，周旋于人情事变中而不舍，与静坐一体无二。"（《答周守南》）

关于王时槐的主体学术观，黄宗羲在《明儒学案》中总结说："学从收敛而入，方能入微，故以透性为宗，研幾为要。"可见王时槐重要的观念有两个：一是透性，二是研幾。透性乃直透本性之意，关于何为"性"，以及如何把握"性"，《明儒学案》中转录王时槐的《论学书·答修默》中写道："性本不容言，若强而言之，则虞廷曰'道心惟微'，孔子曰'未发之中'，曰'所以行之者一'，曰'形而上'，曰'不睹闻'，周子曰'无极'，程子曰'人生而静以上'，所谓密也，无思为也，总之，一性之别名也。学者真能透悟此性，则横说坚说，只是此理，一切文字语言，俱属描画，不必执泥。若执言之不一，而遂疑性有多名，则如不识其人，而执其姓氏、名讳、别号以辩同异，则愈远矣。性之体本广大高明，性之用自精微中庸，若复疑只以透性为宗，恐落空流于佛老，而以寻枝逐节为实学，以为如此，乃可自别于二氏。不知二氏之异处，到透性后。自能辨之。今未透性，而强以猜想立说，终是隔靴爬痒，有何干涉？反使自己真性不明，到头只做得个讲说道理，过了一生，安得谓之闻道也。"

王时槐说，"性"很难以语言来形容，如果一定要阐述的话，那么虞廷十六字令以及历代大儒所说的一些观念，都属于性的概念。王时槐认为，所有以文字描绘的"性"都与其本原有一定区别，他举出了一个例子：人有姓有名有号，等等，如果没有见过本人，只通过这些名号来分辨此人，显然探讨越深离本真越远。因此，只有抛弃掉这些复杂的概念，到直透本性的程度，方能真正悟道，否则只是隔靴搔痒。他同时说，不用担心别人会认为透性乃是流于佛老，因为儒学与佛学二者之间有着根本区别，只有透性之后才能区分出两者。

张学智认为，在王时槐这里"性"是一个非常重要的概念，"以生生之理解释性，是王时槐最主要的意思。"其文中引用了王时槐的所言："盈天地间只一生生之理，是之谓性，学者默识而敬存之，则亲亲、仁民、爱物自不容已。何也？此性原是生生，由本之末，万古生生，孰能遏之？故明物察伦，非强为也，以尽性也。"（《明儒学案》）

王时槐说，天地之间只是个生生之理，而生生之理就是"性"。对于他的这个观念，张学智在其文中说："程颐曾说'性即理'，认为人物之性皆是宇宙根本之理的表现。王时槐说宇宙间只一生生之理，是之谓性，就是承认性即理。""王时槐又认为，生生之理既是宇宙的法则，又是人心的法则，人心的法则是与宇宙的法则同一的。所以在王时槐看来，心学理学从根本上说是一致的，程朱陆王非不可调和，因为两种学说都认为宇宙根本之理即人、物之理，穷事物之理亦即尽己之性。"

　　王时槐的另一个重要观念则是"研幾"，于此首先要解释何为"幾"。《易·系辞》说："幾者动之微，吉之先见者也。"孔颖达《正义》云："幾，微也，是已动之微，动，谓心动、事动。初动之时，其理未着，唯纤微而已。若其已著之后，则心事显露，不得为幾；若未动之前，又寂然顿无，兼亦不得称幾也。幾是离无入有，在有无之际，故云动之微也。若事著之后乃成为吉，此幾在吉之先。"可见"幾"乃是事物意念等最初萌生的极细微的状态。《易·系辞》又说："君子见幾而作，不俟终日。"也就是要抓住稍纵即逝的时机，以此采取相应的措施。

　　对于"幾"字的概念，周敦颐在《通书》中说："寂然不动者，诚也；感而遂通者，神也；动而未形、有无之间者，幾也。诚精故明，神应故妙，幾微故幽。诚、神、幾，曰圣人。"王时槐接受了周敦颐的解释，同时做了进一步的发挥："寂然不动者诚，感而遂通者神，动而未形，有无之间者幾，此是描写本心最亲切处。夫心一也，寂其体，感其用，幾者体用不二之端倪也。当知幾前无别体，幾后无别用，只幾之一字尽之，希圣者终日乾乾，惟研幾为要矣。"王时槐认为心体本寂，他又认为幾是体用不二的端倪。(《明儒学案》）

　　对于王时槐"透性研幾"观念的重要意义，张学智在其文的结尾总结说："王时槐在阳明殁后数十年，独标透性研幾说，力图恢复王阳明既有先天良知，又有后天致知，既深刻又生动活泼的学说内涵。他克服了江右学派聂双江、罗念庵偏于静、偏于功夫忽略本体的偏颇，还王学本体功夫浑然一体，先天后天不可偏废的本来面目，他的学说，涵摄面广而具体概念的分析精，在学说的深刻与全面方面都超过江右余子。他的学说对刘宗周产生了较大的影响。王时槐是王门学者中富于理论创造，能光大王学的人物。他的独特学说，是王学发展中一个不容忽视的环节。"

四、泰州学派

泰州学派成分较为复杂,张学智在《中国儒学史·明代卷》中说:"泰州学派是明代儒学中的重要一派,但它不属阳明后学。除其创始人王艮尝师事阳明,其余皆自有授受,非王门中人。其所关注之问题,亦多不与阳明弟子同。"该派后学中虽然多为布衣,且成分复杂,但对后世有着广泛影响力,故而按照传统分类方式,仍然将这些人归为泰州学派。

1. 王艮:百姓日用,淮南格物

王艮,原名银,字汝止,号心斋,江苏泰州人,泰州学派的创始人,该学派乃是阳明后学中影响最大的一个派别。

王艮的六世祖王伯寿出身盐丁,盐丁乃是古代盐户中承担盐役的丁壮。王氏家族所处的淮南安丰场地处沿海,靠近淮河入海处,是有名的产盐区。清康熙版的《两淮盐法志》载"两淮盐利甲天下",而安丰场是两淮地区较大的产盐地之一,王艮家族几代都是当地的盐户。

王艮出生在盐户家庭,李贽《焚书》称"心斋本一灶丁也,目不识一丁",但是根据《心斋年谱》所载,王艮虽然家贫,还是上过四年的学,他七岁从师发蒙,十一岁时因为家贫,只好辍学跟随父亲去参加制盐工作。

王艮在十九岁时,其父命他到山东去经商。李颙在《二曲集·观感录》中谈及王艮时,称:"场俗业盐,不事诗书,以故先生目不知书,惟以贩盐为务,年近三十,同乡人贩盐山东。经孔林,谒孔子庙,低徊久之,慨然奋曰,此亦人耳!"王艮在山东接触到了圣贤之道,《年谱》中载他二十五岁时"客山东,过阙里,谒孔圣及颜、曾、思、孟诸庙,瞻拜感激,奋然有任道之志。归则日诵《孝经》《论语》《大学》,置其书袖中,逢人质义"。徐樾所作《王艮别传》亦载:"既冠,商于山东,特谒孔庙,即叹曰:'夫子亦人也,我亦人也'。归,即奋然有尚友之志,旦夕寤寐,耿耿不能自已。"

经过刻苦学习,王艮在二十七岁时就有所悟:《年谱》载其:"默坐体道,有所未悟,则闭关静思,夜以继日,寒暑无间,务期于有得,自是有必为圣贤之志。"

那时的王艮得不到名师指点,只能靠自己读书,而后通过静坐来消化书中所讲的道理,经过一番思索,他的圣贤之志更加坚定。也许是日有所思夜有所梦,他在二十九岁时的某晚做了一个很重要的梦,《年谱》记载:"先生一夕,梦天坠压身,万人奔号求救,先生独奋臂托天而起。见日月列宿失序,又手自整布如故,万人欢舞拜谢。醒则汗溢如雨,顿觉心体洞彻,万物一体、宇宙在我之念,益真切不容已。自此行住语默,皆在觉中。题记壁间。先生梦后书'正德六年间,居仁三月半'于座右。时三月望夕,即先生悟入之始。"

某天夜里,王艮梦到天塌下来了,很多人呼号着到处逃命,于是自己跃然而起,举起双臂把天托了起来,他看到日月星辰全乱了套,于是又将这些星体排布到原来的位置,他的所为令万人欢呼。这个梦醒后,王艮出了一身大汗,同时觉得身心通泰,所有读书的困惑都瞬间消解,由此感到宇宙在我心中。这个梦是他入道的标志,使他更有了成圣成贤之志,为此他书写了"正德六年间,居仁三月半"为座右铭。

王艮的座右铭颇有深意,这是本自《论语·雍也》中的"回也,其心三月不违仁,其余则日月至焉而已矣",孔子夸赞颜回能够做到三月不违仁,而王艮说他可以三月半不违仁,可见他认为自己能够比颜回做得更好。

虽然有这样的志向,但王艮得不到大师的指点,也只能按照自己的理解来体味圣贤之道。正德十五年(1520),他的独学状态终于有了重大转机,《年谱》中载:"时阳明王公讲良知之学于豫章,四方学者如云集。先是,塾师黄文刚,吉安人也,听先生说《论语》首章,曰:'我节镇阳明公所论类若是。'先生讶曰:'有是哉?方今大夫士汩没于举业,沉酣于声利,皆然也。信有斯人论学如我乎?不可不往见之。吾俯就其可否,而无以学术误天下。'即买舟以俟,入告守庵公……"

王阳明在平定宁王朱宸濠叛乱后,在南昌讲学,王艮前去拜见王阳明,两人在交谈时,王阳明讲到了致良知,王艮为之叹服。但是,王艮拜服王阳明的过程中,还是有一番心理变化。《年谱》载:"讲及致良知,先生叹曰:'简易直截,予所不及。'乃下拜而师事之。辞出,就馆舍,绎思所闻,间有不合。遂自悔曰:'吾轻易矣。'明日,复入见公,亦曰:'某昨轻易拜矣。'请与再论。先生复上坐,公喜曰:'善。有疑便疑,可信便信,不为苟从,予所甚乐也。'乃又反复论难,曲尽端委。先生心大服,竟下拜执弟子礼。公谓门人曰:'吾擒宸濠,一无所动,今却为斯人动。'"

从这段记载可以看出王阳明对王艮的欣赏。王艮在南昌住了七天就向阳明辞行，阳明问他为什么急着回去，王艮说跟父亲有约定，等王艮离开后，阳明再次向人夸赞王艮的质疑精神。《年谱》中记载这一段时，提到了王艮原名王银，是王阳明给他改名为"王艮"，字汝止。此名应当本自《周易》艮卦《彖》辞："艮，止也。时止则止，时行则行。动静不失其时，其道光明。"《象》辞："兼山，艮。君子以思不出其位。"

　　从改名这件事可以看出，王阳明虽然欣赏王艮不惧权威的质疑精神，但也担心他太过狂放，因此通过改名来提醒王艮要收敛自己的性格。吴震在《泰州学派研究》中称："可见阳明改名赐字，盖有深意在焉，阳明是在告诫心斋今后须以'止'为行为准则，不可做出越'时'、越'位'的举动。"

　　嘉靖七年（1528）十一月，王阳明从梧州返回会稽市，在南安病逝，王艮闻讯赶往浙江迎丧。一年后，王艮与阳明弟子共同安葬阳明后返回家乡，由此开始了他长达二十年的讲学活动。正是在这个阶段，王艮以阳明学说为基础，逐渐加入自己的见解，渐渐形成了独具特色的学术观。

　　关于他学术思想之变，其子王襞在《上昭阳太师李石翁书》中有如下总结："愚窃以先君之学有三变焉：其始也，不由师承，天挺独复，会有悟处，直以圣人自任，律身极峻；其中也，见阳明翁而学犹纯粹，觉往持循之过力也，契良知之传，工夫易简，不犯做手，而乐夫天然率性之妙，当处受用，通古今于一息，著《乐学歌》。其晚也，明大圣人出处之义，本良知一体之怀，而妙运世之则。学师法乎帝也，而出为帝者师；学师法乎天下万世也，而处为天下万世师。此龙德正中而修身见世之矩，与点乐偕童冠之义，非遗世独乐者，侔委身屈辱者伦也，皆《大学》修身立本之言，不袭时位而握主宰化育之柄，出然也，处然也，是之谓大成之圣，著《大成学歌》。"

　　王襞说父亲的思想有三变：最初没有师承时全靠个人体悟，以圣人的准则要求自己；而后得以拜阳明为师，学术观变得纯粹起来，意识到以往在体悟一些问题时太过用力，而阳明所传观念颇为简易，由此而让王艮体会到了乐学的观念；到了晚年，其思想观念成熟，讲出了学为帝王师的豪迈之语。

　　这段话中的"出为帝者师"，乃是根据王艮所言："大丈夫存不忍人之心，而以天地万物依于己，故出则必为帝者师，处则必为天下万世师。出不为帝者师，失其本矣；处不为天下万世师，遗其末矣。进不失本，退不遗末，止至善之道也。"（《明儒王心斋先生遗集》）在王艮看来，大丈夫处世，在位就要做指导帝王的老师，在野就应当立志成为像孔子那样的万世之师，因为出不能做帝师就是失其本，退不能成为万世师表就是失其末。

但是这个观念如果推而广之,每个人都成了帝王师,那么天下谁来做仁臣呢?其弟子就提出了这样的疑问:"先生云出则为帝者师,然则天下无为人臣者矣?"他的回答是:"不然。学也者,所以学为师也,学为长也,学为君也。帝者尊信吾道,而吾道传于帝,是为帝者师也。吾道传于公卿大夫,是为公卿大夫师也。不待其尊信,而衒玉以求售,则为人役,是在我者不能自为之主宰矣,其道何由而得行哉?道既不行,虽出,徒出也。若为禄仕,则'乘田''委吏''牛羊茁壮''会计当'尽其职而已矣。道在其中而非所以行道也。不为禄仕,则莫之为矣。故吾人必须讲明此学,实有诸己,'大本''达道',洞然无疑,有此把柄在手,随时随处无入而非行道矣。"

在王艮看来,在朝中做官,就是人君之臣,如果君王相信我的观念,我就能把道理奉献给君王,于是我就成为帝王师;如果人君不尊信我的观念,那就不应当拿出宝玉去求售。

这番话说得很豪迈,但是除了给帝王讲授心学思想,王艮更在意的是在普通民众中传播心学思想,而他主要的观念之一就是"百姓日用即道"。

这个观念的本原出自《周易·系辞上》:"一阴一阳之谓道。继之者善也,成之者性也,仁者见之谓之仁,知者见之谓之知,百姓日用而不知,故君子之道鲜矣。"此话是说只有圣人能够掌握君子之道,百姓在平凡的生活中并不知道"道",而百姓日用观念也是阳明"致良知"观念的重要内容。王艮在吸取其师观念的基础上,又对此进行了改造。

《年谱》记载:"先生言'百姓日用是道'。初闻多不信,先生指童仆之往来,视听、持行、泛应动作处,不假安排,俱自顺帝之则,至无而有,至近而神。"看来刚开始有许多人不相信王艮所说的百姓日用是道,于是王艮就用童仆自然而然的所为来说明,他认为:"百姓日用条理处,即是圣人之条理处;圣人知,便不失,百姓不知,便会失。"同时其又称:"圣人之道,无异于百姓日用。凡有异者,皆谓之异端。"

王艮想以此说明,从得道这件事情来说,圣人和百姓没有区别,他们之间的区别只是圣人知道"道",而百姓不知道"道",但是百姓在日常生活中却处处显示出来"道"。而他到处讲学的目的,就是让百姓知道"道",百姓一旦懂得了"道",圣愚之间的区别就不存在了。这就是王艮所说的"满街圣人"。

王艮对阳明学说既有继承也有改造,比如对于"良知"的观念,他与王畿的"现成良知"观是一致的,王艮说:"良知一点,分分明明,亭亭当当,不用安排思索。"同时他认为："天理者，天然自有之理也。良知者，不虑而知，不学而能者也。惟其不虑而知，不学而能，所以为天然自有之理。惟其天然自有之理，所以不虑而知，不学而能也。"

王艮明确地说是阳明传授给他"良知"概念，他在《和王寻乐韵》中称："圣师专以良知教"。为此，他到处传播"良知"观念。徐銮在《先生传》中说："致良知之学，阳明先生为初学者，先生为辅，乃一洗俗学支离之陋。"但是，王艮不赞同阳明的"致良知"，认为"良知"前不应当加一个"致"字，而是应该把"致"字放在"良知"之后，形成"良知致"一词。因为他觉得良知是人心固有的，不必特意地去"致"，因为"致"是限制了人性，如果还良知自然本然的状态，良知自然就达到了"致"。

王艮著名的观点还有"淮南格物"说，赵贞吉在为其所写的墓志铭中说："越中良知，淮南格物，如车之两轮，实贯一毂。"淮南乃是指王艮，越中自然是指阳明，赵贞吉把王艮的"格物"说与阳明的"良知"学相并提，可见该观念的重要。王阳明认为诚意是格物的工夫，格是正的意思，因此"随时就事上致其良知，便是格物"。但是王艮的格物观念与此不同，他首先把"格"字解释为挈度或者挈矩，他回答弟子问时说："诸生问'格'字之义。子曰：'格'如'格式'之格，即'后挈矩'之谓。吾身是个矩，天下国家是个方。挈矩，则知方之不正，由矩之不正也，是以只去正矩，却不在方上求。矩正则方正矣。方正则成格矣，故曰'格物'。"

王艮说我们的身体是矩，家国天下是方，如果矩不正，方就不正，所以要进行挈矩，以此使得自身正，由此而推及天下正，而这个过程就是格物。

对于王艮的格物说，后世有不同看法，全祖望在《经史答问》中认为王艮的格物观念最为正确："心斋论学未必皆醇，而其言格物则最不可易。"劳思光在《新编中国哲学史》中也认为王艮的格物观"应与《大学》原意最为接近"。

从这些观念可以看出，王艮最重个人修养。为此，他写过《明哲保身论》，其中提到了爱身、敬身、爱人的观念，对于如何保身，他说得十分通俗："知保身者，则必爱身如宝；能爱身，则不敢不爱人；能爱人，则不敢恶人；不恶人，则人不恶我；人不恶我，则吾身保矣。能爱身者，则必敬身如宝；能敬身，则不敢不敬人；能敬人，则人必敬我，则吾身保矣。能敬身则不敢慢人；不慢人，则人不慢我，则吾身保矣。"

王艮的思想与其他王门后学比起来，显得更为简单易学，正因如此，王门后学以泰州学派最盛。《明史·儒林传》载："王氏弟子遍天下，率都爵位有气势，艮以布衣抗其间，声名反出诸弟子上。然艮本狂士，往往驾师说上之，持论益高远，出入于二氏。"

在王门后学中，泰州学派人数最多，延续时间也最长，但其所传观念并非完全本持阳明思想，然而该派却颇受世人欢迎，对泰州学派多有批评的顾宪成亦称："往闻阳明弟子，称有超悟者，莫如王龙溪翁；称有超悟而又有笃行者，莫如王心斋翁。"（《证性编·质疑》）

关于泰州学派在传播儒学思想上的重要性，黄宗羲在《明儒学案·泰州学案》中转引了王栋的评价之语："孔门弟子三千，而身通六艺者才七十二，其余则皆无知鄙夫耳。至秦灭学，汉兴，惟记诵古人遗经者，起为经师，更相授受，于是指此学独为经生文士之业，而千古圣人与人人共明共成之学，遂泯没而不传矣。天生我师，崛起海滨，慨然独悟，直超孔孟，直指人心，然后愚夫俗子，不识一字之人，皆知自性自灵，自完自足，不假闻见、不烦口耳，而二千年不传之消息，一朝复明。先师之功，可谓天高而地厚矣。"

2. 颜钧：以仁为心，别解学庸

颜钧，字子和，号山农，又号耕樵，因避万历皇帝之讳更名为铎，江西吉安府永新县人。按照黄宗羲在《明儒学案》中的分法，江西学者被称为江右王门，而江右王门以吉安地区最具声势，但是身为吉安人的颜钧却被黄宗羲归入了泰州学派，《明儒学案·泰州学案》载："泰州之后，其人多能以赤手搏龙蛇，传至颜山农、何心隐一派，遂复非名教所能羁络矣。"

颜钧幼时显得颇为迟钝，其在自传中称："生质淳庞，十二岁始有知识。十三至十七岁，随父任常熟教谕，习时艺，穷年不通一窍。"然而他的二哥颜钥却颇为聪明，于嘉靖十三年（1534）考取了举人，之后在北方任职。颜钥在山东茌平做官时，"茌士鲜闻学，钥以王守仁良知之说诱之，远近禽从，成就甚多，张后觉其最著也。"（《颜钧集》卷九《附录》）

颜钥把阳明思想传播到了山东地区，故被后世视为北方王门传人之一。颜钥曾以诸生身份推荐入白鹿洞书院学习，正是在这里，他听闻了阳明弟子传播"致良知"思想，还手抄了一本《传习录》。回到家乡后，他将此抄本拿给颜钧看，这是颜钧第一次接触心学著作。《颜钧集·履历》载："二十四岁，际兄钥廪员在学，宗主以孝行取入白鹿洞听讲，道祖阳明大倡良知之学，随抄示弟立志说四句，曰：'精神心思，凝聚融结，如猫捕鼠，如鸡覆卵。'"

正是这个抄本改变了颜钧,他一下子被阳明思想所吸引,《履历》中记载了他读到《传习录》后的感受:"即晚如旨,垂头澄思,闭关默坐,竟至七日七夜,衷心喜悦,忘食忘寝,如此专致,不忍放散其胸次,结聚洞快也。"

颜钧仔细品味阳明思想,竟然默坐了七天七夜,终于消得胸中块垒,于是智慧顿开,从此也让他体味到了闭关静坐的好处,于是他潜入山中,在空旷无人之地静修了九个月。

嘉靖十年(1531),颜钧守母丧毕,开始出外到处访学,他在吉安时曾拜刘邦采为师,邓元锡在《陈一泉先生墓志铭》中提到刘邦采时说:"刘先生,王文成公高第弟子也,笃而深,颜钧先生尝师焉。"

刘邦采与刘文敏一起入越从学于王阳明。刘邦采的学术观念乃是注重实修,阳明去世后,很多学者只是揣摸阳明的妙语,很少有人系统地体会阳明思想的博大。针对这种情况,刘邦采说:"夫人之生,有性有命,性妙于无为,命杂于有质,故必兼修而后可以为学。盖吾心主宰谓之性,性无为者也,故须首出庶物,以立其体。吾心流行谓之命,命有质者也,故须随时运化以致其用。常知不落念。是吾立体之功,常过不成念,是吾致用之功。二者不可相杂,常知常止,而愈常微也。"(《明儒学案》)

刘邦采强调体味阳明思想要有涵养工夫,这乃是阳明正统思想,这种思想与颜钧的所求并不契合,故后来颜钧前往北京,与赵贞吉、敖铣一同拜徐樾为师,学习时间达三年之久。根据《泰州学案》所载,徐樾乃是王阳明的弟子,阳明去世后,他又转拜王艮为师,曾多次受到王艮的仔细教诲。王艮之子王襞夸赞徐樾说:"波石徐公为高第弟子,于父之学得之最深。"(王襞跋《云南左布政使贵溪徐樾撰别传》)

徐樾传承的是王艮的现成良知说,认为孝悌慈爱、饮食日用都是心体的自然流露,其称:"夫道也者性也,性也者心也,心也者身也,身也者人也,人也者万物也,万物也者道也。"(《明儒学案》)徐樾认为,道就是性,性就是心,心就是身,身就是人,人就是万物,而万物就是道,而后他将这一切都统一于灵明良知。这种天人合一思想体现出了万物一体的意识,这种注重自我的观念,对颜钧产生重大影响。

也许徐樾看出颜钧是可造之材,所以他命颜钧前往王艮那里继续学习。这段经历记载在颜钧晚年所撰的《履历》中:"我朝天道中兴,阳明唤醒良知,开人心目,功同东日之启。继承心斋,洞发乐学,丕振大成。几将聚斐为显丽，不期二老相继不寿，不克显比天下。樵当此际会，有缘先立徐师波石之门，随任住京畿三年，叨获造就三教活机，继入淘东师祖王心斋坛上，规受三月，乐学大成正造，快遂自心，仁神阐奥，直任夫子至德要道，以仁天下人心。"

颜钧高度夸赞了阳明启迪人心的重大作用，而后说王艮继承和发扬了阳明思想，但这两位大师因为不长寿，所以他们的思想没有遍传天下，而他本人横空出世，当勇挑重担，来继续传播心学思想。他说自己有缘成为徐樾的弟子，在徐师身边达三年之久，学到了三教活机思想，所谓"三教活机"应当指的是儒、释、道三教合一观念。颜钧还讲述了他前去拜王艮为师受教三月，由此而学到了王艮的乐学大成思想。

关于王艮的大成学，其在《大成歌寄罗念庵》中有这样的表述："我将大成学印证，随言随悟随时跻。只此心中便是圣，说此与人便是师。至易至简至快乐，至尊至贵至清奇。随大随小随我学，随时随处随人师。掌握乾坤大主宰，包罗天地真良知。"

看来乐学大成的重点就是简单易得的快乐，王艮对自己的学说十分自信，他在《大成歌》中接着写道："自古英雄谁能此？开辟以来惟仲尼。仲尼之后微孟子，孟子之后又谁知？广居正如致知学，随语斯人随知觉。自此以往又如何？吾侪同乐同高歌。随得斯人继斯道，大平万世还多多。我说道，心中和，原来个个都中和；我说道，心中正，个个人心自中正。常将中正觉斯人，便是当时大成圣。"

王艮认为孔子乃开天辟地的大英雄，在他之后，得其正传者是孟子，孟子之后就没有谁能与孔孟比肩了。其言外之意，能够继承孔孟正传者，应该是王艮本人了。

王艮的这种观念也传导到了颜钧那里，他在《自传》中记载了王艮对自己的教诲："孔子学止从心所欲不逾矩也，矩范《大学》《中庸》作心印，时运六龙变化，为覆载持帱以遁世。子既有志有为，急宜钻研此个心印，为时运遁世之造，会通夫子大成之道，善自生长收藏，不次宜家风乡邦及国而天下也。"

王艮认为，孔子学说重点表达在《大学》和《中庸》两篇中，而六龙变化乃是指《周易》，这三本书后来成为颜钧主要的思想来源。但是王艮教导颜钧的这番话，在王艮的著作中未见载，并且《王艮年谱》中也没有记载颜钧是他的弟子。但是，李颙在《观感录》中说："门人本府同知周良相、本州知州朱篁、刑部侍郎董燧、给事中聂静、文选郎中林春等无虑数十百人咸承传其学,转相诏导,而布政徐子直、布衣颜山农尤最著。"

李颙只是说颜钧是传播王艮思想最著名者,此话并不能确指颜钧受过王艮亲炙。顾炎武在《日知录》中说:"泰州之学一传而为颜山农,再传而为罗近溪、赵大洲……"顾炎武说王艮一传而至颜钧,也不等于说颜钧乃王艮的亲传弟子,但是王艮的思想的确经过颜钧的传播而发扬光大,只是颜在传播过程中掺杂了很多他个人的观念。

嘉靖十九年(1540)秋,颜钧返回南昌,在南昌同仁祠张贴了自己撰写的《急救心火榜文》,文中也谈到了他的师承:"东西南北,访证归真,始幸诵传阳明道祖,倡讲良知,忽觉醒悟;次获从游心斋业师,引发乐学,透入活机,会而通之。知是昭心之灵,乐是根心之生。"

嘉靖四十五年(1566),颜钧被耿定向派人诱至太平府讲学,三日后被捕押解南京,后污蔑其倒卖官船,在监狱内被关了近三年之久。弟子罗汝芳全力营救,变卖家产集资351两白银方使得颜钧出狱,发边充戍。颜钧到达戍所后,立即被两广总督俞大猷礼聘为参谋,因策划侦破海盗一事有功,俞奏请朝廷欲授其职,颜谢绝后返回家乡,从事讲学活动和著作。颜钧去世于明万历二十四年(1596),终年九十三岁。

如前所言,颜钧乃是从颜钥那里读到了王阳明的《传习录》,于是闭关七日得以开悟。可能因为这个缘故,使得颜钧认为七日是个重要时段,而后他读到了《周易》中所说的"七日来复,利有攸往",于是他发明了七日闭关法,这个方法成为他教授弟子体悟心境的最主要手段。

关于如何闭关,颜钧在《七日闭关开心孔昭》一文中有详细描述,其中讲道:"收拾各人身子,以绢缚两目,昼夜不开;绵塞两耳,不纵外听;紧闭唇齿,不出一言;擎拳两手,不动一指;跌跏两足,不纵伸缩;直耸肩背,不肆惰慢;垂头若寻,回光内照。如此各各自加严束,此之谓闭关。七日后方许起身,梳洗衣冠,礼拜天地、皇上、父母、孔孟,师尊之生育传教,直犹再造此生。"

修行完毕后,洗漱干净,礼拜天地、孔孟、父母等,由此而获得新生。他的这套修行办法与佛家的静修解悟颇为相像。

颜钧的心学观最看重《大学》与《中庸》,同时也看重《易经》观念,按其所说,这乃是王艮对他的教导,但是,颜钧对《大学》《中庸》却有别解。

《大学》与《中庸》原本是《小戴礼记》中的两篇，唐代韩愈、李翱为了标立儒家道统，特意讲到这两篇的重要作用。北宋时期，二程兄弟承接此说，对此两篇文章高度重视，将《大学》《中庸》从《礼记》中摘出来单独成书，并将其与《论语》《孟子》并列，合为"四书"，作为儒学入门的最重要篇章。程颐说："入德之门，无如《大学》。今之学者，赖有此一篇书存，其他莫如《论》《孟》。"（《二程遗书·伊川先生语》）南宋时朱熹将这四本书合在一起，为之作注，成为《四书集注》。元明时期，《四书集注》成为科举考试的主要读物，由此而风行天下。

　　明中期，王阳明弘扬心学，《大学》《中庸》又成为王学入门经典，王阳明说："接初见之士，必借《学》《庸》首章以指示圣学之全功，使知从入之路。"（《大学问》）颜钧继承师说，十分重视《大学》《中庸》，其自称："耋鳏山农一生，精神心造，获融适乎《大学》《中庸》，敢继乎杏坛丘隅，直欲聚斐有为，绪历学庸。"

　　颜钧说他一生精神所聚就在这两部书上。但是，他对这两部书的解读却与他人完全不同，他的独特解读首先表现在对这两部书的作者问题上。程朱理学和陆王心学在解读两部书的宗旨时，有很明显的分歧，但即使如此，他们都认定《大学》的作者是曾子，《中庸》的作者是子思。比如朱熹在《大学章句序》中说："三千之徒，盖莫不闻其说，而曾氏之传独得其宗。"《伊川先生语》中载程颐之所言："《中庸》之书，是孔门传授，成于子思。"即使到了王阳明那里，他也承认《中庸》的作者是子思："澄问《学》《庸》异同。先生曰：'子思括《大学》一书之义，为《中庸》首章。'"

　　但是到了颜钧这里，他却将前代大儒的所言全部推翻，他的弟子程学颜在《衍述大学中庸之义》中称："《大学》《中庸》书，名篇也。自汉以来皆诿视为书名，未有以为圣学精神，识达此四字作何用焉。我师颜山农独指判曰：'此尼父自造传心口诀也。两篇绪绪暋章，并出夫子手笔，非曾子、子思所撰也。不然，何于《大学》引曾子之言，《中庸》直以仲尼名祖哉？'是故我师心造神会，确信参详其为不刊之典。"

　　颜钧认为《大学》和《中庸》的真正作者其实是孔子。程学颜的所记，乃是他跟随颜钧从北京返回南方时，听颜钧在舟中所讲。颜钧在《程身道传》中也谈到此事："过济宁，众友留讲三日，日启大、中、学、庸为尼父绝学口诀。众友悦信，求笔遗指。耕樵书毕，命颜附翼。颜亦立扬长篇一篇，错综俨乎回之足发'不违'。"

在颜钧看来，《大学》《中庸》不仅仅是孔子所著，同时也是表达孔子思想最重要的两部书，他在《丘隅炉铸专造性命》中说："孔子一生精神，独造《大学》《中庸》，晚创杏坛，聚斐居肆，肩承师任，陶冶己心人性。"

更为奇特的是，颜钧将《大学》《中庸》两个篇名拆为四个字来予以讲解："自我广远无外者，名为大；自我凝聚员神者，名为学；自我主宰无倚者，名为中；自我妙应无迹者，名为庸。"颜钧还认为这四个字可以作任意的排列组合，并且每个组合都有不同的含义："大中学庸，学大庸中，中学大庸，庸中学大，互发交乘乎心性，吻合造化乎时育。"（《晰大学中庸》）

对于此四字的宗旨，颜钧在《论大学中庸大易》中说："是故学乎其大也，则曰在明明德，在亲民，在止于至善，知在格物，心不在焉，如此而曰'五在'，昭揭其大以为学。庸乎其中也，则曰率性，曰修道，曰慎独，曰致中和，如此而晰'四绪'。"

颜钧所说的大易指的是《周易》，如前所言，他的七日闭关本自《易经·复卦》中的所言，他认为《周易》与《大学》《中庸》同样重要："大学中庸，大易六龙，三宗学教，乃夫子一生自操仁神为业，晚建杏坛，聚斐明道，易世传世，破荒创造，为神道设教，以生心人师，代司造化，专显仁神，同乎生长收藏，莫为莫致，无声无臭于天下万古，即今日之时成也。"（《论大学中庸大易》）在颜钧看来，《大学》《中庸》与《周易》乃是孔夫子一生最看重的著作，他晚年建杏坛聚徒讲学，传导的就是这样的观念。

颜钧所说的"大易六龙"乃是指《易经·乾卦》爻辞所说的六种时位变化：一爻潜龙勿用、二爻见龙在田、三爻惕龙无咎、四爻跃龙在渊、五爻飞龙在天、六爻亢龙有悔。颜钧认为："易乎其六龙也，则曰潜、见、曰惕、跃、曰飞、亢，如此而为时乘，即变适大中之易，以神乎其学庸精神者也。"

颜钧对于"仁"的解说也颇有个人特点。王阳明认为"良知"是心的本体，王艮认为"乐"是心的本体，而颜钧则说"仁"是心的本体，他认为："是故仁，人心也。是心之体，肫肫焉，灵灵焉，灵照密察，隐微莫遁，肫生万物，无时或息，皆至诚为贞干也。"（《明尧舜孔孟之道并系以跋》）

颜钧说"仁"就是人心，同时是心的本体，肫肫就是至诚，而"诚者，天之道也；诚之者，人之道也"。颜钧又认为"仁"的本体具有灵明的特点："灵运视听，指日明聪。灵显言动，自能信恭。灵用事亲，微乎孝矣；灵在从兄，微乎弟矣；灵乎日用，事变不敢自流欺阁，微乎诚矣。"（《急救心火榜文》）

正因如此，颜钧对"仁"的解释，被后世学者视为他全部学说的基础。他在《急救心火榜文》中直言自己直接撇开理学大儒周敦颐、张载、二程和朱熹等，他认为孔孟之后，直到王阳明和王艮，接着就是其本人来承担圣道传承的重任，所以他认定自己的学说乃是孔门正脉："千古正印，以衍传于吴农汉，破荒信，彻良知，洞豁乐学，始以耕心樵仁为专业；承流孔孟，辙环南国，继之以安身运世为事功。"

罗汝芳也认为颜钧在传承圣学上有极大的重要性："山农与相处，余三十年。其心髓精微，决难诈饰。不肖敢谓其学直接孔、孟，俟诸后圣，断断不惑。不肖菲劣，已蒙门下知遇，又敢窃谓门下虽知百近溪，不如今日一察山农子也。"（《明儒学案·泰州学案序》）

对于罗汝芳的所言，顾宪成在《小心斋札记》中评价说："罗近溪以颜山农为圣人，杨复所以罗近溪为圣人，李卓吾以何心隐为圣人。"

3. 罗汝芳：赤子之心，不学不虑

罗汝芳，字惟德，江西南城县人，其家距南城泗石溪较近，故号近溪，门人私谥明德夫子。他是颜钧的弟子，泰州学派传人，牟宗三在《从陆象山到刘蕺山》中称其为泰州学派中"唯一特出者"，可见其对心学传承贡献之大。因为罗汝芳号近溪，王畿号龙溪，故后世将二人并称为二溪。

罗汝芳大概在十七岁时读到了理学家薛瑄《读书录》中的一些话，曹胤儒《罗近溪师行实》载："辛卯，学宪东沙张公刻《三子粹言》，师悦玩之，内得薛文清公一条云'万起万灭之私，乱吾心久矣，今当一切决去，以全吾澄然湛然之体。'若获拱璧，焚香叩首，矢心必为圣贤。立簿日记功过，寸阴必惜。屏私息念，如是数月，而澄湛之体未复。壬辰，乃闭户临田寺，独居密室。几上置水一盂、镜一面，对坐逾时，俟此中与水、镜无异，方展书读之，顷或念虑不专，即掩卷复坐，习以为常，遂成重病。"

薛瑄说，乱我心者，就是那些起起落落的想法，只有去除掉心中的得失，才能恢复纯然本体。读到这段话，令罗汝芳大为兴奋，于是他下定决心要做圣贤，还为此刻苦读书，努力排除掉心中的所有杂念。但是这样苦读了几个月，并没有让他的心平复下来。嘉靖二年（1523）的某天，罗汝芳独处一密室，在桌子上放上水盂和镜子，希望借此能让自己心态平和，而后静心读圣贤著作，只要一有杂念，他就掩卷暂停，重新让自己安静下来，但没想到经过这番努力，不仅没让他学到圣贤所言的精髓，反而令他得了重症。

面对此况，父亲送给了罗汝芳一部王阳明的《传习录》，罗汝芳读到此书后，病很快就好了，之后就基本上是靠读书来学习王学思想，而他正式拜师学习，则始于他第一次参加乡试。罗汝芳二十六岁时到省城去乡考，虽然没有考中，但遇到了颜钧在南昌同仁祠宣讲"致良知"的讲座，当时颜钧到处张贴自撰的《急救心火榜文》，罗汝芳应该就是读到了这张榜文，于是前去见了颜钧。

两人一番交谈之后，颜钧的所言令罗汝芳猛然惊醒，使他懂得了不起念仅仅是克己的工夫，这是一种自我舒服，并不是仁心本体的自然流露，这种由外向内的强行克制，违反了身心之理。贺贻孙在《颜山农先生传》中记载了颜钧的所言："子死矣！子有一物，据子心，为大病，除之益甚。"但颜钧同时又说："幸遇吾，尚可活矣。"

于是二人又进行了一番探讨："芳谓'克去己私，复还天理，非制欲，安能以遽体乎仁哉？'先生曰：'子不观孟氏之论四端乎？知皆扩而充之，如火之始燃、泉之始达。如此体仁，何等直截！故子患当下日用而不知，勿妄疑天性生生之或息也。'芳时大梦忽醒，乃知古今天下道有真脉、学有真传，遂师事之。"（罗汝芳《近溪子续集》）

罗汝芳问如果不克己，如何才能复理，颜钧又向他讲述了一番，遂令罗汝芳大梦忽醒，由此明白颜钧所传乃是儒家真正的法脉，于是立即拜颜钧为师。经过颜钧循循善诱的讲解，"罗公跃然，如脱缰锁，病遂愈，迎归，师事之甚谨。"（《颜山农先生传》）

罗汝芳拜颜钧为师，由此从理学转向了心学，他从用心制欲转入了悟心阶段。但他并没有完全放下世情，觉得参加科考方为正途，嘉靖二十二年（1543），罗汝芳成为举人，转年入京参加会试连捷，但此时的他又觉得"科举宦业皆不足慰平生"，于是没有参加廷试就返回家乡。

罗汝芳返回家乡家居十年，在此期间，他并不是闭门读书，而是到处参加王门讲会，自称："余会试告归，寔志四方。初年游行，携仆三四人，徐而一二人，久之自负笈行，不随一介。凡海内矜簪之彦、山薮之硕、玄释之有望者，无弗访之。及门惟以折简通姓名，或以为星相士，或以为形家，或通或拒，咸不为意。其相晤者，必与之尽谭乃已。"（曹胤儒《罗近溪师行实》）

嘉靖二十七年（1548），罗汝芳拜胡宗正为师学习易学。对于其学易的过程，曹胤儒在《罗近溪师行实》中有详细记载，经过三个月的学习，罗汝芳得以贯通《学》《庸》《论》《孟》，同时也懂得了《易经》中所说的太极乃是生命中的本源。

在居家十年期间，罗汝芳还跟父亲探讨了格物问题，按照罗怀智在《罗明德公本传》中所载："己酉，请证格物于父，父不为然。三年后忽悟，直趋父榻前，陈之。父跃然起曰：'得之矣。'"起初，罗汝芳所讲的格物方式不被父亲认可，于是他继续品读这个概念，三年之后突然开悟，立即向父亲陈述，父亲闻言跃然而起，说他终于得到了真谛。

罗汝芳究竟怎样悟出了格物的概念，杨起远在为其师罗汝芳所作的《墓志铭》中有如下详载："忽一夜，悟格物之说曰：'大人之学，必有其道，《大学》之道，必在先知，能先知之，则尽《大学》一书无非是此物事；尽《大学》一书物事，无非是此本末终始；尽《大学》一书之本末终始，无非是古圣《六经》之嘉言善行。格之为义，是即所谓法程，而吾侪学为大人之妙术也。'前峰公诘之曰：'然则经传不分乎？'曰：'《大学》在《礼记》中，本自为一篇文字，初则概而举之，继则详而实之，总是慎选至善之格言，明定至大之学脉耳。'公然其言。"

罗汝芳所理解的格物与前儒不同，他认为格物就是分辨事物的本末终始，分辨方式就是从圣贤的著作中去探寻，具体而言，就是这些著作中圣贤们的"嘉言善行"，所以他理解的"格"字乃是后学进入圣贤的门径，"物"字就是分辨出一些事物的本末。

嘉靖三十二年（1553），罗汝芳进士及第后出任太湖知县，此后又辗转几地任职。他每到一地都进行讲学，宣传王学思想，每次入京也会到灵济宫、广慧寺去讲学，并且与王畿共创徽、宁、池、饶四府大会。罗汝芳讲学的特点是平易近人，黄宗羲在《明儒学案》中称其"所至弟子满座，而未尝以师席自居"。对于他的讲学风格，李贽在《罗近溪先生告文》中称："至若牧童樵竖，钓老渔翁，市井少年，公门将健，行商坐贾，织妇耕夫，窃屦名儒，衣冠大盗，此但心至则受，不问所由也。况夫布衣韦带，水宿岩栖，白面书生，青衿子弟，黄冠白羽，缁衣大士，缙绅先生，象笏朱履者哉！是以车辙所至，奔走逢迎，先生抵掌其间，坐而谈笑。人望丰采，士乐简易，解带披襟，八风时至。"

罗汝芳讲学类似于孔子的有教无类，无论是高官还是普通百姓，他都会按照对方能够接受的语言予以阐述，因此每到一地都受到各界欢迎，他与这些人谈笑风生，以当下醒悟的方式来开解各类人等。

关于罗汝芳的学术宗旨，黄宗羲在《明儒学案》中转引了许敬庵对近溪之学的评价之语"大而无统，博而未纯"，对于这句话，黄宗羲评价说："真深中其病也。"关于罗汝芳的学术宗旨，黄宗羲说："先生之学，以赤子良心、不学不虑为的，以天地万物同体，彻形骸，忘物我为大。此理生生不息，不须把持，不须接续，当下浑沦顺适。"（《明儒学案》）

赤子之心本自孟子所言："人之不学而能者，其良能也；所不虑而知者，其良知也。孩提之童，无不知爱其亲也；及其长也，无不知敬其兄也。"孟子认为良知的属性乃是不学、不虑，先天具有，对此，罗汝芳有自己的看法："问：'晦庵谓"由良知而充之，无所不知，由良能而充之，无所不能，方是大人不失赤子之心"，何如？'曰：'若有不知，岂得谓良知？有不能，岂得谓良能？故自赤子即已无所不知，无所不能也。'"（罗汝芳《近溪罗子全集》）

有人对罗汝芳谈到了朱熹对良知、良能的见解，朱熹认为把良知、良能观念放大，就能达到无所不知、无所不能的圣人境界。朱子乃是强调扩充过程中工夫的重要性，认为在这个过程中去掉人欲就能接近天理。但罗汝芳认为，良知、良能本来就无所不知无所不能，因为良知、良能源于天赋，本身就具有无所不知无所不能的特征。为了进一步说明赤子之心的这个特性，罗汝芳又举例来启发对方："罗子因怃然叹曰：'诸君知红紫之皆春，则知赤子之皆知能矣。盖天之春见于花草之间，而人之性见于视听之际。今试抱赤子而弄之，人从左呼，则目即盼左，人从右呼，则目即盼右；其耳盖无时无处而不听，其目盖无时无处而不盼，其听其盼，盖无时无处而不展（辗）转，则岂非无时无处，而无所不知能也哉！'诸友咸跃然起曰：'先生其识得春风面者矣，何俄顷之际而使万紫千红之皆春也耶！'"（《近溪罗子全集》）

罗汝芳说赤子之心无所不知无所不能，众人难以理解此语之精髓，于是罗汝芳想到了朱熹所撰《春日》中的一句"万紫千红总是春"，而后通过解释这一句来说明赤子之心的观念，这就好比春天体现在万紫千红的花草之间，人的特性则体现在视和听之间，比如抱起小孩子，在他的左右耳朵边分别呼唤，他自然会左顾右盼，这说明孩子的耳朵随时都能根据声音而转头，而孩子的做法就如同不学不立的良知良能，是先天所具有的。

当然赤子之心不仅是幼童所具有，孟子说："大人者，不失其赤子之心者也。"此语中的"大人"乃是指能够成就大事之人。对于孟子的这段话，朱熹在《四书章句集注》中的解释是："大人之心，通达万变；赤子之心，则纯一无伪而已。然大人之所以为大人,正以其不为物诱,而有以全其纯一无伪之本然。是以扩而充之,则无所不知,无所不能,而极其大也。"

历经世事的伟大人物,依然能保持纯一无伪的赤子之心,伟大人物的心不会因为受到世俗的诱惑而改变。罗汝芳赞同朱子的解读,而其观念乃是本自王阳明对心之本体的解读。

罗汝芳的一个重要学术观是以仁为宗。罗汝芳认为孔门宗旨在于求仁:"仁者,人也,天地万物为一体者也,人以天地万物为一体则大矣。《大学》一书,联属家国天下,以成其身,所以学乎其大者也,然自明明德始焉。"(《盱坛直诠》)

在罗汝芳看来,儒学的宗旨就是求仁,因为"仁与天地万物一体",他又将此语跟"生生之谓易"合在一起,用"生生"来解释"仁":"孔门宗旨,止要求仁,究其所自,原得之《易》,又只统之以'生生'一言。"(《罗汝芳集》)

关于"仁"和"赤子之心"之间的关系,罗汝芳说过这样一段话:"如至灵至虚,天地原有此心,则心其心以为吾心,又使人人物物,皆心吾心,以同全天地之心也;如生生化化,天地原有此性,则性其性以为吾性,又使人人物物,皆性吾性,以同全天地之性也;如大刚充塞,天地原有此气,则气其气以为吾气,又使人人物物,皆气吾气,以同全天地之气也。则是合天地人物,而完成一体,通始终本末,而贯彻一机。凭诸君看作致知,而力行未尝不在其中;看作涵养,而发用未尝不在其内。说是心知,而心知该意气;说是意气,而意气兼统性情。惟在诸君坚立个作圣之志,则天地神明,终不汝负矣。"(《一贯编·心情上》)

罗汝芳在这段话前先描绘了一番自己眼前所见的奇景,他说自己看到一片无边无际的大海,海上有一团茫然的大气,让他感觉到自然的生生不息。他觉得这团大气就是浩然之气,用这种气来反思自己的体悟之心,会发现这就是自己所具有的活泼的赤子之心。而赤子之心合于天地生生之德,以此说明天人同体,天心和赤子之心乃是同一个心。

罗汝芳的另一个重要观念乃是"孝弟慈",关于此观念之来由,他在《近溪子集·卷乐》中有如下讲述:"幸自幼蒙父母怜爱过甚,而自心于父母及弟妹,亦互相怜爱,真比世人十分切至。因此每读《论》《孟》孝弟之言,则必感动,或长要涕泪。以先只把当做寻常人情不为紧要,不想后来诸家之书,做得着紧吃苦。在省中逢着大会,师友发挥,却翻然悟得,只此就是做好人的路径。奈何不把当数,却去东奔西走,而几至忘身也哉?从此回头,将《论语》再来细读,真觉字字句句重于至宝。又看《孟子》,又看《大学》,又看《中庸》,更无一字一句不相照映。由是却想孔、孟极口称颂尧、舜,而说其道孝弟而已矣,岂非也是学的没奈何,然后遇此机窍?故曰:'我非生而知之者,好古敏以求之者也。'又曰:'规矩方圆之至,圣人人伦之至也。'"

罗汝芳从小受到父母疼爱,他也爱父母及兄弟姐妹,因为家庭关系的和谐,令他每每读到孟子所说的孝悌之言就感动到流泪。起先罗汝芳只把这种感动视为平常的人情,后来跟同门探讨时,才发现孝悌乃是做好人的路径,于是他回头再细读《论语》等书,感觉字字珠玑,再读《孟子》,每一句都是讲到孝悌的重要性,这让他想到孔孟夸尧舜时,就是夸他们信奉的乃是孝悌之道,由此而让罗体悟到圣人之旨,其实讲的就是人伦。

罗汝芳的这种体悟乃是本自孔子所说的"孝弟也者,其为仁之本与"。孟子亦称:"尧舜之道,孝弟而已矣。"《大学》中则加入了"慈"的概念:"孝者,所以事君也;弟者,所以事长也;慈者,所以使众也。"

这就是罗汝芳"孝弟慈"概念的所本,这同样贯穿了他所强调的"仁",故其在《近溪子集·卷乐》中说:"反而求之,又不外前时孝弟之良,究极本源而已。从此一切经书,皆必归会孔孟;孔孟之言,皆必归会孝弟。以之而学,学果不厌;以之而教,教果不倦;以之而仁,仁果万物一体而万世一心也已。"

从以上这些引文可以看到,罗汝芳无论体悟还是讲学,都是用具体的事物来阐述他的观点,并不做抽象的理念讲述。钱穆在《宋明理学概述》中点出了这个特色:"汝芳讲学之着精神处,正在他不讲理,只讲事,而正在事上显出了理。"

4. 何心隐:五伦尊友,手搏龙蛇

何心隐,原名梁汝元,字柱乾,号夫山,江西吉安永丰人,是泰州学派的重要人物。其家世饶财,自幼聪明好学,嘉靖二十五年(1546)考取江西乡试第一名,后因接触到王艮的学说,于是放弃科考之路,专心研究心学。

对于何心隐的早期经历,邹元标在《梁夫山传》中简述道:"梁夫山讳汝元,字柱乾,而何心隐其更号也。少补弟子员,治壁经。幼时颖异拔群,潜心经史,辄以远大自期,凡耳而目之,皆知其为伟器也。嘉靖丙午年,

督学蔡公拔首冠郡。时本邑右渠张公勉学署邑，校士，得公卷，抚掌叹曰：'天下奇才。'由是远迩知名。及闻王心斋先生良知之学，竟芥视子衿，乃慨然曰：'道在兹矣。'遂师颜山农，即以继孔孟之传。"

何心隐拜了颜钧为师，跟他学习"大中学庸"。但是按照有些文献记载，何心隐不久就发现颜钧人品有问题，于是弃师而去。王世贞在《嘉隆江湖大侠》一文中载有此事，该文首先谈到了颜钧的教学方式以及在平民中的影响力："盖自东越之变为泰州，犹未至大坏，而泰州之变为颜山农，则鱼馁肉烂，不可复支。颜山农者，其别号也，楚人，读经书不能句读，亦不多识字，而好意见，穿凿文义，为奇衺之谈。间得一二语合，亦自洒然可听。所至，必先使其徒预往，张大衒耀其术，至则无识浅中之人亦有趋而附者。"

可见王世贞对泰州学派颇有负面看法，他认为王艮时期虽然所传之人鱼龙混杂，但总体上还过得去，而到了颜钧这里，就烂到不可收拾了。

关于何心隐与颜山农之间的关系，王世贞在此文中写道："何心隐者，其材高于山农而幻胜之。少尝师事山农，山农有例，师事之者，必先殴三拳，而后受拜。心隐既事山农，察其所行，意甚悔。一日，值山农之淫于村妇，避隐处，俟其出而扼之，亦殴三拳使拜，削弟子籍。因纵游江湖。"

根据王世贞的记载，颜钧规定了一种奇异的拜师礼，他要先打来学者三拳，再受来学者之拜，以形成师徒关系，何心隐的拜师也是这样一个过程。王世贞认为何心隐的才能高于颜钧，他在颜钧身边没有多久就开始后悔了，因为他发现颜钧行为不端。王世贞称，何心隐看到颜钧与一村妇行淫，于是等在暗处，待颜钧走出来后上去就是三拳，再逼其向自己三拜，以此解除师徒关系。

何心隐后来被湖广巡抚王之垣所杀。关于何被杀的原因，后世多猜测乃是张居正指使，邹元标持这种说法，在《梁夫山传》中写道："居燕畿聚徒讲学，因与司业江陵张公屡讲不合，遂构衅端，比江陵柄国，即首斥讲学，毁天下名贤书院，大索公，凡讲学受祸者不啻千计，即唐之清流、宋之朋党是也。公归，葬两尊人，遂庐墓焉。未逾期年，而南安把总朱心学缉之，获解楚。巡抚王夷陵惟知杀士媚权，立毙杖下。"

邹元标称何心隐在北京讲学期间，因为与张居正学术观不同而结怨，张居正做首辅后，首先打击私学，下令毁掉天下书院。何心隐回到家乡，为父母守孝期间被朱心学逮捕，而后送到湖北，巡抚王之垣为了讨好张居正，将何心隐杖毙。

对此，沈德符在《万历野获编》卷十八《大侠遁免》中有不同说法："时有江西永丰人梁汝元者，以讲学自名，鸠聚徒众，讥切时政。时江陵公夺情事起，彗出亘天，汝元因指切之，谓时相蔑伦擅权，实召天变。与其邻邑吉水人罗巽者，同声倡和，云且入都持正议，逐江陵去位，一新时局。江陵恚怒，示意其地方官物色之。诸官方居为奇货，适曾光事起，遂窜入二人姓名，谓且从光反。汝元先逮至，拷死，罗巽亦毙于狱。"

沈德符认为何心隐与张居正关系恶化，乃是因夺情之事。万历五年（1577），张居正任中极殿大学士、吏部尚书，全力推行体制变革，然而这年九月其父病逝，按照明朝礼制规定，官员嫡亲祖父母或嫡亲父母过世，必须从得信那天算起守孝二十七个月，守孝期满方得重新起用，各级官员不可隐瞒丧情，一旦发现即削职为民。

对于丁忧制度，在特殊情况下也可变通，条件是要获得皇帝的批准，孝子可以继续在朝中任职，而不用回乡守孝，这种情况称为夺情。张居正当然明白这个规定，但他也明白，一旦自己返乡丁忧，没有完成的改革很可能就会全部付诸东流，于是他一面给皇帝上书提出回乡守制，另一面又通过大宦官冯保私下授意一些官员出面挽留。那时万历皇帝年幼，朝中大小事务均由张居正来处理，故皇帝下旨挽留张居正，命令张的两个儿子代为料理丧事，于是张居正留在朝中。

夺情之事受到了一些朝中官员的质疑，邹元标等直接给皇帝上书，弹劾张居正夺情违礼，何心隐也为此事到处骂张居正。吉水人罗巽与何心隐互相唱和，想办法要罢免张居正，张闻讯后十分生气，于是授意地方官员将两人逮捕之后杖毙。

然而，按照耿定向的弟弟耿定力所记，何心隐之死跟张居正没有关系，耿定力在《胡时中义田记》中写道："追岁己卯，心隐蒙难，衅由王夷陵，非江陵意也。夷陵南操江时，孝感程二蒲以维扬兵备直言相忤，夷陵衔之。二蒲尝父事心隐，遂借心隐以中二蒲。而朝野舆论，咸谓出江陵意，立毙杖下，竟践心隐'当国杀我'之言。夷陵实江陵罪人矣。"

按照耿定力的所言，何心隐被杀的原因，乃是得罪了王之垣，与张居正无关。耿定力甚至认为，当年何心隐第一次见到张居正时，两人还算心平气和，并没有言语上的挑衅："嘉靖庚申，张江陵官少司成，先恭简官御史，巡视东城，尝约会僧舍中。不佞甫冠，日侍恭简，闻其奇江陵而又奇心隐也。乘会日，偕心隐突入坐。心隐、恭简南面，江陵北面，大兴令吴哲与予隅坐。恭简故令二公更相评品。江陵谓心隐:'时时欲飞,第飞不起耳。'心隐气少平,谓江陵:'居太学,当知大学之道云。'心隐退而抚膺高蹈,谓予兄弟曰:'此人必当国,杀我者,必此人也。'越隆庆辛未,不佞举进士,出江陵门。江陵语及心隐曰:'汝兄最称其人,然在我座,不能出片语。'睹江陵色辞,未尝相忌相仇也。"

耿定力详细描述了何心隐与张居正见面时的情况,张居正说何心隐时时想高飞,只是飞不起来,何心隐则说张居正在太学做教授,当然懂得太学之道,就是这样一番对话,却让何心隐预感到张居正当权后有可能会杀他。虽然何心隐的话只是一种猜测,但这句猜测却成为后世认定张居正是幕后黑手的依据。耿定力在文中还讲到了王之垣杀何心隐也并非张居正授意:"逾时,见夷陵,夷陵扬扬谓余曰:'昨闻儿曹赴省试,贵郡人士,群然詈我,谓我杀心隐,我尚未闻之相君。公知心隐否?'不佞对曰:'此贱兄弟三十年故交也。往谒相君,贱兄弟实左右之,相君知之更悉,公不知耶?'夷陵为之色沮。"

按照耿定力的说法,王之垣并不知道张居正跟何心隐有什么关系,这也等于说明了何心隐之死与张居正无关。对于这件事,王之垣后人王士禛在《池北偶谈》中的说法是:"何心隐在万历间屡变姓名,诡迹江湖间,所胁金帛不赀。尝游吴兴,诱其豪为不轨。又与一富室子善,偕之数百里外,忽曰:'天下惟汝能杀我,我且先杀汝。'继之湖中,取其家数百金,然后纵之。其党吕光者,力敌百夫,相与为死友。又入蛮峒煽惑,以兵法教其酋长,事闻于朝。先曾祖时为湖广巡抚,捕之,获于岭北,置诸法,罪状昭然。有御史赵崇善者,挟私憾,追劾先公杀心隐媚江陵。而推心隐讲学时,先曾祖久以户部侍郎养亲家居矣。虽事之本末自有公议,而崇善捷捷幡幡,良可畏也。"

然而何心隐坚称张居正会杀他,《明儒学案·泰州学案》记载当年王之垣审问他的时候,他明确地说:"公安敢杀我,亦安能杀我,杀我者,张居正也。"

如果从观念看,何心隐的平民思想当然与张居正有很大的冲突,尤其张居正禁私学之事,对何心隐打击较大,他在下狱期间写了一篇名为《原学原讲》的长文,主要就是反对张居正毁书院禁讲学之令,文中提到了讲学的必要性:"学则学矣,奚必讲耶?必学必讲也,必原以有事于学于讲,必不容不学不讲也。"接下来何心隐通过《尚书·洪范》中所讲到的五事:貌、言、视、听、思,来详细陈述讲学的必要性,同时,他又举出了孔子是原学原讲的发明人:"必孔子其学其讲,乃学乃讲,乃显显以学以讲名家,其原也。乃不容不学不讲,其原也,乃必学必讲,其原也。"此后他又讲到了孔子之后唯有孟子讲学最盛:"是故前乎孟子其前以学以讲,名家之著而盛于前者,莫盛于孔子也。后乎孔子其后以学以讲,名家之着而盛于后者,莫盛于孟子也。"

何心隐通过这样的引述,来说明学必有讲,只有讲学才能阐述思想,而两千年来都有这样的传统,其言外之意,是说张居正禁止讲学是错误的。他的这种观念当然不为张居正所容,故张宿在《刻何心隐爨桐集叙》中说:"当时江陵柄国,圣主冲龄,独焦劳重任,内安外攘,所谓刀刀见血,棒棒有痕,非欺人语也。务陈学政,不欲以空言肆害,虑患诚深。乃有聚徒而处,聊席而谭,字字迂缓者出而抗之,设令天下翕然宗往,适以争相国之衡,将使相国之权不伸,而相国之志不遂,奈之何不亟谋除此布衣耶?"

何心隐之死令李贽大为愤慨,在何心隐去世十年之后,写了篇《何心隐论》,文中愤慨地说:"沿途三千余里,其不识公之面而知公之心者,三千余里皆然也。非惟得罪于张相者有所憾于张相而云然,虽其深相信以为大有功于社稷者,亦犹然以此举为非是,而咸谓杀公以媚张相者之为非人也。则斯道之在人心,真如日月星辰,不可以盖覆矣。"

何心隐的思想被视之为异端,黄宗羲在《明儒学案·泰州学案》中说:"泰州之后,其人多能以赤手搏龙蛇,传至颜山农、何心隐一派,遂复非名教所能羁络矣。"

泰州后学研究何心隐背离传统儒学观念,他们所具有的平民儒学思想在社会上有巨大的影响力。在理学观念中,存天理灭人欲乃是基础思想,而何心隐反对这种观念,但他同时也反对纵欲,提出了"寡欲"观念。

何心隐的这个观念其实是继承了孟子所言的"寡欲则心存",何心隐以此提出了"且欲惟寡则心存,而心不能以无欲也"。他在《辩无欲》一文中写道:"濂溪言无欲。濂溪之无欲也,其孟轲之言无欲乎?孔子言无欲而好仁,似亦言无欲也。然言乎好仁,乃己之所好也。惟仁之好而无欲也。不然,好非欲乎?孟子言无欲其所不欲,亦似言无欲也。然言乎其所不欲,乃己之不欲也。惟于不欲而无欲也。不然,无欲非欲乎?是孔孟之言无欲,孔孟之无欲也。"

何心隐认为,周敦颐所说的"无欲"跟孔孟所说的"无欲"不是一回事,孟子所说的"不欲而无欲",是指不去追求无道德无意义的东西。对于

"无欲"的概念，周敦颐的原话是："予谓养心不止于寡焉而存耳，盖寡焉以至于无。无则诚立、明通。诚立，贤也；明通，圣也。"

周敦颐主张在寡欲的基础上养心，而后追求无欲的境界，以此方能成圣成贤。但何心隐认为不能将人欲绝对禁止，应当予以适当满足："岂濂溪之言无欲乎？且欲惟寡则心存，而心不能以无欲也。欲鱼欲熊掌，欲也。舍鱼而取熊掌，欲之寡也。欲生欲义，欲也。舍生而取义，欲之寡也。能寡之又寡，以至于无，以存心乎？欲仁非欲乎？得仁而不贪，非寡欲乎？从心所欲，非欲乎？欲不逾矩，非寡欲乎？能寡之又寡，以至于无，以存心乎？抑无欲观妙之无，乃无欲乎？而妙必妙乎其观，又无欲乎？抑欲惟缴尔，必无欲乃妙乎？而妙必妙乎其无缴，又无欲乎？然则濂溪之无欲，亦无欲观妙之无欲乎？"（《辩无欲》）

何心隐指出了孟子所言的"鱼，我所欲也；熊掌，亦我所欲也。二者不可得兼，舍鱼而取熊掌者也。生，亦我所欲也；义，亦我所欲也。二者不可得兼，舍生而取义者也"。可见在孟子那里，人有各种各样的欲望，只是需要有选择性地取舍，所以何心隐认为，孔孟的"无欲"不是要消除人们的所有欲望，而是强调不要盲目地追求物质欲望，舍鱼而取熊掌，舍生而取义，这不是无欲而是寡欲。

在"寡欲"的基础上，何心隐又提出了"育欲"的观念。他在《聚和老老文》中说："欲货色，欲也。欲聚和，欲也。族未聚和，欲皆逐逐，虽不欲货色，奚欲哉？族既聚和，欲亦育育，虽不欲聚和，奚欲哉？聚和有教有养，伯叔欲率未列于率，惟朝夕与率，相聚以和，育欲率也；欲辅未列于辅，惟朝夕与辅，相聚以和，育欲辅也；欲维未列于维，惟朝夕与维，相聚以和，育欲维也。育欲在是，又奚欲哉？"

爱钱、爱色都是欲，人们做任何事情其实都是欲的一种反映，所以不应当禁欲，而应当培育好的欲。因此，育欲不同于寡欲，寡欲是自我控制，育欲则是对合理欲望的培养。对于他的这种思想，侯外庐在《中国思想通史》中评价说："何心隐的'育欲'思想，反映了劳动人民保卫自己生活权利的意志，也反映了争取平等的要求。这种思想，在封建制社会晚期出现，具有反对封建掠夺的战斗意义。"

在寡欲与育欲之外，何心隐又提出了与百姓同欲论，他在《聚和老老文》中说："昔公刘虽欲货，然欲与百姓同欲，以笃前烈，以育欲也。太王虽欲色，亦欲与百姓同欲，以基王绩，以育欲也。育欲在是，又奚欲哉？仲尼欲明明德于天下，欲治国、欲齐家、欲修身、欲正心、欲诚意、欲致知在格物，七十从其所欲，而不逾乎天下之矩，以育欲也。育欲在是，又奚欲哉？汝元亦奚欲哉？惟欲相率、相辅、相维、相育，欲于聚和，以老老焉，又奚欲哉。"

公刘虽然贪财，但他将爱财的观念推广到与百姓共享，使得百姓得以富裕。太王虽然好色，但他把这个观念也与百姓共享，于是部族得以兴盛。在何心隐看来，百姓对物质欲望的追求是正当合理的，人人都有满足合理欲望的权利，反而是统治者应当寡欲。

何心隐还有一个重要的观念，那就是五伦之中最看重朋友。古人所说的"五伦"是指君臣、父子、兄弟、夫妇、朋友。对此，何心隐说："夫妇也，父子也，君臣也，非不交也，或交而匹，或交而昵，或交而陵、而援。八口之天地也，百姓之天地也，非不交也，小乎其交者也。能不骄而泰乎？"（《论友》）

何心隐认为君臣、夫妇、父子三者间的关系存在着不平等，朋友关系则不同，其在《论友》中说："天地交曰泰，交尽于友也。友秉交也，道而学尽于友之交也。昆弟非不交也，交而比也，未可以拟天地之交也。能不骄而泰乎？"

何心隐还以八卦来解朋友关系，他首先举出了"泰"卦，该卦坤上乾下，乃是通之意，因为天地之交则万物可通，上下之交其志必同。其言外之意，交友的最高境界有如天地之交上下贯通。"比"卦则是坎上坤下，有如水在地上，乃兄弟亲密无间之意，但是兄弟之交也容易出现裂痕，比不上朋友之交。在他看来，即使是兄弟之间，也存在哥哥与弟弟这种上下关系，不是绝对的平等。

如此说来，传统五伦中只有朋友之间最接近于平等，何心隐强调这一点，说明了他在努力地追求人格平等。刘克稳在《大家精要：何心隐》一书中评价说："何心隐不仅认为师生之间应该是一种朋友关系，更独创性地提出'天地之交尽于友'的观点，即主张在传统的父子、夫妇、君臣、兄弟、朋友这五伦当中，唯有朋友之伦最高。也就是说，他主张超越基于血缘人伦关系而建立非血缘的志同道合式的'同志'关系。因此，何心隐这种平等观、朋友观体现了一种基于群体意义上的个体意识的觉醒，它必然会冲击封建传统伦理而受到卫道士们的打压。"

5. 李贽：夫童心者，绝假纯真

李贽，原名林载贽，后改姓李，之后又避隆庆皇帝朱载垕之讳而改名为李贽，字宏甫，号卓吾，别号温陵居士，嘉靖六年（1527）出生于福建泉州。

关于李贽的信仰，后世学者有不同说法，1975年福建人民出版社出版的《李贽研究参考资料》第一辑中刊有《荣山李氏族谱》，该谱中谈到李贽二世祖林驽："奉命发舶西洋，娶色目人，遂习其俗，终身不革，今子孙繁衍，犹不去其异教。"可见李贽有着色目人血统。

可能是这个原因，幼年的李贽对儒、释、道三家均不崇尚，他在《阳明先生年谱后语》中自称："自幼倔强难化，不信道，不信仙、释，故见道人则恶，见僧则恶，见道学先生则尤恶。"李贽称，为了生计仍然要与世俗之人交往，故其考中举人后到各地任职，尽管公事之余只是闭门读书，但在日常交往中还是接触到了阳明之学，《后语》中写道："不幸年甫四十，为友人李逢阳、徐用检所诱，告我龙溪王先生语，示我阳明王先生书，乃知得道真人不死，实与真佛、真仙同，虽倔强，不得不信之矣。"

李逢阳、徐用检乃是李贽的同事，二人告诉他王畿的观念，给他看王阳明的著作，由此让李贽对阳明之学有所了解。隆庆六年（1572），耿定理跟随李逢阳、徐用检等人来到金陵，与李贽、焦竑等人相识。耿定理的观念对李贽影响较大，李贽在《耿楚倥先生传》中说："岁壬申，楚倥游白下，余时懵然无知，而好谈说。先生默默无言，但问余曰：'学贵自信，故曰"吾斯之未能信"。又怕自是，故又曰"自以为是，不可与入尧、舜之道"。试看自信与自是有何分别？'余时骤应之曰：'自以为是，故不可与入尧舜之道；不自以为是，亦不可与入尧舜之道。'楚倥遂大笑而别，盖深喜余之终可入道也。"楚倥乃耿定理之号，他是耿定向的二弟。耿定理悟性很高，李贽很欣赏他，于是两人成为密友。

李贽曾任姚安知府，在当地聚徒讲学，当地文人李元阳在《姚安太守卓吾先生善政序》中说："先生以郎署出守姚安。自下车以至今日，几三载矣。惟务以德化民，而民随以自化。日集生徒于堂下，授以经义，训以辞章，谆谆亹亹，日昃忘倦。庙学颓圮，罄俸以营之；祀典废缺，殚力以致之。"

李贽性格虽然有叛逆的一面，却十分勤政爱民，为了恢复当地的庙学，甚至捐出自己的俸禄，他在当地不仅给学子们讲解词章之学，还传授阳明心学。云南布政司右参议骆问礼崇尚程朱之学，故不喜阳明之学，看到李贽给学子们讲心学，于是编了一本《新学忠臣》发给生员。骆问礼在该书的序中称："阳明先生一世之豪杰也，而其学术顿异于程朱"，之后论述自己无法读进《传习录》，同时认为程朱理念所推崇的《大学》一书才是万古不能废的圣经："予读《传习录》不觉睡去，读程朱书，即未尽解，要亦有欣欣不容己者。然世方以予为执滞不能虚受，而予亦以世之儒者为立志徒高而卒溺于一偏，深可惜也。所幸《大学》一书，万古不能废，而圣经一章，炯若日星，即有阳明万口，《传习录》出万卷，卒亦不能变程朱之说而他之。"

骆问礼这么一番宣传，李贽无法继续传授阳明心学，又赶上他身体有恙，于是，他开始阅读起了佛书。其实李贽在京任职时，徐用检就曾建议他读《金刚经》，黄宗羲在《明儒学案·太常徐鲁源先生用检》一文中写道："在都门从赵大洲讲学，礼都司务李贽不肯赴会，先生以手书《金刚经》示之，曰：'此不死学问也，若亦不讲乎？'贽始折节向学。尝晨起候门，先生出，辄摄衣上马去，不接一语，如是者再。贽信向益坚，语人曰：'徐公钳锤如是。'"

大洲乃赵贞吉之号，徐用检为其弟子。赵贞吉为王艮的再传弟子，虽属泰州学派，却颇喜禅，他的这个观念传导给了徐用检，徐用检又影响了李贽。李贽在姚安生病后，更为认真地研读佛经，他在《圣教小引》中说："余自幼读圣教不知圣教，尊孔子不知孔夫子何自可尊，所谓矮子观场，随人说研，和声而已。是余五十以前真一犬也，因前犬吠形，亦随而吠之，若问以吠声之故，正好哑然自笑也已。五十以后，大衰欲死，因得友朋劝海，翻阅贝经，幸于生死之原窥见斑点。"

万历八年（1580），李贽在姚安知府任上期满，提出辞官未获朝廷批准，遂入鸡足山去读佛经，同时听真得法师讲《楞伽经》。

这些经历使得李贽认为，儒、释、道三家从学术观念来说都是平等的，他在《子由解老序》中作出了这样的比喻："食之于饱，一也。南人食稻而甘，北人食黍而甘，此一南一北者未始相羡也。然使两人者易地而食焉，则又未始相弃也。道之于孔、老，犹稻黍之于南北也，足乎此者，虽无羡于彼，而顾可弃之哉！何也？至饱者各足，而真饥者无择也。"

这个比喻源自李贽的一段经历。某次，他在北方遇到大雪，绝粮七日，只好到一户人家乞食，对方给他煮黍米吃，李贽因为饿急了吃得十分香。主人告诉他黍稷跟稻粱其实有很大区别，南方人一般不喜欢吃北方的黍稷，只是因为饿急了才觉得两者一样。这让李贽觉得，儒教和道教也是如此，只要能解饿，两者就没什么区别，当然这里的解饿指的是思想问题。

尽管李贽具有三教平等观念，但总体来说，他还是认为自己是位儒生，他在《初潭集》的序言中写道："夫卓吾子之落发也有故，故虽落发为僧，而实儒也。是以首纂儒书焉，首纂儒书而复以德行冠其首。然则善读儒书而善言德行者，实莫过于卓吾子也。"他还写过一篇《三教归儒说》，题目即代表了他的观点。

后世许多人把李贽视为异端，认为他不仅非佛非道，也同样非儒。但是李贽对孔子和孟子评价很高，他只是对汉代之后的儒学有不同看法，尤其反感程朱理学，对阳明心学则持肯定态度。

李贽在评价孔子时说："孔子其太极乎！万世之师宜也。"（《藏书》）"夫必如吾夫子，始可称万世永赖，无疆上寿也。"（《焚书》）足见他对孔子推崇备至。人们斥责李贽非孔排儒，乃是因为汉宋之儒过分解读了孔子观念，李贽称："况继此而为汉儒之附会，宋儒之穿凿乎？又况继此而以宋儒为标的，穿凿为指归乎？人益鄙而风益下矣！无怪其流弊至于今日，阳为道学，阴为富贵，被服儒雅，行若狗彘然也。"（《焚书》）

虽然李贽自谓是儒生，却也不排斥道教，他在《续焚书》中说："凡为释子，但知佛教而不知道教。夫道家以老君为祖，孔夫子所尝问礼者。观其告吾夫子数语，千万世学者可以一时而不佩服于身，一息而不铭刻于心耶？若一息不铭刻，则骄气作，态色著，淫志生，祸至无日矣。"

在李贽看来，僧人不应当只读佛经，还应当去了解道教，当年孔子就曾向老子请教关于礼的问题。这一段话中，他一并谈到了儒释道三家，以此说明相互之间都有可借鉴之处。

李贽的哲学观有两点为后世所关注：一是私心说，二是童心说。在程朱观念中，公与私是相对立的关系，比如二程说："不独财利之利，凡有利心便不可。如作一事，须寻自家稳便处，皆利心也。圣人以义为利，义安处便为利。"私立与仁相对，克己才能复礼："非礼处便是私意。既是私意，如何得仁？凡人须是克尽己私后，只有礼，始是仁处。"（《二程遗书》）

但李贽却认为私心乃是人的天性，一个人要干出一番成就，首先要具有私心，他在《藏书·德业儒臣后论》中明确地说："夫私者，人之心也。人必有私，而后其心乃见；若无私，则无心矣。"在李贽看来，心的属性就是私，如果无私就等于无心。这种说法就当世而言可谓惊世骇俗。接着他讲到了私心的作用："如服田者，私有秋之获而后治田必力；居家者，私积仓之获而后治家必力；为学者，私进取之获而后举业之治也必力。故官人而不私以禄，则虽招之，必不来矣；苟无高爵，则虽劝之，必不至矣。虽有孔子之圣，苟无司寇之任，相事之摄，必不能一日安其身于鲁也决矣！"

李贽认为，农夫卖力耕田，就是为了秋天的收成，治家有道正是因为具有私产；学子们刻苦读书是为了考取功名，如果做官得不到相应的俸禄，即使有皇帝的召唤，他们也不会来。他举出了孔子任鲁司寇为例，认为如果孔子当时得不到这个职位，就无法在鲁国安身，所以他说："然则为无私之说者，皆画饼之谈，观场之见，但令隔壁好听，不管脚跟虚实，无益于事，只乱聪耳，不足采也。"

在李贽看来，提倡无私说的人其实是画饼充饥，好听而无实效，所以绝不能相信唱高调之人。

按照李贽的说法，私心乃是人天生所具有，那么读书人受到了圣贤思想的教化，会不会就去掉了私欲呢？李贽认为不会，其在《道古录》中说："圣人虽曰'视富贵如浮云'，然得之亦若固有。虽曰'不以其道得之，则不处'，然亦曰'富与贵是人之所欲'。今观其相鲁也，仅仅三月，能几何时，而素衣麑裘，黄衣狐裘，缁衣羔裘等，至富贵享也。御寒之裘，不一而足；裼裘之饰，不一而袭；凡载在《乡党》者，此类多矣。谓圣人不欲富贵，未之有也。"

孔子说："不义而富且贵，于我如浮云。"但若去掉这句话前面的定语，富贵如果来得正义，就应该不算浮云了。李贽称孔子任鲁相仅三个月，在穿着方面就变得十分奢华，如果按照儒家的礼仪要求，儒生不应当穿这种豪华服装，所以李贽认为并不存在读书人应当贫穷这个概念。当然李贽的所言乃是一种六经注我的心态，因为有的学者认为孔子穿着豪华也是在礼仪方面起带头作用。

李贽不但认为孔子有私心，还认为老子和释迦牟尼都有私心："夫所谓仙、佛与儒，皆其名耳。孔子知人之好名也，故以名教诱之；大雄氏知人之怕死，故以死惧之；老氏知人之贪生也，故以长生引之。皆不得已权立名色以化诱后人，非真实也。唯颜子知之，故曰夫子善诱。"（《焚书》）

在李贽看来，儒、释、道三家的创始人都是利用人们的弱点来吸引众人入教：孔子知道人们喜欢好的名声，于是就以好名诱导人；释迦牟尼知道人们怕死，就以解脱生死来诱导人；老聃知道人们都贪生，于是就以修长生不老之术来诱导人。

对于李贽的这番总结,正在跟他打着笔仗的耿定向也由衷地夸赞说:"此万古不易之论,即使三圣复起,亦大首颔已。"但是耿接着提出:"顾三圣之为是诱人者何心,所欲诱人者何如,可以思矣。"(《与李卓吾》)

　　耿定向认为就现象而言,李卓吾总结得正确,但还应当进一步思考,这三位大教主为什么要引诱人学习他的思想。李贽如何回答耿定向的反问今已不得而知,但其总体用意乃是想说明无论圣人还是百姓,通通具有私心。

　　李贽的另一个重要观念则是童心说。对于何为童心,他有专门论述:"夫童心者,真心也,若以童心为不可,是以真心为不可也。夫童心者,绝假纯真,最初一念之本心也。若失却童心,便失却真心;失却真心,便失却真人。人而非真,全不复有初矣。童子者,人之初也;童心者,心之初也。"(《童心说》)

　　李贽首先定义童心就是真心,如果一个人失去了童心也就是失去了真心,失去了真心也就不是真人。真心是怎样失去的呢?李贽接着写道:"夫心之初,曷可失也?然童心胡然而遽失也。盖方其始也,有闻见从耳目而入,而以为主于其内而童心失。其长也,有道理从闻见而入,而以为主于其内而童心失。其久也,道理闻见日以益多,则所知所觉日以益广,于是焉又知美名之可好也,而务欲以扬之而童心失。知不美之名之可丑也,而务欲以掩之而童心失。"

　　正是因为后天的见闻,才使人童心渐失,这些见闻渐渐成为心的主体,于是人们也就渐渐地把见闻当作了本心,真正的童心就被蒙蔽了。李贽认为读书多了,也会让人失去童心,如果是这样的话,古代的圣贤为什么既能读书又能保持童心呢?在李贽看来,这正是他们成为圣贤的原因,而普通的读书人却做不到这一点:"夫道理闻见,皆自多读书识义理而来也。古之圣人,曷尝不读书哉。然纵不读书,童心固自在也;纵多读书,亦以护此童心而使之勿失焉耳,非若学者反以多读书识义理而反障之也。夫学者既以多读书识义理障其童心矣,圣人又何用多著书立言以障学人为耶?"

　　对于失去童心的恶果,李贽认为:"童心既障,于是发而为言语,则言语不由衷;见而为政事,则政事无根柢;著而为文辞,则文辞不能达。非内含于章美也,非笃实生辉光也,欲求一句有德之言,卒不可得,所以者何?以童心既障,而以从外入者闻见道理为之心也。"

　　童心被遮蔽的人,说出的话言不由衷,去做官的话,政事不会处理好,写出的文章也是词不达意。出现这种情况的原因,就是读的书太多太杂,把别人的观念作为自己的观念。

李贽提倡童心说的主要目的乃是强调一个人要坚持自己独立的价值观，尽量少受外界观念的影响，以此不戴有色眼镜来看待世界。孔子通过讲学来传播儒学观念，耿定向正是通过孔子的所为来反驳李贽，而李贽则称："且孔子未尝教人之学孔子也。使孔子而教人以学孔子，何以颜渊问仁，而曰'为仁由己'，而不由人也欤哉！何以曰'古之学者为己'，又曰'君子求诸己'。也欤哉！惟其由己，故诸子自不必问仁于孔子；惟其为己，故孔子自无学术以授门人。是无人无己之学也。无己，故学莫先于克己；无人，故教惟在于因人。"（《答耿中丞》）

显然李贽的这段话有偷换概念之嫌。孔子所讲，除了先贤典籍外，当然还有自己的见解，同时孔子还有身教问题，这些都不能否认孔子让弟子学习自己，而李贽举出《论语》中的几句话只作字面解释。之后李贽又举出了孔门几位弟子的事迹，得出如下结论："由此观之，孔子亦何尝教人之学孔子也哉！夫孔子未尝教人之学孔子，而学孔子者务舍己而必以孔子为学，虽公亦必以为真可笑矣。夫惟孔子未尝以孔子教人学，故其得志也，必不以身为教于天下。是故圣人在上，万物得所，有由然也。"（《答耿中丞》）

李贽强调童心说的另一个目的，乃是想说明就本质而言，圣人跟凡人是一样的，每个人的德性均是先天所具有："德性之来，莫知其始，是吾心之故物也。是由今而推之于始者然也。"他接着说道："故圣人之意若曰：尔勿以尊德性之人为异人也，彼其所为亦不过众人之所能为而已。人但率性而为，勿以过高视圣人之为可也。尧舜与途人一，圣人与凡人一。"（《道古录》）

封建社会始终强调君权神授，而李贽认为圣人与凡人没有本质区别，唯一的区别就是分工不同："圣人知天下之人之身，即吾一人之身；我亦人也，是上自天子下至庶人通为一身矣。"（《道古录》）

李贽不但强调圣人与凡人没有本质区别，还进一步认为"大道不分男女"，他在《藏书》中就大为夸赞武则天，认为这位女皇帝"胜高宗十倍，中宗万倍矣"。这些观念在他所处的那个社会环境中提出，可谓十分大胆，难怪他会被一些儒者视为异端。

从这些观念来看，李贽显然是受到了王艮"百姓日用即道"观念的影响，王艮提出："圣人之道，无异于百姓日用；凡有异者，皆谓之异端。"又说："百姓日用条理处，即是圣人之条理处。"从以上所引可以看出，李贽的观点与泰州学派观念基本相同，故而他被视为泰州学派的传人。李贽还在

《储瓘》一文中说:"心斋之子东崖公,贽之师。东崖之学,实出自庭训,然心斋先生在日,亲遣之事龙溪于越东,与龙溪之友月泉老衲矣,所得更深邃也。东崖幼时,亲见阳明。"

李贽明确地说,王艮之子王襞乃是他的老师,而后他谈到了王襞的师承,并特意强调王襞在幼年时曾见过王阳明。正是因为这段话,后世学者视李贽为泰州学派传人。但是吴震在《泰州学派研究》中则称:"而应理解为心师或知己甚至就是朋友。"也就是说,李贽认可王襞的思想,故以师称之,为此,吴震还举出了李贽称耿定理为师的例子。究竟如何,未见定论。

对此,冈田武彦明确地说:"属于阳明嫡传和现成派亚流的卓吾。"可见,冈田先生还是把李贽归为王学传人。而李贽在《为黄安二上人三首》中说:"余谓学无常师,'夫子焉不学',虽在今日不免为套语,其实亦是实语。吾虽不曾四拜受业一个人以为师,亦不曾以四拜传受一个人以为友,然比世人之时时四拜人,与时时受人四拜者,真不可同日而语也。"

李贽在思想性上颇与泰州学派相通,他赞同阳明观点,同时也视王艮为阳明观念之正传:"古人称学道全要英灵汉子,如上人非真英灵汉子乎?当时阳明先生门徒遍天下,独有心斋为最英灵。心斋本一灶丁也,目不识一丁,闻人读书,便自悟性,径往江西见王都堂,欲与之辩质所悟。此尚以朋友往也,后自知其不如,乃从而卒业焉。故心斋亦得闻圣人之道,此其气骨为何如者!"(《为黄安二上人三首》)

李贽的主要著作《焚书》和《续焚书》中,收录了大量与泰州学派人物的书信往来,他还给王襞、何心隐等人写过传,这些都说明他与泰州学派的重要关系。

李贽的思想对后世影响较大,明朱国桢在《涌幢小品》中说:"全不读《四书》本经,而李氏《焚书》《藏书》,人挟一册以为奇货。"明戏剧家李玉在其创作的剧本《万里圆》中直接夸赞李卓吾为一代传人:"我想李卓吾先生,一代伟人,千秋法眼。那《正藏书》斧钺古今,这《续藏书》揄扬昭代,俱堪不朽。"

进入清代,李贽的反传统观念受到一些学者的批评,顾炎武《日知录》称其"自古以来,小人之无忌惮而敢于叛圣人者,莫甚于李贽"。

五四时期,李贽的思想成为"打倒孔家店"的利器,《吴虞集》中引用了近人邓实的所言:"卓吾之学与其理想,皆极高妙,不肯依傍人。其集中之作,屡于孔子有微词。自王充问孔后,二千年来,直斥孔子,实惟先生。

则其中之所主，必具有大识力者矣。"

吴虞引用邓实之语，当是看重其所言的李贽不以孔子是为是、孔子非为非。但显然，吴虞有意忽略了李贽还有不少高歌孔子的言论，比如李贽在《道古录》中说："以今观吾夫子，夫孰不尊？夫孰不亲？从今以后以至万亿年载，其尊且亲，但见其有加而不替矣。岂若当时之王，见在则尊，过则已；见在则亲，过则已者所可比耶？……夫子之泽远矣，广矣。……吾以谓千古可以语至圣者，夫子也。"

余外，李贽还有几段话也是赞赏孔子的，比如他说："大抵圣人之人，千万世合为一人之人也，故不在天下，则在万世，非世人一人之人所可比也。既不得而比，而又乌得而知之哉？《大学》言古人欲明明德于天下，余谓吾夫子欲明明德于盛世。"（《道古录》）

这些话吴虞应该也看到过，那他为什么仍然强调李贽对孔子的批判呢？吴虞在给陈独秀的信中透露了他的心思："不佞常谓孔子自是当时之伟人，然欲坚执其学以笼罩天下后世，阻碍文化之发展，以扬专制之余焰，则不得不攻之者，势也。梁任公曰：'吾爱孔子，吾尤爱真理。'区区之意，亦犹是耳，岂好辩哉？"（《致陈独秀》）

五、纠正王学观念之偏

1. 罗钦顺：以《大学》本意驳"致良知"

罗钦顺，字允升，号整庵，江西泰和县人，明弘治五年（1492）探花，是明代著名的理学家。张伯行在《困知记》序言中说："前代硕儒巍然在西江者，余干则胡敬斋，泰和则先生。"可见在明代的江西地区，罗钦顺与胡居仁齐名，两人都被视为"硕儒"。

罗钦顺早年喜欢佛学，后返归儒学，其在《困知纪》中写道："后官南雍，则圣贤之书，未尝一日去手，潜玩久之，渐觉就实。始知前所见者，乃此心虚灵之妙，而非性之理也。自此研磨体认，日复一日，积数十年，用心甚苦，年垂六十，始了然有见乎心性之真，而确乎有以自信。"

罗钦顺起初任南京国子监司业，最后做到了南京吏部尚书，在当时，于南京任职的官员有很多闲暇时间，他在此期间读到了很多儒学著作，渐渐对儒统有了新认识。他在《月湖文集序》中称："学莫先于明道也。……孟子没而圣学不传，千数百年之间，道术四分五裂。上焉者，类以佛老之似乱孔孟之真；下焉者，记诵词章而已。惟汉之董子扬子、唐之韩子、宋之欧阳子，颇皆号为知道，然所见者大意，而于精微之际，容亦有未察焉。故其著书立言，所以辟异端、扶世教、淑人心，虽未尝不合于孔孟，而弗精弗详之病，均有所不能免也。求其克绍孔孟相传之学，粹然一出于正，其惟濂洛关闽。诸君子之于道也，极无声无臭之妙而不离乎日用之常，穷天地万物之远而皆摄于方寸之地，表里洞彻，左右具宜，凡其形之于言，笔之于书，莫不明白而渊深，缜密而通畅，精粗隐显一以贯之。所谓语大天下莫能载，语小天下莫能破，断非汉唐以来诸儒所可同年而语也。"

他在这里讲述了儒学的道统，认为自孟子之后道统断绝，佛教和道教的观念充斥社会，而人们只去学习写文章的技法，不去深思道统，虽然孟子之后，在汉代出现了董仲舒与扬雄，唐代出现了韩愈，宋代则有欧阳修，他们也算是知识大家，但他们的儒学观念并不纯粹，真正到了周敦颐、二程、张载、朱熹这里，才诞生出博大精深的理学观念，他们的思想远远超过了汉唐。

然而到了罗钦顺的那个时代，他却发觉人们对程朱理学有着非议，这一点令他十分不满，决定以卫道士的姿态站出来，改变这种社会风气。他的主要抗争对象竟然就是自己的朋友王阳明。

罗钦顺和王阳明本为同事，罗在弘治十五年（1502）到南京工作，一直做到了嘉靖六年（1527），长达二十六年之久，王阳明则是在正德十年（1515）前往南京任职，到此处的时间比罗晚了十三年，两人在一起共事的阶段，处成了不错的朋友。罗、王互有赠诗，并且王阳明的父亲王华退休后隐居家乡，在家乡建起了"听松轩"，王阳明还特意请罗钦顺写了篇《听松轩记》。虽然有这么好的交往，但两人的学术观却有着较大的差异：罗钦顺崇信程朱理学，王阳明则倾意于心学，为此两人展开了长期的论战。

在当时，王阳明以自己的方式来解读朱熹所强调的格物致知，罗钦顺认为王阳明的格物观念违反了古代圣贤的本意："窃惟圣门设教，文行兼资，博学于文,厥有明训。颜渊称夫子之善诱,亦曰:'博我以文。'文果内耶?外耶?是固无难辨者。凡程朱之所为说,有戾于此者乎?如必以学不资于外求,但当反观内省以为务,则正心诚意四字亦何不尽之有,何必于入门之际,便困以格物一段工夫也。"(《与王阳明书》)罗钦顺首先复述了王阳明的观点,而后表达自己的观点,认为儒教本来就需要从内、外两方面去求得知识,如果只在心里反观内省,这种做法并不合圣道。

王阳明对于罗钦顺的观点,予以了坚决的反击,他在《答罗整庵少宰书》中写道:"执事所以教,反复数百言,皆以未悉鄙人格物之说。……凡执事所以致疑于格物之说者,必谓其是内而非外也,必谓其专事于反观、内省之为,而遗弃其讲习、讨论之功也,必谓其一意于纲领、本原之约,而脱略于支条、节目之详也,必谓其沉溺于枯槁虚寂之偏,而不尽于物理人事之变也。审如是,岂但获罪于圣门,获罪于朱子,是邪说诬民,叛道乱正,人得而诛之也,而况于执事之正直哉?审如是,世之稍明训诂,闻先哲之绪论者,皆知其非也,而况于执事之高明哉?凡某之所谓格物,其于朱子'九条'之说,皆包罗统括于其中,但为之有要,作用不同,正所谓毫厘之差耳。"

王阳明认为罗钦顺没有真正明白自己所说的"格物"为何意,因为他觉得自己的这个观念是返回到了孔子的思想,同时又说,朱熹所谈到的观念也包含在了他的表述中。对于两人在"格物"上的争论,胡发贵在《罗钦顺评传》中总结道:"罗、王之间在'格物'问题上的论争,实质上是唯物与唯心论之争的一种表现,王以'心'化解世界万物,故推论出'格物即格此心';罗则认为这种理论是完全不可接受的。'心也者,人之神明而理之存主处也,岂可谓心即理而穷以理为穷此心哉。'"

罗、王之争的第二个问题,则是关于王阳明所提出的"良知"观念。王阳明曾说过:"吾平生讲学,只是'致良知'三字。"(《寄正宪男手墨》)又说:"近有乡大夫请某讲学者云'除却良知,还有甚么说得?'某答云:'除却良知,还有甚么说得。'"(《寄邹谦之三》)

"致良知"三字是王阳明最为看重者,但罗钦顺竟然对他的这个重大发明提出了质疑:"又执事答人论学书有云:'吾心之良知即所谓天理也,致吾心良知之天理于事事物物,则事事物物皆得其理矣;致吾心之良知者,致知也,事事物物各得其理者,格物也。'审如所言,则《大学》当云'格物在致知',不当云'致知在格物';当云'知至而后物格',不当云'物格而后知至'矣。"(《与王阳明书·又》)罗钦顺在这里引用了王阳明的说法,而后推论出若王阳明的这段话能够成立,那么《大学》中关于"格物致知"的顺序就应当颠倒过来。

王阳明在《传习录》中曾经说过:"良知之外更无知,致知之外更无学。外良知以求知者,邪妄之知矣。外致知以为学者,异端之学矣。"他认为良知之外都是异端,还曾说过:"良知是天理之昭明灵觉处,故良知即是天理。"这就等于说,他把良知与天理等同了起来。

"良知"一词,本是孟子的观念,这个词到了王阳明这里,外延与内涵都有了拓展。罗钦顺则认为,王阳明所讲的"良知"并非孟子的原本意思,《困知记续录》载其所言:"孟子曰:'孩提之童,无不知爱其亲也,及其长也,无不知敬其兄也',以此实良知良能之说,其义甚明。盖知能乃人心之妙用,爱敬乃人心之天理也,以其不待思虑而自知此,故谓之良。近时有以良知为天理者,然则爱敬果何物乎?程子尝释'知''觉'二字之义云:'知是知此事,觉是觉此理。'……夫以二子之言明白精切如此,而近时异说之兴,听者曾莫之能辨,则亦何以讲学为哉。"

孟子认为,小孩子在幼年时期就懂得与亲人们亲近,长大之后,自然就明白了尊长爱幼,这就是人天然的良知和本能。为什么要加个"良"字呢,因为这种行为不经过思考就能做出,但是现在有人说,良知就是天理,既然那样的话,那么天然的尊老爱幼将怎样解释呢。而后罗钦顺引用了二程的说法,因此他认为,现在社会上所流行的"致良知"属于"异说"。这是罗钦顺对王阳明所提出的不点名批评。

罗、王之间的另一个争论焦点,则是王阳明编了一部《朱子晚年定论》,他把此书和自己的另一部著作《大学古本》一并送给了罗钦顺。罗看后对这两部书分别提出了自己的意见。

王阳明撰写《大学古本》的动机,乃是他认为朱熹所编辑的《大学》改变了原本的次序,并且加入了自己所补的话,朱熹的这个做法违背了《大学》一书的本意,所以他作了《大学古本》。王阳明名义上是说要恢复《大学》的本来面目,实际上是以此来给自己的心学思想寻找理论依据。

罗钦顺崇信朱学,当然不满意王阳明的这个做法,于是他在给王阳明的信中说:"切详《大学古本》之复,盖以人之为学,但当求之于内,而程朱格物之说,不免求之于外,圣人之意殆不其然。于是遂去朱子之分章,而削其所补之传,直以支离目之,曾无所用。"罗钦顺认为朱子给《大学》一书所做的分章有其道理，对于该书的补充也有其价值，所以王阳明否定朱子对《大学》所做的编修，在罗钦顺看来不能接受。

而同样，王阳明也不接受罗钦顺对他的责难，王在回信中称："《大学古本》乃孔门相传旧本耳。朱子疑其有所脱误而改正补辑之。在某则谓其本无脱误，悉从其旧而已矣。失在于过信孔子则有之，非故去朱子之分章而削其传也。"王认为《大学古本》才是孔门真正的正本，根本没有脱漏，而朱熹怀疑原文有脱误，进行了改正和补充，他所作的《大学古本》只是恢复了原书的本来面目而已，如果一定说要批评的话，那么只可以批评自己太相信孔子，而不相信朱子了。他在这封信中又接着说："而遂改正补辑之，无乃重于背朱而轻于叛孔已乎？"

王阳明的这段反击可谓足够有力，他坚信自己编辑的古本才是真正的《大学》，而《大学》是孔门的圣传，他在这里给罗钦顺摆出了二难定理：那你觉得我是应该相信孔子呢，还是应当相信朱熹？其实这是一种偷换概念，他并不争论文本本身，而是从不可置疑的高度来对这两位圣人进行二选一。当然，罗钦顺不能说，你不相信孔子，也要相信朱子。

《朱子晚年定论》也是王阳明编辑的一部书，他编这部书的中心思想，是想说当年朱熹跟陆九渊进行了论辩，那时他不相信陆九渊的心学，可是朱熹到了晚年眼睛看不到东西时，经过一番静想，终于悟出来陆九渊说得对，于是改变了自己以往所坚持的观点，转而认为陆九渊的心学观念更为正确。

以上的这个观念，出自《王阳明全集·语录》中所记阳明弟子说过的一番话："《定论》首刻于南、赣。朱子病目静久，忽悟圣学之渊薮，乃大悔中年注述误己误人，遍告同志。师阅之，喜己学与晦翁同，手录一卷，门人刻行之。自是为朱子论异同者寡矣。师曰：'无意中得此一助！'"

对于王阳明的这个说法，罗钦顺当然不同意，于是他给王阳明写了封信，在信中称："又详朱子定论之编，盖以其中岁以前所见未真，爱及晚年始克有悟。乃于其论学书尺三数十卷之内，摘此三十余条，其意皆主于向里者，以为得于既悟之余，而断其为定论。斯其所择宜亦精矣，第不知所谓晚年者，断以何年为定？"

罗钦顺对王阳明说，你的这本书认为朱熹在中年以前不相信心学，到了晚年才有所悔悟，而你给出的依据，乃是从朱熹众多著作中仅摘录出这三十多条，因为这些条的说法符合你的意思，但你怎么能认定这三十多条是朱熹晚年所说，你是如何做出这样的断代的？又如何认定这是朱熹最终的思想呢?

而后罗钦顺用了很长一个段落来讲述朱熹晚年的情况，以及朱熹晚年跟其他人谈论理学与心学时的态度，等等。在信的最后，罗总结道:"凡此三十余条者，不过姑取之，以证成高论，而所谓'先得我心之所同然'者，安知不有毫厘之不同者为崇于其间，以成牴牾之大隙哉?"罗钦顺认为，你罗列出的这三十几条，不过是刻意挑选出来的，你是想以此为论据，来证明你观念的正确性，以便跟他人说，朱子是先得我心者。

看到了罗钦顺对自己的指责，王阳明只好回信表白:"其为《朱子晚年定论》，盖亦不得已而然。中间年岁早晚诚有所未考，虽不必尽出于晚年，固多出于晚年者矣，然大意在委曲调停以明此学为重。平生于朱子之说如神明蓍龟，一旦与之背驰，心诚有所未忍，故不得已而为此。'知我者，谓我心忧。不知我者，谓我何求。'盖不忍牴牾朱子者，其本心也；不得已而与之牴牾者，道固如是，不直则道不见也。执事所谓决与朱子异者，仆敢自欺其心哉?"(《答罗整庵少宰书》)

面对罗钦顺的质疑，王阳明也只能承认，他所摘取的朱熹的这些话，确实无法断定是其中年还是晚年所说，他认为这些话尽管不一定都是朱熹晚年所说，但大多数还是出于晚年。王阳明是如何得出这个结论的呢？他没有说出证据，但他认为自己的判断大致不错。王又说，他平生也把朱熹的观念视为最高指示，而今自己的思想竟然与朱熹背道而驰，他也觉得心里很是不安，因此写出这本《朱子晚年定论》，目的就是不想让自己的思想跟朱子有什么差异。

由此可见，王阳明的各种说法，也确实都是在给自己的心学寻找历史佐证。他最为信奉者，当然是心学派的创始人陆九渊，两人争论的升级当然就会落到了陆九渊的头上。其实在此前就有人说过，陆九渊的思想跟禅学相近，而罗钦顺为了维护理学，批判禅学，当然要首先从否定陆九渊开始。他在《困知记》中称:"盖尝遍阅象山之书，大抵皆明心之说。……象山之教学者，顾以为此心但存，则此理自明，'当恻隐处自恻隐，当羞恶处自羞恶，当辞逊处自辞逊，是非在前自能辨之。'又云:'当宽裕温柔，自宽裕温柔，当发强刚毅，自发强刚毅。'若然则无所用乎思矣，非《孟子》'先立乎其大者'之本者也。……遂乃执灵觉以为至道，谓非禅学而何?"在这里，罗钦顺引用了陆九渊的一些说法，而后说，这些说法不同于儒家观念，而后得出的结论是"谓非禅学而何"?

王阳明坚决维护陆氏学说，对罗钦顺的所言予以了反击，因为他的思想也是本自陆氏而来。如果象山思想在社会上站不住脚，那么他的心学也就自然没有了历史依据。故而，胡发贵在《罗钦顺评传》中总结说："那就是借以佐证已日渐成为显学的阳明心学的异端性。因为在理论体系上，后世的心学也包括阳明心学，都或多或少沿袭、传承了象山心学，故证成象山之学为禅学，那么在渊源上也就否定了这一理论的合理性，源既不正，其流焉能正！"

罗钦顺虽然没有师承，但他坚决维护着朱子学说，对传统的理学本体论有着自己的独立判断。比如他曾说过："自夫子赞《易》，始以穷理为言。理果何物也哉？盖通天地，亘古今，无非一气而已。气本一也，而一动一静，一往一来，一阖一辟，一升一降，循环无已。积微而著，由著复微，为四时之温凉寒暑，为万物之生长收藏，为斯民之日用彝伦，为人事之成败得失。千条万绪，纷纭胶葛而卒不可乱，有莫知其所以然而然，是即所谓理也。初非别有一物，依于气而立，附于气以行也。"（《困知记》卷上）

罗钦顺认为，理就是"气"，无论时间与空间，都是"气"的表现，这就是他著名的"气本一论"。他认为天地间的一切动静和往来，都是循环往复，不管是四季的冷暖，还是万物的生长，以及人类的繁衍生息，这些千头万绪，各有各的体系，而这些体系就是理，所以理不是别的，它就是根据"气"得以成立，并且附着在"气"内，一并发生作用。

罗钦顺关注"理"与"气"的关系，这缘于无论程颐还是朱子，都没有把这件事解决好。比如朱熹曾说："未有天地之先，毕竟也只是理，有此理便有此天地，若无此理便亦无天地，无人无物，都无该载了。有理便有气，流行发育万物。"（《朱子语类》）朱子在早年强调，在天地没有形成之前，就有了理，有了理，才有了天地；而有了理，才有了气，这就是著名的"理在气先"。但是朱子在晚年，发觉到了"理在气先"这个说法会产生新的矛盾，一旦推论下去，有些事情就变得不能协调，于是他改口说："理与气本无先后之可言，但推上去时，却如理在先气在后相似。"（《朱子语类》）朱子认为，"理"和"气"其实没有先后区别，那究竟是怎样的呢，他也未曾表达完整。但是，朱子的这个说法发生了个问题，因为不管是理在气先，还是气在理先，这都等于是把"气"和"理"分成了两件事，一旦有这样的分法，就会产生新的矛盾。

而罗钦顺解决了这个问题，他把"理"与"气"合二为一，这在理学上是一大贡献,故而,曾振宇在《"理气一物":罗钦顺对程朱哲学的"接着讲"》一文中评价道:"中国古代思想史上的'理、气之辩',如果从11世纪的二程兄弟算起,延续到16世纪中叶的罗钦顺,其间经历了五百多年的漫长历程。从二程的'理本气化''理一分殊',到朱熹的'理本气末''理先气后',再到罗钦顺的'理气为一''理在气中',显现出理气关系史的逻辑衍变轨迹,而贯穿于其中的,则是理本论与气本论哲学绵延数百年的争辩、诘难、冲突、融合与汇流。"

由此可见,罗钦顺在理学上的主要贡献,就是坚定地维护程朱理学,因此当代学者蒙培元认为,罗钦顺是明代中期"反心学第一人"。(《理学的演变》)

然而罗钦顺的思想也并不纯粹,比如丁为祥在《罗钦顺的理气、心性与儒佛之辨》一文中说:"罗钦顺是一个颇为复杂的人物,他与理学、心学和气学都有较深的瓜葛,但又是三方难以完全认可的人物。"为什么会有这样的结论呢,丁为祥在文中继续解释道:"一方面,他是程朱理学的正宗传人,并被时人誉为'紫阳功臣';另一方面,他在理论上又正挡心学之锋,是陆王尤其阳明心学的主要论敌。同时,对于当时乍起未起的气学,他又是开规模、定纲维的人物。罗钦顺的这一地位,自然使他成为明代理学中牵一发而动全身的角色。"由此可见,罗钦顺在理学史上的重要价值所在。而胡发贵在《罗钦顺评传》中也给出了这样的总结:"(罗钦顺的)努力使原以理为本的程朱理学,转变为以气为本的'新理学',到钦顺那里,'理学'的发展终于呈现出了新的样态,这对程朱不能不说是一次重大的'革新'。"

2. 东林学派:以驳击无善无恶观立派

东林学派的领袖是顾宪成和高攀龙。顾宪成,字叔时,号泾阳,无锡人。因创办东林书院而被人尊称"东林先生"。万历八年(1580)进士,官吏部文选司郎中,因推荐人选问题而触怒神宗,被革职后返回家乡同弟弟顾允成创办东林书院,请高攀龙讲学其中。万历三十二年(1604),顾宪成、顾允成、高攀龙、钱一本等"东林八君子"发起成立东林大会,来者甚众。他们在东林书院讲学之余探讨朝政,渐渐形成政治集团东林党,在明末朝野有着巨大影响力。

顾宪成三岁入私塾读书,十四岁时,父亲教其读书之法:"凡读书,不论何书,要在立意处探讨,不然,即六经皆糟粕也。"(顾枢《顾端文公年谱》)父亲的所言对顾宪成影响较大,这使他不愿意做章句之奴,想要从经典中探求古人的核心思想。十五岁那年,他就在书斋墙壁上写下诗句"读得孔书才是乐,纵居颜巷不为贫",这种观念显然是受到了周敦颐的影响,也是他倾向于理学的起因。

但是顾宪成后来又问学于薛应旂,薛应旂师从王阳明的弟子欧阳德,属于南中王门,是王学体系中人物,这使得顾宪成以及其所开创的东林学派在思想上乃是以朱学为尊,同时又兼容王门心学。

返乡后的顾宪成把主要精力都用在了研究学问上,虽然他的学术传承底色属于王门,但他却更为推崇朱子之学,对于朱、陆异同问题,顾宪成持调和态度,认为程朱和陆王两派都传承了圣学,不可偏废,他曾引用薛应旂的所言:"吾师方山先生之言之也,曰:'朱子之言,孔子教人之法也;陆子之言,孟子教人之法也。'此两语阐明两先生之异而同,同而异处,最为精确。"

对于王学的问题,顾宪成在《小心斋札记》中写道:"阳明先生开发有余,收束不足。当士人桎梏于训诂词章间,骤而闻良知之说,一时心目俱醒,恍若拨云雾而见白日,岂不大快?然而此窍一凿,混沌几亡,往往凭虚见而弄精魂,任自然而藐兢业。陵夷至今,议论益玄,习尚益下,高之放诞而不经,卑之顽钝而无耻。"

顾宪成指出了王阳明思想中的弱项,认为阳明思想放得开收不拢。当时的一些文人寻章摘句研究经史,猛然听到王阳明的"良知"说,瞬间有如醍醐灌顶,但是这么长久下去,人们就不再认真地研讨学问了,这也就是受世人批评的王学末流。

顾宪成的批评主要是针对王学末流所显现出的弊端,但他并不反对王阳明。明万历初年,朝廷讨论王阳明从祀孔庙的问题,唐伯元上书反对,以致被斥为非毁先儒之名,贬为海州判官。《明儒学案·甘泉学案》在论述唐伯元时,写到顾宪成后来见到唐伯元时的一番对话。唐称:"足下不见世之谈良知者乎,如鬼如蜮,还得为文成讳否?"顾宪成却替王阳明解释说:"《大学》言致知,文成恐人认识为知,更走入支离去,故就中间点出一'良'字。孟子言良知,文成恐人将这个知作光景玩弄,便走入虚玄去,故就上面点出一'致'字,其意最为精密。至于如鬼如蜮,正良知之贼也,奈何归罪于良知?"

顾宪成认为《大学》里讲格物致知,王阳明担心人们只为了"知"而走入歧途，于是在"致"和"知"中间加了个"良"字；孟子主张良知说，王阳明担心人们走入虚玄，于是在"良知"前又加了一个"致"字，这样一加，意思就更明确了。经过顾宪成的解释，唐伯元开始后悔当年上书反对之举："善，假令早闻足下之言，向者论从祀一疏，尚合有商量也。"

正是出于这样的观念，顾宪成努力调和程朱与陆王，他认为："予窃谓朱子由修入悟，王子由悟入修，川流也，孔子之分身也，一而二者也。由修入悟，善用实，其脉通于天下之至诚；由悟入修，善用虚，其脉通于天下之至圣敦化也，又即孔子之全身也，二而一者也。"（《泾皋藏稿》）

顾宪成认为，朱学乃是通过广泛读书来悟出道理，王学则是先悟后学，他认为无论是悟还是修，都是孔子的思想组成部分之一，而两者之间各有各的用处："当士习之浮诞，方之以朱子可也；当士习之胶固，圆之以王子可也。何也？能法二子，便是能袭孔子，所以救弊也。"（《泾皋藏稿》）当学人华而不实时，就应当用朱子的办法来予以纠偏，当士子读书进得去出不来时，就应当用阳明之法使之开悟。

然而在顾宪成所处的时代，王学几乎一统天下，王学末流所显现出的弊端，被顾宪成看得清清楚楚，他认为学人应当读书致用，要想恢复这种读书风气，就要批判王学末流的束书不观。王阳明所说的四句教："无善无恶者心之体，有善有恶者意之动，知善知恶是良知，为善去恶是格物。"成为顾宪成改变世人观念的下手之处，他抓住"无善无恶"一词进行了系列的批判。《明史·顾宪成传》中也点出了这个问题："暨削籍里居，益覃精研究，力辟王守仁'无善无恶心之体'之说。"

顾宪成为什么要抓住这个话呢？黄宗羲认为："于阳明'无善无恶'一语，辩难不遗余力，以为坏天下教法，自斯言始。"（黄宗羲《东林学案》）

按照黄宗羲的说法，顾宪成认为就是"无善无恶"一词使得天下教风大坏。《顾端文公年谱》中则点明万历二十六年（1598）顾宪成四十九岁时，他"于无善无恶四字驳之甚力"，而著名的东林书院，也是源于顾宪成等人与管东溟论辩"无善无恶"之旨。叶茂才在《高景逸先生行状》中写道："会苏、常之友于二泉之上，与管志道辩'无善无恶'之旨，观听者踵相接，至无所容。于是泾阳先生倡议曰：'百工居肆，以成其事，吾辈可无讲习之所乎！'乃集同志数人，醵金数百，卜筑杨龟山先生讲学遗址，相传所谓东林者，与诸友栖息其中，每月集吴越士绅会讲三日，远近赴会者数百人。"

顾宪成想要纠正王学之偏，就必须要标榜朱子之学，他在《日新书院

第九章 阳明心学及其主要流派　451

记》中称:"弘正以前,天下之尊朱子也,甚于尊孔子,究也率流而拘,而人厌之。于是乎激而为王子。正嘉以后,天下之尊王子也,甚于尊孔子,究也率流而狂,而人亦厌之,于是乎转而思朱子。其激而为王子也,朱子诎矣;其转而思朱子也,王子诎矣。则由不审于同中之异、异小之同,而各执其见,过为抑扬也。"

弘治、正德之前,天下学人尊奉朱子的程度甚至高过了孔子,但是朱子之学不活泼,为此令学子们生厌。王阳明出,其思想令学人大感新奇,故正德、嘉靖以后,天下人尊奉王阳明甚至超过了孔子。但王学末流束书不观的作法又开始令人生厌,于是一些有思想的学子又回归到朱子之学。即便如此,顾宪成仍然认为朱子之学与阳明之学各有佳处:"朱子平,阳明高;朱子精实,阳明开大;朱子即修即悟,阳明即悟即修。"他依然强调:"要其至于道则均焉,固不害其为同耳。"(《小心斋札记》)

虽然有这样的公允之论,但顾宪成还是抓住"无善无恶"四字进行详细辩论,比如他在万历二十六年(1598)与管东溟围绕这个问题展开了辩论,许多东林党骨干参与此事,各自发表观点支持顾宪成。顾宪成在《小心斋札记》中记录了:"管东溟曰:'凡说之不正而久流于世者,必投小人之私心,而又可以附于君子之大道也。'愚窃谓'无善无恶'四字当之。"

管东溟认为,一些不正确的说法之所以能够流行于世,必定是满足了小人的私心,同时看上去又符合君子之道。针对管的所言,顾宪成说"无善无恶"这四个字正是如此。为什么要这么说呢?顾宪成解释:"见以为心之本体,原是无善无恶也。合下便成一个'空';见以为无善无恶,只是心不着于有也,究竟且成一个'混'。"

既然无善无恶是心之体,那么心之本体就成了"空",如果将无善无恶落到实处,那就成了一个"混"。对此,顾宪成进一步解释说:"空则一切解脱,无复挂碍,高明者入而悦之,于是将有如所云:以仁义为桎梏,以礼法为土苴,以日用为缘尘,以操持为把捉,以随事省察为逐境,以讼悔迁改为轮回,以下学上达为落阶级,以砥节砺行、独立不惧为意气用事者矣。"

因为"空"能让人解脱,这就有如佛教的无所挂碍,有境界的人喜欢这样的状态,但既然"空"是最高追求,那么与之相对的仁义礼法就成了可弃之物。而对于"混",顾宪成的解释是:"混则一切含糊,无复拣择,圆融者便而趋之,于是将有如所云:'以任情为率性,以随俗袭非为中庸,以阉然媚世为万物一体,以枉寻直尺为舍其身济天下,以委曲迁就为无可无不可,以猖狂无忌为不好名,以临难苟安为圣人无死地,以顽钝无耻为不动心者矣"。

混的人没有是非观,他们可以一事不做而做高人,这种人没有任何的担当,其结果必然是是非不分,所以顾宪成认为"无善无恶"这四个字既是巧语,也是最险语,冤枉了君子,也便宜了小人。对于无善无恶所产生的恶果,顾宪成不遗余力地在多篇文章中予以指出,比如他在《还经录》中称:"'无善无恶'四字,最险最巧。君子一生,兢兢业业,择善固执,只看此四字,便枉为了君子;小人一生,猖狂放肆,纵意妄行,只得此四字,便乐得做小人。"

可见顾宪成的观念乃是属于孟子的性善论,王阳明认为性无善无恶,这让他不能接受。顾宪成认为善恶不能共存,在他的观念中非善即恶:"善,天理之精也;恶,人欲之渣也。曰无善,则恶矣;曰无恶,则善矣。"(《证性编》)他认为:"从上圣贤勤勤恳恳发明性善,正欲压倒一恶字,今也并欲压倒一善字。压倒一恶字,恶字不得出头;压倒一善字,善字亦不得出头矣。"(《小心斋札记》)

从表面上来看,顾宪成不断地批判"无善无恶"自有其社会原因,但问题是王阳明所说"四句教"中的第一句究竟是不是顾宪成理解的意思呢? 其实王阳明在《传习录》中说过"至善者,心之本体也,心之本体,哪有不善?"这一句显然是在解释"无善无恶心之体",看来"四句教"要从整体上去理解,才是王阳明的完整表达。顾宪成曾是王门弟子,他应该知道王阳明还做过这样的解释,如果从这个角度而言,他批判"无善无恶",乃是有意曲解王阳明所说的原意。顾宪成是借用这种说法,来展开他对社会风气的批判。

东林党的另一位领袖高攀龙说:"天下不患无政事,但患无学术,何者? 政事者存乎其人,人者存乎其心。学术正则心术正,心术正则生于其心、发于政事者,岂有不正乎? 故学术者,天下之大本。末世不但不明学,且欲禁学,若之何而天下治安也!"(《高子遗书》)

在顾、高二人的观念中,只有学术正才能政事正,这也就解释了顾宪成为什么抓住王阳明"无善无恶"一语来作出他自己的解释。他正是对"无善无恶"的批判,从而树起了东林党的大旗。

3. 蕺山学派:提倡慎独,以救放纵之弊

刘宗周,初名宪章,字宗周,绍兴山阴人,十八岁应童子试时在答卷

上误以字为名，故改名宗周，字起东。刘宗周之父刘坡，号秦台，在他出生前五个月去世了，他为了怀念父亲，为自己起别号念台，故学界称其念台先生，亦称念台子。

刘宗周是蕺山学派的创始人，关于该派的社会影响力，梁启超在《中国近三百年学术史》中给出如下对比："王学在万历、天启间，几已与禅宗打成一片。东林领袖顾泾阳（宪成）、高景逸（攀龙）提倡格物，以救空谈之弊，算是第一次修正。刘蕺山（宗周）晚出，提倡慎独，以救放纵之弊，算是第二次修正。明清嬗代之际，王门下惟蕺山一派独盛，学风已渐趋健实。"

梁启超说，王学末流在明末时期已然与禅宗没有太大区别，所以东林领袖顾宪成、高攀龙通过创建东林学派来纠正这种社会风气，此后刘宗周又予以了第二次纠正。梁启超将蕺山学派与东林学派相并提，可见蕺山学派的影响力也不容小觑。梁启超同时说，明清易代之际，王门各派中唯有蕺山一派最为兴盛。

梁启超重点讲到了蕺山学派对王畿、罗汝芳、王艮等王门各派的"痛加针砭"，所以他将蕺山学派视为"王学自身的反动"，但梁启超同时说这种反动"只能认为旧时代的结局，不能认为新时代的开山"。可见在梁启超这里，蕺山学派被视为了结王学的一个学派。

按照刘宗周的门人黄宗羲的说法，刘宗周的学问有三变："先生于新建之学凡三变：始而疑，中而信，终而辩难不遗余力，而新建之旨复显。"（《子刘子行状》）

黄宗羲说刘宗周学问主体仍然是王阳明的心学，但这个过程却经历了三次变化，由最初的怀疑到中年的信奉，以及晚年的他又替王阳明之学剥掉后人加上的外衣。关于刘宗周的学问宗旨，黄宗羲在《行状》中称："先生宗旨为慎独，始从主敬入门，中年专用慎独工夫。慎则敬，敬则诚。晚年愈精微，愈平实。本体只是些子，工夫只是些子，仍不分此为本体，彼为工夫，亦并无这些子可指，合于无声无臭之本然。从严毅清苦之中，发为光风霁月。消息动静，步步实历而见。"

从个人经历来看，刘宗周最初学的是程朱理学，早年曾拜许孚远为师，许是唐枢的弟子，而唐枢为陈白沙、湛甘泉一系："其（刘宗周）传出于德清许司马敬庵，敬庵师唐比部一庵，一庵事南海湛太守甘泉，甘泉则白沙陈文恭之弟子也。"（黄宗羲《蕺山同志考序》）

万历三十一年（1603），经朋友介绍，刘宗周见到了许孚远，向许孚远请教学问之道，许告诉了他六个字："存天理，遏人欲。"这句话对刘宗周的思想影响很大，其子刘汋在给其父作的《年谱》中称："自此励志圣贤之学，谓入道莫如敬，从整齐严肃入。自貌言之细，以至事为之著，念虑之微，随处谨凛，以致存理遏欲之教。每有私意起，必痛加省克，直勘前所由来为如何？又勘明后决裂更当如何？终日端坐读书，曰：吾心于理欲之介，非不怳然。古人复从而指之曰：'此若何而理，彼若何而欲。'则其存之遏之也，不亦恢恢有余地乎？"

自此之后，刘宗周就立志要学习圣贤的学问，对自己要求特别严格，每当心中出现杂念时，就对这种杂念进行痛批和反省，时间久了，他在日常生活中的表情也变得十分严肃。

刘宗周在年轻时不喜欢陆王心学，《年谱》载："先生蚤年不喜象山、阳明之学，曰象山、阳明直信本心以证圣，不喜言克治边事，则更不用学问思辨之功矣。"刘宗周不喜欢陆王心学，原因是这种学问只是从内心修炼而不喜欢做实事，尤其陆王心学不喜欢用读书来做学问，刘宗周觉得很不足取。可是到了万历四十二年（1614），在他三十七岁时，他第一次请假回到故乡，却突然喜欢上了心学，这个转变被学界称为"甲寅悟心"。

为什么发生了这个转变？大多数学者都认为，这是因为那时的阉党打击正直之士，兴起的党祸，刘宗周回到家乡闭门读书："久之，悟天下无心外之理，无心外之学。乃著《心论》。"（《年谱》）

看来是社会恶劣环境促使他重新思索，经过一番思索，他转上了推崇心学之路，后来提出了自己的著名心学理论，那就是慎独。《年谱》四十八岁条记载："每会，令学者收敛身心，使根柢凝定，为入道之基。尝曰：'此心绝无凑泊处，从前是过去，向后是未来。逐外是人分，搜里是鬼窟。四路把截，就其中间不容发处，恰是此心真凑泊处。此处理会得分明，则大本达道，皆从此出。'于是有慎独之说焉。"

刘宗周对慎独极其重视，他曾说过"慎独之外，别无学也"。（《大学古记约义》）同时，他在《学言》一文中强调："慎独是学问的第一义。言慎独而身、心、意、知、家、国、天下一齐俱到。故在《大学》为格物下手处，在《中庸》为上达天德统宗、彻上彻下之道也。"

那么慎独的概念和出处在哪里呢？他在该文中又做出了这样的说明："《大学》之道，一言以蔽之，曰慎独而已矣。《大学》言慎独，《中庸》亦言慎独。慎独之外，别无学也。在虞廷为'允执厥中'，在禹为'克艰'，在汤为'圣敬同跻',在文王为'小心翼翼',至孔门始单提直指以为学的,其见于《论》《孟》,则曰'非礼勿视、听、言、动,'曰'见宾承祭',曰'求放心',皆此意也。而伊洛渊源遂于一'敬'为入道之门。朱子则析之曰:'涵养须用敬,进学则在致知。'故于《大学》分格致、诚正为两截事,至解慎独,又以为动而省察边事,先此更有一段静存工夫。则愈析而愈支矣,故阳明子反之,曰'慎独即是致良知',即知即行,即动即静,庶几心学独窥一源。"

刘宗周认为《大学》一书讲的就是慎独,《中庸》讲的也是慎独,以此展延开来,他认为《论语》《孟子》中的一些观念也同样是慎独之意。接着他又讲到了二程和朱子,认为朱熹把求学问和修心分成了两件事,这是一种支离,为此王阳明对朱子的这个失误进行了修订,而由此提出了"致良知"的概念,刘宗周认为"致良知"就是慎独。

"慎独"一词在《中庸》中的出处是:"天命之谓性,率性之谓道,修道之谓教。道也者,不可须臾离也,可离非道也。是故君子戒慎乎其所不睹,恐惧乎其所不闻。莫见乎隐,莫显乎微,故君子慎其独也。"而《大学》一书中则称:"所谓诚其意者,毋自欺也。如恶恶臭,如好好色,此之谓自谦,故君子必慎其独也。"这两句话的意思基本上是说,作为君子,即使是自己独处时,也应当时时提醒自己的心态与仪表,其总体意思就是哪怕无人之处也要严格要求自己。

然而到了刘宗周这里,"慎独"二字有了更多的内涵,侯外庐等主编的《宋明理学史》中称:"刘宗周的'慎独'说,把本体论、认识论、人性论和道德修养论都沟通了,以免重犯程朱'支离'之弊。"刘宗周在《中庸首章说》中又称:"约其旨,不过曰慎独。独之外别无本体,慎独之外别无工夫,此所以为中庸之道也。"对于这句话,《宋明理学史》进一步总结道:"可见,刘宗周的'慎独'说,不只是一般的道德修养方法,而且还把它引申到人性论和认识论方面。"

刘宗周为什么要提出"慎独"观念,来纠正王学之弊呢?这跟他当时的经历有一定关系。崇祯四年(1631),在刘宗周五十四岁时成立了证人社,《年谱》载:"先生于三月三日率同志大会于石篑先生祠,缙绅学士可二百余人,同主事者为石梁先生(陶奭龄)。石梁,石篑之介弟也。初登讲席,先生首谓学者曰:此学不讲久矣,文成指出'良知'二字,直为后人拔去自暴自弃病根。今日开口第一义,须信我辈人人是个人,人便是圣人之人,圣人人人可做。于此信得及，方是良知眼孔，因以证人名其社。"

与刘宗周同时讲学的还有陶奭龄，他是陶望龄的弟弟，而陶望龄又是周海门的弟子，周海门则是王艮泰州学派中人。《子刘子行状》载："当是时，浙东之学，新建一传而为王龙溪畿，再传而为周海门汝登、陶文简，则湛然澄之禅入之，三传而为陶石梁奭龄，辅之以姚江之沈国谟、管宗圣、史孝咸，而密云悟之禅又入之。"

陶奭龄在证人会上所讲的阳明之学，其实是用佛家的观念来予以解释，这种讲课方式让刘宗周大为不满。两位主讲的思想差异如此之大，局面当然难以持续，于是陶就带着一帮弟子到他处另立门户了。

这件事让刘宗周觉得，一定要恢复阳明之学的真正面目，此后数年，他的主要精力都放了对阳明学原本面目的阐述和修正上，因此，侯外庐等主编的《宋明理学史》予以了这样的总结："刘宗周的思想体系比较复杂，充满矛盾。他一方面在本体论、人性论和认识论上，提出了理学相对峙的有唯物主义倾向的新观点；另一方面，又力图维护心学的地位，其'慎独''敬诚'之说的提出，就是针对王守仁的心学危机而发的，旨在'补偏救弊'。"

刘宗周认为王阳明所说的"致良知"没有杂入禅宗观念，同样，朱子的学问体系也未曾支离："时谈禅者动援阳明而辟朱子。先生曰：朱子以察识端倪为下手，终归涵养一路，何尝支离？阳明先生宗旨不越良知二字，乃其教人倦倦于去人欲、存天理，以为致良知之实功，何尝杂禅？"（《年谱》）

虽然有如此一说，但他对朱子的理气关系也有着修订，他在《学言》中称："理即是气之理，断然不在气先，不在气外。或问理为气之理，乃先儒谓理生气，何居？曰：'有是气，方有是理，无是气，则理于何丽？但既有是理，则此理尊而无上，遂足以为气之主宰，气若其所从出者，非理能生气也。'"

刘宗周断然否定"理在气先"这个观念，按照他的这句话，基本可以得出结论，那就是"气在理先"。他认为有气才有理，因为没有气的话，理就没有安顿的地方，刘宗周认为只有如此才能破除后世指责朱子学问的支离："知此则知道心即人心之本心，义理之性即气质之本性，千古支离之说可以尽扫，而学者从事于入道之路，高之不堕于虚无，卑之不沦于象数，而道术始归于一乎。"（《学言》）

关于太极与无极的关系，刘宗周也有自己的看法，他在《圣学宗要》中称："天地之间，一气而已，非有理而后有气，乃气立而理因之寓也。就形下之中而指其形而上者，不得不推高一层，以立至尊之位，故谓之太极。而实本无太极之可言，所谓无极而太极也。使实有是太极之理，为此气从出之母，则亦一物而已，又何以生生不息，妙万物而无穷乎？今曰理本无形，故谓之无极，无乃转落注脚。太极之妙，生生不息而已矣。生阳生阴，而生水火土金木而生万物，皆一气自然之变化，而合之只是一个生意，此造化之缊也。"

刘宗周在此强调天地之间就是气，并且不是先有理而后有气，真实的情况是先有了气，理才包含其中，为了能够解释这种无法形容的宏大气象，所以不得已给它起个名字叫"太极"，但其实是没有这个太极，所以周敦颐说出了"无极而太极"这句话。而刘宗周认为，有些人因为理的无形，所以把它解释为"太极"，而真实的情况其实不存在太极，因为太极只是阴阳之气。

虽然如此，他认为太极也不是真空，因为它能够生生不息地诞生出万物，而这也正是刘宗周对太极做出的独特解释，朱熹在"无极"之上又加了一个"太极"，陆九渊又提出将此取消，刘宗周认为这两种观念都不合周敦颐的本意。

刘宗周晚年意识到王阳明的良知说很容易让后世弟子流于禅学，因此他对王阳明由坚信不疑，又渐渐产生了疑惑，他在去世前曾跟弟子说："若良知之说，鲜有不流于禅者。"

刘宗周在晚年写了一部名为《人谱》的书，他对此书看得很重，临终之前对其子刘汋说："做人之方，尽于《人谱》，汝作家训守之可也。"对于撰写此书的缘由，刘宗周在自序中谈到，是因为他不满于袁了凡所作的《功过格》，因为《功过格》所讲的主体是因果报应，行善和改过都能获得酬报，这是一种功利主义，并且掺杂了佛道两家观念。那时秦宏祐仿照《功过格》撰写了一部《迁改格》，刘宗周撰写《人谱》也是为了批评秦宏祐。

刘宗周批评这些人："诸君平日所讲，专要无善，至此又设为善册以劝人，落在功利一路。若为下下人说法，尤不宜如此。仆以为，论本体，决其有善无恶；论工夫，则先事后得，无善有恶可也。"（黄宗羲《明儒学案》）

在刘宗周看来，本体是有善无过，工夫则是有过无善，这种概念本自他所坚持的气在理先，因为理要依傍气而行，所以人只有气质之性，而无义理之性："凡言性者，皆指气质而言也，或曰'有气质之性、有义理之性'，亦非也。盈天地间，止有气质之性，更无义理之性。如曰'气质之理'，即是，岂可曰'义理之理'乎？"（《学言》）

因为义理需要依傍气的流化,所以人的罪恶便是在气的流化过程中产生:"是气机乘除之际,有不能无过、不及之差者。有过,而后有不及,虽不及,亦过也。过也,而妄乘之,为厥心病矣。乃其造端甚微,去无过之地所争不能毫厘,而其究甚大。"

刘宗周于此谈到了一个"妄"的概念,认为人的罪过起因既不是理也不是气,而是"妄",可见"妄"不属于理和气。关于"妄"是什么,刘宗周的解释是:"'妄'字最难解,直是无病痛可指。如人元气偶虚耳,然百邪从此易入。人犯此者,便一生受亏,无药可疗,最可畏也。"(《纪过格》)

刘宗周说"妄"字最难下定义,所以他做了一些比喻,可见"妄"不是具体的罪过,而是一种观念,他通过"妄"来阐述出大多数人都会犯过错。他将过错分为六大类:微过、隐过、显过、大过、丛过、成过,又对每一过所出现的具体行为做了细致分类,比如势交、利交、滥交属于大过;狎妓、养俊仆、蓄优人、好古玩、好书画算为丛过,丛过中列出近百种之过,而微过中只列出了一个"妄"字。只有去掉这六过,方能达到"圣域"。

刘宗周在《人谱》中详细谈到了改过的方法,强调要在心性上下功夫,从诚意正心出发,最终达到修身、齐家、治国、平天下的境界。

对于刘宗周的成就,何俊、尹晓宁在《刘宗周与蕺山学派》一书中总结说:"作为宋明理学的一个总结式人物,刘宗周力图创造一种能够包容心学和理学的学说,以取两家之长,救两家之弊。他的学说从体系上看属于心学,而从其本人的气象和行为方式看,又呈现出明显的理学风格。"该专著还谈到了刘宗周的心性哲学:"心学的体系实际上是理所披的一件外衣。这种内部矛盾必然导致学派日后的分裂。"

故王汎森在《清初思想趋向与〈刘子节要〉——兼论清初蕺山学派的分裂》一文中提及刘宗周去世后蕺山学派一分为三:第一派倾向程朱,以张履祥、刘汋、吴蕃昌为代表;第二派以陈确为代表,其有自己独立的观念;第三派则倾向陆王,以黄宗羲为代表。

第十章

清初儒学：继承与反思

皮锡瑞在《经学历史》中对清代儒学作了概貌性描述："国朝经学凡三变。国初，汉学方萌芽，皆以宋学为根柢，不分门户，各取所长，是为汉宋兼采之学。乾隆以后，许、郑之学大明，治宋学者已尠，说经皆主实证，不空谈义理，是为专门汉学。嘉、道以后，又由许、郑之学导源而上，《易》宗虞氏以求《孟》义，《书》宗伏生、欧阳、夏侯，《诗》宗鲁、齐、韩三家，《春秋》宗《公》《榖》二传。汉十四博士今文说，自魏晋沦亡千余年，至今日而复明。实能述伏、董之遗文，寻武、宣之绝轨，是为西汉今文之学。"

皮锡瑞的这段话，是写在其专著中的"经学复兴时代"一节，由此说明了清代乃是恢复了汉唐时期的经学传统，所以，他的分期虽然说的是经学历史，其实就是清代的儒学史。他将整个清朝的经学和儒学体系分为三种形态：汉宋兼采之学、汉学和西汉今文经学，这种分法基本符合清代的顺延年代，清前期所说的汉宋兼采也包括了宋学，清中期则主要是汉学，嘉、道之后为今文经学。

一、以崇儒重道为国策

以中国固有之传统，讲究华夷之大防，清军入关被视为异族统治。清军入关后，致使满汉矛盾空前激化，朝廷为了缓和满汉矛盾，推行了汉化政策。顺治元年（1644），清政府重开科举，同时下诏："各省府州县儒学食廪生员，仍准廪给，增、附生员仍准在学肄业，俱照例优免。"（《清文献通考》）可见其承袭明制，举行乡试、会试，继续设立国学和府州县学，学校和书院讲授的内容仍然以儒家经典为主。

顺治九年（1652），清世祖亲政后的两个月，就遣官赴孔子故里阙里祭祀孔子，同年九月亲率大臣到太学举行"临雍释奠"大典，世祖亲行两跪六叩礼，同时晓谕太学师生："圣人之道，如日中天，上赖之以致治，下习之以事君。尔等务尽心教训诸生,诸生亦当祗承师训,力体诸身。教成为师训之功,学成乃弟子之职。"(《世祖实录》)同时皇帝在午门前赐衍圣公、五经博士等学官袍帽,赐每名监生银一两、吏典每名银四钱。

转年皇帝又颁谕礼部:"国家崇儒重道,各地方设立学宫,令士子读书,各治一经,选为生员。岁试、科试,入学肄业。朝廷复其身,有司接以礼,培养教化。贡明经、举孝廉,成进士,何其重也。"由此而将崇儒重道视为国策。顺治帝明确称:"朕惟帝王敷治,文教是先,臣子致君,经术为本。"(《世祖实录》)

玄烨亲政后,继续执行崇儒国策。《圣祖实录》载:"上幸太学。前期一日,于宫中致斋。是日,上具礼服,乘辇,王、贝勒、贝子、公随行,陪祀文武各官先诣文庙丹墀下序立,上至太学棂星门外,降辇,由大成中门步进先师位前,行二跪六叩头礼,亲释奠。毕,驾幸彝伦堂,赐讲官坐,满汉祭酒以次讲《易经》,司业讲《书经》,四品以下翰林官及五经博士、各执事官、学官、监生序立听讲毕,宣制:'圣人之道,如日中天,讲究服膺,用资治理,尔师生其勉之。'宣毕,上还宫。"

康熙十七年(1678)正月,朝廷开博学鸿儒科,颁谕:"我朝定鼎以来,崇儒重道,培养人才,四海之广,岂无奇才硕彦,学问渊通,文藻瑰丽,可以追踪前哲者。凡有学行兼优,文词卓越之人,不论已仕未仕,在京三品以上及科道官员,在外督抚布按,各举所知,朕将亲试录用。"(《圣祖实录》)次年三月,康熙帝"亲试内外诸臣荐举博学鸿儒一百四十三人于体仁阁,赐宴。"最后取中一等二十名,二等三十名,根据每人的不同情形,分别授予侍读、侍讲、编修等官职,虽然也有一些明遗民拒绝参加此试,但是这个举措在社会上还是引起了很大反响。陈康祺在《郎潜纪闻》中说:"康熙丁巳、戊戌间,入赘得官者甚重,继复博学鸿儒,于是隐逸之士亦争趋辇毂,惟恐不与。"这种措施使得大多数知识分子认可了满族统治的合法性。

康熙二十三年(1684),玄烨首次南巡,回程途中到曲阜大成殿举行三跪九叩大礼,亲书"万世师表"悬于大成殿,御制祝文中写道:"仰惟先师,德侔元化,圣集大成。开万世之文明,树百王之仪范。永言光烈,罔不钦崇。朕丕御鸿图,缅怀至道。宪章往哲,矩镬前模。夕惕朝乾,覃精思于六籍;居今稽古,期雅化于万方。"

康熙帝还前往孔府诗礼堂,衍圣公孔毓圻率子孙行礼,监生孔尚任进讲

第十章 清初儒学:继承与反思

《大学》首章，皇帝命大学士王熙宣谕孔毓圻等："至圣之道，与日月并行，与天地同运，万世帝王咸所师法，下逮公卿士庶，罔不率由。尔等远承圣泽，世守家传，务期型仁讲义，履中蹈和。"为了表达自己尊孔之意超越历代帝王，康熙帝宣布："历代帝王致祭阙里，或留金银器皿。朕今亲诣行礼，务极尊崇至圣，异于前代，所有曲柄黄盖留供庙庭，四时飨祀陈之，以示朕尊圣之意。"（《圣祖实录》）

康熙此举在社会上引起很大反响，所题"万世师表"匾悬挂于全国各地的孔庙大成殿正中，致使此语成为孔子的代名词。康熙在尊孔的同时崇尚理学，认为"自汉以来，儒者世出，将圣人经书多般讲解，愈解而愈难解矣。至宋时，朱子辈注四书、五经，发出一定不易之理，故便于后人。朱子辈有功于圣人经书者可谓大矣！"玄烨说自汉朝以后，儒者著述数量极多，解经越来越烦琐，到宋代时朱子出，他定下的四书五经对后人学习十分便利，所以他认为朱子弘扬和传承儒学之功甚大，自称"读书五十载，只认得朱子一生居心行事"，觉得朱熹是"集大成而绪千百年绝传之学，开愚蒙而立亿万世一定之规"。（《圣祖仁皇帝御制文集四集》）

为此，他在康熙四十年（1701）下令臣属编纂朱熹论学精义，是为《朱子全书》。玄烨在为此书所作的御制序中夸赞朱熹："文章言谈之中，全是天地之正气、宇宙之大道。朕读其书，察其理，非此不能知天人相与之奥，非此不能治万邦于衽席，非此不能仁心仁政施于天下，非此不能内外为一家。"还亲书"学达性天"匾额，悬挂在朱熹所创的武夷精舍内。

玄烨为何给予朱熹如此高的评价呢，他的解释是："惟宋儒朱子注释群经，阐发道理，凡所著作及编纂之书，皆明白精确，归于大中至正，经今五百余年，学者毫无疵议。朕以为，孔孟之后有裨斯文者，朱子之功最为弘巨。"随后颁谕，提高朱熹从祀孔庙的地位，由东庑先贤之列升至大成殿，成为十哲之一。

自此之后，雍正、乾隆各朝都尊奉康熙帝定下的尊朱之举，直至乾隆中期，这个观念才逐渐消解，但是崇儒重道一直延续到了清末。

二、心学余波

1. 夏峰学派之孙奇逢：少守程朱，长喜陆王

孙奇逢，字启泰，号钟元，河北容城人，晚年讲学于辉县夏峰村，世称夏峰先生。明亡后，清廷屡召不仕，主要著作有《理学宗传》《圣学录》《北学编》《洛学编》《四书近指》《读易大旨》《书经近指》等，与黄宗羲、李颙并称"清初三大儒"。

孙奇逢七岁开始读书，一生无功名，父母去世后，他到北京游学，于此跟随鹿伯顺研习王阳明的《传习录》，自此笃信王学。孙奇逢的学术观以心学为主，汤斌在《征君孙钟元先生墓志铭》中称："夏峰今之河东、姚江也。"汤斌把孙奇逢视为清代的薛瑄和王阳明，《清史稿》说他："奇逢之学，原本象山、阳明。"但是孙奇逢并不只是谨守清学，汪学群在其所著的《中国儒学史·清代卷》中称："清代儒学承明代而来，晚明儒学以王学为主，入清以后的一段时间，王学仍领袖坛坫，如孙奇逢、黄宗羲、李颙等都是王门重镇，不过他们已经与明代王门后学不同，对王守仁及王学不是一味地恭维，而是反思批评王学末流的流弊，吸取王学的精华，也借鉴朱熹，大体走会合朱熹、王守仁之路。"

孙奇逢尊王而不排朱，源于他年轻时的经历。他在《寄张蓬轩》中自称："某幼而读书，谨守程朱之训，然于陆王亦甚喜之。"可见他在年轻的时候就是理学与心学并修，至其晚年方主攻心学，即使如此，他仍然在试图调和程朱与陆王两派。

在心学体系中，孙奇逢最为推崇王阳明，他在《理学宗传》的序言中称："尧舜而上乾之元也，尧舜而下其亨也；洙泗邹鲁其利也，濂洛关闽其贞也。分而言之，上古则羲皇其元，尧舜其亨，禹汤其利，文武周公其贞乎？中古之统，元其仲尼，亨其颜曾，利其子思，贞其孟子乎？近古之统，元其周子，亨其程张，利其朱子，孰为今日之贞乎？明洪、永表章宋哲，纳天下人士于理。熙、宣、成、宏之世，风俗笃醇，其时有学有师、有传有习，即博即约，即知即行，盖仲尼殁，至是且二千年，由濂洛而来且五百有余岁矣，则姚江岂非紫阳之贞乎？余谓元公接孔子生知之统，而孟子自负为见知，静言思之，接周子之统者，非姚江其谁与归？程朱固元公之见知也，

罗文恭、顾端文意有所属矣。"

孙奇逢将儒家学统以元、亨、利、贞来排列，此种排列方式本自元代的吴澄，他将这种方式照搬了过来。但是吴澄在排列时将近古的"贞"空了下来，显然是在表示自己要站在这个位置上，也许是孙奇逢认为吴澄在儒学史上的地位没有这么高，所以将近古之"贞"替换成了王阳明。孙奇逢说，王阳明当仁不让地接续了周敦颐的道统，同时讲述了从羲皇尧舜以来一直到周敦颐的历代大儒之传承。孙奇逢在《理学宗传》中讲到了他重视道统的原因："学之有宗，犹国之有统，家之有系也。系之宗有大有小，国之统有正有闰，而学之宗有天有心。今欲稽国之运数，当必分正统焉；溯家之本原，当先定大宗焉；论学之宗传，而不本诸天者，其非善学者也。"

在格物致知问题上，孙奇逢既接受朱熹的观念，也接受王阳明的观念，并试图将二者调和为一个整体概念，他在《答常二河》的信中先讲到王阳明恢复古本《大学》，由此而产生争讼的问题，而后说到了自己的看法："今就格物而论，朱子谓穷理，阳明谓为善去恶是格物。某尝思之：朱子谓'理有未明，则知有未尽'，若偏以穷理属知也；又曰'凡物必有当然之则，而自不容己。所谓理也，外而至于人，则人之理不异于己；远而至于物，则物之理不异于人。'由此言之，亦是求理于心，非就事物而求其理也，岂如后人向一草一木而求其理乎？阳明谓：'格，正也。物之得其正，而理始极其明。如事父不成，向父上寻个事的道理，只尽吾心之孝。'此固是求理于心。然欲为善去恶，舍穷理又何由辨乎？穷理正为善去恶功夫。"

孙奇逢分别讲述了朱熹和王阳明的格物观，他认为朱熹的格物讲的是穷理，王阳明的格物讲的是为善去恶，朱熹的穷理偏重于知识的积累，孙奇逢引用了朱熹的两段话，来说明物之理等同于人之理，因此朱熹所讲的格物穷理，实际上等同于人的格物穷理。他以此想说明，朱熹的格物说不是后人理解的从一草一木中去求理，其实朱熹也求人心之理。站在心学家的立场来说，他们大多认为朱熹的格物是外求，王阳明的格物是内求，孙奇逢讲这番话的目的，就是想说明无论朱熹还是王阳明，其实都是求理于心。其实孙奇逢是站在王学的立场上，修正了朱熹所说格物的本意，以此想说明朱熹与王阳明的格物观，不是人们认为的有那么大的差异。

对于朱陆之间的分歧，孙奇逢也想予以调和，他对弟子说："门宗分裂，使人知反而求之事物之际，晦翁之功也。然晦翁殁，而天下之实病不可不泄。词章繁兴，使人知反而求之心性之中，阳明之功也。然阳明殁，而天下

之虚病不可不补。"(汤斌《征君孙先生年谱》)

孙奇逢认为,朱熹的学问太实,如果读太多的书,会蒙蔽人的心性,阳明的学问则容易让人患上虚病,所以需要以实来补虚。对于朱学和陆学两派相互间的攻击问题,孙奇逢说:"朱之意,教人先博览,而后归之约;陆之意,欲先发明人之本心,而后使之博览。朱以陆之教人为太简,遂若偏于道问学。陆以朱之教人为支离,遂若偏于尊德性。究而言之,博后约,道问学,正所以尊德性也。约后博,尊德性,自不离道问学也,总求其弗畔而已。"(《夏峰先生集·答陆文安》)

以孙奇逢的理解,朱熹先教人博览,但最终目的还是要由博返约,而陆九渊之意,乃是先发明人的本心,然后再使之博览。朱熹认为陆九渊的教人方式太过简单,所以坚持自己的道问学观念,陆九渊则认为朱熹教人的方式,会使得学子知识杂乱,所以坚持自己的尊德性观。在孙奇逢看来,无论是朱,还是陆,在本质上没有区别,故而他说:"陆从尊德性入,朱从道问学入,此其所以异也。然尊德性岂能离得道问学?道问学亦不能离得尊德性,总皆圣人之事也,此其所以同也。"(《夏峰先生集补遗·答问》)

尽管努力调和,但孙奇逢的学术底色仍然是王学,他始终赞赏王阳明的"知行合一"观,其弟子汤斌等所作的《孙夏峰先生年谱》中说:"先生初守程朱甚笃,鹿先生讲次,每举姚江语,先生因读《传习录》'知行合一',跃然有得,自是寝食其中焉。"

陆王心学最重理气关系,孙奇逢的理气观接受于刘宗周,他在《日谱》中称:"迹刘念台云:'理即是气之理,断然不在气先,不在气外。知此,则知道心即人心之本心,义理之性亦即气质之本性。'一切纷纭之说可以尽扫矣。"他认为理、气不可分离,两者是完整的一体,但也不能把它们说成是一回事:"问:'理与气,是一是二?'曰:'混沌之初,一气而已。其主宰处为理,其运旋处为气。指为二不可,混为一不可。'"(《明儒学案》)

关于理和心的关系,孙奇逢认为,理出于心:"欲观天地,观之于万物而已,万物所以成天成地也;欲观万物,观之于我而已,我备万物也。人只因不识我,遂不识天地,不识万物。"(《语录》)

孙奇逢在理学史上最大的贡献是写出了《理学宗传》,该书收录了一百六十三位儒学大家,上起西汉,下迄明末,为了撰写此书,其耗时三十余年。该书是继朱熹《伊洛渊源录》之后,和黄宗羲《明儒学案》之前,一部最好的理学史。

2. 南雷学派之黄宗羲：尊王与读经研史

黄宗羲，字太冲，号南雷，晚号梨洲老人，浙江余姚人，其父黄尊素是东林名士，天启年间官至御史，因得罪魏忠贤，冤死狱中。明思宗继位后，惩治阉党，十九岁的黄宗羲入京讼冤，以铁锥复仇，南归后拜刘宗周为师。

刘宗周是王学后人，故黄宗羲的主体观念为心学一路，但其晚年有所转变，强调"读书不多，无以证斯理之变化，多而不求于心，则为俗学"。（全祖望《梨洲先生神道碑》）可见他在尊德性的观念下，仍然强调道问学，所以他说："学者必先穷经。然拘执经术，不适于用，欲免迂儒，必兼读史。"（《清史列传》）黄宗羲不但有此提倡，且身体力行，全祖望在《神道碑》中称他："以濂洛之统，综会诸家。横渠之礼教，康节之数学，东莱之文献，艮斋、止斋之经制，水心之文章，莫不旁推交通，连珠合璧，自来儒林所未有也。"

黄宗羲在经学、史学、天文历算等多个方面都有深入研究，著有《明儒学案》《宋元学案》《明夷待访录》《孟子师说》等十几部专著，以经史之学与经世致用相结合，且在儒学史上有着重要影响，被誉为一代宗师。

在理气关系上，黄宗羲主张气本论，反对朱熹的理本论。朱熹认为，"理"是"气"的本体，由此把它们视为两物，黄宗羲站在心学立场上，赞同陆王对"心"的诠释，严守师说。因为刘宗周在宇宙论上坚持气论，黄宗羲将刘宗周的宇宙论上的"气"拿到本体论上来说，将"理"看作"气"的性之良能，后来黄宗羲对这种看法又有所转变，由气本论转向了心本论，其在《明儒学案》的序言中表达了这种观点："盈天地皆心也，变化不测，不能不万殊。心无本体，工夫所至，即其本体，故穷理者，穷此心之万殊，非穷万物之万殊也。"

这篇序出自《明儒学案》二老阁本，此序为他口授，后来他又重新写了一篇序言，在表述上略有不同："盈天地间皆心也，人与天地万物为一体，故穷天地万物之理，即在吾心之中。后之学者，错会前贤之意，以为此理悬空于天地万物之间，吾从而穷之，不几于义外乎？此处一差，则万殊不能归一。夫苟功夫著到，不离此心，则万殊总为一致。"有学者认为，黄宗羲的原序与后序表达了不同观点，原序表达的是"工夫本体论"，后一篇表达的则是"心本论"，但学界对此有不同争论。

在人性问题上，程朱将其分为天地之性与气质之性，认为天地之性是至善的，气质之性有清有浊，清浊之气与天理结合，就导致了有善有恶。黄宗羲不同意这种说法，他根据刘宗周的观念，认为只有气质之性，没有天地之性，因为这种两分法就导致了理气为二，黄宗羲坚持理气合一，理不离气，理只是气之理，因此性也只是气质之性，以此来说明不存在天地之性。

站在这个立场上，黄宗羲批评朱熹："朱子虽言心统性情，毕竟以未发属之性，已发属之心，即以言心性者言理气，故理气不能合一。"（《明儒学案》）黄宗羲认为，朱熹的这种说法导致理气分离，所以他坚持一元论，从开始的气一元论，转到了后来的理气相混一元论，因为他将善恶都归在气上。"气之流行，不能无过不及，故人之所禀，不能无偏。气质虽偏，而中正者未尝不在也。犹天之寒暑，虽过不及，而盈虚消息，卒归于太和。以此证气质之善，无待于变化。"（《明儒学案》）

黄宗羲同样是用"气"来解释善恶，但是他反对理气分离，这使他的一元论产生了矛盾。他始终坚持气一本论，认为"气则合下只有一气，相生而后有阴阳，亦非合下便有阴阳也"。（《答忍庵宗兄书》）气相生，有了阴阳，但阴阳也是一气，他以此来强调宇宙间除了"气"别无他物。他在《太极图讲义》中说："通天地，亘古今，无非一气而已。"对于气与太极的关系，他接着讲道："气本一也，而有往来、阖辟、升降之殊，则分之为动静。有动静，则不得不分之为阴阳。然此阴阳之动静也，千条万绪，纷纭胶轕，而卒不克乱，万古此寒暑也，万古此生长收藏也，莫知其所以然而然，是即所谓理也，所谓太极也。以其不紊而言，则谓之理；以其极至而言，则谓之太极。"

因为尊王之故，黄宗羲很少批评王阳明。比如有名的天泉证道，王阳明说出了"四句教"，钱德洪对此持"四有说"，王畿则持"四无说"，两人的观点不同，却都得到了王阳明的肯定，为此还引起后世争论，争论的焦点为"无善无恶心之体"。后世将此句解释为"无善无恶论"，而黄宗羲否认王阳明持有此论："其实无善无恶者，无善念恶念耳，非谓性无善无恶也。下句意之有善有恶，亦是有善念有恶念耳。"（《明儒学案·姚江学案》）

黄宗羲认为，后世误解王阳明此句，主要是因为王畿解读之误造成的，为此他批评王畿"而于儒者之矩矱，未免有出入矣"，但是王畿在弘扬阳明思想上功劳很大，故而又夸赞王畿说："然先生亲承阳明末命，其微言往往而在。象山之后不能无慈湖，文成之后不能无龙溪。以为学术之盛衰因之，慈湖决象山之澜，而先生疏河导源，于文成之学，固多所发明也。"（《明儒学案》）

第十章　清初儒学：继承与反思　469

  黄宗羲重视学术与事功的关系，认为："言心学者，则无事乎读书穷理；言理学者，其所读之书不过经生章句，其所穷之理不过字义之从违。"（《留别海昌同学序》）为此他强调学以致用："道无定体，学贵适用。奈何今之人执一以为道，使学道与事功判为二途。事功而不出于道，则机智用事而流于伪，道不能达于事功，论其学则有，适于用则无，将一身之行为则似是，救国家之急唯则非也，岂真儒哉！"（《姜定庵先生小传》）

  黄宗羲认为，物质生活与礼仪有密切关系，道德来源于人们的物质生活需要，为此他提出了"富民"思想，认为明代灭亡的原因之一是"夺田"和"暴税"，所以他提倡"授田以养民"，同时采取合适的税赋政策。黄宗羲不同于一般的俗儒，他重视工商业的作用，"世儒不察，以工商为末，妄议抑之。夫工固圣王之所欲来，商又使其愿出于途者，盖皆本也"。（《明夷待访录》）

  黄宗羲的民本思想表现在多个方面，首先是他对君主专制的批判，他在《原君》中强调："古者以天下为主，君为客，凡君之所毕世而经营者，为天下也。"因此"天下之人爱戴其君，比之如父，拟之如天，诚不为过也。"但若反之不是这样，则"天下之人怨恶其君，视之如寇仇，名之为独夫，固其所也"。正是这种局面，令黄宗羲喊出了"为天下之大害者，君而已矣"。

  黄宗羲编纂的《明儒学案》对后世影响极大，该书乃是一部完整的明代理学史，为何要编纂这样一部书呢？他在本书的《发凡》中解释称："尝谓有明文章事功，皆不及前代，独于理学，前代之所不及也。"为什么给出这样的评价呢，黄宗羲接着说到了明儒的贡献："牛毛茧丝，无不辨晰，真能发先儒之所未发。程、朱之辟释氏，其说虽繁，总是只在迹上，其弥近理而乱真者，终是指他不出。明儒于毫厘之际，使无遁影。陶石篑亦曰：'若以见解论，当代诸公，尽有高过者。'与羲言不期而合。"

  在黄宗羲看来，宋代的程朱之学虽然也很有贡献，但他们的贡献主要是在面上，其言外之意，明儒的贡献更多的是在心里。对于明代理学的发展脉络，黄宗羲认为，陈白沙开其端，至王阳明方得大明，因此，《明儒学案》重点所记在于心学史，更进一步地说，可谓是阳明学史。

  正因如此，后儒对黄宗羲的门户之见有些异议。全祖望在《答诸生问南雷学术帖子》中称："惟是先生之不免余议者则有二：其一，则党人之习气未尽，盖少年即入社会，门户之见深入而不可猝去，便非无我之学；其一，则文人之习气未尽，不免以正谊明道之余技，犹留连于枝叶，亦其病也。"

在全祖望看来，黄宗羲首先有党人习气，这一点黄宗羲本人也承认，黄晚年在《自题》中称："初锢之为党人，继指之为游侠，终厕之于儒林。其为人也，盖三复而至今。"

全祖望指出他的第二个瑕疵，则是有文人习气。梁启超颇为赞赏全祖望给出的这两句评语："这段话把梨洲的短处，也说得公平。总之梨洲纯是一位过渡人物。"可见梁启超把黄宗羲视为明末清初学术史上的过渡人物，但梁又认为黄是"清代王学唯一之大师"。（《中国近三百年学术史》）

对于黄宗羲的学术脉络及学术贡献，江藩在《汉学师承记》中给出的评价是："宗羲之学出于蕺山，虽姚江之派，然以慎独为宗，实践为主，不恣言心性，堕入禅门，乃姚江之诤子也。又以南宋以后讲学家空谈性命，不论训诂，教学者说经则宗汉儒，立身则宗宋学。"

3. 二曲学派之李颙：调停朱王，明体适用

李颙，字中孚，号二曲，陕西盩厔人。对于他的学术面目，梁启超在《中国近三百年学术史》中称："夏峰、二曲，都是极结实的王学家。他们倔强坚苦的人格，正孔子所谓'北方之强'。他们的创造力虽不及梨洲、亭林，却给当时学风以一种严肃的鞭辟。说他们是王学后劲，可以当之无愧。"李颙与孙奇逢、黄宗羲并称为清初三大儒。

李颙很小就对一些理学观念提出疑问，《二曲集·历年纪略》载："先生家世甚微，贫不能早学，九岁始入小学，从师发蒙，读《三字经》，私问学长云：'性既本善，如何又说相近？'学长无以答。"十六岁矢志于学，因家境贫寒无法延师，全靠自学，当他读到周、程、张、朱的言论时，感慨说："此吾儒正宗，学而不如此，非夫也。"

李颙年轻时读书泛览各家，后来醒悟，认为这种读法缺乏重点，顺治十四年（1657）时开始转入内在体悟的修学方式。《历年纪略》载："夏秋之交，患病静摄，深有感于'默坐澄心'之说，于是一味切己自反，以心观心。久之，觉灵机天趣，流盎满前，彻首彻尾，本自光明。……自是屏去一切，时时返观默识，涵养本源。间阅濂、洛、关、闽及河、会、姚、泾论学要语，聊以印心。"

由此可见李颙既修心，又学习程朱语要，走的是兼顾心学与理学之路。之所以会这样，是因为他看到了程朱和陆王两家后学相互攻忓，他认为其实不必如此，应当吸收两家之长，将有价值的观念集于己身，《二曲集·靖江

语要》载其所言:"今且不必论异同与朱陆,须先论异同于自己,试反己自勘,平日起心动念,及所言所行与所读书中之言同耶,异耶?同则便是学问路上人,尊朱抑陆亦可,取陆舍朱亦可;异则尊朱抑陆不是,取陆舍朱亦不是。只管自己,莫管别人。"

李颙无门户之见,源于他对心学、理学各家的利与弊都能认清,比如有人问他:"'致良知'三字,泄千载不传之秘,然终不免诸儒纷纷之议,何也?"李颙的回答是:"此其故有二:一则文字知见,义袭于外,原不曾鞭辟入里,真参实悟;一则自逞意见,立异好高,标榜门户,求伸己说。二者之谬,其蔽则均。若真正实做工夫的人,则不如是。"(《靖江语要》)

李颙认可王阳明的"致良知"观。曾经有人问他:"阳明良知之说何如?"他明确地回答说:"此千载绝学也。"但他同时也意识到了王门后学的弊端所在,张敦庵曾给他去信说:"阳明之学,天资高朗者易得力;晦庵之学,资性钝驽者易持循。"他对这种总评之语表示认可。

李颙对于朱学末流之弊也有认识,他《答张敦庵》中说:"晦庵教不躐等,固深得洙泗家法,而其末流之弊,高者徇迹执象,比拟摹仿,畔援歆羡之私,已不胜其憧憧;卑者桎梏于文义,纠画于句读,疲精役虑,茫昧一生而已。"

李颙认为,朱子的教学方式"循循有序,恪守洙泗家法",这种平实的教学方式适合于初学者,阳明的心学观则适合于悟性很高的人,所以不能有门户之见,而应当会通朱王之学。为此他提出:"必也以致良知明本体,以主敬穷理、存养省察为工夫,由一念之微致慎,从视听言动加修,庶内外兼尽,姚江、考亭之旨,不至偏废,下学上达,一以贯之矣。故学问两相资则两相成,两相辟则两相病。"(《富平答问》)

之所以能有这样客观的认识,源于他看到了理学流弊。朱、陆两家本持的"尊德性"与"道问学"开辟了理学与心学之争,到明末清初时,这种争论仍未停息,李颙的弟子王心敬在《二曲集·序》中谈到了当时的学界状况:"圣学至明季而大明,实至明季而大晦。盖自门户之弊兴,重悟者鲜实修,重修者罕实悟;鲜实修者或至以力行为徇迹,罕实悟者或至以真知为骛空。"王心敬还谈到了东林学派试图折中朱、陆两家,但未能成功,以至于"一门之内,自寻矛盾,洪水猛兽之祸,不烈于是矣。其弊始于倡教者矫枉之过直,而其后遂中于人心世道而不可卒解"。

虽然有这样的会通思想,但李颙在学有所本问题上依然是偏重于陆王,他继承了孟子的"性善论"以及王阳明的"无善无恶论"。对于阳明的此论，后世多持批判态度，比如王塘南说："心意之物，皆无善无恶。使学者以虚见为实悟，必依凭此语，如服鸩毒，未有不杀人者。"（《端文顾泾阳先生宪成》）但李颙对"无善无恶"另有看法："性本冲漠无朕，不可以善言，凡言善者，皆就其继之者而名也。若论无声无臭之本，善犹不可以强名，况恶乎？故无善之善，乃为至善。'有意为善，虽善亦私'，此阳明立言之本意也。"（《靖江语要》）

对于王阳明所说的"无善无恶心之体"，很多反对者都认为这是近禅的证据，但李颙为其辩解，说持这种态度的人只是落于文字之见，而没有洞悉阳明立言的本意。所谓阳明本意，李颙的理解是："人生本原"是"无声无臭，廓然无对"的，不仅仅"欲"是"念起"所生，就连"理"也是"念起"所生，于是"人生本原"就超越了理欲、超越了善恶，这就是"无善无恶"。

因为李颙替阳明辩护，所以梁启超将他视为"王学后劲"。但是，李颙同样也反对空谈心性，在道德修养方面吸取程朱理学的"主敬"之长，讲究笃实工夫，为此钱穆评价他说："二曲论学虽主陆王，然亦兼取程朱，遂为清初关学大师。"（钱穆《中国近三百年学术史》）

总的来说，李颙还是讲心性，尤其强调修心，他以患者治病为例来说明每个人都可能得病，如何能知道自己患病，办法就是要不断地自我检查，然后通过自我克制来根除病症。其认为："圣贤千言万语，无非欲人不失其赤子之心；吾人千讲万讲，亦无非求不失赤子之心。故必屏缘息虑，一切放下，内不牵于情感，外不纷于物诱。泯知见，忘人我，令胸中空空洞洞，了无一尘，良知良能一如赤子有生之初，返本还原，才算造诣。"（《二曲集》）

4. 穆堂学派之李绂：总结陆学

吴枫、宋一夫主编的《中华儒学通典》称穆堂学派的创始人是李绂："此学派因其号而名。"谈到该派宗旨时，此书称："此派学宗陆象山，并力申王守仁致良知之说。"

李绂，字巨来，号穆堂，又号小山，江西临川人。梁启超在《中国近三百年学术史》中评价他时说："清代理学家，陆王学派还有人物，程朱学派绝无人物。李穆堂却算是陆王派之最后一人了。"

在陆王学方面，李绂无师承，他在康熙四十八年（1709）考中进士，座师为李光地。后来李绂的门人鲁曾煜在《穆堂先生别集序》中称："本朝大儒，吾得一人焉，曰李文贞公，是古之学，非今之学也。文贞之门，吾又得一人焉，曰吾师穆堂先生，是古之学，非今之学也。"鲁曾煜认为，李光地与李绂是当时的两位大儒。

对于李绂的学术主旨，全祖望在《阁学临川李公神道碑铭》中称："尝谓公之生平，尽得江西诸先正之裘，治经术则文达、文安，经术则盱江，博物则道原、原父，好贤下士则充公，文章高处逼南丰，下亦不失为道园，而尧舜君民之志不下荆公，刚肠劲气大类杨文节，所谓大而非夸者。吾言是也。"全祖望举出十位江西籍宋代历史名人，分别是陆九龄、陆九渊、李觏、刘恕、刘敞、欧阳修、曾巩、虞集、王安石、杨万里，这些人中既有理学家，也有文章家，在全祖望看来，李绂集此十大家之长。这种评价恰好符合李绂既重文章又重道学的特点，他曾在《榕村文集目录序》中评价李光地："文与道无二也，孔子畏于匡，以斯文自任，斯文也，即斯道也。"又称："文必衷于道。"这些都表明了李绂文以辅道的思想。

钱穆在《中国近三百年学术史》中总结了李绂在王学上的贡献："穆堂为人之俊伟，以博闻强记之学为陆王本心良知作发明，以考史论世为心性义理作裁判，学术、经济、文章冶于一炉，其在当时，虽意有所激，语有所偏，然磊落俊伟，光明简切，以有清一代陆王学者第一重镇推之，当无愧矣。"

李绂最为推崇王阳明既讲内圣又重外王的学术价值观，其在《朱子晚年全论》中称："自汉以来，惟诸葛武侯始著儒者之效，唐韩子、宋欧阳子用之不尽，濂溪、明道十未用一，象山亦然。其余则虽欲用之，未必有用，直至有明王文成公，始大著儒者之效，一洗腐儒之耻。"

出于对陆王的尊崇，李绂颇为贬斥朱子。宁宗初立时朱子以焕章阁待制，曾写下万言书，来痛斥奸邪蔽主之祸，后受弟子劝谏，以筮决之，得《遯》卦之"同人"，于是朱熹将谏稿焚毁，并自号"遯翁"。在李绂看来，朱熹此举乃是畏避权贵，同时他夸赞陆子一派能够不顾个人安危，冒死进谏，为此得罪韩侂胄，或被贬，或被谪。

出于这样的原因，李绂写出了《陆子学谱》，而他撰写此书，一者是因为陆象山为其同乡，二者也是出于他对陆王心学的偏爱。李绂对此书颇为看重，他在给友人的信中谈到该书时称要将此书藏诸名山，传之其人，俨然将该书看成司马迁之《史记》。

李绂撰写《陆子学谱》的重要目的，是确定陆九渊在道学史上的正统地位。他在该书中作出如下对比："孔门弟子三千，身通六艺者七十二人。见于《史记·列传》者，多五人而已。陆子倡道南宋，弟子亦以数千计。今考其姓名，卓然见于史册地志者，亦七十余人，其论议姓字，见于《陆子文集》，而门阀官阶无可考者，尚不下百人。"孔子有三千弟子，身通六艺者七十二人，李绂认为陆九渊也是这样，其伟大不在孔子之下。

朱陆之争早在宋代就已是一大公案，李绂抬高陆九渊的同时，当然要批评朱熹。当年王阳明撰《朱子晚年定论》，其主体概念就是朱陆两家早年观点相异，晚年相同，王阳明的意思是说，王门心学与程朱理学本是同源。但此书受到了程朱派后学的批评，到清初时孙承泽撰《考正朱子晚年定论》，批评了王阳明借朱子之言来攻击朱子，文中对陆学派多有回击，李绂在《学蔀通辨》中称："孙北海承泽作《考正朱子晚年定论》，盖从未读陆子、阳明子之书，亦未尝细读朱子之书，徒欲抄窃世俗唾余以附于讲学者也。所载朱子之语止取其诋諆陆子之言，其论学之合于陆子者，则概不之及，其所辨年岁亦不甚确。"

在李绂看来，孙承泽并没有认真读陆九渊和王阳明的著作，只是为了攻击而攻击，同时他也承认王阳明所撰《朱子晚年定论》有考订未详之处，所以才给朱学后人留下把柄，为此李绂著《朱子晚年全论》，详细集录了朱熹晚年和门人、友人问学的资料，对于编纂此书的目的，他在此书序言中说："朱子与陆子之学，早年异同参半，中年异者少同者多，至晚年则符节之相合也。朱子论陆子之学，陆子论朱子之学，早年疑信参半，中年疑者少信者多，至晚年则冰炭之不相入也。"李绂的叙述基本上是王阳明观点的翻版，同时他也想证明，晚年的朱子认可了陆九渊的观点，这就是所说的"以朱入陆"。

他在此序中谈到了陆九渊的正统性："陆子之学，自始至终确守孔子'义利之辨'与孟子'求放心'之旨；而朱子早徘徊于佛、老中，钻研于章句，晚始求之一心。故早年、中年犹有异同，而晚则符节相合。……早年二君未相见，故学有异同而论有疑信；中年屡相见，故所学渐同而论亦渐合。"

南宋之后，朱学有很大发展，但陆学很快式微，李绂认为，这是明代取士以朱著为准的结果，同时也是程朱学派后人攻击陆九渊的结果，他在《答雷庶常阅〈传习录〉问目》中说："窃谓讲学之人，宗程朱者立意摘陆王之疵，宗陆王者立意摘程朱之疵，如此皆是动气否？"李绂这句话很公平地在讲朱陆两家互相指摘,在他看来:"讲学而立意摘人之疵,其意已不善,不得为讲学者矣。"

在这段话后,李绂开始为陆九渊辩护:"虽然,此当为宗朱子者言之,不必为宗陆王者言之也。群讲学者于此,求其摘朱子之疵者,千不得一也;求其不摘陆王之疵者,亦千不得一也。盖世止有摘陆王之疵者,未闻有摘朱子之疵者;非陆王之多疵而朱子独无疵也,势也。"

李绂说,程朱后学中有很多人来指摘陆学瑕疵,但陆学后人却少有去指摘朱子。朱陆之后,朱门盛而陆门衰,如何解释这种状况,李绂引用了孟子所言来说明君子之泽五世而斩,更何况孟子就是私淑孔子者,所以私淑也算正传,为此李绂在《陆子学谱》中特地作有《私淑》两卷,列出的第一位私淑者是元代大儒吴澄。

李绂将吴澄列为陆门传人,另有目的。明嘉靖朝发生了著名的"大礼议"事件,对此将从祀孔庙的先儒做了增减,当时谢铎在奏章中建议把吴澄从孔庙从祀中剔除,因为:"(吴澄)生长于淳祐,贡举于咸淳,受宋之恩者已如此之久;为国子司业,为翰林学士,历元之官者乃如彼其荣。处中国而居然夷狄,忘君亲而不耻仇雠,昔人谓其专务圣贤之学,卓然进退之际,不识圣贤之于进退果如是否乎?"

谢铎指责吴澄在宋朝参加贡举,受宋室之恩已久,入元后又在元朝做官,身为汉人而为夷狄之官,这属于忘却君恩,同时不以仕仇雠为耻,所以他认为吴澄没资格在孔庙从祀。但李绂却不认可谢铎的所言:"公之在宋也,虽膺乡荐,未沾一命,犹韦布士耳。身无文、谢之官,不得责以夷、齐之节。"(李绂《吴文正公从祀源流》)

李绂认为,吴澄虽然在宋朝考中了举人和进士,但并没有出外为官,所以他与宋廷无君臣之义,故而不必像文天祥、谢枋得那样,要为宋廷守伯夷、叔齐之节。同时他又称:"所谓内诸夏而外四裔者,谓居中抚外,不得不有亲疏远迩之殊。若既为中国之共主,即中国矣。舜,东夷之人;文王,西夷之人,得志行乎中国,不闻以此贬圣。元既抚有中国,践其土食其毛者,必推其从出之地,绌而外之,去将焉往?圣人素位岂如是哉?"(《吴文正公从祀源流》)

蒙古人建立的元政权已然为天下共主,这就如同舜为东夷人,文王为西夷人,却并不影响他们成为华夏民族共同尊奉的圣主,李绂以此说明吴澄仕元并不失节,他的夷夏观恰好替清朝统治中国的合法性提供了历史依据。

三、朱学的承继

1. 杨园学派之张履祥：明理适用

张履祥，字考夫，号念芝，浙江桐乡人，因其居住杨园村，学者以"杨园先生"称之。他是明清之际的程朱派理学家，方东树在《重编张杨园先生年谱序》中称："近代真儒，惟陆清献公及张杨园先生为得洛闽正传。"

张履祥祖父晦庵先生涉猎经史，为好学之士，其父张明俊为县学生员，以孝闻于乡。张履祥九岁丧父，由祖父抚养长大，故祖父对他影响较深，同时他也受到了母亲的教诲："人惟此志。孔子、孟子亦只孔、孟两家无父之子，惟有志向上，便做到大圣大贤。汝若不能读书继志，而父九原安得瞑目？"（《先考事略》）于是他刻苦读书。

崇祯十二年（1639）、十五年（1642），张履祥两赴杭州应乡试，皆落第。他在游览灵隐寺期间，结识了黄道周，黄劝他淡泊守志、勿图近名，张履祥感佩铭记。崇祯十七年（1644），在他三十四岁时，与友人钱字虎一同前往山阴拜谒刘宗周，成为刘门著籍弟子。这年冬天，他在《上山阴刘念台先生书》中讲述了自己拜师之前的求学经历，其中提及："己卯之秋，忽有悟于志气之义，以为志帅气则为君子，气胜志则为小人。繇是日用之间，每求志之所以帅气者。至庚辰，于阳明先生所言'良知'体之较切，气旋觉有退听处。又一年，偶有见于人品之有君子小人，与治术之有王霸，其辨只在诚伪，而于孟子所谓怵惕恻隐为诚，内交要誉恶声为伪。以是自省自考，唯恐其入于伪而不进于诚也。壬午，读《濂溪集》则求所谓'主静'之说，得之白沙之言：'动亦静，静亦静，无将迎，无内外。'心知其然，然亦未能亲切也。"

张履祥最初是从陆王学入手，起初读到的是王畿著作，之后又读到了周敦颐和陈献章的著作，只是二者的观念都未能贴合他的思想。在晚明时期，王学仍然是社会上的学术主流，这种状态使得朱学式微。《明史·儒林传》称："学术之分，则自陈献章、王守仁始。宗献章者曰江门之学，孤行独诣，其传不远。宗守仁者曰姚江之学，别立宗旨，显与朱子背驰，门徒遍天下，流传逾百年，其教大行，其弊滋甚。嘉、隆而后，笃信程、朱，不迁异说者，无复几人矣。"这种学术氛围使得很多读书人束书不观，只是空谈心性，背弃语录,且喜结社,互通心气,各立门户。

晚明时期东林党人抨击王学末流,张履祥反对这种风气,故不参与党争,只是跟三五同好互相问学。他认为学问必由师友而得,至于交哪些朋友,他在《初学备忘》中说:"凡与一人相接,不有益即有损,不可不慎。大约三种人宜近,然不可不择。贤士可以养德,明医可以养身,良农可以养生。若比匪人,则丧德;异端术士进,则丧身;嬉游无业之人处,则丧生。可为寒心也。"

张履祥认为交友一定要慎重,交得益友则能受益,交到损友就会伤害自己,而有三种人可以看作益友,分别是贤士、名医和良农,如果结交异端术士、无业游民则会产生丧德、丧身、丧生的恶果。

对于如何习得希圣希贤之学,张履祥认为首先要重视读书,但读书不是记诵,重点在于穷理:"读书岂是徒要识字记故事而已,只要讲明事物之理,而求以处之,大小各得其宜。是故《大学》之道,可以修身,可以齐家、治国、平天下也。故云'非学无以广才'。若事物不以经心,万卷何益?"(《初学备忘》)但是"经书从先儒发明,已极详尽"(《备忘二》),所以不需要再做什么发明,更多的是要去体悟。对于体悟方式,他认为:"学者工夫,能将圣贤经传准之日用动静,以考其合否,则庶乎不背于义理矣。"(《备忘三》)

在治学方式上,张履祥反对晚明学术风气之虚浮,强调实学:"为学最喜是实,最忌是浮。"对此他进一步解释称:"故敬曰'笃敬',信曰'笃信',行曰'笃行',好曰'笃好',无所往而不用是实也。其为人也厚而重,君子之徒也,本于一实。其为人也轻而薄,小人之徒也,本于一浮。"(《初学备忘》)

与"实"相对应的是"薄",所以张履祥说:"宁受人唤迂唤腐,必不可使人说得个薄字上;宁受人唤假唤矫,必不可使人说得个邪字上。"除了"薄"字,与之相近的概念还有"邪""傲""伪"等字,张履祥对此一一予以批判:"人一入声气,便长一'傲'字,便熟一'伪'字。百恶都从此起矣。"

张履祥的这些批判主要指向王学,他曾自称"尝为良知之学十年",因此对阳明心学的弊端颇为了解,他在研读《近思录》后,得出如下结论:"后读《近思录》以及程、朱诸书,渐觉二王之言,矜骄无实而舍之。及前后相见朋友之究心于释氏,与夫二三讲师其所称精微之指,多不能出于二王,可

知姚江之教，较之释氏，又所谓'弥近理而大乱真'也。先儒有言'学者当如淫声美色以远之'，诚哉至教也。"（《备忘一》）

张履祥点出阳明观念与释氏有相通处，同时认为王阳明的学问融入了道家观念："一部《传习录》，只'骄吝'二字可以蔽之。姚江自以才智过人，又于二氏有得，逞其长以覆其短，故一意排斥儒先。盖思《论语》曰：'如有周公之才之美，使骄且吝，其余不足观也已。'世以陆、王并称，实则不同。王较陆尤多欺己诳人之罪，其不能虚己逊志，则一而已。"（《备忘一》）

虽然张履祥认为王阳明才智过人，但是王的不可原谅处乃是以佛、道两家的观念来批判先儒，仅凭这一点张履祥就认为，虽然陆王并称，但王赶不上陆，因为晚明空疏学风都是阳明后学造成的。"今日邪说暴行之徒，莫非自托于'良知'之学，究其立身，寡廉耻，决名教，流祸已极。而有志于学问者曾之不察，方将主张其说，以鼓动学徒，招来群辈，断然自信而不疑，亦难乎其为豪杰之士矣。"（《答沈德孚·二》）

张履祥不遗余力地批判王学，他的确点到了王学末流的弊端，但同时他的另一个目的则是提高朱学的地位，在他看来，"朱子于天下古今事理无不精究而详说之，三代以下，群言淆乱，折中于朱子而可矣"。（《备忘一》）

自孔子之后，儒学观念有许多派别，在说法上有不少冲突，在张履祥看来，应当以朱子所言为准绳，在"理一分殊"观念上，他继承程朱思想，在治学方式上，他讲求朱子所提倡的渐进，反对王学的顿悟，因为"天道之大在阴阳，阴阳进退、消长，无不以渐进，故学问功夫必以渐进。好言顿者，非天地之理，故为异端功夫"。（《备忘三》）

因为张履祥不遗余力地批判王学推崇朱学，梁启超在《中国近三百年学术史》中称："杨园因为是清儒中辟王学的第一个人，后来朱学家极推尊他，认为道学正统。"同治十年（1871），张履祥获得从祀孔庙的荣誉。

2. 桴亭学派之陆世仪：躬行经世

陆世仪，字道威，号桴亭，江苏太仓人。陆世仪出生时，其祖父已去世，然祖父留下了许多书，对他颇有影响。他发现祖父最喜欢《性理大全》和《资治通鉴》，里面写满了批校，祖父精密的学风对其影响至深，陆世仪称："人一刻不进学，对草木亦皆可愧。"

明崇祯九年（1636），陆世仪二十六岁，与一些朋友共同研究经世之学，他不认可程朱理学的核心价值观"性即理"，认为这个"理"字只能作为一般道理来看待，因为人有性，物也有性，人有理，物也有理，然而在人之理上可以说"理即善"，因为人是善良的，但是物没有善良与否这一说。他的意思是想说明，"理"不等于"善"。

为此，陆世仪改变了宋儒将"义理"和"气质"一分为二之说，尽管他没有全面否定"义理之性"，但他认为"义理之性"已经在"气质之性"中。陆世仪说："天地之间，盖莫非气，而其所以然之故，则莫非理。"又称："理与气，在天则为天之命，在人则为人之性。"（《思辨录辑要》）

陆世仪认为，人之"性"又称本然之性，又可称义理之性，对于何为本然之性，他在《性善图说》中解释道："本然者，谓本是如此也。"

就整体理气观而言，陆世仪继承了程朱观点，在求知方法上，陆世仪继承了朱熹的格物致知说，他认为："格致只是辨天理人欲。天理人欲只是'是非'两字。是便是天理，非便是人欲。"（《思辨录辑要·格致篇》）

陆世仪赞同朱熹的格致说，其目的是批判王阳明的观点，他将朱、王二人的格致说进行了比较："朱注说格物只是'穷理'二字，阳明说格物便多端。今《传习录》所载，有以格其非心为说者，有仍朱子之旧者。至于致知，则增一'良'字，以为一贯之道尽在是矣。缘阳明把'致知'二字竟作'明明德'三字看，不知'明明德'工夫合格致诚正修俱在里面，致知只是明明德之一端，如何可混？且说个致良知虽是直截，终不赅括，不如穷理稳当。"（《思辨录》）

陆世仪认为，朱熹只把"格物"解释成穷理，王阳明的解释则为多端，同时在"致知"前又增加一"良"字，虽然"致良知"一词直截了当，但终不能概括所有观念，所以他认为王之所解不如朱之所解更稳当。为什么这么说呢？陆世仪解释道："天下事有可以不虑而知者，心性道德是也。有必待学而知者，名物度数是也。假如只天文一事，亦儒者所当知，然其星辰次舍，七政运行，必观书考图，然后明白，纯靠良知，致得去否？故穷理二字赅得致良知，致良知三字赅不得穷理。"（《思辨录》）

在日常生活中，还有许多具体的事物，如果只是谈性命，无补于事，这正是他批评王学末流的原因。那么陆世仪认为应当怎么格物呢？其称："凡事物到面前，只看外一层便是玩物丧志，能看里一层，便是格物致知。"（《思辨录》）

全祖望认为陆世仪治学的特点是"平正持实"（《桴亭陆先生传》）。陆世仪反对王阳明以知代行，同时认为"不知不足以为行"，他在《思辨录辑要·人道篇》中指出:"天下无数道理,总贯他全在知、行二字。若道理日在天下,我不能知,与我无与;既知矣,复不能行,亦与我无与知。"他认为,知与行涵盖了天下所有道理,同时强调要想达到圣人境界,必须以"敬"字为本。

至于何为"敬",陆世仪认为,每人有每人的具体做法。他将这些做法称为"入门工夫",并指孔子的入门工夫是"吾十有五志于学",颜子的是"博文约礼",曾子则为"日省",子思是"戒惧慎独",孟子则为"集义",周敦颐为"主静",王阳明为"致良知",等等。虽然入门工夫各不相同,但陆世仪觉得这些入门工夫"皆可以至于道"。

关于陆世仪在朱学史上的成就,钱穆在《中国学术思想史论丛》中将陆世仪与黄震、罗钦顺、顾炎武并提,认为这是朱学流衍传播中的四位重要人物。钱穆说,黄、顾"长于经史",罗、陆"邃于性理",但是能够将"理学、经济、明体达用、内圣外王"兼而有之的人物,则仅有陆世仪。以此说明了陆世仪在朱学传承史上的重要地位。同时陆世仪与陈瑚、盛敬、江士韶等人组织学社,并称为"太仓四君子",聚徒讲学,在社会上产生了较大的影响力。为此葛荣晋、王俊才合著的《陆世仪评传》中将这个团体称为"桴亭学派"。

3. 安溪学派之李光地：力促朝廷尊朱

何本方等主编的《中国古代生活辞典》中有"安溪学派"一条,词条的第一句是"清初李光地所代表的学派"。文中称李光地的学术观:"学守程朱又与之有别,其理学思想的最高范畴是'性',而非'理'或'心'。在性理关系上,认为性为之主,理为其流也,性为理之总名,万物散殊,无非完其性之固有,因而圣学以性为大。在性心关系上,主张性实心虚,性比心而为根本。把性分为天地之性,人性、物性,天地之性即天地之德,乃生物本体或太极,人性与物性,皆禀天地之性而生,人性得天地之正,物性得天地之偏,天地之性有元、亨、利、贞四德,人性乃得仁、礼、义、智,物性只得其中一端,其论格物致知,认为身心国家天下为物,修身、齐家、治国、平天下是事,格物致知的过程,即知性明善的过程。在知行观上,提出'立志''居敬'为知行之本,行不以知,则迷茫不知所措;知不以敬,则昏然无所归依;敬不以志,则难收取之效。"

李光地,字晋卿,号厚庵,别号榕村,福建泉州府安溪县人,清康熙朝名臣，康熙帝将朱子之学定为国学，与李光地等人的努力有重要关系。康熙十九年（1680），李光地向玄烨提出可以把"道统"和"治统"合二为一："自朱子而来，至我皇上，又五百年，应王者之期，躬圣贤之学……伏惟皇上承天之命，任斯道之统，以升于大猷。"（《进读书笔录及论说序记杂文序》）

李光地称，从朱熹到玄烨，之间相差了五百年，而五百年正是圣人出现的周期，所以，他认为玄烨当皇帝的同时又要当继承理学的圣人，认为玄烨就是理学道统中正统的传人。

可能李光地的这番言说，与玄烨在全国推行朱子理学观念有着一定的影响，因此徐世昌等编纂的《清儒学案》中称："安溪学博而精，以朱子为依归，而不拘门户之见。康熙朝儒学大兴，左右圣祖者，孝感、安溪，后先相继，皆恪奉程朱，而深究天人，研求经义性理，旁及历算、乐律、音韵。圣祖所契许而资赞助者，安溪为独多。"

这段话首先夸赞了李光地既博学又有深度，总体而言，他的观念属于朱子学派，但对朱子学之外的其他思想体系也有所涉猎。到了清康熙年间，儒学在朝中兴起，在玄烨身边起到重要作用的大臣，主要就是熊赐履和李光地，因为这两位都是信奉程朱理学者，而两人之中，尤其得到玄烨认可的则是李光地。

当然，玄烨本人在年幼之时就读过理学著作，到康熙朝中期时，他渐好西学，曾经命徐日升作翻译，由传教士白晋、张诚讲解《欧几里德原理》。康熙二十八年（1689），玄烨斥责李光地是"冒名道学"："古来道学如周、程、张、朱，何尝不能文。李光地等冒名道学，自谓通晓《易经》卦爻，而所作文字不堪殊甚，何以表率翰林？"（《康熙起居注》）

同时，玄烨认为李光地的观念属于王学："况许三礼、汤斌、李光地俱言王守仁道学，熊赐履惟宗朱熹，伊等学问不同。"（《康熙起居注》）此事给李光地以很大打击，他经过反省，将自己的学术方向做了调整，原本他兼学程朱与陆王，由此而专攻程朱。嗣后他的职位得到了迅速提升，在康熙四十四年（1705）由直隶巡抚升为大学士。

此后，李光地与玄烨时常探讨理学问题，从而使得玄烨迅速进入独尊朱子学阶段。在玄烨的授意下，李光地主持编纂了《御纂朱子大全》《性理精义》《周易折中》等书，玄烨在《性理精义》的御制序中自称："读书五十载，只认得朱子一生居心行事。"玄烨认为，朱熹编纂之书价值巨大，"惟宋儒朱子注释群经，阐发道理，凡所著作及编纂之书，皆明白精确，归于大中至正，经今五百余年，学者无敢疵议。朕以为孔、孟之后，有裨斯文者，朱子之功最为弘巨"（《圣祖实录》）。他将朱熹视为"集大成而绪千百年绝传之学，开愚蒙而立亿万世一定之规"的伟大人物。（《朱子全书序》）

朱子之学在清初能够达到这么高的地位，当然与李光地的努力有重要关系。关于李光地的学术体系，《清儒学案》中有这样的描述："先生学以濂、洛、关、闽为门径，以《六经》、四子为依归。尤深于《易》，奉敕纂《周易折中》，融贯汉、宋，兼收并采，不病异同，一切支离幻渺之说，咸斥不录。自著《周易通论》四卷，综论《易》理，各自为篇。首明《易》本《易》教，次及卦爻象、彖，时位德应，《河图》《洛书》，以及占筮挂扐，正变环互，条析其义，而推明所以然，卓然成一家之说。"

李光地以程朱理学为主体，同时又涉猎经学，相比较而言，他对易学研究最为专长，为此玄烨曾命他编纂《周易折中》一书。这部书融会了汉学派和宋学派的观点，同时又把不同的思想观念也汇于该书之中。另外李光地还写过一部四卷本的《周易通论》，这也是研究易学的一部名著，正是这部书使得李光地成为著名的易学大家。为此，李慈铭在《越缦堂读书记》中给予了这样的评价："《易》之讲象数者，汉家法也；讲理蕴者，宋家法也。……近儒若惠氏栋，汉之大宗；张氏惠言，其继大宗者矣，若李文贞（光地），宋之嫡子；朱文端（轼），其嗣嫡子矣。我朝易学，有此四家，绍往嬗来，便足以卓立一代。"

李慈铭首先把易学家分为汉、宋两大派别。他认为到了清代，汉学派的重要传人是惠栋，其次是张惠言，而后就是李光地，而宋学派的理学传人则是朱轼。为此，李慈铭总结道：清代的易学大家总计就这四位。可见在李慈铭看来，李光地可以跟惠栋这样大师级的人物相提并论。

从个人经历看，李光地自小就对理学有着特殊的感悟，从小就被视为神童，杨名时在给其撰写的《文贞李公光地墓碣》中描述道："未尝一启齿，发声试之，辄已成诵，不失一字。善属对，矢口惊人。塾师弗能教也。"

年仅五岁时，他就能张口背诵整篇的文章，还能熟练地对对联，这让家里请的教书先生感到吃惊，认为教不了这个孩子。李光地十三岁就读遍了十三经，十八岁就写出了《性理解》，这应当是他第一部研究理学的著作。而到其十九岁时，他又致力于研究四书，写出了《四书解》，二十岁时转而研究《易经》，写出了《周易解》，之后还有一系列的著作。

康熙九年（1670），他考中了进士，康熙十六年（1677），他当上了侍读学士，而后经常跟康熙皇帝探讨自己的理学观念，这种探讨又恰好契合了玄烨之心，使得君臣关系变得更为密切。李光地去世后，玄烨十分痛心地说了句："惟朕知卿最悉，亦惟卿知朕最深。"（李清植《李文贞公年谱》）

李光地喜爱程朱乃是受其父影响，他自称："当明季时，如李贽之《焚书》《藏书》，怪乱不经，即黄石斋的著作亦是杂博欺人，其时长老多好此种，却将周程张朱之书讥笑，以为事事都是宋人坏却，惟先君性笃好之。"（《榕村语录》卷二十九）

他对《周易》的偏好也是受到了父亲的影响，《榕村语录》卷九中记录了李兆庆问晚辈的一段话："先君子尝为谵词云：资质鲁钝者，无如孔子。《周易》经文不多，读至'韦编三绝'，何也？每举示弟侄辈：'此是一宗公案，试思之，作何解？'皆不能答。"

程朱理学首重太极，关于太极，李光地也有着自己独特的见解："太极之在《易》书者虽无形，然乾即太极也，偏言之，则可以与坤对，亦可以与'六子'并列，专言之，则地一天也，'六子'亦一天也。故程子曰：'夫天，专言之则道也，以形体言谓之天，以主宰言谓之帝，以妙用言谓之神，以性情言谓之乾，其言可谓至矣。'虽然画卦之初亦未有乾之名，其始于一画者即是也，摹作圆形者，始自周子，朱子盖借之以发《易》理之宗，学者不可误谓伏羲画卦，真有是象也。"（《周易折中》）

李光地认为太极是无形的，有如《易经》中的"乾"，而与"乾"相对的则是"坤"，同时他认为伏羲在画八卦时其实并没有固定的图形，当初太极就是一画，但是到了周敦颐这里，把太极画成了个圆圈，后来朱子就是借这个《太极图》来进行易学研究，为此，不要认为伏羲当年画的太极图就是个圆圈。

对于理气关系，李光地也有个认识过程，他在年轻时认为程朱所说的"理在气先"有问题："程朱分理与气说性，觉得孟子不是这样说。孟子却是说气质，而理自在其中。若分理气，倒象理自理、气自气一般。"（《榕村语录》）

程朱把理和气分开来说，李光地认为这样不对，觉得这不是孟子的观点，所以他认为"气在理中"才能解释得通。可是到了他五十一岁时，意识到了自己的这种认定有问题："某五十一岁以前，亦不免疑朱子'理先于气'之说。夫天地一气也，气之中有条理处即理，离气则理无所见，无所丽。故罗整庵言：'理即于气之转折处见。如春生之不能不夏长，夏长之不能不秋成，秋成之不能不冬收也。不如此，无以成岁序而生万物也。'蔡虚斋皆如此说。后乃见得不然，性即理也不明白，到底便晓得理即性也。未感事物之先，原有此物，至结实一件物事。"（《榕村语录》）

李光地承认自己在五十一岁之前怀疑过朱子"理在气先"的说法，他在这里引用了罗钦顺的观点，又称蔡清也是这么认为，但后来他渐渐觉得这样的说法有问题，于是李光地又称："先有理而后有气，有明一代，虽极纯儒，亦不明此理。蔡虚斋谓：'天地间二气滚作一团，其不乱处即是理。'罗整庵谓：'理即气之转折处，如春转到夏，夏转到秋，自古及今，何尝有一毫差错，此便是理。'某初读其书，只觉得不帖然，不知其病在何处。及读薛文清《读书录》，有'性即气之最好处'，颇赏其语而未畅。至五十一岁后，忽悟得三说之差，总是理气先后不分明耳。先有理而后有气……"（《榕村语录》）

在这里，李光地又分别叙述了蔡清和罗钦顺的理气观，他说当时读到这二人的论著时，就感觉到他们的所言似乎有问题，但问题出在哪里，他却没能弄明白。再后来，李光地又读到了薛瑄的《读书录》，尽管薛的观点让李很赞赏，但李仍然觉得薛没说透。直到李光地五十一岁时，才意识到这三位理学大家的理气观其实都说得不对，这时他才总结出朱子所强调的先有理后有气才是最正确者。

虽然如此，李光地也承认理和气不能完全地分开来说，这样的态度当然也是朱子的观念，由此可见，他在年轻时怀疑朱子的一些言论，到了晚年却变得笃信朱子所言。

在"性"的善恶问题上，李光地坚持性善论，他回溯了性善观念的历史演变："'性'字自孔、孟后，惟董江都'明于天性，知自贵于物'数句说得好。自后汩于佛、老，都是以'气质'为性，以'心之灵明'为性。至韩文公，既以仁义礼智信为性，却又疑孟子性善之说，难道有不好的仁义礼智信吗？直到程、朱出来，把'性'字说一个透。程、朱后，又糊涂了。伊川说：'性即理也。'蔡虚斋、罗整庵辈，著实参想，以为天地之气，若偏于阴，偏于阳，便不是理。阴了又阳，阳了又阴；阴阳得中，便是理。已经说得近傍，却还隔一层。"（《榕村语录》）

李光地认为，"性"的本意在孔、孟之后只有董仲舒理解的最为透彻，在董之后，"性"的观念就掺杂进了佛家和道家的成分，于是后人就把气质解释为性，以心为性，到了韩愈那里，又以仁义礼智信为性，但韩又怀疑孟子的性善说有问题。为此李光地质疑：难道还有坏的仁义礼智信吗？一直到了宋代的程、朱，才把"性"字的内涵和外延解释透了，可惜的是，程、朱之后，对于"性"的解释又变得模糊起来。

既然是性本善，那恶人的行为怎么解释呢？李光地认为，"性"是善的，但是"情"可善可不善，所以恶人是"情"不善，跟"性"没有关系。那么，"性"跟"理"是什么关系呢？按照程、朱的观念，性即理，冯静武在《李光地易学思想研究》一书中说："在李光地看来，天道就是所谓的天理，由此李光地在处理'性'和'天理'的问题上，主张'理即性'。在李光地那里，性的地位要高于'理'，其重要性也要超过'理'。"

在程朱理学这里，"理"是至高无上的，但李光地却认为"性"高于"理"。他在《榕村语录》卷二十六中称："程子言'性即理也'，今当言理即性也。不知性之即理，则以习为性，而混于善恶；以空为性，而入于虚无。不知理之即性，则求高深之理，而差于日用；溺泛滥之理，而昧于本源。性即理也，是天命之无妄也；理即性也，是万物之皆备也。"

李光地明确地说，程子说性即理，但李自己却要说理即性。这个说法是李光地的一大发明，因为他觉得如果不把这个顺序颠倒过来，就会使得"理"跟生活本身发生隔膜，使得人们无法体会和认识到真正的天理。

"性"为什么如此重要呢？《榕村语录》卷十八录有李光地的解释："天下无性外之物，即虎狼之父子，蜂蚁之君臣，雎鸠之夫妇，他固不能相通，然既有那一件，太极便都全在那一件。向来都将'理'字训'太极'，还有说不去的，惟以'性'字训，则皆通矣。"

他认为"性"可以涵盖天下万物。在传统观念中，"理"就是太极，但李光地认为这样的说法不正确，他认为只有把"性"解释为太极才最为正确，为此冯静武在《李光地易学思想研究》的小注中做了这样一段说明："李光地的'性本论'是和其'理即性'的理论命题紧密联系在一起的，一般学者都认为李光地是一个理学家，应以'理'为本，但实际上，在李光地那里，'性'的地位要高于'理'。"

四、反击理学，倡导实学

1. 亭林学派之顾炎武：反理求实，通经致用

赵俪生在《亭林学派述》中将清初几位大儒与西哲作了如下对应："亭林之学，盖与英国洛克（Locke）氏之经验哲学颇相类似，其特点在以归纳法总结经验，获取原理；梨洲之学，盖与法国福禄特尔（Voltaire）之启蒙哲学颇相类似，《明夷待访录》可以证之；船山之学，与荀卿、王充、横渠之气象相近，为硬心的哲学家之一，倘以西哲譬之，惟德国康德（Kant）之理性的批评哲学为相类似。至于习斋之摧枯拉朽，无以比譬，岂倡宗教改革之马丁·路德（Martin Luther）足以当之乎？！"

对于顾炎武的学术观，赵俪生论述道："亭林平生极斥陆王，而于程朱似少非议，然试细察亭林之总精神，与程朱亦有岐点。朱子之名言曰：'未有这事，先有这理。如未有君臣，已先有君臣之理；未有父子，已先有父子之理。'（《朱子语类·卷九五》）此盖为演绎的。朱子虽亦有格物之说，实为一种修养方法，并不足云是一种科学精神。此一点，冯芝生先生已言之，见其所著《哲学史》九二〇页。亭林则不强调理之先天存在，而先言吾人如何取得此理之法，亭林之法，厥在经验。其言曰：'形而上者谓之道，形而下者谓之器，非器则道无所寓，说在乎孔子之学琴于师襄子也。'"（《日知录·卷一》"形而下者谓之器"条）

对于亭林学派的学术宗旨，何本方等主编的《中国古代生活辞典》中称："顾炎武对宋明理学进行了强烈的批判，他对王学泛滥尤其深恶痛绝，将其比之于魏晋玄学，认为其罪'深于桀纣'。在他看来，王学实际是老庄之学，是禅学，因而非儒学正统，为此他力扬程朱以排击陆王，他解释'理'，提出'理具于吾心而验于事物'、'盈天地之间者气也'、'非器则道无所寓'（《日知录》卷一《游魂为变》），将理看作可把握的实体，这又与程朱所讲'性即理'有所不同。宋明理学家讲'格物致知'，大都将其视为一种修养方法，顾炎武则认为：'以格物为多识于鸟兽虫木之名，则未矣。知者无不知，当务之为急。'（《日知录》卷六《致知》）所谓当务之急，便是治国平天下的道理。他虽未直接抨击理学，但认为理学也流于禅释，因此提出了'经学、理学也'的命题，希望通过复兴经学，从中寻找义理，求得'务本

原之学'。"

明万历后期，朝中形成了日益严重的党争内耗，使得政局混乱，国力下降，最后清兵入关，继而统治中原，崇祯帝在自缢前所说的"诸臣误我"，给当时的知识分子以极大刺激，很多文人将误国之罪全部算在了党争上面，他们认为，明末时期一些文人空谈心性是灭国的主因。顾炎武在《日知录》中写道："刘石乱华，本于清谈之流祸，人人知之。孰知今日之清谈，有甚于前代者。昔之清谈谈老庄，今之清谈谈孔孟。未得其精，而已遗其粗；未究其本，而先辞其末。不习六艺之文，不考百王之典，不综当代之务，举夫子论学、论政之大端一切不问，而曰'一贯'，曰'无言'，以明心见性之空言，代修己治人之实学。股肱惰而万事荒，爪牙亡而四国乱。神州荡覆，宗社丘墟。"

那时的有识之士多在思索亡国之因，他们意识到了宋明理学的空虚极大败坏了社会风气，于是通过反理学来讲求实学，顾炎武认为："君子之为学，以明道也，以救世也。徒以诗文而已，所谓雕虫篆刻，亦何益哉？"（《亭林文集·与人书》）

在顾炎武等人的大力呼吁下，从清初开始，社会学风逐渐改变，到清中期时，沉寂千年的经学得以复兴，考据学极其兴盛，致使清代学术成为与两汉、两宋并称的中国封建社会三大学术高峰之一，人们在追溯这种学风的肇始者，亦会提到顾炎武，故章学诚在《浙东学术》中称"世推顾亭林氏为开国儒宗"。

顾炎武本名顾绛，字宁人，人称亭林先生，江苏昆山人。他目睹了王学末流对社会风气造成的恶劣影响，指出陆王心学并不是儒学正传："古之圣人所以教人之说，其行在孝、弟、忠、信。其职在洒扫、应对、进退，其文在《诗》《书》《礼》《易》《春秋》，其用之身在出处、去就、交际，其施之天下在政令、教化、刑罚。虽其'和顺积中而英华发外'，亦有体用之分，然并无用心于内之说。"所以，他认为"古有好学，不闻好心。心学二字，六经、孔孟所不道。"（《日知录》）

在批判心学的同时，顾炎武也指出古代并无理学，只有经学，经学才是儒家的本源。对于程朱所创理学，在顾炎武看来，"理学，经学也"，以此将理学纳入经学之中。顾炎武的这个观念有十分重要的意义，梁启超在《清代学术概论》中说："'经学即理学'一语，则炎武所创学派之新旗帜也。"同时认为，"自炎武此说出，而此学阀之神圣，忽为革命军所粉碎，此实四五百年来思想界之一大解放也"。

顾炎武提倡经学,并非为了复古,他的目的是回到儒家所讲求的通经致用,他在给友人的信中写道:"孔子之删述六经,即伊尹、太公救民于水火之心,而今之注虫鱼、命草木者,皆不足以语此也。故曰:'载之空言,不如见诸行事。'夫《春秋》之作,言焉而已;而谓之行事者,天下后世用以治人之书,将欲谓之空言而不可也。愚不揣,有见于此,故凡文之不关于六经之指、当世之务者,一切不为。"(《与人书三》)

为此,顾炎武发明了一套缜密的研究经学之法,他研究《周易》后提出"盈天地之间者,气也"的气本论主张,以此区别于程朱所尊崇的理本论,同时也不同于陆王所坚持的心本论。他在张载气本论的基础上做了进一步的细化,提出"盈天地之间者,气也。气之所盛者为神。神者,天地之气而人之心也"。

对于理气观,他认为客观事物是建立在"气"的基础之上的,所以并不存在虚悬于现实中的"理"之本体,他甚至认为:"君臣、父子、国人之交,以至于'礼仪三百,威仪三千',是之谓'物'。"这种观念彻底打破了传统政治伦理和家族伦理,打破这种伦理的神圣性,其目的乃是打破传统思想中的禁锢和束缚。

为此,顾炎武强调"私"的重要性。宋明理学大多倡导存天理、灭人欲,但是这种口号无法贯彻到现实生活中,只会造成更多的虚伪与腐败,为了批驳这种思想,顾炎武在孟子性善论的基础上,将"性"与"情"结合起来,以此构成"常情"概念,而后将"私"纳入常情的范畴内,"自'天下为家,各亲其亲,各子其子',而人之有私,固情之所不能免矣"。(《日知录》)

既然每人都会各亲其亲,那么也就证明了"人之有私",进而推之天下,则"天下之人各怀其家,各私其子,其常情也。为天子为百姓之心,必不如其自为,此在三代以上已然矣",他想以此说明人心之私古已有之,是客观存在的社会现象,同时也是维系家国的必要条件。沿着这个思路,顾炎武认为,君主占有天下也是一种私欲,"今之君人者,尽四海之内为我郡县,犹不足也,人人而疑之,事事而制之,科条文簿日多于一日,而又设之监司,设之督抚,以为如此,守令不得以残害其民矣"。(《郡县论》)

君主专制的弊端在于君主精力有限,但私欲无限,由此导致治理不善,只能靠严刑峻法来治理百姓,其结果是实权掌握在了胥吏手中,而胥吏强压百姓，激化了社会矛盾。顾炎武认为，国家安定不仅要君臣一体，还要发挥民众的作用，"有亡国，有亡天下，亡国与亡天下奚辨？曰：易姓改号谓之亡国。仁义充塞，而至于率兽食人，人将相食，谓之亡天下。……是故知保天下，然后知保其国。保国者，其君其臣，肉食者谋之；保天下者，匹夫之贱与有责焉耳矣"。(《日知录·正始》)

这段话极具名气，后来梁启超将这段话提炼成"天下兴亡，匹夫有责"，成为广为流传的爱国名言。对于这种观念，顾炎武在多篇文章中予以强调，《与人书九》中称："目击世趋，方知治乱之关，必在人心风俗，而所以转移人心、整顿风俗，则教化纪纲，为不可阙矣。百年必世养之而不足，一朝一夕败之而有余。"收拾人心，整顿风俗，是保证国家不亡的根本所在，在人心风俗的各种道德规范中，他最为强调廉耻对于国家存亡的重要性，"'礼义廉耻，国之四维。四维不张，国乃灭亡。'善乎，管生之能言也！礼义，治人之大法；廉耻，立人之大节。盖不廉则无所不取，不耻则无所不为。人而如此，则祸败乱亡亦无所不至；况为大臣，而无所不取，无所不为，则天下其有不乱，国家其有不亡者乎？然而四者之中，耻尤为要"。(《日知录·廉耻》)

顾炎武认为，孔子所说的"行己有耻"源于人本思想，人的表现形式是克己复礼，但三代之后，世风日下，很多官员没有节操，只为媚上，不顾廉耻，侵蚀政治基体，这就是明朝亡国的原因。所以他提倡耿介之风，认为耿介是与孔子的仁相通的，国家的兴衰与是否有一批性格耿介的官员有很大关系。

为了提高耿介之士的荣誉感，顾炎武提出朝廷应当表彰那些为国家做出贡献的忠臣义士，作为人们精忠报国的榜样。同时，他反对当朝文人学士为了求得当世之名而著书立说，认为不应当为求利而去求名，研究经学才是真正的做学问。顾炎武反对利禄之学，在他看来，为参加科举考试而刻苦学习，这就是为了利禄，所以他强调："君子之为学也，非利己而已也，有明道淑人之心，有拨乱反正之事。知天下之势之何以流极而至于此，则思起而有以救之。"(《与潘次耕札》)

顾炎武认为，学者应当以关心家国天下为学习的目标，这就是他所强调的经世之学。顾炎武的观念在社会上影响极大，一扫明季空疏学风，开启了清初实学之路，对于他的成就，潘耒在《日知录序》中说："学者将以明体适用也。综贯百家，上下千载，详考其得失之故，而断之于心，笔之于书，朝章国典、民风土俗元元本本，无不洞悉，其术足以匡时，其言足以救世，是谓通儒之学。"

2. 圃亭学派之唐甄：民富则国富

唐甄，原名大陶，字铸万，号圃亭，四川达州人。清顺治举人，仅在山西长子县做过十个月的知县，此后就将精力用在研学著述方面，耗时三十年写出《衡书》，后改名为"潜书"。《清史稿》评价该书："上观天道，下察人事，远正古迹，近度今宜，根于心而致之行，非虚言也。"

唐甄的思想源于阳明心学，他自称："甄晚而志于道，而知即心是道，不求于外而一于心。"但是，他的心学观念与阳明心学有一定区别，王学的主旨是明心见性，唐甄虽然也以心为本，但其目的却是要"得治天下之道"，故明心见性于他而言只是手段。他认为儒者要有担当，儒者之贵在于"能定乱，除暴，安百姓"，所以他讲究经世致用，反对空谈心性。

唐甄具有平等思想，以此来反对君主专制，他的平等思想首先来自经济平等，"天地之道故平，平则万物各得其所。及其不平也，此厚则彼薄，此乐则彼忧。为高台者必有洿池，为安乘者，必有茧足。王公之家，一宴之味，费上农一岁之获，犹食之而不甘。吴西之民，非凶岁为麸粥，杂以荍秆之灰，无食者见之，以为是天下之美味也。人之生也，无不同也，今若此，不平甚矣。提衡者权重于物则坠，负担者前重于后则倾，不平故也。是以舜禹之有天下也，恶衣菲食，不敢自恣。岂所嗜之异于人哉？惧其不平以倾天下也"。(《潜书·大命》)

唐甄认为，万物平等方为天道，但社会上却充满着不平，王公贵族之家一桌饭的费用可以耗去一位农人全年的劳作，他们锦衣玉食，而百姓食不果腹，其结果导致了社会秩序的混乱。

从经济平等的角度，唐甄又提出了人格平等的观点。在他看来，"天子虽尊，亦人也"，"天子之尊，非天帝大神也，皆人也"。整个中国封建社会，皇帝都具有至高无上的权威，君权乃是封建制度的支柱，于是造出了"君权神授""天子受命于天"的神话。然而唐甄看到了明末封建君主专制制度的腐败，以及皇帝的昏庸，喊出了"自秦以来，凡为帝王皆贼也"的口号。(《潜书·室语》)

为什么喊出这样的口号，唐甄在《潜书·全学》中写道："兵革一动，远者百余年，近者二三十年。屠绝百城，荆棘千里。杀人之事，盗贼居其半,帝王居其半。"残酷的战争,每一场都会影响社会多年,出现了很多屠城之事,可谓千里无鸡鸣,在他看来,出现这种灭绝人性之事,一半是盗贼造成的,一半是帝王造成的。

为什么要这样说,他在《潜书·室语》中称:"大将杀人,非大将杀之,天子实杀之;偏将杀人,非偏将杀之,天子实杀之;卒伍杀人,非卒伍杀之,天子实杀之;官吏杀人,非官吏杀之,天子实杀之。杀人者众手,实天子为之大手。"所以唐甄提出,如果让他来处理这些专制君主,一定将他们处死,但即使这样,也不能补偿那些死去的冤魂,"若使我治杀人之狱,我则有以处之矣。匹夫无故而杀人,以其一身抵一人之死,斯足矣。有天下者无故而杀人,虽百其身不足以抵其杀一人之罪"。

在唐甄看来,只有人民富强,才有国家富强,所以他提倡养民富民政策,《潜书·富民》中说:"财者,国之宝也,民之命也。宝不可窃,命不可攘。圣人以百姓为子孙,以四海为府库,无有窃其宝而攘其命者,是以家室皆盈,妇子皆宁。反其道者,输于幸臣之家,藏于巨室之窟,蠹多则树槁,痈肥则体敝,此穷富之源,治乱之分也。"要想富民,当政者就要为民办事,但是那些贪官污吏却侵占了天下的财产,所以他认为,"天下难治,人皆以为民难治也,不知难治者,非民也,官也"。所以,只有整治贪官,才能使让百姓安定,有了百姓的安定,才会有国家政权的稳定,"国无民,岂有四政!封疆,民固之;府库,民充之;朝廷,民尊之;官职,民养之,奈何见政不见民也!"

没有百姓,哪里还有朝政,有了百姓,才能保家卫国,为国纳税,有了民,才能养官,这就是他的民本思想。为此,唐甄开始怀疑封建纲常伦理道德,反对愚忠,认为"君臣之伦不达于我也",他指出臣属在两种情况下可以不忠于君:一是昏君当政;二是君死国亡,不必为故君殉死。

唐甄身处清初,却有着这样的反专制思想,其言语之大胆,被梁启超形容为"皆惊心动魄之言"。辛亥革命时期,章太炎等就以《潜书》作为依据,来批判清朝专制统治。

3. 颜李学派之颜元、李塨:批理学之虚

该学派由颜元创立,李塨将其发扬光大,故有"颜李学派"之称。

颜元,字易直,又字浑然,号习斋,直隶博野人,年轻时学医习武,二十岁开始负担全家生计,之后潜心经世之学,二十四岁设家塾授生徒,于

此期间作《王道论》，该书后更名《存治编》，同时学习陆王之学，二十八岁时得到《性理大全》，深喜程朱之旨，三十四岁思想发生重大转变，对理学产生怀疑，著《存性编》《存学编》，改堂号为"习斋"，以示"思不如学，学必以习"之意，直至晚年，他坚持倡导实学，反对理学。其弟子钟錂评价颜元一生功业时称："手著《四存》，继绝学于三古；躬习六艺，开太平以千秋。"

颜元对理学态度的转变，始于他祖母去世后服丧期间，他遵守朱熹《家礼》，疏食少饮，几乎病饿至死，这让他觉得"有违于性情"，于是通过读其他的书，发现问题所在："已而读周公《礼》，始知其删修失当也。及哀杀，检《性理》乃知静坐读讲非孔子学宗，气质之性非性善本旨也。朱学盖已掺杂于佛氏，不止陆、王也；陆、王亦近支离，不止朱学也。"（《习斋记馀》）

尽管有了这样的怀疑，但他仍没有放弃宋学。颜元五十七岁时南游中州，发现"人人禅子，家家虚文，直与孔门敌对"，由此让他坚信朱子之学不是孔学正宗，而是沾染了佛氏之弊的伪学。于是颜元说："必破一分程朱，始入一分孔孟，乃定以为孔孟、程朱判然两途，不愿作道统中乡愿矣。"（李塨《颜习斋先生年谱》）

在颜元看来，朱熹援释入儒，这种做法危害极大，"以佛氏之实，灭圣人之业"，所以他要恢复儒学的本来面目。其实当年朱熹为了反对佛教，特意提出"主敬"，以此来避开陆九渊所说的"主静"，他认为后者近禅。但颜元不这么看，认为朱熹的"主敬"其实就是本自佛氏的"主静"。颜元说："静、敬二字，正假吾儒虚字面，做释氏实功夫。"他认为真圣人应当教人"习动"，只有这样才能不发空言，做实事。"三皇、五帝、三王、周、孔，皆教天下以动之圣人也，皆以动造成世道之圣人也。"（《习斋言行录》）

颜元不认可宋儒强调的"义利之辨"，认为宋儒的观念有违孔子本意。他认为，无论圣人还是凡人，均有求利之心，所以不应当将求利视为不耻，他觉得逐利行为对社会发展有益，故不应当避讳富贵之言，因为孔子说过："富而可求也，虽执鞭之士，吾亦为之。"孔子都能直率地说，如果能获得财富，即使替人驾车他也愿意。但是朱熹却说："才说着利，必害于义。"（《朱子语类》）这是将利与义对立起来看待，颜元反对的正是朱熹的这种观念："古人之言，病在一浊耳。人但恐不能善用富也。大舜富有天下，周公富有一国，富何累人？"（《习斋言行录》）

颜元认为，古人反对的是"浊富"，只要不违反伦理道德即可，因此而获利是正确之举,因为"浊富"的对立面不是"清贫"。但是儒家强调"正其义不谋其利,明其道不计其功",颜元认为这句话是错的,他将其改成"正其义以谋其利,明其道而计其功"。

基于这样的义利观,颜元提出了不同于儒家传统的功利主义圣贤观,他认为"人必能斡旋乾坤,利济苍生,方是圣贤",强调真正的圣贤要能够经邦济世,要去做有利于天下的实事。他同时认为,从本质上而言,圣人跟凡人没有太大区别,"圣人亦人也,其口鼻耳目与人同,惟能立志用功,则与人异耳"。(《习斋言行录》)

圣人区别于凡人之处,就在于他去做有利苍生之事,所以颜元强调:"学须一件做成,便有用,便是圣贤一流。试观虞廷五臣,只各专一事,终身不改,便是圣。"(《习斋言行录》)

李塨,字刚主,号恕谷,保定蠡县人,颜元之学的重要承继者和传播者。他在二十一岁时跟随颜元学六艺,三十一岁正式拜师,此后又拜了许多大师级的人物为师,成为一位精通六艺,学识渊博的大家,而他始终以昌明师说为己志。

颜李所处的时代,有黄宗羲、顾炎武等人大力提倡的经世致用,但颜元和李塨却打出了复古的旗号,颜元说:"今何时哉!普地昏梦,不归程朱,则归陆王,而敢别出一派,与之抗衡翻案乎?"(《习斋记馀》)可见颜元既反对程朱,也反对陆王,立志要独创一派。但因颜元交往有限,他的思想难以传播出去,正是李塨利用自己广泛的人脉,方使得颜元的思想为士大夫所知。

在理气关系上,李塨同颜元的观点一致,认为气外无理。颜元认为理气不可分,"气即理之气,理即气之理",同时指出"若无气质,理将安附?"在理气关系上,李塨作了更为细致的疏理:"'理'字,圣经罕见,惟《易》'穷理',《中庸》'文理'、《孟子》'理也'三言,乃指道之条理,余皆言道。自宋儒以理为谈柄,而道字反轻,传至今日,智愚皆言理而罕言道矣。窃谓即以理代道字,而气外无理。"(《中庸传注问》)

李塨查到了儒家经典中所谈到的"理"字,在他看来,这个"理"指的就是"道",宋儒虽然也说理是道,但他们没有懂得"理"的真正含义。李塨把"理"解释为条理,认为是一种秩序,同时认为理在事中:"朱子云:'洒扫应对之事,其然也,形而下者也;洒扫应对之理,所以然也,形而上者也。'夫事有条理曰'理',即在事中。今日理在事上,是理别为一物矣。

理，虚字也，可为物乎？天事曰天理，人事曰人理，物事曰物理。《诗》曰'有物有则'，离事物何所为理乎？"（《论语传注问》）

李塨在此再次强调，"理"是条理之一，处在事物之中，而不是事物之前，应当从事物中求理，因为离开具体事物，谈不上"理"。他认为，理对应的不是事，既然理有不同，那么理就不是先验存在的。李塨以此来批判朱子所说的"未有这事，先有这理"。

李塨探讨理气，目的是说明应当去做实事，不应当像宋儒那样离开事物空言虚理。为此他倡导实学，认为："古之学一，今之学棼。古之学实，今之学虚。古之学有用，今之学无用。古今不同，何其甚也。"（《存学编序》）

正因为力倡实学，所以李塨将宋明理学视为虚学："至于宋明，虚文日多，实学日衰，以诵读为高致，以政事为粗庸。"而后他举出了邱濬著《大学衍义补》，这种做法乃是"不务实行，但期立言"，同时批评"朝廷将相，竞以读书著述为高"，在李塨看来，这正是国家灭亡的原因所在。

如何改变这种局面，李塨说："天地之道，极则必返。实之极必趋于虚，虚之极必归于实。"（《送黄宗夏南归为其尊翁六十寿序》）李塨从物极必反的角度来说明，虚极必归于实。而他所处的时代"今之虚学可谓盛矣"，所以他认为"盛极将衰，则转而返之实"。对于返的方式，李塨认为必须要学习各方面知识，甚至提出了学习西方先进知识的主张："吾人习行六艺，必考古准今。礼残乐阙，当考古而准以今者也。射、御、书有其仿佛，宜准今而稽之古者也。数本于古，而可参以近日西洋诸法者也。"（《李恕谷先生年谱》）

李塨继承了颜元所强调的义利并重、道功兼收的观念，在他看来，宋儒对义利关系有所误解，"董仲舒曰：'正其道不谋其利，修其理不急其功'。语具《春秋繁露》，本可自通，班史误易'急'为'计'，宋儒遂酷遵此语为学术，以为事求可，功求成，则取必于智谋之末，而非天理之正。后学迂弱无能，皆以此语误之也。请问行天理以孝亲而不思得亲之欢，事上而不欲求上之获，有是理乎？事不求可，将任其不可乎？功不求成，将任其不成乎"？（《论语传注问》）

李塨说，董仲舒的这句名言出自《春秋繁露》，但是《汉书》在转录这句话时，把"急"字误解为"计"，一字之差，意思大变。"不计"乃是指完全忽略不计，而"不急"则是缓图之意。李塨想以此说明，董仲舒没说过"不计其功"这句话。为此李塨举出了孝亲乃是希望得亲之欢的例子，以此说明有动机而求结果是正当的。

出于这样的实用思想，李塨晚年写了一部《拟太平策》，自称"一生总结是书"。此前他还写过一部《平书订》，这两部书都是阐发他的经世思想的著作，他在书中提出以民富国强为旨，力倡减税薄征。

颜李之学在其当世并未得到广泛认可，反而受到一些批评，直至同治年间，戴望撰成《颜氏学记》方使人了解到该学派的思想。晚清时期，改良派从颜李之学中提取出重兵尚武思想，使得颜李之学得到推崇，此后徐世昌以大总编身份倡导颜李学说，创四存学会，成立四存学校，出版《四存月刊》，编纂并刊行《颜李丛书》，使得世人对颜李学派有了更为全面的了解。

对于李塨所做出的贡献，梁启超在《中国近三百年学术史》中给出的评语是："但习斋是一位暗然自修的人，足迹罕出里门，交游绝少，又不肯著书。若当时仅有他这一个人，恐怕这学派早已湮灭没人知道了。幸亏他有一位才气极高、声气极广、志愿极宏的门生李恕谷，才能把这个学派恢张出来。太史公说：'使孔子名周闻于天下者，子贡先后之也。'孔子是否赖有子贡，我们不敢说，习斋之有恕谷，却真是史公所谓'相得而益彰'了。所以这派学问，我们叫他作'颜李学'。"梁启超认为，颜元交游绝少，如果不是有李塨这个学生，他的思想就无人知之了，为此，他将李塨比喻成孔门的子贡，正因为李塨有这么大的贡献，所以后世才将他与创始人颜元并称。

钱穆也认为李塨对该学派贡献极大，他在《中国近三百年学术史》中说："惟习斋以博野一老儒，穷死独守，声光甚暗；恕谷则历游南北，交游既广，名誉藉甚。使当世知有颜氏之学者，胥恕谷为之。"

4. 船山学派之王夫之：理寓于欲

王夫之，字而农，号姜斋，湖南衡阳人，晚年隐居金兰乡石船山附近，后世称其船山先生。他与顾炎武、黄宗羲、唐甄并称为明末清初四大启蒙思想家。

王夫之四岁发蒙，随兄长读书，七岁就已读完十三经，明崇祯十五年（1642）中举，当年冬天随长兄赴京参加会试，因遇上农民战争，会试延期，于是返回家乡。明朝灭亡后，他将精力用在研读儒学经典和著述方面，致力于探讨宋儒所关心的理气关系、道器关系、知行关系，相继完成了《读四书大全说》《四书笺解》《春秋家说》《春秋世论》等，著述宏富，刘献廷在《广阳杂记》中称其："王夫之学无所不窥，于《六经》皆有说明。洞庭之南，天地元气，圣贤学脉，仅此一线。"

王夫之对很多问题在深入研读的基础上，给出了自己的判断。比如理学家所强调的理欲观，二程认为"不是天理，便是私欲"，"无人欲，即皆天理"，以及"人心，私欲也，危而不安；道心，天理也，微而难得"，所以他们认为"灭私欲则天理明矣"。（《二程集》）二程之后，朱熹承继了这个观念，认为"圣贤千言万语，只是教人明天理、灭人欲"。（《朱子语类》）王阳明则说："圣人之所以为圣，只是其心纯乎天理，而无人欲之杂。"又称："圣人述六经，只是要正人心，只是要存天理，去人欲。"（《传习录》）

王夫之则按照道不离器的前提，提出了"理在欲中"和"天理与人欲同行"的观念。关于道与器，他在《周易外传》中称："天下惟器而已矣，道者器之道，器者不可谓之道之器也"，因此，"故无其器则无其道"。

基于这种观念，王夫之认为"盖言心、言性、言天、言理，俱必在气上说，若无气处则俱无也"，显然这个观念是本自张载的气本论，所以他明确地称"理是气之理"。基于这种认定，他对天理人欲的关系给出的答案是："人欲之各得，即天理之大同。"既然如此，则"天理充周，原不与人欲相为对垒"。（《读四书大全说》）

王夫之认为，人欲和天理不是完全相对的，是可以合二为一的，因为天理存在于人欲之中，离开了人欲，也就无所谓天理。人生离不开饮食起居，圣人如此，凡人也如此，"饮食男女之欲，人之大共也"。（《诗广传·陈风》）依此推论下去，"人欲之各得，即天理之大同；天理之大同，无人欲之或异"。（《读四书大全说》）

为什么能给出这样的结论呢？王夫之认为，耳目口鼻声色都是由气聚集而成的，因为人是由气组成的，那么声色臭味之欲，也就成为人共同具有的本性，同时，仁义礼智之理也是人的本性，并且这两种本性是相互依存的关系。除了以上这些外，人还有其他的欲望，"盖凡声色、货利、权势、事功之可欲而我欲之者，皆谓之欲"。（《读四书大全说》）

王夫之认为，以上这些都是人们合理的欲望，但是人也有不合理的欲望，其称为"私欲"，并且"人所必不可有者，私欲尔"。凡是必不可有之欲，影响正常生存之欲，都是私欲，所以人必须去除私欲，去除私欲的目的是"私欲净尽，天理流行，则公矣。天下之理得，则可以给天下之欲矣"。（《思问录·内篇》）

去除掉私欲，天理就可流行，于是就有了与"私"相对的"公"的概念，这就是公、私之分，去掉私欲，才能得到儒家所追求的天理。王夫之想以此来说明，天理和人欲不是对立的关系，而是理不离欲、理寓于欲中，他认为欲在理先，故"行天理于人欲之内，而欲皆从理"。(《读四书大全说》)

既然天理与人欲是这样的关系，那么圣人也可以有欲，"圣人有欲，其欲即天之理，天无欲，其理即人之欲。学者有理有欲，理尽则舍人之欲，欲推即合天之理"。(《读四书大全说》)

经过这样的推论，王夫之想要说明理、欲是相融的，存欲就是存理，以此来否定程朱陆王关于"去欲"的观念。王夫之的这个观念对谭嗣同构成重大影响，"世俗小儒，以天理为善，以人欲为恶，不知无人欲，尚安得有天理！吾故悲夫世之妄生分别也。天理，善也；人欲，亦善也。王船山有言曰：'天理即在人欲之中。'无人欲，则天理亦无从发见"。(谭嗣同《仁学》)

对于王阳明所倡导的知行合一，王夫之也展开了批判。王阳明称："知是行的主意，行是知的功夫；知是行之始，行是知之成。"王夫之认为，王阳明虽然强调了"知"和"行"不可分离，但重点是在讲"知"，没有重视"行"的作用，所以王阳明其实是"一念发动处便即是行"，由此说明王阳明是重"知"轻"行"。所以王夫之认为，王阳明所讲的"知"不是从"行"中得来的，而是主观意识中生出来的"知"，故王阳明其实是以"知"代"行"。

王夫之认为"行可兼知，而知不可兼行"，可见在他这里，"行"是主，"知"是从，"行"可以包括"知"，而"知"不可以包括"行"，因为"凡知者或未能行，而行者则无不知。且知行二义，有时相为对待，有时不相为对待。如'明明德'者，行之极也，而其功以格物致知为先焉"。为此王夫之给出的结论是："是故知有不统行，而行必统知也。"(《读四书大全说》)

对于王阳明的另外两大理念，"格物致知"和"致良知"，王夫之也有自己的看法，总之，他用自己的逻辑一一拆解了这些观念中的问题，以先破后立的方式讲出了他所认可的经世观念。

5.用微学派之潘平格：万物一体

潘平格，字用微，浙江慈溪人，幼年失怙，与祖母相依为命。他在童年时就表现出性格上的独立，十七岁时已经有了圣贤之志，"愚少时嘐嘐进取，或有以圣贤皆天生为讥者。愚闻之，大书壁云：'我自为之，何必是天所特生；我能为之，何必非天所特生！'"二十岁时，潘平格开始研究程朱之学，二十五岁时"又从事王、罗之学",此后还读过老庄和禅学著作。此文中所引潘平格所言,基本出自其所作《潘子求仁录辑要》。

此处所说的"王、罗","王"当然是王阳明,"罗"则有争议。容肇祖等人认为是罗洪先,方祖猷则认为是罗汝芳,但是从潘平格的《潘子求仁录辑要》看,应当是后者,因为《潘子求仁录辑要》中多次提到罗近溪,而未曾提及罗洪先。

清军打到江南时,发生了"扬州十日""嘉定三屠"等惨案,面对国破家亡,潘平格极为愤慨,觉得国家到这种地步,跟当时的士大夫心态有很大关系,"或争一时之名者研举业;争久远之名者醉诗文,自好者以高尚为奇行,混迹者以清浊为得策,学仙者辟谷清净求长生,好佛者看佛参宗了生死。即自谓有志正学者,亦不过遏念制欲为克己,提醒把捉为操存,闭户于穷巷,独善于闾里,为修身;或又以活泼自在为受用,识取光景为妙悟,卜度于书理,采择于见闻,为学识。而绝不以天下生民为念,治道学脉为心,亦太忍哉!"

那时的读书人,有的为了科举博取金榜题名,有的醉心诗文以期留名于后世,还有一些文人则学仙学佛,这些人图的都是个人所得,没有谁以天下生民为念,为什么会有这样的社会风气呢,潘平格竭力思索,自称用了四十天的时间,终于明白"程朱王罗之学既不合于孔孟,而二氏之学益不合于孔孟"。

潘平格经过苦思研讨,终于明白真正的孔孟之道是浑然天地万物一体,"既亲证孔孟之学为浑然天地万物一体,因论为学之要,必须立明明德于天下之欲。《大学》之格物,物是身、家、天下,格是格通人我。格物之学,即孟子'强恕'、'反求'、扩充'四端'。体认亲切,笃志力行,保任缉熙,无少间断,如是者有年"。

"万物一体"是潘平格的重要观念,他将此视为儒家最讲求的"仁","仁也者,浑然天地万物一体",故而"吾性浑然天地万物一体"。他的这种观念本自程颢"仁者,以天地万物为一体",但是朱熹认为程颢这句话有些玄虚:"说得太深,无捉摸处。"到王阳明时,对这个概念作了更为明晰的解读:"是非之心,不虑而知,不学而能,所谓良知也。良知之在人心,无间于圣愚,天下古今之所同也。世之君子惟务致其良知,则自能公是非,同好恶,视人犹己,视国犹家,而以天地万物为一体。"

潘平格认为,王阳明的所言仍然不实,在他看来:"吾性浑然天地万物一体，故吾儒之道，修身、齐家、治国、平天下。"潘平格将"浑然天地万物一体"视为"真性"或"真心"。为什么是"真性"呢？其称这种性："勃然发露，全体具足，圣人不增，凡人不减。"他想以此说明，现实社会中的人都有可能成为圣人，这种观念近泰州学派，因为王艮曾说"百姓日用即道"。

潘平格也在日常中这样教导和启发子弟，《潘子求仁录辑要》中载有他教育和启发儿子的方式。某天他的次子潘烈在旁，潘平格问他有什么志向，潘烈不能回答，于是潘平格说："子当下岂不知耻耶？即此一点耻心，是入圣真种子。"转天潘平格又问他同样的问题，潘烈仍不能回答，于是潘平格对他说："子实无志，自对不出，即羞恶之心；不强作有志以对，即是非之心；子当下岂不怦怦然心动耶？即恻隐之心；若侪辈问及，便胡乱作对，子今不敢胡乱作对我，即恭敬之心。子即今不能对答之顷，四端一一见在，若谓子不可为圣人，岂不抹杀子耶？子只今能信真心果见在日用，真心之见在日用果不学而能不虑而知，是子恰恰原是一位见成圣人。"

潘平格对潘烈说，你确实没有志向，但是你却具有孟子所说的"四端"。其言外之意，即使如此，潘烈如果懂得努力，终能成为圣人。

潘平格对格物致知有独特的解释："格者，通也。物即'物有本末'之物。物有本末之本末，即'本乱末治'之本末。本者，身也。末者，家、国、天下也。格物，即格通身、家、国、天下也。"他将"格"解释为通，乃是继承前人的观点，宋张栻在《孟子说》中称："格之为言，感通至到也。"明高攀龙在《王仪寰先生格物说小序》中说："格者，止也，通也，正也。"潘平格却将这个概念与修身、齐家、治国、平天下作等同观，同时将格物来包含致知、正心、诚意，他是用力行来反对心性功夫，以格物贯穿圣人之道。

关于如何格通人我，潘平格拈出一个"恕"字："格通人我者，恕也。人能己所不欲勿施于人，当下人我浑然一体。此所以求仁必在于恕。"可见，"恕"就是己所不欲勿施于人之意。他同时又说："恕贯诚意、正心、修身、齐家、治国、平天下，而无他道，故可以终身行之。"

由此可见，"恕"不仅仅是待人接物的方式，同时也是求仁复性的方式。如何来使用"恕"，潘平格说："恕须强，反求又所以强恕。或夺于利害胜负之私，或压于人我低昂之见，有明知己所不欲而施于人者，自我出之易，自人受之难；人加于我难堪，我加于人甚便，岂得不强？"

行恕之法虽然简单，但到具体事物上，却并不容易，只有努力才能做到恕。潘平格称这种努力为"强"，认为只要强恕，就能达到万物一体的境界。

　　出于这种立场，潘平格对前儒的格物观皆有批判。比如朱子强调要格尽众理，若少格一物，则少一物之理，长此以往，就能豁然贯通，潘平格认为这种格物方式有缺陷，因为天下万物太多，难以格尽，只能靠由一物来推及他物的方式，这种推论法会将自然之事推及道德层面，但是在现实社会中，道德沦丧之辈有可能是博学之士，而目不识丁者抑或具有仁义礼法。

　　因此，潘平格反对朱熹将格致解为穷理，但并不反对穷事物之理，他只是认为，需要将穷事物之理容纳在格物人我之中，"吾非为事物之理毫不经心也，盖穷至事物之理已具于格通人我中也。学者若以格通人我为心，则于人、我交涉之事，自必委细寻其条理，曲折尽其机宜"。潘平格认为，格通人我，不只是依靠人性达到通顺无碍，得知事理更有助于格通人我，故而，在格通人我的工夫中，已经包含了穷致事物之理，因为，不需要另立穷理工夫。

　　对于格物，王阳明的看法是："物者，事也。凡意之所发必有其事，意所在之事谓之物。格者，正也，正其不正以归于正之谓也。正其不正者去恶之谓也，归于正者为善之谓也。夫是之谓格。"（《大学问》）王阳明认为，意之所发有善有恶，所以格物的目的就是要"正意"，正意就是去恶归于正，从而达到至善的境界。

　　潘平格不同意这种观念，他认为王阳明所说的"正事"仅是在一人一事上见效验，而真正的格物应当是着眼于家国天下。王阳明在解释格物致知时说："若鄙人所谓致知格物者，致吾心之良知于事事物物也。吾心之良知，即所谓天理也。致吾心之天理于事事物物，则事事物物皆得其理矣。故曰：'致吾心之良知者，致知也。事事物物皆得其理者，格物也。'"（《答顾东桥书》）

　　对于王阳明所言，潘平格认为："孟子良知，即是仁义，其根则性善。后世之言良知者，曰'无有本体'，曰'当体本虚空'，而其根别无善无恶。一为吾儒之道，一为佛氏真性，相去不啻天渊。"在潘平格看来，孟子所说的"良知"乃是指至善，王阳明所说的"良知"则很空洞，不是良知的本来面目，已经等同于佛氏的真性。

　　对于宋儒和明儒的工夫论，潘平格也有批判。比如程朱以"灵明知觉"来解"心"，乃是将"心"看作认知之心，潘平格对此评价说："学者之患，大率在于不知真心见在日用而别求心，故有种种弊病以各成其学术。"潘平格所说的弊端，乃是指朱熹以虚灵或者明觉来表述心体的状态，这等于把心体看作一物，而忽略了外在的实践工夫，其结果就造成了体立而用亡。

宋儒和明儒的工夫论基本上是主静、持敬，或不起意，以此来达到去人欲及澄心无妄，其目的是对心体的坚守。但潘平格认为，这种做法只是内心的修养操持，由此而隔断了内外的联系，以心治心，只是内心本体的建设，却轻视了实物，其结果导致心体虚寂，使内外、体用、心物支离为二。

潘平格的这些观念受到了黄宗羲的强烈批评，在《与友人论学书》中谈及潘平格时称："试撮其要言，以为浑然天地万物一体者性也，触物而浑然一体者，吾性之良知也……"黄宗羲认为，离开气，天地万物无法实现一体，如果离气言性，潘平格的观点就落于空洞，这是批评潘平格灭气。另外，黄宗羲还认为，潘平格的观念有灭心和灭体之弊。

但是黄宗羲的弟子郑性却对潘平格有很多夸赞之语："儒门之有潘子，犹释氏之有观音也。观音欲使天下之人无一不为佛，有一不为佛，即从而慈悲之；潘子欲使天下之人无一不为圣人，即从而恻隐之，一也。观音之说，释氏不能磨灭；而谓潘子之说，儒门独能磨灭乎？"（《潘子求仁录辑要》）

郑性把潘平格视为佛家中的观音，这种评价可谓极高。那为什么黄宗羲却如此厌恶潘平格呢？钱穆认为，黄宗羲晚年的思想与潘平格接近，所以他猜测，黄对潘的批评之语更多的是意气之争。钱穆在《中国近三百年学术史》中说："梨洲虽力排用微，而当时出梨洲门下，最推服梨洲如郑禹梅父子及万季野诸人，皆不以梨洲之论为然也。然梨洲对用微之严斥深非，无亦由其党人、文士习气之用事，犹未脱讲学家传统门户之见者为之乎？"

6. 乾初学派之陈确：人欲恰到好处，即天理也

陈确为浙江海宁人，明崇祯十六年（1643）经同乡祝开美介绍，拜刘宗周为师。转年清军入江南，刘宗周绝食而亡，陈确上书学府，请求"永削儒籍"。其原名籑永，字原季，号逊肤，至此一律弃而不用，根据《易传·文言》中释"乾卦·初九"爻："确乎其不可拔，潜龙也"，而改名为"确"，以"乾初"为字。可见他以潜龙自励，表达身为遗民的决心。

陈确虽然在刘宗周门下的时间很短，然因编辑过《蕺山先生语录》，故而对刘宗周的观念理会颇深，受到刘宗周的影响也颇深。比如他本持师说，坚持性一元论，认为气质即性，且性是有善无恶，等等。所以黄宗羲在《陈

乾初先生墓志铭》中说:"近读陈乾初所著,于先师之学十得之四五,恨交臂而失之也。"

可见陈确有一半的观念秉承师说,比如朱熹认为"性即理",王阳明则说"心即理",陈确师承心学一系,为此不喜欢宋儒的道德形上学。因为在程朱学派那里,心为形而下的。陆王学派则认为,心是先验的本心以及所表现出来的良心。他不认为天下只有一个天理,而认为"天下之理无穷",在天理之外还有众理,这就是他所说的"理有万殊"。

为此,钱穆在《中国近三百年学术史》中评价他说:"乾初论学,渊源蕺山,上溯阳明,而推极于孟子。发挥性善之旨,最多创见。"

陈确根据刘宗周的一性之旨,提出:"一性也,推本言之曰天命,推广言之曰气、情、才,岂有二哉!"他说"性"包括气、情、才,对于三者的关系,陈确在《气情才辨》中称:"由性之流露而言谓之情,由性之运用而言谓之才,由性之充周而言谓之气,一而已矣。"何以给出这样的结论,陈确接着解释道:"性之善不可见,分见于气、情、才。情、才与气,皆性之良能也。天命有善而无恶,故人性亦有善而无恶,人性有善而无恶,故气、情、才皆有善而无恶。"

陈确认为,气是性的质地,情是性的显现,才是性的功能。他反对恶本源于气质,认为只有一个性,两性之说乃是本自宋儒。他还认为:"'本体'二字不见经传,此宋儒从佛氏脱胎来者。"所以"宋儒分本体、气质以言性,何得不支离决裂乎?性即是本体,又欲于性中觅本体,那得不禅!其曰'气质之性'者,是为荀、告下注脚也;曰'本体之性'者,是为老、佛传衣钵也。"(《与刘伯绳书》)

陈确认为,宋儒言二性破坏了孔、孟性善之旨,这种观念已经堕入佛、老而不自知,所以他将荀子、告子一并批判,认为正是他们歪曲了圣门之旨,使得圣学不彰。

既然性、才、情都是有善无恶,那么恶是从哪里来的呢?陈确认为,这是由"习"所致,也就是说,恶是后天的习然:"其所以有善有不善之相远者,习也,非性也。"(《子曰性相近言》二章)他认为宋儒混淆了"性"与"习"的区别,将"习"为"性",所以才得出性有善有不善的结论,故必须从根本上将"性"与"习"区别开来,才能认识性之善。

但陈确也承认,如果人不进行修养,习就会变坏,所以应当扩充人性:"盖人性无不善,于扩充尽才后见之也。如五谷之性,不艺植,不耘籽,何以知其种之美耶？"（《性解上》）为此，他以种子为例，称种子今后会长出茎、叶、花、实，但这只是潜能，如果不进行种植，那么这些性能便无从表现。同样，人有四端之善，也是一种潜质，必须通过扩充才能呈现。

在理欲观方面，程颐认为"无人欲，即皆天理"，这是将天理与人欲对立来看待，为此后世理学家将人欲看成人类罪恶之源。陈确反对这种观念，首先说欲是人的生命力："欲即是人心生意，百善皆从此生。"同时陈确认为，无论凡圣都有欲，既然如此，凡人和圣人有什么区别呢？陈确说："圣人之心无异于常人之心，常人之所欲亦即圣人之所欲也，圣人能不纵耳。"（《无欲作圣辨》）

圣人之心与凡人之心无异，那么圣人之欲与凡人之欲同样无异，唯一的区别，就是圣人不纵欲。除了圣人之外，陈确还将佛、道两家也作了对比："二氏乃多欲之甚者，却累离尘，以求清静，无欲之欲，更狡于有欲。而曰长生，曰无生，妄莫大焉，欲莫加焉。正齐宣所云'将以求吾所大欲'者，何云无欲？真无欲者，除是死人。"（《瞽言》）

陈确认为佛、道两家貌似无欲，但他们求长生和来世，其实是更大的欲望，什么人才能真正做到无欲呢？只有死人。

如果人人有欲，那"理"怎么办？陈确给出的答案是："盖天理皆从人欲中见，人欲正当处，即是理，无欲又何理乎？孟子曰：'可欲之谓善。'佛氏无善，故无欲。生，所欲也。义，亦所欲也。两欲相参，而后有舍生取义之理。富贵，所欲也，不去仁而成名，亦君子所欲也，两欲相参，而后有非道不处之理。推之凡事，莫不皆然。"（与刘伯绳书》）

陈确提出了"理在欲中"的观念，因为天理都是从人欲中看到的，所以恰当的人欲就是天理，人无欲，哪里来的天理？于是他化用了孟子所说的"生，亦我所欲也；义，亦我所欲也"的观念，当生与义不可兼得时，将"舍生而取义"。当然，陈确所说的"欲"指的是合理的欲，过多的欲望应当予以遏制，但过于遏制也是不对的："人欲不必过为遏绝，人欲正当处，即天理也。"（《近言集》）

恰到好处的人欲就是天理，为此陈确作了如下比喻："如富贵福泽，人之所欲也。忠孝节义，独非人之所欲乎？富贵福泽之欲，庸人欲之，圣人独不欲之乎？学者只时从人欲中体验天理，则人欲即天理矣，不必将天理人欲判然分作两件也。"（《近言集》）

富贵延绵是人人所欲，忠义孝节同样如此，这些欲望庸人和圣人皆有之，因此说，只能在欲中去寻觅天理，而不必将天理、人欲作为两件事对立起来。他的观点推翻了天理的绝对崇高性，使天理不再是一个独立的绝对概念，它来源于人的自我节制。

知与行的关系问题，也是儒家重点探讨的观念，此观念本自《大学》中提出的"格物致知"，韩愈推崇《大学》，故宋儒对此书最为看重，程颐用"穷理"来解释格物，朱熹根据程颐之意，对格物致知作了详尽解读。但是王阳明认为，朱熹对古本《大学》做了改动，为此他要恢复古本《大学》的原貌，引起了后儒争讼。

有人认为王阳明恢复古本《大学》有功，也有人认为朱熹根本没有改变《大学》原文。陈确做得更彻底，他认为无论是程朱注本，还是王阳明的《古本大学》，一律应该予以否定。他不认为《大学》是孔子和曾子所作："《大学》首章，非圣经也。其传十章，非贤传也。"为什么要彻底予以否定呢？陈确的理由是："《大学》言知不言行，必为禅学无疑。"（《大学辨》）

在陈确看来，《大学》只说知，不说行，这种观点近乎禅。为什么这样说呢？他解释道："自程、朱揭出致知之义为《大学》始事，于是学者皆舍坐下工夫，争求了悟，今日言格致，明日言格致，谓学必先知后行。夫先知后行，则必有知无行，而究归无知，真可痛也！"（《大学辨》）陈确将矛头直指程朱，认为正是他们的观点使得当下的一些学者只在那里静坐以体悟天理，他们强调要先知后行，但实际上却根本没有行。

宋儒把《大学》看得如此重要，五百年来败坏了学风："学士大夫复相与揣摩格致之说，终日捕风捉影，尚口黜躬，浮文失实，是何异敝晋之清言，痴禅之空悟乎？阳明子虽欲合知行，然淳淳言良知，犹未离格致之说。传之后学，益复荒唐。非揣摩之不工，其所以揣摩者失其道也。"（《揣摩说》）学者只知不行，这样类似于捕风捉影，这种做法在陈确看来有如晋朝的玄言以及禅宗的空悟。

接下来他谈到了王阳明所提倡的"知行合一"，认为王阳明有意将"知"与"行"合并，但可惜没能做到，原因是王阳明把"良知"规定为独立存在的真理，为此提出了"致良知"的观念，他所说的"致"只是人们的思维过程，致使很少人到现实中去履行认知活动。在陈确看来，"良知未可谓知，必实致其良知于行，然后可谓之知，此'知行合一'之说也"。（《与张考夫书》）陈确认为，真正的"知行合一"必须将"行"统一到"知"上来，才能做到。

第十章　清初儒学：继承与反思

对于"知"与"行"的先后问题，陈确主张先行后知，为此他举出了如下例子："譬如乱后而至京师，风波荆棘，不容不访，但走在路上，虽至愚极蠢之人，必能问讯，必能到京。若终日坐在家里，虽聪明强记之人，将两京十三省路程稿子倒本烂熟，终亦何益！后儒格致之学，大率类此。"(《答朱康流书》)

陈确说，某人若想前往京师，必须要有此一程才能到达，虽然此人之前没有去过，但如果一路打问，总能打问到京师，可是如果他只是坐在家里，哪怕把地图背得滚瓜烂熟，又有什么用呢？其实他是在批评朱熹提出的知前行后观点，陈确以此强调，"行"要重于"知"。虽然他不反对"知行合一"，但他认为王阳明主要是侧重于良知的"知"，而他更看重良知的"行"。

第十一章

汉代经学的复兴：古文经学与今文经学

清人推崇汉代经学，时人将其称为"汉学"，与之相对应的是宋学。"汉学派"则专指清儒中的考据学派。徐复观在《清代汉学衡论》中说："十八世纪的前期，此一学派自称为'古学'，亦自称为'汉学'，而以'古学'一词稍占优势。十八世纪末期，则'汉学'一词渐占优势，'古学'一词遂为其所掩。"对于"汉学"一词的使用时代，周予同在《汉学与宋学》中则称："'汉学'一派学术的存在，固远在两汉时代；但'汉学'这名词的采用，却在于清代'汉学派'复兴的时候，'汉学'这名词乃由于与'宋学'对峙而成立。"但是刘师培认为，"汉学"一词至近代始出现，其在《近代汉学变迁论》中称："古无汉学之名，汉学之名始于近代。或以笃信好古该汉学之范围，然治汉学者未必尽用汉儒之说，即用汉儒之说亦未必用以治汉儒所治之书。是则所谓汉学者，不过用汉儒之训故以说经，及用汉儒注书之条例以治群书耳，故所学即以汉学标名。"

正式标出"汉学"之名，应当是清嘉道时期江藩所著的《汉学师承记》，该书系统地总结了清代汉学的发展历程。宋学派的方东树认为江藩编纂此书有门户之见，为此站在宋学家的立场上写了《汉学商兑》予以回击，由此使得"汉学"一词为后世广泛使用。

但是，并非研究汉代经学者均归之为汉学。梁启超在《清代学术概论》中说："清代学术，论者多称为'汉学'，其实前此顾、黄、王、颜诸家所治，并非'汉学'；后此戴、段、二王诸家所治，亦并非'汉学'。其'纯粹的汉学'，则惠氏一派，洵足当之矣。"梁启超认为，只有惠栋一派才是真正的汉学家，而惠栋所治之学主要是古文经学。也就是说，在梁启超那里，只有古文经学家被称为汉学家。清代还复兴了西汉的今文经学，美国汉学家艾尔曼也认为汉学派直至18世纪苏州学者惠栋之时才正式成形，但是他同时认为，今文经学家也属于考据学派的一部分。

汉学和今文经学成为清代的学术主流，虽然宋学派仍然存在，但已完全不能与考据学派相抗衡。对于清代宋学的定义，漆永祥在《乾嘉考据学研究》中说，乾嘉学者所说的汉学包括两层含义：一是指宋代经学，这已经被他们否定，二是指宋明理学，乾嘉学者对此既有肯定也有否定，肯定的部分是指正心诚意、立身致行之学，否定的部分是性理之学，他们对宋代的训诂考据之学亦予以提倡。

一、惠栋：开创吴派，一尊汉儒

清代汉学分两大派别：一是吴派，二是皖派。这种分法始自章太炎《訄书·清儒》："其成学箸系统者，自乾隆朝始。一自吴，一自皖南。吴始惠栋，其学好博而尊闻。皖南始江永、戴震，综形名，任裁断。"这两大派别乃是由两位领袖级人物的籍贯来划分的。吴派领袖惠栋是苏州人，皖派领袖戴震是安徽人，故以名之。梁启超在《论中国学术思想变迁之大势》中称："其俨然组织箸学统者，实始乾隆朝，一曰吴派，一曰皖派。吴派开祖曰惠定宇栋。"

除了地域之别，吴、皖两派更重要的是在治经方式上有区别。梁启超在《清代政治与学术之交互的影响》中将乾嘉时期的学术体系分为五个派别：吴派、皖派、扬派、浙东派和常州派。讲到吴派时，他说："惠周惕、惠士奇、惠栋为首领。这一派人讲学专讲好古，无论什么，都是汉朝人的最好，汉以后的便不要了。在考证学初开，一定是这样的。这一派专讲记诵的功夫，博学而以好古为目标。这一派是只有对于程朱的反动，如何组织，尚未讲到。"

梁启超接着谈到皖派，为了突出该派与吴派的不同，他用对比法作了如下讲述："戴东原为首领。在戴之前有江永（慎修），所以并称江戴。戴不单讲考证学，又有哲学。戴派学风是'求是'。求是与好古不同。吴派是好古，'古'即是'是'。戴不问古今，惟'是'所在。不过以为事实上的'是'古比今多罢了。这一派是真的考证学，吴派是'纯汉学'。"

惠栋，字定宇，号松崖，元和人（今属苏州）。他的祖父辈均为名儒，王昶在《湖海诗传》中说："惠氏四世传经，至学士而大，至征君而精。"惠栋的祖父惠周惕和父亲惠士奇皆入翰林。清代学者冯桂芬在《思适斋文集序》中称："国朝右文稽古，鸿儒硕学辈出相望，遂驾于宋元明而上，而有开必先，实惟吾郡人为多，惠氏四世传经，为讲汉学之首。"

元和惠氏虽然四世传经，但真正在社会上造成影响力者始自惠士奇，他做过广东学政，由此将自己的经学思想传播到了粤地，桂文灿在《经学博采录》中称："自东吴惠半农来粤督学，喜以经学提倡。士类时有苏瑞一珥、罗履先天尺、何西池梦瑶、陈圣取海六四君，称'惠门四子'。"

惠士奇著有《易说》《礼说》《春秋说》等相关著作，然其影响力没有儿子惠栋那样更加广为人知。陶澍在《惠氏四世传经遗像书后》中称："东吴惠氏，以经学世其家。乾隆中叶，海内之士知钻研古义，由汉儒小学训诂以上溯七十子六艺之传者，定宇先生为之导也。"

吴派虽然尊古，解经以汉儒观点为准，但是在尊古的同时，首先要辨识古人所言正确与否，为此辨伪乃是研经的第一要务，乾嘉学派的形成就是以辨伪肇其端。江藩在《汉学师承记》中列出的第一个人物就是清代辨伪大师阎若璩，阎氏所著《尚书古文疏证》乃是清代辨伪学中的第一名著，支伟成在《清代朴学大师列传》中称："伪《古文尚书》自东晋以来，诬世且二千余年。潜邱先生毅然辞而辟之，不亦勇哉！余作《尚书去伪》，所以继先生之绪也。盖学术以墨守而退化，得怀疑而进步。自伪经谳定，而一切经文经义，胥引起讨论。后此今文经与古文经、群经与诸子、中国古典与西洋哲学，皆对待研究，实由先生启其端焉。"

阎若璩探究伪《古文尚书》的同时，惠栋也在从事这项辨伪工作，他的相关著述为《古文尚书考》。以出版顺序论，阎若璩的著作在先，但是按照沈彤在《古文尚书考序》所言，当时惠栋并不知道阎若璩在探究伪《古文尚书》："太原阎百诗，近儒之博且精者，著《尚书古文疏证》五卷，先得定宇之旨。定宇书不谋而与之合，文词未及其半，而辨证益明，条贯亦清益云。"钱大昕为此书所作序言中亦称："先是太原阎征士百诗著书数十万言，其义多与先生暗合，而于《太誓》，犹沿唐人《正义》之误，未若先生之精而约也。"

阎若璩与惠栋分别研究伪《古文尚书》，后来阎若璩的著作先行出版，惠栋得到此书后，将阎若璩的观点也引入自己书中，使得《古文尚书考》条理更为清晰。对于这两部著作的重要价值，钱穆在《中国史学名著》中给予了极高评价："在他稍后有惠栋，也写了一部《古文尚书考》，同辨古文《尚书》之伪。这是在近代学术史上所谓辨伪问题上一个极大的发现。这是中国学术史上一个惊天动地的大功绩。"

这两部著作的出现，的确是经学史上的大事件。早在宋代，吴棫和朱熹等人就开始怀疑东晋《古文尚书》的真伪，但是东晋《古文尚书》中有宋儒极其看重的"虞廷十六字"，即"人心惟危，道心惟微，惟精惟一，允执厥中"。朱熹还对"十六字传心诀"作过详细解释，称"允执厥中"一句乃是尧舜相传，将此视为"尧舜禹相传之密旨也"。（《答陈亮书》）因此，此十六字可谓宋儒的核心价值观，如果证明东晋《古文尚书》为伪，那么"虞廷十六字"也将不复成立，所以宋儒没有将证伪之事进行下去。

清初阎若璩发现"人心惟危，道心惟微"乃是《荀子》中所引道经之语，其在《尚书古文疏证》中说："此语不知创自何人，而见之《道经》，述之荀子，至魏晋间窜入《大禹谟》中，亦几沉埋者七八百年。有宋程、朱辈出，始取而推明演绎，日以加详，殆真以为上承尧统，下启孔教者在此，盖以其所据之地甚尊，而所持之理原确也。噫！抑孰料其乃为伪也乎？"

虽然阎若璩认定这是伪作，但他同时说"其精密绝伦者在虞廷十六字"，同时强调儒家经典中也存在这样的传心要语，比如《论语》中即有"允执厥中"，其同时认为"予是以知'人心之危，道心之微'必真出古《道经》，而伪古文盖袭用，初非其能造语精密至此极也"。也就是说，阎若璩已经确认了"虞廷十六字"为伪作，但他仍然肯定虞廷心传的重要作用。故而有人猜测，他是受到了宋学派的压力。

对于"十六字心诀"，惠栋的态度要比阎若璩坚决得多，其在《古文尚书考》中称："《荀子》言'一'故能'精'，非先'精'而后'一'也。且微则已造至极，不须更言'精'又言'一'也。荀子所言七十子之大谊，推而上之，即圣人之微言也。梅氏用其说以造经，而谊多疏漏，阎氏谓其'造语精密'，殊未然。"惠栋认为，既然已经是"惟精"，就不必再说"惟一"，因为惟精已经造极，所以他不赞同阎若璩夸赞此十六字"造语精密"。

惠栋除了批评阎若璩，同时指出程朱之误："精者，精微；一者，道本。向一而加功焉，然后精。伪尚书惟精惟一，此误解荀子也。吾闻一而后精，不闻精而始一。盖后人以为精察之'精'，故误耳。"

惠栋对"虞廷十六字"的彻底否定，使得《古文尚书》的经典地位受到冲击，由此也打击了理学家十分看重的道统，从此推动了乾嘉时期辨伪之学。

二、吴派嫡传名家

1. 江声：续研《古文尚书》

江声，本字涛，改字叔沄，一字鳄涛，号艮庭，原籍安徽休宁，侨寓江苏元和（今苏州吴中区），一生未仕。《清史稿》载："吴中自惠氏父子后，江声继之。"江声之兄江筠精通"三礼"和"三传",著有《读仪礼私记》等书,兄弟二人皆"学问浩博,精诣古人,时有'休宁二江,无双有双'之誉"。(《苏州通史》)

江声父母去世后,他不以科举为业,独好精诣古学,尤其喜爱许慎的《说文解字》,三十五岁时拜惠栋为师,同时也师事戴震,四十一岁时致力于《尚书》,此后用了十几年时间四易其稿,完成《尚书集注音疏》十二卷,此书自肇始到刊刻完成,历时三十余年。

何以要下这么大功夫来研究《尚书》呢?他在《募刊尚书小引》中简述了《尚书》的递传源流,从汉代伏生得二十九篇讲起,之后讲到了吴棫、朱熹等人对于东晋古文《尚书》的怀疑,但是朱熹尽管知道该书有疑点,仍然将其奉为圭臬,以至于贻误后人。元代的吴澄和明代的郝敬虽然也怀疑东晋古文《尚书》为伪书,但他们没有对该书进行详细的分析。入清后阎若璩和惠栋对伪古文《尚书》做了系统分析,但江声认为,还有继续深研的空间,于是写出了《尚书集注音疏》。

该书出版后受到广泛赞誉,周中孚在《郑堂读书记》中称:"是书主发挥汉儒之学,专释真古文二十九篇。取马、郑之注及伏生《大传》异义,参酌而辑之,更旁采他书之有涉于《尚书》者以益之。其王肃注及伪孔传,择其不谬于经者,间亦取焉。皆以己意为之疏,以申其义。其亡篇之遗文有散见他书者,则并其原注采之,各随其篇第而附厕其间。其无篇名者,总列于后。"对于本书的撰写体例,周中孚认为:"艮庭取法惠氏《周易述》而作此书,原本汉儒,推阐考证,虽掇拾散佚,未能备睹专门授受之全。要其引据古义,具有根柢,以视孔氏之疏伪传,则相去远矣。"

对于该书体例上的特性和价值,李慈铭在《越缦堂读书记》中写道:"自注自疏,古所罕见,江氏盖用其师惠定宇氏《周易述》家法。惠氏以荀、郑、虞等《易》注既亡,掇拾奇零,非有一家之学可据,故不得不为变例。江氏亦以马、郑之注,由于辑集,故用其师法。钜儒著述,皆有本原,不得以井管拘墟,轻相訾议也。"

李慈铭所说的有人对该书"訾议",乃是指一些今文经学家对该书提出的批评。其实江声探讨古文《尚书》时,以自著、自疏的方式来疏解全经,乃是有着开创之功。皮锡瑞在《经学通论》中称:"疏解全经,在国朝为最先,有筚路蓝缕之功。惟今文收集未全,立说亦有未定。又承东吴惠氏之学,好以古字改经,颇信宋人所传之古《尚书》,此其未尽善者。"

《尚书集注音疏》成书之后，后世凡研究《尚书》者，多参阅此书。比如王鸣盛的《尚书后案》、庄述祖的《尚书今古文考证》、孙星衍的《尚书今古文注疏》、魏源的《述古微》，等等，这些著述有的采用其说，有的驳斥其谬，但都说明了江声此书的影响力。对此，《清史稿》给予江声的评价为："至本朝阎、惠两征君所著之书，乃能发其作伪之迹、剿窃之原。若刊正经文，疏明古注，则皆未之及也，及声出而集大成焉。"

2. 王鸣盛：严守家法，一尊郑玄

王鸣盛，字凤喈，一字礼堂，号西庄，晚年自号西沚，嘉定人。《清史稿》称其"幼从长洲沈德潜受诗，后又从惠栋问经义，遂通汉学"，主要学术著作有《尚书后案》《蛾术编》《十七史商榷》。

王鸣盛早年就读于苏州紫阳书院，又从惠栋问经义，由此而遂通汉学，所以尽管他是嘉定人，也被后世视为吴派。但是王鸣盛并没有视惠栋为师，他的表述是"吾交天下士，得通经者二人，吴郡惠定宇、歙州戴东原也"（《古经解钩沉序》），又称"亡友惠定宇"（《十七史商榷》），可见二人是亦师亦友的关系。

王鸣盛对自己的学术成就非常自信，自称学问赶不上钱大昕，但可与明代"后七子"中的王世贞一较高低，其在《蛾术编》中称："于经有《尚书后案》，于史有《十七史商榷》，于子有《蛾术编》，于集有诗文。以敌《弇州四部稿》，其庶及乎？"可见对于自己的经学著作，他最为看重《尚书后案》。

秦始皇焚书坑儒后，《尚书》原本残缺，西汉伏生传承残缺的今文《尚书》，之后在汉代又发现了古文《尚书》，因为其文字用古蝌蚪文写成，故称其为"古文"。东汉末年，新发现的古文《尚书》又失传了。到东晋时，豫章内史梅赜称发现了一部古文《尚书》，并且前有胡安国所写序言，该书在唐代时颇为流行。

至宋代时，吴棫在其所著《书稗传》中，质疑这部东晋发现的《尚书》，他认为该书读起来文从字顺，不似古书。之后朱熹也对此书的真伪表示怀疑，《朱子语类》载："问：'林少颖说，《盘诰》之类皆出伏生'，如何？曰：'此亦可疑。盖《书》有古文，有今文。今文乃伏生口传，古文乃壁中之书。《禹谟》《说命》《高宗肜日》《西伯戡黎》《泰誓》等篇，凡易读者，皆古文。况又是科斗书，以伏生《书》字文考之，方读得。岂有数百年壁中之

物，安得不讹损一字？又却是伏生记得者难读，此尤可疑。今人作全书解，必不是。"

早期经典在千年的流传过程中，很难保持完整，但梅赜所献的古文《尚书》却完好无缺，这正是后世起疑之处，更何况，汉代经学家在注书时，不会对全书作注，但是这部东晋的古文《尚书》却有孔安国的全部注解，这正是朱熹起疑的地方。

朱熹的疑问对后世学者有启迪作用，明代梅鷟沿着朱熹的思路继续深挖，撰写了《尚书考异》。他在该书中指出，东晋古文《尚书》多出的二十五篇，资料来源于《五子之歌》《尚书序》以及《离骚》等，这是他的一大发明。同时他不忘提及朱熹的启迪之功："今按朱子之见，诚为超迈；朱子之当，诚为精当。"

进入清代，阎若璩根据梅赜提出的多出二十五篇的问题，用考据学的方式，列出一百二十八条证据，证明这多出的二十五篇为伪作。阎若璩的《尚书古文疏证》成为清代考据学的开山之作。王鸣盛的《尚书后案》正是在总结前人成果的基础上，作出了更为系统的论述。

王鸣盛的证伪从多个角度展开，首先也是从篇幅的多少上来作整体论述，他先对孔安国的序言来作论述，从卷数和篇数来作切入点，伏生所传为二十九篇，之后欧阳高从《泰誓》中分出两篇，合计为三十一篇。至东汉时，杜林、卫宏、贾逵、马融、郑玄在欧阳高的基础上，又从《盘庚》中分出两篇，从《顾命》中分出《康王之诰》，合计为三十四篇。而东晋古文《尚书》为三十三篇，因此王鸣盛指出《尚书》从无所谓三十三篇，有之自伪书始。

对于伪古文《尚书》多出的十六篇，王鸣盛也作了相应的推论，而后对于伪书的来源也做了分析，认为真古文《尚书》亡佚后，有人根据郑玄的记述，作出了伪本，但是作伪之人必须要参考先秦时期与《尚书》有关的文献，从那些文献中找出引用《尚书》的内容，为此，早期文献中引用过的《尚书》内容，就可以作为证伪的依据。比如"虞廷十六字"，王鸣盛指出，作伪者是根据《论语·尧曰》中的"允执厥中"为基础，然后增加了另外三句。

尽管真古文《尚书》在流传过程中亡佚了，但它毕竟存世过一段时间，在此期间的著述者有时会引用其中部分文字，因此这些著述也成为王鸣盛辨伪的证据：如果晚出的古文《尚书》是真本的话，那么有人应该见过此本，也就有可能在文中予以引用，但是现在却没有看到过引用伪古文《尚书》的历史著作。

王鸣盛的辨伪还会从内容上着手，比如伪古文《尚书》中的一句："呜呼！七世之庙，可以观德。万夫之长，可以观政。"王鸣盛说，这几句话其实是作伪者抄自《吕览》卷十三《论大览》中，所引《商书》中的一句："五世之庙，可以观怪。万夫之长，可以生谋。"作伪者根据这一句作了改编，但因为他不了解历史上的相应制度，而犯了错误。七庙制度始于周朝，夏、商朝时代没有此制。《王制》称："天子七庙，三昭三穆，与太祖之庙而七。"对于这句话，郑玄在注中称："此周制。七者，太祖及文王、武王之祧，与亲庙四。太祖，后稷。殷则六庙，契及汤与二昭二穆。夏则五庙，无太祖，禹与二昭二穆而已。"因为作伪者不懂得这个制度，所以才露了马脚。

可见，王鸣盛在作相应论证时，大多是以郑玄的观点为依据，他在《尚书后案》的序言中明确称："《尚书后案》何为作也？所以发挥郑氏康成一家之学也。"他在该书中也讲道："文字宜依《说文》，传注必宗郑氏。"由此说明了王鸣盛在研经方式上最守家法，古字按照许慎的《说文解字》，经义按照郑玄的所解。为何要如此严守家法呢？王鸣盛说："汉人说经，必守家法。自唐贞观撰诸经义疏而家法亡。宋元丰以新经学取士而汉学殆绝。今好古之儒，皆知崇注疏矣，然注疏惟《诗》、三礼及《公羊传》犹是汉人家法。他经注则出魏、晋人，未为醇备。"（《清史稿》）

尽管王鸣盛没有称惠栋为师，但是他对伪古文《尚书》的辨伪活动实受惠栋启发。钱大昕在《西沚先生墓志铭》中称："又与惠徵君松厓讲经义，知训诂必以汉儒为宗。服膺《尚书》，探索久之，乃信东晋之古文固伪，而马、郑所注实孔壁之古文也，东晋所献之《太誓》固伪，而唐儒所斥为伪《太誓》者，实非伪也。古文之真伪辨，而《尚书》二十九篇粲然具在，知所以从事矣。"

阎若璩与惠栋在《太誓》的真伪问题上，有着不同看法。阎认为，古文《尚书》中的《太誓》是伪，因为他发现《太誓》中有与《孟子》相关的内容，而《孟子》成书时间要比《尚书》晚，故阎若璩说："从来后人引前，无前人引后。"（《尚书古文疏证》）但惠栋不认可阎若璩的这个观点，他认为《孟子》中涉及的内容才是真正的西汉真古文《尚书》中的《太誓》。

王鸣盛支持惠栋的观点，认为司马迁和班固都看到了伏生所传授的二十九篇古文《尚书》，因为孔颖达在《尚书正义》中表示此二十九篇真《古文尚书》中没有序，如此就可推论出欧阳氏、夏侯氏所传之本均有《太誓》，对此他在《辨陆德明释文》中说："伏《书》二十九内本有《太誓》，不至宣帝始得。且孔疏云伏《书》二十九而序在外，是伏《书》因加序或可称三十耳，非以合《太誓》称三十。"

王鸣盛在撰写《尚书后案》的过程中，曾与江声探讨此事，其在自序中称："又就正于有道江声，乃克成此编。"可见他是在惠栋与江声的基础之上，写出了这部名著。为此陈寿祺在《古文尚书条辨序》中将三人并称："惠氏定宇、江氏叔沄、王氏礼堂继之，讨论益精。"

3. 江藩：疏理清代汉学与宋学体系

江藩，字子屏，号郑堂，江苏甘泉人。江家以药肆为业，江藩十二岁时从薛香闻问学，薛氏告诉他："作圣之基，当从诚意始。"（《宋学渊源记·薛香闻师》）这显系宋学观点。乾隆四十年（1775），江藩拜余萧客为师，渐懂汉学吴派门径。两年后余萧客去世，江藩转而拜江声为师，继续研究汉学。对于两位名师的指导，江藩自称："藩绾发读书，授经于吴郡通儒余古农、同宗艮庭二先生，明象数制度之原、声音训诂之学。"（《国朝汉学师承记·自序》）

江藩最有名的学术著作是《国朝汉学师承记》，内容专述清代汉学家。自从黄宗羲编撰了《宋元学案》，由此确立了学案体系，后世对此体例多有效仿，江藩的《国朝汉学师承记》就是以流派划分体系，以代表人物作为标题，来立学案，他第一次将乾嘉学案划分出吴、皖两个派别，此后章太炎作了更为明确的论述。

《国朝汉学师承记》共八卷。卷一收录了汉学开山人物阎若璩和胡渭；卷二、卷三收录的是以三惠为代表的吴派人物；卷四为王昶、朱筠、武亿、洪亮吉等汉学家；卷五、卷六收录的是以江永和戴震为代表的皖派学者；卷七为扬州地区汉学家；卷八收录的是黄宗羲和顾炎武。

对于此书的价值，后世大多持肯定态度。张之洞在《輏轩语》中说："《汉学师承记》为经学之门径。"周予同在该书选注本的序言中说："上继黄百家、全祖望的《宋元学案》与黄宗羲的《明儒学案》，下开章炳麟的《检论·清儒篇》与梁启超的《清代学术概论》，在中国学术史的著作里，实占有异常重要的地位。"

为什么要提倡汉学，江藩在《师承记》中说："乃知经术一坏于东西晋之清淡，再坏于南北宋之道学，元明以来，此道益晦，至本朝，三惠之学盛于吴中,江永、戴震诸君继起于歙,从此汉学昌明,千载沉霾,一朝复旦。"

对于吴、皖两派,因为江藩属于吴派传人,所以在撰写《师承记》时,对吴派人物着墨较多,对皖派略有贬语,故章太炎在《说林下》中说:"甘泉江翁为《汉学师承》《宋学渊源》两记,世多病其颛固。《汉学记》与戴君鉏铻。江翁受业余翁,余翁之学,本吴惠君,坚贞守师,遂擅其门,以褊心訾异己。"

江藩在《汉学师承记》中的确极其推崇惠栋一派,在评价惠氏的易学成就时说:"盖《易》自王辅嗣、韩康伯之书行,二千余年,无人发明汉时师说。及东吴惠氏起而导其源,疏其流,于是三圣之《易》昌明于世,岂非千秋复旦哉!"

但是后世对该书也略有微词,比如黄式三在《汉学师承记跋》中称:"江氏宗师惠、余,揽阎、江诸公为汉学,必分宋学而二之,适以增后人之惑也。"可见黄式三反对江藩将汉学、宋学划分为两个阵营。为此方东树还特意作《汉学商兑》一书予以反击。

其实,不独宋学派人物对《汉学师承记》有批评之语,有些汉学派学者对此也有不满,这些不满主要集中在江藩将黄宗羲、顾炎武二人列了本书之末,而后世学者都将顾、黄视为汉学的开山人物。其实江藩也承认这一点。比如他在《师承记》卷七的《汪中传》中称:"君治经宗汉学,谓国朝诸儒崛起,接二千余年沉沦之绪,通儒如顾宁人、阎百诗、梅定九、胡朏明、惠定宇、戴东原,皆继往开来者。"

江藩于此提到了顾炎武在清学上的开山地位,又在书中将黄、顾并提:"自黄梨洲起而振其颓波,顾亭林继之,于是承学之士知古经义矣。"所以他在该书的卷末以自责的口吻说:"噫,吾过矣!退而辑二君事实,为书一卷,附于册后。"既然知道黄、顾为清学开山,却还是将二人附于卷末,连江藩自己都说有些过分了,那他为什么还要坚持这么做呢?

江藩在本书的卷八以答客问的形式作出了解释。他首先是站在政治立场的角度来批评黄、顾:"甲申、乙酉之变,二君策名于波浪砺滩之上,窜身于榛莽穷谷之中,不顺天命,强挽人心。发蛙黾之怒,奋螳螂之臂,以乌合之众,当王者之师,未有不败者矣。逮夫故土焦原、横流毒浪之后,尚自负东林之党人,犹效西台之恸哭,虽前朝之遗老,实周室之顽民,当名编薰胥之条,岂能入儒林之传哉?"

可见,江藩是站在清廷正朔的角度来批判黄、顾的反清复明立场。当然也有人会说：如果江藩不这样排列，很可能会惹上文字之祸。可是江藩的朋友阮元在浙江巡抚任内奉旨修撰《国史儒林传》，把黄、顾列为清朝汉学、宋学的共同开山，以阮元的身份，敢如此排列，而江藩仅是布衣，他为什么会有更深的顾虑呢？因此顾虑一说不足以解释清楚江藩的心态。

江藩还对黄、顾的学术思想做出了批判："梨洲乃蕺山之学，矫'良知'之弊，以实践为主；亭林乃文清之裔，辨陆王之非，以朱子为宗。故两家之学皆深入宋儒之室，但以汉学为不可废耳，多骑墙之见、依违之言，岂真知灼见哉。"

江藩说黄、顾的学术深入宋儒之室，不属于纯汉学，为此将黄、顾排在卷末。如此解释，似乎也能自圆其说。但是江藩实际对宋学派并无过多的偏见，比如他在《宋学渊源记》中又说："近今汉学昌明，遍于寰宇，有一知半解者，无不痛诋宋学。然本朝为汉学者，始于元和惠氏。红豆山房半农人手书楹帖云：'六经尊服郑，百行法程朱。'不以为非，且以为法，为汉学者背其师承何哉？"

在汉学一统天下的局面之中，似乎每位学人都在骂宋学，但江藩却说惠士奇家挂有一副对联，上联谈的是尊服虔和郑玄，下联则是尊程、朱。江藩最为推崇的惠栋也说过："汉人经术，宋人理学，兼之者乃为大儒。"（《九曜斋笔记》）可见江藩并不反宋学，他还特意撰写了《国朝宋学渊源记》。因此说，江藩将黄、顾列在《师承记》的卷末，其实有着复杂的心态，尽管此举受到后世批评，但这就是他的态度所在。

《国朝宋学渊源记》分为上下两卷，上卷记北方学者，下卷录南方学者。从卷数上看，宋学仅两卷，而汉学有八卷，似乎他偏袒于汉学，但是他在《渊源记》中又有如下表达："国朝儒林，代不乏人，如汤文正、魏果敏、李文贞、熊文端、张清恪、朱文端、杨文定、孙文定、蔡文勤、雷副宪、陈文恭、王文端，或登台辅，或居卿贰，以大儒为名臣，其政术之施于朝廷、达于伦物者，具载史戚，无烦记录，且恐草茅下士见闻失实，贻讥当世也。若陆清献公，位秩虽卑，然乾隆初特邀从祀之典，国史自必有传矣。藩所录者，或处下位，或伏田间，恐历年久远，姓氏就湮，故特表而出之。"

江藩表明《渊源记》不收名臣，并提到了汤斌、魏象枢、李光地、熊赐履、张伯行、陈宏谋、王杰等名臣，尽管他们也是大儒，但正史中会收录他们的传记，所以《渊源记》重点是记录在野的宋学家。

对于宋学派，江藩没有太多的偏见，他在《渊源记》卷首的《叙》中称:"窃谓朱子主敬,《大易》'敬以直内'也;陆子主静,《大学》'定而后能静'也;姚江'良知',孟子'良知良能'也。其末节虽异,其本则同,要皆圣人之徒也。"江藩认为,无论程朱还是陆王,他们都是圣人之徒。同时他反对朱陆之争,认为宋明理学在大盛之时自有其道理,后来的衰落乃是因为内部的相互攻击。江藩颇为厌恶同室操戈,同时排斥宋学家空谈义理。

但江藩毕竟以汉学为主导思想,因此,他会在文中反驳宋学家对汉儒的攻讦:"周、程、张、朱所读之书,先儒之义疏也,读义疏之书,始能阐性命之理,苟非汉儒传经,则圣经贤传久坠于地,宋儒何能高谈性命耶。"其言外之意,如果没有汉儒传经之功,那么宋儒也无从高谈性命,所以汉儒是宋儒之学的前提,故而他认为后人攻击郑玄乃是数典忘祖。

相比较而言,《宋学渊源记》不如《汉学师承记》影响大,《师承记》刊刻之后,引起学界广泛关注,自此之后再版过许多次,对学术界产生深远影响。此后还有人试图撰写《续汉学师承记》,这恰好说明了该书的影响力。

三、戴震:开创皖派,以考据达义理

戴震,字东原,一字慎修,号杲溪,安徽休宁人。戴震曾拜惠栋为师,然而他并没有遵守传统汉学家的注经方式,其研究视野已经超出了汉学樊篱,由此而开创了汉学体系中的皖派。他在历史典籍研究方面涉猎广泛,在天文、数学、史地、音韵、文字训诂等方面均有很高成就,被视为乾嘉学派的代表人物之一。他还对义理之学有着深入研究,这方面的代表作有《孟子字义疏证》。其临终前给弟子段玉裁的信中写道:"仆生平论述最大者,为《孟子字义疏证》一书,此正人心之要。今人无论正邪,尽以意见误名之曰理,而祸斯民,故《疏证》不得不作。"如此可知,他对宋儒义理之学的厌恶。

宋儒最重理欲之辨,戴震对此有相关疏理,他在查证大量文献后得出结论:"古人所谓理,未有如后儒之所谓理者矣。"(《孟子字义疏证》)其称古代圣贤不会将自己的看法视为天理,可见宋儒对"理"的含义乃是根据己意来作夸大。正是出于这个原因,他才撰写《孟子字义疏证》予以批判,他在书中说,"理"的本意应当是"理者,察之而几微必区以别之名也,是故谓之分理;在物之质,曰肌理,曰腠理,曰文理;得其分则有条而不紊,谓之条理"。

戴震从分理和条理两个角度对"理"的概念进行了阐述,认为"理"乃是人们观察事物并区分出事物的细微差别,因此,"理"的含义其实就是分理,其他的肌理、文理等,就是分理在事物上的具体体现。戴震想以此来反驳程朱理学所强调的理义分殊,这样做的结果就等于瓦解了程朱理学的理欲对立观。

程朱理学提出"不出于理则出于欲,不出于欲则出于理",针对这种说法,戴震提出了情之"不爽失"就是理,以及情之"无过无不及"就是理。故后世将其观点称为"以情释理"。戴震提出:"物者,事也;语其事,不出乎日用饮食而已矣,舍是而言理,非古圣贤所谓理也。"(《孟子字义疏证》)理存在于人们的日常生活中,自古圣贤所说的理,都是在日用人伦的基础上进行探讨,如果离开了这个前提,那就不是古代圣贤所说的"理"。

对于"欲",戴震在《孟子字义疏证》中说:"人生而后有欲、有情、有知,三者血气心知之自然也。"人的欲望生而有之,因此人性和人欲不可分割,人只要存于世间,就会有欲,这些欲望发之于心。程朱认为,人欲属私,不控制人欲将导致人性堕落,但戴震认为"私"和"欲"是两个概念,程朱混淆了这两个概念,为此,他对"理正欲邪"观提出了质疑:"'口之于味也,目之于色也,耳之于声也,鼻之于臭也,四肢之于安佚也',此后儒视为人欲之私者,而孟子曰'性也',继之曰'有命焉'。命者,限制之名,如命之东则不得而西,言性之欲之不可无节也。节而不过,则依乎天理;非以天理为正,人欲为邪也。"

戴震引用了孟子的所言,来说明"欲"只要不过分就是天理,所以人欲和天理不是对立的。他用正邪来对此予以说明,人的身体之欲与心不是正和邪的关系,只有超过正常的需求才属于邪,他将邪称之为"私"。同时,他认为"私"是划分君子和小人的界限,根据这个界限,"仁"就是有欲不私。若一个人能够满足自己的欲望,同时又能照顾到别人的欲望,这就是"仁";如果一个人只满足自己的欲望,甚至还侵犯别人的欲望,这就是"私",也就是"不仁"。所以，戴震认为，君子修养身心的目的，不是灭欲，而是去私。为此，他明确提出"理者，存乎欲者也"的口号。

但是，戴震乃是清代考据派中皖派的领袖，他晚年用了很大精力撰写《孟子字义疏证》一书，令考据派人士不能接受。因为他在考据学方面有着极大的成就和影响力，戴震去世后，洪榜要为他撰写行状，打算将戴震所写的《答彭进士允初书》录入行状中，以此来说明戴震的义理之旨。但是戴震生前好友朱筠当时是学界领袖，他看到此文后对洪榜说："可不必载，性与天道不可得闻，何图更于程、朱之外，复有论说乎？戴氏所可传者不在此。"（洪榜《上笥河朱先生书》）

在朱筠看来，《孟子字义疏证》一书不足以代表戴震一生的学术成就，他让洪榜不要将与义理有关之文录入行状中，由此可看到考据派的名家严守汉宋之防。

当年，戴震在四库馆时，姚鼐欲拜其为师而遭拒，他听闻戴震撰《疏证》一书后，称："戴东原言考证岂不佳，而欲言义理，以夺洛、闽之席，可谓愚妄不自量之甚矣。"（《与陈硕士》）虽然此语有贬义，但也说明人们认定戴震只能去做考据，不适合奢谈义理。对于戴震的做法，姚鼐甚至说："且其人生平不能为程朱之行，而其意乃欲与程朱争名。"（《再复简斋书》）

姚鼐是宋学派人物，该派的方东树在《汉学商兑》中对《孟子字义疏证》的批评更为严厉："《孟子字义》，戴氏自谓'正人心'之书。余尝观之，镠轕乖违，毫无当处。"考据界的翁方纲也认为戴震不应当作《疏证》一书，还专门写了篇《理说驳戴震作》来批驳戴震所说的理，认为戴震"文理不通"，猜测戴震作该书的目的是"欲谈性道以立异于程朱"。

但也有些考据名家能够理解戴震晚年研究义理的原因，比如焦循说："循读东原戴氏之书，最心服其《孟子字义疏证》。"为何有如此一说呢？焦循的观点是："说者分别汉学、宋学，以义理归之宋，宋之义理诚详于汉。然训故明，乃能识羲文、周孔之义。宋之义理，仍当以孔之义理衡之，未容以宋之义理，即定为孔子之义理也。"（《寄朱休承学士书》）为此焦循写了一部《论语通释》，在本书的自序中称赞戴震《孟子字义疏证》一书"于理、道、天命、性情之名，揭而明之如天日"。

能够明白戴震作《孟子字义疏证》的重要意义者还有洪榜，江藩在《汉学师承记》中说："戴氏所作《孟子字义疏证》，当时读者不能通其义，惟榜以为功不在禹下。"这正是洪榜将《答彭进士允初书》全文录入戴震行状的原因所在。

遗憾的是，能有如此超前视野的人很少，无论宋学派还是汉学派，大多对《孟子字义疏证》持批判态度，直至民国时期学界重新审视此书时，才发现该书有着重要的思想价值。梁启超在《清代学术概论》中称："戴震盖确有见于此，其志愿确欲为中国文化转一新方向。其哲学之立脚点，真可称二千年一大翻案。……随处发挥科学家求真求是之精神，实三百年间最有价值之奇书也"，甚至认为："《孟子字义疏证》，盖轶出考证学范围以外，欲建设一'戴氏哲学'矣。"

为什么到这么晚人们才发现《孟子字义疏证》的巨大价值呢，这个现象一者说明了戴震的思想超越时代，二者也说明了他所处的时代考据学几乎一统天下，而戴震乃是考据学界的领袖，人们不允许他偏离主题。正如其弟子段玉裁在《戴东原集序》中所言："自先生以古学唱，三十年来，薄海承学之士，至于束发受书之童子，无不知有东原先生，盖其兴起者盛矣。称先生者，皆谓考核超于前古。"

段玉裁乃是戴震最有名的弟子，他最看重其师在古学方面的成就，戴震在考据界的地位可谓高山仰止，是旗帜性的人物，且学问各有体系，以纯正为贵。戴震晚年以考据大家的身份转而研究宋学家最喜欢的义理，这也是学界不接受的原因所在。故章学诚在《书朱陆篇后》中称："凡戴君所学，深通训诂，究于名物制度而得其所以然，将以明道也。时人方贵博雅考订，见其训诂名物，有合时好，以谓戴之绝诣在此。及戴著《论性》《原善》诸篇，于天人理气，实有发前人所未发者，时人则谓空说义理，可以无作。是固不知戴学者矣。"

章学诚说，戴震在训诂和名物考证方面极有成就，时人将此视为戴氏绝学，等到他晚年开始研究义理时，尽管有很多观点是发前人所未发，但人们难以接受，认为这是戴震由实学转入了空说义理的虚学。虽然追随戴震的人很多，但后来却没有人传承他的义理之学，胡适在《戴东原的哲学》一文中称："戴震门下，传经学的有人，传音韵学的有人，传古制度学的有人；只是传他的哲学的，竟没有人。"

人们认定戴震早年是考据学泰斗，晚年才转入了义理，如果仔细疏理戴震的生平，就能发现其实他在年轻时并不排斥义理。晚年的戴震在给段玉裁的信中自称："自十七岁时，有志闻道，谓非求之六经孔孟不得，非从事于字义、制度、名物，无由以通其语言。"这段话说的是他从事考据之学的起因，但是在此话之后，他接着写道："宋儒讥训诂之学，轻语言文字，是犹渡江河而弃舟楫，欲登高而无阶梯也。为之三十余年，灼然知古今治乱之源在是。"可见他研究训诂之学的目的是"明道"，恰好这也是宋儒的目的，由此可以说明，就戴震而言，训诂考证是手段，探究义理才是目的。为此他作出了如下比喻："六书九数等事，如轿夫然，所以舁轿中人也。以六书九数等事尽我，是犹误认轿夫为轿中人也。"（段玉裁《戴东原集序》）戴震的意思是，如果把他视为考据家，这是贬低了他。

对于闻道与考据之间的关系，他在《沈学子文集序》中有如下表达："以今之去古既远，圣人之道在《六经》也。当其时，不过据夫共闻习知，以阐幽而表微。然其名义制度，自千百世下，遥溯之至于莫之能通。是以凡学始乎离词，中乎辨言，终乎闻道。离词，则舍小学故训无所藉；辨言，则舍其立言之体无从而相接以心。"

考证名物制度的目的，是还原六经的真正面目，这里谈的仍然是手段和目的的关系问题。而探究的方式则是由字到词，由词到文，再由文到思想，但最终的目的还是理解圣贤的思想，也就是他所说的"道"。故戴震在《与是仲明论学书》中明确地称："经之至者，道也；所以明道者，其词也；所以成词者，字也。由字以通其词，由词以通其道，必有渐。"

戴震早年就已经亮明了不反宋学的观点，乾隆十五年（1750），戴震二十八岁时，在为其师江永所作的《七十寿序》中说："经学之难，或一代数人，或数千年一人。若汉之郑康成，宋之子朱子，其学皆殊绝之学，其人皆亘古今不可无一、不能有二之人。然而，窃犹有憾者：郑氏之学，无所不通，一洗专门固陋之习，唐贾、孔诸儒为疏义，犹或未能尽；中朱子上接邹鲁，下继濂洛，理精义明，群言有所折中。而踵其学者，或鲜博物考古之功，非学力之有所限，盖能兼之，难也。"戴震在此将郑玄与朱熹并称，赞二人之学都堪称殊绝，将二者都视为冠绝古今的人物，而倘若没有深厚的学养，难以踵朱子之学。

对于戴震看重义理的问题，余英时在《戴东原与清代考证学风》中说："（戴震）虽然同时从事于义理和考证两种性质不同的工作，但是他对前者的重视和偏爱则远超过了后者。"

正因为戴震对宋明理学有着深入的了解，故也能看到其中的弊端，这正是他反理学的原因所在。他对宋明理学的认识有着由浅入深的过程，他早年撰写过《孟子私淑录》与《绪言》，晚年方撰写《孟子字义疏证》，这三部书谈的都是他对宋明理学的见解。对于他批判宋儒的原因，他在《孟子字义疏证》中说："六经、孔、孟而下，有荀子矣，有老、庄、释氏矣，然《六经》、孔、孟之道犹在也。自宋儒杂荀子及老、庄、释氏以入《六经》、孔、孟之书，学者莫知其非，而《六经》、孔、孟之道亡矣。"

戴震认为，宋儒把各种异端思想杂入六经之后，孔孟之道便不再纯正，这正是他反感宋儒的原因，故钱穆在《中国近三百年学术史》中说："戴学从尊宋述朱起脚，而惠学则自反宋复古而来。"其实，更深刻的原因，是他看到了所谓的理学对人性的戕害，为此他喊出了这样的话："酷吏以法杀人，后儒以理杀人，浸浸乎舍法而论理，死矣！更无可救矣！"（《与某书》）

如何来理解戴震晚年致力于批判宋学的目的，胡适在《戴东原的哲学》中有他的解释："他们只知道戴震攻击宋儒的理学，有破坏之功，而不知道戴震的大功在于提倡一种新的理学来代替那矛盾的、不彻底的旧理学。"这是说戴震所谓的影响力，对于戴震的目的，胡适认为："清朝的二百七十年中，只有学问，而没有哲学；只有学者，而没有哲学家，其间只有颜李和戴震可算是有建设新哲学的野心。"

四、东原著名弟子

1. 段玉裁：综注《说文解字》

戴震之后，皖派在学术界仍然具有很大的影响力，因为戴震有着多位著名弟子，比如俞正燮、孔继涵、孔广森、任大椿、王念孙、段玉裁、凌廷堪、江有诰、洪榜等，此后王念孙传王引之、刘台拱、朱彬，段玉裁传龚丽正、陈焕、严杰，凌廷堪传胡培翚、张其锦，王引之传龚自珍、李贻德等，这些人构成了强大的皖派体系。本节仅择要述及其中几位。

段玉裁，字若膺，号懋堂，江苏金坛人。他一生主要从事文字音韵训诂之学，代表作有《说文解字注》《六书音韵表》《古文尚书撰异》《毛诗故训传定本》等，其中《说文解字注》为清代小学类著作的代表作，其与桂馥、王筠、朱骏声并称"说文四大家"，而段玉裁为四大家之首。

乾隆二十五年（1760），段玉裁恩科中举，转年入京参加会试，不幸落第。段玉裁在京期间，于景山万寿殿担任教习。乾隆二十七年（1762），戴震中举，转年会试不第，居住于新安会馆。段玉裁折服于戴震学问无所不精，前往问学，并提出要拜戴震为师，戴以段先于自己两年中举，按习俗先中举者为学兄，故而没有接受段为弟子。此后的一些年，段玉裁多次提出这个要求，并且抄录戴震的多部著述，最终感动了戴震，在乾隆三十四年（1769）终于答应了他的拜师之请。

对于段玉裁在训诂学上的成就，章太炎在《清代学术之系统》中说："段氏作《说文解字注》《六书音韵表》《周礼汉读考》《古文尚书撰异》等。诸书中以《说文解字注》用力最勤，做了三十年，为段氏最后成绩。"梁启超在《近代学风之地理的分布》中称："旧江宁、镇江二府，清初百年间亦无大师。自乾隆中叶，金坛段茂堂（玉裁）学于戴东原，传其音韵训诂之学，创注《说文》，为小学总汇。"可见，他们都将《说文解字注》视为段玉裁学术上的代表作。

东汉许慎的《说文解字》为文字学和训诂学的经典之作，该书传到唐代时，李阳冰对此书的篆法和解说做了修订，撰成《刊定说文》三十卷，对许慎原书的体例作了较大改变，故而失去了原书之貌。南唐时，徐铉认为《刊定说文》一书"颇排斥许氏，自为臆说。夫以师心之见，破先儒之祖述，岂圣人之意乎？"同时认为"今之为字学者，亦多从阳冰之新义，所谓贵耳贱目也"。（《重修〈说文解字〉序》）此后徐锴作《说文解字系传》，全面整理《说文》，徐铉亦奉诏校理，增注反切，部分恢复了《说文》原貌。

明末时，汲古阁主人毛晋及其子毛扆得到宋本《说文解字》，经整理后刊刻为汲古阁本，但是此本经过多次剜改，已失原貌，为此段玉裁耗时四十余年，用各种办法予以考证，撰成《说文解字注》。

段玉裁校勘《说文解字》时综合使用了各种校法，他想办法补原书之缺，删除衍复，力图恢复该书原貌，先后征引了五十多种历史著述，同时参考碑版资料，想办法总结出许慎撰写该书的通例，对于校勘观念，其称："校书之难，非照本改字不伪不漏之难也，定其是非之难。是非有二：曰底本之是非，曰立说之是非。必先定底本之是非，而后可断其立说之是非。二者不分，辫轕如治丝而棼，如算之涌，其法实而瞀乱，乃至不可理。"（《经

韵楼集·与诸同志论校书之难》）

校书的难点在于定是非，一是指底本的是非，二是指观点的是非，这两件事确定不好，其他的问题就无法进行下去。对于何为底本及观点，段玉裁的解释是："何谓底本？著书者之稿本，是也。何谓立说？著书者所言之义理是也。"（《与诸同志论校书之难》）为什么要确定这两者的关系呢？他的回答是："顾读书有本子之是非，有作书者之是非。本子之是非，可雠校而定之，作书者之是非，则未易定也。"（《与胡孝廉世琦书》）

为此，段玉裁提出的校书方式是："故校经之法，必以贾还贾，以孔还孔，以陆还陆，以杜还杜，以郑还郑，各得其底本，而后判其义理之是非，而后经之底本可定，而后经之义理可以徐定。不先正注疏释文之底本，则多诬古人；不断其立说之是非，则多误今人。"（《与诸同志论校书之难》）

段玉裁在校书中提出了义理问题，认为校书要勇于改字，这种校书方式被称为活校法。他所处的时代，校勘家大多强调死校法，比如卢文弨、顾广圻等，他们认为校勘的目的是正本清源，以此恢复古书原貌，所以他们反对径直改字，如顾广圻所言："书籍之讹，实由于校。据其所知，改所不知。通人类然，流俗无论矣。"（《书〈文苑英华辩证〉后》）

死校法强调能得到更早的版本，相对而言，版本越早，错讹越少，所以他们更多追求宋版书。但段玉裁认为没必要强调这一点，因为宋版书"亦不过校书之一助，是则取之，不是则却之，宋版岂必是耶"。（《答顾千里书》）所以他明确提出应当据意改字，并举出了戴震校《大戴礼记》和《水经注》的方式。

段玉裁撰写《说文解字注》下了极大的功夫，他从乾隆四十一年（1776）开始，到嘉庆十二年（1807）成书，之后又做仔细校勘，到嘉庆二十年（1815）刊行。他从作长编起，而后陆续提炼成《说文解字注》，前后耗时四十年之久，可谓呕心沥血。

段玉裁在校勘中总结出许多规律性问题，比如他发现："许君某部言'文若干'，谓篆文；言凡若干字，谓说解语。"以此来说明，许慎所说的"文"和"字"有什么区别，他的结论是："古篆通谓之文，已语则谦言字。"可见在许慎那里，"文"是尊称，"字"是谦称，原因是"文"比"字"出现得要早。

在段看来，准确地解读文字，不只是识字问题，还能确定一些观念。比如许慎将"朕"字解释为"我也"，段玉裁则认为"朕"的本意应当是"舟缝","我也"二字乃是后人的错补。为什么朕是"舟缝"呢？他引用了《考工记·函人》中的所言，而后又引用戴震给出的解释"舟之缝理曰朕，故札续之缝亦谓之朕"。

为什么后人将"朕"错释为"我"呢？其认为只是因为字音相近，而未解字义，他作出如下解读："此如卬、吾、台、余之为我，皆取其音，不取其义。赵高之于二世，乃曰天子所以贵者，但以闻声，群臣莫得见其面，故号曰朕，此傅朕字本义而言之，遂以亡国。"

赵高不懂"朕"字的本意，他建议秦始皇将其作为自称，以此蛊惑君臣隔而不亲，所以导致了亡国。为此段玉裁感慨说："凡说文字不得其理者，害必及于天下。赵高、王安石是也。"（《说文解字注》）

错解一字，有如蝴蝶效应般产生了巨大的后果，秦的灭亡竟然跟一个自称联系在了一起。且不论这种解法在逻辑上是否成立，至少段玉裁认为，文字包含着思想，如果错解文字，就会产生很严重的后果。

段玉裁受戴震影响很深，所以解经时并不回避义理问题。戴震在《与是仲明论学书》中称："经之至者，道也。所以明道者，其词也。所以成词者，字也。由字以通其词，由词以通其道，必以渐。"段玉裁也持这种观点，他在《在明明德在亲民说》中称："经之不明，由失其义理，义理所由失者，或失其句度，或失其故训，或失其音读；三者失而义理能得，未之有也。"

可见，句读、故训、音读都很重要，如果解读不正确，其结果就是义理不明，如何才能使不明的义理得以复明呢？段玉裁说："庶由文以得其辞，由辞以得其志，而经可渐治矣。"（《经韵楼集》）由此说明了，文字和义理，也就是道、理之间的重要关联。

为此段氏在《在明明德在亲民说》中认为，程颐将"亲民"读成"新民"是错的，读错的原因是义理不明："程子之读'亲民'为'新民'，则又失其音读者也。汉儒有改读经字者，而'大学之道在亲民'，不得援此例。"段玉裁认为，国家得治，首先在于君要亲民，亲民的前提是要让民富裕，在满足了物质需求之后，才能"教之"，才能要求人民做到"仁"，为政不能颠倒富与教的次序，如果读作"新民"就是把"责以仁"的顺序搞颠倒了。可见，段玉裁研究文字学的目的，仍然是为了致道，其称："自辞章之学盛，士乃有志于文章，顾不知文所以明道，而徒求工于文，工之甚，适所以为拙也。"（《潜研堂文集序》）

第十一章 汉代经学的复兴：古文经学与今文经学

2. 王念孙、王引之：以古音探经义

王念孙，字怀祖，号石臞，江苏高邮人。其父王安国官吏部尚书，王念孙少时随侍于京。在他四岁时，王安国即教他《尔雅》，八岁就读完十三经。乾隆二十一年（1756），王念孙十二岁时，王安国延请名师戴震来教他，后来王安国因病南归，戴震又客寓扬州，继续教导王念孙，因此王念孙受业于戴震达数年之久，得授音韵文字训诂之学。

乾隆三十年（1765），高宗第四次南巡时，王念孙以大臣子迎驾，献文策，被赐举人。乾隆四十二年中进士，官工部郎中。其子王引之，字伯申，号曼卿，嘉庆四年（1799）进士，官礼部尚书、工部尚书，父子二人都在训诂学上有杰出成就，故被后世称为"高邮二王"。

对于"高邮二王"在训诂学上的成就，王国维在《周代金石文韵读·序》中总结说："古韵之学，自昆山顾氏而婺源江氏，而休宁戴氏，而金坛段氏，而曲阜孔氏，而高邮王氏，而歙县江氏，作者不过七人，然古音廿二部之目，遂令后世无可增损。"梁启超在《清代学术概论》中总结说："如高邮父子者，实毛、郑、贾、马、服、杜之诤臣，非其将顺之臣也。夫岂惟不将顺古人，虽其父师，亦不苟同。"

关于高邮王氏父子的学术著作，王念孙在训诂学方面有《广雅疏证》，校释典籍方面有《读书杂志》，王引之研究群经的札记有《经义述闻》，研究古代虚词的有《经传释词》，这四部书皆为乾嘉学术名著，被统称为"高邮王氏四种"。

在王念孙之前，邵晋涵撰有《尔雅正义》，此后王念孙继续深研《广雅》，成《广雅疏证》一书。他从乾隆五十二年（1787）于陕西道御史任上开始作《广雅疏证》，此后每天释三字，历时十年完成此书，总计三十二卷。王念孙根据以声求义的原则，认为同音字群中"声同字异，声近义同"，根据汉之前的《仓》《雅》来补《尔雅》和《说文》之缺。他用归纳推理的办法，总结出："夫双声之字，本因声以见义，不求诸声而求诸字，固宜其说之多凿也。"同时他认为："大抵双声叠韵之字，其义存乎声，求诸其声则得，求诸其文则惑矣。"（《广雅疏证》）

对于王念孙发明的这些办法，黄侃在《文字声韵训诂笔记》中评价说："其发明以声音贯串训诂之法，则继往开来，成小学中不祧之祖。"（《黄侃论学杂著》）《清史稿》则评价此书："其书就古音以求古意，引伸触类，扩充于《尔雅》《说文》，无所不达。然声音文字部分之严，一丝不乱。盖藉张揖

之书以纳诸说，而实多揭所未知，及同时惠栋、戴震所未及。"

《读书杂志》八十二卷，里面涉及许多历史典籍，其中包括《逸周书杂志》四卷、《战国策杂志》三卷、《史记杂志》六卷等，该书是对这些历史典籍中的文字错讹、音训异同等加以考辨。郭沫若在《管子集校》中称此书："乃清代考证学中之白眉，博洽精审，至今尚无人能出其右者。"

当代学者谈到《读书杂志》的价值时，常会讲到里面考证出的"触龙言"和"盛气而胥之"，《史记·赵世家》和《战国策》中都有"左师触龙言愿见赵太后"，古书是直行竖书，久之"龙言"二字被讹为一字，成为"䶖"。王念孙经过考证，认为书中的"触䶖"应该是"触龙言"，另外书中的"赵太后盛气而揖之"中的"揖"字，应当是"胥"字之误。他根据上下文语义，认为赵太后不可能对大臣行作揖礼，并且"盛气"的情绪更不会让她作揖，所以他认为此处应当是个"胥"字，作"等待"讲。

当时王念孙并没有找到相应的证据，只是作出了这种推论。1973年，长沙马王堆三号汉墓出土的帛书中有《战国策》，帛书中所载与王念孙的两处推论完全吻合。周大璞在《训诂学初稿》中详细讲到了这件事，并且说："像《战国策》这一类经过补辑的古籍，其中错讹当然不少。王念孙一一给以考释，其结论居然和《战国策》所据原书相符，其考释之严密和准确，实在令人惊叹。"

王念孙的校勘方式还有一种叫"文同一例"，也就是有些古书从修辞上来说，多为对文，呈现排比句式，从逻辑来说，就能用类比法作出相应推论。比如他在《史记第五》中论证了《屈原贾生列传》中的一句"其生若浮兮，其死若休"。但王念孙认为："《汉书》《文选》并作'其生兮若浮，其死兮若休'。《索引》本出'其死兮若休'五字，则上句亦当与《汉书》《文选》同。今案'其生兮若浮，其死兮若休。澹乎若深渊之静，泛乎若不系之舟'，四句文同一例。"

《经义述闻》三十五卷，该书考辨的经学著述有《周易》《尚书》《毛诗》《周官》《仪礼》《左传》，等等，关于本书的缘起，王引之在《经义述闻序》中谈到他二十一岁时应顺天乡试落第，于是开始读《尔雅》《说文》《音学五书》等文字学著述，几年后再次入都，将所学报告给父亲，王念孙闻之大喜："乃今可以传吾学矣。"于是，王念孙教给王引之"古韵廿一部之分合，《说文》谐声之义例"等。

王念孙跟王引之说："训诂之指，存乎声音，字之声同声近者，经传往

第十一章　汉代经学的复兴：古文经学与今文经学

往假借。学者以声求义，破其假借之字而读以本字，则涣然冰释。如其假借之字而强为之解，则诘鞫为病矣。故毛公《诗传》，多易假借之字而训以本字，已开改读之先。至康成笺《诗》注《礼》，屡云某读为某，而假借之例大明。后人或病康成破字者，不知古字之多假借也。"同时，他又跟儿子说："说经者，期于等经意而已。前人传注，不皆合于经，则择其合经者从之。其皆不合，则以己意逆经意，而参之他经，证以成训。虽别为之说，亦无不可。必欲专守一家，无少出入，则何邵公之墨守，见伐于康成者矣。"（《经义述闻序》）

王念孙把自己多年来总结出的经验全部告诉了儿子，王引之根据父亲教给他的方法，对古书一一进行校勘，自称"过庭之日，谨录所闻于大人者，以为圭臬，日积月累，遂成卷帙"。王引之谦称本书的内容其实都是父亲说的，他只是将听闻到的记录下来，故将此书命名为"经义述闻"。

对于此书的成就，阮元在为该书所写的序言中说："引而申之，所解益多。著《经义述闻》一书，凡古儒所误解者，无不旁征曲喻，而得其本义之所在，使古圣贤见之，必解颐曰：'吾言固如是，数千年误解之，今得明矣'。"该书出版后，受到学界广泛赞誉，即使是力斥汉学的方东树，也在《汉学商兑》中称赞："高邮王氏《经义述闻》实足令郑、朱俯首，汉唐以来，未有其比。"

关于《经传释词》之缘起，王引之在自序中说，乾隆五十五年（1790）他赴京见父亲时，"始取《尚书》廿八篇绅绎之，而见其词之发句、助句者，昔人以实义释之，往往诘鞫为病"。由此让他萌发了注释古书中虚词的想法。于是王念孙告诉他，应当如何来研究虚词："发明意指，涣然冰释，益复得所遵循，奉为稽式，乃遂引而申之，以尽其义类。自九经三传及周、秦、西汉之书，凡助语之文，遍为搜讨，分字编次。"于是王引之下数年之力，在嘉庆三年（1798）完成此书。

《经传释词》收录虚词计160组，264字，以音同义近原则予以归组。对于该书的价值，龚自珍称："古今奇作，不可有二。"（《龚自珍全集·语录》）章太炎则认为，古韵学到了王念孙，已经基本上分析就绪了，后人可做的只不过是修补的工作。

3. 孔广森：以《公羊通义》为今文派嚆矢

孔广森，字众仲，一字㧑约，号𢡟轩，山东曲阜人，孔子六十八代孙衍圣公孔传铎之孙。族叔孔继涵之子孔广根是戴震的女婿,孔广森之父孔继汾也是戴震挚友,因为这些关系,使得他在年少时就受业于戴震。

乾隆三十三年(1768),十七岁的孔广森中举,主考官为姚鼐。三年后,孔广森与孔继涵一同考中进士,会试的副考官为庄存与。转年,庄存与任翰林院庶吉士教习,孔广森向他学习《公羊传》。乾隆五十一年(1786),他的祖母和父亲相继过世,孔广森因哀伤过度而去世,年仅三十五岁。

孔广森天资聪颖且勤奋好学,在文学方面,他曾向姚鼐学习,姚鼐夸赞他:"以拗约之才,志学不息,又知足知古人之善不,将去其华而取其实,扩其道而涵其艺,究其业而遗其名,岂特词章无足矜哉?虽说经精善者,犹末也。以孔子之裔,传孔子之学,世之望于拗约者益远矣,虽古有贤如康成者,吾谓其犹未足以限吾撝约也。"

孔广森在古文经学方面以戴震为师,在今文经学方面以庄存与为师,这些学界顶流人物都对他的学术体系构成影响。江藩在《汉学师承记》中说:"广森深于戴氏之学,故能义探其原,言则于古也。世人徒赏其文词之工,抑亦末矣!"显然江藩更为看重孔广森传戴震之学,为皖派人物,所以他很不愿意别人夸赞孔广森在文学方面的成就。

但是孔广森在经学方面不仅向戴震学习,今文经学大师庄存与也是他的老师,所以他在今文经学方面也有成就。梁启超在《清代学术概论》中说:"清儒既遍治古经,戴震弟子孔广森始著《公羊通义》,然不明家法,治今文学者不宗之。"梁启超持今文经学观念,所以他强调孔广森在今文经学方面的成就,但由于孔广森还有皖派学统,所以梁启超说孔的今文经学观念不纯正。梁启超在《中国近三百年学术史》中既强调孔广森在今文经学方面的开创性,也谈到了他学术观的不纯正:"清儒头一位治《公羊传》者为孔巽轩(广森),著有《公羊通义》,当时称为绝学。但巽轩并不通《公羊》家法,其书违失传旨甚多。"

孔广森虽然英年早逝,却留下了很多重要的研究成果,他著有《大戴礼记补注》十四卷、《诗声类》十三卷、《礼学卮言》六卷、《经学卮言》六卷、《少广正负术内外篇》六卷、《春秋公羊经传通义》十一卷。这些专著中,以《通义》一书影响最大。

《春秋公羊经传通义》最能体现孔广森的今文经学思想,他在该书的"叙"中写道:"昔我夫子,有帝王之德,无帝王之位,又不得为帝王之辅佐,乃思以其治天下之大法,损益六代礼乐文质之经制,发为文章,以垂后世。而见夫周纲解弛，鲁道陵迟，攻战相寻，彝伦或熄，以为虽有继周王者，犹不能以三皇之象刑，二帝之干羽，议可坐而化也。必将因衰世之宜，定新国之典，宽于劝贤，而峻于治不肖。庶几，风俗可渐更，仁义可渐明，政教可渐兴。"

这段话的主体思想基本本持了今文经学家视孔子为素王的观念，同时也谈到了孔子改制问题。孔广森认为孔子的改制方式是损益六代礼乐文质之经制，也就是说孔子并不只是损益周代的礼乐制度，同时他认为孔子是根据衰世的状况，而制定出了"新国之典"，这个新定的典制就寄托在《春秋》之中。

《春秋》是怎么寄托如此宏大思想的呢？孔广森说："《春秋》之为书也，上本天道，中用王法，而下理人情，不奉天道，王法不正，不合人情，王法不行。天道者，一曰时，二曰月，三曰日。王法者，一曰讥，二曰贬，三曰绝。人情者，一曰尊，二曰亲，三曰贤。此三科九旨既布，而壹裁以内外之异例，远近之异辞，错综酌剂，相须成体。凡传《春秋》者三家，粤唯公羊氏有是说焉。"

这段话应当是孔广森对董仲舒"三科九旨"的全新诠释，同时也不同于何休在《春秋文谥例》中归纳出的三科九旨，这也是后世今文经学家对他批判最多的地方。

对于《春秋》三传的价值，孔广森在《叙》中说："公羊、穀梁、左丘明并出于周秦之交，源于七十子之党。学者固不得而畸尚而偏诋也。虽然，古之通经者首重师法，三传要各有得失。学者守一传即笃信一传，斤斤罔敢废坠，其失者犹曰有所受之，其得者因而疏通证明，诚可以俟圣人复起而不惑。倘将参而从焉，衡而取焉，彼孰不自以为择善者？"他认为《公羊》《穀梁》《左传》并出于周秦之际，并且都源于孔子门徒。孔广森的言外之意就是后世学者不应当对三传有分别心，三传各有得失，应该择善而从之，只有这样才能探求出孔子在《春秋》中蕴含的思想。可见，孔广森明显地带有会通三传来解《春秋》的心态。

对于《春秋》一书的价值，孔广森接着写道："鲁之《春秋》，史也。君子修之，则经也。经主义，史主事，事故繁，义故文少而用广。世俗莫知求《春秋》之义，徒知求《春秋》之事，其视圣经竟似左氏记事之标目，名存而实亡矣。"

从表面看，《春秋》只是鲁国国史，但经过孔子的修订，将重要思想融入其中，于是就成了经。经重在义理，史重在记事，所以不应当把《春秋》等同于鲁国史。

《通义》一书表达了孔广森的一些重要思想。《春秋》一书中记载了大量的战争，孔广森将这些战争分为正义与非正义两类，比如周桓王率领诸侯讨伐郑国之事，就被他视为正义战争，何休在《公羊解诂》中说："美得其正义也，故以从王征伐录之。"何休说的是当时有蔡国、卫国、陈国跟随周桓王前去讨伐郑庄公。孔广森认为这些诸侯国君之举值得赞美，他解释说："以人从己曰'以'，以己从人曰'从'。言'从王'者，若诸侯畏威服义，不召而至，不令而行，有征而无战，深为尊者讳，以纯王义焉。"（《春秋公羊经传通义》）

孔广森说这些诸侯国君随同周天子出征，乃是有君臣之义，《春秋》中没有记载战争经过，原因是孔子为周桓王避讳，因为这次战争是周王的军队打了败仗，周王还被郑国国君射伤了。所以他认为诸侯国君无理时，周天子理应讨伐，讨伐行为是正义的，但在书写战争行为时还是要替周天子避讳。

鲁哀公十四年（前481年），是《春秋》记载的最后一年，该书结尾的一段是西狩获麟的故事，对这段结尾，三传都很重视。其中《公羊传》的所载为："麟者仁兽也，有王者则至，无王者则不至。有以告者，曰：'有麕而角者。'孔子曰：'孰为来哉！孰为来哉！'反袂拭面涕沾袍。"对此，何休在《解诂》中说："袍，衣前襟也。夫子素案图录，知庶姓刘季当代周，见薪采者获麟，知为其出。何者？麟者，木精。薪采者，庶人燃火之意。此赤帝将代周，居其位，故麟为薪采者所执。西狩获之者，从东方王于西也，东卯西，金象也。言获者，兵戈文也。言汉姓卯金刀，以兵得天下。不地者，天下异也。又先是螽虫冬踊，彗金精扫旦置新之象。夫子知其将有六国争强，纵横相灭之败，秦项驱除、积骨流血之虞，然后刘氏乃帝，深闵民之离害甚久，故豫泣也。"

何休认为，孔子看到采薪人擒获了麒麟，就知道刘姓将要建立新的王朝来取代周朝，因为麒麟是五行中木之精华，而采薪人是庶人燃火之意，这预示着赤帝将取代周朝而居其王位。所以"西狩获麟"乃是说从东方王于西方，因为是东方卯星西方金星之象；"获"字则预示着有战争，"卯金刀"合在一起就是"劉"字，这个刘姓将以武力得天下。

何休也谈到了当时奇异的天象，他说冬天有螽虫涌出，黎明前又有彗星出现，这些预示着天下将出现革新景象。孔子已经预示出六国将与秦国互相争斗，天下大乱的状况，最后秦国统一天下，然后由刘邦灭掉秦国而称帝。这个过程让百姓饱受战乱之苦，孔子想到这种状况，于是泪湿沾襟。

何休的这种解读显然是受到东汉盛行的谶纬之说，以及阴阳五行之说的影响，这是当时今文经学家流行的解经方式。但《论语》载"子不语怪力乱神"，所以孔子也不可能去预言他身后几百年要发生的事。孔广森在解读"西狩获麟"时，并没有本持何休的观点，他先引用了《左传正义》中转引孔舒元《公羊传本》中的所言："'十有四年春，西狩获麟。'何以书？记异也。今麟，非常之兽。其为非常之兽何？有王者则至，无王者则不至。然则孰为而至？为孔子之作《春秋》也。"接下来孔广森说："何氏传本无此，盖治公羊者增成其说。"

孔广森引用孔舒元的观点，认为麒麟的出现并不是预示刘邦的兴起，而是象征着孔子要作《春秋》。但是何休的《解诂》中并没有记载这个观念，这是后世治公羊学者增加上去的。那么孔子见到麒麟为什么要哭呢？孔广森说："但夫子谦不敢当麟为己出，故但伤麟见非时，感而致泣，方在制作，就绝笔于所感尔。"

孔子谦虚，所以认为麒麟的出现不是因为自己，他的感伤乃是缘于瑞兽麒麟出现的时机不对，所以为之悲泣，因此他所写的《春秋》也就到此绝笔了。同时孔广森还认为，麒麟的遭遇其实象征了孔子的遭遇，孔子看到麒麟之死，联想到自己的情况，所以将《春秋》一书绝笔于此。

在解经方式上，孔广森与今文经学家不同，今文经学家尤其在意从书中发挥出大义，但孔广森因为受戴震等古文经学家的影响，使得他在作此书时，重视版本和校勘。他收集到了熹平石经本、开成石经本和北监本中的《公羊传》，在此基础上进行版本校勘，然后再做义理解读。他在《公羊通义》中融会了汉学和宋学观点，同时又训诂和义理并重，这种方式颇具独创性，所以他的这部《公羊通义》被视为清代春秋学由"古义"向"新疏"转变的代表作。

如果按家法来说，孔广森的解经方式确实不纯正，但是他的这种做法也有前例，汉代郑玄治学就是兼收古文经和今文经，并将之融为一体。孔广森一向视郑玄为自己的学术偶像，所以他的这部《公羊通义》明显带有郑玄治学的特点，这部书开启了清代的今文经学派。刘逢禄在《诗古微序》中说："曲阜孔子治《公羊春秋》，今文之学，萌芽渐复。"皮锡瑞在《经学通论》中亦称："国朝诸儒，昌明汉学，亦止许、郑古文。及孔广森专主《公羊》，始有今文之学。"

虽然孔广森没有被视为清代今文经学家，但是他的《公羊通义》却对清代今文经学有很大的启迪作用。为此，刘师培在《经学教科书》中总结清代公羊学时，有如下一段概述："治《公羊》者，以孔广森《公羊通义》为嚆矢，会通礼制，不墨守何氏之言。凌曙作《公羊礼说》《公羊礼疏》《公羊问答》，亦以《礼》为纲。弟子陈立广其义，作《公羊正义》，及庄存与作《春秋正辞》，宣究《公羊》大义，其甥刘逢禄复作《公羊何氏释例》《何氏解诂笺》，并排斥《左传》《穀梁》，而宋翔凤、魏源、龚自珍、王闿运，咸以《公羊》义说群经，是为《公羊》之学。"

刘师培在这段叙述中将清代公羊学分成了两大体系：一是孔广森，二是庄存与，他们各有后继者，形成了两种治公羊的体系，由此说明了孔广森在公羊学史上的重要地位。

4. 扬州学派：力倡古学，几世传经

关于扬州学派，张舜徽在《清代扬州学记·顾亭林学记》中称："余尝考论清代学术，以为吴学最专，徽学最精，扬州之学最通。"接下来他又将这三个学术体系的优与劣做了如下比较："无吴、皖之专精，清学不能盛；无扬州之通学，则清学不能大。然吴学专宗汉师遗说，屏弃其他不足数，其失也固。徽学实事求是，视夫固泥者有间矣，而但致详于名物度数，不及称举大义，其失也褊。扬州诸儒，承二派以起，始由专精汇为通学，中正无弊，最为近之。"

自此之后，扬州之学研究者众多，由此而成为显学。其实在张舜徽之前，已经有学者做过相应叙述，只是没有拈出"扬州学派"一词。1905年，刘师培在《国粹学报》第七号《学篇》中以长江为界，将清代学术分为江南、皖南和江北三个区域，其中的江北指的就是扬州地区。其称："盖乾、嘉、道、咸之朝，扬州经学之盛，自苏、常外，东南郡邑莫之与京焉，遂集北学之大成。"(《南北考证学不同论》)

扬州之学何以如此之盛？刘师培在文中重点讲到了阮元起到的作用："自阮氏以学古跻显位，风声所树，专门并兴，扬州以经学鸣者凡七八家，是为江氏之再传。"阮元是封疆大吏，同时也是著名的学者，刘师培说："仪征阮氏友于王氏、任氏，复从凌氏（廷堪）、程氏（瑶田）问，故得其师说。阮氏之学主于表微，偶得一义，初若创获，然持之有故，言之成理，贯纂群

言，昭若发蒙，异于饾饤猥琐之学。"

阮元讲究通儒之学，他说："有陋儒之学，有通儒之学。何谓陋儒之学？守一先生之言而不能变通，而下焉者，则惟习词章、攻八比之是务，此陋儒之学也。何谓通儒之学？笃信好古，实事求是，汇通前圣微言大义而涉其藩篱，比通儒之学也。"（阮元《传经图记》）

阮元不仅本身是位学者，同时还胸怀宽广，喜于奖励后学，因此其身边始终聚集着各个学科的专家。焦循先后四次入其幕府，江藩也两次入幕，江藩的代表作《汉学师承记》正是由阮元支持刊刻的。在阮元的倡导下，扬州之学的阵势越来越大。

早在阮元前，扬州已渐渐形成了很好的学风，乾隆二十二年（1757），卢见曾任两淮盐运使时，就已经形成学术凝聚力，他邀请惠栋和戴震前往其扬州府邸做客，由此而使汉学之风在扬州传播。

扬州学派有个显著的特点，那就是合家族之力共治一经，有时对于一经的研究会传承几代人，比如对于《论语》的研究，《清儒学案·端临学案》中称："宝应刘氏，代有闻人。端临邃于经学，考证名物，研精理义，未尝离而二之。所著《论语骈枝》，精深谛确，能发先儒所未发。楚桢、叔俛父子继之，遂成《论语正义》一书，尤称有功经训。有清一代，治《论语》学者，盖以刘氏为集大成矣。"

刘氏对于《论语》的研究自刘台拱开始。刘台拱，字端临，九岁时就写出《颜子赞》，被父老目为神童。他在京城以教书为业，赶上朝廷开四库馆，使他得以与戴震、段玉裁交往，还认识了同乡的王念孙、任大椿，由此他转向汉学研究，后来写出了《论语骈枝》。

刘宝楠的父亲刘履恂是刘台拱的弟弟，刘宝楠五岁时父亲去世了，于是他跟着哥哥刘宝树学习，后来直接拜刘宝树的老师刘端临为师。此后刘宝楠也研究《论语》，写出了《论语正义》二十卷，此书为一代名著。但是刘宝楠在道光年间考中进士后到各地为官，至其去世前，《论语正义》只完成了前十五卷，后面的部分由其子刘恭冕续成。

刘恭冕，字叔俛，是刘宝楠的次子，十七岁时随父在外面游历，得其父真传，除了替父亲续成《论语正义》外，自己还撰有《论语正义补》《何休论语注训述》。经过三代人的努力，宝应刘氏成为清代《论语》研究最重要的家族。

仪征刘氏家族则专研《左传》，刘氏家学始创于刘文淇。刘文淇，字孟瞻，出身于医家，自小聪明过人，但因家境贫寒，无力去上私塾。舅舅凌曙爱惜其敏慧，亲自教导他学习。凌曙也是有名的经学家，他的学术观对刘文淇有重要影响，后来凌曙的《春秋公羊问答》一书的序言就是刘文淇写的。刘文淇后来就读于扬州安定书院，与宝应刘台拱并称为"扬州二刘"。

刘文淇在治经初期主要研究《毛诗》，后来转而研究《左传》。当时他与多位学者都对《十三经注疏》表示不满，刘文淇与友人刘宝楠等约定，大家各自为诸经作新疏，刘文淇选择了《左传》，认为《左传》旧注中多是吸取汉魏旧说，为了恢复旧注原貌，他写出了《左传旧疏考证》。而后他又为研究《左传》作长篇，为此历时四十年作出长篇八十卷，他根据长篇来写《春秋左传旧注疏证》，遗憾的是，该书仅完成一卷，他就去世了。

刘文淇仅有一子名敏崧，他根据父亲的遗稿继续研究《左传》，写出《春秋左传大义》两卷，同时继续替父亲续纂《春秋左传旧注疏证》。刘敏崧有四子，长子寿曾与次子贵曾皆传其家学研究《左传》，刘寿曾撰有《读左札记》，刘贵曾撰有《左传历谱》。寿曾还想与弟弟贵曾一同续写《春秋左传旧注疏证》，但他只编到"襄公四年"就去世了，年仅四十五岁。

仪征刘氏第四代最具名气者是刘师培，其记忆力超群，被视为扬州学派后期的集大成者。虽然他在三十六岁时就去世了，但却留下来七十四部著作，其中研究《左传》的著作有《春秋左氏传答问》《春秋左氏传注例略》等。

甘泉焦氏以研究《周易》最具名气，焦氏家族中最著名的是焦循，他在《易通释自序》中自称"乘祖父之学，幼年好易"。焦循的曾祖父焦源就对易学有研究，著有《读易图》，焦循的祖父焦镜娶了王观涛的玄孙女，王氏家族也以研《易》闻名，这也是甘泉焦氏研《易》的源头。

焦循的父亲焦葱也研究易学，家族研易之风对焦循很有影响，再加上他自幼年起就记忆力惊人，因此在易学上取得了很大成就。焦循著有《易图略》《易图释》《易章句》，合称为"易学三书"。焦循的儿子焦廷琥承其家学，撰有《冕服考》《地圆说》等经学著作。

扬州兴化的任大椿致力于研究《礼经》，撰有《弁服释例》《深衣释例》《释缯》。任大椿的族兄任兆麟撰有《夏小正注》。任大椿的姑母是兴化顾九苞的母亲，顾九苞自幼崇尚礼学，他有一子名为顾凤毛，父子二人共同拜任大椿为师。顾凤毛著有《毛诗集解》《董子求雨考》等书。

以社会名气论，扬州学人中以汪中最具影响力，他性格耿直，对经学之外人物常有斥责之语，但是他极其推崇清代经学大家："古学之兴也，顾氏始开其端。河洛矫诬，至胡氏而绌。中西推步，至梅氏而精。力攻古文者，阎氏也。专言汉儒《易》者，惠氏也。凡此皆千余年不传之绝学，及戴氏出而集其成焉。"（凌廷堪《汪容甫墓志铭》）

汪中于此提到了顾炎武、胡渭、梅文鼎、阎若璩、惠栋和戴震六人，他原本想写《国朝六儒颂》，可惜未能完成。其子汪喜孙九岁时，汪中去世了，汪喜孙也承其家学，此后汪中的著作基本是靠他整理出版。

在训诂学方面，王念孙、王引之父子成就最高，王力在《中国语言文学史》中说："王氏在训诂学上的贡献是巨大的。如果说段玉裁在文字学上坐第一把交椅的话，王念孙则在训诂学上坐第一把交椅。"

对于当时的扬州学风，阮元在《广陵诗事》中总结说："高邮贾田祖，字稻孙，开吾郡经学之先。与同邑李孝臣（惇）、王怀祖（念孙）友，三人皆善饮。每酒酣，辄钩析经疑。同时讲古学者，兴化任子田（大椿）、顾文子（九苞）、江都汪容甫（中）、宝应刘端临（台拱），声应气求，各成其学。是时元和惠氏、休宁戴氏大兴古学于江南，而江北则诸君子为之倡焉。"扬州名儒如此之多，难怪这里形成了一个独立的学派。

五、常州学派：今文经学崛起

清代今文经学的崛起，以常州学派为标志，梁启超在《中国近三百年学术史》中说："常州学派有两个源头：一是经学，二是文学，后来渐合为一。他们的经学是《公羊》家经说——用特别眼光去研究孔子的《春秋》，由庄方耕（存与）、刘申受（逢禄）开派。他们的文学是阳湖派古文——从桐城派转手而加以解放，由张皋闻（惠言）、李申耆（兆洛）开派。"

对于常州学派的主要成员，钱穆在《中国近三百年学术史》中称："常州之学，起于庄氏，立于刘、宋，而变于龚、魏，然言夫常州学之精神，则必以龚氏为眉目焉。"可见常州学派的核心人物是庄存与、庄述祖、刘逢禄、宋翔凤，到魏源和龚自珍方使得常州学派的思想有了新的转变。

　　清代汉学的复兴，是对于清初占主导地位的理学的一种"反动"，汉学家主要是反对理学的"空疏"，他们在学术上以训诂和考据为主要研究方法。随着汉学家的研究越来越窄，使得他们忽略了读经文的目的乃是了解古人的思想，而常州学派保持着发挥义理的传统，该派最重公羊学，认为仅用小学、训诂和考据的研究方法无法真正解读圣贤思想，所以他们重新整理和解释何休的公羊学，从中发现微言大义。

　　因为这一派的主要人物是常州籍，故该派被称为常州学派，但章太炎认为："'今文'之学，不专在常州。其庄、刘、宋、戴（宋之弟子）诸家，执守'今文'，深闭固拒，而附会之词亦众，则常州之家法也。若凌曙之说《公羊》，陈立之疏《白虎》，陈乔枞之辑三家《诗》、三家《尚书》，只以古书难理，为之征明，本非定立一宗旨者，其学亦不出自常州。"（支伟成《清代朴学大师列传》）可见常州学派并非都是常州籍学者，凡是那个时段搞今文研究者，都被目为常州学派人物。对于清代今文经学派的来由，章太炎在《清代学术之系统》中说："清初诸人讲经治汉学，尚无今古文之争。自今文家以今文排斥古文，遂有古文家以古文排斥今文来相对抗。"

　　可见清代早中期的经学家，当时被称为朴学家，并没有称为古文经学家，后来因为今文经学家排斥古文，于是就分成了古文经学和今文经学两派。

　　常州学派的开创者是庄存与，其字方耕，号养恬，主要著作有《周官记》《周官说》《毛诗说》《春秋正辞》，他的学术观不分汉宋，对汉学和宋学领域都有涉猎，同时能做到兼容并包。董士锡在《味经斋遗书·易说序》中称他："不知者以为乾隆间经学之别流，其知者以为乾隆间经学之巨汇也。"

　　庄存与不赞同汉学家对古文《尚书》的辨伪，龚自珍在为他所写的《武进庄公神道碑铭》中说："昔者《大禹谟》废，'人心道心'之旨、'杀不辜宁失不经'之诫亡矣；《太甲》废，'俭德永图'之训坠矣；《仲虺之诰》废，'谓人莫己若'之诫亡矣；《说命》废，'股肱良臣启沃'之谊丧矣；《旅獒》废，'不宝异物贱用物'之诫亡矣；《冏命》废，'左右前后皆正人'之美失矣。今数言幸而存，皆圣人之真言，言尤疠痒关后世，宜贬须臾之道，以授肄业者。"

庄存与认为经学最重要的作用乃是保留了圣人的微言，对经典进行辨伪，会带来负面影响："辨古籍真伪，为术浅且近者也；且天下学僮尽明之矣，魁硕当弗复言。"（《武进庄公神道碑铭》）

庄存与认为辨伪不是精深的学问，虽然人们知道其中一些古书是伪书，但是这些伪书中却包含着重要的微言大义，因此不能简单以真伪为标准，来判断古书是否有价值，更应当看重经典中是否包含了对后世有意义的观念。

为此，庄存与的学术观中不分汉宋，兼采各家之说，他重点宣扬公羊学中的"大一统"观念，认为："天无二日，民无二王，郊社宗庙，尊无二上，治非王则革，学非圣则黜。"（《春秋正辞》）张舜徽在《清儒学记·常州学记》中评价他说："庄氏阐发《春秋》大义，也着重在经世致用。从而对汉学、宋学之有资经世者，曾加采掇；对汉学，宋学之无裨经世者，则予扬弃。"

庄述祖，字葆琛，号珍艺，晚号檗斋，主要著作有《尚书今古文考证》《毛诗考证》《毛诗周颂口义》《五经小学述》等。他将庄存与倡导的微言大义用乾嘉汉学的治经方法来做探讨，这种研究方式被常州学派所本持。

庄述祖对《夏小正》进行了深入研究，《夏小正》原附在《大戴礼记》中，汉学家对此多有深入研究，庄述祖在此基础之上撰写出了《明堂阴阳夏小正经传考释》，该文包括《夏时明堂阴阳经》《夏时说义》《夏小正等例文句音义》等。在研究方法上，庄述祖以汉学家的考据训诂为手段，以古文和大小篆来校正经文。在内容方面，庄述祖认为《夏小正》与《春秋》有内在联系，为此，他发挥庄存与的微言大义观，认为："《夏时》亦为孔子所正，《夏时》之取夏四时之书，犹《春秋》之取鲁史也，圣人之旨于是乎在。"（《夏小正经传考释》）

为此，庄述祖将《周易》《春秋》与《夏时》《归藏》相结合，通过"通三统"的视角，来挖掘出其中所蕴含的夏殷之道。他在《夏时等例》中以"大正""小正""王事"为最大的三等例，在各大例之下又分别统计出二十九、二十六、三十三等小例。

公羊高解《春秋》的方式给庄述祖以启发，他认为："《春秋》之义，以三传而明，而三传之中，又以《公羊》家法为可说。其所以可得而说者，实以董大中综其大义，胡母生析其条例，后进遵守，不失家法。至何劭公作

《解诂》，悉隐括就绳墨，而后《春秋》'非常异义可怪之论'皆得其正。凡学《春秋》者，莫不知公羊家诚非穀梁所能及，况左氏本不传《春秋》者哉！假设无诸儒之句剖字析，冥心孤诣，以求圣人笔削之旨，则缘隙奋笔者皆纷纷籍籍，以为《左氏》可兴，《公羊》可夺矣。"（《夏小正经传考释》）

庄述祖说《春秋》三传以《公羊传》最有价值，因为《公羊传》在传承过程中不失家法，所以他觉得《穀梁传》比不了《公羊传》。他也以今文经学家的观点来否定《左传》与《春秋》的关系，同时认为《左传》在流传过程中有过改动，只有《公羊传》保持古貌。

对常州学派做出最大贡献的是刘逢禄，其字申受，号思误居士，嘉庆十九年（1814）进士，官至礼部主事，主要著作有《春秋公羊经何氏释例》《春秋论上下篇》《尚书今古文集解》《左氏春秋考证》等。庄存与曾评价刘逢禄说："此外孙必能传吾学"。（刘承宽《先府君行述》）

刘逢禄二十七岁时在京结识张惠言，由此得闻《周易》和《三礼》之学，随着两人交往的深入，刘逢禄也开始研究虞氏易学和郑氏三礼。刘逢禄认为汉代诸经中可以条例方式研究者，只有《礼·丧服》和《春秋》。研究《公羊传》者以何休条例精致最为严密，刘逢禄在三十岁时写成《春秋公羊经何氏释例》一书，该书共十卷，分为三十例，其中卷一是"张三世例""通三统例"和"内外例"，另外的卷中还有"褒例""讥例""贬例"，等等。

"张三世例"乃是《春秋公羊经何氏释例》的核心，分为两部分：一是刘逢禄从《公羊传》和《何氏解诂》中辑录出的经传注，以此呈现何氏公羊三世说的相关内容，二是他对何氏"张三世例"的解读和阐发。

关于三世的年限划分，何休根据宗亲血缘的亲疏远近和丧服制度的轻重厚薄，从孔子自身和其父亲之时推至其祖父、高祖、曾祖。以昭公、定公、哀公为所见世，以文公、宣公、成公、襄公为所闻世，以隐公、桓公、庄公、闵公、僖公为所传闻世。对于《公羊传》的三世说，刘逢禄认为："《传》曰：'亲亲之杀，尊贤之等，礼所生也。'《春秋》缘礼义以致太平，用坤乾之义以述殷道，用《夏时》之等以观夏道。等之不著，义将安放？故分十二世以为三等，有见三世，有闻四世，有传闻五世。若是者有二义焉，于所见世微其辞，于所闻世痛其祸，于所传闻世杀其恩，此一义也。于所传闻世见拨乱始治，于所闻世见治廪廪进升平，于所见世见治太平，此又一义也。由是辨内外之治，明王化之渐，施详略之文。鲁愈微而《春秋》之化益广，世

愈乱而《春秋》之文益治。"(《释三科例·张三世》)

刘逢禄说《春秋》是通过礼法义理的治理来实现拨乱反正的太平之世，他认为礼中蕴含着仁和义，并且通过亲疏恩情之降杀和尊重贤能之等差来体现，所以《春秋》分十二世为三等，以此来分出内而外、自远及近的实现王化的微言大义。他认为《公羊传》的三世说存有二义：一是董仲舒的恩义亲疏之书法，二是何休的渐治太平之微言。

对于《春秋》绝笔于获麟，刘逢禄认为蕴含着极其重要的意义："甚至西狩获麟，于《春秋》本为灾异，而托之以为治定功成之瑞，若是者何哉？子曰：'我欲载之空言，不如见之行事之深切明著也。'又曰：'吾因其行事，而加吾王心焉。'《春秋》之义犹六书之假借，说《诗》之断章取义，故又曰：'知我者，其唯《春秋》乎？罪我者，其唯《春秋》乎？'"(《释三科例·张三世》)

刘逢禄认为孔子面对衰乱之世，想通过《春秋》来蕴含他的王道仁心，以及实现拨乱反正，达到太平世的"空言"。《春秋》中所载的诸侯大臣的具体事件，正是蕴含着孔子的微言大义。

今文经学家大多认为六经均为孔子所作，刘逢禄也本持这种观念，为此，他认为《诗经》中也包含着孔子的微言大义："昔者夫子正《雅》《南》，以先公之教系之召公；著王道之始基，而《驺虞》为之应，以文王之风系之周公；著王道之太平，而《麟趾》为之应。《小雅》，文武为牧伯之事也，诸侯歌之，其衰也，至于四夷交，中国微；《大雅》，文、武为天子之事也，天子歌之；其衰也，至于西土亡，王迹熄。鸣鸟不闻，河图不出，天乃以麟告，'文王既没，文不在兹乎'，愀然以身任万世之权，灼然以二百四十二年著万世之治，且曰'其或继周者，虽百世可知也'。"(《春秋公羊经何氏释例·春秋公羊释例后录》)

刘逢禄指出《国风》中的《召南》和《周南》，以及《雅》中的《小雅》《大雅》均有孔子之微言，因为《召南》讲述了周初召公奭秉承姬氏先祖之训，由此奠定周朝王道政治之根基。《周南》讲述了周公旦借助周文王的治理观念，使得周初的社会状态达到了太平之治。由此体现了新朝在创基之时走向兴盛的必然。但是，《小雅》中描绘的则是周文王和武王起先受到诸侯的肯定，然后逐渐衰落的情况。《大雅》讲述的则是二王做天子时先有天子功德，后来王道迹象渐失，走向衰落的过程。所以《大雅》和《小雅》反映的是朝代的由盛转衰。在这种情况下，上天通过麒麟来告诉孔子的使命，让孔子在衰乱之世承担起为万世立法的责任。所以说《春秋》蕴含着治万世之法，表达了救衰起蔽、拨乱反正、重建礼制的王道思想。

刘逢禄虽然主要探究《春秋》所蕴含的大义，但他在方法上也采取了乾嘉时期汉学的考证方式，对于他的治学特点，钱穆在《中国近三百年学术史》中说："申受论学主家法，此苏州惠氏之风也；主条例，则徽州戴氏之说；又主微言大义，拨乱反正，则承其外家之传绪。"

宋翔凤，字虞庭，一字于庭，刘师培在《近儒学术统系论》中说："常州之学复别成宗派。自孙星衍、洪亮吉，初喜词华，继治拾掇校勘之学，其说经笃信汉说……武进张惠言久游徽歙，主金榜家，故兼言礼制，惟说《易》则同惠栋，确信谶纬，兼工文词。庄存与与张同里，喜言《公羊》，侈言微言大义。兄子绶甲传之，复昌言钟鼎古文，绶甲之甥有武进刘逢禄、长洲宋翔凤，均治《公羊》，黜两汉古文之说。翔凤复从惠言游，得其文学，而常州学派以成。"可见到宋翔凤那里，常州学派方正式形成。

宋翔凤的治学方法同样是将今文经学家的微言大义与汉学考据方法相结合，《清史列传》中称他："通训诂名物，志在西汉家法，微言大义，得庄氏之真传。"

宋翔凤最看重《论语》，他在《论语说义》的自序中称："子夏六十四人共撰仲尼微言，以当素王。微言者，性与天道之言也。此二十篇，寻其条理，求其旨趣，而太平之治，素王之业备焉。自汉以来，诸家之说，时合时离，不能画一，尝综核古今，有《纂言》之作，其文繁多，因别录私说，题为《说义》。"

对于《春秋》中包含哪些微言大义，宋翔凤认为："春秋之作，备五始、三科、九旨、七等、六辅、二类之义，轻重详略，远近亲疏，人事浃，王道备，拨乱反正，功成于麟，天下太平。"

宋翔凤的解经方式不仅融训诂考据和微言大义为一体，还将谶纬之说杂糅进经解中，为此受到学界批评。

对于常州学派的历史地位，梁启超在《清代学风之地理的分布》中称："而常州一域尤为一代学术转捩之枢者，则在'今文经学'之产生。自武进庄方耕（存于）治春秋公羊学，著《春秋正辞》，以授其从子葆琛（述祖）及其孙珊卿（绶甲），其外孙武进刘申受（逢禄），而申受著《公羊示例》《左氏春秋考证》诸书，大张其军：自是'公羊学'与许郑之学代兴，间接引起思想界革命。"

六、以今文经学论政

1. 龚自珍：重新诠释三统与三世

今文经学家所推崇的公羊学在中国历史上呈现两个高峰期：一是西汉，一是晚清。龚自珍乃是晚清公羊学的主要推动者之一，但是他对公羊学的理解与正统今文经学家有一定的区别。

龚自珍，又名巩祚，字璱人，号定盦，浙江仁和人。他与魏源都被视为近代开风气的思想家。梁启超在《清代学术概论》中称："今文学之健者，必推龚、魏。龚、魏之时，清政既渐陵夷衰微矣，举国方沈酣太平，而彼辈若不胜其忧危，恒相与指天画地，规天下大计。"

龚自珍是"说文四大家"之一段玉裁的外孙，又是王引之的弟子，所以他的今文经学观念中掺杂了古文经学观点。对于他学术思想体系上的变化，钱穆在《中国近三百年学术史》中说："然则定庵（盦）之为学，其先主治史通今，其卒不免于治经媚古；其治经也，其先主大义通治道，其卒又不免耗于琐而抱其小焉。自浙东之《六经》皆史，一转而为常州《公羊》之大义微言；又自常州之大义微言，再折而卒深契乎金坛、高邮之小学训诂；此则定庵（盦）之学也。"周予同在《群经通论》中说："龚是汉学家段玉裁的外孙，富有天才。他有一些关于今文学的零篇著作，并且喜引用《公羊》义例，以批评朝政，排诋专制。不过他究竟才胜于学，喜博嗜奇，所以一方治《公羊》，一方又袭章学诚'六经皆史'之说，自陷于古文家言。"

王引之乃是戴震的后学，精于小学。嘉庆二十三年（1818），龚自珍参加浙江乡试中举，王引之是主考官。王引之不喜公羊学中的灾异之论，这个观念影响到龚自珍，使得龚对阴阳五行说和谶纬说都有反感，所以他在《非五行传》中批判刘向说："刘向有大功，有大罪，功在《七略》，罪在《五行传》。凡五行为灾异，五行未尝失其性也。"

由于受古文经学家的影响，龚自珍有了六经皆史的观念："夫六经者，周史之宗子也。《易》也者，卜筮之史也。《书》也者，记言之史也。《春秋》也者，记动之史也。《风》也者，史所采于民，而编之竹帛，付之司乐者也。《雅》《颂》也者，史所采于士大夫者也。《礼》也者，一代之律令……"（《古史钩沉论二》）

他把六经视为周室的"宗子",由此将经降到了史的地位,使得经的神圣性消失了,这种观念令公羊学家深为不满。其实龚自珍并不轻视史,他甚至认为史的重要性不在经之下:"出乎史,入乎道,欲知道者,必先为史。"(《尊史》)他还说出了这样的名言:"灭人之国,必先去其史;隳人之枋,败人之纲纪,必先去其史;绝人之材,湮塞人之教,必先去其史;夷人之祖宗,必先去其史。"(《古史钩沉论二》)

既然经等同于史,今文经学家又认为经中蕴含着圣人微言大义,故龚自珍认为史中也有着这样的蕴含:"人臣欲以其言裨于时,必先以其学考诸古。不研乎经,不知经术之为本源也;不讨乎史,不知史事之为鉴也。不通乎当世之务,不知经、史施于今日之孰缓、孰亟、孰可行、孰不可行也。"(《对策》)

今文经学家认为六经乃是孔子的作品,龚自珍却说早在孔子之前就已经有了六经:"向不云乎,仲尼未生,已有六经。仲尼之生,不作一经。"(《六经正名答问一》)

龚自珍把《春秋》视为孔子编纂出的鲁国史,从今文经学角度来看《春秋》,此书包含着春秋诀狱、明断是非、人伦之变等重要内涵,龚自珍也承认这一点,他在《春秋决事比》中以问答的方式阐述了他的观点:"《春秋》何以作?十八九为人伦之变而作。大哉变乎!父子不变,无以究慈孝之隐;君臣不变,无以穷忠孝之类;夫妇不变,无以发闺门之德。精义入神,以致用也;比物连类,贵错综也。其次致曲,加王心也;直情径行,比兽禽也。《春秋》之狱,不可以为故当;《春秋》之文,不可以为援;《春秋》之义,不可以为例;《春秋》之训不渎,一告而已,不可以再;或再告而已,不可以三。"

今文经学家认为《公羊传》包含着三统说,也就是治理天下的王除了自立的王统外,还要参照以往的王统,因为旧王统仍然具有存在的合理性。但龚自珍却别立三统说:"夫始变古者,颛顼也。有帝统,有王统,有霸统。帝统之盛,颛顼、伊耆、姚;王统之盛,姒、子、姬;霸统之盛,共工、嬴、刘、博尔吉吉特氏。非帝王之法,地万里,位百叶,统犹为霸。帝有法,王有法,霸有法,皆异天,皆不相师,不相訾,不相消息。王统以儒墨进天下之言;霸统以法家进天下之言;霸之末失,以杂家进天下之言。"(《壬癸之际胎观第三》)

龚自珍所说的三统,乃是帝统、王统和霸统,他的三统观远比今文经学家要宽阔得多,同样,他的三世说也与以往今文经学家不同。今文经学家很看重三世说，他们将《春秋》十二世二百四十二年的鲁国史分为三个不同历史时期：以孔子为基点分成所见世、所闻世和所传闻世。何休对三世说做了全新诠释，他认为所见世是太平世，所闻世是升平世，所传闻世是据乱世。按此说法，古乱今治。

龚自珍不认可何休的说法，他首先扩大三世说的范围，认为五经都包含着三世，他在《五经大义终始论》中说："圣人之道，本天人之际，胪幽明之序，始乎饮食，中乎制作，终乎闻性与天道。"龚自珍认为饮食、制作、闻性和天道就是治道的次序，他将此次序与三世结合，认为据乱世是以饮食为重，升平世是以制作为重，太平世则重在闻性与天道。

传统今文经学家所说的三世都是以《春秋》为基点，龚自珍却突破这个概念，将三世推广到其他的经书中："问：三世之法谁法也？答：三世、非徒《春秋》法也。《洪范》八政配三世，八政又各有三世。"（《五经大义终始答问一》）

按其说法，《尚书》中的洪范八政各含有三世，他还认为《诗经》中的《后稷》篇属于据乱世，《公刘》篇属于升平世，《般》篇和《我将》篇则属于太平之世，故《诗经》也包含三世。

龚自珍强调三世无所不在，重点是想表达他的变异思想，他认为一切事物都在变化之中，所以社会环境也不是永恒的："问：'《礼运》之文，以上古为据乱而作，以中古为升平。若《春秋》之当兴王，首尾才二百四十年，何以具三世？'答：'通古今可以为三世。《春秋》首尾，亦为三世。大桡作甲子，一日亦用之，一岁亦用之，一章一蔀亦用之。'"（《五经大义终始答问八》）

三世说甚至存在于一年一日一朝之中，所以更替是必然的，社会积弊太多，必然会产生变革，他想以此说明："无八百年不夷之天下，天下有万亿年不夷之道。"（《乙丙之际箸议第七》）

对于龚自珍重理三世说的目的，钱穆在《两汉经学今古文平议》中指出："自珍一方面言五经皆含三世，一方面言五经之终始治道亦含三世；于是在'三世'的配合下，使五经的终始治道，附上了一层积极意义。三世观念在自珍那里完全被活用了，他不仅用三世说明政事的先后次第，及五经皆含三世；更自行推衍出一套三世大小论，并据此三世之说，以自发挥出一套讥世微言。"在那个时代，龚自珍不能明确地表达出他要求社会变革的主张，于是他通过三世说来"讥世"。

龚自珍的经学观不拘囿于古文经学和今文经学，所以他的论述兼采今古，他甚至不拘囿于汉学、宋学："孔门之道，尊德性，道问学，二大端而已矣。二端之初，不相非而相用，祈同所归，识其初，又总其归，代不数人，或数代一人，其余则规世运为法。入我朝，儒术博矣，然其运实为道问学。"（《江子屏所著书序》）

出于这样的融通观念，他很反对清儒将学者分为汉学和宋学，当他读完江藩的名著《国朝汉学师承记》后，特意给作者写了封信，批评此书有"十不安"，其中前四不安为："夫读书者，实事求是，千古同之。此虽汉人语，非汉人所能专。一不安也。本朝自有学，非汉学，有汉人稍开门径，而近加邃密者，有汉人未开之门径，谓之汉学，不甚甘心。不安二也。琐碎饾饤，不可谓非学，不得为汉学。三也。汉人与汉人不同，家各一经，经各一师，孰为汉学乎？四也。"（《与江子屏笺》）

所以他建议江藩将《国朝汉学师承记》改名为"国朝经学师承记"，这样就解决了十不安的问题。

在北京遇到刘逢禄，对于龚自珍来说是一件大事。刘逢禄对他讲述了一些今文观念，对其思想引起很大震动，他在诗中写了当时的感受："昨日相逢刘礼部，高言大句快无加。从君烧尽虫鱼学，甘作东京卖饼家。"（《杂诗》）烧尽虫鱼学，指的就是彻底放弃古文经学家所强调的训诂之学，同时也表达了他要与古文经学决裂，坚决站在今文经学立场上。但在实际的写作中，龚自珍仍然经常引用古文经学中的观念，比如他在《春秋决事比》的自序中说："凡建五始，张三世，存三统，异内外，当兴王，及别月日时，区名字氏，纯用公羊氏；求事实，间采左氏；求杂论断，间采穀梁氏。"

龚自珍将古文经学家推崇的《左传》与今文经学家推崇的《公羊传》《穀梁传》融为一体，从中撷取所需，由此冲破了今古文经学家严守家法的概念，尽管他认为《左传》中已经有了刘歆篡改的成分，但他仍然认为《左传》要排在《穀梁传》之前，因为后者没有微言大义。

龚自珍还认为《周官》也是刘歆伪造的："《周官》晚出，刘歆始立。刘向、班固灼知其出于晚周先秦之士之掇拾旧章所为，附之于《礼》，等之于《明堂》《阴阳》而已。后世称为经，是为述刘歆，非述孔氏。"（《六经正名》）所以他认为《周官》不应当列入经，他的观念对后来的廖平和康有为都有影响，他们都认为《周官》是刘歆伪造的。

龚自珍还认为《孝经》不可以称为经，他尤其不满于将《尔雅》称为

第十一章　汉代经学的复兴：古文经学与今文经学

经,在他看来:"以经还经,以记还记,以传还传,以群书还群书,以子还子。"(《六经正名答问四》))

虽然后世多批评龚自珍的观念太过博杂,但都承认他对后世有重要影响力,比如,叶德辉在《龚定庵年谱外纪序》中说:"仁和龚定庵先生,以旷代轶才负经营世宙之略,不幸浮沉郎署,为儒林文苑中人。此非其生平志愿所归往也。光绪中叶,海内风尚公羊之学,后生晚进莫不手先生文一编。其始发端于湖湘,浸淫至于西蜀东粤,挟其非常可怪之论,推波扬澜,极于新旧党争,而清社遂屋。论者追原祸始,颇咎先生与邵阳魏默深二人。呜呼,此亦岂先生逆亿所及者哉!"

因为龚自珍的目的并非只是研究经学,他是通过经学来表达自己的经世思想,张寿安在《龚自珍学术思想研究》中称:"对常州学派的发展而言,则是开'援经议政'之先河。晚清学者议政,每善援引公羊,自珍实开风气者。"

对于龚自珍和魏源在今文经学史上的贡献,朱维铮给出了颇高的评价:"假如没有浙江人龚自珍、湖南人魏源,那末无论刘逢禄、宋翔凤怎样表彰公羊学,常州学派也只会止于汉学的异端,因为他们沿用考据的方法反对考据的取向,在汉学家看来也无非属于同室操戈,正如当年郑玄反对何休一样。"(《求索真文明:晚清学术史论》)

2. 魏源:以《诗》《书》论变易

魏源,名远达,字默深、墨生、汉士,号良图,湖南邵阳隆回人,他被称为近代著名思想家,鸦片战争时期较早睁眼看世界的国人之一,他意识到了西方科技的重要性,提出了著名的"师夷长技以制夷"的口号。同时他希望朝廷变革,强调"天下无数百年不弊之法,无穷极不变之法,无不除弊而能兴利之法,无不易简而能变通之法"。(《筹鹾篇》)魏源强调"变古愈尽,便民愈甚",希望能在水利、漕运、盐政等方面革除弊端,以利于"国计民生"。

魏源一生著述宏富,涉及儒、道、墨、法、兵、佛各家,在史学和地理学方面也有较深研究。在经学方面他撰有《高子学谱》《春秋繁露注》《大学古本发微》等,可惜这些书均已失传,流传于今的经学代表作品为《诗古微》和《书古微》。

《诗古微》的总体思想是以今文的三家《诗》来反对《毛诗》,以此来阐发他的今文经学观。经过比较，他认为三家《诗》比毛诗渊源更为可靠，他认为齐诗、韩诗有序，鲁诗也应该有序，依据则只是《列女传》中所载的故事。

对于三家诗和毛诗孰优孰劣的问题，魏源先引用了宋郑樵的所言："毛公时，《左传》《孟子》《国语》《仪礼》未盛行，而先与之合。世人未知《毛诗》之密，故俱从三家。及诸书出而证之，诸儒得以考其异同得失，长者出而短者自废，故皆舍三家而宗毛。"

在郑樵看来，人们经过比较，认为毛诗优于三家诗，魏源对此予以反驳，他说《齐诗》中是先《采蘋》后《草虫》，次序与《仪礼》合，《鲁诗》和《韩诗》中说的《硕人》《黄鸟》等与《左传》合，其中的《抑》和《昊天有成命》与《国语》合，诸如此类，等等。然这些地方与毛诗不合，毛诗中的续序与经传诸子合，魏源的解释是因为其"多剽取经传陈言"，并且东汉诸儒也并未舍三家诗而宗毛诗，且贾逵撰《齐鲁韩毛诗异同》、服虔注《左传》、郑玄注《礼》都用到了《韩诗》，他同时说许慎在《说文叙》中自称《诗》称毛氏，但《说文解字》引诗中十有八九用的是三家诗，所以魏源认为郑玄和许慎等用毛诗主要是为了推崇古文经，此乃门户之见，但在实际中，他们还是认为鲁诗和韩诗为优。

对于齐、鲁、韩三家诗的异同问题，魏源在《齐鲁韩毛异同论》中说："且三家遗说，凡《鲁诗》如此者，韩必同之；《韩诗》如此者，鲁必同之；《齐诗》存什一于千百，而鲁、韩必同之。"

魏源反对毛诗将六篇《笙诗》列入《诗经》中，认为毛诗序既然自古有之，那么序应当就是诗的主题，但是毛诗的这六篇诗序却只是根据题目来解说，这显然是后人望文生义的解说，而三家诗虽然在文字上有多处不同，但在篇目数量上却是相同的，如果这六篇《笙诗》自古就有之，那么三家诗中至少应当有一家会有反应，可是三家诗中都无笙诗的篇名，并且文献中讲到《诗经》时都会用"诗三百""三百五篇"来代称，从没人以"三百十一篇"来称呼之。

最早是孔子称"诗三百"，从《关雎》到《鲁颂》，恰好是三百篇，因此王通认为孔子时代其实《诗经》就是三百篇，后来从宋国得到了《颂》五篇附在后面，于是就有了"三百五篇"的称呼。

魏源想以此说明早在孔子时代，就没有把《笙诗》算在《诗经》内，后来司马迁在《史记》中称："古者《诗》三千余篇，及至孔子，去其重，取可施于礼义……三百五篇。"班固在《汉书》中亦说:"孔子纯取周诗,上采殷,下取鲁,凡三百五篇。"以及其他的各种文献也都称诗经为"三百五篇",从未有"三百十一篇"的说法。

孔子曰:"《诗》三百,一言以蔽之,曰:'思无邪。'"对于"思无邪"的解释,后世基本将"思"字视为名词,乃是指思想,"无邪"是指没有邪念,故"思无邪"的意思是说《诗经》中所表达的思想与情感都符合儒家的伦理道德规范。魏源反对这种解读方式,认为《诗经》并非无邪,就内容而言,实际是有邪的,因为《诗经》中有淫诗,其中《郑风》二十一篇,谈到妇人的就有十九篇,故有"郑声淫"之说。三家诗认为《诗经》中必有刺邪,毛诗也承认其中有淫诗,比如《野有蔓草》等。

魏源还认为《诗经》中有赞美叛乱者的诗,比如《唐风·无衣》中毛序说"美晋武公也",但晋武公据曲沃,最后夺取了晋侯缗的政权,又通过贿赂周王得到承认,显然晋武公是乱臣贼子,《诗经》既然是孔子编定的,他怎么会赞美晋武公呢?就这点来说,诗也是有邪的。

魏源主要是想证明三家诗比毛诗更佳,为什么他要这么做,他在《诗古微》序中说:"发挥齐、鲁、韩三家《诗》之微言大义,补苴其罅漏,张皇其幽渺,以豁除《毛诗》美刺、正变之滞例,而揭周公、孔子制礼正乐之用心于来世也。"可见魏源看中三家诗的原因,是其中能够发挥出今文经学家的微言大义,而他撰写《书古微》也是出于这个目的。

嘉庆二十四年(1819),魏源二次入京,中顺天乡试副贡生,与龚自珍一起师从刘逢禄学习《公羊》。至此之后,他深爱今文学。刘逢禄在《诗古微》序中说:"邵阳魏君默深治经好求微言大义,由董子书以信《公羊春秋》,由《春秋》以信西汉今文家法,既为《董子春秋述例》,以阐董、胡之遗绪,又于《书》则专申《史记》《伏生大传》及《汉书》所载欧阳、夏侯、刘向遗说以难马、郑。"

对于撰写《书古微》的目的,魏源在本书序中说:"《书古微》何为而作也?所以发明西汉《尚书》今古文之微言大谊,而辟东汉马、郑古文之凿空无师传也。"

对于东晋时晚出的古文《尚书》,经阎若璩等人的辨析,已经被认定为伪作,魏源同意这一论定:"是则然矣,然自伪孔造书十六篇以来,窜入圣经,颁之学校,自王、侯、大夫、士诵奉千余年,曾无一人悟其失者,即如《周诰》数篇,征叛、摄政、营邑之年岁,皆被伪孔再四愦乱。"(《书古微》)

他在此书的《例言》中对伪古文的辨伪过程做了概括性讲述，除了提及朱熹对此书真伪的怀疑外，还讲到了阎若璩、惠栋、江声、孙星衍、王鸣盛、段玉裁等人所做的进一步辨伪工作。

但是，这些重要的辨伪学者尽管都认为东晋晚出的古文《尚书》为伪，却也承认它保留了一些历史信息，而魏源的态度比这些人更为坚决，他认为应当彻底放弃此书："若伪古文之臆造经、传，上诬三代，下欺千载，今既罪恶贯盈，阅实词服，即当黜之学校，不许以伪经出题考试，不许文章称引，且毁伪《孔传》、伪《孔疏》及蔡沈《集传》，别颁新传、新疏，而后不至于惑世诬民。"（《书古微例言》）

今文经学家中的庄存与虽然认同该书为伪，但仍然认为该书"今数言幸而存，皆圣人之真言，言尤疴痒关后世，宜贬须臾之道，以授肄业者"。（龚自珍《武进庄公神道碑铭》）魏源也是著名的今文经学家，但他却与庄存与观点不同，可见在一些问题上，他有自己独特的看法。

对于古文经学家所推崇的孔安国本《尚书》，魏源也予以驳斥："国朝诸儒知攻东晋晚出《古文》之伪，遂以马、郑本为真孔安国本，以马、郑说为真孔安国说，而不知马牛冰炭之不可入。"（《书古微》）魏源说清朝古文经学家在认定东晋古文《尚书》为伪之后，认为马、郑本为孔安国真本，但是魏源认为马、郑是臆造矫诬，其目的是视今文经学家为俗儒，因此他认为在辨东晋伪古文《尚书》的基础上，首先要批判伪东汉古文《尚书》："夫黜东晋梅赜之伪，以返于马、郑古文本，此齐一变至鲁也；知并辨马、郑古文说之臆造无师授，以返于伏生、欧阳、夏侯及马迁、孔安国问故之学，此鲁一变至道也。"（《书古微例言》）

魏源在《书古微序》中列出马、郑古文《尚书》不可信的五点证据，其中两个主要的论点为：一是说杜林漆书来源不明，以此来否定杜林本，从而在根本上否定东汉《古文尚书》；二则是说马、郑的观点与其他人的不同。他这么做的目的是想用西汉《尚书》来证东汉马郑古文《尚书》之伪。魏源这么做的整体思路，乃是想通过今文经学家所强调的微言大义来谈论他的变易思想："今日复古之要，由诂训、声音以进于东京典章制度，此齐一变至鲁也；由典章、制度以进于西汉微言大义，贯经术、政事、文章于一，此鲁一变至道也。"（《两汉经师今古文家法考叙》）

古文经学主要靠实证，无所发挥，也就难以通过古代经典来联系社会变革，他在《诗古微序》中说："故《诗》之道，必上明乎礼、乐，下明乎

《春秋》，而后古圣忧患天下来世之心不绝于天下。"

对于他治经学的目的，齐思和在《魏源与晚清学风》中总结说："有清三百年间，学术风气凡三变。……至道、咸以来，变乱叠起，国渐贫弱。学者又好言经世，以图富强，厌弃考证，以为无用，此学风之三变也。其代表人物为魏默深先生。"

3. 廖平：以礼制分今古，以孔子为教宗

廖平，字季平，先后号四译（或四益）、五译、六译，四川井研人，近代今文经学大家。廖平的经学观一生屡变，第一变是"平分今古"，第二变是"尊今抑古"，第三变为"古大今小"，后面的第四变、第五变、第六变主要讲的是"天人之学"。冯友兰在《中国哲学史》中评价他说："故廖平之学，实为经学最后之壁垒，就时间言，就其学之内容言，皆可以结经学时代之局者也。"

廖平不讳言自己的善变，并且能从理论上讲出变的道理，他自称："为学须善变，十年一大变，三年一小变。每变愈上，不可限量，所谓士别三日当刮目相待者也。变不贵在枝叶，而贵在主宰，但修饰整齐，无益也。若三年不变，已属庸才，至十年不变，则更为弃才矣。然非苦心经营，力求上进者，固不能一变也。"（《经话甲编》）

从总体来看，他的前两变指的是由宋学转向东汉的古文经学，而后由东汉古文经学转向西汉今文经学，如果从观念论，他的前三变可称为"今古学"，其相应探讨的问题是今古之争和中西之争。后三变称为"天人学"，探讨的问题是中国传统的天人关系问题。

关于他的前两变，廖平在《经学初程》中称："予幼笃好宋五子书、八家文。丙子从事训诂文字之学，用功甚勤，博览考据诸书。冬间，偶读唐宋人文，不觉嫌其空泛，不如训诂书字字有意，盖聪明心思至此一变矣。庚辰以后，厌弃破碎，专事求大义，以视考据诸书，则又以为糟粕而无精华，枝叶而非根本。取庄、管、列、墨读之，则乃喜其义实。是心思聪明至此又一变矣。"

按照他自己的说法，光绪二年（1876）之前，他偏爱宋学，此后转向了文字训诂的古文经学，光绪六年（1880）之后又转向探求微言大义的今文经学以及诸子学。前一变化是受张之洞的影响。光绪元年（1875），张之洞任四川学政，在成都尊经书院提倡古学，致使当地的学子纷纷转向文字训诂之学，廖平也受此影响，博览考据类著述。光绪四年（1878），王闿运主讲尊

经书院,他属于今文经学家,故在尊经书院内讲述公羊学的微言大义,廖平受此影响,认为考据学支离破碎,由此转向了今文经学研究。

廖平在一变时提出了"平分今古"的观念,认为在汉代时已经形成了经学的今、古两派,后因郑玄解经兼采今古,才混杂了两汉家法。三国时的王肃与郑玄争胜,伪造典籍,杂糅今古,致使今古之界泯灭。从那时起,后人已经不明今古之分的根源,所以他写出《今古学考》一文,就是要还原家法。廖平说:"郑君之学,主意在混合今古。予之治经,力与郑反,意将其所误合之处,悉为分出。经学至郑一大变,至今又一大变。郑变而违古,今变而合古。"

如何重新分清楚今文和古文呢?廖平提出的方法是以礼制来做出区分,他认为虞、夏、殷、周四代的礼制制度各不相同。他在研究《穀梁传》时发现此书中所说的"二伯"与《白虎通》中所说的"五伯"不同,后来读到《王制》时发现《穀梁传》中所说的礼制与王制完全相同。因此,廖平认为《王制》是孔子晚年改制所作的著作,故此书是孔子改制制度的大纲。同时,他不认可《周礼》为周公所作,他认为的作者是:"疑是燕赵人在六国时因《周礼》不存,据己意,采简册,摹仿为之者。其先后大约与《左传》《毛诗》同。非周初之书也。"于是他提出了"今学主孔子,古学主周公"的结论。

廖平所说的"平分今古"中的"平"字,乃是指平等对待之意,他所谓的"今"就是今文经学,要以《王制》为主,古文经学以《周礼》为主:"《周礼》之书与《王制》同意,均非周本制,特《周礼》撺拾时事处多,《王制》则于时制多所改变尔。"(《今古学考》)

廖平认为《周礼》和《王制》都是最好的礼制制度,《王制》参用了虞、夏、殷、周四代之治而成,《周礼》是依据周朝礼制而成,这就是两者的区别。

为什么要重视《王制》?廖平认为孔子早年和晚年的观念有所不同:"孔子初年问礼,有'从周'之言,是尊王命、畏大人之意也。至于晚年,哀道不行,不得假手自行其意,以挽弊补偏;于是以心所欲为者,书之《王制》,寓之《春秋》,当时名流莫不同此议论,所谓因革继周之事也。后来传经弟子因为孔子手订之文,专学此派,同祖《王制》。其实孔子一人之言,前后不同。予谓'从周'为孔子少壮之学,'因革'为孔子晚年之意者,此也。"(《今古学考》)

早年的孔子尊奉周制，晚年的孔子对很多问题有了更为全面的认识，于是有了托古改制的观念，于是写出《王制》一书。廖平想以此说明《王制》才是孔子最成熟的观念，这是《周礼》不能比的，所以他名义上平分今古，实际上是偏向今文学。

廖平为什么从古文经学转向了今文经学，这与当时的社会环境有直接关系。他认为中国的落后不是因为技术和制度，而是因为学术的腐败，学人都沉湎于八股文和文字训诂，全然不去体味圣人经典中所蕴含的微言大义。当年孔子受命改制，把各种制度规定以及政治理想都隐在了六经之内，所以今人要想理解孔子的宏大思想，就要去认真地研读六经，但是这些"隐微之言"不是一般人能够读出来的，只有通过贤人的翻译才能让普通人了解，所以他要做一个贤人，通过知圣译经，来让人们明白六经中蕴含着哪些深刻思想。

在廖平看来，孔子是中国历史上最伟大的人物，所以他在《孔经哲学发微》中明确地称自己"平毕生学说，专以尊经尊孔为主"，所以他要一遍一遍深入翻译解读孔子思想，所以他才有了四译、五译、六译之号。

当时在西学的冲击下，有人提出了废除经学的主张，廖平坚决予以回击："孔子，中国教宗也；《六经》，中国国粹也。"（《孔经哲学发微》）为此，廖平提出了要把孔教立为国教的主张，他在孔教成立的第一次全国大会上发表讲话时称："知天生孔子作'六经'，立万世法。孔子以前既无孔子，孔子以后亦不再生孔子，前无古人，后无来者。此其所以能统一全球也。故孔子居立言之位，其道兼包天人，统括小大，原始要终，与天地相终始。"（《阙里大会大成节讲义》）

廖平在《知圣篇》中谈到了他的观点，他认为孔子不是到晚年作《春秋》时才受命的，而是在他五十岁时就已受天之命："孔子五十知天命，实有受命之瑞，故动引天为说，使非实有征据，则不能如此。受命之说，惟孔子一人得言之。"（《知圣篇》）

经过深入研究，廖平在其晚年写出了《孔经哲学发微》，并在此书中表达了新的观点，他认为"六艺"是旧史，而"六经"为孔子制作的新经："孔子翻经，正如西人用埃及古文说八大帝事，实以古言译古书，所以谓之'雅言'，通古今语。而今之谈西事者，谓耶稣以前西教，实同孔子，耶稣因其不便，乃改之。此盖西人入中国，久思欲求胜，遂谓西方古教亦同中国，耶稣改旧教亦如孔子译帝王之书以为经。时人但知今言，不知古语，好古之士，遂可借古文而自行己意。其说虽不足据，然凡立敦翻译古书以为说，则同也。"

廖平说孔子翻译古书而写出了新经,这是因为孔子是圣人,他能通古今语。后来廖平进一步认为,古语其实是拼音字母,而今语是孔子创造的现在通行的汉字。因为这个原因,晚清时帝国主义入侵中国,就是想来求得真经:"盖孔子未生以前,中国政教与今西人相同,西人杭海梯山入中国以求圣教,即《中庸》'施及蛮貊'之事。圣经中国服习,久成为故事,但西人法六经,即为得师,故不必再生孔子。今日泰西,中国春秋之时,若无所取法,天故特生孔子垂经立教,由中国及海外,由春秋推百世,一定之例也。"(《知圣篇》)

廖平认为西方人虽然在技术方面很先进,但他们的政教却很落后,仅相当于中国春秋时的水平,他举出的例子是:"贵女贱男,婚姻自行择配,父子兄弟如路人。"(《知圣篇》)西方人尊重女性,自由选择婚姻,父子、兄弟间各自有生活的独立性,这在廖平看来却是落后的表现,而西方人意识到了自己的落后,于是打入中国,目的就是要向中国"求圣教""法六经"。在廖平眼里:"孔子乃得为全球之神圣,六艺乃得为宇宙之公言。"(《经学四变记》)

廖平的前三变在当时的学界产生不小的影响,后三变因为难以理解,故少有人论及,廖平的孙子廖宗泽在《六译先生行述》中称:"海内学者略窥先祖之学皆逮一、二变而止,三变以后冥心独造,破空而行,知者甚鲜。"

当年康有为见到廖平后,廖平把自己所写的相关手稿拿给康参阅,廖平的思想对康影响很大,后来康写出了《新学伪经考》和《孔子改制考》。但康有为却一直否认自己的重要观念是受廖平影响,由此形成学界一大公案,学界多有相关研究文章。但如果从撰写动机来看,两人确实有区别:廖平是在全力推崇孔子,想回到那样的理想社会;康有为则是借孔子思想来表达自己的维新变法和政治主张。

廖平的观点对刘师培也构成一定影响,起初刘师培对廖平的观点持批判态度,他在《国粹学报》上发表系列文章来批判廖平观点。1911年刘师培入端方幕,后因辛亥革命被四川军政府拘留,经章太炎、蔡元培等人营救,谢无量聘请他到四川国学馆担任讲习。1912年刘师培任该馆馆长,聘请廖平主讲经学,这个机会使他客观地了解到廖平的"平分今古"论。

当年章太炎反感廖平的观点,于光绪二十五年(1899)写出了《今古文辨义》一文,逐条批驳廖平观点。该文中写道:"廖氏之见,欲极崇孔子,而不能批郤导窾，以有此弊。寻其自造六经之说，在彼固以为宗仰素王……安知孔子之言与事，非孟、荀、汉儒所造耶？孟、荀、汉儒书，非亦刘歆所造耶？……廖氏不言，后之人必有言之者，其机盖已兆矣。"

但是后来章太炎也逐渐接受了廖平的以礼制平分今古观。廖平去世后，其孙廖泽请章太炎为廖平写墓志铭，章太炎答应此请。他在墓志铭中赞赏廖平"古大今小"之变最可观，但依然不同意廖平所说的六经皆孔子作、文字为孔子造的观点。

廖平在四川弟子众多，其中于后世最有影响的当数蒙文通，蒙先生认为其师在《今古学考》中提出的"今学是经学派，古学是史学派"的观点为千古定论，他对廖平提出的以礼制平分今古的观点给予高度评价："先生依许、郑《五经异义》，以明今古之辨在礼制，而归纳于《王制》《周官》，以《王制》《榖梁》鲁学为今学正宗，平分江河，若示诸掌，千载之惑，一旦冰解。先生《春秋》造诣之微，人不易知，由《春秋》而得悟于礼制者，遂不胫而走天下。皮氏（锡瑞）、康氏（有为）、章氏（炳麟）、刘氏（师培），胥循此轨以造说，虽宗今宗古有殊，而今古之分在礼，则皆决于先生之说也。"（《廖季平先生传》）

在蒙文通看来，廖平的观点对皮锡瑞、康有为、章太炎、刘师培都有一定影响。

4. 康有为：以今古经寓政治理想

康有为，原名祖诒，字广厦，号长素，广东南海人。他在年少时跟随祖父读书，十九岁后拜朱次琦为师，受到巨大影响，之后转向今文经学，认为《公羊传》含有微言大义，推崇孔子为最伟大的圣人，孔子学说是社会道德的最高标准，并以弘扬儒学为己任，自认为他的思想直承孔子。

康有为早年尊奉古文经，后来结识张鼎华，才有了重要转变："舍弃考据帖括之学，专意养心。既念民生艰难，天与我聪明才力拯救之，乃哀物悼世，以经营天下为志，则时时取《周礼》《王制》《太平经国书》《文献通考》《经世文编》《天下郡国利病全书》《读史方舆纪要》，纬划之，俯读仰思，笔记皆经纬宇宙之言。"（康有为《我史》）

光绪十一年（1885），康有为撰成《教学通义》，他在该书中重点强调了《春秋》的重要价值："诸经皆出于周公，惟《春秋》独为孔子之作，欲窥孔子之学者，必于《春秋》。"康有为认为《春秋》一书蕴含了孔子的全部思想，并且只有《春秋》中蕴含着孔子的微言大义："《春秋》者，孔子感乱贼，酌周礼，据策书，明制作，立王道，笔则笔，削则削，所谓微言大义于是乎在。"（《教学通义》）

《春秋》记载的是鲁国历史，写得极其简约，所以康有为认为《春秋》大义不在于这些记载的事实，更重要的是孔子以特殊的方法蕴含着重要思想："春秋之义不在事，传孔子《春秋》之义在口说而不在文。"（《春秋笔削大义微言考》）

但是为什么很少人能了解到孔子的深刻思想呢？他在《微言考》序中说："《春秋》灭于伪《左》，孔道晦于中国，太平绝于人望。"

康有为把《左传》称之为伪书，认为正是这部书的传播才使得人们无法了解孔子的思想，那么《春秋》中蕴含着怎样的思想，又是谁能懂得这种思想呢？康有为在《微言考》中说："其传《春秋》改制、当新王继周之义乃见孔子为教主之证。尤要者，据乱、升平、太平三世之义，幸赖董、何传之，口说之未绝，今得一线之仅明者，非此乎？今治大地升平、太平之世，孔子之道犹能范围之。若无董、何口说之传，则布于诸经，率多据乱之义，孔子之道不能通于新世矣。"

康有为认为只有今文经学家口口相传的解读，才是理解孔子思想的正途，只有董仲舒和何休的解读才是最正确的。

经过仔细研究，康有为仍然强调孔子用了特殊的记号把微言隐在《春秋》一书中："《春秋》之微言，托笔削数字为记号以传之，专明非常之义，与春秋时事全不相关涉者也。"对此康有为解释道："'元年春，王正月'，不过如算学四元法之天地人物，代数之甲乙子丑而已，取其简而易代。"不仅是《春秋》中的文字，康有为认为微言也隐藏在《春秋》中的数字里："如算术之有天元，代数之有甲乙子丑，皆以一字代一式，使弟子后学得以省识其大义微言之所托。"这是怎样的一些符号呢？梁启超称："定《春秋》为孔子改制创作之书，谓文字不过其符号，如电报之密码，如乐谱之音符，非口授不能明。"（梁启超《康有为是今文学运动的中心》）

正因为孔子有这么伟大的理想，所以康有为在《微言考》中对孔子极其推崇："孔子圣之时者也。若其广张万法，不持乎一德，不限乎一国，不成乎一世，盖浃乎天人矣！"康有为认为孔子不仅对中国有影响，其影响力甚至涵盖全球："孔子之所以立新制，以戒后世。我国人种之盛，冠绝万国，卷翕地球，皆孔子之功德也。"

第十一章　汉代经学的复兴：古文经学与今文经学

在康有为看来，《礼运》中所谈的"大同"与"小康"概念就是本自孔子改制的三世思想："《春秋》三世之法，与《礼运》小康、大同之义同，真孔子学之骨髓也。孔子当乱世之时，故为据乱、小康之制多，于大同太平则曰：丘未之逮也，而有志焉。可见孔子之志，实在大同太平，其据乱、小康之制不得已耳。"（《微言考》）

于是康有为根据孔子的据乱世、升平世、太平世观念，来衡量中国乃至世界的历史变化。他提出："法制进化，由君主而及民主。文王为君主之圣，尧、舜为民主之圣。《春秋》始于据乱立君主，中于升平为立宪军民共主，终于太平为民主。故《春秋》始言文王，终道尧、舜也。"他认为社会是向好发展，对于升平世，他的描绘是"升平之世，铁轨交通，商货互易"，达到太平世时则是"太平世则皆为民主，且平天子之势矣"，"至太平之世，则大地种族混合，天下如一，治化大同，无复文明、野蛮之别矣"。（《微言考》）

在男女平等观念上，康有为不像廖平那样保守，他强调平等和女权："推之升平世，人皆有教，女亦有权，又经合婚俗定之后，则女道不妨宽其出入宴飨，如欧西是也。至太平世，则教化纯美，人人独立，可不必为男女大别，但统之曰人类而已，其出入飨宴从人道之同同。"（《微言考》）

但是中国为什么没有进入太平世呢？康有为认为，这就是因为汉代时刘歆制作伪经，致使中国守旧。

康有为读过一些西学著作，也曾流亡过海外，所以接受了一些西方观念，而后他用儒学观点来予以类比。为此，他认为孔子思想就是文明："盖人道进化以文明为率，而孔子之道尤尚文明。《公羊》先师口说，与《论语》合符，既皆为今文家之传，又为孔子亲言，至可信也。"（《论语注》）

既然西方已经有了文明，那么他们为什么还要侵略中国呢？康有为认为文明国和野蛮国是相对概念，关键要看他们的行径："凡师兵入国，多掠人妻、居人室，此野蛮莫甚之行，而号称文明之国者多行之。英、美、德、法、俄、日、意、奥八国之师入顺天犹然，俄、法、德最甚，此亦还为野蛮者矣。"

对于文明与野蛮之分，康有为给出的判断方式是："野蛮多好利，文明多好名；野人多好利，君子多好名。"所以他认为中国精神文明发达，而欧美物质文明发达："故以欧美人与中国相比较，如以物质论文明，则诚胜中国矣。……若以道德论之，则谓中国胜于欧美人可也。"（《物质救国论》）根据物质观念，康有为对三世又做了这样的划分：据乱世为大农之世；升平世为大工之世；太平世为大商之世。

康有为认为三世之间应当依次递进，不可跨越："盖今日由小康而大同，由君主而至民主，正当过渡之世，孔子所谓升平之世也，万无一跃超飞之理。凡君主专制、立宪、民主三法，必当一一循序行之；若紊其序，则必大乱，法国其已然者矣。"（《康有为政论集》）对于康有为的现实主义三世说，梁启超在《南海康先生传》中评价说："先生独发明《春秋》三世之义，以为文明世界，在于他日，日进而日盛，盖中国自创意言进化学者，以此为嚆矢焉。"

可见康有为在利用今文经学家的今文改制观，来推动他的社会变革思想，所以章太炎说他："康有为以《公羊》应用，则是另一回事，非研究学问也，只不过为变法运动张目而已。"（章太炎《清代学术之系统》）

出于这样的原因，康有为对古文经一律贬斥，尤其是彻底否定《左传》："自伪《左》灭《公羊》而《春秋》亡，孔子之道遂亡矣。""缘鲁以言王义。孔子之意，专明王者之义，不过言托于鲁，以立文字。即如隐、桓，不过托为王者之远祖，定、哀，为王者之考妣，……自伪《左》出，后人乃以事说经，于是周、鲁、隐、桓、定、哀、邾、滕，皆用考据求之，痴人说梦，转增疑惑，知有事而不知有义。"（《孔子改制考》）

康有为变革的目的就是实现人类社会大同，认为"天下终将合而唯一"，他以中国古代的变革为例，来说明国家的数量越来越少："故禹时万国，汤时三千国，武王时千七百国，春秋时兼并余二百余国，孟子时七国，卒并与秦。汉时开陇、蜀、粤、闽、交趾，通西域三十六国，至元时奄有印度、波斯、天方西伯利部而一亚洲。即泰西亦自亚历山大兼并希腊十二国，埃及、波斯、罗马继之，乃成大国。凡大地皆自小并至大，将来地球亦必合一。"（《孟子微》）

七、章黄学派：古文经学的反击

以章太炎与黄侃为主的学术团体被称为"章黄学派"。对于此派的学术特色，项文惠、陶列英在《章黄学派初探》中说："所谓章黄学派，本文界定为以章太炎、黄侃为代表，以研究小学（语言文字学）为基点，兼涉经学、哲学、史学、文学等诸多层面的学术流派。它的发端及演进，与章太炎、黄侃的学术成就密切相关，尤其滥觞于章太炎创办的三次'章氏国学讲习会'。"对于该学派的人员构成，文中称："他（章太炎）曾与黄侃、钱玄同、吴承仕、汪东、马裕藻、沈兼士、朱希祖、许寿裳以及鲁迅兄弟等中国现代第一流学者，构建了一个独特的学术流派——章黄学派。"

章太炎，名炳麟，字枚叔，因景仰顾炎武而易名绛，别号太炎，出身于经学世家，幼年时外祖父朱有虔就对他进行经学启蒙。章太炎的曾祖父章均家境殷实，曾在海盐儒学做训导，祖父章鉴为国子监生，家中有大量藏书。父亲张濬"少慧辩，自十五已好学，家多藏书，得恣诵习。为文华妙清妍，尤善诗，以查慎行为法"。（章太炎《先曾祖训导君先祖国子君先考知县君事略》）

章太炎在幼年时，由父兄督导学习，哥哥章篯对其影响较大，他在《自定年谱》中称："初读唐人《九经义疏》。时闻说经门径于伯兄篯，乃求顾氏《音学五书》、王氏《经义述闻》、郝氏《尔雅义疏》读之，即有悟。自是壹意治经，文必法古。眩厥未愈，而读书精勤，晨夕无间。逾年又得《学海堂经解》，以两岁绌览卒业。"

章太炎很早就开始阅读唐人注疏，但却不懂治经门径，在章篯的指导下明白了读经之法后，开始系统阅读清人研究成果，比如顾炎武的《音学五书》、王引之的《经义述闻》和郝懿行的《尔雅义疏》等，经过大量而系统地阅读，使他对经学有所悟，自此专心于经学研究，之后他又读到了部头巨大的《学海堂经解》，对清代经学成果有了全面性的把握。

除了自学外，章太炎还得到了名师指点。在他二十三岁时，父亲章濬离世，他前往诂经精舍求学。章濬生前在诂经精舍作过监院，当时俞樾担任山长，两人相处得不错，因此章太炎前往读书乃是秉父遗训。俞樾主持诂经精舍三十多年，严守阮元创建精舍时定下的教学方针：不授时文，专攻经义。章太炎在此期间经过训练，对经学有了更高的把握。诂经精舍内有许多经学名家，他们的观念都对章太炎构成了影响，比如当时的精舍教员谭献，他倾向今文经学，《清史稿》载其"治经必求西汉诸儒微言大义，不屑于章句"。尽管章太炎偏爱古文经学，但在一些观念上还是受到了谭献的影响。

章太炎曾问学于古文经学家孙诒让，他在《瑞安孙先生伤辞》中写道："当是时，吴越间学者，有先师德清俞君，及定海黄以周元同，与先生三，皆治朴学,承休宁戴氏之术,为白衣宗。先生名最隐,言故训,审慎过二师。"在章太炎看来,那个时段江浙一带最有名的经师有三位,分别是俞樾、黄以周和孙诒让,可见他对孙的推崇。黄以周乃黄式三之子,也是著名的经学家,章太炎在《黄先生传》中称:"为学不拘汉、宋门户,《诗》《书》《春秋》,皆条贯大义。"

章太炎转益多师,吸取他人之长,渐渐形成了颇具特色的经学观,且在经学研究方面产生了重大影响。对于他的学术特色,梁启超在《清代学术概论》中总结说:"其治小学,以音韵为骨干,谓文字先有声然后有形,字之创造及其孳乳,皆以音衍。所著《文始》及《国故论衡》中论文字音韵诸篇,其精义多乾嘉诸老所未发明。应用正统派之研究法,而廓大其内容延辟其新径,实炳麟一大成功也。"因此梁启超把章太炎视为"清学正统派的殿军"。

梁启超曾言"盖炳麟中岁后所得,固非清学所能限矣",可见章太炎在许多方面的研究都具有开创性,本文只从《诗经》学的角度来略谈他的经学观。

《诗经》史上的一大公案就是孔子是否对《诗经》有过删订。孔子自称"吾自卫返鲁,然后乐正,《雅》《颂》各得其所"(《论语·子罕》),可见孔子从卫国回到鲁国后,确实对《诗经》进行了编订,但他是如何进行编订的,没有予以说明。司马迁在《史记》中说:"古者《诗》三千余,及至孔子,去其重,取可施于礼义,上采契、后稷,中述殷、周之盛,至于幽、厉之缺,始于衽席。……三百五篇,孔子皆弦歌之,以求合韶武雅颂之音。礼乐自此可得而述,以备王道,成六艺。"

按此说法,原来古诗有三千余首,经过孔子去其重复,再挑选出符合儒家思想的诗篇,就成为后世看到的三百零五篇《诗经》。他将收集到的诗篇删掉了十分之九,这种说法引起后儒怀疑。尤其到了宋代,一些理学家认为孔子注重伦理道德,但是流传下来的三百零五篇诗中有几十篇是不合礼义的"淫诗",所以《诗经》不可能是孔子裁定的,由此否定了孔子删诗之事。比如朱熹在《诗集传》中就持这种观点,认为孔子若删订过的话,就不可能留下这些"淫诗"。还有人根据孔子的那句话,称孔子只是说自己做了"正乐"之事,并没有提到删诗。

章太炎主张孔子删诗说,为此提出了相应的证据,早年他在诂经精舍读书期间所写的《膏兰室札记》中,就有《删诗申义》一文。此文中提到了

《华阳国志》中的记载的《尚书》载武王伐纣得巴、蜀之师，武王克殷后，巴、蜀有不少武王初封巴子国时的诗篇，尽管《诗经》中没有单列巴子国国风，但章认为此国风应当在《周南》和《召南》内，"巴虽无国风，而实统于《周南》《召南》，《诗》不录楚、蜀之风，而有《汉广》《江汉》，可证也。若夫不删诗，则平王以后之诗，尚附录《召南》。（三家说《何彼秾矣》诗如此）岂武王时巴国之诗，不可附录耶？若云《毛诗》遗脱，可云祭祀之诗、好古乐道之诗，数篇皆脱耶？若云本是数章，非是数篇，原在二南篇中，则何篇可附此诗耶？"章太炎连发几问，而后得出结论："不删诗之说，本不足据，因读《华阳国志》而有感，为推论如此。"

章太炎提出的另一个证据，则是司马迁所说的古诗有三千多篇，他引用《周礼》中的"九德、六诗之歌"，认为"六诗"是风、雅、颂、赋、比、兴，现存的《诗经》全属于赋、比、兴。把"九德"和"六诗"加在一起，已经是十五种，如果再加上逸诗，就可证司马迁所说的三千篇可信。章太炎又举出了墨子所言："诵诗三百，弦诗三百，歌诗三百，舞诗三百"，这四者加起来，也有一千二百篇。

"六诗"本自《周礼·春官·大师》："（大师）教六诗：曰风、曰赋、曰比、曰兴、曰雅、曰颂。"郑玄对"六诗"的注解是："风，言圣贤治道之遗化也。赋之言铺，陈今之政教善恶。比，见今之失，不敢斥言，取比类以言之。兴，见今之美，嫌于媚谀，取善事以喻劝之。雅，正也，言今之正者，以为后世法。颂之言诵也，容也，诵今之德，广以美之。"（郑玄注、贾公彦疏《周礼注疏》）通过郑玄的这段注释，可以看到"六诗"表达不同的内容，同时表现手法上也有不同。郑玄认为，风、雅、颂、赋、比、兴都是诗体。

《毛诗大序》中说："故诗有六义焉：一曰风，二曰赋，三曰比，四曰兴，五曰雅，六曰颂。"此处明言诗有六义，下面乃是对六义的解释："上以风化下，下以风刺上，主文而谲谏，言之者无罪，闻之者足以戒，故曰风。至于王道衰，礼义废，政教失，国异政，家殊俗，而变风变雅作矣。国史明乎得失之际，伤人伦之废，哀刑政之苛，吟咏情性，以风其上，达于事变而怀其旧俗者也。故变风发乎情，止乎礼义。发乎情，民之性也；止乎礼义，先王之泽也。是以一国之事，系一人之本，谓之风；言天下之事，形四方之风，谓之雅。雅者，正也，言王政之所由废兴也，政有大小，故有小雅焉，有大雅焉。颂者，美盛德之形容，以其成功告于神明者也。是谓四始，诗之至也。"

但是，这段话中只解释了风、雅、颂，未曾提及赋、比、兴。唐孔颖达在《毛诗正义》中提出："风、雅、颂者，诗篇之异体，赋、比、兴者，诗文之异辞耳。"他同时认为："赋、比、兴是诗之所用，风、雅、颂是诗之成形。"

孔颖达等人将六义分成两组，他们认为风、雅、颂是诗体，赋、比、兴是手法，章太炎则认为这种分法不对，在《检论·六诗说》中说："要之，比、赋、兴，宜各自有主名区处，不与四始相挈。鲰生季材，不识也，以为故无篇什。尚考古者声均之文甚众。瞽矇掌九德六诗之歌，以役大师。九功之德，皆可歌也，谓之九歌，大别为十五流。而三百篇不见九歌，不疑九歌本无篇什，或孔子杂乱其第，独疑比、赋、兴三种，何哉？……外有武王饫诗《新宫》《祈招》《河水》《彗柔》诸名，时时杂见于《春秋传》，今悉散亡。"所以他的结论是："比、赋、兴被删，不疑也。"

孔子为什么要删去赋、比、兴呢？章太炎能够提出这样的主张，当然会给出依据。他首先谈到了《韩诗外传》中记载孔子说"君子登高必赋"，但是后世流传下来的赋大多篇幅很长，所以他觉得："赋之为名，文繁而不可被管弦也。其事比于简阅甲兵，薄录、车乘，贵其多陈胪，而声歌依咏鲜用。"（《检论·六诗说》）他认为，赋体太长，没办法用以歌弦，所以孔子删掉了赋。对于比，章太炎考证了比的本义："比者，辩也。凡龚事治具，《周官》言比庀，汉世言辩辨，其声相转。"他以此说明，比这种文体"其文亦肆，不被管弦"，因此，"周乐与三百篇，皆无比矣"。对于兴，章太炎引用郑玄注："薇，兴也，兴言王之行。"认为兴乃是讽诵王者治功之诗。章太炎认为，兴这种文体"与诔相似，亦近述赞"，接着他又说"诔或时无韵"，再加上"王侯众多，仍世诔述，篇第填委，不可偏观，又亦不益教化"，所以"故周乐与《三百篇》，皆无兴矣"。

而后，章太炎总结了他的推论："《比》《赋》《兴》虽依情志，而复广博多华，不宜声乐。由是十五流者，删取三种，而不遍及。"赋、比、兴既长，又不可谱以音乐，所以孔子将它们都删掉了。

关于《诗经》的学术争论，还有一大问题就是其《大序》与《小序》，到南宋时，对于《诗序》形成了尊序派和废序派，后者的主要人物有郑樵、王质和朱熹，其中以朱熹影响最大。章太炎属于尊序派，他认为："今治《诗经》，不得不依《毛传》，以其序之完全无缺也。《诗》若无序，则作诗之本意已不明，更无可说。三家《诗》序存者无几，无从求其大义矣。"（《国学讲义》）在他看来，《诗序》是理解作诗之旨的关键，无序则无以言诗。

对于《诗序》的作者，章太炎否定了东汉卫宏所作："卫宏先康成仅百年，如《小序》果为宏作，康成不容不知。由今思之，殆宏别为《毛诗序》，不与此同，而不传于后。或宏撰次《诗序》于每篇之首，亦通谓之作耳。"（《国学讲义》）魏源和康有为根据《史记·儒林列传序》中的所载："言《诗》于鲁，则申培公；于齐，则辕固生；于燕，则韩太傅"，这段话中只记载了齐、鲁、韩三家诗，而没有谈到毛公，故断定毛公《诗传》是后人伪造的。章太炎站在古文经学家的角度反驳了魏源、康有为的说法："史公涉猎既广，或有粗疏，不必为讳。三家《诗》之先师，韩婴于孝文帝时尝为博士，后至常山太傅，与董仲舒论于上前；申公尝以弟子见高祖于鲁南宫，至武帝时受聘为大中大夫；辕固亦为孝景博士，与黄生争论上前，后复拜为清河太傅，此三人皆显名汉朝。而大毛公则素未仕宦，小毛公亦仅为河间博士，踪迹既隐，汉廷未知其人。故史公著三家而不著毛公，直由隐显使然，初无他故。"（《春秋左传读叙录》）

章太炎从两个角度作出论证，首先，他认为《史记》体量庞大，作者司马迁难免有疏忽的地方，也就是说，很有可能司马迁疏忽了大、小毛；其次，则是三家诗的注者韩婴、申培公、辕固生都在朝廷上有重要影响力，而毛亨未曾出仕，毛苌仅是河间博士，大、小毛的影响力比那三人差得很远，这也是司马迁未曾留意到大、小毛，没有把他们写入《史记》的原因。

既然章太炎一本《毛诗》，自然要在多个方面指出三家诗的缺点，比如他说："《齐诗》怪诞，诚不可为典要。"（《訄书·清儒》）《毛诗》则"契合法制，又无神怪之说……《鲁诗》《韩诗》虽无其迹，然《异义》言《诗》齐、鲁、韩，皆谓圣人感天而生，则亦有瑕疵者也。"（《国故论衡》）总之，他的结论是："三家不如毛之纯也。"（《与支伟成书》）

站在古文经学家的立场，章太炎不但批评今文经学家的观点，更会斥责宋学家的解诗观，比如朱熹提出"郑声淫"，章太炎认为："朱晦庵误解'郑声淫'一语，以为'郑风'皆淫，于是刺忽之诗，皆释为淫奔之作。陈止斋笑晦庵以'彤管'为行淫之具，'城阙'为偷期之所，今《集传》《静女》中无此语，盖晦庵自觉其非而删之矣。凡《小序》言刺者，晦庵一概目为淫人自道之词。自来淫人自道之词未尝无有，如六朝歌谣之类，恐未可以例《国风》。若《郑风》而为淫人自道之词，显背'无邪'之旨，孔子何以取之？"总之，章太炎认为，"晦庵之言，亦无知而妄作尔"。（《国学讲义》）

对于《诗序》问题，朱熹等人一再强调废序，但章太炎说："《毛序》所云，皆与《左传》符合，此毛之优于三家者也。"（《国学讲义》）故其批驳了朱熹等人的观点："诗经用朱子《集传》，朱子的书，惟有《诗传》最坏。因为听信了郑樵的乱话，把《诗序》都削去。若说用三家诗吗（鲁诗、韩诗、齐诗叫作三家诗），三家诗并没有真本留存，依然用的《毛诗》。既用《毛诗》，又删去《诗序》，这是什么道理！况且《诗序》所说，《国风》都是关于国政，朱子削了《诗序》，自去胡猜，把《国风》里头许多正经话，说成淫奔期会的诗。诸公要用经典教人修身，到这里却矛盾自陷了！郑笺虽则有许多诘诎，大义总没有差。就说郑笺不大好，毛传原是至精至当的书，略有眼睛的，总晓得比朱传高万倍呢！"（《经的大意》）

继承章太炎古文经学观最著名的弟子是黄侃，其字季刚，又字季子，湖北蕲春人。黄侃四岁跟随江瀚学字，六岁回到蕲春跟随父亲居家读书，十三岁其父病逝。光绪三十一年（1905）因为张之洞的关系，黄侃东渡日本留学，转年章太炎到东京入同盟会担任《民报》主编，很多留学生纷纷前往拜见。当时黄侃也前往章太炎寓所，见到章宅墙壁上写着东汉戴良的话："我若仲尼出东鲁，大禹长西羌；独步天下，谁与为偶。"黄觉得章实在张狂，不好接近，于是掉头就走。后来黄侃从《民报》上读到了许多章太炎的文章，对章的思想有了一定了解，同时也给《民报》投稿，章读到黄的文章后说："知君为天下奇才。"

光绪三十三年（1907）冬，黄侃打算回国探亲，向章太炎辞行。章对黄说："务学莫如务求师，回顾国内，能为君师者少，君乡人杨惺吾治舆地非不精，察君意似不欲务此。瑞安孙仲容尚在，君归可往见之。"章太炎认为国内能够做黄侃老师的人，有杨守敬和孙诒让，但黄侃似乎志不在此。章太炎说完这番话后，没有等黄侃回答，又接着说："君如不即归，必欲得师，如仆亦可。"黄侃闻言，立即同意，第二天就向章太炎执贽，行叩师礼。此事记载于黄焯的《记先从父季刚先生师事余杭仪征两先生事》。

黄侃另一个著名的拜师故事，则是拜刘师培为师。《量守庐学记》载有陆宗达所写的《我所见到的黄季刚先生》，文中提道："有一次，季刚先生去刘师培家，见刘先生正与一位北大学生对话，而对学生提出的问题多所支吾。学生离去后，季刚先生便问他为什么不认真回答问题。刘先生说：'他不是可教的学生。'随后，他便感叹起'四世传经，不意及身而斩'的遗憾来。季刚先生说：'您想收什么样的学生呢？'刘先生抚着他的肩膀说：'像你这样足矣！'季刚先生并不以此为戏言，第二天果然正式去拜老师，登门受业。"

章太炎和刘师培都属于古文经学大家，黄侃能得到这两位大师的青睐，主动提出收他做弟子，虽然是学术趣话，但也说明了他在这方面的成就和潜质得到了大师们的高度认可，均以能收这样的弟子为荣。

在治学态度上，黄侃有特立独行的一面，比如他流传最广的一句话是"八部之外皆狗屁"，所谓"八部"是指《诗经》《左传》《周礼》《史记》《汉书》《说文解字》《广韵》《文选》。历史典籍浩瀚如海，哪怕仅是儒家经典，也远不止他所说的八部，比如还有《易经》《尚书》等，但是每人都有自己的视角，黄侃也有他的偏爱，虽然是这样的性格，但他依然认为："无论历史学、文字学，凡新发现之物，必可助长旧学，但未能推翻旧学，新发现之物，只可增加新材料，断不能推翻旧学说。"（黄焯《蕲春黄氏文存》）甲骨文出土后，章太炎认为是假古董，但黄侃却开始研究甲骨文，可见他对新材料的重视。

对于治经方法，黄侃也无门户之见，他说："治经之法，先须专主一家之说，不宜旁骛诸家。继须兼通众家之说，而无所是非。所谓博者，就内而言，淹洽融通之谓。就外而言，旁征博览之谓。若所谓明大义者，乃明其大体，非谓抽取一二条而能讲明之，大义与要义固不同也。"虽然如此，他依然强调汉学的重要性远高于宋学。其称："治经先读郑君书，后读许君书。郑君之学体大思精，后世如朱元晦终莫能及。许君五经异义至为严谨，其说无一字无来历。"（黄焯《黄先生语录》）

虽然有这样的推崇，但黄侃以他那谨严的治学态度，仍然会指出郑玄之误，他说："郑君注经，度越千古。然亦有矛盾处，有谬误处。如《乡饮酒义》本为释《乡饮酒礼》，而郑注往往歧为二途。论语'予小子履'本引《汤誓》之文，郑则释为舜事。昏礼纳采用雁，郑释为飞行之雁，既与舜典二生之文不合。"（黄焯《黄先生语录》）

黄侃有许多著名的弟子，比如刘赜、陆宗达、殷孟伦、程千帆、杨伯峻、龙榆生、范文澜、金毓黻、潘重规等人，这些人在各个学科都作出了很高的成就，由此也可知"章黄学派"影响之大。

第十二章 晚清理学

咸丰之后，社会矛盾日益恶化，太平天国起义和鸦片战争先后爆发，中国封建社会原有的阶级秩序受到了极大破坏。出于整合思想的需要，太平天国开始烧毁和删改儒家经典，他们颁布的《诏书盖玺颁行论》中说："凡一切孔、孟、诸子百家妖书邪说者尽行焚除，皆不准买卖藏读也，否则问罪也。"太平天国出版的《太平天日》中记载洪秀全天堂异梦时，讲到洪秀全的天兄基督指责孔子说："尔造出这样的书教人，连朕胞弟（指洪秀全）读尔书亦被尔书教坏了。"该文接着写道："孔丘见高天人人归咎他，他便私逃下天，欲与妖魔头偕走。天父上主皇上帝即差主同天使追孔丘，将孔丘捆绑解见天父上主皇上帝。天父上主皇上帝怒甚，命天使鞭挞他。孔丘跪在天兄基督前再三讨饶，鞭挞甚多，孔丘哀求不已。"

太平天国还成立了专门的删书衙，有组织地删改儒家经典，他们将儒家之书一律称为"妖书"，规定"凡一切妖书，如有敢念诵教习者，一概皆斩"。张德坚（《贼情汇纂·伪文告下·伪律》）对于其他书籍中引用儒家之语，则进行删改。罗尔纲在《太平天国的反孔》中写道："太平天国建都天京后，就对以前所颁行的书籍进行全面审查，将其中引用《四书》《五经》的话，以及儒家的说教，尽行删除，改正再版。如《天条书》删去论商汤、周文一段128字，又删去引《大学》《孟子》《易经》《书经》《诗经》论中国有史鉴可考一段297字。"

太平天国的这些做法堵塞了江南读书人的科举之路，更为重要的是彻底毁灭了他们的思想信仰，以及赖以生存的社会秩序，为此社会士绅阶层加入反击太平天国的行动中。湘军首领曾国藩曾在《讨粤匪檄》中痛心疾首地说："举中国数千年礼义人伦、诗书典则，一旦扫地荡尽。此岂独我大清之变，乃开辟以来名教之奇变，我孔子、孟子之所痛哭于九原，凡读书识字者，又乌可袖手安坐，不思一为之所也？！"

为此，曾国藩组织湘军时，很多士绅与儒生纷纷投身其中，有些湘军将领原本就有理学背景，湘军成立后，他们相互砥砺，形成了"理学经世派"，罗泽南、刘蓉、郭嵩焘等都是该派的中坚人物。曾国藩在平定太平天国之后，努力恢复儒家文脉，向朝廷建议在全国各地开办官书局，专门刊刻儒家经典，以成本价卖给士子，这些书大多是程朱学著作，为此曾国藩被誉为"中兴第一名臣"，同时被尊为"一代儒宗"。

一、艮峰学派：以居敬穷理来日新其德

对于该派的基本情况，姚吉成、邢恩和、左登华在《游百川研究》中说："艮峰学派系游百川的老师倭仁创立。倭仁，字艮斋，一字艮峰，此学派因其字而得名。其弟子除游百川外，还有何桂珍、于荫霖等。艮峰学派笃守程朱之学，以省察克治为要，在政治上为守旧派。道光末年，倭仁标榜理学，以卫道者自居，成为守旧派的首领。"

倭仁是乌齐格里氏，字退斋，又字艮峰，蒙古正红旗人，其家为河南驻防，他出生于驻地开封，于道光九年（1829）考中进士。关于他的学术观，徐世昌在为《李文清公日记》所写的序言中称："中州河岳广峻，民物敦固，自程、朱讲学，以主敬存诚为修道进德之本，启诱来者。越六百年，复得夏峰孙氏缵其余绪，导扬礼义，以振衰而式靡焉。中州理学之传，遂又阅二百数十年而弗坠。其居最后，以儒修得大名者，则倭文端、李文清二公。"

这段话乃是说倭仁传承的是中州理学。对于其学术特色，方宗诚在《柏堂师友言行记》中说："倭艮峰侍郎为近代名儒，往予见邵位西与人手札，言侍郎学涉陆王而躬行有余，竹如先生亦言侍郎从陆王入手，朴实做工夫，做得行不去时，乃深知程朱之是。所著日记无不从反身实践而得真暗然君子也。"可见倭仁早年学习陆王心学，其在日记中谈到"看未发气象"时有这样一段感慨："看未发气象，姚江有一段说得紧切，云：'此是教人用戒谨恐惧工夫，正目而视惟此，倾耳而听惟此，洞洞属属不知其他。'即程子'敬而无失，即所以中'之意。"（《倭文端公遗书·日记》）

道光九年（1829），倭仁进士及第，此后一直居住在北京，并结识了几位程朱学者，其中最重要的是同乡李棠阶。方宗诚在《节录倭文端公读儒粹语编笔记跋》中写道："公（倭仁）先与河内李文清公、内乡王子涵观察切劘心性之学，俱由阳明、夏峰之言以入，后与吴竹如侍郎志同道合，时侍郎方为刑部主事，公日夕相讲习，始专宗程朱之学，久而弥精，老而愈笃，名益尊位益贵，而下学为己之功益勤恳而不已。"

影响倭仁转向程朱理学的另一个重要人物则是唐鉴。道光二十年（1840），唐鉴入京任大理寺卿，极力倡导道学。倭仁在与唐鉴的交流中，逐渐意识到程朱理学在传承道统上的重要性，于是与吴廷栋、曾国藩、何桂珍、邵懿辰等拜唐鉴为师。曾国藩在《唐确慎公墓志铭》中载："及入为九卿，又著《易牖》《学案小识》等书，扶掖贤俊，倡导正学。时如今相国倭仁艮峰、侍郎吴廷栋竹如、侍御窦垿兰泉、何文贞公桂珍辈，皆从公考德问业。国藩亦追陪几杖，商榷古今。"

唐鉴所著《国朝学案小识》对理学的推广起到重大作用，黄倬在为此书所写的跋语中讲到了佛道两家对人心的影响，以至于有些人："其更有轻诋程朱，薄视义理，句读初明，而已横生意见，鱼豕粗释，而已大肆狂讥，藉一言半语以逞其辨争，假末节细事以夸其慧巧，助浮薄而益之澜，率嚣陵而扬之焰。此学者之深忧，人心之大害也。"

正是出于对程朱理学衰微的忧心，唐鉴撰写了这样一部书。黄倬在跋中讲到了撰此书的目的："吾舅之为是书也，以一生之真积，倾方寸之赤诚，为斯世扫榛莽，为后学正趋向，为希贤作圣者立一必可至之正鹄。其传道四人，心程朱之心，学程朱之学，而言与行卓然表见于天下，上可以此追宗乎孔曾思孟，下可以此近接乎许薛胡罗，盖广大精微，传古圣贤之遗绪于不坠者，此其选也。"

倭仁读到《国朝学案小识》时，深受震撼，他在日记中感慨道："唐敬楷先生《学案小识》一书，以程朱为准的，陆王之学概置弗录，可谓卫道严而用心苦矣。"（《倭文端公遗书·日记》）倭仁注意到唐鉴在此书中严分程朱与陆王，感慨唐鉴真是一位恪守程朱的卫道士。

唐鉴严分程朱陆王的做法被后世所批判，比如梁启超在《中国近三百年学术史》中说："唐镜海搜罗较博，而主观抑更重。其书分立'传道''翼道''守道'三案，第其高下；又别设'经学''心学'两案，示排斥之意。盖纯属讲章家'争道统'的见解，不足以语于史才明矣。"但是在当时，倭仁却深受唐鉴思想影响，通过阅读此书，让他意识到"辨学术当恪守程朱，以外皆旁蹊小径，不可学也"。（《倭文端公遗书·日记》）

倭仁在京为官期间一路高升，先后做过侍讲学士、侍读学士、大理寺卿。同治元年（1862）升为工部尚书，同年八月升文渊阁大学士，同治十年（1871）晋文华殿大学士。在此期间，朝中发生了同文馆之争。京师同文馆原本是清末洋务派创办的，是用以培养翻译和外交人才的官方机构。同治五年（1866），奕䜣上奏折，请求在同文馆内添设天文算学馆，奕䜣在奏折中称："因思洋人制造机器、火器等件，以及行船、行军，无一不自天文、算学中来。现在上海、浙江等处请求轮船各项，若不从根本上用着实功夫，即习学皮毛，仍无俾于实用。"

奕䜣认为只是从表面学习一些制造技术，不能治本，要想从根本上改变落后局面，必须从基础学科下手。在他看来："华人之智巧聪明不在西人以下，举凡推算、格致之理、制器、尚象之法，钩河摘洛之方，倘能专精务实，尽得其妙，则中国自强在此矣。"但是倭仁从传统理学着眼，认为不应当习西学，而应当让学者懂得国学的重要性："立国之道，尚礼义不尚权谋，根本之图，在人心不在技艺。今求之一艺之末，而又奉夷人为师，无论夷人诡谲，未必传其精巧。即使教者诚教，学者诚学，所成就者不过术数之士，古今来未闻有恃术数而能起衰振弱者也。"（《筹办夷务始末·同治朝》）

倭仁为什么要如此强调夷夏之防呢，在他看来此前的外国人入侵乃是前车之鉴："夷人吾仇也。咸丰十年，称兵犯顺，凭陵我畿甸，震惊我宗社，焚毁我园囿，戕害我臣民。此我朝二百年未有之辱。学士大夫，无不痛心疾首，饮憾至今。朝廷亦不得已而与之和耳。能一日忘此仇耻哉？"

经过奕䜣等人的力争，最终朝廷下令同意在同文馆内添设天文算学馆。但是倭仁的所言在社会上引起较大影响，其结果是前来报考人员太少，通政使司通政使于凌晨在同治六年三月二十七的奏折中写道："天文算学招考正途人员，数月于兹，众论纷争，日甚一日。或一省中并无一二人愿投考者，或一省中仅有一二人愿投考者，一有其人，遂为同乡、同列之所不齿。夫明知为众论所排，而负气而来，其来者既不恤人言，而攻者愈不留余地，入馆与不入馆，显分两途，已成水火，互相攻击之不已，因而互相倾复，异日之势所必至也。"

通过这件事，可以看到倭仁恪守理学观念，虽然在具体问题上缺少变通，但也表达出了其思想观念的传统性。他的这些观念乃是在不断地阅读传统经典上逐步形成的，他在《学的》中多处引用朱熹的观点，比如："志字最有力，要如饥渴之于饮食，才悠悠便是志不立。"他还引用了朱熹所撰《沧州精舍谕学者》中的所言："书不记，熟读可记；义不精，细思可精。惟有志不立，直是无著力处。"但是，当时社会上很多人都因贪图利禄不好好做人，原因就是不立志，故而朱熹又说："只如而今，贪利禄，而不贪道义；要作贵人，而不要作好人；皆是志不立之病。"这些观念都对倭仁产生了重大影响。

倭仁本持朱子观念，讲究穷理致知，唐鉴曾跟倭仁说："学以居敬穷理为宗，此外皆邪径也。"（倭仁《日记》）在唐鉴的影响下，倭仁才由阳明心

第十二章 晚清理学　571

学转向了程朱理学。

对于如何把握天理,倭仁给出如下顺序:"本原既养,则天理之全体固浑然于吾心矣。然一心之中,虽曰万理具备,天秩天叙,品节粲然,苟非稽之圣贤,讲之师友,察之事物,验之身心,以究析其精微之极至,则知有所蔽,而行必有所差。此《大学》诚意必先格物致知,《中庸》笃行必先学问思辨也。"在穷理的问题上,必须以中庸之道为基本思想,要懂得举一反三:"穷理者,非谓必穷尽天下万物之理,又非谓止穷得一理便到。但积累多后,自然见去自一身以至万事万物之理;会得多,自当脱然有觉悟处。"(《为学大指》)

倭仁晚年说过这样一段话:"讲学以为行也,明体必须达用,明善尤贵诚身。我辈今日宜就当下地位讲求践履,步步塌实,尽一分职分,即尽一分性分,方见讲学实功,不是空谈心性。"(《答吴竹如》)那时的倭仁已经看到了空谈心性给社会造成的弊端,他希望发挥儒家的外王之学,来形成务实的经世思想。他的观念在社会上产生了一定的影响,《清儒学案·艮峰学案》称他:"晚遭隆遇,朝士归依,维持风气者数十年,道光以来一儒宗也。"

二、湘乡学派:重礼,事功

王健主编的《儒学三百题》中给该派所下的定义是:"湘乡学派是清末湘军首领曾国藩、罗泽南、刘蓉创立的学派,因三人都是湖南湘乡人,故名。其中以曾国藩影响较大。"对于该派的学术宗旨,何本方等主编的《中国古代生活辞典》中有如下概括:"曾国藩论学,兼取汉宋,要以致用,一生致力于复兴宋代理学。他认为性命是天地万物的主宰,性的内容是仁敬孝慈,命的内容是三纲五伦,仁义礼智之性赖以扩充和元亨利贞之命借以贯通者为理,又将'仁义'与主宰万物的'理'相联(连),提出仁义不明则无道,从而把伦理纲常提到了主宰天下的高度。在认识论上,主张格物诚意,认为学的任务是恢复人先天固有的本性，而格物诚意则是恢复的途径。针对当时汉宋之争激烈，他致力调和二者，认为义理、考据不可缺一，治学以程、朱为根本，兼研训诂、名物、典章，于汉学家之言亦采之。"

曾国藩在二十一岁时改号为涤生，以此表达他要去除旧我、获得成就的自我期许。中进士后，又改名为国藩，取"为国家藩篱"之意，希望能为国出力，成就一番大事业。他曾经为自己写下这样一副自箴语："不为圣贤，便为禽兽；莫问收获，但问耕耘"，经过多次的历练，他最终实现了自己的人生理想。

曾国藩出生于湖南双峰县，祖父曾玉屏在乡里颇有威望，治家严谨，父亲曾麟书却性格柔和，这两种性格特点都传到了曾国藩身上。曾麟书开办有家塾，曾国藩七岁即随父亲读书，二十岁时至涟滨书院求学，二十四岁就读于岳麓书院，师从欧阳厚均。道光十八年（1838），曾国藩考中进士，主考官是穆彰阿，他很欣赏曾国藩的才干，屡有提携，因此曾国藩在十年之内七次受到提拔，官升十级。

咸丰二年（1852），曾国藩官至吏部左侍郎。这年七月，曾国藩母亲去世，于是回家奔丧，当时太平军围困湖南，几个月后，他在家乡收到谕旨，命其办理湖南团练，平定太平天国农民起义。此后他建立湘军，经过多次曲折，终于在同治三年（1864）攻克天京，平定太平天国运动，立下赫赫战功。

在学术思想方面，对曾国藩影响最大的是唐鉴、倭仁和刘传莹，他在日记中记载了唐鉴教导他的读书之法："至镜海先生处，问检身之要，读书之法。先生言当以《朱子全书》为宗。时余新买此书，问及。因道此书最宜熟读，即以为课程，身体力行，不宜视为浏览之书。又言治经宜专一经，一经果能通，则诸经可旁及。若遽求兼精，则万不能通一经。先生自言生平最喜读《易》，又言为学只有三门，曰义理，曰考核，曰文章。考核之学，多求粗而遗精，管窥而蠡测；文章之学，非精于义理者不能至；经济之学，即在义理内。"

唐鉴明确地告诉曾国藩，读书要以《朱子全书》为规，此书适合认真研读，并且告诉他钻研经书要专攻一经，通晓一经后，再旁及他经。唐鉴还告诉曾国藩学问有三门：义理、考核及文章，三者各有其用处，不可偏废。这些观念对曾国藩的学术思想构成重大影响。

曾国藩在日记中记载了倭仁向他讲述的修身之法："研几工夫最要紧。

颜子之有不善，未尝不知是研几也。周子曰：'几，善恶。'《中庸》曰：'潜虽伏矣，亦孔之昭。'刘念台先生曰：'卜动念以知几。'皆谓此也。失此不察，则心放而难收矣。又曰：'人心善恶之几，与国家治乱之几相通。'"

倭仁告诉他，各种功夫中研几最重要，颜回之所以能够体察到自己的不妥之处，就是因为研几工夫。周敦颐说在几微中看到善恶，《中庸》中说研几就是使埋藏在深处的东西彰显出来。倭仁还举出了刘宗周的所言，通过行为念头来考查自己的所为，这就是研几。倭仁用这些例子，告诫曾国藩要时时刻刻察识自己的所为，这与关心国家治乱是相同的道理。

自从拜会倭仁后，曾国藩给自己立下日课，他每天要写日记，将自己的一言一行记录下来："凡日间过恶：身过、心过、口过、皆记出"，（《曾国藩家书》）以此达到三省吾身、改过从善的目的。他每天还要静坐半小时，不断做自我反省，以便去除一切私心妄念。同时每天还要读书，以此来丰富学识，洞察世事。为此，他在家书中写道："余自十月初一日立志自新以来，虽懒惰如故，而每日楷书写日记，每日读史十叶，每日记茶余偶谈二则，此三事未尝一日间断。"

道光二十六年（1846），曾国藩在城南报国寺养病时结识了刘传莹，他们探讨汉学与宋学的观念，在这个过程中曾国藩渐渐理解义理、考据、词章各有优劣，不应当偏执一端，而应当将三者互为补充。为此，他提出了"礼学经世"的学术观，他将汉学与宋学融合在一起，用"礼"来表达"仁"的观念，以考据为方法，用义理来修身。他认为只有将三者完美结合起来，方能实现"修齐治平"的人生目标。

除了事功外，曾国藩在学术上主要研究礼学，他的门人李鸿章在谈到老师的学术观时称："公为学研究义理，精通训诂；为文效法韩、欧，而辅益之以汉赋之气体。其学问宗旨以礼为归。常曰：'古无所谓经世之学也，学礼而已。'于古今圣哲自文周孔孟，下逮国朝顾炎武、秦蕙田、姚鼐、王念孙诸儒，取三十有二人图其像而师事之。自文章、政事外，大抵皆礼家言。"（《光禄大夫赠太傅武英殿大学士两江总督一等毅勇侯曾文正公神道碑》）

曾国藩在给朋友夏弢甫所写的信中，表达了对于礼书的重视："乾嘉以来，士大夫为训诂之学者，薄宋儒为空疏。为性理之学者，又薄汉儒为支离。鄙意由博乃能返约，格物乃能正心。必从事于《礼经》，考核于三千三百之详，博稽乎一名一物之细，然后本末兼该，源流毕贯，虽极军旅战争，食货凌杂，皆礼家所应讨论之事。故尝谓江氏《礼书纲目》、秦氏

《五礼通考》可以通汉、宋二家之结,而息顿渐诸说之争。"(《复夏弢甫》)

曾国藩谈到了乾嘉以来汉、宋两派之争,认为要平息这样的争论,就要从礼经下手,为什么礼经有这么重要的作用呢?曾国藩的解释是:"盖古之学者,无所谓经世之术也,学礼焉而已。《周礼》一经,自体国经野,以至酒浆廛市,巫卜缮槁,夭鸟蛊虫,各有专官,察及纤悉。吾读杜元凯《春秋释例》,叹邱明之发凡,仲尼之权衡万变,大率秉周之旧典。故曰'周礼尽在鲁矣'!"(《孙芝房侍讲〈刍论〉序》)

曾国藩认为上古没有经世之学,如果一定要说有的话,那就是学礼。他认为《周礼》一书概括了社会各个阶层的礼仪,这也就是孔子推崇周礼的原因。接下来他谈到了《周礼》传承的历史:"自司马氏作史,猥以《礼书》与《封禅》《平准》并列。班、范而下,相沿不察。唐杜佑纂《通典》,言礼者居其泰半,始得先王经世之遗意。有宋张子、朱子,益崇阐之。圣清膺命,巨儒辈出。顾亭林氏著书,以扶植礼教为己任。江慎修氏纂《礼书纲目》,洪纤毕举。而秦树澧氏遂修《五礼通考》,自天文、地理、军政、官制,都萃其中旁综九流,细破无内。"(《孙芝房侍讲〈刍论〉序》)

曾国藩认为《周礼》原本是完备的,但司马迁没有重视《周礼》的巨大作用,在他之后,班固、范晔等人也没有注意到这一点。一直到了唐代,杜佑通过编纂《通典》,重新发现了先圣制礼的重要性。至宋代时,张载、朱熹进一步光大先贤之礼。至清代,顾炎武、江永、秦蕙田都对礼学有深入的研究和整理。曾国藩通过阅读这些礼学著作,深刻认识到了礼学的重要性,所以他自称:"国藩私独宗之。"但他认为古代的礼书还有需要补充的地方,故而想在这方面用力,可惜因为戎马倥偬,很难实现自己的想法:"惜其食货稍缺,尝欲集盐、漕、赋、税国用之经,别为一编,傅于秦书之次。非徒广己于不可畔岸之域,先圣制礼之体之无所不赅,固如是也。以世之多故,握椠之不可以苟,未及事事,而齿发固已衰矣!"(《孙芝房侍讲〈刍论〉序》)

曾国藩认为应当将盐漕、赋税等方面的内容补入礼书中,由此表达出了他对礼学经世性的重视。以往唐鉴教导他学问有三途:义理、考据和文章,曾国藩在此基础上又加入经济,他在日记中写道:"有义理之学,有词章之学,有经济之学,有考据之学。"四者有何区别?曾国藩解释说:"义理之学即《宋史》所谓'道学'也,在孔门为德行之科。词章之学在孔门为言语之科,经济之学在孔门为政事之科。考据之学即今世所谓'汉学'也,在孔门为文学之科。"曾国藩认为这四者"阙一不可",由此可以看出他对经世之学的重视，为此，他的学术观可以概括为经世礼学。

刘蓉，字孟容，号霞仙，湖南湘乡人，出身诸生，少有志节。曾国藩建立湘军时诚邀刘蓉入幕，在给刘蓉的信中说："吾不愿闻弟谭宿腐之义理，不愿听弟论肤泛之军政，但愿朝挹容晖，暮亲臭味，吾心自适，吾魂自安。筠老虽深藏洞中，亦当强之一行。天下纷纷，鸟乱于上，鱼乱于下，而容、筠独得晏然乎？"于是刘蓉和郭嵩焘相继来到曾国藩身边，一起筹划练兵之事。

咸丰五年（1855），刘蓉独领一军，配合罗泽南先后攻克湖北崇阳、通城等重镇。曾国藩想借机举荐他，但刘蓉坚决反对，可见他帮助朋友不为官、不为名。当年曾国藩带领湘军一万多人攻打九江，湘军水军出师不利遭到惨败，曾国藩的座船也被太平军侵占，曾国藩乘小船逃入陆军罗泽南营，愤欲赴死，在刘蓉、罗泽南的竭力劝说下，才打消了自杀的念头。曾国藩的惨败引起了一些人的嘲讽，刘蓉努力劝慰曾国藩，在最困难之际，有刘蓉这样肝胆相照的朋友，对曾国藩来说十分重要。

后来刘蓉的弟弟刘蕃在战斗中伤重而亡，这对刘蓉造成很大打击，他离开军中回到湘乡老家闭门做学问，无论曾国藩、胡林翼等人怎样劝慰，他都不愿意出山。咸丰十一年（1861），骆秉章督师四川，在骆秉章的保荐下，皇帝下诏以知府用刘蓉兼加三品顶戴，此后刘蓉署四川布政使。同治元年（1862），翼王石达开入境四川，骆秉章令刘蓉到前线督战，刘蓉生擒石达开，后押往成都杀之。

在学术方面，刘蓉也重视礼学，他在《绎礼堂记》中阐述了对礼的理解："物生而后有伦，伦立而后有法，法修而后有教。《诗》《书》《礼》《乐》，皆圣人因伦物之綮殊，立法度以垂教者也。予读《仪礼》，郊庙邦国之大，居处服食之微，鬼神祭祀之幽，莫不明著等威，彰示节文，使各有所遵循而不逾其矩，以是知圣王纲纪天下，所以范民心思耳目而纳之轨物，意义深矣。"

接下来刘蓉在此文中讲到了自东周之后，"上多失德之君，下无名世之佐"，致使礼学衰微，秦朝时礼书又被焚，进入汉代，多位大儒只能从煨烬中收拾残余，仅得到了礼书的千百分之一，"微言几于绝矣"。幸亏后世大儒努力收集经学典籍，才使得到了刘蓉的时代能够读到一些重要的礼书。他自称："少承庭训，笃好礼书"，可惜戎马倥偬无暇研究礼学，终于辞职返乡后，他盖起了一座读书堂，并将其命名为绎礼堂，由此表达他对礼的重视。

刘蓉在绎礼堂中仔细研读礼学经典："取《周官》《仪礼》经传及杜君卿氏之《通典》、江慎修氏之《礼书纲目》、秦蕙田氏之《五礼通考》，陈诸几案，朝夕绅绎而咏歌之。"通过读这些礼书，使得他"上窥往圣制作之原，下较百代修废之迹，奥旨宏纲，旷然心会，以为善读者抉其精微，综其条贯，则以进退百王、权衡万变而莫淆予鉴。即后世事变纷歧，文质异尚，因革损益，不主故常，然大纲之昭垂莫易，旷百世而可知也"。

同治八年（1869），刘蓉准备写一部《礼经发微》，他将自己的想法写信告知曾国藩，曾在回信中十分赞赏刘蓉的想法："十二月初接八月二十六日惠书及《绎礼堂记》，敬悉兴居康胜，勤学不倦，所居疑在蓬岛之间，置身若在周秦以前。非泊然寡营，观物深窈，玩希声而友前哲，殆未足语于此。研究'三礼'，洞澈先王经世宰物之本，达于义理之原，遂欲有所撰述，以觉后世之昏昏。甚盛甚盛，钦企何穷！"（《复刘蓉》）

曾国藩在信中又谈到，自己以往也曾研究《礼经》，但因诸多原因，没能把研究继续下去，因此希望刘蓉能够先完成关于婚、丧、祭三礼的研究："阁下山居静笃，将为《礼经发微》及《或问》等书，何不先取此三礼撰著鸿篇，使品官士庶，可以通行用今日冠服拜跪之常，而悉符古昔仁义等杀之精，倘亦淑世者所有事乎？"

虽然有着这么多的期许，但刘蓉最终未能完成《礼经发微》一书。

三、养知学派：质疑经典释读，提倡事功理财

刘闽霞主编的《说儒：儒学入门300讲》中称："养知学派的创始人郭嵩焘（1818—1891），字伯琛，号筠仙，清湘阴（今属湖南）人。因其室名为'养知书屋'，学者称他为'养知先生'，故名此派为'养知学派'。"对于该派的宗旨，此书中简述说："养知学派为学，始宗朱熹，后致力于考据训诂，尤致力于研究当世之务。其治经，先玩味本文，采汉宋诸说以求义之可

通，博学慎思归于至当，而不囿于一家之言。"

郭嵩焘为道光年间进士，官至兵部侍郎，是中国首任驻外使节，一生著述宏富。王先谦在《兵部左侍郎郭公神道碑》中载："生平撰著，大半散佚。存者：《礼记质疑》四十九卷、《大学质疑》一卷、《中庸质疑》二卷、《订正朱子家礼》六卷、《养和书屋文集》二十八卷、《诗集》十五卷、《奏疏》十二卷、《读书记》若干卷、《湘阴县图志》三十四卷、《会合联吟集》一卷、《家谱》六卷，已刻行。其未刊者：《周易释例》四卷、《毛诗余义》二卷、《绥边征实》二十四卷、《官书》若干卷、《尺牍》若干卷。"对于他的成就，李鸿章在《郭嵩焘请付使馆折》中评价说："该侍郎所著《礼记质疑》一书，折衷群经，淹贯三礼，括历代制度之大，得诸家训诂之通。"

在学术成就方面，他所撰的《大学章句质疑》《中庸章句质疑》《礼记质疑》最具影响力。

《大学》原本是小戴《礼记》第四十二篇，最著名的版本乃是由郑玄作注、孔颖达作疏的《礼记正义》。此书在宋代时遭到理学家的质疑，二程对古本《大学》做了一些调整，比如程颐将《大学》中的"亲民"改为"新民"，"身有"改为"心有"。朱熹在二程的基础之上对古本《大学》做了进一步调整，他不仅调整了《大学》相关章节的次序，对内容也有增减。朱熹在《大学章句》中自称："《大学》一篇，经二百有五字，传十章。今见于戴氏礼书，而简编散脱，传文颇失其次，子程子盖尝正之。熹不自揆，窃因其说复定此本。"

朱熹的所为遭到了王阳明的质疑，《王文成公年谱》云："先生在龙场时，疑朱子《大学章句》非圣门本旨，手录古本，伏读精思，始信圣人之学本简易明白。"王阳明力主恢复古本《大学》，为此著有《大学古本旁释》，他在该书的序中驳斥了朱熹的看法。王阳明认为只有恢复古本《大学》，才能让人真正理解圣人之意。王阳明认为朱熹的所为有两大问题，一者是《大学》一书："其书止为一篇，原无经传之分。"二者是："格致本于诚意，原无缺传可补。以诚意为主，而为致知格物之功，故不必增一敬字。以良知指示至善之本体，故不必假于见闻。"（《年谱》）

王阳明认为《大学》原本无经传之分，是朱熹将其刻意分出来，这不是《大学》原本面貌，同时格物致知一章原本就包含在诚意一章中，朱熹不必要做补充。郭嵩焘在《大学章句质疑》中基本支持王阳明的立场，他对《大学》各个版本做了系统梳理，相对而言，他最推崇李光地的观点："安溪李文贞公《大学古文说》直以首章总论大意而归重格物之指，次章申释意之义，所见又各有不同。"郭嵩焘认为《大学》一书的结构："当以安溪之说为断，而仍以开章四节为通论《大学》之要，而于'知止'两节先透出'致知诚意'之相因，以明《大学》之本，章旨极为完密，无庸纷纷改易经文以从己意也。"(《大学章句质疑》)

李光地对朱熹著作大多推崇，唯独对《大学》一书有疑问，认为古本《大学》更符合经义，他认为《大学》中的格物致知已有传，不需要再重新补传，他说："《大学》一书，二程、朱子皆有改订，若见之果确，一子定论便可千古，何明道订之，伊川订之，朱子又订之？朱子竟补格物传，尤启后人之疑。若格物应补，则所谓诚意在致其知，正心在诚其意，皆当补传矣。所谓'诚其意'者，经中文法原一变，非无缘故。且以诚意为八条目之一，亦欠轻重，不过节次只得如此说耳。"(《榕村语录》)

郭嵩焘认为李光地的所言有道理，在《大学章句质疑》的序言中称："当朱子时，陆子寿氏谓《论语》《孟子集注》纯实精洁传世之书，而疑《大学》《中庸》章句为未至。嵩焘心契其说。"

郭嵩焘提到了陆九龄的所言，陆九龄认为朱熹的《论语集注》和《孟子集注》乃是传世之作，但《大学章句》和《中庸章句》有些问题，其主要原因就是朱熹改动了古本《大学》，由此偏离了圣人之旨。郭嵩焘也反对朱熹在《大学章句》中的经传之分："朱子分经传而以曾子传孔子之言为经，门人述曾子之言为传，似属以意拟之。"

对于朱熹补格物致知一章的做法，郭嵩焘说："然诚意致知两项工夫却是并进，不能划分先后，故云致知在格物，即结之以此，谓知之至也，云所谓诚其意即结之。"

对于《中庸》一书，朱熹说："《中庸》多说无形影，如鬼神，如'天地参'等类，说得高；说下学处少，说上达处多。"(《朱子语类》)由此可见，由于文本的缺失，导致内容难以理解。为此，朱熹在《中庸章句》中将《中庸》分为三十三章，同时又将这三十三章分为五个部分。朱熹同时强调子思作《中庸》原本是连贯的，不需要分章次，但为了体会《中庸》之妙，《中庸集解》通过章次的划分，使得人较容易理解。

宋乾道间学者石子重将《中庸》编次为《中庸集解》一书，朱熹对此书进行过删定，改名为"中庸集略"。此书分为两卷：第一章至第十九章为第一卷，余下的为第二卷。郭嵩焘在《中庸章句质疑》中也将《中庸》分为两卷，对于划分的原因，郭嵩焘说："《中庸》一书以慎独为主，以知仁勇三达德为纲，以至诚为归宿，大段分两截，由慎独以贯乎知仁勇之全，此所以成德也。始条理者，圣之事也，由知仁勇以合乎至诚之撰，此所以尽神也。"他同时认为："前半篇多以事言，后半篇多以理言；前半篇是整段说，后半篇是错综变化说。要之，前半篇大端已尽，后半篇层层推勘入细，又所以为中庸之体也。"

从总体来看，郭嵩焘重视上篇的慎独和下篇的诚论，认为："《中庸》之慎独，即《大学》之诚意也。"对于诚的重要性，郭嵩焘说："诚者，天之道，自是说天地化育流行之功。诚之者，人之道，则人之所以合天也。"他在解释"博学之，审问之，慎思之，明辨之，笃行之"时，称："中庸以知仁勇为纲，以诚字为归宿，知仁勇是发用工夫，诚字是本。"

宋儒对《大学》和《中庸》十分看重，二程说："《大学》，孔子之遗言也。学者由是而学，则不迷于入德之门也。"（《河南程氏粹言》）

对于《大学》的三纲，孔颖达在疏《礼记正义》时说："在'明明德'者，言'大学'之道，在于章明己之光明之德。谓身有明德，而更章显之，此其一也。'在亲民'者，言'大学'之道，在于亲爱于民，是其二也。'在止于至善'者，言大学之道，在止处于至善之行，此其三也。言大学之道，在于此三事矣。"

古本《大学》写作"亲民"，郑玄将其解释为亲爱人民，以此表达民本思想，但宋儒将其改为"新民"，朱熹解释了改为"新"的重要性："新者，革其旧之谓也。言既自明其明德，又当推以及人，使之亦有以去其旧染之污也。"

"亲民"乃是养民、惠民之意，"新民"就成了道德教化，郭嵩焘认为应当用"亲民"，然他在按语中又用了朱熹的"新民"。他与郑玄、朱熹的观点不同处在于"止于至善"一句。郭不同意朱熹的解读，并且反对朱熹对三纲领秩序的划分，朱熹认为："言明明德，新民，皆当止于至善之地而不迁，盖必其有以尽夫天理之极而无一毫人欲之私也。此三者，大学之纲领也。"同时朱熹对三纲领做了层次上的划分。

郭嵩焘不同意朱熹的划分，认为《大学》的"明德亲民"和《中庸》的"成己成物"，以及《论语》中的"忠恕之道"，《孟子》中的"修身诲人"是对等的，此乃是四书的共同宗旨。"止于至善"是明德亲民的共同原则，朱熹认为"止于至善"是实现亲民的状态，郭嵩焘则认为"止于至善"是明明德的内容。从这个角度来说，他与郑玄的观点相同，所以他认为朱熹的观点："所谓'止至善'者，虚为之名而无其实。"

那么郭嵩焘认为应怎样解释"止于至善"的逻辑呢？他说："孔疏于此直据为三事，意当谓大学之道以明德、亲民为纲，而此二者又必止于至善。三言在者，圣人立学之旨归不越是也，庶为得之。"

郑玄等人把《大学》三纲领认为是并列的三件事，朱熹将它们视为三个层次，三纲领为递进关系。郭嵩焘把《大学》理解为两个层次，也就是《中庸》中所强调的成己与成物，同时也是儒家所推崇的内圣与外王两个境界。

《大学》中有涉及理财用人之道，比如《平天下》一章中称："是故君子先慎乎德。有德此有人，有人此有土，有土此有财，有财此有用。"郑玄对此的解释是："'有德此有人'者，有德之人，人之所附从，故'有德此有人'也。'有人此有土'者，有人则境土宽大，故'有土'也。'有土此有财'，言有土则生植万物，故'有财'也。'有财此有用'者，为国用有财丰，以此而有供国用也。"

郭嵩焘从实际出发，认为想要强国必须从理财和用人两方面下手："盖财者，天下国家所资以为用，而人者治国平天下之本也。民之好恶之所系，尤莫切于此二者。"为此，他引用了《周礼》一书中的所载，认为国家应当重视财物，量入为出，他反对统治者与民争财，强调应当藏富于民。

对于《大学》中的"仁者以财发身，不仁者以身发财"一句，朱熹的解释是："仁者散财以得民，不仁者亡身以殖货。"郭嵩焘反对朱熹的解释，认为："以财发身，不当以得民为训。身者，所以莅政也。……发身者，以身措理之也。有财此有用，便是以财发身归宿处。"在郭嵩焘看来，理财乃是国之大计，管理者必须予以高度重视："《大学》于平天下章发其义，而一以聚财为戒。盖有以察乎有国者之用心，莫不以理财为急，其用之有丰有俭，而皆务富国，以为行政之本。"

对于用人之道，郭嵩焘说："天下之治乱在乎用人之当否。所用贤，则纪纲振饬，法度修明，虽乱世亦可以为治；所用非贤，则纪纲倒置，法度废弛，虽平世亦可以致乱。"（《钦奉谕旨敬陈管见疏》）

郭嵩焘以经世致用思想来解读经典，故而反对学者重议论好空谈，他在《送朱肯甫学使还朝序》中说："士敝于俗学久矣，其所习务外为美观，而检治其身与心，无有也，其所为学，役聪明驰骋文字之间，而通知古今治乱之源与民物所以相维系，无有也。"

在郭嵩焘看来，一些学者所谓的研究只是追求表面，其实却是抛弃了圣道，因为："圣人所重者道也，所薄者器也。至于后世并不一，习其器而虚其道，相高而文胜焉。"（《郭嵩焘全集·集部》）这种轻浮学风只会导致国家衰弱："自宋至今盖千年，合智愚贤不肖皆欲以议论相胜，人才事功，安得不益猥下。"（《郭嵩焘全集·史部》）

四、葵园学派：趋重考证，编校典籍

吴枫、宋一夫主编的《中华儒学通典》中关于葵园学派的解释为："创始人王先谦（1842—1917）。王先谦，字益吾，号葵园，清长沙（今属湖南）人。此学派因其号而名。王先谦曾任国子监祭酒、江苏学政、湖南岳麓、城南书院院长。其弟子有缪荃孙、赵铭、朱一新、王仁俊、吴庆坻、陈毅、苏舆等。其交游者有周寿昌、俞樾、吴汝纶、郭嵩焘、黄以周、孙诒让、萧穆、邹代钧、皮锡瑞等。此派之学，循乾嘉遗轨，趋重考证，尤以编印古书著称于世。"

王先谦早岁家境贫寒，他跟随哥哥读书，二十岁丧父，入长江水师向导营做司书记官，二十四岁中进士，累官至国子监祭酒，四十八岁辞归，之后将主要精力用在学术研究和刊刻典籍方面。他在思贤讲舍、城南书院、岳麓书院均开讲席，门庭广大弟子众多，还曾拜曾国藩为师，主张汉宋兼采，曾说："窃谓中国学人大病，在一空字。理学兴，则舍程、朱而趋陆、王，以程、朱务实也。汉学兴，则诋汉而尊宋，以汉学苦人也。新学兴，又斥西而守中，以西学尤繁重也。至如究心新学。能人所难，宜无病矣。然日本维新，从制造入；中国求新，从议论入。所务在名，所图在私。言满天下，而无实以继之。则亦仍然一空，终古罔济而已。"（《复毕永年》）

王先谦所处的时代正是社会巨变期，他不反对中学为体西学为用，认为西学、中学可以交流融通，故而支持变法。但是那时梁启超、谭嗣同等在湖南宣传民权，抨击君为臣纲等迂腐观念，这些观念却超出了王先谦变易思想所能接受的范围，于是他和叶德辉等人联名上书湘抚，要求对这些人严加整顿。

出于这样的观念，王先谦坚决反对康有为所撰的《新学伪经考》和《孔子改制考》。康有为因受廖平影响，认为东汉以来的经学大多是刘歆所伪造，故而将这些称为伪经，同时因为刘歆是王莽所创新朝之臣，故把他所认为的刘歆伪造之经称为"新学"。

王先谦的学术观基本属于古文经学，而康有为将古文经一律视为伪经，这当然令王先谦十分不满。更何况，康有为的结论拿不出历史依据，即使是今文经学家也对他的所言不以为然。比如皮锡瑞说他："武断太过，谓《周礼》等书皆刘歆所作，恐刘歆无此大本领；既信《史记》，又以《史记》为刘歆私窜，更不可据。"（皮锡瑞《伏师堂日记》）

康有为的《孔子改制考》乃是说孔子之前的历史都是孔子为了救世而编出来的，孔子这么做的目的是托古改制。康有为这么说孔子的目的，乃是希望将封建制度改为君主立宪制，为此，他将君主立宪制的民权、选举、平等等观念用在孔子身上，他说："世卿之制，自古为然。盖由封建来者也。孔子患列侯之争，封建可削，世卿安得不讥？读《王制》选士、造士、俊士之法，则世卿之制为孔子所削，而选举之制为孔子所创，昭昭然矣。选举者，孔子之制也。"（《孔子改制考》）

按照康有为的说法，西方的选举制是孔子发明的。这些惊世骇俗的说法在社会上引起了不小的反响，后来朝廷下令将此两书毁版。

王先谦认为康有为提出民权、平等思想的目的，是要推翻两千年来的君主制，这不是他所认同的中体西用，因此他要奋起反击，对这种思想予以批驳。

总体而言，王先谦更偏向的是古文经学观，他著作宏富，且在《诗经》研究上有家传。其父王锡光精通诗学，著有《诗义标准》，此书对王先谦有较大影响，他后来在自定《年谱》中回忆说该书："采自汉至明诸家精粹之作，分别义类，缀以评论，开示不孝兄弟，至为详切。不孝于诗稍窥门径，皆府君教也。"

王先谦一生有很多重要著作，比如他在三十八岁时刊成《乾隆朝东华续录》一百二十卷，这是他的史学成就。四十七岁时刻成《皇清经解续编》，此乃其经学整理成就。之后他又写出了《荀子集解》二十一卷、《合校水经注》四十卷、《汉书补注》一百卷、《日本源流考》二十二卷、《尚书孔传参正》三十六卷，等等。在经学方面，他最具影响力的著作乃是《诗三家义集疏》。

按照《汉书·艺文志》所载，原有齐、鲁、韩、毛四家所传之诗，到隋朝之前，《鲁诗》和《齐诗》失传了，《韩诗》除《外传》外，到南宋时也失传了，只有《毛诗》保留至今。从南宋末年开始，王应麟就从历史文献中辑佚齐、鲁、韩三家《诗》。至清代经学复兴，辑三家《诗》者有多位学者，就成果论，晚清王先谦撰的《诗三家义集疏》乃是相关注疏中的名著。洪湛侯在《诗经学史》中评论说："《毛诗》之学，至唐代而有孔氏《正义》，三家之学，至清末而有王氏《集疏》，古文诗派、今文诗派皆有总结性著作见存。"

王先谦的这部专著在刊刻之时还收录了两篇奏稿，由此说明该书的重要价值，列于卷首的《南书记覆奏稿》称："毛《传》既出，郑康成为之作《笺》，三家之传遂微。其散见于各家所征引者，吉光片羽，搜采为难，学者憾焉。王先谦于千载后网罗散佚，独具苦心，使西汉经师遗言奥旨，萃于一编，朗若列眉，嘉惠来学，实非浅鲜。"

王先谦为什么要收集三家《诗》呢？他在此书的卷首序例中称："近二百数十年来，儒硕踵事搜求，有斐然之观，顾散而无纪，学者病焉。余研核全经，参汇众说，于三家旧义，采而集之，窃附己意，为之通贯。近世治《传》《笺》之学者，亦加择取，期于破除墨守，畅通经旨。毛、郑二注，仍列经下，俾读者无所觖望焉。"

王先谦通览了前人研究三家《诗》的成果，发现这些著作"散而无纪"，使得研究者难以贯通，于是将所有研究三家《诗》的观念汇在一起，然后一一予以疏正，由此而形成了这部专著。

在传统的观念中，齐、鲁、韩、毛四家《诗》，前三家属于今文经学，《毛诗》属于古文经学。王先谦收集今文经的同时，不断在辑书中批评《毛诗》。但是，三家《诗》留下来的文献有限，所以他也会引用一些古文诗来证明今文诗的观点。比如他在《集疏》中考证《周南·卷耳》中的"金罍"时，征引多种三家《诗》观念，以此证明金罍是诸侯用器，而《毛诗》中说这是人君用器。王先谦想以此说明《毛诗》的所言是不正确的："《周南》之诗，是文王未称王时作，无嫌于金罍为诸侯之制。《毛传》统言'人君'，所以成其曲说，不若韩之得实也。"

再如《魏风·硕鼠》一篇,《毛诗》序中称此诗是:"刺重敛也。国人刺其君重敛,蚕食于民,不修其政,贪而畏人,若大鼠也。"三家《诗》中,《韩诗》无说,《鲁诗》认为该诗"履亩税而《硕鼠》作",《齐诗》认为:"周之末途,德惠塞而嗜欲众,君奢侈而上求多,民困于下,怠于公事,是以有履亩之税,《硕鼠》之诗是也。"

《齐诗》和《鲁诗》的说法相同,都指出了诗意是履亩税,而《毛诗》仅是笼统地称为"刺重敛",故王先谦觉得《毛诗》不如另两家《诗》说得明确:"《毛序》以为刺重敛,不若二家意尤明确。"

对于清代长期争论的汉学宋学问题,王先谦在《复阎季蓉书》中表达了他的看法:"所谓汉学者,考据是也;所谓宋学者,义理是也。今足下之恶汉学者,恶其名也。若谓读书不当从事考据,知非足下所肯出也。去汉学之名,而实之曰考据之学,则足下无所容其恶矣。去宋学之名,而实之曰义理之学,则訾诋理学者无所容其毁矣。此名之为学术累也。然谓二家之学无流弊,则非也。理学之弊,宋明末流著于载记者,大略可睹。考据之弊,小生曲儒,失之穿凿破碎者有之。至谓其为世道人心之忧,以理推之,决无是事。"

王先谦把汉学概括为考据学,宋学为义理学,在他看来,两者各有优劣,读书之学既不能偏宋学,也不能偏汉学,而应当考据与义理兼备。

第十二章 现代新儒家学派

关于现代新儒学的定义，方可立在《关于现代新儒学研究的几个问题》中称："现代新儒家是产生于20世纪20年代，至今仍有一定生命力的，以接续儒家'道统'、复兴儒学为己任，以服膺宋明理学（特别是儒家心性之学）为主要特征，力图以儒家学说为主体为本位，来吸纳、融合、会通西学，以寻求中国现代化道路的一个学术思想流派，也可以说是一种文化思潮。"

现代新儒学是在特殊历史背景下产生的，1840年第一次鸦片战争后，清王朝与英国签订了《南京条约》，中国由此进入半殖民地半封建社会。中国内部社会矛盾越发激烈，一些有识之士意识到中国与西方的差距不仅在科技上，更重要的区别是社会制度和人的精神风貌，于是从19世纪60年代兴起了洋务运动。

洋务运动的主体思维是中学为体西学为用，也就是在不改变国家政体的状况下学习西方技术。洋务运动使得中国对西方科技有了较为深入的了解，这场运动在一定程度上促进了中国的近代化，但1894年中日甲午战争的失败，同时也宣告了只学技术不改变思想的变革是难以成功的，由此产生了1898年的戊戌变法运动。这次变革与上一次有所不同，这次变革是在光绪皇帝的直接主持下进行，由一些有识之士来提出具体措施，他们认为不应当只是学习西方的先进科技，更重要的是要改革社会体制，从根本上改变社会问题，他们希望建立君主立宪制，为此要进行一系列的政治改革和社会变革。

戊戌变法以失败告终，但这次变法促进了民主、自由、平等思想在中国的传播，激起了人们爱国救国的热情。随着观念的深入，1911年爆发了辛亥革命，其目标是推翻清王朝的统治，结束中国半殖民半封建的社会性质，建立起资产阶级共和国。但辛亥革命成功后，社会保守势力仍然在坚持原有的思维模式，各地建起了尊孔会，且很多活动得到了北洋政府的支持。这种倒行逆施的思维方式，遭到了一些知识分子的痛责，甚至喊出了"打倒孔家店"的口号，于是在1915年爆发了"新文化运动"。

当时的一些有识之士把国家危急及中国的积贫积弱归罪于儒学，他们将儒学等同封建制度，认为儒学与封建制度有密切关联。随着西方科学与民主观念的传入，他们要求学习西方文化，同时要对儒家文化进行彻底的全盘否定。在他们看来，西方文化与中国文化之间难以相容，他们所倡导的文化革新和文化革命都要彻底否定儒家文化。

因为观念的不同，致使当时的中国学术界将传统文化分为三派。一派是以胡适、陈序经为代表的西化派，他们主张全盘接受西方文化，坚持有用即真理的实用主义思想，接受科学民主观念，以此对中国儒家文化进行全盘否定；另一派是以辜鸿铭为代表的保守派，他们极力推崇中国传统文化，批判西方文明；还有一派处于两者之间，这一派的观点是客观看待中西方文明的优缺点，以此说明中国儒家文化仍然有其存在的必要性。

一些学者开始深度思索儒学问题，有些人力图恢复儒学的主体地位，通过重建儒学来恢复中国人的自信心。他们重建儒学的主体思路并不是要一味地复古，也并非要拒西方文化于门外，他们认为中国文化应当兼容其他文明体系，于是努力探索新的哲学体系，以便产生新的思维方式来解决现实问题，持这种思维的学者被称为新儒家。因为他们各自的入径不同，故他们的思维被研究者命名为不同的派别，比如现代新儒学的开山鼻祖梁漱溟所开创的思维体系被称为"新孔学"、熊十力的思维体系被称为"新唯识论"、冯友兰的思维体系被称为"新理学"、贺麟的思维体系被称为"新心学"等。

如果以时代来划分，现代新儒家被分为三代，第一代里有梁漱溟、熊十力、马一浮，这三位是以陆王心学为基础，融会佛教及西方哲学思想，以此创建新的儒家思想体系。第一代中还有冯友兰、贺麟，他们是以宋明理学为基础。第二代则以牟宗三、唐君毅为代表，他们在援佛入儒的基础上，又融合康德的道德哲学与黑格尔的精神现象学。第三代则以杜维明、刘述先为代表，他们主张发展儒家资本主义。

从整体上来说，现代新儒家要解决的主要问题是如何重建内圣，开创新王。他们接续儒家的道统，以复兴儒学为己任，力图以儒家体系为本，援西入儒，融会中西，以此来谋求中国传统儒学的现代化。

一、梁漱溟：开创"新孔学"，析文化三路向

梁漱溟被视为现代新儒学的开启者，他本名焕鼎，字寿铭，二十岁时改字漱溟，后以字行。他的祖先为元朝宗室也先帖木耳，元朝灭亡后，其祖上没有跟随元顺帝逃往漠北，而是留在了河南汝阳，根据"孟子见梁惠王"一

语，改汉姓梁。至清乾隆年间，其家族第十九代梁重由河南迁至广西桂林，梁重之子梁宝书为道光二十年（1840）进士，此后在直隶定兴等地为官，故梁家后来定居于北京，梁漱溟也出生于北京。

梁漱溟在年幼时受到父亲梁济影响很深，梁济热心西学，追求新知，帮助朋友彭翼仲创办《启蒙画报》《京话日报》。梁漱溟从小喜欢阅读这类报刊，直到二十岁时才读《论语》。梁济于1918年投水自尽。自尽前，他写了篇《敬告世人书》："国性不存，我生何用？国性存否，虽非我一人之责，然我既见到国性不存，国将不国，必自我一人先殉之，而后唤起国人共知国性为立国之必要。"自尽的三天前，梁济问梁漱溟："这个世界会好吗？"这句话流传甚广，虽然梁漱溟当时回答说："我相信世界是一天一天往好里去的。"但梁济还是自尽于净业湖。梁济为什么在清朝亡国后七年自杀？后世有不同看法，但事实是这件事极大地触动了梁漱溟的内心。

当时的社会变革已经对梁漱溟的思想有了深刻的触动，他厌倦了世俗生活，也产生了自杀念头，辞职在家潜心研究佛学，想从佛理中寻找解决社会问题的方式。他对"唯识学"有着深入了解，在1916年发表了《究元决疑论》，这篇文章被蔡元培看到了，于是蔡邀请梁到北京大学讲授印度哲学。正是在北京大学任教期间，他的父亲自尽了，由此让梁漱溟放弃了出世的想法。

梁漱溟因为偶然读到了王艮的著作，才放弃了出家之念："机会是在1920年春初，我应少年中国学会邀请作宗教问题讲演后，在家补写其讲词。此原为一轻易事，乃不料下笔总不如意，写不数行，涂改满纸，思路窘涩，头脑紊乱，自己不禁诧讶，掷笔叹息。既静心一时，随手取《明儒学案》翻阅之。其中泰州王心斋一派素所熟悉，此时于《东崖语录》中忽看到'百虑交锢，血气靡宁'八个字，蓦地心惊：这不是恰在对我说的话吗？这不是恰在指斥现时的我吗？顿时头皮冒汗默然自省。遂由此决然放弃出家之念。"（《我的自学小史》）

此后的梁漱溟深研儒家心性之学，他认为阳明心学乃是孔门正传："及明代而阳明先生兴，始祛穷理于外之弊，而归本直觉——他叫良知。……阳明之门尽多高明之士，而泰州一派尤觉气象非凡；孔家的人生态度，颇可见矣。如我之意，诚于此一派补其照看外边一路，其庶几乎！"（《东西文化及其哲学》）

此后梁漱溟深入研究儒家体系，发现孔子的学说才是真儒学，而他所处时代人们所说的儒学都是假儒学，同时他认为孔子所创立的儒学观念到荀子时就已违背了孔子本意，已经不再是真儒学，因为荀子更加关注外在的世界而轻视内在的修养，所以他才得出了"性恶论"主张；荀子之学传至汉代，又掺入黄老之学的内容，更加丢失了孔子的真精神；三国魏晋南北朝玄学盛行，唐代时佛学盛行，这些都消减了原始儒家的本意；宋明儒家虽然努力探寻孔子真意，但因受佛教观念影响，他们没有传承孔子真儒学。

梁漱溟探讨真儒学与假儒学有其现代性。五四时期人们喊出了"打倒孔家店"的口号，其主要原因是儒家提出的三纲五常是吃人的礼教，禁锢了人们的思想。梁漱溟承认这一点，但他认为孔孟思想指导中国两千多年，后儒在传承过程中形成了繁文缛节，这违背了真儒学的初衷。自宋代之后，人们把各种繁杂的礼节和僵化的教条都归在孔子头上，统治者运用这些教条来压榨百姓，这些都是假儒学。所以梁漱溟认为，应当批判三纲五常等假儒学，而不应当直接批判孔子，在他看来要想恢复真儒学，就要摒弃和铲除假儒学思想，重新回到孔子所创立的真儒学。

梁漱溟把孔子学说称为"为己之学"，他在《东西文化及其哲学》中说："就是要人的智慧不单向外用，而回返到自家生命上来，使生命成了智慧的而非智慧为役于生命。"所谓为自己学，就是让人向内反躬自省，以此实现个体生命的自我完善。

如何才是真儒学，梁漱溟通过研究孔子思想，从中得出三方面结论。首先是"仁"，因为"仁"是孔子思想的核心内容；其次是"乐"，梁漱溟说当初他研究佛学时，认为人间只是苦，当他研究《论语》时发现此书中没有一个"苦"字，反而让他找到了很多"乐"字。这也是他喜爱陆王心学的原因之一，当年周敦颐提出让二程寻找孔颜乐处，泰州学派的王艮也以乐为教。在梁漱溟看来，苦乐不是由客观事物决定的，而是由主观决定的，通过物质获得的乐属于相对的乐，而通过主观感受得到的乐才是绝对的乐。只有绝对的乐，才能达到"无我""忘我"的天人合一境界。

梁漱溟从《论语》中寻到的第三个字则是"礼"，因为"礼"是用来规范人的行为，从而达到社会安定的，只有安定的社会，人们才有和谐的生活状态，同时"仁"和"乐"是"礼"的基础。

另外，梁漱溟强调应当以儒学来替代宗教，他认为儒家不是宗教，但具有宗教性，因为每种宗教都有两种功用：一是对人的情感安慰和勖勉，二是对于人的知识之超外背反。虽然儒家不是宗教，但它关怀生活实践，用道德约束自身行为，教导人们孝顺和善良，以孝悌来维持社会秩序。

为此，梁漱溟创建了新的心性论，他的观念分别吸收了佛教唯识论、阳明心学和柏格森生命哲学思想,他以此为基础,逐渐完善自己的理论。

唯识论中有三量说:现量、比量和非量。现量指人当下的感觉,比如闻到花香、品出茶味、看到颜色。现就是现在、眼前之意,现在的感觉对象与所认识的感受,从时间上是一致的。

比量是对事实的进一步认识,比是比较和对比之意,因为有些认识和感知不能处于同一时空,这就需要利用先前的经验进行对比。唯识论将这种通过先天经验与思维逻辑进行认识的叫作比量。比如你以前喝过一杯茶,以后又喝到了其他的饮品,由此了解到茶与其他饮品的区别,最后通过品红茶、绿茶等不同的茶来总结出各种茶的共性。

非量是指心识与感知对象结合产生的错误认识,由于人的逻辑思维复杂多变,所以对现量的把握会出现偏差,比如杯弓蛇影等。由于视觉上产生的差异,会影响到现量的判断,由此产生了错误的结论。

梁漱溟通过对唯识论的疏理,总结出自己的观念,他将非量视作"直觉",后来又将直觉深化为"理性"。

梁漱溟所说的直觉概念,乃是本自法国著名哲学家亨利·柏格森,柏格森是非理性主义的代表,他继承了狄尔泰的生命哲学思想,认为生命不是物质的,而是一种盲目的非理性的,并且是永动不息的生命冲动。这种冲动被称为生命之流,而生命之流只能用直觉来感受,不能用概念去表达。柏格森认为宇宙不是一种静态的存在,生命之流才是世界的本质,同时是万物之源,所以他认为认识物质不能依靠理智,而是要借助直觉,对待事物也不能用明确的概念去解释,同样要借助直觉来表达,为此他说:"生命一开始便是意识,或者说是超意识。"(《生命的真谛》)他认为直觉与理智是两种完全不同的路径,而直觉才是真正的意识。

梁漱溟十分赞赏柏格森的这种观念,他在《东西文化及其哲学》中说:"宇宙的本体不是固定的静体,而是'生命'、是'绵延',宇宙现象则在生活中之所现,为感觉与理智所认取而有似静体的。要认识本体,非感觉理智所能办,必方生活的直觉才行,直觉时即生活时,浑融为一,没有主客观的,可以称绝对。直觉所得自不能不用语音文字表达出来,然一纳入理智的形式即全不对,所以讲形而上学要用流动的观念,不要用明晰固定的概念。"

但是梁漱溟的"生命本体论"与柏格森的"生命哲学"仍然有区别,柏格森所说的生命是一种自然生命,梁漱溟所说的生命则是在自然的基础上又经过了道德伦理滋润。梁漱溟用柏格森的直觉,重新定义儒学的心性之学。

他将孔子所说的"仁"视为直觉:"儒家完全要听凭直觉,所以唯一重要的就在直觉敏锐明利;而唯一怕的就在直觉迟钝麻痹,所有的恶,都由于直觉麻痹,更无别的缘故,所以孔子教人就是'求仁'。人类所有的一切诸德,本无不出自此直觉,即无不出自孔子所谓'仁',所以一个'仁'就将种种美德都可代表了。"(《东西文化及其哲学》)

梁漱溟认为唯识论中的现量和比量还需要一个桥梁,这个桥梁就是直觉,这个直觉不同于直接的感受所得,也不同于思维过后的认识,而是一种不可言说的体会。他认为直觉就是对传统儒学的继承。《论语·子罕》载:"子绝四:毋意,毋必,毋固,毋我。"孔子杜绝了四种毛病:不凭空臆测,不武断绝对,不固执拘泥,不自以为是。但是后儒没有尊奉他所说的话,变得墨守成规,他们将一些儒家观念绝对化了。

所以梁漱溟认为要继承儒家传统,就要继承孔子用直觉来指导人们走正确道路的思维方式。他受阳明心学"致良知"的启发,将儒家所说的"良知"看作直觉,同时认为直觉是本能。他还加入了泰州学派王艮等人提出的"人心本自乐"的观点,由此构建起自己的心性观。贺麟在《五十年来的中国哲学》中总结说:"漱溟先生所谓直觉,不是超苦乐善恶的境界,而是计虑苦乐善恶最火热最锐敏的境界,是分辨善恶的敏感或道德的直觉,而不是超道德的、艺术的、科学的或宗教的直觉。"

梁漱溟在其思想后期又用理性来替代了直觉。他早年在《东西文化及其哲学》中将认知世界的方法分为本能和理智,到此时他又对理智进行了再划分,从理智中分出理性,于是有了本能、理智和理性三分法。他在《人心与人生》中对理性给出的定义是:"就从这里不期而开出了无所私的感情——这便是理性。"他认为理智是在本能的基础上改变了人类的生活方式,但理智也是不完美的,在一定程度上会激发人类内心的丑恶,为了更好地发展文明,人类需要一个新的范畴,这就是理性。

对于儒家文化的重要性,以及其他文明的重要性,梁漱溟给出了三个路向。他认为西方文明是第一路向,此文明源于希腊文化和希伯来文化,其核心是民主与科学,早期的西方文化既有对内也有对外的研究,但后来西方文化逐渐向外发展,以实用主义为核心,倡导科学精神,不断总结前人经验,以此来指导现实生活,这种文化的本质是征服自然。梁漱溟认为这种文化的特性是意欲向前,以努力奋斗来改变现实,以满足自身的物质需求。但梁漱溟认为西方文化物质文明发达,精神文明薄弱,缺少人文关怀,导致相应社会问题。

中国文化为第二路向，这种文化的特性是调和和持中，是通过改变自身的心态来寻求满足。梁漱溟举出了这样一个例子："遇到问题不去要求解决，改造局面，就在这种境地上求我自己的满足。譬如屋小而漏，假使照本来的路向一定要求另换一间房屋，而持第二种路向的遇到这种问题，他并不要求另换一间房屋，而就在此种境地之下变换自己的意思而满足，并且一般的有兴趣。"（《东西文化及其哲学》）

中国文化在遇到问题时，不像西方文化那样去改造局面，而是通过改变自己的态度来适应环境，以此来保持人与自然的和谐。所以中国文化的特性是注重人与人之间的关系，注重人文关怀。他认为儒家的中庸思想是一种"不确定的态度"，西方文化是以实用主义为核心，做任何事都有明确的目的性，儒家思想强调人生和社会的态度，以持中为根本，追求怡然自得的生活状态。

第三路向则是印度文化，该文化以宗教为核心，以意欲反身向后为根本精神，当遇到问题时，不去改变局面，也不改变自己的态度，而是想办法消灭这个问题，但是这种解决问题的方式违反了生活的本质，印度人不像西方人那样追求物质生活，也不像中国人那样追求和谐的生活，而是努力从现实生活中解脱出来，去追求来世幸福，其本质是逃避现实生活，以此脱离人世间的束缚。所以，印度文化的动机是行为的、宗教的，西方文化的动机是知识的、科学的，中国文化的哲学是以人生态度为核心，西方用理智去处理问题，中国用直觉处理问题，印度用现量处理问题。

梁漱溟建议中国人对待印度文化要予以排斥，对待西方文化要取其精华去其糟粕，对待传统儒学文化要批判地继承。

二、熊十力：体用不二，倡导大同

熊十力，原名继智、升恒，字子真，号十力，后以号为名，湖北黄冈人。因家贫，早年为人牧羊，同时跟随父亲读四书、五经，深得父爱。后参加反清革命,追随孙中山,曾任湖北都督府参谋,后因感觉革政不如革心,于1918年脱离政界,走上学术救国之路。

1920年秋,经梁漱溟介绍,熊十力进入南京中国内学院(时称金陵刻经处),随欧阳渐先生学习佛学,三年后,前往北大讲授法相唯识学,在此过程中渐渐形成独立思想,十年后出版《新唯识论》。欧阳渐对其观念十分不满,在为弟子刘衡如所写《破〈新唯识论〉》作序时,对熊十力有不点名的批评。熊十力坚持自己的观点,作《破〈破《新唯识论》〉》予以回击。

熊十力的主要著作有《新唯识论》《体用论》《明心篇》《乾坤衍》《原儒》等,其中《新唯识论》为其最重要哲学著作,他被目为现代新儒学形上追求的第一人。关于他的主体哲学观,中华书局出版的《熊十力论著集》弁言中有如下总结:"熊先生学无常师,堂庑甚广,对印度佛教各宗和我国传统哲学儒道诸家均有很深研究;且不囿陈说,驰骋古今,独契心于阳明、船山之学,着力于融会贯通,自创'新唯识论'这一独特的积极辩证法体系;其哲学思想,以'体用不二','翕辟成变','反求自识'为纲宗,强调蜕故挈新,自强不息,高扬认识论中的主体性原则。"

熊十力的人生经历,使他看到了社会腐败、官僚贪污、民生凋敝,他觉得要解决这些危机,必须先从改变观念做起:"今日中国人之生活最贫乏,其生活内容至空虚,故遇事皆表见其虚狂、诈伪、自私、自利、卑怯、无耻、下贱、屈辱、贪小利而无远计。盖自清末以来,浮嚣之论,纷纭而起,其信仰已摧残殆尽。宣圣曰:'人而无信,不知其可也。'"(《十力语要》)

因此,他以重建民族精神为己任,在求索的过程中广泛阅读各类著作,在熊十力看来,各种文化都是哲学思想的根基,对于其探求过程,其自称:"平生探穷宇宙人生诸大问题,就现象方面言,一切犹如幻化,于此确信不疑;但有无真实根源,苦参实究,老夫挥了许多血汗。求之宋明,不满;求之六经四子,犹不深契;求之老庄,乍喜而卒舍之;求之佛家唯识,始好而终不谓然;求之《般若》,大喜而嫌其未免耽空也。最后力反之自心,久而恍然有悟,始叹儒家《大易》、佛氏《般若》皆于真实根源甚深处确有发明。"(《十力语要初续》)

他先研读了宋明理学,感觉不惬意,于是深入探讨四书六经,仍然不能契心,之后又读老庄著作,起初喜欢,而后放弃,之后又读佛家唯识宗著作,等等,最终觉得儒家的《易经》和佛家的《般若经》最能符合他的思想。此后他继续研读《华严》《楞伽》《涅槃》等经,同时研究西方哲学著作,最终将这些思想融汇为自己的思想。

因为熊十力在佛学上造诣很深,所以有些学者把他所创的哲学体系称之为"新佛学",熊十力也承认这种评价:《新论》实从佛家演变出来,如谓吾为新的佛家,亦无不可耳。"(《新唯识论》)可见,他是以援佛入儒,以儒释佛来构建自己的哲学体系。

当然,构建一个新的哲学体系不会是简单的一加一,正如他的弟子牟宗三在《生命的学问》中谈到其师的思想体系时说:"融摄孟子、陆王与《易经》而为一,以《易经》阴扩孟子,复以孟子陆王之心学收摄《易经》,直探造化之本,露无我无人之法本。"牟宗三没有谈到熊十力的思想汲取了西学成分,张岱年则在《怀念冯友兰》中说:"在熊氏哲学体系中,'中'层十分之九,'西'层十分之一。"

熊十力的《新唯识论》尽管在唯识论的基础上加了一"新"字,但他却是以唯识宗为框架,来阐述自己的哲学主张。他借用唯识宗的原有概念,而后加入了新的解释,唯识宗的基本主张是"三界唯心,万法唯识",其认为客观世界不具实在性,只是人主观意识的显发。

佛教教义中所说的"法"包含两意:一是指佛的佛法和教法,二是指一切事物的现象和成分。"识"乃是有分别之意,指人的感觉功能,包括耳、眼、舌、鼻、身五识以及思维功能"意",此六者被称为六识。前五识是人的感知认识,第六识是人的理性认识。

对于"唯"字的解释,太虚在《法相唯识学》中说:"此唯字意思即是说:凡宇宙一切所有,都不离识的关系和不出识的范围。若照这种意义说起来,则唯识云者,不过说识能统摄万法,而万法可归纳在识中罢了!"熊十力对此有自己的解释,他在《新唯识论》中解释书名时说:"识者,心之异名。唯者,显其殊特。即万化之原而名以本心,是最殊特。言其胜用,则宰物而不为物役,亦足徵殊特。新论究万殊而归一本,要在反之此心,是故以唯识彰名。"

他用"本心"来解释"识",并且认为心是万物的本源,可见他的观念乃是承袭自陆王心学。赵建林编著的《解读北大》中则称:"在中国哲学界,熊十力与冯友兰素以'新陆王'与'新程朱'并称。"

《新唯识论》一书中用了许多的佛语来阐述观念,熊十力吸收了佛教"二谛义"的论证方法。二谛义乃是指俗谛和真谛,俗谛指世间看法,真谛是佛教真理,二谛是对立统一的关系,熊十力据此阐发出他的"不二"观:

"本体现象不二，道器不二，天人不二，心物不二，理欲不二，动静不二，知行不二，德慧知识不二，成己成物不二。"（《原儒》）他认为正是这九个不二法门，奠定了孔子内圣外王的教主地位。为此，他以不二观来贯穿新唯识论始终，同时认为"体用不二"乃是他哲学思想的基础。

熊十力十分重视体的探究，他认为："学不究体，自宇宙言之，即万化无源，万物无本；自人生论言之，则迷离颠倒，无有归宿；自道德论言之，即成为无本之学，无内在根源；自治化论言之，离却天地万物本吾一体之本，即无根基；自知识论上言之，即王阳明所谓的无头学问，无有知源。"（方克立、李锦全主编《现代新儒家学案》）

熊十力认为其他体系所谈的本体论，大多属于分离论，比如谈到佛教时他说："佛氏谈本体，只是空寂，不涉生化。只是无为，不许说无为而无不为。只是不生灭，不许言生。譬如，于大海水，只见为渊深渟蓄，而不悟其生动活跃，全现作无量沤。此未免滞寂之见。"同样，他认为西方学者也未能探得本源："西洋哲学，《新论》可摄通处自不少。如数理派哲学，以事素，说明宇宙。其说似妙，而实未见本源。《新论》明功能显用，功能，即本体之名，功能显用。"（《境由心生·与友论新唯识论》）

熊十力用中国传统概念来解读西方哲学的体和用，认为中国传统的体用范围乃是印度佛教中所说的"法性"和"法相"，同时是西方哲学中所说的"实体"和"现象"。在熊十力看来，"体"的本义乃是指宇宙本体，这是真实的存在，如果否认本体的实在性，就会出现无中生有的错误认识，他说："凡不承认有本体的见解，推至极端，还是归于空洞的无的一种思路，虽复依据常识，而肯定现前变动的宇宙为实有，但这个宇宙是从何显现的，既不能有所说明，而不肯承认宇宙有本体。如此，则仍不能不说这个宇宙是从空洞的无中出生的。然则穷理到极至处，而能不堕入无见，（妄计无有本体的见解，曰无见）。此事真不易哪。"（《新唯识论》）

既然本体如此重要，那么究竟什么是本体呢？熊十力说本体无法通过思维得知，因为思维是来自于日常的经验，所以当我们思维本体时，首先想到的是本体的共相，此种本体之相已经物化，如果我们不消除共相，就无法体会到本体。那么如何去理解本体呢？熊十力给出六个答案，比如："二，本体是绝对的，若有所待，便不名为一切行的本体了。三，本体是幽隐的，无形相的，即是没有空间性的。四，本体是恒久的，无始无终的，即是没有时间性的。五，本体是全的，圆满无缺的，不可剖割的。"（《新唯识论》）

熊十力从本末、绝对与相对、时间与空间、全体与部分等多个方面，来对本体加以界定，以此说明本体与现象的区别。他认为世间万象都不是实体，只有本体才是真实的存在，同时本体乃是宇宙之心，也是每一事物各具之心。

以上讲的是体，关于用，乃是公用之意，用也是现象，熊十力说："哲学上的根本问题，就是本体与现象。"对于体和用，他解释说："体者，具云宇宙本体；用者，本体之流行，至健无息，新新而起，其变万殊，是名为用。世所见宇宙万象，其实皆在冥冥变化密移，都无暂住。"（《新唯识论》）

在这里，"体"可以指宇宙实体，因为实体的变动，形成了宇宙万象，这种实体的功用就是"用"。他的观念本自二程提出的"体用一源，显微无间"，但他将这个概念改造为"体用不二"。对于体和用的关系，熊十力用翕与辟来予以说明："每一功能都具有内在的矛盾而成其发展。这个矛盾可以说为互相反的两极，一极假说为翕，一极假说为辟。"而对于翕辟的作用，他解释说："每一功能都具翕辟两极，没有一个功能只是纯翕而无辟，或只是纯辟而无翕的。"（《新唯识论》）

可见没有翕辟，宇宙就没有生命。他说"翕"是一种摄聚的能力，通过凝聚来形成物质。"辟"是与翕相对的一种能力，它可以主宰翕，宇宙在一翕一辟之间得以生生不息。对于"辟"，熊十力的解释是："所谓辟者，亦名为宇宙的心。我们又不妨把辟名为宇宙精神。"（《新唯识论》）

可见本体基本上是辟，因为它乃宇宙之心，由此可以将辟解释为生命，翕解释为物质，前者主导后者。这种解释方式又回到了程朱理学所强调的理气观，以及陆王心学所说的心即理。熊十力也承认"新论确是儒家骨髓"。（《答林同济》）只是他用佛家外衣来阐述他的思想，在熊十力看来："儒释之学，虽云互异，然不恃知解以向外寻觅本体。此乃其大同处。释家禅学，尤与儒者接近。"（《新唯识论》

但是每当佛理与儒家观念相背时，他就会回到儒家立场上来做评判："幻有之说，悖自然之理，废斯人之能，不得不就正于吾儒。"（《体用论》）正是因为这个原因，使得一些佛教界人士对其有所批评，比如印顺法师称："《新论》自以为'以真理为归，不拘家派'；'游乎佛与儒之间，亦佛亦儒，非佛非儒'。其实，'融佛之空以入《易》之神'；'《大易》其至矣哉！是《新论》所取正也'。本意在援佛入儒，扬儒抑佛，不出理学者的成见。却偏要说：'本书于"佛家"，元属造作'；《新论》实从佛学演变出来，如谓吾为"新的佛家"，亦无不可耳'！这种故弄玄虚，难怪佛门弟子要一再评破了。"（印顺《评熊十力的新唯识论》）

但儒学界却对熊十力的做法大多表赞赏之意，蔡元培在为熊十力《新唯识论》一书所作序言中称："惜二千年来，为教界所限，未有以哲学家方法，分析推求，直言其所疑，而试为补正者。有之，则自熊十力先生之《新唯识论》始。"陈荣捷在《现代中国的宗教趋势》中认为熊十力有两大贡献，其中一个为："熊的另一个贡献是他将佛教儒家化。在融合儒家与佛教方面，他承袭了先前已经看到这两个体系完全相合的诸多儒家与佛教徒的传统。这些人之中尤以王阳明、王船山以及十七世纪的净土之师为最。但是熊则更进一步将佛教哲学移用于儒家的目的。佛教的缘起与唯识理论原本是用来消除痛苦及转生解脱，但熊则用佛教理论来赞颂儒家'生生不息'的'大德'。以往所有的儒家所为亦复如是。简单地说，他的理论是佛教的理论，而其目标则为儒家。"

对于儒家观念的探究，熊十力在《读经示要》中详细阐述过他对小康与大同的看法，他认为儒家的奋斗目标是实现"道"，"道"就是大同思想，治理国家必须以"仁"为本体，"仁"就是实行仁政，如果坚持以"仁"为本体，在一个国家实行仁治就能使国家安定，如果行之天下，就能实行天下大同。所以他反对法制："盖德礼之治，所与法治根本不同者。法治，则从一人与他人，或团体之关系上，而为之法制约束，责以必从，使之惯习若自然。此乃自外制之者也。如穿牛鼻，络马颈，岂顺牛马之性哉？人以强力从而穿之络之而已。若夫道民以德者，则因人之自性所固有而导之，使其自知自觉者也。世儒性恶及善恶混之论，则误以材性为天命之性，而不悟大道者也。"

熊十力认为德礼之治和法治完全不同，法治是通过法律来约束人，要求人必须顺从，长久的顺从就失去了人的本性，也就不懂得生命存在的意义。他想以此说明，以礼来治理国家，人们在适应礼之后就会把人性导向善的方面，达到这种程度时，法治就没有存在的必要，因为每个人心中都有自己的德。

《礼运大同篇》用小康和大同来区分社会的不同阶段，但熊十力并不认同，他认为《礼运》中提到的夏、商、周三代圣王所实行的都是小康社会的观念，没有达到大同。他根据《礼运》中对小康的描绘，认为三王之世是周文王、周武王建立的家天下社会，这是一种宗法制度。他在《乾坤衍》中说："周之文王、武王、成王、周公灭殷帝纣，而复以天下为周家私有之物。大封同姓为诸侯，以镇压天下。美其名曰，'周道亲亲'。"

历史上的儒家都在推崇三代盛世，熊十力却说这是因为那些儒生不敢揭露小康社会的弊端。他认为《礼运大同篇》中的"各亲其亲"，其实是在批判周天子的统治，因为周天子把天下所有的财物和人力都占为己有，供自己和儿孙享用，并且其家世袭为王，任何想打破这种宗法的人都会受到严厉制裁。《礼运》中说"礼仪以为纪，以正君臣"，熊十力认为这正是周天子实行专制稳固政权的表现，这种做法都与《礼运大同篇》里描绘的大同社会理想背道而驰。

为此，熊十力对早年的孔子也提出了批评："至于君臣之义，为小康礼教重心所在，孔子早年未尝不以此教学者。晚年作六经主张消灭统治，岂复有尊君大义可说？七十子杰出于三千之中，深通六经，何至以拥护君权为大义？"（《原儒》）

熊十力说孔子早年周游列国宣传各种礼仪，特别强调君臣之义，这就是宣传周朝的小康之治。他认为孔子其实明白小康社会的弊端，更认同大同思想，但孔子却不追求大同而追求小康，这是熊十力对孔子的不满之处。同时他说后儒大多继承了孔子的宗法礼教观，孟子、荀子、程、朱、陆、王等都坚守孔子的小康之礼教。为此，他重点批评了孟子："孟子、荀卿同是坚守小康之壁垒，与大道学说之主旨根本无可相容。孟子最顽固，宗法思想狭隘一团。"（《乾坤衍》）另外，熊十力在《原儒》中对孟子以孝治天下的观念也提出了批评，同时批评了宋儒继承孟子这种观念："曾、孟之孝治思想则宋学派奉持之严，宣扬之力，视汉学派且有过之，无不及也。"

熊十力批评孟子的原因，是因为孟子提出尧舜的禅让是以孝治天下，是孝治的一部分，孟子认为尧把王位禅让给舜，是因为舜有孝道。在熊十力看来，尧、舜时期是天下为家的大同社会，孟子却把这种大同说成是天下为家的小康，他认为在小康社会里，人们都是为一己之私去偷盗烧杀抢掠，不管社会的未来，所以社会上乱象丛生。他认为在《礼运大同篇》中能够找到人们的各种恶习，比如缺乏正义感，没有创造力，狭隘自私钩心斗角，等等，这些恶习都是因为小康礼教的存在，要想改变这种社会弊端，只能实行大同之治。

三、冯友兰：以逻辑分析方式创建新理学

冯友兰，字芝生，河南南阳唐河人，1915 年至 1918 年在北京大学入哲学门，主修中国哲学，1919 年至 1923 年在美国哥伦比亚大学攻读哲学博士学位。此后他将中西哲学进行比较，一方面对中国儒家尤其是宋明理学思想进行研究，另一方面又回击维也纳学派对形上学的否定，由此形成了现代新理学。对于新理学，冯友兰给出的定义是："它是接着中国哲学的各方面的最好底传统，而又经过现代的新逻辑学对于形上学的批评，以成立底形上学。"（《贞元六书·新原道》）

在 18 世纪，当时的经验主义者休谟提出经验不能证明上帝的存在、灵魂不灭、抑制自由等问题，他认为对这些问题的讨论都是无意义的，人的理性以及人研究的对象可分为两种：一种是观念关系，比如几何学、代数学等，这类命题是通过思想的活动来进行，不需要事实证明，也能保证他们的确定性；另一种是事实关系，这种事实只能靠经验来证明，思想之外的事物只是物质，心只是知觉，从中找不出上帝、灵魂和意志，所以这不是哲学需要讨论的它们的存在问题，由此而否定了形而上学的存在。

康德赞同休谟对旧形而上学的批判，但不赞同否定形而上学。康德认为形而上学概念所蕴含的知识不是经验的，所以其原理不能从经验得来，他认为形而上学是先验的又是综合的，为此提出了一种先验综合命题，这个命题的真实性不需要由经验来证明，也不能用逻辑分析来判定，但却是客观存在的，他以此说明形而上学是可以成立的。

休谟之后，维也纳学派也质疑形而上学，该派发源于 20 世纪 20 年代的奥地利首都维也纳，该派成员大多是欧洲优秀的物理学家、数学家和逻辑学家，他们受 19 世纪以来德国实证主义传统影响，再加上维特根斯坦的《逻辑哲学论》影响，他们提出两个观念：一是拒绝形而上学，认为经验是知识的唯一可靠来源；二是认为只有通过运用逻辑分析的方法，才能最终解决传统哲学问题。

在维也纳学派看来，评判形而上学的方法，是要对概念及命题做逻辑分析，这种命题分为两种：形势命题和综合命题。他们不认为有先验综合命题，因为分析命题无关事实，因此被称为必然命题，逻辑和数学中的命题都

是必然命题。综合命题是关于事实，这类命题只有通过证明才能判断其真伪，但是综合命题即使有事实证明，其结果也是或然的。因此，这种命题又叫或然命题。

维也纳学派认为学问分两种：一种是概念的，这就是逻辑和数学；另一种是事实的，这就是科学。哲学的任务是分析科学中的概念和命题，因此，他们认为形而上学不是一种学问而是一种理学，只能表达人们的情感，不能给人们以知识，其原因乃是形而上学这种命题经不起逻辑分析。

冯友兰不认可维也纳学派对形而上学的否定，他采取的方式是先研究逻辑学，然后再做具体分析。为此，他在《中国现代哲学史》中明确地说，他研究哲学的方式是："用古人的话说，就是从逻辑学'悟入'；用今人的话说，就是从逻辑学'打开一个缺口'。"因为："新的现代化的中国哲学，只能用近代逻辑学的成就，分析中国传统哲学中的概念，使那些似乎是含混不清的概念明确起来，这就是'接着讲'与'照着讲'的分别。"

在出国留学之前，冯友兰先在上海中国公学读书，当时有一门课就是逻辑，这门课所用教材是耶芳斯的《名学浅说》，冯友兰对此课程很感兴趣，提的问题竟然难倒了老师。因为学习逻辑学，使得他对西方哲学产生了兴趣："我学逻辑，虽然仅仅只是一个开始，但是这个开始引起了我学哲学的兴趣。我决心以后要学哲学。对于逻辑的兴趣，很自然地使我特别想学西方哲学。"（《三松堂自序》）

在他看来，逻辑学是哲学的入门，他正是沿着这个路径对宋明理学做了系统疏理。这种疏理方式彻底改变了传统的哲学研究方法，为此，他说："就我所能看出的而论，西方哲学对中国哲学的永久性贡献，是逻辑分析方法。"（《中国哲学简史》）

为何要如此看重逻辑学呢？冯友兰说："佛家和道家都用负的方法。逻辑分析方法正和这种负的方法相反，所以可以叫作正的方法。负的方法，试图消除区别，告诉我们它的对象不是什么；正的方法，则试图作出区别，告诉我们它的对象是什么。对于中国人来说，传入佛家的负的方法，并无关紧要，因为道家早已有负的方法，当然佛家的确加强了它。可是，正的方法的传入，就真正是极其重要的大事了。它给予中国人一个新的思想方法，使其整个思想为之一变。"（《中国哲学简史》）

接着冯友兰讲了一个古代故事，内容是点石成金。他说某人遇到了一位神仙，神仙问他要什么，他说要金子，神仙用手指头点了几块石头，石头立即变成了金子，神仙让他把金子拿走，但此人不拿。神仙问他还想要什么，此人跟神仙说：我想要你的手指头。冯友兰借此给出的结论是："逻辑分析法就是西方哲学家的手指头，中国人要的是手指头。"

冯友兰认为哲学不能给人提供积极的知识，只是能让人达到最高的境界，给人提供知识的是科学，这就是科学的实用性。哲学不具备这种实用性，但哲学可以让人明白如何成为一个真正的人，这就是无用之大用。

冯友兰从人文立场出发，把哲学和科学进行两分法，他说这里所说的科学主要是指自然科学，哲学与科学是不同的学科，因此对待经验的态度也不相同："科学的目的是对于经验作积极底释义。其方法是实验底，其结论的成立，靠经验的证实。"（《贞元六书·新知言》）

科学是以经验为对象，哲学则是从分析经验开始，可见科学与哲学有共通性，所以冯友兰认为："就最哲学底形上学说，科学与形上学没有论战的必要。因为科学与形上学，本来没有冲突，亦永远不会有冲突。最哲学底形上学，并不是'先科学底'科学，亦不是'后科学底'科学，亦不是'太上科学'。它不必根据科学，但亦不违反科学，更不反对科学。所以它与科学，决不会发生冲突。既不发生冲突，当然亦没有论战的必要。"（《贞元六书·新知言》）

对于哲学的特性，冯友兰说："（哲学）由分析实际底事物而知实际，由知实际而知真际。"他认为哲学的目的是得到真际，真际就是理世界，或称为共相世界。对于真际与实际的概念，冯友兰说："真际实际不同，真际是指凡可称为有者，亦可名为本然；实际是指有事实底存在者，亦可名为自然。"（《贞元六书·新理学》）何为真？何为实？冯友兰的解释是："真者，言其无妄；实者，言其不虚。"接下来则需要解释本然和自然的概念："本然者，本来即然；自然者，自己而然。实际又与实际底事物不同。"（《贞元六书·新知言》）

哲学是以真际而不是以实际为对象，所以哲学不肯定事实。那么哲学是干什么用的呢？冯友兰认为，哲学是对思想的思想，即对人生有系统地反思的思想，同时，"形上学是哲学中底最重要底一部分。因为它代表人对于人生底最后底觉解。这种觉解，是人有最高底境界所必需底。"（《新知言》）

可见形而上学的功用，只是提高人们的境界，不能给人以更多的实用知识。用冯友兰的话来说，哲学是"不著实际"的，那么他所发明的新理学乃是："利用现代新逻辑学对于形上学底批评，以成立一个完全'不著实际'

底形上学。"(《新原道》)

在冯友兰看来,维也纳学派批判传统的形上学是正确的,但是他们推翻一切形上学是错误的。为此,他要重建形上学,新的形上学不同于传统的形上学,这就是新理学:"新理学的工作,是要经过维也纳学派的经验主义而重新建立形上学。"(《新知言》)

创建新理学需要解决两方面的问题:一是汲取逻辑分析方式,二是发扬光大中国古代哲学精神。为此,他列出了新理学的四个重要命题,一为:"凡事物必都是甚么事物。是甚么事物,必都是某种事物。某种事物是某种事物,必有某种事物之所以为某种事物者。"二为:"事物必都存在。存在底事物必都能存在。能存在底事物必都有其所以能存在者。"三为:"存在是一流行。凡存在都是事物的存在。事物的存在都是其气实现某理或某某理的流行。总所有底流行,谓之道体。一切流行涵蕴动。一切流行所涵蕴底动,谓之乾元。"四为:"总一切底有,谓之大全,大全就是一切底有。"(《新原道》)

"大全"是冯友兰创造的哲学概念,乃是包罗一切之意。他说:"即我们将真际作一整个而思之。此整个即所谓全或大全。我们将一切凡可称为有者,作为一整个而思之,则即得西洋哲学中所谓宇宙之观念。"(《新理学》)

冯友兰认为"有"是形上学中最大的类,其包含存在的"有"和不存在的"有",前者为"实际",后者为"纯真际"。"有"是真际的类名,"全"是真际的总名,"有"是对万有进行抽象得到的类概念,"全"是对万有进行总括得到的集合概念。科学所讲的宇宙是物质的、经验的,可以是有限的,也可以是无限的,哲学中所讲的"大全"和"宇宙"则是从逻辑上规定它是无限的,是至大无外的。因此,"大全"是不能言说的,从逻辑上讲是绝对的。

如何理解"大全",冯友兰在解释郭象所说的"道"时称:"照郭象所解释的,声音的'全'就是一切的声音,可是他所说的一切声音实际上是无声音,因为照他说,一有声音,它就是偏而不全了。照同样的逻辑,'道'是一切事物的'全',可是这个'全'就是无事物,因为一有事物,它就是偏而不全了。"(《中国哲学史新编》)

因此,"大全"包含了两个世界:一是事世界,二是理世界,而哲学是用纯思的方法,来分析这一切。关于纯思,冯友兰说:"纯思是哲学的方法。理智底分析、总括及解释,是思的方法。"(《新知言》)

冯友兰认为在西方哲学史上没有"真正底形上学",但中国恰好有这一传统，此传统就是"即世间而出世间""极高明而道中庸"，新理学就是接续宋明理学，利用西方逻辑学成果，来建成新的形上学。其目的一是承继中国哲学精神，二是回应维也纳学派的质疑。为此，他写出了《新理学》一书，在此书中把宇宙划分为理世间和器世界，前者是形上的，后者是形下的，前者是真际，后者是实际，真际就是共相世界，实际是殊相世界。

对于共相与殊相概念，金岳霖在《中国哲学》中说："（中国先秦）有一批思想家开始主张分别共相和殊相。认为名言有相对性，把坚与白分离开，提出有限者无限可分和飞矢不动的学说。"但是这种观念在先秦之后"毕竟过早地夭折了"。

冯友兰认可金岳霖所言，他在《怀念金岳霖先生》中说："认识论和逻辑学的根本问题，是共相和殊相的分别和关系的问题。"但是冯友兰不同意共相和殊相问题过早夭折的说法："从先秦诸子说起，儒家讲正名，法家讲综核名实，名家讲合同异、离坚白，道家讲有无，说法不同，其根本问题都是共相和殊相的问题。魏晋玄学继续发挥有无问题。宋明道学所讲的理欲道器问题，归根到底，也还是共相与殊相的问题。这个问题一直到现在还在讲，这是活问题，不是死问题。"他甚至认为："一直到宋朝的程颐，才有了详细讨论。朱熹又继续这个讨论，使之更加深入。他们虽然没有用共相和殊相、一般和特殊这一类的名词，但是他们所讨论的是这个问题。这个问题的讨论，是程、朱理学的主要内容。'新理学'所要'接着讲'的，也就是关于这个问题的讨论。"（《三松堂自序》）

因此，新理学所研讨的主要内容就是共相与殊相的关系问题。冯友兰认为实际中必然有真际，而真际中未必有实际，但是实际不一定是具体存在的事物，因为实际中的某一物之所以成为某一物，乃是缘于它依照某一物之理。实际中的某物就是真际中某一理，或者共相的例证。因此，真际比实际更根本，因为必须先有这个理，才有这个例证，如果没有这一理，这一例证就无来处。

冯友兰的这个观念显然是本自宋儒的"体用一源，显微无间"，但他认为："宋明道学，没有直接受过名家的洗礼，所以他们所讲底，不免著于形象。"（《新原道》）

为了避免宋明道学的"形象"以及"拖泥带水"的毛病，冯友兰将《新理学》写成一部完全"不着实际"的纯理论著作。他自称新理学是"最哲学底哲学"，同时强调："新理学是最玄虚底哲学，但它所讲底，还是'内圣外

王之道'，而且是'内圣外王之道'的最精纯底要素。"（《新原道》）

为此，冯友兰对传统道学概念做了现代性疏理，对于传统的理与气的概念，冯友兰说："在我们的系统中，气完全是一逻辑底观念，其所指既不是理，亦不是一种实际底事物。一种实际底事物，是我们所谓气依照理而成者。"（《新理学》）

太极无极概念，就是他所说的"大全"，这是从静态来表述。如果从动的方面来看的话，无极而太极就是"道"："宇宙是静底道；道是动底宇宙。"同时他强调，他所说的"道"，是兼具形上和形下的，并且说大道流行就是"道"，"道"在这里指的是形象，而只是实际世界的流行，在实际世界中，一切事物都是从无到有，又从有到无，生生灭灭的过程就是大化流行。冯友兰将其称为"道体"。

实际的世界有始有终，但冯友兰强调："我们现在所处之物质底世界，虽亦是实际底世界，但我们所谓实际底世界，则并不止此。"（《新理学》）

因为实际的世界不只是眼前所见的世界，从这个角度来说，可以假定它有始而无终，因为不可能有"无理之气"或"无气之理"，"气"必须有"存在"之性，倘非如此，它就根本不存在，若"气"不存在，则一些实际事物就都不存在了，所以"气"必须有存在之性。经过这样的推论，他想说明，无极而太极是实际世界的无始无终，同时也说明了道无始无终。

四、贺麟：以西哲观释儒，创建新心学

贺麟，字子诏，四川金堂人，自称幼年时"特别感兴趣的是宋明理学"。（贺麟《康德黑格尔哲学东渐记》）1919 年，贺麟初中毕业后考入清华学校，在此期间，他拜访过梁漱溟和梁启超，由此对陆王心学产生了浓厚兴趣。

1926 年，贺麟赴美留学，入奥柏林大学哲学系，之后入芝加哥大学哲学系攻读硕士学位，于 1928 年下半年转往哈佛大学哲学系，该系当时是新黑格尔主义的重镇，之后斯宾诺莎的哲学引起了他的兴趣。1930年，他在哈佛获得博士学位后前往德国入柏林大学，转年回国受聘于北京大学，先后主讲过哲学概论、黑格尔哲学、斯宾诺莎哲学等十多门课程。

贺麟的哲学研究是将宋明理学与西方正宗的唯心主义哲学结合起来，创立了"新心学"，他的主要著述有《近代唯心论简释》《文化与人生》《当代中国哲学》《现代西方哲学讲演集》等。

学界一般将新心学的源头指向陆九渊。对于心学的概念，王阳明在为《陆象山全集》所写序言中说："圣人之学，心学也。尧、舜、禹之相授受，曰：'人心惟危，道心惟微，惟精惟一，允执厥中。'此心学之源也。"陆九渊认为心学乃是圣人之学，是从尧舜禹一路递传下来的真正的儒学，为此提出了"心即理"的命题，他把心作为唯一的实体，不承认客观世界有独立存在性。这种观念本自孟子，陆九渊发展了孟子将心视为"本意天良"，以此得出"心即理"的结论。到明代时，王阳明发展了陆九渊的心学，提出了"心外无物，心外无事，心外无理"的观点，进一步否认客观世界的存在，他认为心才是宇宙的主宰，天下万物皆由心所生。贺麟再融合了陆、王思想，而后提出："心为物之体，物为心之用；心为物的本质，物为心的表现。"（《近代唯心论简释》）这就是新心学的主体观念。

宋儒重视知与行的关系问题，朱熹提出："知行常相须，如目无足不行，足无目不见。论先后，知为先；论轻重，行为重。"（《朱子语类》）朱熹认为知与行是相辅相成的，同时行重于知，知先行后。王阳明反对朱熹的观点，认为知与行不可分离，提出了"知行合一"的观念，他说知与行是同一事物的两面，在此过程中，实际做叫行，觉悟理解叫知，两者不可分离，其称："知之真切笃实处，即是行；行之明觉精察处，即是知，知行工夫本不可离。"（《传习录》）

贺麟在朱熹和王阳明行知观的基础上，同时吸收了西方哲学家的观念，形成了新的知行合一论，他的新心学首先融入了斯宾诺莎哲学观。贺麟翻译过斯氏的《知性感性论》和《伦理学》两部著作，同时发表过研究斯氏的哲学论文十多篇。斯氏哲学观为实在论，是将笛卡儿的实体思想进行改造，坚持实体是唯一的，把精神与物质同时置于同一实体之下，认为精神是实体的思想属性，物质则为实体的延伸，精神与物质是同时产生的，并且是紧密相连的，这两种属性间不能产生相互影响作用，各有其因，各有其果。贺麟将这种一元论运用到心与物、知与行的关系中，认为二者是同一事物。

斯宾诺莎将知识分为想象、理性和直观知识三个类型。直观知识是对具体事物本质的认识，是最高级的知识，但是这种本质认识不能只靠数学的推演方法实施，必须将其放在神的本质中，在某种永恒的必然性下才能完成，这就是直观法。斯氏的直观法对贺麟的思想架构起到重要影响，贺麟在论知行合一时称："乃指与行为同一生理心理活动的两面。"同时他说："知与行永远在一起，知与行永远陪伴着。"（《五十年来的中国哲学》）

这些观念都是吸收了斯宾诺莎的身心平行论后产生的，同时贺麟认为斯氏的真观念与王阳明的良知是同一概念，因为致良知的"致"就是真观念的延展。

康德哲学也是贺麟哲学思想的重要来源，他继承了康德的"人为自然立法"的观念，提出了"逻辑意义的心"这种新概念。对于此概念，贺麟解释说："逻辑意义的心，乃一理想的超经验的精神原则。"（《近代唯心论简释》）

所谓逻辑意义的心，恰是康德哲学所强调的实践理性、纯粹理性和判断力，贺麟提出的"时空是理"观念，也本自康德的时空观。另外贺麟还结合了谢林的直觉观，谢林认为自然与精神的地位是并重的，贺麟据此提出了人们应当回归具体的、美化的、神圣的自然，其结果乃是将自然视为精神与生命力合二为一的。谢林认为对于主体的认识，语言是难以完整描绘的，只有通过艺术的非逻辑的直觉才能掌握。贺麟基于这一观点，再加入柏格森和梁漱溟的直觉说，由此得出了"直觉是一种经验，复是一种方法"的直觉论观点。

贺麟对黑格尔哲学有深入研究，黑格尔提出"理性的机巧"，贺麟认为黑格尔所说的理性是自觉的、有力量的、有目的的，是宇宙的统治者，是历史的主宰者。理性是一种手段，其可征服世界上一切不合理的事物，现实中的恶终将被理性战胜，从而形成绝对的善。贺麟主张理念是以主观为主，客观为辅："理念不是思有主客的中立体，平分体或混一体。理念以主观性为主，以客观性为从。主体包含客观性。所以理念之主客合一为主包含客，心包含身，无限包含有限，主不沉溺于客中。主有主宰的意义，主客合一之目的在充实主；思有合一之目的，是发展思。"（《黑格尔理则学简述》）

相对而言，新黑格尔哲学对贺麟影响最深，新黑格尔哲学最初形成于英国，在西方哲学界有较大影响。这个学派继承了黑格尔主义的传统，同时吸收经验主义和现代非理性主义的观念。贺麟在美国读书时，结识了新黑格尔主义者鲁一士和格林。鲁一士将黑格尔的客观唯心主义主观化，发挥了黑格尔的绝对精神，从而提出"绝对精神是个战将"的观念。此观念对贺麟的思想形成巨大影响，贺麟认为自由不是无目的的、偶然的外界给予，而是主动的理性争取。贺麟的知行合一、心物合一、天人合一的观点就本自鲁一士，因此贺麟认为，他所提出的这些合一，是德国哲学与陆王心学的契合点。

贺麟吸收了新黑格尔主义关于自我意识是客观世界存在的原则与前提的观念，认为人类只有有意识的活动，才是人类文化的真正源泉。由此可以看出新黑格尔学派的主观唯心论与心学颇为一致，黑格尔认为绝对精神有时等同于上帝主宰天下万物，新黑格尔哲学家更为强调自我意识和主观心灵，强调绝对精神的主体性，这与贺麟的心学思想颇为一致。

在贺麟看来，研究中国哲学要从宋明理学着眼："研究哲学应该以义理之学为根本，以词章经济之学为所用，哲学应当与文化以及生活经验相结合。"（《五十年来的中国哲学》）理学的求本在于格物，这是一种向外求的方法，心学重点在发明本心，包括致良知的观念在内，都是典型的向内求的方法。贺麟认为这两种方法都有合理性，故而他将两者结合，一种是外观之法，另一种是内省之法，调和程朱与陆王，汲取各自的所长，避其所短："讲程朱而不能发展至陆王，必失之支离；讲陆王而不能回复到程朱，必失之狂禅。"（《五十年来的中国哲学》）他在此基础上加入直觉成分，形成了一种新的方法论。

贺麟为什么要用西方哲学思想研究中国传统哲学问题，因为他觉得中国哲学的概念中没有逻辑主体，中国哲学所认为的主体其实是道，而非逻辑主体，所以他试图将西方哲学中关于逻辑认知的观念借鉴过来，由此建立一个突出逻辑之心的"新心学"。他的具体做法是用西方哲学的学说重新诠释中国传统心学的基本理念，从而把以提倡伦理为主体的旧心学转变为以认知为主体的新心学。

为此，贺麟将西方观念与中国的理学观念做了相应性对接："黑格尔的理则学，是用来研究单纯的本体论或者道体论的，我们也可以把它叫作'理学'或'道学'。他所谓的绝对精神或者绝对理念是他理则学里的最高范畴，也就是他所谓的'太极'。因此，可以说太极就是绝对意识。从认识论立场出发的黑格尔，从根本上认为心与理是合一的，心外无理。所以黑格尔为理学，同时又是'心即理也'的'心学'或唯心哲学。"（《德国三大哲人处国难时的态度》）

那么为什么不直接用西方哲学理论来阐释中国相关问题呢？贺麟有他的

观念："在促进儒家思想新开展的过程中，最主要的在于吸收融会西洋文化的精华与长处。西洋文化最大和最特殊的贡献是科学，但我们不需要儒化的科学，也不需要科学化儒家的思想。"(《文化与人生》)中国传统文化自有其优势，因此不能将中西方思想对立起来看待，要想办法找到契合点，贺麟认为西方基督教思想有其精华，以此来充实儒家的礼教，是宗教化的行径，他认为宗教能让人慈悲，给人自信和勇气，并且能让人有超脱尘世的精神。

基于这种认识，他才用西方的哲学观来阐释儒家理学，而理学中的心学最能与西方哲学有相通处，只有这样的结合，才能使新儒家思想绽放出新的光辉。贺麟说："心学所讲的东圣西圣，以及心与理的同一，将中西方的正宗哲学融会贯通。并且把西方的苏格拉底、柏拉图、亚里士多德、康德、黑格尔的哲学与中国的孔孟、老庄、程朱、陆王的哲学融会贯通，就能产生一种弘扬民族精神的新哲学，从而挽救民族文化的新危机，这便是新儒家思想发展所必循的途径。"(《文化与人生》)

贺麟认为陆王心学所本持的观念就是今人所说的唯心论，他认为"心"有两义："一方面是心理意义的心；另一方面是逻辑意义的心。而逻辑意义的心是所谓的'理'。心理的心是物，如心理经验中的感觉、幻想、梦呓、思虑、营为，以及喜、怒、哀、乐等情绪，都可以用几何方法当作点、线、面积等实物去研究。"(《贺麟选集》)

何为"心理意义的心"？按照贺麟的解释，此乃是受物所支配的心，用宋明理学的观点来说，就是已发，因此这种心可以当作"物"来研究。这就是心学家所说的"心即理"，但这是形而下的具体的心。对于后一种心，贺麟的解释是："逻辑意义的心，乃一理想的超经验的精神原则，但为经验、行为、知识以及评价之主体"；同时这种心是："经验的统摄者，行为的主宰者，知识的组织者，价值的评判者。"(《近代唯心论简释》)

因此逻辑意义上的心，就是理学家所说的"理"，这是一个哲学概念。贺麟说生活中使用的是心理意义上的心，这不是本体论的范畴，只有逻辑意义上的心才是本体。同时他认为心与物是一个整体，不能分开来论，要获得对物的认识，离不开心的存在，所以他觉得感觉材料虽然来于物，但仍需要感官的参与，否则就不会形成感觉材料，心乃物的本体，物乃心之用，所以不可以离心而言物。

同时贺麟还继承了康德的认识论，他提出："时空是主体（此心）整理或排列感觉材料的总的原理，也是自然知识和自然行为之所以能存在的心中之理或标准。"(《近代唯心论简释》)他以此说明,要准确地认识物,不能只靠物的存在,同时要依靠心,因此物的存在价值是通过心的存在而体现出来的。

对于"理",贺麟的解释是:"'理'是一个很概况的名词,包含有共相,原则,法则,范围,标准,尺度以及其他许多意义。"同时他又提出:"时空是自然知识和自然行为所以可能的心中之理或标准。"(《近代唯心论简释》)

贺麟认为时空是心中之理,此理乃是衡量事物的先天法则,它不是从经验得来的,故可以说理是心的一部分。但是理有很多不同的意义,它既是事物发展所遵循的基本原则,也是万事万物的标准或尺度,但无论哪种意义的理,都体现出了根本性的特点。贺麟说:"理是思想的结晶,是思想所建立的法则,是思想所提出来自己加给自己的职责,不是外界给与的材料。"理不是来自外在的客观世界,而是源于主体之中,理在心中无须外求,由此解答了心与理的关系:"理是心的一部分,心的灵明处是理。理是心的本质,理即是本心而非心的偶性,如感觉、意见、情欲等。"(《近代唯心论简释》)

对于心与物的关系问题,贺麟认为唯心和唯物不是针锋相对的关系,二者只是研究事物的侧重点不同,因此二者之间是可以调和的。他认为人们认识事物有着一定的顺序,最先被认识的是一些较为简易的事物,凡是根本的东西都是最后才被发现的。他以社会发展为例,只有当一个社会的物质文明发展到一定阶段时,人们才会关注精神需求,这就是对心的认识。他还指出唯心论也包含着理想主义,而理想的本质是精神的,但同样理想也是对现实的反映。不可忽视理想对于现实的重要作用,尽管现实是理想的基础,理想不能违背现实,但当人们想对事物进行透彻了解时,就一定会用到理想的方式。人们想改造自然和改造社会时,首先要产生理想,然后才能产生与之相应的社会实践。

贺麟创建新心学,其目的之一是要培养"儒者气象",也就是培养德才兼备之人,他所说的儒者是指道德高尚之人,同时兼具仁和礼。贺麟认为儒者人格有两方面内容,首先是学问技能和道德修养的兼备,这样才算是完善人格。其次则是"无才能知识而卓有品德"。贺麟说:"儒者固需德才兼备,但因限于天资,无才气常识而卓有道德的人亦堪称为儒者,所谓'虽曰未学,我必谓之学矣'。"(《文化与人生》)

一个人哪怕能力再强,如果缺乏道德修养,那么他也不会成为对社会有用的人。贺麟认为道德行为不是物质,乃是思维的主动行为导向,属于本性行为，为此他强调："每作一事，皆须求其合理性、合时代、合人情，即可谓儒家的态度。合人情即求其'反诸吾心而安'，合理性即所谓'揆诸天理而顺'，合时代就是审时度势、因应得宜。孔子为圣之时，礼以时为大。合时代不是漫无主宰，随波逐流。只求合时代而不合理性，是为时髦。合时代包含有'时中'之意，有'权变'之意，亦有合理之意。只重抽象的理性而不近人情，合时代即陷于'以理杀人'，以主义杀人，或近人所谓以自由平等的口号杀人。"（《文化与人生》）

五、牟宗三：创良知自我坎陷说，倡三统并建

牟宗三，字离中，山东栖霞人，师承熊十力，且被熊十力誉为北京大学哲学系唯一可造之材。牟宗三在《五十自述》中讲到熊十力对他的影响，某次上课时熊先生把桌子一拍，很严肃地高声叫道："当今之世，讲晚周诸子，只有我熊某能讲，其余都是混扯。"在座之人很多都只是哈哈大笑，但是牟宗三却受到很大震动。他在文中描写道："这先生的是不凡，直恁地不客气，凶猛得很。我便注意起来，见他眼睛也瞪起来了，目光清而且锐，前额饱满，口方大，颧骨端正，笑声震屋宇，直从丹田发。清气、奇气、秀气、逸气，爽朗坦白。不无聊，能挑破沉闷。直对着那纷纷攘攘，卑陋尘凡，作狮子吼。"

牟宗三将熊先生的风姿与学校内其他教授做了对比："我们在学校中，个个自命不凡，实则憧憧往来，昏沉无觉，实无所知。一般名流教授随风气，趋时势，恭维青年，笑面相迎。以为学人标格直如此耳。今见熊先生，正不复尔，显然凸现出一鲜明之颜色，反照出那名流教授皆是卑陋庸俗，始知人间尚有更高者，更大者。"

这种震动让牟宗三觉得熊先生："我在这里始见了一个真人，始嗅到了学问与生命的意味。"然后他反思自己平时的所为："反观平日心思所存只是

些浮薄杂乱、矜夸邀誉之知解，全说不上是学问。真性情，真生命，都还没有透出来，只是在昏沉的习气中滚。我当时好像直从熊先生的狮子吼里得到了一个当头棒喝。使我的眼睛心思在浮泛的向外追逐中回光返照：照到了自己的'现实'之何所是，停滞在何层面，这是打落到'存在的'领域中之开始机缘。"

牟宗三所处的时代正赶上中西文化冲突最为激烈时，儒家观念受到打击和破坏，中国文化应当走向哪里，牟宗三等新儒家对此进行了深刻反思，他们试图寻找一条会通中西哲学之路。为此，牟宗三在《鹅湖书院缘起》中提到了"儒学三期论"，认为孔孟荀董为儒学发展的第一期，程朱陆王为儒学发展的第二期，而他所处的时代为儒学发展的第三期。

牟宗三认为："儒家学术第三期的发展，所应负的责任即是要开这个时代所需要的外王，亦即开新的外王。"在谈到儒家当前的使命时，牟宗三又说："新外王要求藏天下于天下、开放的社会、民主政治、事功的保障、科学知识，这就是现代化。"（《从儒家的当前使命说中国文化的现代意义》）

牟宗三所说的"新外王"乃是指民主与科学，为了实现这个目标，牟宗三在《道德的理想主义》中提出了"三统说"：一是道统之肯定，此即肯定道德宗教之价值，护住孔孟所开辟之人生宇宙之本源；二是学统之开出，此即转出"知性主体"以融纳希腊传统，开出学术之独立性；三是政统之继续，此即由认识政体之发展而肯定民主政治为必然。

所谓三统，就是道统、学统和正统，肯定道统就是肯定孔孟之教，内圣外王乃是儒家主体思想，在牟宗三看来，道统所蕴含的思想不仅仅适用于中国，也适用于全人类，这正是中西文化会通的价值所在，也是历史发展的大趋势。学统则是融会西方文化，创造出承继历史又具有独立性的学术体系。正统则是走法制化道路。

牟宗三指出历史上的中国文化有道统而无学统和正统，道统乃是一脉相承的内圣之学，但是以追求客观知识为目的的科学思想在中国没有能取得独立地位，政治也没有介入客观法制化层面。在他看来，中国缺乏学统和正统，所以他觉得中国在学术上要学习西方的科学，在政治上要学习西方的民主，但科学和民主都必须要以儒学的道德理性为纲领，也就是由道统来统领学统和正统。

对于中西文化的差别性，牟宗三说："西方的学问以'自然'为首出，以'理智'把握自然；中国的学问以'生命'为首出，以'德性'润泽生

命。从自然到生命，既须内转，又须向上。因为这样才能由'存在的'现实而契悟关于生命的学问。"（《我与熊十力先生》）

牟宗三认为西方文化注重与自然相关的学问，也就是对现象界的客观认识，所以这种学问是关于自然世界和知识的学问。西方文化中缺少生命的学问，但中国儒家思想中恰好有西方所缺的生命的学问，也就是道德性意义上的生命。他认为中国儒家思想有所缺失，所以要吸收西方观念，使儒家思想更为完善。同时，儒家思想也要保持其道德高度，因为道德意义上的生命才是人类的最高追求。

经过这番深入思索，牟宗三创造了多个哲学理论观念，比如"两层存有论"、"良知自我坎陷"、"道德的形上学"以及前面提到的"三统并建"等。这些观念中以"良知自我坎陷"最具争议性。

中国文化为什么没有发展出逻辑、数学和科学，牟宗三认为这是因为儒家的仁智形态限制了知性主体的发展，因为智是直觉形态的，不是辩证的、逻辑的。这种智被称为"圆智"，在西方人的观念中只有上帝才具有圆智；而人了解万物是通过感触、直觉和概念，但中国文化的主要特性是德性之仁学，所以少有逻辑、数学和科学。为此，牟宗三把中国文化称为"综合的尽理之精神"和"综合的尽气之精神"，称西方文化为"分解的尽理之精神"。

因为这种区别，使得中国只有道统而无学统，他说："智，在中国，是无事的。因为圆智、神智是无事的。知性形态之智是有事的。惟转出知性形态，始可说智之独立发展，独具成果，（即逻辑、数学、科学）自成领域。……一个文化生命里，如果转不出智之知性形态，则逻辑数学科学无由出现，分解的尽理之精神无由出现，而除德性之学之道统外，各种学问之独立的多头发展无由可能，而学统亦无由成。"（《中国哲学的特质》）

牟宗三首先肯定民主与科学的重要性，但他反对直接移植，因为儒家的德性能够成为民主与科学之源。牟宗三把产生民主与科学之理性称为"观解理性"，观解理性与道德理性之间是有矛盾的，但同时又具有内在的一致性。因为两者之间的矛盾，要想使得道德理性达到观解理性，就必须走一个逆的过程，这个逆的过程就是道德理性通过自我坎陷来产生出理论理性。

何为良知自我坎陷？需要先解良知。《孟子·尽心上》："人之所不学而能者，其良能也；所不虑而知者，其良知也。"此为良知最早出处，以此表达不学而知，是人的知是和知非的能力。王阳明将其提升为本体，将良知视为天地万物的存在根源。牟宗三根据王阳明的观念，将其称为天心或形上的心，并将良知视为道德主体和心体。

关于坎陷，此词来自《周易·说卦》："坎，陷也。"坎象水，水处险陷，故为陷。牟宗三所说的坎陷就是下降陷落，自我否定之意。

牟宗三提出"良知自我坎陷"说的背景，是20世纪20年代科学与玄学的论战时期。当时以张君劢为代表的玄学派认为科学无法解决人生观问题，只有玄学即哲学能够解决这种问题，但以丁文江为代表的科学派反对这种说法，这是一场科学与人文间的论战。牟宗三为了调和现代科学与传统儒学间的鸿沟，将知识系统融入"致良知"观念中，以此来弥补阳明学的不足，由此提出了"良知自我坎陷"说。

王阳明提出："心之所发便是意，意之本体便是知，意之所在便是物。"（《传习录》）牟宗三认为王阳明所说的"物"是指日常生活中的种种行为，为此，他分出了行为物和知识物。

王阳明又说："意在于事亲，即事亲便是一物；意在于事听言动，即事听言动便是一物。所以某说无心外之理，无心外之物。"（《传习录》）对此，牟宗三有如下解读："吾甚至且可说：即在成就'事亲'这件行为中，同时亦必有致良知而决定去成就'知事亲'这件知识行为。即'事亲'固为一行为物，而同时亦为一'知识物'。既为一'知识物'，吾良知天心在决定事亲中亦须决定坎陷其自己而了解此知识物。"（《从陆象山到刘蕺山》）

牟宗三认为王阳明所说的"事亲"就是行为物，而"亲"所指的对象乃是知识物，知识是实现良知的必要辅助，所以致良知一事需要有知识系统对道德实践行为加以补充。但良知不能直接给出知识系统，所以要求之外物，只能从外物中吸收知识，这就是良知的自我坎陷。

对于良知的自我坎陷，牟宗三有如下解释："吾心之良知决定此行为之当否，在实现此行为中，固须一面致此良知，但在致字上，吾心之良知亦须决定自己转而为了别。此种转化是良知自己决定坎陷其自己：此亦是其天理中之一环。坎陷其自己而为了别以从物。从物始能知物，知物始能宰物。及其可以宰也，它复自坎陷中涌出其自己而复会物以归己，成为自己之所统与所摄。如是它无不自足，它自足而欣悦其自己。此入虎穴得虎子之本领也。此方是融摄知识之真实义。"（《从陆象山到刘蕺山》）

牟宗三认为存在两种不同的"知"：一种是良知即天心，另一种是认知即了别心，良知要转化为认识，其途径就是坎陷，也就是"此种转化是良知自己决定坎陷其自己"。牟宗三将这种坎陷以不入虎穴焉得虎子来做比喻，

第十三章　现代新儒家学派

也就是说，不入虎穴就是没有经过坎陷，也就得不到虎子，由此也就得不到知识。

仍以事亲为例，事亲是一种行为物，但同时也是知识物，因为人们在做事亲这一行为的过程中，同时也成就了"知事亲"这一知识行为，原因是人们要想做好事亲这件事，就必须要了解与事亲有关的常识。比如什么是"亲"，如何来"事"，等等，由此使得事亲同时成了一个知识系统。牟宗三把这种由事亲形成的知识系统，称为"副套"，此副套的形成，是由良知自我坎陷而成的。

牟宗三所说的副套知识系统与王阳明所说的知行合一中的"知"有区别，王阳明认为知事亲就能有事亲的行为了，他所说的知事亲不是指要知道什么是事亲以及如何事亲等知识行为，而是指应当知道去事亲，这个知道是由良知直接决定的，所以王阳明所说的"知"，不是为了"了别"对象而获取知识的知识行为。

牟宗三的良知坎陷说本自他对良知的关注，这一概念的形成同样是受其师熊十力的启发。他在《心体与性体》中回忆三十年前："当吾在北大时，一日熊先生与冯友兰氏谈，冯氏谓王阳明所讲的良知是一个假设，熊先生听之，即大为惊讶说：'良知是呈现，你怎么说是假设！'吾当时在旁静听，知冯氏之语的根据是康德。（冯氏终生不解康德，亦只是这样学着说而已。至对于良知，则更茫然。）而闻熊先生言，则大为震动，耳目一新。吾当时虽不甚了了，然'良知是呈现'之义，则总牢记心中，从未忘也。今乃知其必然。"

冯友兰的哲学是建立在理学的基础上，而熊十力的哲学则建立在心学的基础上，两人当然对一些问题的看法有所不同。牟宗三受熊十力的影响，在心学方面做深入研讨，他认为传统学术存在两个层面：一个层面是"僵化了的教授的心思"，他认为这个层面"只认经验的为真实"，这些人认为"过此以往，便都是假定，便都是虚幻"。另一个层面则是"宋明儒者的层次"，因为他觉得"只有德性义理的学问才有深度的发展"。牟宗三认为义理的学问"就是关于生命的学问"。为此，他经过深入研讨，从中品出了儒家所强调的内圣外王思想。

牟宗三将内圣外王视为一体，两者不可分离，他的重要发明乃是认为外王需要用内圣坎陷而来，他认为新时期的外王是如何从中国文化中寻觅出科学与民主，试图由儒家传统的德性主体转出知性主体的民主与科学。

要想实现这样的理想，必须借鉴他山之石。为此，牟宗三翻译了康德的《纯粹理性批判》和《实践理性批判》，在翻译的过程中，他对康德哲学有了进一步了解，尤其康德所说的直觉令他尤为关注："我反观中国的哲学，若以康德的词语衡之，我乃见出无论儒、释或道，似乎都已肯定了吾人可有智的直觉，否则成圣成佛，乃至成真人，俱不可能。因此，智的直觉不能单划给上帝；人虽有限而可无限。有限是有限，无限是无限，这是西方人的传统。在此传统下，人不可能有智的直觉。但中国的传统不如此。因此，我写成《智的直觉与中国哲学》一书。"（《现象与物自身·序》）

牟宗三在写《智的直觉与中国哲学》时已经意识到了康德观念的不足，因为康德预设了一个智的直觉，但又说人不能具有此直觉，只有上帝才有。牟宗三则认为，在古代中国儒、释、道三家都承认人有智的直觉，否则的话，成圣、成佛、成真人就不可能。为此，智的直觉乃是牟宗三后期思想体系的核心，他认为智的直觉是创造性的直觉，乃是实现化的原则，而感性直觉是呈现的原则，智的直觉是本体论，感性直觉是认识论。

六、钱穆：天人合一观

钱穆，字宾四，晚号素书老人，学识渊博，著作等身，被学界视为中国现代史上一位百科全书式的学者，同时又被誉为"最后一位国学大师"。

钱穆将中国文化称为"唯道论"，因为孔子说过"天下有道则见，无道则隐"。孟子称："天下有道，以道殉身；天下无道，以身殉道。"老子则说："道生一，一生二，二生三，三生万物。"为此，钱穆认为道无处不在，他在《晚学盲言》中说："中国人之所谓道，在心世界，心之仁智始成道。"又在《中华文化十二讲》中说："一切由性发出的行为叫作道。"

钱穆以复兴中国传统文化为己任，认为儒家思想是复兴的主源，为此，提出了以儒学复兴为主体的文化纲领。他认为中国儒学史上有两位人物最为重要:"在中国历史上,前古有孔子,近古有朱子,此两人,皆在中国学术思想史及中国文化史上发出莫大声光,留下莫大影响。旷观全史,恐无第三人堪与伦比。孔子集前古学术思想之大成,开创儒学,成为中国文化传统中一主要骨干。北宋理学兴起,乃儒学之重光。朱子崛起南宋,不仅能集北宋以来理学之大成,并亦可谓其乃集孔子以下学术思想之大成。此两人,先后矗立,皆能汇纳群流,归之一趋。自有朱子,而后孔子以下之儒学,乃重获新生机,发挥新精神,直迄于今。"(《朱子新学案》)

钱穆认为孔子是中国学术史上人格的最高标准,六经则是中国学术史上著述的最高标准,他将孔子开创的儒学称为"心教",因为中国人的人生观是以"心"为本体,所以中国人的宗教可以称为"人心教"或"良心教"。西方人做事依靠上帝,中国人做事则凭借良心。西方人把教堂作为人与上帝相通的场所,中国人则把家庭作为个人之心与大群之心接通的场所,所以中国人是以家庭来培养良心。故而钱穆将中国人的家庭视为中国人的教堂。

钱穆认为中国人的宇宙观讲究的是天人合一、物我一体,西方文化则是侧重于天人对立、物我对立,所以天人合一是中国人人生修养的最高境界,也是中国文化的精髓所在。西方文化所表现出的对自然的征服欲,是出于天人对立的世界观和人生观,而中国人则看重人生和社会的浑然一体。所以钱穆认为:"西方文化的最高精神是外倾的宗教精神,中国文化的最高精神是内倾的道德精神。外倾精神之发展,一方面是科学,另一方面是宗教;内倾精神之发展,一方面是政治,另一方面是道德。"(《文化学大义》)

西方宗教有天国和人世的对立,就个人而言,有肉体与灵魂的对立,中国人则认为世界只有一个,基本不相信还有另外一个天国,所以中国人求永生,只是想永生于眼下的这个世界。因为这种观念,使得"在西方发展为宗教的,在中国只发展成'伦理'"。(《中国文化史导论》)

对于中西方文化的区别,钱穆在《现代中国学术论衡》中给出如下总结:"中国文化可谓之乃一种人本位之人文化,亦可称人伦化,乃一种富于生命性之文化。西方则为一种重物轻人之器物化、唯物化,进而为机械化,无生命性。此则其大异处。"

钱穆说天人合一是中国文化的最高理想:"人要能赞天地之化育,达到中国文化中之最高理想,即所谓天人合一。"又称:"中国古人的最高理想,径可谓之是天人合一。"(《中国文化与科学》)他甚至认为:"人类文化之终极理想,中国古人则称之曰'天人合一'。亦可说为是人类文化与自然之合

一。"(《宇宙信仰与人生修养》)

为什么中国传统文化中的人文精神以天人合一为最高境界呢？钱穆的解释是："人人皆可为圣人，即是人人皆可凭其道德修养而上达于天人合一之境界。具此境界，谓之德。循此修养，谓之道。故德必然为同德，而道必然为大道。中国传统文化之终极理想，乃使人人由此道，备此德，以达于大同太平，而人人心中又同有此天人合一之境界，则人类社会成为一天国，成为一神世，成为一理想宇宙之缩影。"(《民族与文化》)

中国人对"天"的概念是复合性的，冯友兰在《中国哲学史》中总结出五种天："曰物质之天，即与地相对之天；曰主宰之天，即所谓皇天上帝，有人格的天、帝；曰运命之天，乃指人生中吾人所无奈何者，如孟子所谓'若夫成功则天也'之天是也；曰自然之天，乃指自然之运行，如《荀子·天论篇》所说之天是也；曰义理之天，乃谓宇宙之最高原理，如《中庸》所说'天命之谓性'之天是也。《诗》《书》《左传》《国语》中所谓之天，除指物质之天外，似皆指主宰之天。《论语》中孔子所说之天，亦皆主宰之天也。"

钱穆所说的"天"，就数量来说，达到了十几种，例如有："真理之天""主宰之天""神性之天""物性之天""性命之天""性理之天""自然之天""历史之天""文化之天""可知之天"以及"不可知之天"等。

从总体来说，中国人所说的"天"包括自然界的天空和心中的天，钱穆说："中国人之天，细分可作两圈。其较高或较外一圈，即指不可知之天而言。又一圈较落实，较缩小者，指天体天象，如日月星辰，阴阳寒暑，风雨晦明等。天理天命乃是形而上者，天体天象则是形而下者。形上难知，形下易知。在中国则同认为是天。在中国古人，或许对此形下之天之知识有错误，有不尽，但经科学知识不断进步，在此方面知识之缺乏与错误，可以随时补充，随时修正，而无伤于大义。"(《宇宙信仰与人生修养》)

钱穆将这两种天称为真理之天和自然之天，前者是形而上的，后者是形而下的："宇宙间最高最外一圈是天，天是一主宰，是一个不可知之真理，乃属形而上。第二圈是天文学上所研究之天，日月星辰，春夏秋冬，此是一个可知之天，已属形而下。"(《宇宙信仰与人生修养》)

对于这个真理之天，中国有他的敬畏："中国人心中之天，乃是一最高不可知境界，而实隐隐作为此一切现实可知界之最后主宰者。换言之，一切现实界种种事象，或由人道起，或由物理生，此皆可知者。而除此以外，尚有不为人类所能知者，中国人乃谓此为天意或天命。"(《中国文化与科学》)

在中国人心目中，真理之天高于自然之天："在中国，此宇宙大自然中一项最高不可知之真理即是天，由天来领导主宰此宇宙大自然，中国人又称之曰'天命'。"于是有了天命观，宋儒认为天即理，于是天命又等同于天理："依照天即理之说，亦可谓万物共一天，物物又各自有一天。此一太极，因其无体可寻，故又曰无极。无极而太极者，谓其似有而实无，似无而实有。故中国人说天，并不要说成具体一上帝，而只认天是一最高真理。"（《宇宙信仰与人生修养》）

关于天理与人心的区别，钱穆在《中国学术通义》中说："人类日常心理夹杂许多不自知不自主的成分，宋、明儒称之为'气质之性'，又称之为'人欲'或'人心'。那种竟体通明，时时能自由自主，再不夹杂丝毫不自知不自主的成分的心，宋、明儒称之为'天地之性'，又称之为'天理'或'道心'。宋、明儒认为齐家、治国、平天下种种人生实务，应从人类自明、自主的心坎处自然流出。若失了此心，即在此心中夹杂了许多不自明、不自主的成分，则人的一切思虑作为，全将流为权谋、功利和霸道。换言之，乃是人欲、人心在做主，不是天理、道心在做主。"

判断是天理还是人欲，其标准不是由心的主宰，而是由道的主宰，道心就是天理，人心在自主的情况下选择合于道义的心来主宰，这就是天理。如果人心任由外物之欲来主宰，那就是人欲，因此，天理是普遍的内心之公，人欲是普遍的人心外在之私。

因为有天人合一的概念，使得中国将科学之天与宗教之天也合二为一："在中国思想中，常抱天人交通，天人合一之观念，而此宗教之天与科学之天，在中国思想中亦可交流、可合一，而未见其有严格之划分与冲突。"（《中国思想史》）

可见钱穆试图用天人合一来整合和融通中国思想史上各家各派的学术纠纷，甚至想整合中外观念的差异。他认为中国文化有着包容性和同化力，这都是源于中国人的天人合一思想。对于他的思想和成就，赖福顺在《钱穆先生的教学与学术》中总结说："（钱穆先生的离去）代表着一个时代的结束，也是传统国学的终结。"